Erich Frese/Harald Stöber (Hrsg.)

E-Organisation

Strategische und organisatorische
Herausforderungen des Internet

Die Deutsche Bibliothek – CIP-Einheitsaufnahme
Ein Titeldatensatz für diese Publikation ist bei
Der Deutschen Bibliothek erhältlich

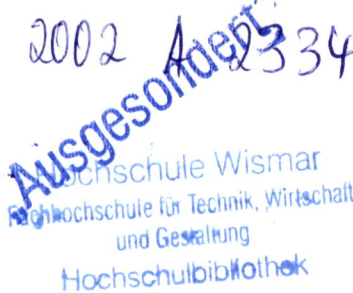

Prof. Dr. Erich Frese lehrt Betriebswirtschaftslehre an der Universität zu Köln. Er ist Direktor des Seminars für Allgemeine Betriebswirtschaftslehre und Organisationslehre der Universität zu Köln.

Harald Stöber ist Vorstandsvorsitzender von Arcor Deutschland.

Die Autoren sind Leiter des Arbeitskreises „Organisation" der Schmalenbach-Gesellschaft für Betriebswirtschaft e. V.

1. Auflage Mai 2002

Alle Rechte vorbehalten
© Betriebswirtschaftlicher Verlag Dr. Th. Gabler GmbH, Wiesbaden 2002

Lektorat: Ralf Wettlaufer / Brit Voges

Der Gabler Verlag ist ein Unternehmen der Fachverlagsgruppe BertelsmannSpringer.
www.gabler.de

Das Werk einschließlich aller seiner Teile ist urheberrechtlich geschützt. Jede Verwertung außerhalb der engen Grenzen des Urheberrechtsgesetzes ist ohne Zustimmung des Verlags unzulässig und strafbar. Das gilt insbesondere für Vervielfältigungen, Übersetzungen, Mikroverfilmungen und die Einspeicherung und Verarbeitung in elektronischen Systemen.

Die Wiedergabe von Gebrauchsnamen, Handelsnamen, Warenbezeichnungen usw. in diesem Werk berechtigt auch ohne besondere Kennzeichnung nicht zu der Annahme, dass solche Namen im Sinne der Warenzeichen- und Markenschutz-Gesetzgebung als frei zu betrachten wären und daher von jedermann benutzt werden dürften.

Umschlaggestaltung: Ulrike Weigel, www.CorporateDesignGroup.de
Druck und buchbinderische Verarbeitung: Hubert & Co., Göttingen
Gedruckt auf säurefreiem und chlorfrei gebleichtem Papier
Printed in Germany

ISBN 3-409-12017-3

Vorwort

Als Folge der informationstechnologischen Entwicklung erleben wir gegenwärtig weltweit eine neue Phase in der informationellen Durchdringung von Strukturen und Prozessen in Unternehmungen und Märkten. Internet und Intranet verändern die strategische und organisatorische Landschaft. Im Zuge des E-Business erweitern neue Produkte sowie Zugänge zum Partner auf dem Markt den strategischen Gestaltungsspielraum. Neue Optionen für den Einsatz organisatorischer Gestaltungsinstrumente stellen Bewährtes in Frage und verhelfen innovativen Lösungen zum Durchbruch. In der Bewältigung dieser vielfältigen Effekte und in der Berücksichtigung von deren Wechselwirkungen liegt eine organisatorische Herausforderung von neuartiger Qualität.

Für den Arbeitskreis „Organisation" der Schmalenbach-Gesellschaft für Betriebswirtschaft e.V. waren diese Änderungstendenzen und Umbrüche auf seinem ureigensten Gebiet Anlass zu einer umfassenden Bestandsaufname. Die relevanten Kernbestandteile der Internet-Technologie wurden herausgearbeitet. Das neue Nutzungspotenzial wurde konzeptionell erfasst sowie kritisch geprüft. Unter Einbringung der Erfahrungen der im Arbeitskreis vertretenen Unternehmungen wurden für die Anwendung aussagefähige Leitsätze formuliert.

Der hiermit vorgelegte Band ist das Ergebnis einer zweijährigen Projektarbeit. Der Arbeitskreis formuliert drei große organisatorische Herausforderungen:

1. Das Internet verändert Strukturen und Prozesse innerhalb einer Branche umso nachhaltiger, je vollständiger die Geschäftsbeziehungen zwischen Anbietern und Nachfragern elektronisch abgebildet werden. Wenn sich Wertschöpfungsketten und Geschäftsmodelle als Folge des elektronischen Wettbewerbs ändern, sieht sich das Organisationsmanagement vor neuartige und herausfordernde Aufgaben gestellt.

2. Die organisatorische Herausforderung lässt sich auf einen einfachen Sachverhalt zurückführen: Der Abbau physischer und emotionaler Kommunikationsbarrieren führt zu einem offenen, von Statusunterschieden weitgehend freien Kommunikationsverhalten. Angesichts des zentralen Stellenwerts der Kommunikation für jedes arbeitsteilige System hat dieses Phänomen beachtliche Auswirkungen. Sie reichen von den in der klassischen Zentralisations-Dezentralisations-Debatte diskutierten Implikationen für die Führung über die Einschätzung des Potenzials unternehmungsinterner elektronischer Märkte bis zu Konzepten des „Organizational Learning" mit dem Aufbau und der Sicherung von Wissensstrukturen.

3. Eine ganz neue Sicht erfordert die Unternehmungskommunikation. Im Internet-Zeitalter wird das einheitliche Bild der Unternehmung nach Innen und Außen zu einem Thema mit unternehmungspolitischem Rang. Vor allem in Großunterneh-

mungen sind zum Teil widerstreitende Ziele und Interessen so auszubalancieren, dass eine konstante und adressatenspezifische Kommunikation gesichert ist.

Wie immer findet auch in dieser Publikation das für den Arbeitskreis bestimmende Prinzip einer engen Zusammenarbeit zwischen Wissenschaft und Praxis seinen Ausdruck in der gemeinsamen Entwicklung eines Gesamtkonzepts und in den einzelnen Firmenberichten. Die Berichte betrachten aus der Sicht der erarbeiteten Konzeption die in den Mitgliedsunternehmungen bestehenden Ausgangsbedingungen und beschreiben ausgewählte Lösungen; sie wurden in enger Zusammenarbeit zwischen Managern in den Mitgliedsunternehmungen des Arbeitskreises und wissenschaftlichen Mitarbeitern der Technischen Universität Berlin, der Justus-Liebig-Universität Gießen und der Universität zu Köln verfasst.

Allen, die die Entstehung des vorliegenden Bandes unterstützt haben, danken wir herzlich. Besonderer Dank gebührt Frau Dipl.-Kff. Oda Schliebusch-Jacob für die redaktionelle Betreuung der Publikation.

Erich Frese   Harald Stöber

Inhalt

Vorwort V

A. Die neuen Begriffe: E-Business, Internet und Intranet 1

B. Internet und Organisationsmanagement:
   Aufbruch zu neuen Ufern – Zwölf Thesen 9

C. Internet und Strategie: Neue Leistungsangebote und veränderte
   Marktbedingungen 17

    I. E-Business und Strategie – Neubewertung von Wettbewerbsvorteilen
       bei veränderten Branchenstrukturen 19
       Ludwig Theuvsen

    II. Auswirkungen des Internet auf Wertketten und Geschäftsmodelle 63
       Wilfried Krüger

    III. Neue strategische Herausforderungen: Firmenberichte 90

    Innovative digitale Internetdienste als Fokus: Der Portalbetreiber
       Callisto Germany.net GmbH 91
       Thomas Götz / Henrik Steinhaus

    Einsatz des Internet zur Unterstützung einer Fokussierungsstrategie im
       Bankensektor – Das Beispiel der Dresdner Bank 105
       Karl-Heinz Kreissl / Michael Bungarten / Patrick Lehmann

    Fallbeispiel Lufthansa //eCommerce GmbH: Stellung im Konzern und
       Geschäftsmodell 119
       Martin Müller / Marc Danner

    Fallbeispiel RWE AG: One Group. Multi Utilities.
       Using E-Business 131
       Dieter Garus / Manfred Siebert / Marc Danner

    Aktivitäten der Stinnes AG zur Anpassung von Wertketten und
       Geschäftsmodellen an die neuen Herausforderungen der
       Internetökonomie 139
       Tobias Carstensen / Henrik Steinhaus

D. Internet und Organisation: Konsequente Nutzung des Handlungspotenzials 153

I. Organisatorische Impulse durch Internet-Technologie und technologieinduzierte Strategien 155
Carsten Lang / Hannes Utikal

II. Theorie der Organisationsgestaltung und netzbasierte Kommunikationseffekte – Das organisatorische Gestaltungspotenzial von Internet und Intranet 191
Erich Frese

III. Organisation des E-Business-Managements – Gestaltungsalternativen und Lösungen der Praxis 243
Axel v. Werder / Oliver Reichel

IV. Neue organisatorische Herausforderungen: Firmenberichte 258

E-Learning im AXA Konzern: Bisherige Erfahrungen und Erkenntnisse für die Zukunft 259
Thomas Michels / Sylvia Valcárcel

Die Deutz AG: Möglichkeiten und Grenzen des E-Business an der Schnittstelle zwischen Unternehmen und Absatzmarkt 283
Lothar Grapatin / Hannes Utikal / Markus Holzporz

E-Procurement bei IBM – Ausschöpfung von Beschaffungsmarktpotenzialen durch Zentralisierung und Internet-Technologie 297
Dieter Steiner / Carsten Lang

E-Commerce im Versandhandel am Beispiel der Quelle AG – Bedeutung und organisatorische Verankerung 321
Gerhard Rolz / Simone Schiller

Internetbasiertes Lernen – Der Ansatz von SAP 345
Thomas Vetter / Matthias Graumann

Elektronisch unterstütztes Wissensmanagement als Meilenstein auf dem Weg zur Knowledge-based Company – Das Beispiel Siemens 361
Wolfgang Suske / Patrick Lehmann / Michael Bungarten

E.		Internet und Unternehmenskommunikation: Das einheitliche Bild nach Innen und Außen	393
	I.	Organisation der Unternehmenskommunikation im Internet-Zeitalter	395
		Axel v. Werder / Jens Grundei / Till Talaulicar	
	II.	Neue Herausforderungen an die Unternehmenskommunikation: Firmenberichte	424
		Organisation der Unternehmenskommunikation bei Arcor	425
		Harald Stöber / Stephan Bültel	
		Organisation der Kommunikationsarbeit bei Bayer	439
		Erwin Münch / Stefan Neuwirth	
		Organisation der Unternehmenskommunikation bei der BMW Group	453
		Joachim Raff / Jens Grundei	
		Organisation der Unternehmenskommunikation im Lufthansa Konzern	465
		Joachim Kraft-Christoffel / Lutz Laemmerhold / Jens Grundei	
		Corporate Communications bei Siemens	481
		Wolfgang Suske / Till Talaulicar	

A. Die neuen Begriffe: E-Business, Internet und Intranet

In der Literatur hat sich bisher kein einheitliches Verständnis des Begriffs E-Business herausgebildet. Dies liegt zum Teil daran, dass die Arten des Informations- und Kommunikationstechnologieeinsatzes in der Praxis merkbar differieren. Relative Neuartigkeit der Internet-Technologien und aktuelle Weiterentwicklungen führen zu einem ständigen Wandel der Technologie-Nutzung.[1] Hiermit einher geht auch die Schaffung einer Vielzahl von Begriffen. So finden sich neben dem Begriff E-Business u.a. auch die verwandten Begriffe E-Commerce, Internet-Ökonomie, New Economy, Network Economy und digitale Wirtschaft. Neben dem Begriffsinhalt variiert auch die Untersuchungsperspektive. So weisen einige Veröffentlichungen volkswirtschaftliche, andere betriebswirtschaftliche Erkenntnisziele auf. Den folgenden Ausführungen liegen betriebswirtschaftliche Erkenntnisziele zu Grunde. Dieses Erkenntnisinteresse spiegelt sich primär in den Begriffen E-Business und E-Commerce wider. Für keinen der beiden Begriffe existiert in der Literatur eine einheitliche Definition.[2] Der Begriff E-Commerce ist älter und verbreiteter als der Begriff E-Business. Da sich die betriebliche Nutzung des Internet zu Beginn auf wenige Einsatzfelder konzentrierte (insbesondere auf den Online-Verkauf von Produkten und Dienstleistungen[3]), liegt dem Begriff E-Commerce mitunter eine engere Abgrenzung zu Grunde. Wenngleich diese Unterscheidung in der Literatur keineswegs unüblich ist,[4] orientiert sich die folgende Darstellung an einer verbreiteten Tendenz in Theorie und Praxis, die beiden Begriffe synonym zu verwenden. Bei diesem Begriffsverständnis liegt beiden Begriffen eine weite Abgrenzung zu Grunde.

Definition: E-Business

Die weite Begriffsfassung umfasst alle Unternehmungsaktivitäten, die elektronisch abgewickelt werden. Sie kommt z.B. in der folgenden Definition von Wigand zum Ausdruck: „Electronic commerce denotes the seamless application of information and communication technology from its point of origin to its endpoint along the entire value chain of business processes conducted electronically and designed to enable the accomplishment of a business goal."[5] Die Informations- und Kommunikationstechnologie wird im Rahmen des E-Business also nicht nur an der Schnittstelle zum Kunden, sondern auch innerhalb der Unternehmung (Intranet) und an der Schnittstelle zum Lieferanten (Extranet) genutzt.[6] Das betriebswirtschaftliche Potenzial des Electronic Bu-

---

[1] Vgl. Whinston/Stahl/Choi (1997), S. 12.
[2] Vgl. Bliemel/Fassott (1999), S. 2, Haertsch (2000), S. 11 ff., Loebbecke (2001), S. 95 und Norris et al. (2000) S. 14 ff.
[3] Vgl. Müller-Hagedorn (2000), S. 54 f.
[4] Vgl. z.B. Evans/Wurster (1999) und Kalakota/Robinson (1999), S. 4 ff.
[5] Wigand (1997), S. 5.
[6] Vgl. Whinston/Stahl/Choi (1997), S. 12. Whinston et al. verwenden trotz weiten Begriffsverständnisses den Begriff „Electronic Commerce".

siness besteht somit in der Fähigkeit, Geschäftsprozesse zu integrieren und neu zu gestalten.[7] Informations- und Kommunikationstechnologie erlaubt in diesem Zusammenhang die Beschleunigung von Transaktionen sowie die Verbesserung der Effizienz von Geschäftsprozessen und Organisationen. Eine Konkretisierung nehmen Whinston, Stahl und Choi anhand der drei Dimensionen „Akteure", „Prozesse" und „Produkte" (mit den Ausprägungen „physisch" oder „digital") vor (vgl. Abb. 1). Beispiele für physische Akteure sind Verkäufer in Kaufhäusern oder Einkaufszentren; bei digitalen Akteuren handelt es sich zum Beispiel um elektronische Shopping Malls.[8] Digitale Produkte bestehen im Gegensatz zu physischen Produkten lediglich aus einer binären Zeichenfolge (z.B. Online-Zeitung). Prozesse heißen digital, wenn sie elektronisch ablaufen, und physisch, wenn sie den physischen Transport von Produkten oder die persönliche Präsenz von Menschen erfordern.[9] Das Aufsuchen eines Kaufhauses und Anprobieren von Kleidungsstücken sind zum Beispiel physische Prozesse, während es sich bei der Suche im Internet um einen digitalen Prozess handelt.

Das Modell von Whinston, Stahl und Choi kann als erster Ansatzpunkt für eine Präzisierung des weiten Begriffsverständnisses gesehen werden. Ähnlich dem engen Begriffsverständnis wird festgelegt, dass die Prozesse des E-Business digital ablaufen. Produkte und Akteure können sowohl physischer als auch digitaler Natur sein. Eine Einschränkung des Phänomens auf den Handel – wie sie mitunter dem engen Begriffsverständnis zu Grunde liegt[10] – wird abgelehnt. Alle Funktionen der betrieblichen Wertschöpfung können Gegenstand des E-Business sein. Im Gegensatz zu Whinston, Stahl und Choi, die die Menge der relevanten Informations- und Kommunikationstechnologie nicht eingrenzen, erfolgt hier eine Fokussierung auf die Internet-Technologie.

Nachfolgend werden damit im Rahmen des weiten Begriffsverständnisses unter E-Business alle Aktivitäten innerhalb einer Unternehmung oder zwischen Unternehmung und Kunde bzw. Lieferant verstanden, deren elektronische Abwicklung durch die Internet-Technologie geprägt ist. Insofern werden nicht die Auswirkungen beliebiger Informations- und Kommunikationstechnologien untersucht, sondern es erfolgt eine Konzentration auf die Auswirkungen der Internet-Technologie und der Internet- bzw.

---

[7] Zu den daraus resultierenden Aufgabenfeldern vgl. Whinston/Stahl/Choi (1997), S. 12 ff.
[8] Ein elektronisches Shopping Mall kann zwar technisch gesehen als Software-Produkt aufgefasst werden. Entscheidend ist hier jedoch, dass die Kommunikation nicht mehr mit einem Menschen in einem real existierenden Gebäude, sondern mit einem digitalen bzw. virtuellen Akteur erfolgt.
[9] Technisch gesehen bestehen digitale Prozesse aus Software-Produkten. Entscheidend ist hier jedoch, dass die Interaktion zwischen zwei Akteuren auf elektronischem Wege erfolgt. Das heißt nicht notwendigerweise, dass auch ein digitales Produkt zwischen zwei Akteuren ausgetauscht wird.
[10] Vgl. Müller-Hagedorn (2000), S. 51.

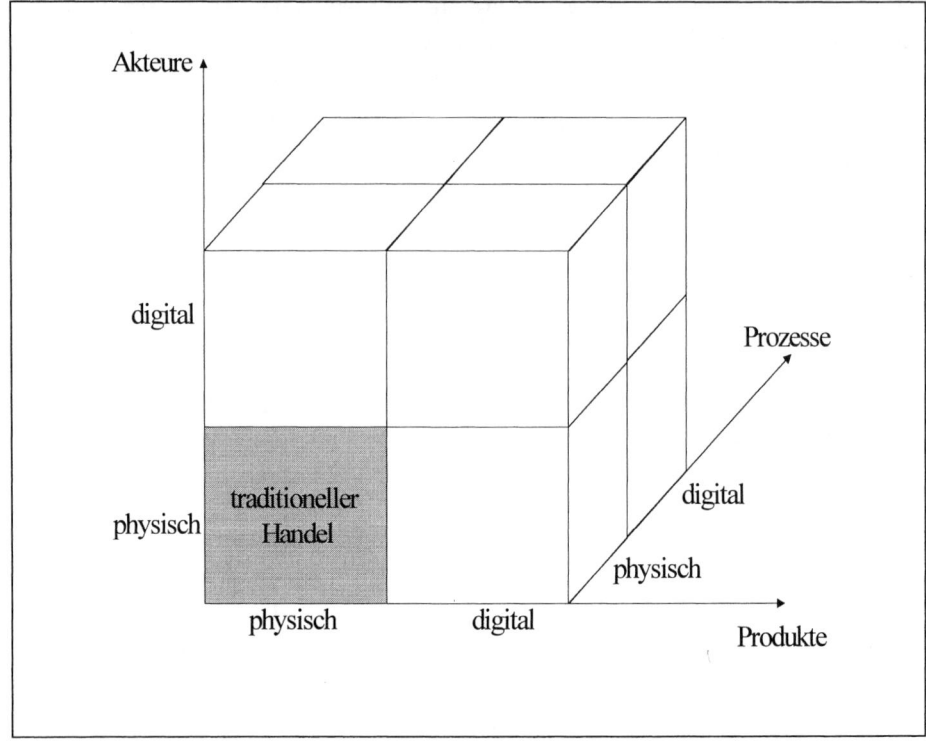

Abb. 1: Dimensionen des E-Business[11]

Web-basierten Anwendungen.[12] Besonderheiten, die sich aus der Integration von Internet-Technologie und anderen Informations- und Kommunikationstechnologien ergeben, werden ebenfalls dem E-Business zugerechnet.

Die Internet-Technologie umfasst vor allem die beiden folgenden Elemente:

---

[11] Vgl. Whinston/Stahl/Choi (1997), S. 12 ff.

[12] Zu diesen Anwendungen zählen vor allem Elektronische Marktplätze, Customer Relationship Management (CRM), Supply Chain Management (SCM), Electronic Procurement, Virtual Communities, E-Shops, E-Malls und elektronische Zahlungssysteme; vgl. z.B. Thome/Schinzer (2000). Aus dieser Auflistung wird erkennbar, dass die Internet-Technologie vor allem an der Schnittstelle zur Unternehmungsumwelt (Kunde, Lieferant) ansetzt. Vgl. hierzu auch Norris et al. (2000), S. 1 ff., S. 25 ff. Dies stellt einen qualitativen Unterschied zu betriebswirtschaftlicher Standard-Anwendungssoftware (insbesondere ERP-Systemen) dar, welche vor allem die unternehmungsinternen Abläufe unterstützt. Gleichwohl resultieren aus Änderungen an der Schnittstelle zum Markt und aus der Einführung von Intranets erhebliche Konsequenzen für die unternehmungsinternen Informationssysteme.

Die neuen Begriffe: E-Business, Internet und Intranet 5

- Standardisierte Kommunikationsprotokolle; insbesondere TCP/IP, HTTP, FTP, SMTP, etc.[13] sowie

- Instrumente zur Vereinfachung der Benutzerschnittstelle; insbesondere Hypertext-Struktur (HTML), Browser mit Plug-ins (z.B. zur Präsentation von Audio- und Videosequenzen) und die plattformübergreifende Programmiersprache Java.[14]

Die Internet-Technologie bietet wegen dieser Elemente folgende Leistungsmerkmale:

- Unabhängigkeit der Kommunikation vom Übertragungsmedium,
- Kommunikation zwischen unterschiedlichen Plattformen,[15]
- multimediale Darstellungen/Medienintegration,
- zweiseitige 1:n-Beziehungen,[16]
- push- und pull-Technik[17] und
- Zugriff auf und Bereitstellung von Informationen von jedem Endgerät des Internet aus (z.B. Computer, Mobiltelefon).

Neben dem Internet bauen auch so genannte Intranets auf der Internet-Technologie auf. Bei Intranets handelt es sich um auf der Internet-Technologie basierende, unternehmungsinterne Kommunikationsnetze, die durch so genannte Firewalls unautorisierte Zugriffe von außen verhindern.[18] Intranets, die über das Internet oder private Netze unter Verwendung von Zugriffsschutzmechanismen gekoppelt sind, werden als Extranets bezeichnet.[19]

Die intra- und interorganisationale Vernetzung von Unternehmungen stellt keine grundsätzlich neue Entwicklung dar. Bereits in den 70er Jahren tauschten Unternehmungen mittels Electronic Data Interchange (EDI) Informationen über Kommunikationsnetzwerke aus. Die Kommunikation erfolgte allerdings bislang über (teure) prop-

---

[13] Vgl. z.B. Alpar (1998), S. 25 f., S. 57 ff. und Whinston/Stahl/Choi (1997) S. 2 ff., S. 96 ff.
[14] Vgl. Cusumano/Yoffie (1998), S. 159 ff.
[15] Eine Plattform wird hier verstanden als Aggregat aus Hardware und Betriebssystem. Unterschiedliche Plattformen sind in der Regel nicht oder nur eingeschränkt kompatibel.
[16] Im Gegensatz zu EDI kann ein Sender über die Internet-Technologie Informationen an n Empfänger gleichzeitig senden. Informationen können dabei sowohl vom Sender an den Empfänger als auch in umgekehrter Richtung gesandt werden.
[17] Informationen können sowohl an definierte Empfänger versandt („push") als auch im Internet gesucht werden („pull").
[18] Ziele des Intranet-Einsatzes werden vor allem in einer effizienteren unternehmungsinternen Kommunikation, einem verbesserten Informationszugriff und der Optimierung von Prozessen gesehen; vgl. z.B. Haertsch (2000), S. 30.
[19] Unternehmungen können mittels Extranets auf einen definierten Ausschnitt der hinter der jeweiligen Firewall einer anderen Unternehmung liegenden Informationen zugreifen.

rietäre Netzwerke. Von gewisser Besonderheit ist hingegen die plötzlich[20] und umfassend auftretende Standardisierung der elektronischen Kommunikation,[21] welche sich aus der Nutzung des Internet ergibt und eine umfassende Integration unterschiedlicher Hardware- und Software-Systeme ermöglicht.[22] Damit steht erstmalig eine kostengünstige Informations- und Kommunikationstechnologie zur Verfügung, die eine effiziente Integration unternehmungsübergreifender und -interner Wertschöpfungsketten erlaubt.[23] Gleichzeitig ermöglicht die weitreichende Standardisierung der Internet-Technologie Kommunikationsbeziehungen, die im Gegensatz zu EDI durch ein höheres Maß an Interaktivität und Individualisierung, Spontaneität sowie internationale Verbreitung gekennzeichnet sind. Des Weiteren bildet die neue Technologie die Voraussetzung zur Schaffung (elektronischer) Marktplätze.[24]

Literatur

ALPAR, Paul (1998): Kommerzielle Nutzung des Internet. 2. Aufl., Berlin u.a.

BLIEMEL, Friedhelm W./ FASSOTT, Georg (1999): Electronic Commerce und Kundenbindung. In: Electronic Commerce. Herausforderungen – Anwendungen – Perspektiven, 2. Aufl., hrsg. von F. W. Bliemel, G. Fassott und A. Theobald. Wiesbaden, S. 11-26.

CHOI, Yong-Soon/ WHINSTON, Andrew B. (2000): The Future of the Digital Economy. In: Handbook on Electronic Commerce, hrsg. von M. Shaw et al. Berlin u.a., S. 25-52.

CUSUMANO, Michael A./ YOFFIE, David B. (1998): Competing on Internet Time. Lessons from Netscape and its Battle with Microsoft. New York.

DEISE, Martin V. ET AL. (2000): Executive's Guide to E-Business. From Tactics to Strategy. New York u.a.

EVANS, Philip/ WURSTER, Thomas S. (1999): Getting Real About Virtual Commerce. In: Harvard Business Review, 77. Jg., S. 84-94.

---

[20] Die Bezeichnung „plötzlich" ist insofern gerechtfertigt, als die Entwicklung des ersten Browsers (Markteinführung 1993) als „Initialzündung" der Internet-Nutzung angesehen werden kann.

[21] In einzelnen Anwendungsgebieten (insbesondere im Mobile Commerce) besteht allerdings noch ein weitergehender Bedarf an Standardisierung von Informations- und Kommunikationstechnologien.

[22] Vgl. Choi/Whinston (2000), S. 29. Wenngleich die informations- und kommunikationstechnologische Entwicklung auch in der Vergangenheit von Zeit zu Zeit durch das Aufkommen von Standards geprägt war (z.B. PC-Standard), lässt sich dennoch feststellen, dass sich branchenweite Standards nur relativ selten herausgebildet haben.

[23] Vgl. Deise et al. (2000), S. 56.

[24] Vgl. Haertsch (2000), S. 10 und Zerdick et al. (1999), S. 142 ff.

HAERTSCH, Patrick (2000): Wettbewerbsstrategien für Electronic Commerce. Eine kritische Überprüfung klassischer Strategiekonzepte. 2. Aufl., Lohmar – Köln.

KALAKOTA, Ravi/ ROBINSON, Marcia (1999): E-business: Roadmap for Success. Reading, MA u.a.

LOEBBECKE, Claudia (2001): eCommerce: Begriffsabgrenzung und Paradigmenwechsel. In: Betriebswirtschaftliche Forschung und Praxis, 53. Jg., S. 93-108.

MÜLLER-HAGEDORN, Lothar (2000): Zur Abgrenzung von E-Commerce: Definitorische Anmerkungen. In: Zukunftsperspektiven des E-Commerce im Handel, hrsg. von L. Müller-Hagedorn. Frankfurt am Main, S. 49-57.

NORRIS, Grant et al. (2000): E-Business and ERP. Transforming the enterprise. New York u.a.

THOME, Rainer/ SCHINZER, Heiko (Hrsg.) (2000): Electronic Commerce. Anwendungsbereiche und Potentiale der digitalen Geschäftsabwicklung. 2. Aufl., München.

WHINSTON, Andrew B./ STAHL, Dale O./ CHOI, Soon-Yong (1997): The Economics of Electronic Commerce. Indianapolis, IN.

WIGAND, Rolf T. (1997): Electronic Commerce: Definition, Theory, and Context. In: The Information Society, 13. Jg., Nr. 1, S. 1-16.

ZERDICK, Axel et al. (1999): Die Internet-Ökonomie. Strategien für die digitale Wirtschaft. European Communication Council Report. Berlin – Heidelberg – New York.

B. Internet und Organisationsmanagement: Aufbruch zu neuen Ufern – Zwölf Thesen

These 1

Mit dem Internet und seiner unternehmungsinternen Nutzung als Intranet wird der Computer immer mehr zum selbstverständlichen Bestandteil der persönlichen Umwelt, sei es im privaten Bereich oder am Arbeitsplatz. Die technischen Möglichkeiten, Informationen zu erfassen und einer exponentiell wachsenden Zahl potenzieller Empfänger zugänglich zu machen, haben sich enorm erweitert; sie führen über die Realisierung von Rationalisierungs-, Treffpunkt- und Auskunftseffekten zu einer nachhaltigen Steigerung der informationellen Durchdringung aller Prozesse und Strukturen.

Die Ausschöpfung der technologischen Potenziale wird durch eine drastische Verringerung bei den Nutzungskosten von Übertragungsmedien auf das Nachhaltigste gefördert. Die Eröffnung unterschiedlichster E-Business-Optionen, bei denen die Aktivitäten innerhalb einer Unternehmung oder zwischen Unternehmung und Markt unter Rückgriff auf die Internet-Technologie abgewickelt werden, ist auf einen kumulativen Effekt zurückzuführen. Mehrere Effekte werden beim Internet in ein Gesamtkonzept zusammengefügt, das in einem prinzipiell jedem zugänglichen Kommunikationsnetz mit globaler Dimension neue Maßstäbe für Kosten, Zeit und Qualität setzt. Die für Unternehmungen und Märkte charakteristische informationelle Durchdringung aller Prozesse und Strukturen lässt sich mit größerer Konsequenz und Effizienz realisieren (Rationalisierungseffekt). Anbieter und Nachfrager von Informationen sowie Dienst- und Sachleistungen werden in bisher nicht praktiziertem Maße über Bereichs- und Unternehmungsgrenzen hinweg zusammengeführt (Treffpunkteffekt). Leistungsfähige Suchkonzepte lenken die Informationsnachfrage schnell und gezielt zum Ort des Wissens (Auskunftseffekt).

These 2

Die Technologie netzbasierter Kommunikation verändert die Bedingungen des Einsatzes organisatorischer Instrumente (direkter Organisationseffekt) und erweitert über neue Produkte, Marktpartner und Zugängen zum Markt den strategischen Gestaltungsspielraum (indirekter Organisationseffekt). In der Bewältigung der direkten und indirekten Effekte sowie in der Berücksichtigung von deren Wechselwirkungen liegt die neue organisatorische Herausforderung.

Die wesentlich verbesserten Möglichkeiten, den Informationsaustausch mit hoher Effizienz zu gestalten, stellen bisherige Organisationsstrukturen auf den Prüfstand und erfordern eine Antwort auf die Frage, welche organisatorischen Lösungen zur Nutzung der Effekte netzbasierter Kommunikation erfolgversprechend sind. Das Internet schafft eine leistungsfähige Plattform für die Gestaltung unternehmungsübergreifender

Markttransaktionen. Das Spektrum von Zugangsmöglichkeiten zum Kunden und zum Lieferanten erweitert sich in einer Weise, dass strategische Neupositionierungen in vielen Branchen die Folge sind. Nachhaltige strategische Änderungen bedingen organisatorische Anpassungen. Der organisatorische Stellenwert der Internet-Technologie liegt damit auf der Hand.

These 3

Die Bedingungen des „elektronischen Wettbewerbs" erfordern die strategische Überprüfung vorhandener Kernkompetenzen und werfen die Frage nach der Entwicklung neuer Fähigkeiten auf. Je bedeutsamer die Internet-Aktivitäten für die eigene Wettbewerbsfähigkeit sind, desto mehr gilt: Internetbezogene Kompetenzen müssen aufgebaut werden.

Das Internet verändert Strukturen und Prozesse innerhalb einer Branche um so nachhaltiger, je vollständiger Geschäftsbeziehungen zwischen Anbietern und Nachfragern elektronisch abgebildet werden können. Je stärker die Spielregeln einer Branche durch das Internet verändert werden, desto wichtiger ist für etablierte Unternehmungen der Aufbau eigener Kernkompetenzen in bestimmten Bereichen der Internet-Aktivitäten (z.B. internetbasierte Auftragsabwicklung). Je stärker traditionelle Erfolgsfaktoren (z.B. Marken, Logistik) bestimmend bleiben, desto wichtiger ist es für Internet-Start-Ups, auch außerhalb des Internet-Bereichs Kernkompetenzen zu erwerben. Die Beherrschung der Internet-Technologien ist in derartigen Branchen nur ein Erfolgsfaktor unter vielen und oftmals nicht einmal der bedeutsamste. Die Beschränkung auf den Internet-Bereich ist daher für Branchenneulinge kein geeigneter Weg, sich gegen etablierte Unternehmungen durchzusetzen, die über die in derartigen Branchen unerlässlichen Erfahrungen im Bereich der traditionellen Erfolgsfaktoren verfügen.

These 4

Die Vorstellung eines strategischen „Entweder – Oder" von Kostenführerschaft und Differenzierung wird endgültig zu den Akten gelegt. Über den nachhaltigen Erfolg im Markt entscheidet die richtige Ausbalancierung der beiden Strategien.

Der scharfe Wettbewerb im E-Business zwingt alle Anbieter, Elemente einer Kostenführerschaftsstrategie zu implementieren. Niedrige Preise allein gewährleisten im Internet jedoch weder die zur Generierung nennenswerter Umsätze erforderliche Aufmerksamkeit potenzieller Kunden noch die zur Realisierung profitabler Umsätze notwendige Kundenbindung. Zur Kostenführerschaft muss daher eine Differenzierung des Angebots treten. Differenzierungsvorteile können sowohl unter Rückgriff auf traditionelle Differenzierungsparameter – im Handel z.B. Standort, Sortimentspolitik, Produktpräsentation und Kundenberatung – als auch mittels neuer Formen der Differenzierung, etwa One-to-One-Marketing und virtuelle Communities, realisiert werden. Allerdings stellen Aufbau und Sicherung dauerhafter Wettbewerbspositionen im Internet erhöhte Anforderungen. Gründe dafür sind u.a. der hohe Standardisierungsgrad der Internet-Technologien, die mangelnde Wertschätzung bestimmter, durch das Internet ermöglichter Differenzierungsmaßnahmen (z.B. individuelle Kundenansprachen) durch die Nachfrager sowie die zum Teil begrenzten Möglichkeiten, Nachahmungen zu verhindern.

These 5

Unter dem Einfluss des Internet wird die Umgestaltung von Wertketten zur Daueraufgabe und zur unternehmerischen Herausforderung. Netzwerkfähigkeit ist der Schlüssel zum Erfolg im durch netzbasierte Kommunikation gekennzeichneten Wettbewerb.

Das Internet eröffnet anspruchsvolle Optionen bei der durchgehenden, alle Marktpartner und Ansprechgruppen einbeziehenden Gestaltung von Wertketten. Unternehmungsbereiche und -grenzen überschreitende Prozesse und Strukturen sind ein wesentliches Charakteristikum des E-Business. Organisationsmanagement endet daher nicht mehr an den Unternehmungsgrenzen. Die interorganisationale Perspektive verlangt ein Umdenken. Differenzierung und Integration, die Kernaufgaben organisatorischer Gestaltung, müssen von der traditionellen Binnenbetrachtung auf die Interaktion zwischen Unternehmungen ausgeweitet werden. Zu entscheiden ist, wie weit die externe Koordination über Hierarchien, Märkte oder Netzwerke erfolgen soll und welche organisatorische Ausgestaltung dieser Formen den strategischen Anforderungen entspricht. Vertikale Netzwerke, die das Beziehungsgeflecht zwischen Abnehmer und Zulieferer verändern, und horizontale Kooperationen, insbesondere strategische Netzwerke, bedeuten für das Organisationsmanagement: Die Unternehmung muss Netzwerkfähigkeit erlangen. Interne und externe Organisation bilden zunehmend eine Einheit.

These 6

In internetbestimmten Märkten haben Wettbewerbsvorteile nur Bestand, wenn Geschäftsmodelle mit Einfallsreichtum und Kompetenz entwickelt werden. Die Umsetzung eines Wertkettenkonzepts in ein strategiekonformes Geschäftsmodell konfrontiert das Organisationsmanagement mit neuartigen, herausfordernden Aufgaben.

1. E-Business und Strategie: Überblick und Forschungsbedarf

Kaum eine andere Technologie hat sich in den vergangenen Jahren so spektakulär entwickelt wie das Internet. Im ersten Quartal des Jahres 2001 wurde die weltweite Nutzerzahl bereits auf 400 Mio. geschätzt; in Deutschland verfügten zu diesem Zeitpunkt etwa 24 Mio. Menschen über einen Zugang zum Internet.[1] Ein Medium, das innerhalb weniger Jahre eine derartig große Verbreitung gefunden hat, eröffnet die Aussicht auf völlig neue Geschäftsmöglichkeiten und beflügelt daher die Phantasie u.a. von Unternehmensgründern, Managern, Finanzanalysten und Wirtschaftswissenschaftlern. Ungeachtet der glänzenden Entwicklungsmöglichkeiten, die internetbasierten Geschäftsmodellen, dem so genannten E-Business, bescheinigt wurden, hat sich inzwischen eine merkliche Ernüchterung breitgemacht; die sehr deutlich zurückgegangenen Kurse der Internet-Unternehmen an den Weltbörsen sind dafür der sichtbare Ausdruck. Folgt man der in der Betriebswirtschaftslehre verbreiteten Auffassung, dass der Erfolg eines Unternehmens wesentlich von der jeweils verfolgten Strategie determiniert wird,[2] rückt angesichts des offenkundigen Misserfolgs vieler Unternehmen, die das Internet als Basis ihrer Geschäftsaktivitäten nutzen, verstärkt der Zusammenhang zwischen E-Business und Strategie in den Blickpunkt.

Unter Electronic Business bzw. E-Business werden hier alle Unternehmensaktivitäten verstanden, die mit dem Internet[3] im Zusammenhang stehen. Die Unternehmen, die mit dem auf diese Weise weit abgegrenzten E-Business befasst sind, lassen sich grob in zwei Gruppen unterteilen.[4] Der einen Gruppe sind Unternehmen zuzurechnen, deren Aktivitäten auf die Errichtung und die Sicherstellung der Leistungsfähigkeit des Internet gerichtet sind. Dazu sind Hardware- und Software-Hersteller, Online-Dienstanbieter, Internet-Provider, Mehrwertdienstleister usw. zu rechnen. Für diesen Teil des E-Business sind Begriffe wie Netzwerkökonomie oder Internet-Ökonomie geprägt worden.[5] In die andere Gruppe fallen Unternehmen, die das Internet als neue Technologie zur mehr oder minder umfassenden digitalen Unterstützung der Anbahnung, Aushandlung und Abwicklung der sich mit anderen Unternehmen oder Endverbrau-

---

[1] Zahlen unter www.ecin.de.
[2] Vgl. etwa Porter (1996); Barney (1997), S. 8.
[3] Aus Vereinfachungsgründen nicht gesondert genannt, aber stets ebenfalls gemeint, sind auf Internet-Technologien basierende Intra- und Extranets.
[4] Vgl. Hermanns/Sauter (1999), S. 20 f. Eine ähnliche Unterscheidung nimmt Porter (2001), S. 65 vor, der zwischen „internet technologies" und „uses of the internet" differenziert.
[5] Vgl. Shapiro/Varian (1999); Zerdick et al. (1999).

chern vollziehenden Transaktionen nutzen. Diese Erscheinungsform des E-Business wird meist als Electronic Commerce bzw. E-Commerce bezeichnet.[6]

Aussagen zur Ausgestaltung des strategischen Managements im E-Business sind bislang namentlich für die Netzwerk- bzw. Internet-Ökonomie formuliert worden. Dieser Zweig des E-Business ist durch so genannte Netzeffekte gekennzeichnet. Darunter werden positive Externalitäten verstanden, die auftreten, wenn der Wert eines Gutes für den einzelnen Nutzer steigt, sobald sich weitere Nutzer für dieses Gut entscheiden. Ein Netz ist daher für neue Teilnehmer um so attraktiver, je mehr Teilnehmer es bereits hat. Schließen sich diese neuen Nutzer ebenfalls dem Netzwerk an, so steigern sie dessen Attraktivität weiter, so dass wiederum neue Teilnehmer angelockt werden, und so weiter. Netzeffekte können sowohl physische Netze, beispielsweise das Internet und den darin angebotenen E-Mail-Dienst, als auch „virtuelle" Netze, etwa die Gemeinschaft der Nutzer IBM-kompatibler Personal Computer, kennzeichnen.[7]

Netzeffekte führen dazu, dass sich im Zeitablauf ein dominierender technischer Standard am Markt durchsetzt. In der Netzwerkökonomie erzielt daher häufig nur das Unternehmen langfristig überdurchschnittliche Erfolge, das seine technische Lösung, z.B. die von ihm angebotene Software, als Standard durchzusetzen vermag; konkurrierende Lösungen und Unternehmen werden marginalisiert.[8] Ein einmal etablierter Standard kann auch durch technisch überlegene Lösungen nicht mehr verdrängt werden, sofern die Nutzer von Netzwerkgütern durch hohe Wechselkosten vom Wechsel zu einem konkurrierenden Angebot abgehalten werden (Lock-in-Effekt).

Auf Grund dieser Eigenheiten stellt die Netzwerkökonomie das strategische Management vor neue Herausforderungen. Besonderes Augenmerk verdienen das schnelle Erreichen einer kritischen Masse, die einen sich selbst beschleunigenden Prozess der Marktpenetration in Gang setzt, die Schaffung von Lock-in-Effekten für die Kunden sowie das geschickte Management der Erwartungen des Marktes hinsichtlich des sich mutmaßlich durchsetzenden Standards. Vor dem Hintergrund des Ziels, möglichst schnell eine kritische Masse zu erreichen, werden auch zunächst ungewöhnlich wirkende Maßnahmen wie das „Verschenken" von Produkten, z.B. Software, diskutiert; Erlöse werden bei dieser Preisstrategie erst in späteren Perioden mit Folge-Releases erzielt.

---

[6] Vgl. etwa Thome/Schinzer (1997); Müller-Hagedorn (2000). Der Einsatz von Internet-Technologien im „back office"-Bereich, etwa zur Unterstützung des unternehmensinternen Wissensmanagements oder eines internen Arbeitsmarkts, wird aus Vereinfachungsgründen nicht gesondert betrachtet, sondern ebenfalls den Aktivitäten im Bereich des E-Commerce zugerechnet.

[7] Vgl. hierzu und zum folgenden grundlegend Katz/Shapiro (1985) sowie Arthur (1996); Shapiro/Varian (1999), passim; Zerdick et al. (1999), passim.

[8] Shapiro und Varian (1999), S. 177 und 188 sprechen anschaulich von „winner-take-all markets" und „loser-gets-nothing".

Für den dauerhaften Erfolg des E-Business ist allerdings weniger die Netzwerkökonomie als vielmehr der E-Commerce entscheidend. Nur wenn die kommerzielle Nutzung des Internet gelingt, d.h. Erlössteigerungen oder Kostensenkungen realisiert werden können, die die Kosten des Netzaufbaus und der Netznutzung übersteigen, werden nachhaltig Investitionen in die Erweiterung und Verbesserung des Internet getätigt werden.[9] Ungeachtet dieser zentralen Bedeutung des E-Commerce für die Zukunft der kommerziellen Nutzung des Internet sind Überlegungen zur strategischen Positionierung im E-Commerce rar. Unter den bislang vorliegenden Beiträgen ragt der im März 2001 in der Harvard Business Review erschienene Artikel von Michael Porter heraus.[10]

Porter setzt sich kritisch mit der Rhetorik des E-Commerce („New Economy", neue „Geschäftsmodelle" usw.) auseinander, die seiner Auffassung nach einem eklatanten Mangel an fundierten strategischen Analysen Vorschub geleistet hat. Er empfiehlt, sich auf erprobtes Wissen im Bereich des strategischen Managements zu besinnen; für Porter bedeutet dies zu analysieren,

- wie das Internet die Branchenstruktur verändert und
- wie ein Unternehmen, gleichgültig ob es sich um ein Internet-Start-up („dot.com") oder ein etabliertes Unternehmen handelt, das Internet zur Schaffung langfristiger Wettbewerbsvorteile nutzen kann.

Zwecks Analyse der Auswirkungen des Internet auf die Branchenstruktur greift Porter auf das von ihm entwickelte Modell der fünf Wettbewerbskräfte[11] zurück. Auch wenn die Unterschiede zwischen verschiedenen Branchen generalisierenden Aussagen Grenzen setzen, ist Porter davon überzeugt, dass das Internet tendenziell die Branchenattraktivität vermindert, da die Mehrzahl der wirksam werdenden Effekte die Wettbewerbssituation verschärft und damit die Unternehmensrentabilität senkt (vgl. Abb. 1).[12]

---

[9] Vgl. Porter (2001), S. 65.
[10] Vgl. zum Folgenden Porter (2001).
[11] Vgl. Porter (1999a), S. 33 ff.
[12] Diese Auffassung wird u.a. auch von Kjell Nordström von der Stockholm School of Economics vertreten; vgl. o.V. (2001b). Haertschs (2000), S. 124 ff. Analyse der strategischen Herausforderungen des E-Commerce fördert ebenfalls die Erkenntnis zutage, dass das Internet vornehmlich zu einer Intensivierung des Wettbewerbs beiträgt.

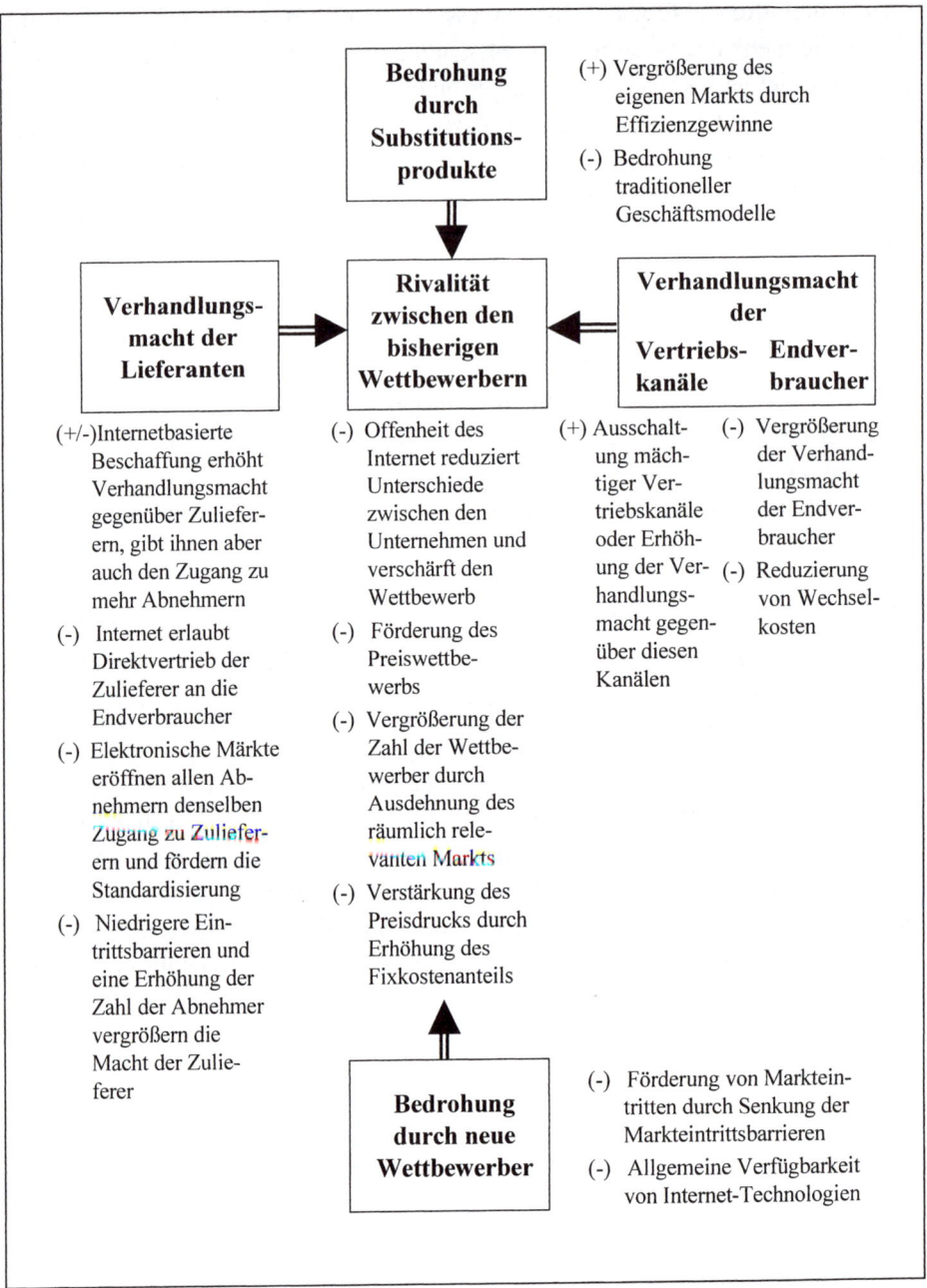

Abb. 1: Einfluss des Internet auf die Wettbewerbskräfte in einer Branche[13]

---

[13] Vgl. Porter (2001), S. 67.

Vor dem Hintergrund eines sich verschärfenden Wettbewerbs gewinnt nach Porter die Formulierung von Wettbewerbsstrategien, die die nachhaltige Erzielung überdurchschnittlicher Gewinne ermöglichen, einen herausragenden Stellenwert. Um dem rentabilitätsgefährdenden Preiswettbewerb zu entgehen, müssen sich Unternehmen vor allem fragen, wie sie das Internet nutzen können, um eine in der Branche als einmalig betrachtete Leistung zu generieren, die ein höheres Preisniveau ermöglicht. Statt dessen hätten – so Porter – viele Unternehmen das Internet lediglich mit dem Ziel der Einsparung von Kosten eingesetzt oder als eine Möglichkeit betrachtet, noch mehr Aktivitäten auf externe Zulieferer und Dienstleister zu verlagern oder in Kooperationen einzubringen. Sie hätten damit den Margenverfall in ihrer jeweiligen Branche beschleunigt und sich vieler Möglichkeiten, Differenzierungsvorteile zu generieren, beraubt. Porter empfiehlt daher „dot.coms", sich genau zu überlegen, wie sie für ihre Kunden einen Nutzen schaffen können, der das Unternehmen von anderen Internet-Unternehmen sowie traditionellen Anbietern abhebt und für den die Kunden zu zahlen bereit sind. Auf Werbeeinnahmen basierenden Geschäftsmodellen und ähnlichen Konzepten, die auf Einnahmen aus „dritter Hand" setzen, erteilt Porter eine klare Absage.

Zum Aufbau von Wettbewerbsvorteilen wird es nach Porter häufig notwendig sein, dass Internet-Start-ups entweder auch im Bereich der traditionellen Wertschöpfungsaktivitäten Kompetenzen aufbauen oder konsequent eine Nischenstrategie[14] verfolgen. Internet-Start-ups mit Nischenstrategie sollten sich dabei auf jene Branchensegmente konzentrieren, in denen ein ausschließlich internetbasiertes Geschäftsmodell aus Kundensicht eindeutige Vorteile bietet.

Etablierten Unternehmen empfiehlt Porter, das Internet zu nutzen, um ihre schon vorhandenen Wettbewerbsvorteile zu verstärken und neue, bislang nicht realisierbare Kombinationen aus traditionellen und internetbasierten Aktivitäten zu verwirklichen. Die Internet-Aktivitäten dürfen daher in diesen Unternehmen nicht organisatorisch verselbständigt werden, sondern müssen in das traditionelle Geschäft eingebunden werden. Gleichzeitig muss darauf geachtet werden, dass alle Unternehmensmitglieder einen Anreiz haben, den Internet-Einsatz zum Erfolg zu führen.

Eine Ergänzung der Überlegungen Porters stellt die Betrachtung verschiedener Produkteigenschaften und ihrer Bedeutung für die Auswirkungen des Internet auf eine Branche dar. Eine wichtige Unterscheidung ist in diesem Zusammenhang die Differenzierung zwischen digitalisierbaren und nicht digitalisierbaren Produkten. Digitalisierbare Produkte sind dadurch gekennzeichnet, dass Marktbeziehungen vollständig elektronisch abgebildet werden können; ein unmittelbarer Kontakt zwischen Anbieter und Nachfrager oder ein physischer Warentransport ist nicht erforderlich. Zu den di-

---

[14] Vgl. zu verschiedenen Typen von Wettbewerbsstrategien Porter (1999a), S. 70 ff.

gitalisierbaren Produkten zählen namentlich Informationsprodukte (Software, Medieninhalte) und der Handel mit Verfügungsrechten (z.B. Online-Wertpapierhandel). Demgegenüber können Transaktionen im Bereich der nicht digitalisierbaren Produkte lediglich elektronisch unterstützt, nicht jedoch vollständig elektronisch abgebildet werden.[15] Das Internet eröffnet im vergleichsweise kleinen Bereich der digitalisierbaren Produkte mehr neue Handlungsoptionen als im Bereich der nicht digitalisierbaren Produkte. Die Branchenumwälzungen und damit auch die strategischen Veränderungen sind daher im Bereich der digitalisierbaren Produkte tiefgreifender. Für nicht digitalisierbare Produkte hingegen bleiben die bisherigen Branchenspielregeln grundsätzlich in Kraft; sie werden durch das Internet lediglich modifiziert.[16]

Die Fähigkeit der Nachfrager, die Qualität von Produkten im Internet beurteilen zu können, ist mitentscheidend für die Möglichkeit einer erfolgreichen strategischen Positionierung im E-Commerce. In diese Richtung weisende Überlegungen sind vor allem von de Figueiredo in die Literatur eingebracht worden.[17] Die Basis seiner Analyse stellt die Unterscheidung zwischen vier Produktkategorien dar:

- *Commodities* sind standardisierte Produkte; ihre Qualität kann leicht anhand der Produktbeschreibung ermittelt werden (z.B. genormte Schrauben).

- Bei *Quasi-Commodities* handelt es sich um Produkte, die in sehr unterschiedlichen Varianten angeboten werden, deren kaufrelevante Qualitätsmerkmale jedoch recht gut über das Internet vermittelt werden können. Zu diesen Produkten sind z.B. Bücher, Musik-CDs, fabrikneue Kraftfahrzeuge und Spielwaren zu rechnen.

- Zu den *„Look and Feel"-Gütern* zählen z.B. Kosmetika, Kleidung und Möbel. Ihnen ist gemeinsam, dass die verschiedenen Produktvarianten zwar von den Herstellern in stets gleichbleibender Qualität angeboten werden, dass diese jedoch ohne persönliche Inaugenscheinnahme nur sehr schwer festgestellt werden kann.

- *„Look and Feel"-Güter mit variabler Qualität* schließlich zeichnen sich dadurch aus, dass sich nicht nur die Qualität verschiedener Produktvarianten in schwer bestimmbarer Weise voneinander unterscheidet, sondern dass sogar innerhalb derselben Produktkategorien Qualitätsunterschiede auftreten. Dies ist vor allem bei Naturprodukten und handwerklich gefertigten Erzeugnissen der Fall.

Für jede dieser Produktkategorien analysiert de Figueiredo die langfristigen Erfolgsaussichten von Kostenführerschafts- und Differenzierungsstrategien im E-Commerce. Er gelangt zu dem Ergebnis, dass die Erfolgsaussichten im E-Commerce um so

---

[15] Vgl. Zerdick et al. (1999), S. 148 f.
[16] So auch Porter (2001), S. 73 f.
[17] Vgl. de Figueiredo (2000).

besser sind, je weniger standardisiert ein Produkt und je schwieriger zu beurteilen damit seine Qualität ist. Er begründet seine Auffassung damit, dass nur Produkte mit variabler Qualität dem Internet-Anbieter Differenzierungspotenziale bieten, die namentlich durch den Aufbau eines Vertrauenswürdigkeit signalisierenden Markennamens ausgeschöpft werden können. Zugleich bedeutet der in vielen Fällen vergleichsweise geringe Preis dieser Produkte (Obst, Gemüse usw.), dass der Verbraucher nur sehr überschaubare Risiken eingehen muss; dies fördert seine Bereitschaft zum Online-Kauf. Demgegenüber ist die Mehrzahl der Markteintritte in den E-Commerce bislang im Commodity- und Quasi-Commodity-Bereich erfolgt; diesen Aktivitäten räumt de Figueiredo nur geringe Erfolgsaussichten ein.

Über die beiden ausführlicher referierten Beiträge von Porter und de Figueiredo hinaus finden sich überwiegend Veröffentlichungen, die einzelne Aspekte des strategischen Managements im E-Commerce aufgreifen. Dazu gehören u.a. Überlegungen zur kundenindividuellen Produktgestaltung (Mass Customization, „Versioning"), zur Anwendung innovativer Preisstrategien (z.B. Festsetzung kundenindividueller Preise) sowie zum Einsatz neuer Kommunikationsstrategien, die den einzelnen Kunden in den Mittelpunkt stellen.[18]

Unter strategischen Aspekten weniger bedeutsam als vielfach angenommen sind demgegenüber die Effizienzsteigerungspotenziale, die das Internet zu erschließen vermag. Dazu zählen u.a. die Einsparung von Vertriebsaufwendungen und Transaktionskosten, die Vermeidung von Medienbrüchen sowie die Vereinfachung und Standardisierung von Geschäftsprozessen.[19] In diesem Zusammenhang genießen vor allem Lösungen aus dem Bereich des Supply Chain Managements große Aufmerksamkeit und beherrschen weite Teile der Veröffentlichungen zum E-Commerce.[20] Dabei ist unbestritten, dass gerade die internetbasierte Verknüpfung von Anbietern und Nachfragern erhebliche Effizienzsteigerungen ermöglicht. Ebenso ist einsichtig, dass ein Unternehmen, das in diesem Bereich den technologischen Anschluss verpasst, eine merkliche Beeinträchtigung seiner Wettbewerbsfähigkeit hinnehmen muss. Trotzdem darf die Verbesserung der operativen Effizienz nicht mit der Schaffung dauerhafter Wettbewerbsvorteile verwechselt werden. Bei einer in hohem Maße standardisierten und offenen Lösung wie dem Internet ist es unwahrscheinlich, dass sich ein Anbieter auf Dauer verteidigbare Vorteile unter Ausnutzung der genannten Effizienzsteigerungspotenziale zu erarbeiten vermag. Ihre Erschließung mag gesamtwirtschaftlich wertvoll und zur

---

[18] Vgl. z.B. Shapiro/Varian (1999), S. 19 ff.; Fink (1999); Skiera (1999); Zerdick et al. (1999), S. 186 ff. und 194 ff.
[19] Vgl. Toporowski (2000), S. 99 ff.; Sauter (1999), S. 103 ff.
[20] Vgl. etwa Loydl/Zimmerschied (2000); Nenninger/Gerst (1999); Hillek (2000); Tan/Shaw/Fulkerson (2000); Yang (2000); Weiber (2000).

Sicherung der Wettbewerbsfähigkeit eines Unternehmens unerlässlich sein, sie bieten aber kaum eine tragfähige Basis für eine erfolgreiche strategische Positionierung und die langfristige Erzielung überdurchschnittlicher Renditen auf das eingesetzte Kapital, da ein Schutz vor Nachahmung kaum möglich ist.[21]

Zusammenfassend kann festgehalten werden, dass der E-Commerce entscheidend für die Zukunft des Internet ist. Angesichts der tendenziell wettbewerbsverschärfenden Wirkung des Internet besitzt die strategische Positionierung der Anbieter im E-Commerce eine herausragende Bedeutung. Ungeachtet dessen befassen sich weite Teile der Literatur vorrangig mit Fragen der operativen Effizienz, so dass die strategischen Aspekte des E-Commerce bislang nur in unbefriedigender Weise behandelt worden sind. Einige bemerkenswerte Ausnahmen wie die referierten Beiträge von Porter und de Figueiredo bestätigen nur die Regel. Als Beitrag zur Behebung des Strategiedefizits werden nachfolgend zwei aus strategischer Sicht zentrale Aspekte behandelt:

- Welche Unternehmen haben die besten Aussichten, im E-Commerce eine langfristig erfolgreiche strategische Position einzunehmen? Eine Antwort auf diese Frage wird unter Rückgriff auf den ressourcenbasierten Ansatz im strategischen Management gesucht.

- Wie kann sich ein Unternehmen im E-Commerce strategisch so positionieren, dass es dauerhaft überdurchschnittliche Erfolge erzielt? Wie stark ist der Zwang zur Kostenführerschaft im E-Commerce und welche Möglichkeiten zur Differenzierung des Produktangebots gibt es, um dem Preisdruck im E-Commerce zu entgehen? Unter Rückgriff auf den wettbewerbsstrategischen Ansatz von Porter werden die bislang verstreut in der Literatur zu findenden Aussagen gesammelt, einer kritischen Würdigung unterzogen und weiterentwickelt.

2. Erfolgsaussichten im E-Commerce – eine ressourcenbasierte Betrachtung

Der Siegeszug des Internet löste eine beispiellose Welle von Unternehmensgründungen aus. Junge, innovative Unternehmen legten auf den ersten Blick bestechende Geschäftsmodelle vor, die auf den neuen Geschäftsmöglichkeiten des Internet basierten und vom Kapitalmarkt mit großer Begeisterung aufgenommen wurden. Relativ schnell zeigte sich, dass es vom Geschäftsmodell zum erfolgreichen Geschäft ein weiter Weg ist, auf dem viele Internet-Start-ups scheitern werden oder schon gescheitert sind.

---

[21] Vgl. Porter (2001), S. 70 ff.

Nach der anfänglichen Euphorie und der zwischenzeitlichen Panik beginnt sich mehr und mehr eine abwägende Sichtweise durchzusetzen. Vermehrt wird darauf hingewiesen, dass es eine Reihe von Unternehmen mit durchaus erfolgreichen Online-Aktivitäten gibt.[22] Diese Unternehmen erzielen beachtliche Online-Umsätze und Gewinne oder sind zumindest in der Lage, ihre Verluste fortschreitend zu reduzieren. Weitgehend unbeantwortet ist aber bislang die Frage geblieben, welche Unternehmen die besten Voraussetzungen für einen nachhaltigen Erfolg im E-Commerce aufweisen. Eine Antwort wird im Folgenden unter Rückgriff auf den ressourcenbasierten Ansatz im strategischen Management gegeben.

2.1 Grundzüge des ressourcenbasierten Ansatzes im strategischen Management

Der ressourcenbasierte Ansatz hebt den Stellenwert unternehmensinterner Ressourcen für die Wettbewerbsposition eines Unternehmens hervor. Die Betonung der strategischen Bedeutung der Unternehmensressourcen basiert auf der Überlegung, dass die Ausstattung der Unternehmen mit den für die Erlangung nachhaltiger Wettbewerbsvorteile notwendigen Ressourcen unterschiedlich ist (Annahme der Ressourcenheterogenität). Ferner wird davon ausgegangen, dass Unvollkommenheiten der Faktormärkte die Möglichkeiten des Ressourcentransfers begrenzen, so dass die Unterschiede in der Ressourcenausstattung dauerhaft sind (Annahme der Ressourcenimmobilität).[23]

Unter Ressourcen werden im ressourcenbasierten Ansatz alle „assets" – Vermögensgegenstände, Rechte, Marken, Know-how usw. – eines Unternehmens verstanden, die zur Erzielung dauerhafter Wettbewerbsvorteile eingesetzt werden können. Zur Systematisierung der auf diese Weise weit abgegrenzten Unternehmensressourcen kann zwischen tangiblen Ressourcen (Grundstücke, Gebäude, Maschinen, Finanzmittel usw.), intangiblen Ressourcen (technologisches Know-how, Ruf eines Unternehmens und seiner Produkte bei Kunden und Zulieferern, Unternehmenskultur etc.) und Humanressourcen (namentlich Fertigkeiten, Wissen und Motivation der Mitarbeiter) unterschieden werden.[24]

Von den Ressourcen hebt Grant die Fähigkeiten bzw. Kompetenzen ab. Darunter versteht er die Möglichkeit eines Unternehmens, mittels des kombinierten Einsatzes von Ressourcen bestimmte komplexe Wertschöpfungsaktivitäten, z.B. F&E oder Produktmanagement, auszuführen. Derartige Kompetenzen können wiederum in übergeordnete Fähigkeiten, z.B. solche zur Produktentwicklung, einfließen. Grant geht insofern

---

[22] Vgl. etwa Albers (2001); o.V. (2001a).
[23] Vgl. Barney (1991), S. 101; Rasche (1994), S. 55 ff.
[24] Vgl. Grant (1998), S. 111 ff.; Barney (1991), S. 101.

von einer mehrstufigen Hierarchie von Fähigkeiten aus, deren Basis die im Rahmen der verschiedenen Aktivitäten einzusetzenden Ressourcen bilden.[25]

Nicht alle Ressourcen und Fähigkeiten sind in gleicher Weise zur Generierung nachhaltiger Wettbewerbsvorteile und damit als Basis der dauerhaften Erzielung überdurchschnittlicher finanzieller Erfolge geeignet. Inwieweit eine Ressource[26] zur Generierung von Erfolgspotenzialen geeignet ist, hängt vor allem von der Ausprägung der folgenden Merkmale ab:[27]

- Werthaltigkeit: Ressourcen sind wertvoll, wenn sie es einem Unternehmen erlauben, auf Chancen und Bedrohungen in der Umwelt zu reagieren. In der Literatur wird in diesem Zusammenhang vor allem auf die Möglichkeit hingewiesen, den Kunden einen überlegenen (Zusatz-)Nutzen anzubieten.[28]
- Knappheit: Eine Ressource ist um so eher geeignet, einen Wettbewerbsvorteil zu generieren, je weniger aktuelle oder potenzielle Wettbewerber über diese Ressource verfügen.
- Imitierbarkeit: Der durch eine Ressource geschaffene Wettbewerbsvorteil ist um so nachhaltiger, je schwieriger ihre Imitation durch Wettbewerber ist, d.h. je zeitaufwendiger und teurer die Beschaffung dieser Ressource für Unternehmen ist, die sie nicht bereits besitzen. Die begrenzte Imitierbarkeit einer Ressource kann namentlich in einmaligen historischen Bedingungen, kausaler Ambiguität oder sozialer Komplexität begründet sein.[29] Zu den einmaligen historischen Bedingungen sind u.a. Standortvorteile und bestimmte, nur im Laufe der Zeit erwerbbare Erfahrungen zu rechnen. Kausale Ambiguität beschreibt den Umstand, dass selbst ein Unternehmen, das über eine bestimmte Ressource, z.B. eine bestimmte Organisationsstruktur, verfügt, deren Beitrag zur Generierung von Wettbewerbsvorteilen nur eingeschränkt zu erklären vermag. Kausale Ambiguität kann z.B. darauf zurückzuführen sein, dass sich mehrere plausible Erklärungen für die Existenz eines Wettbewerbsvorteils anführen lassen oder dass erst ein im einzelnen nicht bekanntes Zusammenspiel mit anderen Ressourcen, im Falle der Organisationsstruktur etwa mit der Motivation und der Qualifikation der Mitarbeiter, einen Wettbewerbsvorteil generiert. Soziale Komplexität schließlich liegt vor, wenn Ressourcen das Ergebnis

---

[25] Vgl. Grant (1998), S. 118 ff.
[26] Aus Vereinfachungsgründen wird im Folgenden nur von Ressourcen gesprochen, doch gelten die Überlegungen in gleicher Weise auch für die Fähigkeiten als Ergebnis der Kombination von Ressourcen.
[27] In Anlehnung an Barney (1991), S. 103 ff.; Barney (1997), S. 145 ff.
[28] Vgl. Rasche (1994), S. 88 ff.
[29] Vgl. Barney (1991), S. 105 ff.

nur eingeschränkt steuerbarer sozialer Phänomene sind; diese Eigenschaft kennzeichnet z.B. die Unternehmenskultur.[30]

- Substituierbarkeit: Der durch eine nicht oder nur schwer imitierbare Ressource geschaffene Wettbewerbsvorteil ist nur dann nachhaltig, wenn diese Ressource nicht durch eine andere, nicht knappe Ressource substituiert werden kann. Die potenzielle Substitution kann dabei durch eine ähnliche Ressource, z.B. vergleichbar qualifiziertes Personal, oder durch eine gänzlich andere Ressource erfolgen. Der letztgenannte Fall liegt beispielsweise vor, wenn eine charismatische Führungspersönlichkeit ein ausgefeiltes Anreizsystem ersetzt.

- Dauerhaftigkeit: Der auf eine Ressource zurückzuführende Wettbewerbsvorteil ist um so dauerhafter, je weniger eine Ressource, z.B. technologisches Know-how oder ein Markenname, im Zeitablauf entwertet wird.[31]

Das Argumentationsmuster des ressourcenbasiertes Ansatzes lässt sich dahingehend zusammenfassen, dass unter der Annahme der Ressourcenimmobilität die heterogene Ausstattung von Unternehmen mit bestimmten Ressourcen die Basis von Wettbewerbsvorteilen darstellt. Nachhaltige Wettbewerbsvorteile basieren auf der Existenz wertvoller, knapper, nicht imitierbarer, nicht substituierbarer und dauerhafter Ressourcen.

Der ressourcenbasierte Ansatz ist ausgehend von dem skizzierten Grundkonzept sowohl mit Blick auf seine entscheidungstechnische Verwendbarkeit als auch seine theoretische Untermauerung weiterentwickelt worden. Die Nutzbarmachung des ressourcenbasierten Ansatzes als Entscheidungshilfe für das Management ist vor allem von Prahalad und Hamel angestoßen worden, die primär das Management der so genannten Kernkompetenzen eines Unternehmens in den Mittelpunkt ihrer Überlegungen gestellt haben. Sie haben damit eine als Kernkompetenzenperspektive bezeichnete Richtung im strategischen Management begründet.[32]

Die theoretischen Weiterentwicklungen des ressourcenbasierten Ansatzes laufen namentlich auf eine Integration der wirtschaftswissenschaftlichen Spielarten der Evolutionstheorie hinaus. Einen Ansatzpunkt dafür bieten u.a. die einmaligen historischen Bedingungen, die im ressourcenbasierten Ansatz als eine mögliche Begründung für die Nichtimitierbarkeit von Ressourcen angeführt werden. Durch die Integration evolutionstheoretischer Erklärungsmuster wird der Blick vor allem auf die Bedeutung von Lernprozessen und Routinen, die Pfadabhängigkeit der Unternehmensentwicklung so-

---

[30] Vgl. Dierickx/Cool (1989), S. 1507 ff.; Rasche (1994), S. 70 ff.
[31] Vgl. Grant (1998), S. 129; Bamberger/Wrona (1996), S. 135.
[32] Vgl. grundlegend Prahalad/Hamel (1990) sowie u.a. Hamel/Prahalad (1994); Hamel/Heene (1994); Krüger/Homp (1997).

wie das Wirken von Selektionsmechanismen in der Unternehmensumwelt und ihre Bedeutung für das Überleben einzelner Unternehmen wie ganzer Branchen gelenkt.[33] Im Zuge der evolutionstheoretischen Unterfütterung des ressourcenbasierten Ansatzes ist seine dynamische Komponente wesentlich gestärkt worden. Vor allem Prozesse der Entwicklung neuer und der Verbesserung vorhandener Fähigkeiten sind in diesem Zusammenhang in den Mittelpunkt der Betrachtung gerückt.[34]

2.2 Ressourcenbasierter Ansatz und E-Commerce

Das Argumentationsmuster des ressourcenbasierten Ansatzes eröffnet einen Zugang zur Beantwortung der Frage nach den Erfolgsaussichten von Unternehmen im E-Commerce. Dabei bietet es sich an, den Eintritt in den E-Commerce als Hinwendung zu einem neuen Geschäftsfeld zu interpretieren, gleichgültig ob ein Internet-Start-up, ein Händler, der bereits über Aktivitäten im traditionellen Handel verfügt, oder ein Hersteller, der sich dem Online-Handel zuwendet, betrachtet wird.

2.2.1 Ressourcenbasis und Erfolg im E-Commerce

Der ressourcenbasierte Ansatz hebt die Bedeutung von Ressourcen und Fähigkeiten mit bestimmten Eigenschaften für den Unternehmenserfolg hervor. Vor allem die Vertreter des Kernkompetenzenansatzes haben zu der Einsicht beigetragen, dass nur Unternehmen, die über Kernkompetenzen in einem bestimmten Tätigkeitsbereich verfügen, Wettbewerbsvorteile aufbauen und auf Dauer erfolgreich verteidigen können.[35] Im E-Commerce werden sich nach dieser Auffassung langfristig diejenigen Unternehmen durchsetzen, die – gemessen an den marktlichen und technologischen Herausforderungen des E-Commerce – die größten Kernkompetenzen besitzen, d.h. die über die meisten Ressourcen verfügen, auf die die Merkmale Werthaltigkeit, Knappheit, Nichtimitierbarkeit, Nichtsubstituierbarkeit sowie Dauerhaftigkeit zutreffen.

Welches die im E-Commerce ausschlaggebenden Kernkompetenzen sind, kann angesichts der Vielgestaltigkeit der internetbasierten Geschäftsmodelle nicht ohne weiteres festgestellt werden. Grob können jedoch zwei Fälle unterschieden werden. Zum einen sind Situationen denkbar, in denen der Erfolg im E-Commerce überwiegend von der Ausgestaltung der internetnahen Aktivitäten (Website-Design, Zugriffszeiten, Sicherheit der Informationsübertragung usw.) abhängt. Dies ist überwiegend in denjenigen Branchen der Fall, in denen auf Grund der Digitalisierbarkeit der Produkte die bisheri-

---

[33] Vgl. im Überblick Montgomery (1995).
[34] Vgl. Teece/Pisano/Shuen (1997).
[35] Vgl. Prahalad/Hamel (1990).

gen Branchenregeln grundlegend verändert worden sind;[36] die Wettbewerbsfähigkeit der Unternehmen wird dort nachhaltig durch die Art und Weise der Nutzbarmachung des Internet bestimmt. In diesen Branchen besitzen diejenigen Unternehmen Wettbewerbsvorteile, die über Kernkompetenzen im Bereich der Internet-Aktivitäten verfügen;[37] Kernkompetenzen außerhalb dieses Aktivitätsbereichs sind nicht oder nur sehr bedingt erfolgsrelevant.

Zum anderen existieren Branchen, in denen die Aktivitäten rund um das Internet nur einen und oftmals nicht einmal den wichtigsten Erfolgsfaktor darstellen. Dazu ist die überwiegende Mehrheit der Branchen im Bereich der nicht digitalisierbaren Produkte zu zählen, deren Spielregeln grundsätzlich in Kraft bleiben und durch das Internet lediglich modifiziert werden. In diesem Umfeld verfügen diejenigen Unternehmen über Wettbewerbsvorteile, die bisher schon über die zur Sicherung des Erfolgs in der jeweiligen Branche notwendigen Kernkompetenzen verfügten und diese bei Bedarf um eine weitere Kernkompetenz im Bereich der Internet-Aktivitäten zu ergänzen vermögen.

Internet-Start-ups zeichnen sich in ihrer Mehrzahl dadurch aus, dass sie überwiegend junge, zum Teil sogar besonders junge Mitarbeiter anziehen, die einen unkonventionellen Arbeits- und Managementstil pflegen, hervorragende Kenntnisse im Bereich der Internet-Technologien besitzen und über einen engen Kontakt zur Lebenswelt der oft jugendlichen Internet-Nutzer verfügen.[38] Es ist daher naheliegend, dass „dot-coms" im Bereich der internetnahen Aktivitäten über mehr Kernkompetenzen als traditionelle Unternehmen verfügen. Da dieser Vorsprung teilweise auf unternehmenskulturellen Besonderheiten beruht, kann er selbst von finanzstarken Unternehmen mit gut ausgestatteten DV-Abteilungen nicht ohne weiteres aufgeholt werden. Andererseits verfügen Internet-Start-ups außerhalb des relativ engen Bereichs der Internet-Aktivitäten kaum über Ressourcen, die ihnen die Erlangung eines Wettbewerbsvorteils ermöglichen. Die Erfolgsaussichten von Internet-Start-ups im E-Commerce sind daher um so größer, je nachhaltiger die Regeln des Wettbewerbs in einer Branche durch das Internet verändert worden sind und je bedeutsamer daher Kernkompetenzen im Bereich der Internet-Aktivitäten sind. Umgekehrt ist die Wahrscheinlichkeit, dass sich Internet-Start-ups im Wettbewerb gegen andere Unternehmen, die ebenfalls Online-Aktivitäten aufnehmen, durchsetzen um so geringer, je weniger sich die Regeln des Wettbewerbs

---

[36] Vgl. zur Unterscheidung digitalisierbarer und nicht digitalisierbarer Produkte bereits Kap. 1.
[37] Ein Erfolgsgarant sind derartige Wettbewerbsvorteile allerdings nicht. Hohe Softwareentwicklungs- und Kundengewinnungskosten können auch in Branchen, die grundsätzlich günstige Voraussetzungen für internetbasierte Geschäftsmodelle bieten (z.B. Online-Brokerage), den Unternehmenserfolg gefährden.
[38] Vgl. Kanter (2001), S. 43 ff.

in einer Branche geändert haben und je größer daher weiterhin die Bedeutung traditioneller Kernkompetenzen ist.

2.2.2 Übertragung von Kernkompetenzen und Erfolg im E-Commerce

Neben der generellen Bedeutung von Kernkompetenzen für den Unternehmenserfolg thematisiert der ressourcenbasierte Ansatz auch Fragen der Unternehmensentwicklung. Diese Überlegungen basieren auf der Annahme, dass eine Kernkompetenz in mehreren verwandten Tätigkeitsgebieten eingesetzt werden kann. Vertreter des Kernkompetenzenansatzes deuten eine Erhöhung des Grads der vertikalen Integration wie auch die Diversifikation in verwandte Produktbereiche daher häufig als Maßnahme zur Erschließung neuer Einsatzgebiete für vorhandene Kernkompetenzen.[39] Diese Sichtweise wird durch den evolutionstheoretisch basierten Zweig des ressourcenbasierten Ansatzes gestützt. Danach suchen Unternehmen fortwährend und systematisch nach neuen Möglichkeiten des Einsatzes ihrer Ressourcen und Fähigkeiten. Am erfolgversprechendsten ist dabei die Aufnahme von Aktivitäten, die sich in der durch die gemeinsame Kompetenzbasis definierten Nähe zu den bisherigen Tätigkeitsfeldern befinden.[40]

Folgt man dieser Argumentation, nach der Kernkompetenzen in neue Tätigkeitsfelder transferiert werden können, so haben in einem für die gesamte Volkswirtschaft neuen Geschäftsfeld wie dem E-Commerce Unternehmen Startvorteile, denen die Übertragung bereits vorhandener Kernkompetenzen gelingt. Sie werden sich im Wettbewerb mit großer Wahrscheinlichkeit gegenüber Newcomern durchsetzen, die diese Kompetenzen erst in einem kosten- und zeitaufwendigen Entwicklungsprozess aufbauen müssen. Dieses Argumentationsmuster macht verständlich, warum u.a. traditionellen Versandhändlern überdurchschnittliche Chancen im E-Commerce eingeräumt werden.[41] Diese Unternehmen verfügen über Kernkompetenzen in der Logistik, die im Bereich der nicht digitalisierbaren Produkte für den Erfolg im E-Commerce zentral sind. So zählen nach einer Erhebung von Forrester Research der weltweite Vertrieb, die Mengenbeherrschung, der Umgang mit Rückläufern sowie die ausreichende Statuskontrolle zu den größten Herausforderungen im E-Commerce.[42] Unternehmen, die eine entsprechende Kernkompetenz bereits besitzen und diese im E-Commerce erneut nutzen können, haben erhebliche Wettbewerbsvorteile gegenüber Konkurrenten.

---

[39] Vgl. dazu die bei Prahalad und Hamel (1990) angeführten Beispiele.
[40] Vgl. Teece et al. (1994), S. 22 ff.; Teece/Pisano/Shuen (1997), S. 529.
[41] Vgl. o.V. (2001a).
[42] Vgl. o.V. (1999).

2.2.3 Schließung von Ressourcenlücken und Erfolg im E-Commerce

Viele etablierte Unternehmen schätzen ihre Kompetenzen beim Aufbau von E-Commerce-Aktivitäten als gering ein und beteiligen sich daher an Internet-Start-ups. Umgekehrt haben vereinzelt auch Internet-Unternehmen die Zeiten des Börsenbooms genutzt, um mit etablierten Unternehmen zu fusionieren. Aus ressourcenbasierter Sicht handelt es sich in beiden Fällen um Versuche, im Wege des Unternehmenskaufs neue Ressourcen zu erwerben, die Lücken im eigenen Ressourcenbestand schließen, aber auf Grund eingeschränkter Möglichkeiten des Ressourcentransfers nicht isoliert auf den Faktormärkten erworben werden können.[43]

Die Erfolgsaussichten eines Ressourcentransfers im Wege des Unternehmenserwerbs werden aus evolutionstheoretischer Sicht allerdings skeptisch beurteilt, sofern der Ressourcenerwerb den Transfer von Wissen einschließt. Begründet wird diese Einschätzung mit der lokalen Natur von Lernprozessen. Diese findet darin ihren Ausdruck, dass der Erwerb neuen Wissens wesentlich durch den Bestand an vorhandenem Wissen bestimmt wird. Werden verschiedene, zueinander nicht in Beziehung stehende Wissensbestände kombiniert, kommt es nach dieser Auffassung nicht zur Übertragung von Wissen; die verschiedenen Wissensbestände bleiben vielmehr unverbunden nebeneinander stehen.[44]

Folgt man dieser Argumentation, so fällt der Transfer E-Commerce-relevanten Wissens in ein etabliertes Unternehmen im Wege des Erwerbs eines Internet-Start-ups um so schwerer, je geringer die Überschneidungen der Wissensbestände beider Unternehmen sind. Im Falle fehlender oder geringer Überschneidungen führt die Beteiligung an Internet-Unternehmen lediglich zum Aufbau eines Beteiligungs-Portfolios, nicht jedoch zur angestrebten Entwicklung von Internet-Kompetenzen beim Erwerber.

2.2.4 Tätigkeitsspektrum und Erfolg im E-Commerce

Namentlich der als Kernkompetenzenansatz bezeichnete Zweig des ressourcenbasierten Ansatzes hat Aussagen zum Umfang der Aktivitäten, die ein Unternehmen selbst wahrnehmen sollte, entwickelt. Es wird empfohlen, periphere Aktivitäten, in denen ein Unternehmen über keine Kernkompetenzen verfügt, im Wege des Outsourcing auf externe Anbieter zu übertragen, da durch den Einsatz von Standardressourcen keine Wettbewerbsvorteile erlangt werden können. Auf der anderen Seite wird den Unternehmen dringend nahegelegt, Aktivitäten, bei denen sie über Kernkompetenzen verfügen und die daher maßgeblich für die Erlangung von Wettbewerbsvorteilen sind, in

---

[43] Vgl. Wernerfelt (1984), S. 175.
[44] Vgl. Teece et al. (1994), S. 16 ff.; Teece/Pisano/Shuen (1997), S. 529.

keinem Fall auf Externe zu übertragen; zu groß sei die Gefahr, in Abhängigkeit von anderen Unternehmen zu geraten und die Fähigkeit zur eigenständigen Generierung von Wettbewerbsvorteilen einzubüßen.[45]

Evolutionstheoretisch orientierte Varianten des ressourcenbasierten Ansatzes stützen diese Auffassung. Bei den Kernkompetenzen handelt es sich zumindest teilweise um Handlungsroutinen, die nach evolutionstheoretischer Lesart als Wissensspeicher fungieren und erfolgreiche Problemlösungsmuster repräsentieren. Da dieses Wissen auf Grund seiner Komplexität nicht vollständig explizit gemacht werden kann, würde ein Unternehmen, das Kernkompetenzen auf Dritte überträgt, die Fähigkeit verlieren, auf das implizite Wissen zuzugreifen, das seinen Wettbewerbsvorteil ausmacht.[46] Zugleich wäre ihm die Möglichkeit zur Weiterentwicklung dieses Wissens genommen. Die Evolutionstheorie begründet dies mit der Existenz technologischer Entwicklungspfade, die ihre Ursache in der lokalen Natur von Lernprozessen haben. Eine Weiter- oder Neuentwicklung von Wissen ist nur möglich, wenn verwandte Fähigkeiten innerhalb des eigenen Unternehmens vorhanden sind.[47]

Ob ein Unternehmen eigene Kernkompetenzen im Bereich des E-Commerce aufbauen soll, hängt danach vom Stellenwert der Internet-Aktivitäten für die Erlangung und Verteidigung von Wettbewerbsvorteilen in einer Branche ab. Je nachhaltiger die Regeln des Wettbewerbs in einer Branche durch das Internet verändert werden und je bedeutsamer daher die Entwicklung von Kernkompetenzen in diesem Bereich ist, desto unverzichtbarer ist es für ein Unternehmen, eigene Kernkompetenzen im Bereich der Internet-Aktivitäten zu entwickeln. Mehr oder weniger lockere Allianzen mit Internet-Unternehmen genügen in dieser Situation nicht, da sie dem Unternehmen keinen ausreichenden Zugriff auf wettbewerbsrelevante Ressourcen ermöglichen. Werden hingegen die Regeln des Wettbewerbs durch das Internet nur marginal modifiziert, sind Kernkompetenzen im Bereich der Internet-Aktivitäten weniger ausschlaggebend. Ein Unternehmen kann dann darauf verzichten, eigene Kernkompetenzen in diesem Bereich aufzubauen, und statt dessen auf die Dienstleistungen externer Anbieter zurückgreifen.

Analog kann für Internet-Start-ups argumentiert werden. Sind sie in einer Branche tätig, in der traditionelle Erfolgsfaktoren ihre wettbewerbsentscheidende Rolle eingebüßt haben, so sind die Entwicklung von Kernkompetenzen jenseits der Internet-Aktivitäten und eine entsprechende Ausdehnung der Geschäftsaktivitäten entbehrlich. Behalten

---

[45] Vgl. Prahalad/Hamel (1990), S. 84 f.; Rasche (1994), S. 310 ff.
[46] Zum Begriff der Routine und ihrer Funktion als Wissensspeicher vgl. Nelson/Winter (1982), S. 14 ff. und 99 ff.
[47] Vgl. Teece et al. (1994), S. 11 ff.; Dosi/Nelson (1998), S. 221 ff.

traditionelle Erfolgsfaktoren hingegen ihre prägende Kraft in einer Branche, dann ist es für Internet-Unternehmen unverzichtbar, Kernkompetenzen jenseits der Internet-Aktivitäten zu entwickeln.

3. Erfolgsaussichten im E-Commerce – eine marktbasierte Betrachtung

Nach herrschender Auffassung ergänzen der zuvor dargestellte ressourcenbasierte Ansatz im strategischen Management und die wettbewerbsstrategische Konzeption Michael Porters einander. Der ressourcenbasierte Ansatz stellt die Bedeutung unternehmensinterner Ressourcen in den Mittelpunkt; das Tätigkeitsfeld eines Unternehmens bestimmt sich nach Maßgabe der verfügbaren Ressourcen bzw. Kernkompetenzen („inside-out"-Perspektive). Porters Überlegungen setzen demgegenüber an der Branche und den in ihr wirkenden Wettbewerbskräften an; die anschließend zu formulierende Wettbewerbsstrategie stellt die Summe der Maßnahmen zum Umgang mit den Wettbewerbskräften dar. Porters wettbewerbsstrategisches Konzept wird wegen der in der geschilderten Vorgehensweise zum Ausdruck kommenden „outside-in"-Perspektive auch als marktbasierter Ansatz gekennzeichnet.[48] Es bietet sich auf Grund der komplementären Perspektiven beider Ansätze an, die ressourcenbasierte Analyse der Strategien im E-Commerce um eine marktbasierte Analyse zu ergänzen. Im Mittelpunkt steht die Frage, wie sich ein Unternehmen im E-Commerce strategisch positionieren kann und welcher Stellenwert den von Porter unterschiedenen Wettbewerbsstrategien angesichts der Spezifika des Internet zukommt.

Diese Frage stellt sich sowohl im Business-to-Business- als auch im Business-to-Consumer-Bereich des E-Commerce. Dem Business-to-Business- bzw. B2B-Bereich wird der gesamte zwischenbetriebliche E-Commerce zugerechnet, während der Business-to-Consumer- bzw. B2C-Bereich die internetgestützten Geschäftsbeziehungen zwischen Unternehmen und Endverbrauchern umfasst.[49] Ungeachtet einiger Unterschiede zwischen beiden Bereichen – u.a. wird auf die größere Komplexität des E-Commerce im B2B-Bereich hingewiesen, die sich aus der Verschränkung verschiedener Warenwirtschaftssysteme und dem geringeren Standardisierungsgrad der Geschäftsbeziehungen ergibt[50] – besteht das übereinstimmende Ziel darin, langfristig überdurchschnittliche Gewinne durch den Aufbau einer überlegenen strategischen Position zu erzielen.[51] Ungeachtet dessen wird im Folgenden eine Eingrenzung auf den vergleichsweise ho-

---

[48] Vgl. zu einem Überblick über die Diskussion um das Verhältnis beider Ansätze Börner (2000), S. 118 ff.
[49] Vgl. z.B. Thome/Schinzer 1997, S. 8 ff.; Hermann/Sauters (1999), S. 22 ff.
[50] Vgl. Rohrbach (1999), S. 272 ff.
[51] So auch Porter (2001), S. 66.

mogenen B2C-Bereich vorgenommen, um die Ausführungen von andernfalls erforderlichen Fallunterscheidungen sowie einer Behandlung der im B2B-Bereich dominierenden technischen Fragestellungen zu entlasten.

3.1 Grundzüge des marktbasierten Ansatzes im strategischen Management

Das wettbewerbsstrategische Konzept Michael Porters ist im Struktur-Verhalten-Ergebnis-Schema der Harvard-Schule[52] verwurzelt, das die Ursache von Wettbewerbsvorteilen in Marktunvollkommenheiten sieht. Aus diesem Grund stehen die Analyse der Branchenstruktur und die Positionierung eines Unternehmens innerhalb einer Branche durch die Formulierung geeigneter Wettbewerbsstrategien im Mittelpunkt der Betrachtung.

Die Struktur einer Branche ist nach Porter durch fünf Wettbewerbskräfte bestimmt, die die Regeln des Wettbewerbs und damit sowohl die Unternehmensrentabilität als auch die Wahl einer Wettbewerbsstrategie determinieren. Bei den von Porter analysierten Wettbewerbskräften handelt es sich um die Rivalität unter den bestehenden Unternehmen in einer Branche, die Bedrohung durch neu in den Markt eintretende Konkurrenten, die Bedrohung durch Substitutionsprodukte, die Verhandlungsstärke von Zulieferern sowie die Verhandlungsstärke von Abnehmern.[53]

Unter einer Wettbewerbsstrategie versteht Porter „die Wahl offensiver oder defensiver Maßnahmen, um eine gefestigte Branchenposition zu schaffen, d.h. erfolgreich mit den fünf Wettbewerbskräften fertig zu werden und somit einen höheren Ertrag auf das investierte Kapital zu erzielen."[54] Ein Unternehmen formuliert nach dieser Auffassung eine Wettbewerbsstrategie, um sich durch Ausnutzung bzw. Schaffung von Marktunvollkommenheiten in dem durch die Wettbewerbskräfte beschriebenen Umfeld relativ zu den Wettbewerbern möglichst gut zu positionieren und auf diese Weise dauerhaft überdurchschnittliche Gewinne zu erzielen. Als Basisstrategien im Wettbewerb unterscheidet Porter die Kostenführerschafts- und die Differenzierungsstrategie.[55]

Der Wettbewerbsvorteil des Kostenführers beruht darauf, dass er ein Produkt, das dem der Konkurrenz in den wesentlichen Merkmalen entspricht oder von den Nachfragern zumindest als akzeptabel betrachtet wird, zu niedrigeren Kosten als alle Wettbewerber

---

[52] Vgl. z.B. Bain (1968).
[53] Vgl. Porter (1999a), S. 33 ff.; Porter (1999b), S. 28 ff.
[54] Porter (1999a), S. 70.
[55] Vgl. hierzu und zum folgenden Porter (1999a), S. 70 ff.; Porter (1999b), S. 37 ff. Die von Porter ebenfalls vorgenommene Unterscheidung zwischen der Bearbeitung der gesamten Branche und der Konzentration auf Branchensegmente (Nischenstrategie) wird hier nicht aufgegriffen.

erstellen kann. Ein Kostenvorsprung ermöglicht es einem Unternehmen, auch dann noch Gewinne zu erzielen, wenn der Preis auf das Kostenniveau der Wettbewerber gefallen ist und diese daher nicht mehr profitabel arbeiten.

Verfolgt ein Unternehmen eine Differenzierungsstrategie, so ist es bemüht, ein Leistungsangebot zu schaffen, das von den Nachfragern als einzigartig angesehen wird. Mögliche Ansatzpunkte dazu sind der Lieferservice, die Produktqualität, der Markenname, das Design, der Kundendienst usw. Eine Differenzierungsstrategie ermöglicht überdurchschnittliche Gewinne, weil die Einmaligkeit des Angebots die Kundenbindung fördert und die Realisierung eines höheren Preisniveaus erlaubt.

Ursprünglich war Porter der Auffassung, dass die gleichzeitige Verfolgung einer Kostenführerschafts- und einer Differenzierungsstrategie ein Unternehmen „zwischen die Stühle" geraten ließe, da beide Strategietypen in der Regel unterschiedliche Maßnahmen erfordern. Die Differenzierung des Produktangebots z.B. zwingt ein Unternehmen häufig, höhere Kosten in Kauf zu nehmen; eine Kostenführerschaft kann dann nicht mehr realisiert werden. Porter prophezeite daher Unternehmen, die sich nicht eindeutig für Kostenführerschaft oder Differenzierung entscheiden, eine unterdurchschnittliche Rentabilität.[56] Diese These ist wiederholt heftig kritisiert und auch empirisch widerlegt worden.[57] Sie ist daher in der Folgezeit von Porter erheblich abgeschwächt worden;[58] in seiner jüngsten Veröffentlichung erkennt Porter an, dass Unternehmen Wettbewerbsvorteile erzielen „... by operating at a lower cost, by commanding a premium price, or by doing both."[59] Vor diesem Hintergrund werden im Folgenden sowohl der Zwang zur Kostenführerschaft als auch Möglichkeiten zur Differenzierung im E-Commerce analysiert.

3.2 Kostenführerschaft im E-Commerce

Das Internet kann unter wirtschaftlichen, technologischen, rechtlichen und politischen Gesichtspunkten gekennzeichnet werden.[60] Für den Stellenwert von Kostenüberlegungen in den am E-Commerce teilnehmenden Unternehmen sind vor allem technologische Merkmale wie die Offenheit des Internet und die in ihm realisierten hohen Übertragungsgeschwindigkeiten von großer Bedeutung.

---

[56] Vgl. Porter (1999a), S. 78 ff.
[57] Vgl. etwa Hill (1988); Campbell-Hunt (2000), S. 147 ff.
[58] Vgl. Porter (1999b), S. 45 f.
[59] Porter (2001), S. 70.
[60] Vgl. Shapiro/Varian (1999), S. 1 ff.; Hermanns/Sauter (1999), S. 17.

Ein System ist durch *Offenheit* gekennzeichnet, wenn es im Verbund mit anderen Systemen einsetzbar ist, weil es öffentlich zugängliche, allgemein akzeptierte Regeln einhält.[61] Das Internet ist ein offenes System, das auf einheitlichen Standards, z.B. dem TCP/IP-Protokoll, basiert, die die Verknüpfung unterschiedlicher Hardware- und Software-Konfigurationen ermöglichen.[62] Die Offenheit des Internet führt dazu, dass die technologischen Voraussetzungen zur Herstellung des Zugangs zum Internet leicht zu erfüllen sind, so dass es von jedem Interessierten genutzt werden kann.[63] Die Akzeptanz eines einheitlichen Standards hat des weiteren bewirkt, dass sich zahlreiche Dienstleister etabliert haben, die potenzielle Teilnehmer am E-Commerce bei der Schaffung der erforderlichen technologischen Basis unterstützen oder diese sogar vollständig zur Verfügung stellen. Zu diesen Dienstleistungen, die Anbieter im E-Commerce von technischen Detailproblemen entlasten und das Volumen der Anfangsinvestitionen niedrig halten, sind beispielsweise Hosting Services zu zählen.[64]

Die Offenheit des Internet wirkt der Entstehung technologisch und finanziell bedingter Markteintrittsbarrieren entgegen. Die Stellung eines Anbieters im E-Commerce wird daher fortgesetzt durch potenzielle Wettbewerber bedroht, die die Marktstellung von Anbietern in ähnlicher Weise wie aktuelle Konkurrenten bedrohen. Je niedriger die Markteintrittsbarrieren sind und je höher damit die Wettbewerbsintensität in einer Branche ist, desto stärker müssen alle Marktteilnehmer darauf achten, eine konkurrenzfähige Kostenposition einzunehmen. Die Offenheit des Internet zwingt daher die Unternehmen, die sich im E-Commerce engagieren, Elemente einer Kostenführerschaftsstrategie zu realisieren, um trotz der durch die niedrigen Markteintrittsbarrieren verursachten hohen Wettbewerbsintensität bestehen zu können.

Fortschritte im Bereich der Übertragungskapazitäten und der Vermittlungstechnologien haben zu einer enormen Steigerung der *Übertragungsgeschwindigkeiten* im Internet geführt.[65] Die hohen Übertragungsgeschwindigkeiten bewirken zusammen mit der Hypertext-Struktur, die den einfachen Zugriff auf Informationen sicherstellt, dass Internet-Nutzern jederzeit und an fast jedem Ort in Echtzeit zu relativ geringen Kosten große Informationsmengen zur Verfügung stehen.[66] Dadurch wird die Ausdehnung und damit Globalisierung der räumlich relevanten Märkte gefördert und die Bedeutung

---

[61] Vgl. Picot/Reichwald/Wigand (2001), S. 182.
[62] Vgl. Hermanns/Sauter (1999), S. 17.
[63] Unterstützend wirkt sich in diesem Zusammenhang auch der fortschreitende Preisverfall im IT- und Telekommunikationsbereich aus.
[64] Vgl. Pils/Kerschbaumer (1998), S. 46. Auch für andere Aktivitäten, z.B. im Bereich der Auftragsabwicklung, stehen in großer Zahl externe Dienstleister bereit.
[65] Vgl. Picot/Reichwald/Wigand (2001), S. 147 ff.
[66] Vgl. Zerdick et al. (1999), S. 145; Sauter (1999), S. 102 und 104; Wilke (2000), S. 237.

des jeweiligen Standorts von Anbietern und Nachfragern erheblich relativiert.[67] Zugleich wird es den Nachfragern ermöglicht, jederzeit und ohne Inkaufnahme erheblicher Kosten oder Zeiteinsätze den Anbieter zu wechseln.

Die hohen Übertragungsgeschwindigkeiten und der dadurch ermöglichte Zugriff auf große Informationsmengen bewirken des weiteren eine Erhöhung der Markt- und speziell der Preistransparenz. Die Möglichkeit der Ausnutzung der unvollkommenen Verfügbarkeit von Informationen und der Existenz hoher Transaktionskosten, die im Handel traditionell die Basis preis- und gewinnsteigernder Wettbewerbsvorteile bildet,[68] wird dadurch beschnitten. Der E-Commerce bietet daher nur wenige Möglichkeiten zu einer differenzierten, Marktunvollkommenheiten ausnutzenden Preispolitik.[69] Statt dessen kommt dem Preis eine gesteigerte Bedeutung als kaufentscheidendes Argument zu. Im E-Commerce ist es daher für Anbieter von besonderer Relevanz, keine Kostennachteile gegenüber ihren Konkurrenten aufzuweisen.[70]

Zusammenfassend kann festgehalten werden, dass die Spezifika des Internet, namentlich seine Offenheit und die hohen Übertragungsgeschwindigkeiten, die Realisierung von Elementen einer Kostenführerschaftsstrategie im E-Commerce nahezu unausweichlich erscheinen lassen. Nach de Figueiredo sind im Internet vor allem Commodities und Quasi-Commodities auf Grund ihres hohen Standardisierungsgrads einem erheblichen Preiswettbewerb ausgesetzt.[71] Die Anbieter derartiger Produkte dürfen den Preisabstand zu traditionellen Händlern sowie zu direkten Konkurrenten im E-Commerce nur so groß werden lassen, dass er von den Nachfragern als vernachlässigbar eingeschätzt wird. Sofern es dem Anbieter nicht gelingt, sein Angebot zu differenzieren, ist der von den Nachfragern tolerierte Preisabstand gering, da ein Anbieterwechsel im E-Commerce keine hohen Transaktionskosten verursacht. Anbieter, die dies nicht beachten, werden vom elektronischen Markt verdrängt. Es erscheint daher folgerichtig, von einem Zwang zur Kostenführerschaft im E-Commerce zu sprechen.

Verfolgen alle oder die meisten Anbieter in einer Branche eine Kostenführerschaftsstrategie, so hat dies verheerende Konsequenzen für die Branchenattraktivität und die Gewinnsituation der Unternehmen.[72] Dies gilt in ganz besonderer Weise für den E-Commerce, in dem die Unternehmen nicht nur untereinander, sondern auch mit den

---

[67] Vgl. Albers/Peters (1997), S. 71.
[68] Vgl. Grant (1998), S. 186 f.
[69] Vgl. Hermanns (1999), S. 96; Sauter (1999), S. 106; Müller-Hagedorn et al. (2000), S. 28; Zerdick et al. (1999), S. 145 u. 151 ff.
[70] Vgl. Venkatraman (2000), S. 17; Haertsch (2000), S. 133.
[71] Vgl. de Figueiredo (2000), S. 44 ff. Zu den von de Figueiredo unterschiedenen Produktkategorien vgl. Kap. 1.
[72] Vgl. Porter (1999a), S. 40.

preisorientierten Betriebsformen des traditionellen Handels um die Position des Kostenführers ringen. Die Unternehmen laufen daher Gefahr, im Preiskampf zerrieben zu werden. Dies gilt um so mehr, als es innovative Preisstrategien im Internet, z.B. Auktionen, erlauben, zumindest fallweise nahezu jeden Preis zu unterbieten. Die Strategie der Kostenführerschaft ist damit im E-Commerce zwar unausweichlich, zugleich jedoch als alleinige Basis des langfristigen Unternehmenserfolgs ungenügend. Neben den Aufbau einer konkurrenzfähigen Kostenposition muss daher im E-Commerce die Differenzierung des Angebots treten.

Die Notwendigkeit der ergänzenden Verfolgung einer Differenzierungsstrategie wird noch durch zwei weitere Spezifika des Internet verstärkt; diese sind unter den Bezeichnungen „Web Hopping" und „economics of attention" bekannt geworden.

„Web Hopping" oder „Surfen" bezeichnet ein Nutzerverhalten, das durch kurze Verweilzeiten auf den einzelnen Websites gekennzeichnet ist. Im E-Commerce ist es u.a. Folge der dem Nachfrager offen stehenden Möglichkeit, bei jedem Kaufakt das jeweils günstigste Angebot auszuwählen.[73] Ein mit dieser Absicht betriebenes Web Hopping ist aus Sicht der Anbieter in zweierlei Hinsicht problematisch. Zum einen wird eine Mischkalkulation erschwert; die Anbieter können nicht darauf vertrauen, dass ein Kunde neben sehr knapp kalkulierten Angeboten auch margenstärkere Produkte erwirbt.[74] Zum anderen ist Web Hopping Ausdruck einer geringen Kundenloyalität. Diese führt dazu, dass zahlreiche Anbieter im E-Commerce überdurchschnittlich viele Umsätze mit Erstkunden tätigen, der Anteil der Wiederholungskäufer hingegen gering ist.[75] Wiederholungskäufer sind aber in vielen Branchen sehr viel profitabler als Erstkäufer, da sie keine Kundengewinnungskosten verursachen, preisunempfindlicher sind und kleinere Schwierigkeiten, z.B. Fehllieferungen, seltener zum Anlass nehmen, eine Geschäftsbeziehung zu beenden.[76] Vor dem Hintergrund der geschilderten Probleme ist eine Differenzierung im E-Commerce unerlässlich, um die Kundenbindung und damit die Profitabilität der Umsätze zu verbessern.

Das Schlagwort von den „economics of attention" ist von Shapiro und Varian geprägt worden. Sie beschreiben damit die Situation, dass die Internet-Nutzer auf Grund der enormen Informationsfülle, mit der sie konfrontiert werden, gezwungen sind, ihre Aufmerksamkeit auf ausgewählte Netzinhalte zu richten.[77] Ein niedriger Preis ist daher zwar die bis zu einem gewissen Grad notwendige, aber keine hinreichende Bedingung

---

[73] Begrenzt wird diese Möglichkeit allerdings durch die vermehrt anfallenden Versandkosten.
[74] Vgl. Duchrow (1999), S. 438 f.
[75] Vgl. Priess/Heinemann (1999), S. 121 f.
[76] Vgl. Reichheld/Sasser (1998), S. 138 ff.; Krafft (1999), S. 168 f.
[77] Vgl. Shapiro/Varian (1999), S. 6 ff.

für die Generierung von Umsätzen im E-Commerce. Selbst ein Anbieter mit konkurrenzfähigen Preisen kann auf Grund der Eigentümlichkeiten der „economics of attention" aus dem Blickfeld der Nachfrager geraten und im E-Commerce marginalisiert werden. Jeder Anbieter ist daher gezwungen, durch Verfolgung einer Differenzierungsstrategie genügend Aufmerksamkeit auf sein Angebot zu lenken.

Resümierend ist festzustellen, dass angesichts der relativ hohen Preistransparenz nur Anbieter, die über ein wettbewerbsfähiges Kosten- und damit Preisniveau verfügen, langfristig im E-Commerce erfolgreich sein können. Gleichzeitig ist aber festzuhalten, dass niedrige Kosten bzw. Preise als alleinige Basis des Wettbewerbs nicht ausreichend sind, da sie angesichts der Informationsflut im Internet und des Web-Hopping-Problems alleine noch keine nennenswerten, vor allem aber keine auskömmlichen Umsätze garantieren. Elemente einer Kostenführerschaftsstrategie müssen daher im E-Commerce um Maßnahmen zur Differenzierung des Angebots ergänzt werden.

3.3 Differenzierung im E-Commerce

3.3.1 Möglichkeiten der Differenzierung im Handel

Die Differenzierung eines Leistungsangebots kann auf sehr unterschiedliche Weise erfolgen; die Möglichkeiten können grob den Bereichen der Produkt-, der Preis-, der Kommunikations- und der Distributionspolitik zugeordnet werden.[78] Im Handel kann eine Differenzierung an allen Kriterien anknüpfen, die Kunden bei der Wahl ihrer Einkaufsstätte berücksichtigen; eine herausgehobene Bedeutung kommt traditionell den Parametern Standort, Sortimentspolitik, Produktpräsentation und Kundenberatung zu.[79] Da ein Anbieter im E-Commerce sowohl mit dem traditionellen Handel als auch mit anderen Online-Händlern konkurriert, wird im Folgenden untersucht, inwieweit unter Rückgriff auf die genannten Parameter eine Differenzierung vom stationären Handel wie auch innerhalb des E-Commerce möglich ist.

Der *Standort* ist im stationären Einzelhandel der wichtigste Erfolgsfaktor, da er die Erreichbarkeit eines Ladenlokals bestimmt.[80] Im Unterschied dazu hat der Standort des Anbieters im E-Commerce auf Grund der hohen Übertragungsgeschwindigkeiten im Internet seine kaufentscheidende Bedeutung weitgehend eingebüßt; allenfalls in der Abwicklungsphase anfallende Transaktionskosten, Sprachbarrieren u.ä. schränken den Aktionsradius eines Anbieters ein. Die dem Kunden dadurch eröffnete Möglichkeit,

---

[78] Vgl. Homburg/Bruhn (1998), S. 21.
[79] Vgl. Müller-Hagedorn (1998), S. 200 ff.
[80] Vgl. Kotler/Bliemel (2001), S. 1152.

von nahezu jedem Ort und – auf Grund der kontinuierlichen Marktpräsenz der Anbieter im Internet – zu jeder Zeit den von ihm präferierten Anbieter erreichen zu können, erlaubt den Unternehmen im E-Commerce eine Differenzierung gegenüber dem stationären Handel. Relativiert wird dieser Vorteil allerdings dadurch, dass auf Grund der Notwendigkeit des Produktversands aus Sicht des Nachfragers keine kurzfristige Verfügbarkeit der im E-Commerce angebotenen Produkte gegeben ist.

Innerhalb des E-Commerce zeichnen die jederzeitige Marktpräsenz und der standortunabhängige Zugang zum Angebot alle Konkurrenten in derselben Weise aus, so dass das Differenzierungspotenzial des „anywhere and anytime" sehr begrenzt ist. Angesichts der Informationsfülle des Internet ist es für den Erfolg im E-Commerce allerdings entscheidend, wie ein Anbieter sich auf Portalen und in Suchmaschinen positioniert. Diese Positionierung bestimmt in hohem Maße die Zahl der Kontakte mit potenziellen Nachfragern im Internet und besitzt daher eine dem Standort im stationären Handel vergleichbare Bedeutung für den Geschäftserfolg.

Die *Sortimentspolitik* legt die Breite und die Qualität des Produktprogramms fest. Durch ein breiteres und höherwertigeres Produktangebot differenzieren sich im traditionellen Handel viele Anbieter von den preisorientierten Betriebsformen. Im stationären Handel setzt die Verbreiterung des Sortiments eine entsprechende Größe der Ladenlokale voraus. Für hochwertige Produktangebote wiederum ist in der Regel ein angemessenes Ambiente unabdingbar. Im E-Commerce entfällt demgegenüber die Bedeutung räumlicher Gegebenheiten für die Sortimentspolitik. Viele Anbieter im E-Commerce nutzen die enormen Informationsspeicherungs und -übermittlungskapazitäten, die ihnen die modernen Technologien bieten, um sich als Vollsortimenter von großen Teilen des stationären Handels abzuheben. Darüber hinaus können sie auf elektronischen Marktplätzen oder in elektronischen Shopping Malls ihr eigenes Angebot in der Nähe komplementärer Produkte positionieren.[81] Diese Möglichkeiten stehen allen Teilnehmern am elektronischen Handel offen. Wie der Standort kann daher auch die Sortimentspolitik innerhalb des E-Commerce nur bedingt als Differenzierungsvariable eingesetzt werden.

Unter dem Gesichtspunkt der *Produktpräsentation* weist das Internet einerseits Nachteile auf, da es dem Kunden keine persönliche Inaugenscheinnahme der Produkte ermöglicht; Fühlen, Riechen und Schmecken sind zumindest beim gegenwärtigen Stand der Übertragungstechnologien noch nicht möglich.[82] Andererseits ist das Internet durch Multimedialität gekennzeichnet, d.h. durch die Integration unterschiedlicher Medien, namentlich Text, Bild, Graphik, Audio und Video. Neben der Leistungsstei-

---

[81] Vgl. Müller-Hagedorn et al. (2000), S. 27 ff.
[82] Vgl. Wilke (2000), S. 247 ff.

gerung der Netze, die die notwendigen Übertragungskapazitäten bereitstellen, hat vor allem das durch die Digitalisierung geförderte Zusammenwachsen der Bereiche Informationstechnologie, Kommunikation und Medien multimedialen Angeboten den Weg geebnet.[83] Die Multimedialität erlaubt es, den Nachfragern neue, dem traditionellen Handel nicht zur Verfügung stehende Formen der Produktpräsentation zu bieten und sich auf diese Weise zu differenzieren. Grundsätzlich stehen diese technologischen Möglichkeiten allen Anbietern im Internet in ähnlicher Form zur Verfügung. Aus Know-how-, Kosten- oder anderen Gründen wird allerdings von diesem Angebot nicht immer in derselben Weise Gebrauch gemacht. Wo diesbezügliche Unterschiede auftreten, kann die Produktpräsentation innerhalb des E-Commerce als Differenzierungsparameter eingesetzt werden. Nutzen jedoch alle Anbieter die sich ihnen bietenden technischen Möglichkeiten, erschließt die Produktpräsentation im Internet keine wesentlichen Differenzierungspotenziale; vernachlässigbare Unterschiede im Aufbau verschiedener Websites begründen keine Wettbewerbsvorteile.[84]

Im Bereich der *Kundenberatung* erschließt das Internet neue Möglichkeiten, die sich namentlich aus den hohen Übertragungsgeschwindigkeiten und der Interaktivität ergeben. Mit Interaktivität wird die Möglichkeit der zweiseitigen Kommunikation im Internet bezeichnet, die es den Nachfragern ermöglicht, in einen Dialog mit den Anbietern einzutreten. Interaktivität und hohe Übertragungsgeschwindigkeiten erlauben es, dass die Nachfrager präzise ihren Beratungsbedarf artikulieren und die Anbieter schnell die gewünschten Informationen bereitstellen. Gleichwohl ist zu bedenken, dass über das Internet nur digitalisierbare Daten übermittelt werden können und dass die technischen Möglichkeiten zur Kundenberatung für alle E-Commerce-Teilnehmer sehr ähnlich sind. Eine Differenzierung gegenüber dem traditionellen Handel ist daher nur unter bestimmten Bedingungen möglich, z.B., wenn umfangreiche, einem permanenten Aktualisierungsbedarf unterliegende schriftliche Dokumentationen des Produkts und seiner Funktionen kaufentscheidend sind. Eine Differenzierung innerhalb des E-Commerce durch eine überlegene Form der Informationsbereitstellung ist nahezu unmöglich; allenfalls die Geschwindigkeit und die Fachkompetenz, mit der Kundenanfragen beantwortet werden, ermöglichen eine Differenzierung des Angebots.

Zusammenfassend ist festzuhalten, dass der Online-Handel unter dem Gesichtspunkt traditioneller Differenzierungsvariablen – Standort, Sortimentspolitik, Produktpräsentation und Kundenberatung – teilweise Vorteile, teilweise aber auch Nachteile gegenüber dem stationären Handel aufweist. Eine Differenzierung des E-Commerce gegenüber dem stationären Handel ist unter Rückgriff auf die analysierten Handlungsparameter daher nur partiell möglich. Wertet man steigende Marktanteile des Internet-

---

[83] Vgl. Zerdick et al. (1999), S. 129 ff.; Picot/Reichwald/Wigand (2001), S. 181 f.
[84] Vgl. Porter (2001), S. 76.

Handels als Zeichen einer erfolgreichen Differenzierung, so scheint diese u.a. in den Bereichen Reisebuchung, Hardware- und Software-, Bücher-, Musik- und Video-, Unterhaltungselektronik- sowie Spielzeugvertrieb zu gelingen.[85]

Innerhalb des E-Commerce verlieren einigen der traditionellen Differenzierungsparameter im Handel, so etwa der physische Standort, dramatisch an Bedeutung. Die Offenheit und der hohe Standardisierungsgrad des Internet führen dazu, dass alle Anbieter über sehr ähnliche technologische Rahmenbedingungen verfügen. Sofern die von der Internet-Technologie bereitgestellten Handlungsmöglichkeiten von allen Wettbewerbern konsequent genutzt werden, beschneidet dies die Differenzierungsspielräume drastisch. Lediglich in dem Fall, dass einzelne Anbieter die Potenziale der Technologien nicht vollständig ausschöpfen können oder wollen, ergeben sich Differenzierungsmöglichkeiten. Gleichwohl wird damit für Teile der Unternehmen, die sich im elektronischen Handel engagieren, ein Dilemma sichtbar: Einerseits müssen sie sich differenzieren, um trotz Gültigkeit der „economics of attention" Nachfrager auf ihr Angebot aufmerksam zu machen und trotz eines als Web Hopping apostrophierten Nutzerverhaltens Kundentreue und -bindung zu erzeugen. Andererseits stehen ihnen die dazu traditionell eingesetzten Maßnahmen nicht oder nur sehr eingeschränkt zur Verfügung. Im Folgenden soll daher geprüft werden, inwieweit das Internet neue Differenzierungspotenziale erschließt, die die Basis strategischer Wettbewerbsvorteile im E-Commerce bilden können.

3.3.2 Erschließung neuer Differenzierungsmöglichkeiten im E-Commerce

Mit dem One-to-One-Marketing, der Markenbildung, der Belohnung von Kundentreue sowie dem gezielten Einsatz virtueller Communities werden nachfolgend vier Maßnahmen auf ihr Differenzierungspotenzial überprüft, die erst durch das Internet in größerem Umfang ermöglicht werden bzw. dem Internet ihre Renaissance verdanken.

a.) One-to-One-Marketing: Differenzierung durch Individualisierung der Kundenbeziehung

Als One-to-One- oder individuelles Marketing wird eine Konzeption bezeichnet, die die Beziehung zum einzelnen Kunden in den Mittelpunkt stellt. Dieser Ansatz basiert darauf, dass der Anbieter Wissen über die Präferenzen, das Kaufverhalten u.ä. der Kunden besitzt und dieses zu vertretbaren Kosten in kundenindividuelle Ansprachen einfließen lassen kann. Diese Bedingungen sind im Internet-Zeitalter erstmals zumindest näherungsweise erfüllt; eine große Rolle spielen in diesem Zusammenhang die

---

[85] Vgl. o.V. (2001c).

Interaktivität des Internet, die den Kenntnisstand der Anbieter über ihre Kunden wesentlich verbessert, sowie die Möglichkeit schneller und kostengünstiger Datenübertragungen.[86]

Die konsequenteste Ausgestaltung des One-to-One-Marketing stellt die Individualisierung des Produktangebots im Wege der Mass Customization dar. Darunter wird der Versuch verstanden, möglichst kleinen Kundengruppen, im Extremfall sogar jedem einzelnen Kunden, ein genau auf die jeweiligen Bedürfnisse abgestimmtes Produkt anzubieten.[87] Unter ökonomischen und technischen Gesichtspunkten realistischer ist aber in vielen Fällen die Beschränkung auf eine Individualisierung der Kundenansprache. Da selbst in diesem Bereich der Individualisierung aus Kostengründen Grenzen gesetzt sind, wird zum Teil eine Fokussierung auf die so genannte mittlere Ebene prognostiziert. Das sind relativ kleine Gruppen mit bis zu 10.000 Mitgliedern, die durch das Internet erstmals kostengünstig angesprochen werden können.[88]

Der E-Commerce bietet Individualisierungsmöglichkeiten, die dem stationären Handel nicht zur Verfügung stehen. Die Hoffnungen, die in das One-to-One-Marketing als Kundenbindungsinstrument gesetzt werden, sind daher groß.[89] Ob mit einer Individualisierung allerdings zwangsläufig eine Differenzierung verbunden ist mit der Folge, dass das Angebot von den Kunden als einmalig in einer Branche betrachtet wird, bedarf einer eingehenden Prüfung. Verschiedene Überlegungen sprechen für eine zurückhaltende Bewertung der Differenzierungspotenziale des One-to-One-Marketing.

Zunächst muss bedacht werden, dass das One-to-One-Marketing keine Innovation des Internet-Zeitalters ist, sondern vom traditionellen Versandhandel schon seit vielen Jahren im Bereich der Kundenansprache intensiv eingesetzt wird. Die im Versandhandel realisierten Maßnahmen - Ansprache des Kunden mit seinem Namen, Ausrichtung von Geburtstagsgrüßen, Zusendung mutmaßlich interessierender Kataloge u.ä. - weisen auf die Möglichkeiten, aber auch die Grenzen des One-to-One-Marketing im B2C-Bereich hin. Von kundenindividuellen Produktkonfigurationen und anderen anspruchsvollen Individualisierungskonzepten ist der Versandhandel weit entfernt. Es ist nicht ersichtlich, dass das Internet in dieser Hinsicht wesentliche neue Möglichkeiten der Individualisierung eröffnen würde. Zudem ist der seit Jahrzehnten stagnierende Umsatzanteil des Versandhandels am gesamten deutschen Einzelhandel ein Indiz dafür, dass eine im Rahmen des Möglichen vorgenommene Individualisierung des Marketing für viele

---

[86] Vgl. Strauß/Schoder (2000), S. 112 f.; Link (1999), S. 206 ff.
[87] Vgl. Kotler/Bliemel (2001), S. 422; Fink (1999).
[88] Vgl. Zerdick et al. (1999), S. 168 f. und 194 ff.
[89] Vgl. etwa Hermanns (1999), S. 94; Garczorz/Krafft (2000), S. 147 f.; Strauß/Schoder (2000), S. 114.

(potenzielle) Kunden nicht das wesentliche kaufrelevante Kriterium ist und damit offensichtlich auch nicht zu einer bemerkenswerten Differenzierung des Angebots führt.

Eine im Vergleich zu weiten Teilen der E-Commerce-Literatur realistischere Einschätzung der Kundengewinnungs- und -bindungspotenziale des One-to-One-Marketing scheint noch aus einem weiteren Grund dringend angezeigt. Die Auswertung der Daten, die die Anbieter über die Nachfrager zusammentragen, geschieht mit Hilfe von Software, die in ihrer Funktionsweise grundsätzlich bekannt ist und teilweise sogar am Markt erworben werden kann. Werden nun – wie dies häufig geschieht – mit Hilfe derartiger Programme relativ leicht erhebbare Daten der Nachfrager, z.B. Name, Wohnort und Geburtsdatum, verarbeitet, so wird zwar eine Individualisierung des Marketing, jedoch mangels Einzigartigkeit dieses Vorgangs keine Differenzierung des Angebots erreicht. Eine Differenzierung tritt erst dann ein, wenn der Anbieter Daten verarbeitet, die er im Rahmen einer längerfristigen Geschäftsbeziehung mit dem Nachfrager gewonnen hat und die daher keinem Wettbewerber zur Verfügung stehen. Ist für den Nachfrager diese weitergehende Individualisierung kaufrelevant, eine Annahme, auf der alle Individualisierungskonzepte beruhen, so wird damit eine Differenzierung erreicht, die Kundenbindung erzeugt.[90] Zu einer umfassenden, historische Daten einbeziehenden Individualisierung bedarf es jedoch bereits einer gewissen Kaufhistorie. Daran wird deutlich, dass selbst ein anspruchsvolles One-to-One-Marketing alleine keine ausreichende Maßnahme in einem durch die „economics of attention" geprägten Marktumfeld ist. Zudem scheitern derart aufwendige Individualisierungskonzepte auch im Internet-Zeitalter häufig an den dadurch verursachten Kosten.

Schließlich sind Anbieter im E-Commerce, die auf die Individualisierung des Marketing als Differenzierungsmaßnahme vertrauen, noch mit einem weiteren Problem konfrontiert. Sie können kaum verhindern, dass Nachfrager die individualisierten Leistungen, z.B. eine auf die individuellen Kaufgewohnheiten abgestimmte Produktempfehlung, nutzen, ihren Einkauf dann aber bei einem nicht differenzierten, aber günstigeren Anbieter tätigen. Mit diesem Problem ist der Fachhandel von je her konfrontiert gewesen. Es tritt im E-Commerce in nochmals verschärfter Form auf, da es die umfassende Marktübersicht und die niedrigen Kosten eines Anbieterwechsels dem Nachfrager leicht machen, die Individualisierungsleistungen des einen Anbieters mit den Preisvorteilen eines anderen Anbieters zu verbinden.

Insgesamt wird damit deutlich, dass das One-to-One-Marketing nur bedingt Differenzierungspotenziale und Preisspielräume eröffnet. Bedenkt man zudem die in den meisten Fällen eher bescheiden wirkende praktische Umsetzung dieses Konzepts, datenschutzrechtliche Restriktionen sowie die Bedenken, die viele Nachfrager gegen eine

---

[90] Vgl. Skiera/Garczorz (2000), S. 55.

systematische Speicherung ihrer Einkaufgewohnheiten haben,[91] scheint eine zurückhaltende Einschätzung des One-to-One-Marketing um so mehr angezeigt.

b.) Markenbildung: Differenzierung durch Sicherstellung von Wiedererkennung und Identifikation

Marken kennzeichnen Produkte; sie ermöglichen es dem Nachfrager, Angebote zu suchen, zu finden und wiederzuerkennen, und lösen bei ihm bestimmte Assoziationen bezüglich der Eigenschaften, der typischen Nutzer, des Nutzens, des Werts usw. eines Produkts aus. Marken übernehmen damit die wichtige Aufgabe, einem Produkt Wiedererkennungswert und Identifikationspotenziale zu verleihen. Sie sind die Voraussetzung für Markentreue; diese äußert sich darin, dass sich Nachfrager unter konkurrierenden Produkten wiederholt für dasselbe Angebot entscheiden.[92]

In dem durch eine geradezu unüberschaubare Informationsfülle charakterisierten Internet kommt einer Differenzierung über Marken eine herausragende Bedeutung zu. Diese kann auf zwei Weisen erfolgen, nämlich durch den Einsatz von Herstellermarken und durch die Entwicklung eines Internet-Angebots zu einem Markenartikel.

Beim Einsatz von Herstellermarken verlässt sich ein E-Commerce-Anbieter auf die von seinen Lieferanten entwickelten Marken. Herstellermarken kommt vor allen bei jenen Produkten, die de Figueiredo als „Look and Feel"-Güter (mit konstanter oder variabler Qualität) bezeichnet hat, eine überragende Bedeutung zu; dazu sind z.B. Kosmetika, Kleidung und handwerklich gefertigte Produkte zu zählen. Ihre kaufrelevanten Eigenschaften lassen sich trotz der Multimedialität des Internet nur sehr unvollkommen über Datennetze kommunizieren. Der Herstellermarke kommt in diesem Zusammenhang eine wichtige vertrauensbildende Funktion zu, da der Nachfrager mit bekannten Marken bestimmte Erwartungen verknüpft.[93] Wie nachhaltig die aus dem Einsatz bestimmter Herstellermarken resultierende Differenzierung im E-Commerce ist, hängt maßgeblich davon ab, wie stark die jeweilige Marke ist und wie exklusiv ein Anbieter über sie verfügen kann. Je schwächer und je verbreiteter eine Marke ist, desto weniger ist sie geeignet, einem Anbieter im elektronischen Handel Alleinstellungsmerkmale zu verleihen.[94]

---

[91] Vgl. Strauß/Schoder (2000), S. 116 f.
[92] Vgl. Kotler/Bliemel (2001), S. 735 ff.
[93] Vgl. de Figueiredo (2000), S. 43 f.
[94] Exklusiv können Händler in der Regel nur über ihre eigenen, unter Differenzierungsgesichtspunkten allerdings meist wenig bedeutsamen Handelsmarken verfügen.

Der zweite Weg, eine Differenzierung durch den Einsatz von Marken zu realisieren, besteht darin, dass ein Anbieter sich selbst und seine Website zu einem Markenartikel entwickelt. Diese Maßnahme verspricht einen großen Aufmerksamkeitsgewinn in einem durch die „economics of attention" geprägten Marktumfeld; ihr kommt damit eine wichtige Orientierungsfunktion zu. Da die Aufmerksamkeit der Nachfrager begrenzt ist, wird die Entwicklung einer Website zum Markenartikel um so schwieriger, je später ein Anbieter damit beginnt. Viele Internet-Start-ups haben aus diesem Grund anfangs sehr große Anstrengungen darauf verwandt, den Bekanntheitsgrad ihrer Internet-Adresse rasch zu steigern.

Neben der Orientierungsfunktion kommt der Website als Markenartikel aber auch die Aufgabe zu, dem Nachfrager Vertrauen in die Seriosität eines Anbieters einzuflößen. Dieses Vertrauen kann u.a. darauf gesetzt werden, dass Bestellungen fehlerfrei und zügig abgewickelt, vertrauliche Informationen, z.B. Kreditkartennummern, wirkungsvoll verschlüsselt sowie Retouren problemlos akzeptiert werden.

Die Differenzierung auf dem Weg der Entwicklung eines Anbieternamens oder einer Website zum Markenartikel gelingt um so besser, je stärker die Marke eines Anbieters ist, je positiver sie unter den oben genannten Gesichtspunkten bei den Nachfragern besetzt ist und je besser der Anbieter in der Lage ist, die durch den Markennamen geweckten Erwartungen auch zu erfüllen. Unter diesen Gesichtspunkten dürften Unternehmen Wettbewerbsvorteile besitzen, die starke Marken sowie für die Befriedigung der Kundenerwartungen relevante Fähigkeiten bereits in traditionellen Geschäftsfeldern entwickeln konnten.[95] Bei Internet-Start-ups hat sich demgegenüber in der Vergangenheit die Auftragsabwicklung häufig als ein Schwachpunkt erwiesen, so dass die Erwartungen der Nachfrager insoweit enttäuscht wurden. Ferner neigen sie vermutlich wie die meisten anderen Unternehmen auch dazu, die Stärke ihrer Markennamen systematisch zu überschätzen.[96]

c.) Belohnung von Kundentreue: Differenzierung durch Honorierung dauerhafter Geschäftsbeziehungen

Zur Belohnung von Kundentreue sind alle Maßnahmen zu zählen, die Anreize für die Aufrechterhaltung einer einmal begonnenen Geschäftsbeziehung bieten. In der Mehrzahl der Fälle handelt es sich um eine mengenbezogene Preisdifferenzierung; dazu sind u.a. umsatzabhängige Rabatte sowie kostenlose Zugaben bei Erreichen bestimmter Umsatzschwellen zu rechnen. Nichtmonetäre Belohnungen der Kundentreue beste-

---

[95] Vgl. bereits Kap. 2.2. sowie Toporowski (2000), S. 105 f.; Maiwaldt (2000), S. 63 ff.
[96] Vgl. Müller-Hagedorn et al. (2000), S. 30 f.

hen z.B. darin, ausgewählte Leistungen, etwa den Zugang zu bestimmten Informationen, nur Stammkunden zu gewähren.[97]

Maßnahmen der mengenbezogenen Preisdifferenzierung, die häufig die Vielfliegerprogramme der Fluggesellschaften zum Vorbild haben und in Form so genannter Payback-Karten zur Zeit eine Renaissance erleben, können mit Hilfe moderner Informationstechnologien deutlich einfacher als traditionelle Rabattsysteme durchgeführt werden.[98] Sie kommen daher im Rahmen des E-Commerce in vielfältiger Form zur Anwendung. Unabhängig von der im Einzelfall realisierten Ausgestaltung besteht ihr Ziel stets darin, den Kunden durch die Aussicht auf Belohnungen an den einmal gewählten Anbieter zu binden. Wird beispielsweise bei Erreichen einer bestimmten Umsatzschwelle ein Bonus gewährt, so weist das Angebot aus Sicht des Nachfragers um so stärkere Alleinstellungsmerkmale aus, je weiter er sich dem Schwellenwert bereits angenähert hat. Ein Wechsel zu einem Konkurrenten wäre mit Opportunitätskosten in Höhe des entgangenen Bonus verbunden.

Für den Anbieter bedeuten derartige Kundenbindungsprogramme eine schwierige Gratwanderung, da er den Nachfragern einen monetären oder nichtmonetären Vorteil bieten muss, der von diesen nicht als trivial eingeschätzt wird, gleichzeitig aber die eigenen Deckungsbeiträge nicht über Gebühr schmälert. Der Ausweg aus Sicht eines Anbieters besteht häufig darin, sich Belohnungssystemen anzuschließen, die die Einkäufe des Kunden bei einer Mehrzahl von Anbietern zusammenfassen. Auf diese Weise ist es möglich, trotz geringer Anreize, die beim einzelnen Kauf geboten werden, insgesamt attraktive Belohnungen in Aussicht zu stellen.

Ungeachtet dieses Vorteils offenbaren derartige Rabattsysteme ein Dilemma. Aus Sicht des Kunden sind sie um so attraktiver, je mehr Unternehmen sich an ihnen beteiligen, da der Kunde mit steigender Zahl der Mitgliedsunternehmen in der Lage ist, immer größere Teile seines Einkaufsvolumens im selben Rabattsystem honorieren zu lassen. Besonders vorteilhaft ist es aus Kundensicht, wenn mehrere Anbieter aus derselben Branche vertreten sind, da er dann Rabatte einstreichen kann ohne auf die Vorteile des Preisvergleichs verzichten zu müssen. Für die beteiligen Unternehmen hingegen ist die Aufnahme zusätzlicher Unternehmen nur attraktiv, wenn diese nicht aus der eigenen Branche stammen, da sonst die angestrebte Differenzierung und Kundenbindung nicht erreicht werden.

Aus den unterschiedlichen Zielen von Anbietern und Nachfragern folgt, dass die Konstruktion eines tragfähigen Belohnungssystems eine Abwägung erfordert zwischen der

---

[97] Vgl. Skiera (1999), S. 291; Garczorz/Krafft (2000), S. 144 f.
[98] Vgl. Shapiro/Varian (1999), S. 127 ff. und 157 ff.

Beschränkung des Zugangs von Unternehmen zum System (mit der Folge abnehmender Attraktivität für die Nachfrager) und der Öffnung des Belohnungssystems für neue, unter Umständen sogar mit den bisherigen Teilnehmern konkurrierende Anbieter (mit der Folge nachlassender Attraktivität für die beteiligten Unternehmen). Eine Lösung dieses Problems kann darin bestehen, dass sich Anbieter im E-Commerce einem Rabattsystem anschließen, das von einem Unternehmen dominiert wird, welches bereits alleine in der Lage ist, seinen Kunden attraktive Belohnungen für Kundentreue zu bieten. Dies trifft etwa auf Luftfahrtgesellschaften zu. Diese nehmen teilweise zusätzliche Anbieter in ihre Vielfliegerprogramme auf, um diese Rabattsysteme abzurunden.[99] Die oben geschilderten Probleme lassen sich dadurch zum Teil umgehen. Problematisch ist allerdings die begrenzte Zahl von Programmen, auf die die genannte Bedingung zutrifft.

Darüber hinaus ist zu berücksichtigen, dass ergänzende Maßnahmen ergriffen werden müssen, um den Kunden zur erstmaligen Aufnahme einer Geschäftsbeziehung zu bewegen; erst danach können Belohnungsmaßnahmen, die die Kundentreue honorieren, eine Kundenbindungswirkung entfalten. Die Notwendigkeit ergänzender Maßnahmen kann sich je nach Ausgestaltung des Kundenbindungsprogramms auch während einer Geschäftsbeziehung ergeben. So muss beispielsweise verhindert werden, dass der Kunde das Erreichen eines mit einer Belohnung verbundenen Umsatzschwellenwerts nutzt, um die Geschäftsbeziehung zu beenden. Ungeachtet dessen können Belohnungssysteme ein wichtiger Baustein einer Differenzierungsstrategie im E-Commerce sein.

d.) Schaffung virtueller Communities: Differenzierung durch Förderung von Kommunikation und Integration

Virtuelle Communities sind Treffpunkte im Internet, an denen Gleichgesinnte Informationen und Meinungen austauschen.[100] Ihre wichtigsten Erscheinungsformen sind Chat Foren, in denen Nachfrager in Echtzeit miteinander kommunizieren, sowie Diskussionsforen, Bulletin Boards u.ä., in denen zeitlich entkoppelt über einen längeren Zeitraum Meinungen und Informationen zu bestimmten Themen veröffentlicht werden. Das Themenspektrum, das in virtuellen Communities behandelt wird, ist so vielfältig wie die Interessen und Probleme von Menschen. Alle virtuellen Communities setzen die Aktivität eines Organisators voraus, der u.a. den Themenfokus festlegt,

---

[99] Vgl. beispielhaft die Partnerschaft von buch.de und Lufthansa miles & more; vgl. o.V. (2000).
[100] Vgl. Alpar (1998), S. 73 ff.

Mitglieder gewinnt sowie den Informationsaustausch und die Einhaltung der Spielregeln in der Community mehr oder weniger eng überwacht.[101]

Anbieter im E-Commerce können versuchen, virtuelle Communities als Mittel zur Differenzierung zu nutzen. Dazu kann eine produkt- oder themenbezogene Community initiiert werden, die die Internet-Nutzer anzieht. Ihren Reiz für die Nutzer bezieht die entsprechende Website daraus, dass sie die Möglichkeit des Meinungsaustauschs bietet, den Aufbau einer neuen Form sozialer Beziehungen mit eigenen Regeln begünstigt und zur aktiven Mitarbeit an bestimmten Fragestellungen auffordert.[102] Die Gründung einer virtuellen Community trägt damit zur Differenzierung bei, da die entsprechende Website Leistungsmerkmale bereitstellt, denen die Community-Mitglieder einen Wert beimessen und die andere Websites nicht bieten. Die Community-Mitglieder sind daher motiviert, diese Website häufiger aufzusuchen als andere Internet-Seiten und länger auf ihr zu verweilen.[103]

Virtuelle Communities sind aus diesem Grund kommerziell in mehrfacher Hinsicht von Bedeutung. Sie erzeugen einen Bindungseffekt, der dem Web Hopping entgegenwirkt. Sie stellen des weiteren eine wichtige Informationsquelle dar, da sie das organisierende Unternehmen über typische Fragestellungen, Probleme, Beschwerden usw., die etwa im Zusammenhang mit einem bestimmten Produkt auftreten, unterrichten.[104] Schließlich bietet die freiwillige Offenlegung der Präferenzen durch die Community-Mitglieder dem organisierenden Unternehmen die Möglichkeit, den Nachfragern zielgruppenspezifische, unter Umständen sogar individualisierte Angebote zu unterbreiten.[105]

Inwieweit der Aufbau einer virtuellen Community zur Differenzierung eines Angebots beiträgt, hängt von verschiedenen Faktoren ab. Ein erster entscheidender Faktor ist, wie erfolgreich der Aufbau einer Community verläuft. In diesem Zusammenhang ist zu bedenken, dass Communities durch Netzeffekte gekennzeichnet sind. Communities, die nicht genügend Interessierte anlocken, fallen daher schnell in sich zusammen; umgekehrt gewinnen Communities mit jedem neuen aktiven Teilnehmer an Attraktivität (Netzeffekt). Allerdings sollte eine Community auch nicht zu groß werden, um nicht die Entstehung „sozialer" Beziehungen gänzlich zu unterbinden. Die Erfahrung zeigt, dass diejenigen Communities am erfolgreichsten sind, die zu einem breit definierten

---

[101] Vgl. Duchrow (1999), S. 441 f.; Paul/Runte (2000), S. 124 ff.
[102] Vgl. McWilliam (2000), S. 45 ff.
[103] Vgl. Stein/Klees (2000), S. 285.
[104] Vgl. McWilliam (2000), S. 45.
[105] Vgl. Paul/Runte (1999), S. 158 ff.

Thema so viele Interessenten anlocken, dass spezialisierte Untergruppen eingerichtet werden können.[106]

Ein weiterer entscheidender Gesichtspunkt ist, inwieweit es gelingt, das Interesse von Internet-Nutzern an einer virtuellen Community und damit einer bestimmten Website in die Bindung an ein Produkt zu kanalisieren. Erst wenn Nachfrager eine Verbindung zwischen der Community und dem Produktangebot eines Anbieters herstellen, kann von einer durch die Community herbeigeführten Differenzierung des Angebots gesprochen werden. Diese Transformation ist keineswegs selbstverständlich. So ist z.B. ungewiss inwieweit Nachfrager bereit sind, ihre privaten Interessen, die sie in eine bestimmte Community geführt haben, kommerziell nutzen zu lassen.

Virtuelle Communities sind zusammenfassend als ein möglicher, jedoch nicht einfacher Weg zur Differenzierung eines Angebots zu kennzeichnen. Dieser Weg steht am ehesten Unternehmen offen, deren Produkte „das gewisse Etwas" aufweisen, z.B. weil es sich um Trendprodukte, starke Markenartikel oder technologisch unbestritten führende Produkte mit hohem Marktanteil handelt. Demgegenüber bieten standardisierte Massenprodukte kaum Ansatzpunkte für den erfolgreichen Einsatz virtueller Communities.

4. Zusammenfassung der Untersuchungsergebnisse: 14 Thesen

Die vorangegangenen Kapitel waren der Analyse der Erfolgsaussichten von Unternehmen im E-Commerce aus der Perspektive des ressourcenbasierten Ansatzes im strategischen Management sowie der Untersuchung alternativer Wettbewerbsstrategien im E-Commerce unter Rückgriff auf den wettbewerbsstrategischen Ansatz von Michael Porter gewidmet. Nachfolgend werden die wichtigsten Untersuchungsergebnisse in Thesenform zusammengefasst.

Erfolgsaussichten im E-Commerce

These 1: Nur ein Unternehmen, das in seinen Tätigkeitsfeldern über Kernkompetenzen verfügt, kann Wettbewerbsvorteile erringen und dauerhaft verteidigen. Im E-Commerce werden daher auf Dauer diejenigen Unternehmen erfolgreich sein, denen es gelingt, sich werthaltige, knappe, nicht imitierbare, nicht substituierbare sowie dauerhafte Ressourcen anzueignen. Die Werthaltigkeit einer Ressource wird dabei durch die marktlichen und technologischen Herausforderungen des E-Commerce bestimmt.

---

[106] Vgl. McWilliam (2000), S. 48 f.; Paul/Runte (1999), S. 161 f.

These 2: Je stärker die Spielregeln einer Branche durch das Internet verändert werden, desto wichtiger sind Kernkompetenzen im Bereich der Internet-Aktivitäten (Website-Design u.ä.) für den Erfolg im E-Commerce. Tendenziell unterliegen die Branchenspielregeln um so stärkeren Veränderungen, je vollständiger die Beziehungen zwischen Anbietern und Nachfragern elektronisch abgebildet werden können. Im Bereich der digitalisierbaren Produkte ist die Art und Weise der Nutzbarmachung des Internet daher erfolgskritischer als im Bereich der nicht digitalisierbaren Produkte. Bei letzteren hängt der Erfolg im E-Commerce vergleichsweise stärker von Kernkompetenzen außerhalb der Internet-Aktivitäten ab (Einkaufsmacht, Marken, Logistik usw.).

These 3: Internet-Start-ups verfügen vornehmlich über Kernkompetenzen im Bereich der Internet-Aktivitäten. Ihre Erfolgsaussichten sind damit um so größer, je nachhaltiger der Branchenwettbewerb durch das Internet verändert worden ist und je bedeutsamer daher die Kernkompetenzen im Internet-Bereich sind.

These 4: Kernkompetenzen können in neue Tätigkeitsbereiche übertragen werden, sofern dort ähnliche Ressourcen und Fähigkeiten erfolgskritisch sind wie in den bisherigen Tätigkeitsfeldern eines Unternehmens. Unternehmen, denen die Übertragung von Kernkompetenzen in ein neues Geschäftsfeld gelingt, haben dort Zeit- und Kostenvorteile gegenüber Newcomern. Im Internet-Handel haben daher die Unternehmen Startvorteile, die in der Lage sind, vorhandene Kernkompetenzen zu transferieren.

These 5: Der Transfer von Wissen zwischen Unternehmen setzt Überschneidungen der jeweiligen Wissensvorräte voraus. Ein etabliertes Unternehmen kann seine Kernkompetenzen daher nur dann durch die Beteiligung an Internet-Start-ups ausbauen, wenn es bereits über einen Grundvorrat an selbst erarbeitetem Wissen im Internet-Bereich verfügt. Andernfalls bleibt es bei einem Nebeneinander der verschiedenen Wissensbestände.

These 6: Inwieweit ein etabliertes Unternehmen eigene Kernkompetenzen im Internet-Bereich aufbauen sollte, hängt vom Stellenwert der Internet-Aktivitäten für den Erfolg im E-Commerce ab. Je grundlegender das Internet den Branchenwettbewerb verändert, desto wichtiger ist der Aufbau eigener Kernkompetenzen im Internet-Bereich. Je weniger dies der Fall ist, desto eher können Kooperationen mit anderen Unternehmen an die Stelle des Aufbaus eigener Kernkompetenzen treten.

These 7: Je stärker der Erfolg im E-Commerce durch traditionelle Erfolgsfaktoren bestimmt wird, desto wichtiger ist es für Internet-Start-ups, Kernkompetenzen außerhalb des Internet-Bereichs zu erwerben. Sich auf Kernkompetenzen im Internet-Bereich zu beschränken und andere wettbewerbsrelevante Ressourcen und Fähigkeiten extern einzukaufen, ist nur dann eine erfolgversprechende Strategie, wenn der Erfolg in einer Branche wesentlich durch die Ausgestaltung der Internet-Aktivitäten bestimmt wird.

Wettbewerbsstrategien im E-Commerce

These 8: Die Offenheit und hohen Übertragungsgeschwindigkeiten des Internet senken die Markteintrittsbarrieren und verbessern die Markttransparenz im E-Commerce. Der Preis gewinnt daher als Wettbewerbsparameter an Bedeutung. In der Folge sind alle Anbieter im E-Commerce gezwungen, Elemente einer Kostenführerschaftsstrategie zu implementieren, um eine wettbewerbsfähige Kostenposition einzunehmen.

These 9: Die alleinige Verfolgung einer Kostenführerschaftsstrategie bietet im E-Commerce keine Aussicht auf überdurchschnittliche Erfolge, da

- die Unternehmen Gefahr laufen, im Kampf um die Kostenführerschaft zerrieben zu werden,
- niedrige Preise einem Anbieter angesichts der Informations- und Angebotsfülle im Internet nicht die zur Generierung nennenswerter Umsätze erforderliche Aufmerksamkeit sichern und
- niedrige Preise alleine in einem durch niedrige kundenseitige Wechselbarrieren geprägten Umfeld nicht die zur Realisierung profitabler Umsätze notwendige Kundenbindung zu erzeugen vermögen.

Zur Kostenführerschaft muss daher die Differenzierung des Angebots hinzutreten.

These 10: Traditionelle Differenzierungsparameter im Handel – Standort, Sortimentspolitik, Produktpräsentation und Kundenberatung – eröffnen auf Grund der sehr ähnlichen technologischen Rahmenbedingungen aller Anbieter nur dann Differenzierungsmöglichkeiten innerhalb des E-Commerce, wenn einzelne Anbieter beispielsweise aus Kosten- oder Know-how-Gründen auf die vollständige Ausschöpfung der technologischen Potenziale verzichten. Gegenüber den traditionellen Handelsformen weisen Anbieter im E-Commerce unter den genannten Gesichtspunkten teils Vor-, teils aber auch Nachteile auf.

These 11: Die Interaktivität und die hohen Übertragungsgeschwindigkeiten des Internet schaffen die technischen Voraussetzungen für eine individuelle Kundenansprache (One-to-One-Marketing). Angesichts der häufig wenig anspruchsvollen Umsetzung des Konzepts, datenschutzrechtlicher Restriktionen und vor allem der mangelnden Wertschätzung der Individualisierungsbestrebungen durch viele Nachfrager ist das Differenzierungspotenzial des One-to-One-Marketing jedoch begrenzt.

These 12: Marken können der Differenzierung im E-Commerce dienen; sie sichern Aufmerksamkeit, ermöglichen Wiedererkennung und schaffen Vertrauen. Das Differenzierungspotenzial von Herstellermarken hängt davon ab, wie stark die Marke ist und wie exklusiv ein Anbieter über sie verfügen kann. Da Markenexklusivität selten gegeben ist, müssen Anbieter im E-Commerce ihren Namen und den ihrer Website zum Markenartikel entwickeln.

These 13: Das Internet erleichtert die Belohnung von Kundentreue durch mengenbezogene Preisdifferenzierung. Herstellerübergreifende, jedoch branchenexklusive Rabattsysteme stellen den erfolgversprechendsten Weg dar, um Anbieter- und Nachfragerinteressen in Einklang zu bringen. Am Anfang einer Geschäftsbeziehung oder bei Erreichen bestimmter Umsatzschwellen sind ergänzende Differenzierungsmaßnahmen erforderlich.

These 14: Der erfolgreiche Aufbau einer virtuellen Community vermag einer Website in den Augen interessierter Internet-Nutzer Alleinstellungsmerkmale zu verleihen. Für den Erfolg im E-Commerce ist entscheidend, wie erfolgreich der Community-Aufbau verläuft und inwieweit das Interesse potenzieller Käufer an einer virtuellen Community in die Bindung an ein Produkt transformiert werden kann. Das Differenzierungspotenzial virtueller Communities vermögen vornehmlich Unternehmen auszuschöpfen, die keine standardisierte Massenware anbieten.

Literatur

ALBERS, Sönke (2001): Nur wenige Internet-Händler werden hohe Gewinne erzielen. In: Frankfurter Allgemeine Zeitung Nr. 15 v. Donnerstag, 18. Januar, S. 27.

ALBERS, Sönke/ PETERS, Kay (1997): Die Wertschöpfungskette des Handels im Zeitalter des Electronic Commerce. In: Marketing ZfP, 19. Jg., H. 2, S. 69-80.

ALPAR, Paul (1998): Kommerzielle Nutzung des Internet. Unterstützung von Marketing, Produktion, Logistik und Querschnittsfunktionen durch Internet, Intranet und kommerzielle Online-Dienste. 2. Aufl., Berlin u.a.

ARTHUR, W. Brian (1996): Increasing Returns and the New World of Business. In: Harvard Business Review, 74. Jg., July-August, S. 100-109.

BAIN, Joe S. (1968): Industrial Organization. 2. Aufl., New York u.a.

BAMBERGER, Ingolf/ WRONA, Thomas (1996): Der Ressourcenansatz und seine Bedeutung für die Strategische Unternehmensführung. In: Zeitschrift für betriebswirtschaftliche Forschung, 48. Jg., S. 130-153.

BARNEY, Jay B. (1991): Firm Resources and Sustained Competitive Advantage. In: Journal of Management, 17. Jg., S. 99-120.

BARNEY, Jay B. (1997): Gaining and Sustaining Competitive Advantage. Reading, MA u.a.

BÖRNER, Christoph J. (2000): Strategisches Bankmanagement. Ressourcen- und marktorientierte Strategien von Universalbanken. München – Wien.

CAMPBELL-HUNT, Colin (2000): What Have We Learned About Generic Competitive Strategy? A Meta-Analysis. In: Strategic Management Journal, 21. Jg., S. 127–154.

DIERICKX, Ingemar/ COOL, Karel (1989): Asset Stock Accumulation and Sustainability of Competitive Advantage. In: Management Science, 35. Jg., S. 1504-1511.

DOSI, Giovanni/ NELSON, Richard R. (1998): Evolutionary Theories. In: Markets and Organizations, hrsg. von R. Arena und C. Longhi, Berlin u.a., S. 205-234.

DUCHROW, Martin (1999): Virtuelle Communities – Die Konsumgesellschaften der Zukunft? In: Management-Handbuch Electronic Commerce. Grundlagen, Strategien, Praxisbeispiele, hrsg. von A. Hermanns und M. Sauter, München, S. 435-450.

de FIGUEIREDO, John M. (2000): Finding Sustainable Profitability in Electronic Commerce. In: Sloan Management Review, 41. Jg., H. 4, S. 41-52.

FINK, Dietmar H. (1999): Mass Customization. In: Marketing mit interaktiven Medien, hrsg. von S. Albers, M. Clement und K. Peters, 2. Aufl., Frankfurt am Main, S. 137-150.

GARCZORZ, Ingo/ KRAFFT, Manfred (2000): Wie halte ich den Kunden? - Kundenbindung. In: eCommerce. Einstieg, Strategie und Umsetzung im Unternehmen. 2. Aufl., hrsg. von S. Albers et al., Frankfurt am Main, S. 137-149.

GRANT, Robert M. (1998): Contemporary Strategy Analysis. Concepts, Techniques, Applications. 3. Aufl., Malden, MA – Oxford.

HAERTSCH, Patrick (2000): Wettbewerbsstrategien für Electronic Commerce. Eine kritische Überprüfung klassischer Strategiekonzepte. 2. Aufl., Lohmar – Köln.

HAMEL, Gary/ HEENE, Aimé (Hrsg.) (1994): Competence-based Competition. Chichester u.a.

HAMEL, Gary/ PRAHALAD, C. K. (1994): Competing for the Future. Boston, MA.

HERMANNS, Arnold (1999): Electronic Commerce – Herausforderung für das Marketing-Management. In: Management-Handbuch Electronic Commerce. Grundlagen, Strategien, Praxisbeispiele, hrsg. von A. Hermanns und M. Sauter, München, S. 87-100.

HERMANNS, Arnold/ SAUTER, Michael (1999): Electronic Commerce – Grundlagen, Potentiale, Marktteilnehmer und Transaktionen. In: Management-Handbuch Electronic Commerce. Grundlagen, Strategien, Praxisbeispiele, hrsg. von A. Hermanns und M. Sauter, München, S. 13–29.

HILL, Charles W. L. (1988): Differentiation Versus Low Cost or Differentiation and Low Cost: A Contingency Framework. In: Academy of Management Review, 13. Jg., S. 401 – 412.

HILLEK, Thomas (2000): Supply Chain Management als wesentlicher Erfolgsfaktor für E-Commerce. In: Zukunftsperspektiven des E-Commerce im Handel, hrsg. von L. Müller-Hagedorn, Frankfurt am Main, S. 297-314.

HOMBURG, Christian/ BRUHN, Manfred (1998): Kundenbindungsmanagement – Eine Einführung in die theoretischen und praktischen Problemstellungen. In: Handbuch Kundenbindungsmanagement. Grundlagen – Konzepte – Erfahrungen, hrsg. von M. Bruhn und C. Homburg, Wiesbaden, S. 3-35.

KANTER, Rosabeth Moss (2001): Evolve! Succeeding in the Digital Culture of Tomorrow. Boston, MA.

KATZ, Michael L./ SHAPIRO, Carl (1985): Network Externalities, Competition, and Compatibility. In: American Economic Review, 75. Jg., S. 424-440.

KOTLER, Philip/ BLIEMEL, Friedhelm (2001): Marketing-Management. Analyse, Planung und Verwirklichung. 10. Aufl., Stuttgart.

KRAFFT, Manfred (1999): Kundenwert und Kundenbindung. In: Marketing mit interaktiven Medien, hrsg. von S. Albers, M. Clement und K. Peters, 2. Aufl., Frankfurt am Main, S. 165–178.

KRÜGER, Wilfried/ HOMP, Christian (1997): Kernkompetenz-Management: Steigerung von Flexibilität und Schlagkraft im Wettbewerb. Wiesbaden.

LINK, Jörg (1999): Database Marketing. In: Electronic Commerce. Herausforderungen – Anwendungen – Perspektiven. 2. Aufl., hrsg. von F. Bliemel, G. Fassott und A. Theobald, Wiesbaden, S. 193-210.

LOYDL, Frank/ ZIMMERSCHIED, Thomas (2000): Supply Chain Management in der Automobilindustrie. In: Internet – E-Business-Strategien für die Unternehmensentwicklung, hrsg. von M. Barabas und G. Rossbach, Heidelberg, S. 129-133.

MAIWALDT, Jan-Christoph (2000): Wandel der Handelsfunktionen durch E-Commerce – Die e-business Strategie der DOUGLAS HOLDING AG. In: Zukunftsperspektiven des E-Commerce im Handel, hrsg. von L. Müller-Hagedorn, Frankfurt am Main, S. 59-71.

MCWILLIAM, Gil (2000): Building Stronger Brands through Online Communities. In: Sloan Management Review, 41. Jg., Spring, S. 43-54.

MONTGOMERY, Cynthia A. (Hrsg.) (1995): Resource-Based and Evolutionary Theories of the Firm: Towards a Synthesis. Boston – Dordrecht – London.

MÜLLER-HAGEDORN, Lothar (1998): Der Handel. Stuttgart – Berlin – Köln.

MÜLLER-HAGEDORN, Lothar (2000): Zur Abgrenzung von E-Commerce: Definitorische Anmerkungen. In: Zukunftsperspektiven des E-Commerce im Handel, hrsg. von L. Müller-Hagedorn, Frankfurt am Main, S. 49-57.

MÜLLER-HAGEDORN, Lothar et al. (2000): E-Commerce im Handel: Zentrale Problemfelder. In: Zukunftsperspektiven des E-Commerce im Handel, hrsg. von L. Müller-Hagedorn, Frankfurt am Main, S. 11-47.

NELSON, Richard R./ WINTER, Sidney G. (1982): An Evolutionary Theory of Economic Change. Cambridge, MA – London.

NENNINGER, Michael/ GERST, Martina H. (1999): Wettbewerbsvorteile durch Electronic Commerce – Strategien, Konzeption und Realisierung. In: Management-Handbuch Electronic Commerce. Grundlagen, Strategien, Praxisbeispiele, hrsg. von A. Hermanns und M. Sauter, München, S. 283-295.

O.V. (1999): Die Logistik wird zum kritischen Erfolgsfaktor im E-Commerce. In: Frankfurter Allgemeine Zeitung Nr. 203 v. Donnerstag, 2. September, S. 31.

O.V. (2000): Buch.de kooperiert mit Lufthansa Miles & More (http://www.gnn.de/0006/8165.html).

O.V. (2001a): Nicht alle Online-Händler klagen über schlechte Geschäfte. In: Frankfurter Allgemeine Zeitung Nr. 111 v. Montag, 14. Mai , S. 28.

O.V. (2001b): „Das Internet ist keine Quelle von Wettbewerbsvorteilen". In: Frankfurter Allgemeine Zeitung Nr. 122 v. Montag, 28. Mai, S. 30.

O.V. (2001c): Stationäre Anbieter gewinnen die Übermacht über Online-Händler. In: Frankfurter Allgemeine Zeitung Nr. 125 v. Donnerstag, 31. Mai, S. 31.

PAUL, Claudius/ RUNTE, Mattias (1999): Virtuelle Communities. In: Marketing mit interaktiven Medien, hrsg. von S. Albers, M. Clement und K. Peters, 2. Aufl., Frankfurt am Main 1999, S. 151 – 164.

PAUL, Claudius/ RUNTE, Mattias (2000): Wie ziehe ich den Kunden an? – Virtuelle Communities. In: eCommerce. Einstieg, Strategie und Umsetzung im Unternehmen. 2. Aufl., hrsg. von S. Albers et al., Frankfurt am Main, S. 123-136.

PICOT, Arnold/ REICHWALD, Ralf/ WIGAND, Rolf (2001): Die grenzenlose Unternehmung. Information, Organisation und Management. Lehrbuch zur Unternehmensführung im Informationszeitalter. 4. Aufl., Wiesbaden.

PILS, Manfred/ KERSCHBAUMER, Berthold (1998): Provider für Internet- und Intranet Lösungen. In: Internet und Intranet. Betriebliche Anwendungen und Auswirkungen, hrsg. von J. Höller, M. Pils und R. Zlabinger, Berlin u.a., S. 35-57.

PORTER, Michael E. (1996): What Is Strategy? In: Harvard Business Review, 74. Jg., November-December, S. 61-78.

PORTER, Michael E. (1999a): Wettbewerbsstrategie. Methoden zur Analyse von Branchen und Konkurrenten. 10. Aufl., Frankfurt am Main – New York.

PORTER, Michael E. (1999b): Wettbewerbsvorteile. Spitzenleistungen erreichen und behaupten. 5. Aufl., Frankfurt am Main – New York.

PORTER, Michael E. (2001): Strategy and the Internet. In: Harvard Business Review, 79. Jg., March, S. 63-78.

PRAHALAD, C. K./ HAMEL, Gary (1990): The Core Competence of the Corporation. In: Harvard Business Review, 68. Jg., H. 3, S. 79-91.

PRIESS, Stefan/ HEINEMANN, Christopher (1999): Erfolgsfaktoren im E-Commerce. In: Management-Handbuch Electronic Commerce. Grundlagen, Strategien, Praxisbeispiele, hrsg. von A. Hermanns und M. Sauter, München, S. 119-127.

RASCHE, Christoph (1994): Wettbewerbsvorteile durch Kernkompetenzen. Ein ressourcenorientierter Ansatz. Wiesbaden.

REICHHELD, Frederick F./ SASSER, Earl W. (1998): Zero-Migration: Dienstleister im Sog der Qualitätsrevolution. In: Handbuch Kundenbindungsmanagement. Grundlagen – Konzepte – Erfahrungen, hrsg. von M. Bruhn und C. Homburg, Wiesbaden, S. 135-150.

ROHRBACH, Peter (1999): Electronic Commerce im Business-to-Business-Bereich – Herausforderungen, Konzeption und Fallbeispiele. In: Management-Handbuch Electronic Commerce. Grundlagen, Strategien, Praxisbeispiele, hrsg. von A. Hermanns und M. Sauter, München, S. 271-282.

SAUTER, Michael (1999): Chancen, Risiken und strategische Herausforderungen des Electronic Commerce. In: Management-Handbuch Electronic Commerce. Grundlagen, Strategien, Praxisbeispiele, hrsg. von A. Hermanns und M. Sauter, München, S. 101-117.

SHAPIRO, Carl/ VARIAN, Hal R. (1999): Information Rules. A Strategic Guide to the Network Economy. Boston, MA.

SKIERA, Bernd (1999): Preisdifferenzierung. In: Marketing mit interaktiven Medien, hrsg. von S. Albers, M. Clement und K. Peters, 2. Aufl., Frankfurt am Main, S. 283-296.

SKIERA, Bernd/ GARCZORZ, Ingo (2000): Barrieren aufbauen, Kunden binden. Wechselkosten im Electronic Commerce als strategisches Instrument. In: Cybiz, 1. Jg., H. 2, S. 52-55.

STEIN, Ingo/ KLEES, Antonius (2000): Wettbewerbsvorteile durch E-Commerce. In: Zukunftsperspektiven des E-Commerce im Handel, hrsg. von L. Müller-Hagedorn, Frankfurt am Main, S. 275-288.

STRAUß, Ralf E./ SCHODER, Detlef (2000): Wie werden die Produkte den Kunden angepaßt? – Massenhafte Individualisierung. In: eCommerce. Einstieg, Strategie und Umsetzung im Unternehmen. 2. Aufl., hrsg. von S. Albers et al., Frankfurt am Main, S. 11-121.

TAN, Gek Woo/ SHAW, Michael J./ FULKERSON, William (2000): Web-based Global Supply Chain Management. In: Handbook on Electronic Commerce, hrsg. von M. Shaw et al., Berlin – Heidelberg – New York, S. 457-478.

TEECE, David J. et al. (1994): Understanding Corporate Coherence. Theory and Evidence. In: Journal of Economic Behavior and Organization, 23. Jg., S. 1-30.

TEECE, David J./ PISANO, Gary/ SHUEN, Amy (1997): Dynamic Capabilities and Strategic Management. In: Strategic Management Journal, 18. Jg., S. 509-533.

THOME, Rainer/ SCHINZER, Heiko (1997): Marktüberblick Electronic Commerce. In: Electronic Commerce., hrsg. von R. Thome und H. Schinzer, München, S. 1-17.

TOPOROWSKI, Waldemar (2000): Auswirkungen des E-Commerce auf den Einzelhandel - der Erklärungsbeitrag der Transaktionskostentheorie. In: Zukunftsperspektiven des E-Commerce im Handel, hrsg. von L. Müller-Hagedorn, Frankfurt am Main, S. 73-120.

VENKATRAMAN, N. (2000): Five Steps to a Dot-Com Strategy: How to Find Your Footing on the Web. In: Sloan Management Review, 41. Jg., H. 3, S. 15–28.

WEIBER, Rolf (2000): In der elektronischen Beschaffung liegt der Gewinn. In: Frankfurter Allgemeine Zeitung Nr. 297 v. Donnerstag, 21. Dezember, S. 31.

WERNERFELT, Birger (1984): A Resource-based View of the Firm. In: Strategic Management Journal, 5. Jg., S. 171-180.

WILKE, Kai (2000): Die Eignung des Internets für die Reduktion von Qualitätsrisiken im Kaufentscheidungsprozess des Konsumenten. In: Zukunftsperspektiven des E-Commerce im Handel, hrsg. von L. Müller-Hagedorn, Frankfurt am Main, S. 227-271.

YANG, B. Rachel (2000): Supply Chain Management: Developing Visible Design Rules across Organizations. In: Handbook on Electronic Commerce, hrsg. von M. Shaw et al., Berlin – Heidelberg – New York, S. 445-456.

ZERDICK, Axel et al. (1999): Die Internet-Ökonomie. Strategien für die digitale Wirtschaft. 2. Aufl., Berlin u.a.

Wilfried Krüger[*]

II. AUSWIRKUNGEN DES INTERNET AUF WERTKETTEN UND GESCHÄFTSMODELLE

1. Ausgangsüberlegungen und Problemstellung
2. Wirkungsmuster des Internet
    2.1 Charakteristik des Internet
    2.2 Internet als „Enabler" und als „Akzelerator"
3. Umgestaltung der Wertketten als Wirkungsfeld
    3.1 Entflechtung von Wertketten
    3.2 Kopplung der Wertketten durch Märkte und Netzwerke
    3.3 Neubestimmung von Wettbewerbseinheiten und Branchengrenzen
4. Neubestimmung der Geschäftsmodelle als Wirkungsfeld
    4.1 Begriff des Geschäftsmodells
    4.2 Prozess- und Teilnehmermodell
    4.3 Erlös- und Transaktionsmodell
5. Konsequenzen für das Organisationsmanagement

---

[*] Prof. Dr. Wilfried Krüger, Inhaber des Lehrstuhl für Organisation, Unternehmungsführung und Personalwirtschaft an der Justus-Liebig Universität Gießen

Zusammenfassung

Das Internet war in den letzten Jahren Gegenstand kontroverser Debatten. Während einige Experten dem Internet bzw. der „Neuen Ökonomie" eine glorreiche Zukunft und der „alten Ökonomie" ein kümmerliches Schattendasein prophezeiten, mehren sich in jüngster Zeit angesichts von Kurseinbrüchen an der Börse skeptische Stimmen. Sich deswegen vom Internet abzuwenden wäre allerdings ebenso verkehrt, wie es die vorherige Euphorie war.

Der vorliegende Beitrag beschäftigt sich mit der Frage, ob – und wenn ja wie – sich unternehmungsübergreifende Wertketten durch den Einsatz des Internet verändern und welche Auswirkungen auf die Geschäftsmodelle hieraus abzuleiten sind. Hierbei werden zahlreiche Chancen der Internet-Technologie z.B. zur Unterstützung der Strategie oder des Organisationsmanagements aufgezeigt, die bei intelligenter Nutzung des Internet verwirklicht werden können.

So führt die konsequente Nutzung des Internet dazu, dass die organisatorische Gestaltung nicht mehr an den Unternehmungsgrenzen endet, sondern eine durchgehende Optimierung der Wertketten zu Lieferanten, Kunden und Kooperationspartnern erreichen kann. Des Weiteren erleichtert das Internet die Verfolgung strategischer Neuorientierungen wie z.B. die Konzentration auf Kernkompetenzen und die damit verbundenen Restrukturierungen. Eine markante Besonderheit besteht außerdem darin, dass konventionelle Strategiekonflikte wie die zwischen unterschiedlichen Wettbewerbsvorteilen (z.B. Kosten vs. Differenzierung) sowie zwischen unterschiedlichen Wettbewerbsfeldern (z.B. Nische vs. Gesamtmarkt) durch das Internet teilweise überwindbar werden.

1. Ausgangsüberlegungen und Problemstellung

In den letzten Jahren hat eine technologische Innovation die Gemüter besonders erhitzt: das Internet. Die teilweise überzogenen Erwartungen, die sich darauf richteten, eine „Neue Ökonomie" entstehen zu sehen, in der die Gesetze der „alten Ökonomie" nicht mehr gelten würden, sind mittlerweile weitgehend enttäuscht worden. Ernüchterung ist eingekehrt, und eine alte Weisheit ist wieder zu ihrem Recht gekommen: „Technologies change, economic laws don't". Sich deswegen vom Internet abzuwenden wäre allerdings ebenso verkehrt, wie es die vorherige Euphorie war. Das Geschehen an der Börse und das Schicksal vieler dot.coms dürfen nämlich nicht darüber hinwegtäuschen, dass mit der Internettechnologie eine neue „strategische Waffe" zur Verfügung steht, die – intelligent eingesetzt – erhebliche Auswirkungen verursacht, und dies quer durch alle Branchen. Dies zeigen die gelungenen Anwendungsbeispiele ebenso wie theoretische Überlegungen, die mittlerweile besser fundiert und weniger spekulativ als noch vor kurzem dabei helfen, zukünftige Einsatzmöglichkeiten und -voraussetzungen besser zu erkennen und einzuschätzen.

Zwei *Ausgangsüberlegungen* bzw. -thesen markieren den Stellenwert, der dem Internet in diesem Beitrag eingeräumt wird:

1. Das Internet ist universell einsetzbar: Nüchtern betrachtet, ist das Internet zunächst als eine besonders effiziente Form der Telekommunikation zu begreifen. Schon daraus wird allerdings sein Charakter als Universalwerkzeug deutlich. Es gibt schlechterdings keine Unternehmung bzw. Privatperson, die nicht vom Internet in der einen oder anderen Form betroffen ist bzw. sein kann.

2. Das Internet wird andere Kommunikationsformen nicht ersetzen: Die Telekommunikation per Internet wird vielfältigste Auswirkungen haben. Manche Kommunikation wird durch Internet überhaupt erst möglich. Vieles wird einfacher, manches wird komplementär ergänzt und einiges kann auch entfallen! Herkömmliche Formen der Kommunikation werden also nicht in voller Breite ersetzt, sehr wohl aber umgestaltet und ergänzt.

Basierend auf diesen Ausgangsüberlegungen will der vorliegende Beitrag aus betriebswirtschaftlich-organisatorischer Sicht folgenden Fragen nachgehen:

1. Welche Besonderheiten prägen die Wirkungsweise des Internet?
2. Welche Auswirkungen ergeben sich durch die Nutzung des Internet auf die Wertketten von Unternehmungen?
3. Inwiefern ändern sich die Geschäftsmodelle in der Internetökonomie? Die Wertkettenbetrachtung ist allgemeiner („generischer") Natur. Sie behandelt den Unter-

nehmungsprozess in aggregierter Form als Prozess der Werteschaffung. Darauf aufbauend kann die einzelne Unternehmung ihr konkretes Geschäftsmodell überprüfen und gegebenenfalls verändern. Hierfür sind einige Detaillierungen der Wertkette erforderlich, und es ist der Bezug zum jeweiligen Geschäft und der relevanten Wettbewerbsstrategie herzustellen.

4. Welche Konsequenzen ergeben sich insgesamt für das Organisationsmanagement?

2. Wirkungsmuster des Internet

2.1 Charakteristik des Internet

Die Eigenarten des Internet werden besonders deutlich, wenn man es als eine Form der Innovation auffasst. Bei dem derzeit zu beobachtenden Einsatz des Internet handelt es sich um die Anwendung und Ausbreitung einer *Basisinnovation*. Man wird an Schumpeters Erklärung der wirtschaftlichen Entwicklung erinnert, der vom „scharenweisen Auftreten" schöpferischer Unternehmer sprach, die am Markt „neue Kombinationen" durchsetzen und damit einen Prozess der „schöpferischen Zerstörung" auslösen.[1] Kaum eine Branche oder Region, kaum ein Marktteilnehmer bleibt davon unberührt, und diese Tatsache rechtfertigt es, von einer *Internetökonomie* zu sprechen.

Im Gegensatz zu Innovationsschüben früherer Zeiten, wie z.B. dem Eisenbahnbau, erfolgt die Diffusion dieser Technologie allerdings in einem ungleich höheren Tempo. Im Verlauf weniger Jahre ist das Internet von einem Werkzeug weniger Spezialisten zu einem weltweit eingesetzten Universalmedium geworden. Seine Ausbreitung wird noch dadurch begünstigt und verstärkt, dass es eine ganze Reihe technischer und wirtschaftlicher Entwicklungen gibt, die sich komplementär zum Internet verhalten, so insbesondere die Globalisierung der Märkte und Basisinnovationen in anderen Technologiefeldern wie der Übertragungstechnik (z.B. Glasfasertechnologie, Mobilfunk) und Mikroelektronik (z.B. Prozessoren).

Eine wichtige Besonderheit der Internetökonomie liegt in den so genannten Netz- bzw. Netzwerkeffekten begründet. Allgemein handelt es sich dabei um den Nutzen eines Gutes, der einem Konsumenten dadurch entsteht, dass auch andere Konsumenten dieses Gut nutzen.[2] Derartige Effekte sind in Kommunikationsnetzwerken schon immer besonders stark ausgeprägt gewesen. Auch die Nutzung von Medien wie Telefon und Telefax wurde umso attraktiver, je mehr Teilnehmer das jeweilige Netz hatte. Neben

---

[1] Vgl. Schumpeter (1964), S. 98 f.
[2] Vgl. Katz/Shapiro (1985), S. 424 ff.

diesen *direkten Netzeffekten* lassen sich auch *indirekte* feststellen, die vor allem aus dem Vorhandensein komplementärer Hard- und Software resultieren. Je mehr Endgeräte (z.B. PC, Handy, Fernseher) internetfähig sind, je höher die Übertragungsraten der Netztechnologie sind und je mehr Anwendungssoftware zur Verfügung steht, desto stärkere Attraktivität gewinnt diese Form der Telekommunikation zwangsläufig. Zusätzlich ist auf die besondere Kostenstruktur hinzuweisen. Die Grenzkosten digitaler Produkte sind unerheblich. Sie lassen sich praktisch beliebig vervielfältigen und gegen geringe Kosten vertreiben.

Die Netzwerkeffekte steigen mit der Zahl der Teilnehmer weit überproportional, es entsteht also ein *positiver Feedbackeffekt*, der die Ausbreitung der Innovation beschleunigt. Begünstigt wird dieser Prozess durch die Entstehung von *Standards*, also Regeln, die der Vereinheitlichung dienen und die insbesondere die Kompatibilität von Hard- und Software betreffen.[3]

Netzeffekte in jeder Form sowie das Ausbreiten von Standards sind nun in besonders markanter Weise in der Internetökonomie zu beobachten. Die informationsökonomischen Wirkungen sind schlichtweg fundamental und von Evans und Wurster in ihrer grundlegenden Schrift „Web Attack" anhand der Kommunikationsmerkmale „Richness" (Reichhaltigkeit der Informationen bzw. Informationsgehalt) und „Reach" (Reichweite der Kommunikation) analysiert worden.[4]

In herkömmlicher Betrachtung, wie sie insbesondere durch die neuere Institutionenökonomik vorgenommen wird,[5] besteht ein Zielkonflikt (Trade off) zwischen diesen beiden Kategorien (vgl. Abb. 1), der durch die Transaktionskosten geprägt wird. Die Kommunikation differenzierter Informationen verursacht mit zunehmender Distanz immer höhere Kosten. Soll die Reichweite der Kommunikation bzw. der Transaktion erhöht werden, muss umgekehrt der Informationsgehalt reduziert werden. Dieser Zusammenhang führt, institutionenökonomisch betrachtet, zur unterschiedlichen Eignung von marktlicher Koordination bzw. hierarchischer Koordination. Unternehmungen mit ihrer hierarchiegestützten Koordination erlauben den internen Austausch komplexer Informationen innerhalb überschaubarer Einheiten, besitzen also Vorzüge der Reichhaltigkeit, dies allerdings zu Lasten der Reichweite. Märkte dagegen ermöglichen über den Preismechanismus eine höhere Reichweite und machen auch größere und größte Gruppen zugänglich, leisten aber nur den Austausch einfacher Informationen, die sich im Preis hinreichend abbilden lassen.

---

[3] Vgl. Ehrhardt (2001), S. 8 ff. und Picot (2000), S. 30.
[4] Vgl. Evans/Wurster (2000), S. 23 ff.
[5] Coase (1937) und Williamson (1991).

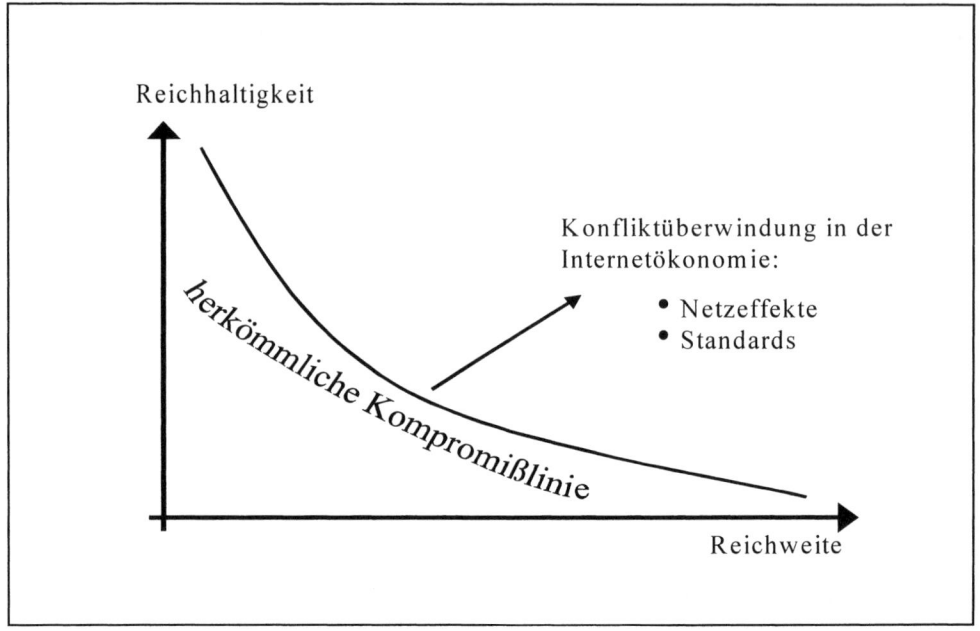

Abb. 1: Das Verhältnis von Reichhaltigkeit (Richness) und Reichweite (Reach)[6]

Dieser Gegensatz löst sich durch die innovatorischen Wirkungen des Internet mehr und mehr auf. In der Internetökonomie wird es dem einzelnen Teilnehmer auf Grund der erwähnten Netzeffekte und Kostenstrukturen möglich, die Reichweite seiner Kommunikation kostenneutral schlagartig zu erhöhen, bis hin zu einer uneingeschränkten Globalität, ohne dabei Zugeständnisse an den Informationsgehalt machen zu müssen. Der Konflikt zwischen Reichhaltigkeit und Reichweite wird überwindbar, die Kompromisslinie verschiebt bzw. verändert sich.

Daraus resultieren radikale Konsequenzen. Einerseits ist in der Organisationstheorie die traditionelle Beurteilung von „Markt", „Hierarchie" und „Netzwerk" zu überdenken. In der Praxis der Unternehmungsorganisation gilt es andererseits, die optimale Aufgabenbündelung (Funktionskumulierung) einer Unternehmung (Outsourcing/Insourcing) und damit die Unternehmungsgrenzen neu zu bestimmen. Davon sind das Selbstverständnis der jeweiligen Unternehmung, aber auch ganzer Branchen berührt. Insbesondere die vielfach bereits angestrebte Konzentration auf Kerngeschäfte und Kernkompetenzen wird dadurch erheblich erleichtert. Schnittstellen und unternehmungsübergreifende Prozesse werden besser beherrschbar.

---

[6] Verändert nach Evans/Wurster (2000), S. 24.

2.2 Internet als „Enabler" und als „Akzelerator"

Die Internetökonomie ist grundsätzlich dadurch gekennzeichnet, dass sie bisherige *Raum- und Zeitbarrieren* einreißt bzw. überbrückt. Die *Markteintrittsbarrieren* sinken tendenziell. Dem einzelnen Teilnehmer eröffnet sich ein weltweiter Zugang zu den Absatz- wie den Faktormärkten. Zugleich wird, zumindest am Anfang der Entwicklung, die *Markttransparenz* erheblich gesteigert. Beide Effekte führen zu einem verschärften Wettbewerb. Dies alles geht nicht, wie bisher, mit steigenden, sondern sogar mit *sinkenden Transaktionskosten* und -zeiten einher. Diese Vorteile können von Unternehmungen aller Branchen und Größenklassen genutzt werden. Die Internetökonomie ist also nicht auf die Großindustrie oder gar internationale Konzerne beschränkt.

Von den vielfältigen technischen Möglichkeiten her handelt es sich um ein *Universalwerkzeug*, das sich für beliebige Zwecke einsetzen lässt. Durch die beschriebene Auflösung des Gegensatzes von „Reichhaltigkeit" und „Reichweite" ergibt sich ein *erweiterter Spielraum* für das Setzen und Erreichen von Unternehmungszielen (Kosten, Zeit, Qualität). Traditionelle Zielkonflikte werden reduziert oder beseitigt. Als Folge werden ohnehin im Gang befindliche Veränderungen der Restrukturierung und Neupositionierung von Unternehmungen technologisch beschleunigt und intensiviert. Dabei zeigen sich zwei unterschiedliche Wirkungsformen. Teilweise schafft die neue Technologie überhaupt erst die Voraussetzungen für einen Wandel, ein Sachverhalt, der als *Enablerwirkung* zu bezeichnen wäre (z.B. das Abgeben oder Einholen weltweiter Angebote). Teilweise wird ein bereits begonnener Veränderungsprozess vereinfacht und verstärkt. Das Internet besitzt dann eine *Akzeleratorwirkung* (z.B. bei der Individualisierung von Produkten und Leistungen auf der Basis von Kundenprofilen).

Um die Wirkungsmächtigkeit der Technologie auszuschöpfen, gilt allerdings mehr denn je, dass ein genaues Nutzungskonzept erarbeitet werden muss. Nur dadurch lassen sich die auch schon in der Vergangenheit zu beobachtenden Effekte der „Elektronifizierung des Ist-Zustands" vermeiden. Es stiftet also z.B. wenig Nutzen, wenn vertriebsseitig lediglich Kataloginformationen ins Netz gestellt werden, ohne Interaktivität zu gewährleisten, also den Prozess der Bestellung und Auftragsabwicklung über das Internet zu ermöglichen. Damit zugleich stellt sich die Frage nach der zukünftigen Stellung der seitherigen Vertriebswege. Welche Rolle soll gegebenenfalls der eigene Außendienst oder der Handel übernehmen? Derartige Fragen sind im Zusammenhang mit dem strategischen Einsatz des Internet zu stellen. Sie berühren das Geschäftsmodell der Unternehmung, von dem unten noch die Rede sein wird.

3. Umgestaltung der Wertketten als Wirkungsfeld

3.1 Entflechtung von Wertketten

Die Globalisierung als unternehmungsexterne Entwicklung sowie die Bemühungen der Unternehmungen, sich auf ihre Kerngeschäfte und Kernkompetenzen zu konzentrieren, führen dazu, dass sich die Arbeitsteilung innerhalb und zwischen Branchen, aber letztlich sogar zwischen ganzen Volkswirtschaften verschiebt. In vertikaler Hinsicht geht es um die angestammte Trennung zwischen „Hersteller", „Händler" und „Verbraucher", die traditionell das Bild von Industriegesellschaften prägt. Äußeres Zeichen der stattfindenden Verschiebungen sind die weithin zu beobachtenden Outsourcingprozesse. In horizontaler Hinsicht geht es um die Programm- und Funktionsbreite einer Unternehmung, die ebenfalls im Rahmen der Fokussierung zu überdenken sind. In diesen Zusammenhang sind die strategischen Allianzen, also die Kooperationen mit Wettbewerbern einzuordnen.

Für eine genauere Analyse der Zusammenhänge bietet sich das Konzept der *Wertkette* an.[7] Porter unterscheidet insbesondere primäre und unterstützende Aktivitäten. Die primären (wertschaffenden) Aktivitäten unterteilt er für die Industrie in Eingangslogistik, Operationen, Ausgangslogistik, Vertrieb und Kundendienst. Unterstützend wirken u.a. Beschaffung und Technologieentwicklung.

Die Aufgabe von Randgeschäften und -funktionen bedeutet eine „Freigabe" von Kettengliedern. Häufen sich gleichgelagerte Fälle, so können daraus neue Ketten und Wertschichten entstehen. Aus einer ursprünglich unselbständigen Teilfunktion oder Dienstleistung von Unternehmungen wird so eine eigene, wertschaffende Kette und damit ein neues Geschäft. Auf die Weise wird z.B. eine „Einkaufsabteilung" zu einer Unternehmung des E-Procurement.

In der Internetökonomie führen die sinkenden Transaktionskosten nun dazu, dass sich vielfältige neue Möglichkeiten eröffnen, seitherige *Wertketten* aufzubrechen und neue Ketten bzw. *Wertschichten* zu bilden. Wie die Wertkette im Einzelnen aussieht und welche Kettenglieder bzw. Querverbindungen zwischen Ketten (Schichten) das Aktionsfeld der Unternehmung bilden (sollen), hängt zwar im Einzelfall von der Definition der (angestrebten) Kernkompetenz ab.[8] Der Trend geht aber eindeutig dahin, dass die bisherigen Wertketten kürzer werden, die volkswirtschaftliche Arbeitsteilung also zunimmt und weitere Spezialisierungsvorteile entstehen. Hierfür wird auch die Bezeich-

---

[7] Vgl. Porter (2000), S. 63 ff.
[8] Vgl. hierzu Krüger/Homp (1997), S. 25 ff.

nung *Entflechtung der Wertketten* benutzt.[9] Heuskel spricht von Deconstruction oder Delayering.[10] Derartige Entflechtungsprozesse finden auf der Ebene der einzelnen Branche sowie branchenübergreifend statt. Herkömmliche Branchengrenzen verschieben sich oder verschwinden ganz, neue entstehen. Es entsteht ein Wettbewerb um das beste Wertkettenkonzept (so genannte *layer competition*[11]). Letztlich werden sich dabei auch die Strukturen von Volkswirtschaften sowie die Prozesse des internationalen Wettbewerbs verändern.

Die unternehmungsbezogene Frage ist nun, zu welcher Prozessstruktur die Entflechtung von Wertketten führt. Insbesondere ist zu klären, ob sich Wertkettenmodelle herausbilden, die für die Internetökonomie in ähnlicher Weise typisch sind, wie es Porters Wertkettenmodell für die „Old Economy" war und noch ist.

Hagel/Singer vertreten hierzu dezidiert die Auffassung, dass herkömmliche Wertketten tendenziell zu drei unterschiedlichen Geschäften entflochten werden:[12] *Kundenbindungsgeschäft, Produktinnovations- und -vermarktungsgeschäft, Infrastruktur-Management-Geschäft.*

Diese Einteilung mag nicht recht zu überzeugen, dies sowohl im Hinblick auf die sachlogische Abgrenzung wie die kompetenzgeprägte Arbeitsteilung. Statt dessen wird hier vorgeschlagen, eine Unterscheidung in *sechs verschiedene Aufgabengebiete* vorzunehmen, deren arbeitsteilige Erfüllung zu klar unterscheidbaren Rollen der jeweiligen Träger der Wertkette führt (vgl. Abb. 2).

- *Entwickler:* Das Aufgabengebiet des Entwicklers umfasst die Neuentwicklung sowie Verbesserung von Produkten, Prozessen und Technologien.
- *Beschaffer:* Sucht nach günstigsten Einkaufsmöglichkeiten, bündelt Einkaufsvolumina, führt Einkäufe durch.
- *Hersteller:* Der Hersteller konzentriert sich auf den Teilprozess der reinen Leistungserstellung, also ohne „Beschaffung" und „Absatz".
- *Vermarkter:* Kunden gewinnen, Kundenbedürfnisse befriedigen und eine Kundenbeziehung aufbauen, die zur dauerhaften Kundenbindung beiträgt, sind Kernaufgaben des Vermarkters.
- *Prozessmanager:* Die Kettenglieder von Entwickler, Hersteller und Vermarkter sind logistisch und informationstechnisch miteinander zu koppeln. Dies ist ein

---

[9] So bei Hagel/Singer (2000).
[10] Heuskel (1999), S. 56.
[11] Vgl. Heuskel (1999).
[12] Vgl. Hagel/Singer (2000).

Aufgabegebiet, das in der Praxis mehr und mehr zu einer eigenen Wertschicht wird. Es entstehen eng gekoppelte Lieferketten, die vom Lieferanten des Lieferanten bis zum Kunden des Kunden reichen, so genannte Supply Chain Management (SCM) bzw. Supply Network Operation and Change Management (SNOC).

- *Infrastrukturmanager:* Alle Glieder einer Wertkette bedürfen auch in der Internetökonomie einer wie auch immer gearteten baulichen und technischen Infrastruktur. Die damit zusammenhängenden Aufgaben der Konzipierung, Finanzierung und des Betriebs einer Infrastruktur (z.B. Bürogebäude, Fertigungs- und Montagehalle, Rechenzentrum) werden ebenfalls in der Praxis zunehmend zum Gegenstand eigener Unternehmungen mit speziellen Kernkompetenzen. Man denke an die so genannten Betreibermodelle in der Bauwirtschaft.

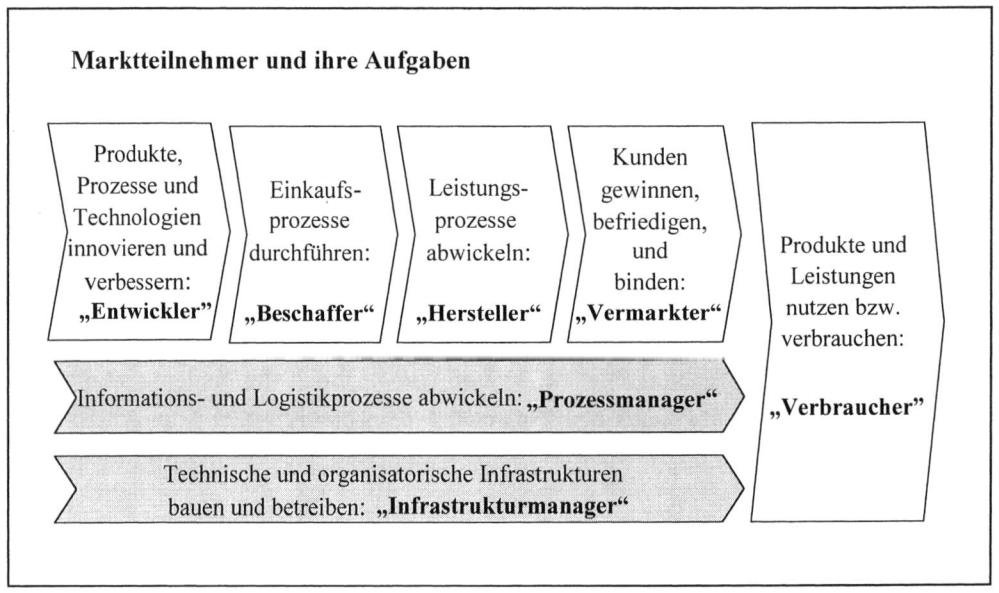

Abb. 2: Entflechtung von Wertketten (Schema)

Dieses Schema ist eine verallgemeinerte („generische") Darstellung möglicher Veränderungen der Wertkette, bezogen vor allem auf industrielle Prozesse. Es macht deutlich, wie sich Branchengrenzen verschieben können. Im Einzelfall können noch weitergehende Aufspaltungen erfolgen oder aber verschiedenartige Kombinationen der hier unterschiedenen sechs Rollen.

Firmen des so genannten E-Procurement z.B. sind als Folge von Outsourcingaktivitäten von Industrieunternehmungen entstanden. Sie sind ein Beispiel für „Beschaffer", die jetzt eine eigene Wertschicht und eine neue Branche bilden. Ein seitheriger Teilelieferant, der heute seine Waren Fertigungsbranchen anliefert und damit die Regale des Herstellers beschickt, kombiniert Rollen des „Herstellers" und des „Prozessmanagers". Nicht selten kommt es für den Lieferanten zu einer Vorwärtsintegration, wenn er ganze Baugruppen herstellt („Systemlieferant") oder/und bei seinen Kunden den Einbau bzw. die Montage durchführt.

Eine Unternehmung kann sich auch auf die beiden Enden der Wertkette konzentrieren und die mittleren Teile auslagern. Nike z.B. kombiniert die Rollen des „Entwicklers" und „Vermarkters" von Sportschuhen, ohne Hersteller zu sein.

In vielen Fällen sind seitherige Anbieter von Produkten oder Leistungen erstmals bzw. verstärkt in der Lage, *direkte Beziehungen* zum Endkunden aufzubauen. Fluglinien können Tickets im Internet direkt verkaufen, ohne Reisebüros einzuschalten. Versicherungen benötigen keine Agenturen, industrielle Hersteller keinen Handel als Absatzmittler. Es ist derzeit nicht absehbar, welche Verschiebungen sich in diesem Bereich, zumindest bei Standardprodukten und -leistungen, ergeben. Die herkömmliche Rolle der „Absatzmittler" wird sich aber mit Sicherheit verändern.

3.2 Kopplung der Wertketten durch Märkte und Netzwerke

Selbstverständlich müssen auch neu entstehende Wertketten und Wertschichten koordiniert und integriert werden. Das logische Gegenstück zur Entflechtung stellt demgemäß die *Kopplung von Wertketten* dar. Grundsätzlich lassen sich „*Markt*" und „*Netzwerk*" als Koordinationsformen einsetzen. Die Internetökonomie weist nun auch hinsichtlich dieser organisatorischen Kopplungsvarianten einige Besonderheiten auf. So wie sich die Spezialisierungsmöglichkeiten („Entflechtung") erhöhen, erhöhen sich auch die Möglichkeiten der Kopplung der einzelnen Wertschichten

Zum einen bilden sich vielfältige *marktliche Lösungen* aus. Hierzu zählen vor allem *elektronische Marktplätze (E-Markets)*, auf denen sich Angebot und Nachfrage treffen. Das Betreiben derartiger Marktplätze ist längst ein eigenes Geschäft geworden. Das gleiche gilt für *elektronische Auktionshäuser*, die auch einem Privatkunden bei kleinsten Umsätzen die Reichweite des Netzes zugänglich machen. Das Transaktionsmodell „Auktion" tritt dabei an die Stelle von einzeln ausgehandelten Preisen („Verhandlung") oder feststehenden Angebotspreisen („Katalog").

Mittlerweile hat das Angebot im Internet eine derartige Vielfalt erreicht, dass zumindest für einen Konsumenten mit breiter Nachfrage die Markttransparenz nur mit Mühe zu gewinnen ist. Zur Lösung dieses Problems treten z.B. so genannte *Infomediäre* auf.

Dies sind Firmen, die als Agenten des Abnehmers, insbesondere des Endverbrauchers, handeln und das für ihn günstigste Angebot im Netz herausfinden.[13]

Betrachtet werden sollen hier nur die Marktplatzlösungen. Schneider/Schnetkamp unterscheiden *drei Formen von E-Markets*, dies vor allem anhand der Marktseite und der Marktstruktur (vgl. Abb. 3).[14]

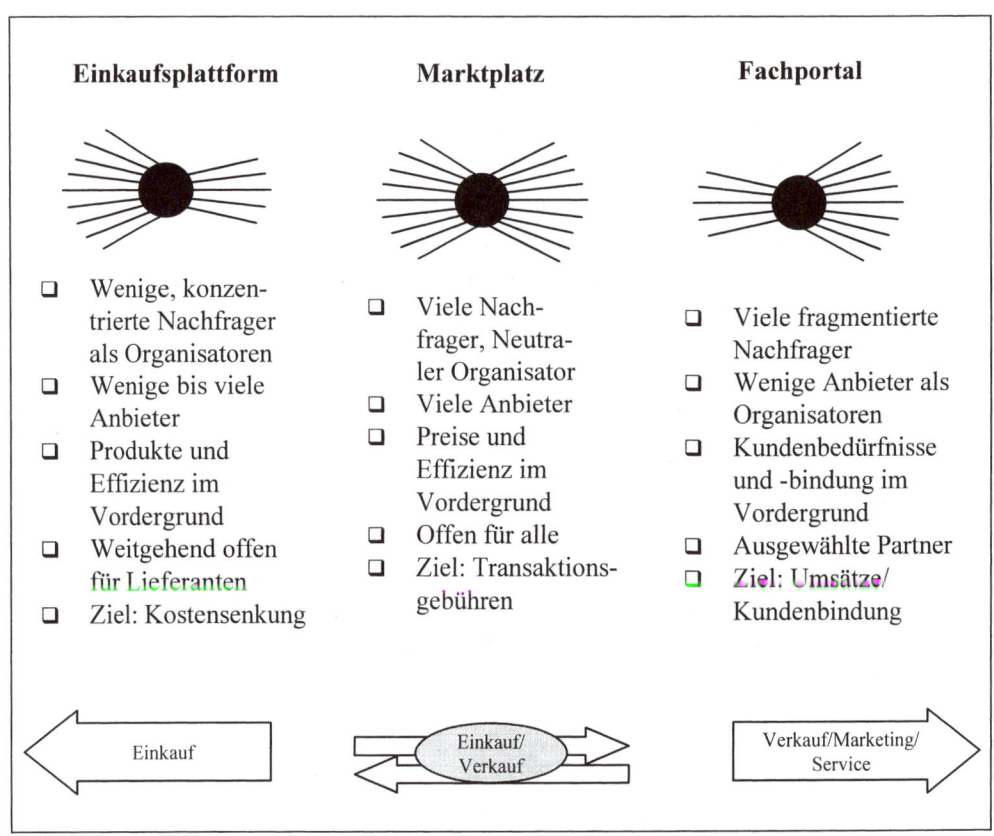

Abb. 3: *Formen von Marktplätzen im Internet (E-Markets)*[15]

Eine so genannte *Einkaufsplattform* wird von wenigen großen Nachfragern organisiert, deren Beschaffungsseite mit der Absatzseite weniger oder auch vieler, eher kleinerer Anbieter verbunden werden soll. Den Nachfragern geht es um die Senkung ihrer Einkaufskosten. Die Anbieter profitieren von der mit derartigen Plattformen möglichen

---

[13] Vgl. hierzu im Einzelnen Hagel/Singer (2000).
[14] Nach Schneider/Schnetkamp (2000), S. 55.
[15] Nach Hagel/Singer (2000), S. 55.

Markterweiterung. Beispiele für im Internet realisierte Einkaufsplattformen sind PORTUM (Chemieindustrie) und ECONIA (offene Einkaufsplattform für standardisierbare Güter).

Als *Marktplatz* (Markt i.e.S.) wird die Lösung bezeichnet, bei der es ein eigenständiger Marktplatzbetreiber übernimmt, die zahlreichen Anbieter und Nachfrager zusammenzubringen. Das Ziel beider Marktseiten ist in erster Linie die Senkung der Transaktionskosten. Internetmarktplätze sind beispielsweise ATTRADA (Waren aller Art) und VIRTUAL CHIP (Halbleiterprodukte).

Die dritte Form stellt das so genannte *Fachportal* dar, das spiegelbildlich zur Einkaufsplattform organisiert ist. Wenige Anbieter als Organisatoren treten gemeinsam den zahlreichen Nachfragern gegenüber. Den Anbietern ist dabei an Umsatzerhöhung und an einer verbesserten Kundenbindung gelegen. Die Nachfrager sollten zumindest von der Markttransparenz profitieren. ELEMICA (Chemieindustrie/-handel) und EVIVO (Energiewirtschaft) stehen hierfür Beispiele beispielhaft.

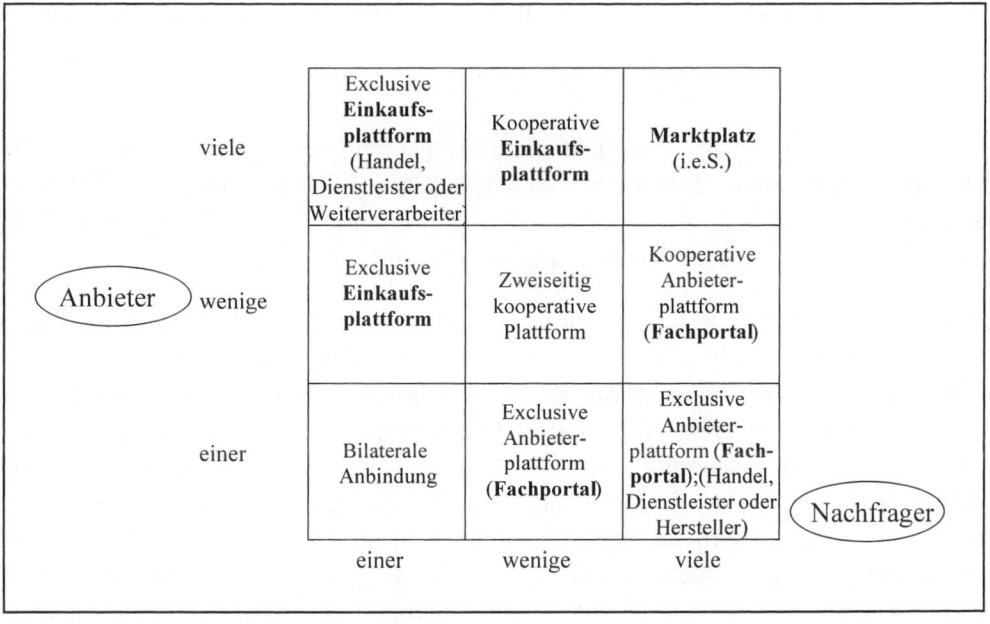

Abb. 4: Anbieter-/Nachfragerstrukturen als Grundlage von Geschäftsmodellen

Fachportale und Einkaufsplattformen sind Lösungen, bei denen sich jeweils mehrere Partner zusammentun, um den Marktplatz zu betreiben. Es sind mithin *kooperative Organisationsformen*, also spezielle Formen von Joint Ventures oder strategischen Allianzen. Will man alle Varianten der Marktstruktur erfassen, so muss man das Schema von Schneider/Schnetkamp erweitern, wie dies in Abb. 4 geschieht. Dort sind vor allem auch die Fälle eingearbeitet, in denen auf der einen Marktseite jeweils nur eine Unternehmung, auf der anderen Marktseite viele Unternehmungen auftreten. Es handelt sich dabei um Plattformen bzw. Portale, die exklusiv von einer (großen) Unternehmung betrieben werden.

Neben derartigen marktlichen Lösungen bietet die technische Vernetzung zum anderen zwangsläufig auch völlig neue Möglichkeiten organisatorischer *Netzwerklösungen*, sei es in Form vertikaler Netzwerke (Abnehmer-Zulieferer-Netzwerke) oder horizontaler Lösungen (Strategische Allianzen). Die entflochtenen Wertketten werden dadurch besser denn je über Unternehmungsgrenzen hinaus steuerbar und optimierbar. Es entstehen durchgängige Wertketten, in denen sich einzelne Geschäftspartner zu einer *Wertschöpfungspartnerschaft* zusammentun. In vertikaler Richtung werden Unternehmungsprozesse über mehrere Wertschöpfungsstufen hinweg integriert. In horizontaler Richtung geht es um die Kopplung von Unternehmungen, die derselben Stufe angehören, also um die Integration innerhalb einer Wertschöpfungsstufe.

Rechtlich selbständige Partner gehen dabei eine relativ stabile Beziehung zur gemeinsamen Bewältigung komplexer Aufgaben ein. Innerhalb des Netzwerks verhalten sich die Partner überwiegend kooperativ statt kompetitiv.[16]

Aus institutionenökonomischer Sicht sind Unternehmungsnetzwerke eine intermediäre Organisationsform zwischen den beiden eigenständigen Formen Markt und Hierarchie, also eine Mischform, in der ein Kompromiss (Funktionskompromiss) zwischen den Vorteilen beider Ausgangsformen eingegangen wird.[17]

Vertreter der neueren Systemtheorie argumentieren dagegen, dass Netzwerke nicht eine Mischform zwischen Markt und Hierarchie seien, sondern vielmehr eine eigenständige, dritte Organisationsform darstellen.[18] Informationsökonomisch besäßen sowohl Markt wie Hierarchie Funktionslücken. Gemeinsame Ursache sei die unzureichende Informationsversorgung der Entscheidungsträger. Im Markt fände ein an sich notwendiger Wissenstransfer nicht statt, weil die Informationsdichte (siehe „Reichhaltigkeit") zu gering sei. In der Hierarchie herrschten Informationslücken, die durch die Dominanz abwärtsgerichteter Kommunikation bedingt seien. Es komme zu Filtereffekten, und es fehle der Zugriff auf wichtige interne und externe Informationsquellen (siehe „Reichweite"). Hoch-komplexe Wertschöpfungsketten, um die es derzeit vor allem ginge, verlangten eine ex ante-Koordination der Pläne sowie die Kombination

---

[16] Vgl. im Einzelnen Sydow (1993) und (1995).
[17] Vgl. Williamson (1991), S. 281 ff.
[18] Vgl. zum Folgenden Teubner (1992); Wriebe (2001), S. 27 ff.

unterschiedlicher Fähigkeiten. Genau dazu seien Netzwerke am besten geeignet. Mit ihrer Bildung entstünde, richtig organisiert, eine *symbiotische Kooperation*, in der sich die Vorteile marktlicher wie hierarchischer Koordination bündeln lassen. Statt eines Funktionskompromisses käme es dabei zu einer *Funktionskumulierung*. Netzwerke wären dann die überlegene Organisationsform. Abb. 5 zeigt diesen Effekt anhand des Diagramms von Evans und Wurster.

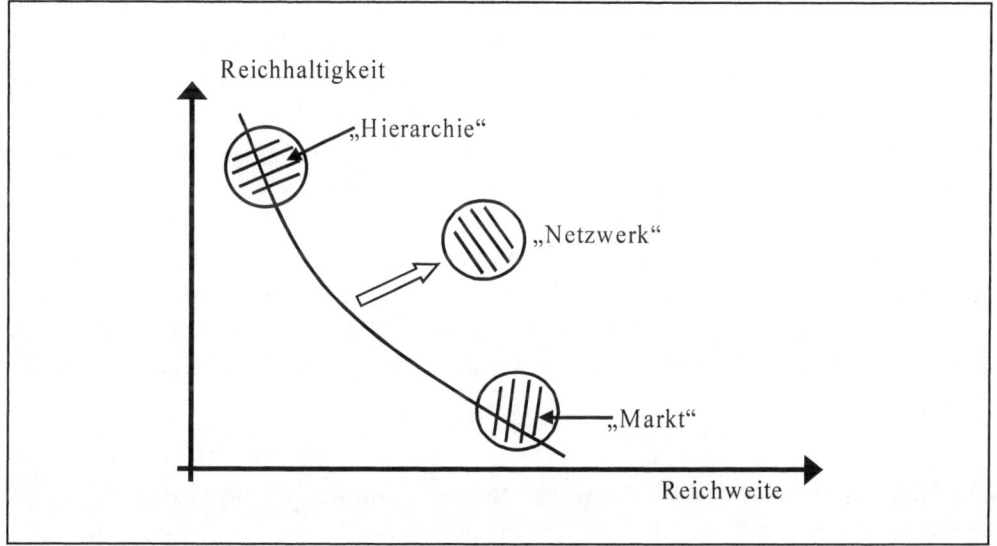

Abb. 5: Funktionskumulierung in Unternehmungsnetzwerken

Ohne diese Auffassung im Einzelnen würdigen zu wollen, kann es doch als sicher gelten, dass Unternehmungsnetzwerke durch die Internetökonomie und ihr Wirkungsmuster erheblich an Bedeutung gewinnen. Man muss dabei nicht soweit gehen, wie Rifkin, der die Ansicht vertritt, dass Märkte im 21. Jahrhundert generell durch Netzwerke abgelöst werden.[19]

Eine offene Frage hinsichtlich der Bedeutung von Netzwerken ist auch ihre Stellung im Entwicklungsprozess von Wertketten und Branchenstrukturen. Aus längerfristiger Sicht betrachtet, befinden sich viele Branchen in einem Übergangsstadium von der „alten" zur Internetökonomie. Netzwerke sind in diesem Stadium ein Instrument, um Unsicherheit zu reduzieren, Komplexität zu absorbieren und Ressourcen und Fähigkeiten neu zu bündeln und zu entwickeln. Wenn sich im Anschluss an diese Übergangsphase neue Branchengrenzen und Branchenstrukturen herausgebildet haben wer-

---

[19] Vgl. Rifkin (2000), S. 26 ff.

den, also eine „Normalphase" eintritt, kann es sehr wohl sein, dass in Anbetracht reduzierter Unsicherheit und Komplexität auch wieder andere Organisationsformen situativ geeignet sind. Insofern könnten Netzwerke ihrerseits eine Übergangslösung zur Bewältigung von Transformationsprozessen sein.

Eine eindeutige Konsequenz aus der gestiegenen Bedeutung von Netzwerken ist allerdings, zumindest für die Jahre des Übergangs, dass die *Netzwerkfähigkeit* zu einer neuen Anforderung an Unternehmungen wird, also die Fähigkeit, die eigene Wettbewerbsposition durch Vernetzung zu verbessern.[20] Dieses Konstrukt setzt sich aus verschiedenen Komponenten zusammen, deren eine die Organisationsstruktur ist. Eine dezentralistische Struktur mit kleinen, selbständigen Einheiten, bis hin zu modularisierten Strukturen, bietet gute Voraussetzungen für das Eingehen von Wertschöpfungspartnerschaften. Außerdem ist die Fähigkeit wichtig, rasch und wirkungsvoll Einheiten der Sekundärstruktur aufzubauen (Teams, Workshops, Konferenzen). Dabei spielt die Bereitschaft und Fähigkeit zur vertrauensvollen, interdisziplinären Zusammenarbeit eine ausschlaggebende Rolle. Damit ist *Vertrauen* als Koordinationsmechanismus im Unternehmungsnetzwerk angesprochen.[21] Organisatorische Netzwerke sind immer auch soziale Netzwerke, ein Aspekt, der bisher in der Theorie nur am Rande beachtet wurde.[22]

3.3 Neubestimmung von Wettbewerbseinheiten und Branchengrenzen

Das Arbeiten in Netzwerken verändert die Wettbewerbssituation. Im bisherigen strategischen Denken bilden einzelne Geschäfte bzw. Geschäftseinheiten den Bezugspunkt des Wettbewerbs und der Wettbewerbsstrategie. Die Branche („industry") ist die Aufgabenumwelt dieser Einheit. Sie wird bestimmt durch die Gesamtheit der Anbieter mit *Substitutionsprodukten*. Die Grenzen zwischen der Unternehmung bzw. den Geschäftseinheiten und dem Markt wird durch die *Transaktionskosten* bestimmt. Der Wettbewerb wird als Preis- und Kostenwettbewerb interpretiert.

Netzwerke sind kooperierende Firmengruppen bzw. Gruppen von Geschäftseinheiten, die sich auf Grund komplementärer Fähigkeiten bilden.[23] Sie treten in Konkurrenz zu anderen Wettbewerbseinheiten mit gleichen oder ähnlichen Kompetenzen, seien es weitere Netzwerke oder einzelne Unternehmungen. Eine Branche bestünde demgemäß aus Einheiten (Unternehmungen oder Netzwerken) mit gleichartigen Kompetenzen. Für die Grenzziehung von Netzwerk und Markt sind dann nicht mehr die Transakti-

---

[20] Vgl. Fleisch (2000), S. 1112 ff.
[21] Vgl. Vogt (1997) und Picker (2001).
[22] Vgl. Gulati (1998).
[23] Vgl. zum Folgenden Bettis (1998), S. 359.

onskosten ausschlaggebend, sondern die besonderen Ressourcen und Fähigkeiten der Mitglieder. Unternehmungen mit Kompetenzen ähnlich denen der Netzwerkmitglieder konkurrieren um die Mitgliedschaft im Netz. Kompetenzbündelungs- und -bildungsprozesse und damit Prozesse des kollektiven Lernens und der kollektiven Entwicklung bestimmen die Grenzziehung. Anders formuliert: Es geht um den *Nutzen von Transaktionen* und nicht nur um deren Kosten. Demzufolge lässt sich die These aufstellen, dass die Transaktionskostentheorie, zumindest hinsichtlich der Netzwerke, die falsche Fragestellung behandelt hat. Dyer, dessen empirische Ergebnisse zu den Effekten von Unternehmungskooperationen in diese Richtung weisen, formuliert es in Anlehnung an Zajac und Olsen[24] wie folgt: „the fundamental question should be: How can exchange relations be structured to maximize transaction value (which includes both production and transaction costs)?"[25]

Von den Problemen der Grenzziehung zwischen „Markt" und „Hierarchie/Netzwerk" und den damit zusammenhängenden Fragen der Branchendefinition sind zwangsläufig solche Bereiche betroffen, in denen die Prozesse oder/und Produkte sehr stark informationshaltig oder sogar digitalisiert sind. Die Informationstechnologie macht die Beherrschung größter Datenmengen möglich. Wenn die in einem Geschäft gewonnenen Daten, insbesondere die Kundendaten, von dem zu Grunde liegenden Geschäft getrennt werden können, also separierbar sind, dann ist es möglich, auf dieser Grundlage weitere Wettbewerbsfelder zu betreten bzw. neue Wettbewerbsvorteile zu generieren.

So werden z.B. etablierte Banken im Retail Banking erfolgreich von Nichtbanken angegriffen, z.B. von Telefongesellschaften. Amazon generiert auf Grund seiner Transaktionen individuelle Kundenprofile, die über das Basisgeschäft hinaus zur Geschäftsausweitung und Kundenbindung genutzt werden.

Derartige Effekte, die durch das Internet verstärkt werden können, führen Sampler zu der Auffassung, dass die Definition einer Branche (und ihrer Grenzen) durch solche Unternehmungen bestimmt wird, die über ein ausreichendes Volumen relevanter Informationen über denselben Markt verfügen.[26]

---

[24] Zajac/Olsen (1993).
[25] Dyer (1997), S. 552.
[26] Vgl. Sampler (1998), S. 348 f.

4. Neubestimmung der Geschäftsmodelle als Wirkungsfeld

4.1 Begriff des Geschäftsmodells

Die Wertkettenanalyse macht die generellen Wirkungszusammenhänge des Internet deutlich. Auf der Ebene der einzelnen Unternehmung führt die Entflechtung von Wertketten zu einer *Veränderung vorhandener Geschäftsmodelle* (z.B. Multichannelsysteme im Vertrieb) oder zur *Entwicklung völlig neuer Geschäftsmodelle* (z.B. E-Procurement in der Beschaffung). Derartigen Fragen soll im Folgenden nachgegangen werden.

Zunächst ist hierzu der *Begriff des Geschäftsmodells* zu klären. Dieser Begriff ist zwar viel strapaziert, aber bisher kaum geklärt. Ein Grundverständnis zum Begriff des Geschäftsmodells verschafft der Rückgriff auf die in der Betriebswirtschaftslehre etablierte Modelltheorie. Modelle sind vereinfachende Abbildungen eines realen Systems, die auf ein definiertes Betrachtungsziel ausgerichtet sind.[27] Bei einem *Geschäftsmodell* handelt es sich folglich um eine Darstellung des sozialen Systems Unternehmung mit einer Vereinfachung der realen Gegebenheiten hinsichtlich des Betrachtungsziels der erfolgreichen Geschäftstätigkeit. Das Geschäftsmodell beschreibt auf hohem Abstraktionsniveau die grundsätzlichen Geschäftsprozesse. Es bildet die Grundlage für den Geschäftsplan, in dem die auf Basis des Geschäftsmodells erwarteten Einzahlungsüberschüsse auf der Zeitachse abgebildet werden.

Diesem modelltheoretischen Grundverständnis eines Geschäftsmodells entspricht die häufig zitierte Definition von Timmers: „Eine Architektur für die produkt-, dienst- und informationsbezogenen Geschäftsprozesse, darin enthalten eine Beschreibung der verschiedenen Teilnehmer und ihrer Rollen, des Nutzenpotenzials für sie und der Erlösquellen".[28] Kürzer, aber zugleich sehr allgemein, formulieren Amit/Zott. Geschäftsmodelle sind demnach eine „Konfiguration von Transaktionskomponenten, die dazu bestimmt sind, Geschäftsmöglichkeiten auszuschöpfen".[29] Die spezifischen Formen der Erlösgenerierung werden eigenständig in einem Erlösmodell behandelt. Den Prozesscharakter betont auch Mahadevan in seiner Definition. Ein Geschäftsmodell ist eine „spezifische Kombination dreier kritischer Geschäftsprozesse. Sie enthält den Prozess der Wertgenerierung (value stream) für die Geschäftspartner und Kunden, den

---

[27] Vgl. Kosiol (1961), S. 319.
[28] Timmers (1998), S. 4.
[29] Amit/Zott (2000).

Prozess der Umsatzgenerierung (revenue stream) und den logistischen Prozess (logistical stream)."[30]

In Auswertung und Weiterentwicklung dieser Ansätze lässt sich folgendes feststellen: Voraussetzung und Grundlage eines Geschäftsmodells ist eine klare Vorstellung des zu modellierenden Geschäfts, also der Produkt-/Marktkombination und deren angestrebten wettbewerbsstrategischen Besonderheiten. Ein Geschäftsmodell zu formulieren, setzt voraus, dass eine Geschäftsidee existiert, also eine Vorstellung davon, welche Produkte bzw. Leistungen für welche Kunden, Regionen oder Bedürfnisse angeboten werden sollen. Geschäftsmodelle besitzen Mittelcharakter im Hinblick auf die geplanten Geschäfte. Nach außen geht es um die Vorstellung einer Unternehmung und ihrer Marktpartner (auf Absatz bzw. Beschaffungsmärkten) von der Art und Weise, wie ein Geschäft angebahnt und abgewickelt wird und welcher Partner dabei welche Aufgaben bzw. Prozessteile übernimmt. Nach innen steht die geschäftsspezifische Ausgestaltung der notwendigen Teilprozesse zur Werteschaffung und Erziehung von Wettbewerbsvorteilen im Mittelpunkt.

Um ein hinreichend vollständiges und genaues Bild eines Geschäftsmodells zu zeichnen, sind folgende Teilmodelle zu unterscheiden:[31]

- *Prozessmodell*: Anhand welcher Prozesse werden Werte geschaffen?
- *Teilnehmermodell:* Wer ist in welcher Rolle an der Wertschöpfung beteiligt?
- *Erlösmodell:* Wie werden Erlöse erzielt und unter den Teilnehmern aufgeteilt?
- *Transaktionsmodell:* Wie finden die Wertschöpfungspartner zusammen?

Ein Geschäftsmodell muss auf *alle* genannten Fragen in aufeinander abgestimmter Form eine Antwort geben, um tragfähig zu sein. Unmittelbaren organisatorischen Bezug besitzen das Prozess- und das Teilnehmermodell. Sie sind die *organisatorischen Teilmodelle* von Geschäftsmodellen. Die Aufgaben bzw. Rollen und ihre Zuordnung auf die beteiligten Unternehmungen bzw. Unternehmungseinheiten entsprechen der Aufbauorganisation. Die Regelung der raum-zeitlichen Abfolge von Aufgaben bzw. Teilprozessen ist eine Fragestellung der Prozessorganisation.

Interneteinsatz ist geeignet, alle vier Teilmodelle zu verändern. Die Fülle der dabei berührten Fragen kann im folgenden nur überblicksartig verdeutlicht werden.

---

[30] Mahadevan (2000), S. 59.
[31] Vgl. Buchholz/Bach (2001).

4.2 Prozess- und Teilnehmermodell

Die Festlegung von Prozess- und Teilnehmermodell nimmt unmittelbar Bezug auf die in der Wertkettenanalyse behandelten Aspekte des Internet. Die einzelnen Teilprozesse der Wertkette und ihre Träger sind zu bestimmen. Dabei muss auch die übergreifende Frage der externen Kopplung durch „Markt" oder „Netzwerk" geklärt werden. Ein Beispiel für eine Netzwerklösung zeigt Abb. 6. Dort wird das Prozess- und Teilnehmermodell der Financial Times veranschaulicht. Die Financial Times als fokale Unternehmung konzipiert und koordiniert die Aktivitäten der anderen Teilnehmer (Deutsche Bank, dpa, Reuters, Konsumenten etc.). Sie bündelt die verschiedenen Inhalte und vermarktet sie.

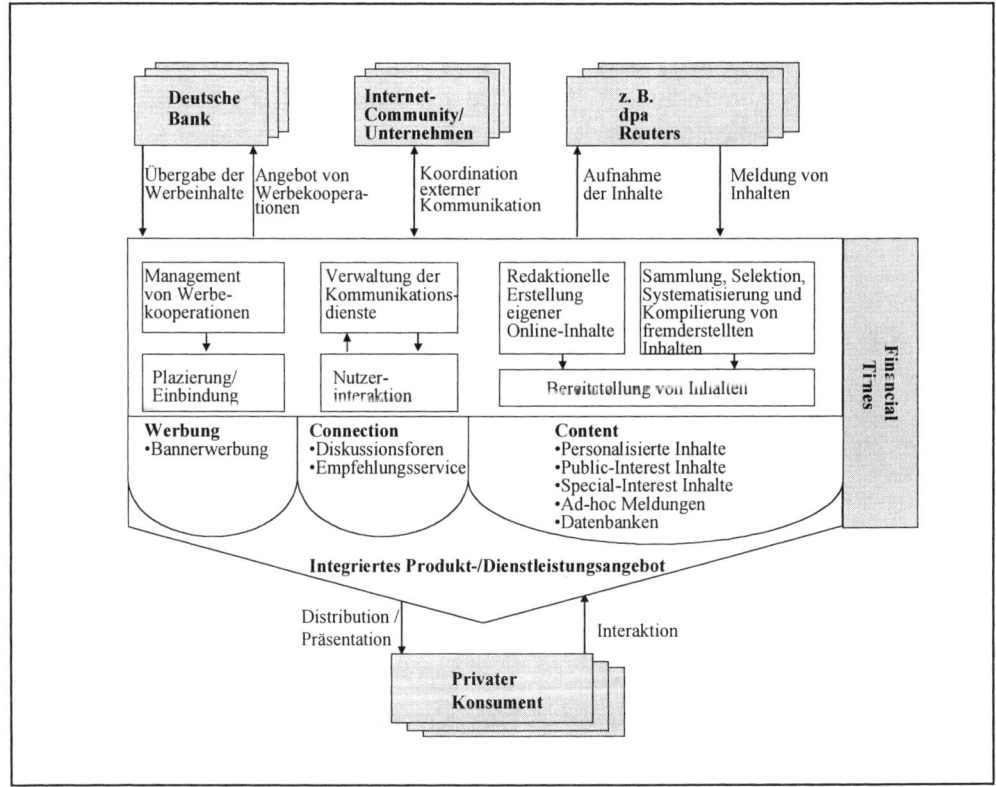

Abb. 6: Prozess- und Teilnehmermodell der Financial Times[32]

---

[32] Vgl. Wirtz (2000), S. 90.

Die oben dargestellten Möglichkeiten der Entflechtung von Wertketten sind in diesem Beispiel bereits erkennbar, auch wenn die digitalen bzw. digitalisierbaren Produkte einige Besonderheiten gegenüber der Sachgüterindustrie aufweisen. Die Financial Times selbst übernimmt die Rollen des „Entwicklers" und „Vermarkters", kontrolliert also Beginn und Ende der Wertkette. Die mittleren Kettenglieder („Beschaffer" und „Hersteller") sind weitgehend in der Hand von Netzwerkpartnern. Allerdings ist die redaktionelle Arbeit der Financial Times selbst auch als ein Element des „Herstellers" zu begreifen. Interessant ist die Organisation der Prozesse. Die Rolle des „Prozessmanagers" und des „Infrastrukturmanagers" übernimmt offenbar die Zeitung weitgehend selbst. Lediglich internetspezifische Kommunikationsformen werden von darauf spezialisierten Unternehmungen übernommen.

Wer welche Aufgaben innerhalb der internetgestützten Geschäftsabwicklung übernimmt und ob sich der Interneteinsatz überhaupt lohnt, hängt primär davon ab, ob ein Wert geschaffen bzw. ein Nutzen gestiftet wird. Die alternative Möglichkeit der Verflechtung bzw. Entflechtung von Wertketten sind also anhand der zu erwartenden Wertentstehung zu beurteilen und auszugestalten. Abb. 7 zeigt einen verallgemeinerten Bezugsrahmen der *Wertentstehung im E-Business*. Darin sind sowohl die Nutzenerwartungen der Anbieter und Nachfrager wie diejenigen der Marktbetreiber abgebildet.

Dieses Schema kann von Unternehmungen im Einzelfall benutzt werden, um vorhandene Geschäftsmodelle darauf zu überprüfen, ob und gegebenenfalls in welcher Form ihre Veränderung zum Erfolg führen könnte. Neue Geschäftsideen bzw. Geschäftsmodelle können auf ihre Werthaltigkeit und damit auf ein wesentliches Element ihrer Erfolgsaussichten untersucht werden.

4.3 Erlös- und Transaktionsmodell

Aus der Sicht eines Kapitalgebers interessiert vor allem ein Aspekt des Geschäftsmodells: Wie werden Erlöse erzielt und wie werden die Überschüsse aufgeteilt? Diese Frage wird im Erlösmodell beantwortet.[33] Konkret wird beschrieben, aus welchen Erlösformen sich die Einzahlungen in welchem Umfang zusammensetzen und welcher der Teilnehmer in welchem Umfang an den Erlösen teilhat. Hinsichtlich der möglichen Erlösformen sind zunächst Zahlungen der Teilnehmer von Zahlungen durch Dritte zu unterscheiden. Die Vergangenheit hat gezeigt, dass Erlösmodelle, die nur *Zahlungen von Dritten* umfassen, nicht dauerhaft zu einem positiven Cash-flow führen. Die Höhe der erzielbaren Werbeeinnahmen wurde häufig überschätzt und der Verkauf von Infor-

---

[33] Vgl. im Einzelnen hierzu Krüger/Bach (2001), S. 45 ff.

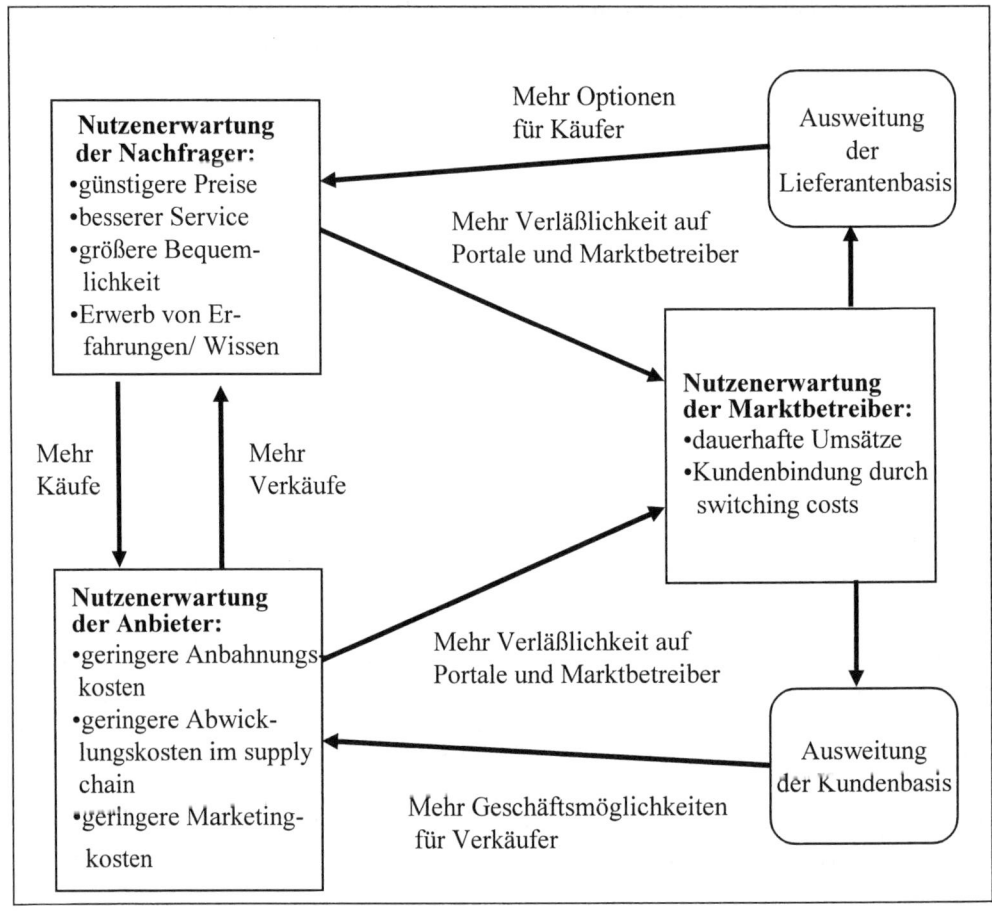

Abb. 7: *Wertentstehung im E-Business (value stream)*[34]

mationen an Dritte setzt voraus, dass diese Informationen nicht frei zugänglich sind. Folglich muss versucht werden, je nach Teilnehmermodell Zahlungen der Teilnehmer zu generieren. In fragmentierten Märkten kann bereits für den Zugang zum Markt eine Gebühr in Form von *Mitgliedsbeiträgen* oder *Zugangsgebühren* verlangt werden. Mitgliedsbeiträge gewähren das Recht zur Teilnahme am Geschäft über einen definierten Zeitraum. Zugangsgebühren fallen hingegen bei jedem „Eintritt" in das Teilnehmermodell an. Ihre Höhe ist jedoch unabhängig vom Ausmaß der Nutzung des Angebots oder der Höhe der geleisteten Beiträge.

---

[34] Nach Mahadevan (2000), S. 60.

Bei geringerer Zahlungsbereitschaft empfiehlt sich eine Kopplung der Zahlungen an die einzelnen Aktionen der Teilnehmer. Hier wird der direkte Zusammenhang zwischen Erlösmodell und *Transaktionsmodell* deutlich. Im Standardfall handelt es sich bei den Transaktionen um die Abgabe verbindlicher Angebote zu einem Kaufvertrag. In Abhängigkeit von der Struktur des Teilnehmermodells und der Inhalte der Vertragsverhandlungen sind auch weitere Varianten möglich, z.B. Verhandlungen oder Auktionen.[35] Der Auktionator bzw. Marktplatzbetreiber seinerseits kann sich dann über Gebühren für derartige Transaktionen finanzieren.

5. Konsequenzen für das Organisationsmanagement
– Zusammenfassende Thesen –

Abschließend soll versucht werden, die Ergebnisse dieses Beitrags auf ihre Konsequenzen für das Organisationsmanagement und – damit korrespondierend – die Organisationstheorie zu untersuchen.

1. **Erweiterung des Gegenstandsbereichs**: Die organisatorische Gestaltung endet nicht an den Unternehmungsgrenzen. Grenzüberschreitende (interorganisationale) Prozesse und Strukturen prägen maßgeblich die Probleme des E-Business. „Teilung" (Spezialisierung) und „Einung" (Koordination), die Kernfragen jeder organisatorischen Gestaltung, müssen von der Interaktion *in* Unternehmungen auf die Interaktion *zwischen* Unternehmungen ausgeweitet werden. Märkte und Netzwerke als Handlungssysteme und ihre organisatorischen Regelungsformen zu analysieren und zu gestalten, gehört heute genauso zur organisatorischen Arbeit wie beispielsweise die Umgestaltung von Konzernstrukturen.

2. **Strukturen folgen Prozessen**: Ausgangspunkt der Betrachtung sind unternehmungsübergreifende Wertketten sowie diejenigen Prozesse, die das Geschäftsmodell der Unternehmung ausmachen. Die Optimierung dieser Prozesse steht im Brennpunkt des Geschehens. Für die Theorie gilt es, verallgemeinerungsfähige Prozessmodelle zur Typisierung von Wertketten und Geschäftsmodellen zu entwickeln und auf ihre Eignung zu untersuchen. Auf die Weise können praktische Gestaltungsalternativen sichtbar und beurteilbar gemacht werden. Mehr denn je gilt dabei, dass die Blickrichtung der Gestaltung von den Prozessen ihren Ausgangspunkt nimmt und dass sich die traditionellen aufbauorganisatorischen Fragen („Strukturorganisation") dem anzupassen haben.

---

[35] Vgl. im Einzelnen Krüger/Bach (2001), S. 46 ff.

3. **Prozessmodell und Teilnehmermodell als organisatorischer Kern von Geschäftsmodellen:** Für den Erfolg von Internetaktivitäten ist nicht nur die Geschäftsidee bzw. die Geschäftsstrategie maßgebend, sondern vor allem deren Umsetzung durch ein tragfähiges Geschäftsmodell. Geschäftsmodelle von Unternehmungen bestehen aus insgesamt vier Teilmodellen, von denen zwei organisatorischen Charakter tragen. Das Teilnehmermodell muss die Frage klären, welche Aufgaben bzw. Teilprozesse von welchen (internen oder externen) Einheiten als Aufgabenträger zu übernehmen sind. Es entspricht damit der Aufbauorganisation. Das Prozessmodell bestimmt die raum-zeitliche Abfolge der Aktivitäten und trägt damit ablauf- bzw. prozessorganisatorischen Charakter.

4. **Neue Strategieoptionen lösen neue organisatorische Chancen und Anforderungen aus**: Das Internet erleichtert im Gang befindliche strategische Neuorientierungen wie z.B. die Konzentration auf Kernkompetenzen und die damit verbundenen Restrukturierungen. Konventionelle Strategiekonflikte wie die zwischen unterschiedlichen Wettbewerbsvorteilen (z.B. Kosten vs. Differenzierung), sowie zwischen unterschiedlichen Wettbewerbsfeldern (z.B. Nische vs. Gesamtmarkt), werden durch das Internet teilweise überwindbar. Damit eröffnen sich einer Unternehmung neue Strategieoptionen. Stichworte wie Outpacing oder Mass Customization erhalten eine neue Interpretation und Bedeutung. Als Folge davon werden wiederum neue Prozesse und Strukturen zu schaffen sein, teils intern, teils extern. Insgesamt dürfte der organisatorische Gestaltungsspielraum erheblich anwachsen. Damit zugleich wachsen auch die Anforderungen an das Organisationsmanagement, das über die neue Technologie hinaus mehr denn je über markt- und strategiebezogene Kenntnisse und Fähigkeiten verfügen muss, um seiner Rolle als kompetenter Gesprächspartner und Berater der Unternehmungsspitze wie der Teilbereiche gerecht zu werden.

5. **Wechselspiel zwischen interner und externer Organisation gestalten**: Auch wenn sich die Internetökonomie vor allem dadurch auszeichnet, dass sie die Grenzen von Unternehmungen und Branchen verschiebt, bleibt der Unterschied von „Innen" und „Außen" erhalten. Unternehmungen werden also auch in Zukunft nicht grenzenlos. Allerdings sind die Grenzen durchlässiger und variabler denn je. Das Organisationsmanagement muss die Schnittstellen und die Interdependenzen zwischen interner und externer Organisation in besonderem Maße zum Thema machen. Prozesse und Strukturen der Unternehmung werden zusätzlich zu den seitherigen Anforderungen auch daran zu messen und zu beurteilen sein, inwiefern sie flexible externe Kopplungen zulassen bzw. begünstigen. Wo sich Netzwerke als Kooperationsformen bilden, müssen Unternehmungen Netzwerkfähigkeit erlangen. Das Organisationsmanagement hat dazu die interne wie die externe Organisationsstruktur zu überprüfen und gegebenenfalls in Richtung auf selbststeuernde kleine Einheiten umzugestalten.

Literatur

AMIT, Raphael/ ZOTT, Christoph (2001): Value Drivers of E-Commerce Business Modells. In: Strategic Management Journal Vol. 22, No. 6-7, S. 493-520.

BETTIS, Richard A., (1998): Commentary on "Redefining Industry Structure for the Information Age" by J. L. Sampler. In: Strategic Management Journal, Vol. 19, No. 4, S. 357-361.

BUCHHOLZ, Wolfgang/ BACH, Norbert (2001): The Evolution of Netsourcing Business Models – Learning from the Past and Exploiting Future Opportunities, Arbeitspapier Nr. 2/2001 des Lehrstuhls BWL II, Justus-Liebig-Universität Gießen. Gießen.

COASE, Ronald H. (1937): The nature of the firm, in: Economica No. 4, S. 386-405.

DYER, Jeffrey H. (1997): Effective Interfirm Collaboration: How Firms Minimize Transaction Costs and Maximize Transaction Value. In: Strategic Management Journal, Vol. 18, No. 7, S. 535-556.

ERHARDT, Marcus (2001): Netzwerkeffekte, Standardisierung und Wettbewerbsstrategie. Wiesbaden.

EVANS, Philip/ WURSTER, Thomas S. (2000): Blown to Bits – How the new economics of information transforms strategy. Boston.

FLEISCH, Elgar (2000): Gestaltung netzwerkfähiger Unternehmungen. In: WISU – Das Wirtschaftsstudium, Nr. 8-9, S. 1112-1119.

GULATI, Ranjay (1998): Alliances and Networks. In: Strategic Management Journal Vol. 19, No. 4, S. 293-317.

HAGEL, John/ SINGER, Marc (2000): Net Value. Der Weg des digitalen Kunden. Wiesbaden.

HEUSKEL, Dieter (1999): Wettbewerb jenseits von Industriegrenzen – Aufbruch zu neuen Wachstumsstrategien. Frankfurt – New York.

KATZ, Michael L./ SHAPIRO, Carl (1985): Network externalities – Competition and Compatibility. In: American Economic Review, Vol. 75, S. 424-440.

KOSIOL, Erich (1961): Modellanalyse als Grundlage unternehmerischer Entscheidungen. In: Zeitschrift für handelswissenschaftliche Forschung, 13. Jg., S. 314-334.

KRÜGER, Wilfried/ BACH, Norbert (2001): Geschäftsmodelle und Wettbewerb im E-Business. In: Supply Chain Solutions – Best Practices im E-Business, hrsg. von W. Buchholz und H. Werner. Stuttgart, S. 29-51.

KRÜGER, Wilfried/ HOMP, Christian (1997): Kernkompetenz-Management. Wiesbaden.

MAHADEVAN, B. (2000): Business Models for Internet-Based E-Commerce: An Anatomy. In: California Management Review, Vol. 42, No. 4, S. 55-69.

PICKER, Günther (2001): Kooperatives Verhalten in temporären Systemen. Berlin.

PICOT, Arnold (2000): Die Bedeutung von Standards in der Internet-Ökonomie. In: FAZ vom 16.11.2000, S. 30.

PORTER, Michael E. (2000): Wettbewerbsvorteile. 6. Auflage, Frankfurt – New York.

RIFKIN, Jeremy (2000): Access – Das verschwinden des Eigentums. Frankfurt – New York.

SAMPLER, Jeffrey L. (1998): Redefining Industrie Structure for the Information Age. In: Strategic Management Journal, Vol. 19, No. 4, S. 343-355.

SCHNEIDER, Dirk / SCHNETKAMP, Gerd (2000): E-Markets – B2B-Strategien im Electronic Commerce. Wiesbaden.

SCHUMPETER, Joseph A. (1964): Theorie der wirtschaftlichen Entwicklung – Eine Untersuchung über Unternehmergewinn, Kapital, Kredit, Zins und Konjunkturzyklus. 6. unveränderter Nachdruck der 1934 erschienenen 4. Aufl., Berlin.

SYDOW, Jörg (1993): Strategische Netzwerke – Evolution und Organisation. Wiesbaden.

SYDOW, Jörg (1995): Unternehmensnetzwerke. In: Handbuch Unternehmungsführung, hrsg. von H. Corsten und M. Reiss. Wiesbaden, S. 159-169.

TEUBNER, Gunter (1992): Die vielköpfige Hydra: Netzwerke als kollektive Akteure höherer Ordnung. In: Emergenz: Die Entstehung von Ordnung, Organisation und Bedeutung, hrsg. von W. Krohn und G. Küppers. Frankfurt am Main, S. 189-216.

TIMMERS, Paul (1998): Business Models for Electronic Markets. In: EM – Electronic Markets, Vol. 8, No. 2, S. 3-8.

VOGT, Jörg (1997): Vertrauen und Kontrolle in Transaktionen. Wiesbaden.

WILLIAMSON, Oliver E. (1991): Comparative Economic Organization: The Analysis of Discrete Structural Alternatives. In: Administrative Science Quarterly, Vol. 36, S. 269-296.

WIRTZ, Bernd W./ KLEINEICKEN, Andreas (2000): Geschäftsmodelltypologien im Internet. In: WISt – Wirtschaftswissenschaftliches Studium, Heft 11, S. 628-635.

WRIEBE, Claus Michael (2001): Netzwerkstrategien als symbiotische Kooperationen: eine konzeptionelle, effizienzorientierte und kartellrechtliche Analyse. Frankfurt am Main.

ZAJAC, Edward J./ OLSEN, C.P. (1993): From transaction cost to transaction value analysis: Implications for the study of interorganizational strategies. In: Journal of Management Studies, Vol. 30, No. 1, S. 131-145.

III. Neue strategische Herausforderungen: Firmenberichte

Thomas Götz [*] */ Henrik Steinhaus* [**]

INNOVATIVE DIGITALE INTERNETDIENSTE ALS FOKUS:
Der Portalbetreiber Callisto Germany.net GmbH

1. Einführung

    1.1 Historie der Callisto Germany.net GmbH

    1.2 Callisto Germany.net GmbH im Verbund der Arcor-Gruppe

2. Geschäftsmodell der Callisto Germany.net GmbH

    2.1 Basisleistungen der Callisto Germany.net GmbH

    2.2 Wertenstehung im Geschäftsmodell der Callisto Germany.net GmbH

    2.3 Umsatzgenerierung im Geschäftsmodell der Callisto Germany.net GmbH

    2.4 Logistikkette im Geschäftsmodell der Callisto Germany.net GmbH

3. Einordnung der Callisto Germany.net GmbH in das Wertkettenmodell der Internetökonomie

    3.1 Aufgabengebiete der Callisto Germany.net GmbH

    3.2 Netzwerk der Callisto Germany.net GmbH

4. Ergebnisse und Fazit

---

[*] Thomas Götz, Sprecher der Geschäftsführung, Callisto Germany.net GmbH, Frankfurt
[**] Henrik Steinhaus, wissenschaftlicher Mitarbeiter am Lehrstuhl für Organisation, Unternehmungsführung, Personalwirtschaft der Justus-Liebig-Universität Gießen

Zusammenfassung

Die Callisto Germany.net GmbH steht als Portalbetreiber beispielhaft für das Internetunternehmen schlechthin. Als eines der ersten Unternehmen dieser Art in Deutschland musste Callisto Germany.net ein erfolgreiches Geschäftsmodell entwickeln und fortwährend den sich ändernden Gegebenheiten anpassen. Innovative digitale Dienste standen dabei von Beginn an im Fokus. Neben dem Aufbau eines erfolgreichen Geschäftsmodells musste das Unternehmen auch seinen Platz in dem neuen Wertkettenmodell der Internetökonomie finden. Aufgabengebiete der Vermarktung, aber auch der Herstellung von Inhalten (Content) für ein Portal wurden besetzt und bis heute erfolgreich ausgefüllt. Eingebunden in ein neu geschaffenes Netzwerk, bestehend aus Internetkunden, Content-Lieferanten, E-Commerce-Partner und Infrastrukturpartner erbringt die Callisto Germany.net GmbH heute Internetdienste in einer neuen Schicht der industriellen Wertschöpfungskette, die es so vor wenigen Jahren noch nicht gab.

1. Einführung

1.1 Historie der Callisto Germany.net GmbH

Die Callisto Germany.net GmbH wurde 1995 als einer der ersten freien Internetprovider ohne direkte Beteiligung eines Telekommunikationsunternehmen gegründet und startete den Onlinedienst Germany.net. Ziel des jungen Internetunternehmens war es, einer möglichst großen Nutzergruppe freien Zugang zum Internet zu ermöglichen. Analog zu den privaten Fernsehsender sollte diese Dienstleistung rein werbefinanziert erbracht werden. Firmenkunden – hier vor allem mittelständische Unternehmen – wurden erst einige Zeit später aktiv mit dem Ziel hinzuakquiriert, die bestehende Infrastruktur besser auszulasten.

Schrittweise nach seiner Gründung wurde der erfolgreiche Onlinedienst Germany.net von dem Telekommunikationsdienstleister Otelo übernommen. Als Otelo 1999 seinerseits von Arcor.net übernommen wurde, ging auch Germany.net an Arcor.net über. Arcor.net selbst war erst 1997 als Gemeinschaftsunternehmen aus der CNI Communication network International GMBH und der Bahntochter DBKom GmbH & Co. KG entstanden.

1.2 Callisto Germany.net GmbH im Verbund der Arcor-Gruppe

Die Arcor-Gruppe (vgl. Abb. 1) ist in Deutschland die Nummer eins der neuen Anbieter für Telekommunikation im Festnetz. Die Callisto Germany.net GmbH betreibt für die Arcor-Gruppe den Ausbau und die Weiterentwicklung der Internetdienste, heute schwerpunktmäßig für Privatkunden. Im Dezember 2000 bündelte die Callisto Germany.net GmbH innerhalb der Arcor-Gruppe die Online-Plattformen Arcor-Online, Otelo Online sowie Germany.net und startete mit Nexgo (Next Generation Online) einen neuen Onlinedienst. Mit ca. 85 Mitarbeitern betreibt die Callisto Germany.net GmbH heute mit Nexgo eines der führenden Web-Portale in Deutschland. Über 1 Mio. angemeldete Teilnehmer nutzen bereits die Internet-Services der Arcor-Gruppe.

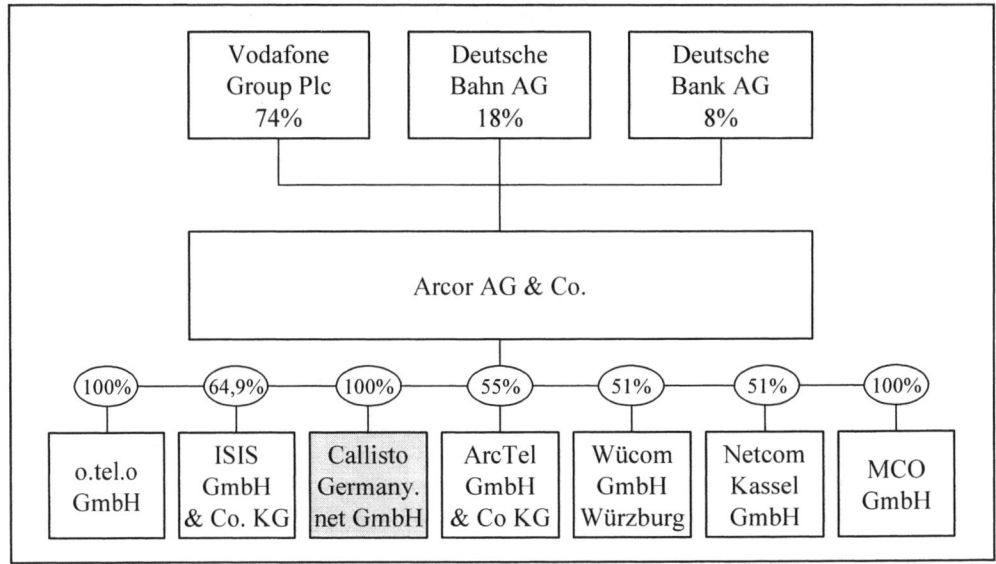

Abb. 1: Arcor-Gruppe

2. Geschäftsmodell der Callisto Germany.net GmbH

2.1 Basisleistungen der Callisto Germany.net GmbH

Die Callisto Germany.net GmbH als Betreiber des Internetportals Nexgo übernimmt in erster Linie die Bündelung von Informationen für den Internetnutzer. Internetportale sind Informationsintermediär zwischen Onlinekunden und Onlineanbietern von Produkten und Dienstleistungen. Neben der reinen Bündelung von Information (dem so genannten Content) bietet das Portal Nexgo Kommunikationsdienste, Zusatzdienste und einen persönlichen elektronischen Assistenten für seine Kunden im Internet an (vgl. Tab. 1).

Basisleistungen der Callisto Germany.net GmbH über das Internetportal Nexgo		
„Unified Message Service" UMS	Content	Zusatzdienste
▪ E-Mail ▪ SMS ▪ Faxempfang ▪ Anrufbeantworter ▪ Pager	▪ Neuigkeiten ▪ Download ▪ Shopping ▪ Kinderwelt ▪ Newsgroups & Chat ▪ Foren	▪ Video on Demand ▪ Homepage-Dienst ▪ Persönlicher Internetassistent (PIA) ▪ elektronisches Photoalbum

Tab. 1: Basisleistungen Callisto Germany.net GmbH

Zu den *Kommunikationsdiensten*, den so genannten „Unified Message Services" zählt das Angebot von E-Mail, Fax und das mögliche Versenden von SMS-Nachrichten[1]. So ist es beispielsweise für den Kunden von Callisto Germany.net möglich, sich bei Eingang einer E-Mail automatisch per SMS über Handy informieren zu lassen. *Content* stellt die Generierung und Bündelung von Informationen innerhalb des Portals Nexgo dar. Die Bereitstellung von Content ist eine der konstituierenden Leistungen eines Internetportals. Dabei ist von den Portalbetreibern darauf zu achten, dass der Content stets aktuell, ansprechend aufbereitet und sorgfältig recherchiert den Internetnutzern zur Verfügung gestellt wird. Nexgo als „general-interest-portal" verfügt über Bereiche mit Content zu den Themen Neuigkeiten, Wirtschaft, PC und Internet, Entertainment, Shopping und Family. Neben reinen Informationen wird der Content ergänzt durch Downloads, Newsgroups und Chats zu den genannten Bereichen. *Zusatzdienste* sind Spezialdienstleistungen für den Internetnutzer, wie beispielsweise die Übermittlung ganzer Videofilme, die dann gegen Gebühr mit Hilfe eines elektronischen Schlüssels für eine gewisse Zeit zur Nutzung freigeschaltet werden können. Zusatzdienstleistung ist auch die Bereitstellung einer Plattform für die Homepages der Internetnutzer auf den Systemen der Callisto Germany.net GmbH, das so genannte Web-Hosting.

Eine innovative Besonderheit des Portals Nexgo ist der persönliche elektronische Assistent für den Internetkunden. Dieser erschließt für das Internet eine Vielzahl alltags-

---

[1] Short message service: Ein in den Mobilfunknetzen eingeführter Kurzmitteilungsdienst, mit dem alphanumerische Nachrichten mit bis zu 160 Zeichen Länge auf das Display eines Mobilfunkgerätes übertragen werden können.

naher Dienste wie beispielsweise elektronisches Adressbuch, Notizblock, Terminplaner und Passwörterdatenbank. So kann der Kunde von Nexgo online Termine planen, Notizen anfertigen und seine Passwörter zentral verwalten und mit diesen persönlichen Informationen jederzeit über internetfähige Rechnersysteme weltweit arbeiten.

Nach Mahadevan[2] zeichnen sich erfolgreiche neue Geschäftsmodelle durch die gelungene Erfüllung dreier grundlegender Prozesse aus: Wertentstehung im Sinne von Nutzen für die Geschäftspartner, Umsatz- und Gewinngenerierung für den Betreiber und die reibungslose Abwicklung der physischen und logischen Logistik zur Verbindung der Marktpartner. Im Folgenden sollen diese drei grundlegenden Bestandteile und deren erfolgreiche Bewältigung am Beispiel des Geschäftsmodells der Callisto Germany.net GmbH untersucht werden.

2.2 Wertentstehung im Geschäftsmodell der Callisto Germany.net GmbH

Wertentstehung bzw. Nutzenstiftung für die Marktpartner als Voraussetzung von erfolgreichen Geschäftsmodellen[3] erreicht die Callisto Germany.net GmbH auf unterschiedliche Weise für Kunden, Gesellschafter und Anbieter von Informationen, Dienstleistungen und Produkten:

Der private Internetnutzer als *Kunde* erhält einen Mehrwert durch die Nutzung des Internetportals Nexgo in Form der Bündelung von relevanten Informationen zu unterschiedlichen Themenbereichen. Dies reduziert für den Kunden Such- und Transaktionskosten. Zusätzlich erhält er freien Speicherplatz auf den Systemen von Nexgo, vielfältige Informations- und Kommunikationsdienstleistungen (UMS, PIA) sowie zielgruppenspezifische Problemlösungen. Solche Problemlösungen reichen von dem Zugang zum Internet über einen Arcor-Hochgeschwindigkeitsdatennetzanschluss bis hin zu speziell aufbereitetem Content und abgestimmten Sicherheitskonzepten. Ein Beispiel hierfür ist ein speziell abgestimmtes Internetangebot für Kinder, das deren Eltern gegen eine Gebühr abonnieren können. Dieses Paket enthält eine Fülle von internetbasierten Lernhilfen sowie die Sicherheit, dass die Kinder nur Seiten im World Wide Web abrufen können, die auf ihren kindgerechten Inhalt geprüft worden sind.

Wertentstehung für den alleinigen *Gesellschafter* Arcor ergibt sich durch die vorwärtsgerichtete Erweiterung des Produktspektrums, die zusätzliche Auslastung der Telekommunikationsnetze auf Grund Internetnutzung sowie durch die Möglichkeit, sich über kombinierte Mehrwertangebote von übrigen Netzbetreibern differenzieren zu können. Mehrwertangebote für die Nutzung der Arcor-Telekommunikationsnetze

---

[2] Vgl. Mahadevan (2000), S. 59.
[3] Vgl. Mahadevan (2000), S. 59 f.

könnten sich beispielsweise mit Hilfe der Kopplung von Zusatzdienstleistungen der Callisto Germany.net GmbH an einen Anschlussvertrag ergeben. Arcor und Callisto Germany.net haben ein ganzheitliches Verständnis bezüglich des Kundenanschlusses: Der Anschluss ist nicht nur Zugang zum Telefonnetz sondern auch zur Möglichkeit des Datentransfers beliebiger Art. Aus diesem Grund wird von einem Kommunikationsnetzanschluss gesprochen. Der Kunde wird den Arcor-Kommunikationsnetzanschluss bevorzugen, wenn er weiß, dass er mit diesem Anschluss die Möglichkeit erhält, zweimal im Monat einen Videofilm seiner Wahl über Internet zu beziehen („Video on Demand" der Callisto Germany.net GmbH) und für eine bestimmte Zeit kostenfrei nutzen zu können. Zudem steigt sowohl für Arcor, als auch die Callisto Germany.net GmbH die Kundenbindung durch die Vereinheitlichung von Netzzugang (Arcor) und Netznutzung (Callisto Germany.net GmbH). Dazu tragen die innovativen und nutzungsoptimierten technischen Lösungen von Nexgo bei, die zu einem Gewöhnungseffekt auf Kundenseite führen. Wertentstehung für den Gesellschafter ergibt sich aus der durch Callisto Germany.net generierten höheren Kundenbindung, die zu längeren Onlinezeiten der Kunden und damit zu höheren Verbindungseinnahmen für Arcor als Netzbetreiber führt.

Informations- und E-Commerce-Anbieter profitieren von der Teilnahme an dem Portal Nexgo durch die hohe Reichweite im Internet und das direkte Angebot von spezifischen Informationen, Dienstleistungen und Produkten an eine große und stetig wachsenden Nexgo-Gemeinschaft (Community) bestehend aus einer Vielzahl an potenziellen Interessenten oder Kunden.

2.3 Umsatzgenerierung im Geschäftsmodell der Callisto Germany.net GmbH

Umsatz wird im Geschäftsmodell der Callisto Germany.net GmbH mit den Zusatzdienstleistungen, Werbung und dem Content-Management generiert.

Die *Zusatzdienstleistungen* wie „Video on Demand" werden direkt gegen eine Gebühr für den Kunden ausgeführt. Bei „Video on Demand" überträgt der Kunde die Filmdatei direkt aus dem Internet auf seinen Rechner. Voraussetzung hierfür ist ein schneller Datennetzanschluss, der mindestens dem ISDN- besser jedoch dem DSL-Standard genügen sollte.[4] Die von dem Kunden über das Internet bezogene Datei ist verschlüsselt und kann nur mit einem entsprechenden elektronischen Schlüssel nutzbar gemacht werden. Diesen Schlüssel bezieht der Internetkunde von der Callisto Germany.net GmbH gegen eine Gebühr. Der elektronische Schlüssel wird über das Internetportal

---

[4] Das digitale ISDN bietet doppelt so hohe Übertragungsraten wie herkömmliche analoge Telekommunikationsanschlüsse, die neue DSL-Technologie sogar bis zu 100 mal höhere Übertragungsraten wie Analoganschlüsse.

Nexgo übermittelt und gibt die Videodatei für einen bestimmten Zeitraum zur Nutzung frei. Mit Verwendung der Schlüsseltechnologie ist es auch denkbar, dass der Kunde die Filmdatei über eine physische Vertriebsstelle kostenlos bezieht (z.B. Tankstelle, Videothek) und dann zur Nutzung per elektronischem Schlüssel, der über das Internetportal Nexgo bezogen wird, freischaltet. In jedem Fall erhält Callisto Germany.net eine übliche Video-Leihgebühr für die Übermittlung der notwendigen Entschlüsselungsdaten für die Filmdatei.

Umsatzgenerierung erfolgt auch über *Werbung*. Neben der im Internet üblichen Bannerwerbung (Werbung auf einer Internetseite mit Hilfe von Verweisen auf ein bestimmtes Produkt-/ Dienstleistungsangebot an anderer Stelle im Internet) werden Werbeeinnahmen durch die Vergabe attraktiver Werbeplätze in Verbindung mit Content auf den Internetseiten des Portals Nexgo erzielt. Dieser so genannte „Deep-Click" führt den Nexgo-Nutzer direkt von der Informationsquelle über einen bestimmten Themenbereich innerhalb des Portals zu dem passenden Produktangebot eines E-Commerce-Händlers. Die Verbindung von Content und Commerce hat sich im Internet als sehr gewinnbringend für die E-Commerce-Händler herausgestellt, so dass gerade Portale wie Nexgo, die Informationen (Content) bündeln und permanent aktuell für den Internetkunden bereit halten, attraktive Werbepartner für die E-Commerce-Händler sind. Aus diesem Grund gelingt es Nexgo und anderen Portalen, im Gegensatz zu den Besitzern einfacher Homepages, aus den Werbeeinnahmen beachtliche Erlöse erzielen zu können.

Eine dritte Erlosquelle ist das *Content-Management* für das Portal Nexgo selbst. Content wird für bestimmte Themengebiete teilweise gegen Gebühr von Nexgo in die Seiten des Portals integriert. Gebühren werden von Callisto Germany.net für die Einstellung des Contents erhoben, da damit die Content-Anbieter Zugang zur Reichweite des Internet und zur Gemeinschaft der Nexgo-Nutzer (Community) als potenzieller Empfängerkreis erhalten. Erlöse in Zusammenhang mit Content werden auch von den Internetkunden durch die zielgruppengerechte Aufbereitung der Inhalte generiert. Hier sei beispielhaft wieder auf das Angebot eines kindgerechten Internetzugangs verwiesen, der eine genaue Prüfung des zur Verfügung gestellten Contents sowie die Erstellung von Lernprogrammen und kindgerechten Inhalten mit einschließt. Für den Zugang zu diesem ausgewählten und ergänzten Inhaltsbereich des Internet muss eine Gebühr in Form eines monatlichen Abonnements bezahlt werden.

Kundendaten selbst, oftmals für die Anbieter von Onlinediensten durch Vermarktung der Adressdaten und Onlinegewohnheiten eine weitere Einnahmequelle, werden von Callisto Germany.net streng vertraulich behandelt und an Dritte weder entgeltlich noch unentgeltlich weitergegeben.

2.4 Logistikkette im Geschäftsmodell der Callisto Germany.net GmbH

Die Logistikkette als dritter wesentlicher Bestandteil in einem Geschäftsmodell vollzieht sich bei der Callisto Germany.net GmbH im Wesentlichen innerhalb der digitalen Welten des Internet. Die Wertschöpfungskette von Callisto Germany.net endet bei der Generierung und dem Management von Content, das heißt, das Angebot und der physische Transport von Waren innerhalb des Nexgo-Portals wird ausschließlich von Marktpartnern übernommen. Zwar kann der Internetkunde von Nexgo eine Vielzahl unterschiedlicher „virtueller Geschäfte" innerhalb des Portals besuchen, die Abwicklung des E-Commerce erfolgt aber ausschließlich durch die Partner des Portals wie beispielsweise Evita (E-Commerce-Tochter der Deutschen Post World Net AG). Mit dieser Vorgehensweise trägt Callisto Germany.net der Tatsache Rechnung, dass es sehr schwierig ist, über das Internet Waren erfolgreich zu verkaufen, ohne über eine lokale physische Präsenz in der Nähe des Kunden in Form von Geschäften, Niederlassungen oder Filialen zu verfügen. Die Verbindung von E-Commerce über das Internet mit beispielsweise einem flächendeckenden Filialnetz hat sich hier als besonders erfolgversprechend herausgestellt. Zudem umgeht Callisto Germany.net durch den Verzicht, selbst Waren zu handeln, das Risiko, Warenbestände nicht abverkaufen zu können oder unter Einstandspreis abgeben zu müssen.

Selbst bei der Distribution der digitalen Videos über Internet versucht Callisto Germany.net, bestehende Videotheken aktiv mit einzubinden, um für den Kunden auch physisch vor Ort präsent zu sein. Zukunftsträchtig erscheint hierbei die Abgabe der Dateien auf Datenträger über ein flächendeckendes Videothekensystem und die Freischaltung der Filme für beliebige Zeiträume über das Internet und damit über die Systeme der Callisto Germany.net GmbH.

Bevor eine Einordnung der Callisto Germany.net GmbH in das Wertkettenmodell der Internetökonomie erfolgt, werden zusammenfassend in Abb. 2 die drei beschriebenen Geschäftsmodellbestandteile Wertentstehung, Umsatzgenerierung und Logistik[5] am Beispiel der Callisto Germany.net GmbH dargestellt:

---

[5] Vgl. Mahadevan (2000), S. 59 f.

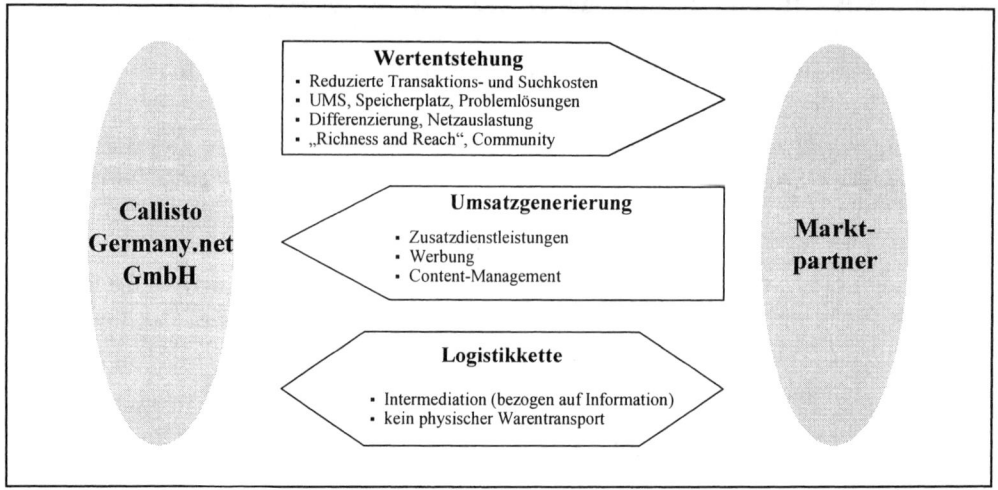

Abb. 2: Funktionsweise des Callisto Germany.net-Geschäftsmodells

3. Einordnung der Callisto Germany.net GmbH in das Wertkettenmodell der Internetökonomie

3.1 Aufgabengebiete der Callisto Germany.net GmbH

Infolge der sinkenden Transaktionskosten durch das Internet brechen bisherige Wertketten einzelner Unternehmen oder ganzer Branchen auf, und es bilden sich neue Unternehmen, die ausgewählte Aufgaben der traditionellen Wertkette eigenständig übernehmen.[6] Ein solches Unternehmen, das ausgewählte Aufgaben traditioneller Wertketten übernimmt, stellt die Callisto Germany.net GmbH dar. Zur Einordnung der Aufgabengebiete der Callisto Germany.net in die neue Struktur der Internetökonomie wird das Entflechtungsmodell von Krüger verwendet (vgl. Abb. 3).

Kerngeschäft der Callisto Germany.net GmbH ist die Erbringung von Internet-Diensten (Mail, UMS etc.) für seine Nutzer. Diese Hauptleistungen werden heute, ähnlich wie das Programm der freien privaten Fernsehsender, *noch* nicht bezahlt. Damit übernimmt Callisto Germany.net die Aufgaben eines Infrastrukturmanagers. So stellt man für das Portal Nexgo die notwendige technische und organisatorische Infrastruktur zu

---

[6] Vgl. Heuskel (1999), S. 36 f. und Krüger (2002), S. 70 f.

Verfügung, in dem zum einen Rechnersysteme im Internet betrieben werden und zum anderen die notwendige Organisation zur Generierung und zum Management von Content aufrechterhalten wird. Dazu gehört qualifiziertes Personal und die notwendigen Sachmittel zur Sammlung und Produktion von Inhalten, Bearbeitung, Montage und Formatierung der Inhalte sowie die Publikation der Inhalte im Internet inklusive der Web-Site-Verwaltung.[7]

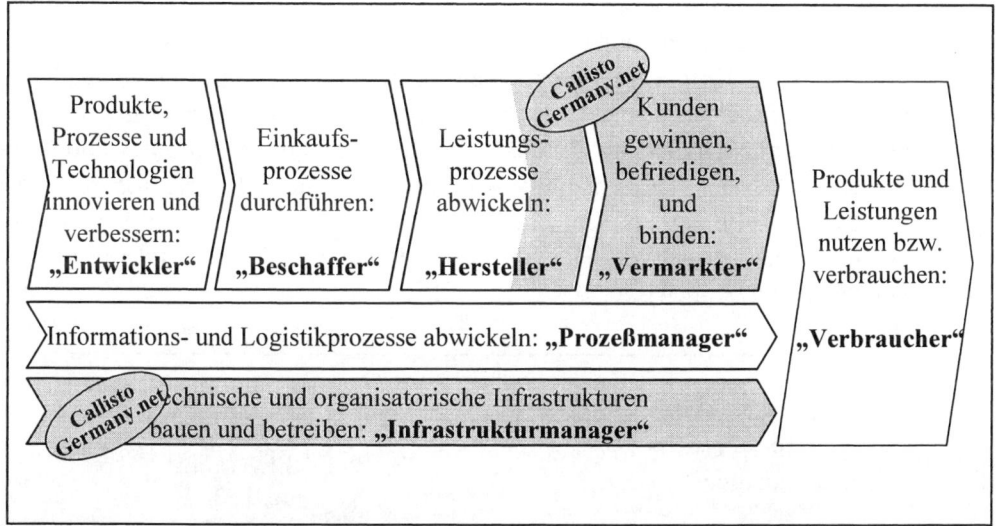

Abb. 3: Aufgabenteilung im Wertkettenmodell der Internetökonomie[8]

Neben diesen Hauptleistungen übernimmt Callisto Germany.net für die E-Commerce-Partner als auch im Arcor-Verbund zur aktiven Kundengewinnung Vermarktungsfunktionen. Deren Produkte, hier vor allem Netzzugang und Netznutzung von Arcor, werden aktiv vermarktet bzw. durch geeignete Content-Generierung in ihrer Vermarktung und Nutzung durch den Kunden gefördert und unterstützt. Die Kundenbindung erfolgt über die Verwendung und Entwicklung innovativer und benutzerfreundlicher Techniken, über ein erfolgreiches Costumer Relationship Management und über Zusatzdienstleistungen. Abgesehen von der Erstellung von Content übernimmt Callisto Germany.net keine Herstellung von physischen Gütern.

In diesen Wertkettenkategorien haben sich mittlerweile weitere Unternehmen mit ähnlichen Aufgabenschwerpunkten gebildet. Dazu zählen die Portale Freenet.de, Web.de oder Online-Dienste wie AOL und T-Online. Vorteilhaft im Wettbewerb ist hier für

---

[7] Vgl. Rothfuss/Ried (2001) und Schoop/Gersdorf (2001), S. 993 f.
[8] Vgl. Krüger (2002), S. 71 f.

Callisto Germany.net die enge Verbindung zu Arcor als Betreiber eines eigenen Telekommunikationsnetzes. Bestenfalls werden Arcor-Netzkunden auch Internetkunden der Callisto Germany.net GmbH und umgekehrt.

3.2 Netzwerk der Callisto Germany.net GmbH

Die Übernahme isolierter Aufgaben aus einer ursprünglich gesamthaften Wertkette bedingt zum reibungslosen Gesamtablauf die übergreifende Verbindung der einzelnen spezifischen Unternehmen zu einem Netzwerk.[9] Ein solches Netzwerk ist auch für die Callisto Germany.net GmbH als Betreiber eines Internetportals unverzichtbar. Netzwerkpartner sind in erster Linie Content-Lieferanten (DPA, Research-Agenturen), Hersteller und Internethändler, die Produkte und Dienstleistungen über das Portal anbieten (Evita, Quelle oder Neckermann) sowie Entwickler und Infrastrukturpartner, die den Netzzugang für Kunden und Callisto Germany.net selbst sichern und weiter optimieren. Dazu gehören sowohl der Hauptgesellschafter Arcor als auch andere Internet-Systemhersteller (vgl. Abb. 4).

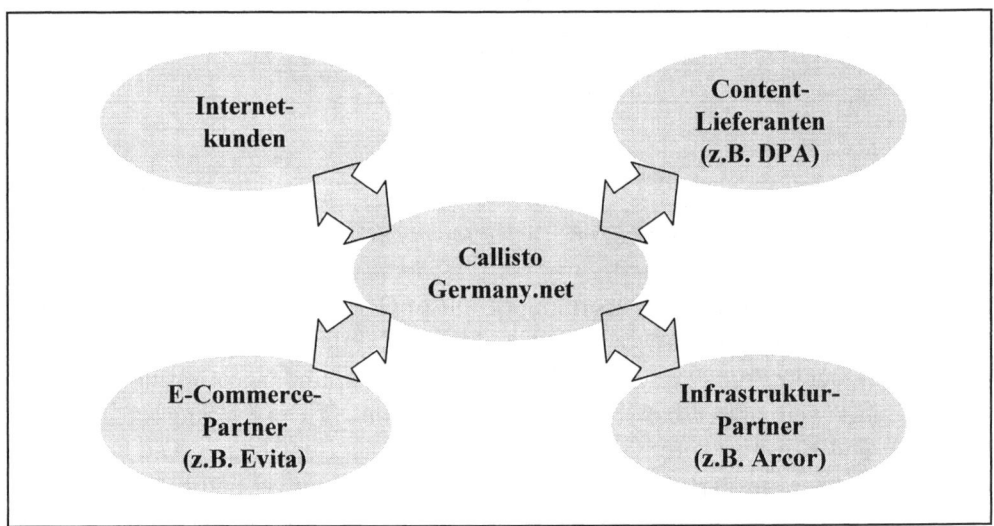

Abb. 4: Netzwerk der Callisto Germany.net

Vor allem die wichtigen Netzwerkkontakte zu Content-Partnern und Internethändlern werden intern durch feste Ansprechpartner betreut, die auch einen der sechs Themenbereiche, die so genannten „Kanäle" des Portals verantworten. Je nach Notwendigkeit können diese, als „channel manager" bezeichneten Verantwortlichen, auf die beste-

---

[9] Vgl. Krüger (2002), S. 73 f. und Heuskel (1999), S. 134 ff.

henden Netzwerkkontakte zurückgreifen oder neue Kontakte aufbauen. Dabei kommt nur derjenige Netzwerkpartner zum Zuge oder wird nur derjenige in das Netzwerk aufgenommen, der zu dem entsprechenden Themenbereich passenden, aktuellen und nutzenstiftenden Inhalt beisteuern kann.

4. Ergebnisse und Fazit

Die Callisto Germany.net GmbH als typisches Unternehmen der Internetökonomie war mit seiner Gründung in 1995 zur Entwicklung eines völlig neuen Geschäftsmodells gezwungen. Dieses Geschäftsmodell wurde später Vorbild für eine Reihe weiterer Unternehmen, die sich denselben Aufgabenschwerpunkt in der neu entstandenen Internetökonomie gesucht haben. Basis dieses Geschäftsmodells ist das Anbieten von werbefinanzierten Internetdiensten. In der Vergangenheit und in der Zukunft wurde und wird das Geschäftsmodell immer wieder um gewinnträchtige innovative Zusatzdienstleistungen, wie beispielsweise „Video on Demand" ergänzt. Die notwendige Basis zur erfolgreichen Vermarktung solcher neuen Dienstleistungen und Produkte ist dabei die über das Internetportal Nexgo geschaffene Nutzergemeinschaft bzw. Community. Nur durch die sinnvolle Verbindung von Content, Community und Commerce lassen sich im Internet nennenswerte Erlöspotenziale generieren. Der durch das Portal Nexgo vorhandene Content und die vorhandene Community machen daher Callisto Germany.net zu einem notwendigen Netzwerkpartner für Internethändler, die, für eine entsprechende Platzierung ihrer Produkte, Erlöse an Callisto Germany.net abgeben müssen.

Durch die Eingliederung der Callisto Germany.net GmbH in den Arcor-Verbund eröffnen sich für beide Seiten weitere Vorteile: Sowohl Arcor als auch Callisto Germany.net können Internetzugang und Internetdienste aus einer Hand anbieten. Während Callisto Germany.net Netzkunden von Arcor automatisch hinzugewinnt, führt die Nutzung der Dienste von Callisto Germany.net durch die Kunden zu einer besseren Netzauslastung. Diese Art der Kopplung von Geschäftsmodellen bei Arcor erscheint auf Dauer erfolgreich und führt zur geforderten True Economy.

Literatur

HEUSKEL, Dieter (1999): Wettbewerb jenseits von Industriegrenzen. Aufbruch zu neuen Wachstumsstrategien. Frankfurt.

KRÜGER, Wilfried (2002): Wertketten und Geschäftsmodelle in der Internetökonomie. In: E-Organisation: Strategische und organisatorische Herausforderungen des Internet, hrsg. von E. Frese und H. Stöber im Auftrag des Arbeitskreises „Organisation" der Schmalenbach-Gesellschaft für Betriebswirtschaft. Stuttgart, S. 63-89.

MAHADEVAN, B. (2000): Business Models for Internet-Based E-Commerce: An Anatomy. In: California Management Review, Vol. 42, No. 4, S. 55-69.

ROTHFUSS, Gunther/ RIED, Christian (2001): Content-Management mit XML. Berlin.

SCHOOP, Eric/ GERSDORF, Ruben (2001): Content Management für Single Source Multiple Media and Multiple Usage Publishing. In: WISU – Das Wirtschaftsstudium, Heft 7, S. 991-998.

Karl-Heinz Kreissl* */ Michael Bungarten*** */ Patrick Lehmann****

EINSATZ DES INTERNET ZUR UNTERSTÜTZUNG EINER FOKUSSIERUNGSSTRATEGIE IM BANKENSEKTOR

– Das Beispiel der Dresdner Bank

1. Geschäftstätigkeit und Organisationsstruktur der Dresdner Bank AG

2. Strategische Repositionierung: Die Dresdner Bank AG auf dem Weg zur „Fokussierten Europäischen Beraterbank"

3. Einsatz des Internet zur Absicherung der Fokussierungsstrategie

4. Aktuelle Entwicklungen

---

* Karl-Heinz Kreissl, Generalbevollmächtigter der Dresdner Bank und Leiter Corporate Center Informationstechnologie
** Michael Bungarten, Referent des Prodekans für Struktur und Finanzen, Universitätsklinikum Aachen, früher Organisationsseminar der Universität zu Köln
*** Dr. Patrick Lehmann, wissenschaftlicher Mitarbeiter am Organisationsseminar der Universität zu Köln

Zusammenfassung

Die Dresdner Bank AG erlebt gerade eine Zeit, die durch starke strategische und organisatorische Veränderungen geprägt ist. Neben der erfolgreich abgeschlossenen Einführung einer Management-Holding-Struktur ist hier insbesondere die strategische Repositionierung als „Fokussierte Europäische Beraterbank" zu nennen. Der Kerngedanke dieser Fokussierung liegt in dem Ziel, zukünftig „nicht mehr alles für alle" anzubieten, sondern das Leistungsprogramm auf ausgewählte Kundengruppen, Produkte und Regionen auszurichten. Die strategische Basis für eine erfolgreiche Repositionierung sieht die Dresdner Bank dabei in ihrer im Wettbewerb bewährten Beratungskompetenz, die sie insbesondere in langfristige Geschäftsbeziehungen mit mittelständischen europäischen Firmenkunden einbringen wird.

Eine herausragende Maßnahme zur Implementierung ihrer neuen (Wettbewerbs-) Strategie wird für die Dresdner Bank die konsequente Intensivierung und Weiterentwicklung des E-Business darstellen. Dies findet sowohl in Bezug auf Intranet- als auch auf Internetanwendungen seinen Niederschlag. Im Mittelpunkt des Firmenberichtes stehen die Internetaktivitäten der Dresdner Bank im B2B-Bereich. Neben dem E-basierten integrierten Dienstleistungsangebot „Firmenfinanzportal" wird die Einkaufsplattform „Allago" vorgestellt und deren Funktion für die Umsetzung der verfolgten Fokussierungsstrategie diskutiert. Es wird deutlich, dass sich die Dresdner Bank zukünftig nicht in „Bits und Bytes auflösen" wird, sondern dass durch eine intelligente Integration von Online- und Offline-Kompetenzen die Basis für einen dauerhaften Wettbewerbsvorteil im Markt gelegt wird.

1. Geschäftstätigkeit und Organisationsstruktur der Dresdner Bank AG

Für die Dresdner Bank AG war das Geschäftsjahr 2000 in doppelter Hinsicht ein sehr bewegtes und ereignisreiches Jahr: Zum einen sah sie sich ebenso wie ihre Wettbewerber mit Turbulenzen auf den internationalen Finanzmärkten konfrontiert; zum anderen stellte der letztlich nicht realisierte Zusammenschluss mit der Deutschen Bank ein einschneidendes unternehmungsspezifisches Ereignis dar. Trotz dieser unvorhersehbaren und nicht unproblematischen Einflüsse und der damit verbundenen finanziellen Belastungen konnte der Jahresüberschuss des Gesamtkonzerns auf € 1.730 Mrd. gesteigert werden.[1] Zum 31.12.2000 waren bei der Dresdner Bank weltweit in 1.360 Geschäftsstellen (- 6,8 % gegenüber dem Vorjahr), die sich auf mehr als 70 Länder verteilen, 51.456 Mitarbeiter (+ 1,6 %) beschäftigt.

Im Dezember 2000 schloss die Dresdner ein umfassendes, unternehmungsweit angelegtes Reorganisationsprojekt ab, in dessen Mittelpunkt eine konsequente Divisionalisierung auf Geschäftsbereichsebene und die damit verbundene Überführung der Konzernleitung in die Struktur einer Management-Holding stand.[2] Als Ergebnis des Restrukturierungsprozesses existierten seit dem 1. Januar 2001 bei der Dresdner Bank sechs ergebnisverantwortliche und mit weitreichender Entscheidungsautonomie ausgestattete Unternehmungsbereiche – „Private Kunden", „Asset Management", „Investment Banking", „Firmenkundengeschäft", „Immobilien" und der neu geschaffene Bereich „Transaction Banking". Schon die Bezeichnungen der Unternehmungsbereiche machen deutlich, dass darauf verzichtet wurde, die Geschäftsaktivitäten auf der zweiten Hierarchieebene ausschließlich nach einem Segmentierungskriterium zu gliedern. Vielmehr finden sich neben Bereichen, die auf die anvisierten Kundengruppen ausgerichtet sind (z.B. Firmenkundengeschäft), auch Einheiten, die nach dem Prinzip einer produktbezogenen Aufgabenzerlegung entstanden sind (z.B. Asset Management).

Der Konzern-Vorstand besteht aus acht Mitgliedern und setzt sich aus den Vorständen der Unternehmungsbereiche sowie aus nicht operativ tätigen, d.h. für bestimmte Querschnittsfunktionen verantwortlichen Fachvorständen zusammen.[3] Entsprechend dem Grundgedanken einer Management-Holding obliegen dem Konzernvorstand die Festlegung der strategischen Grundausrichtung sowie die wertorientierte Steuerung des Gesamtkonzerns. Die Abwicklung des operativen Geschäfts ist demgegenüber im Verantwortungsbereich der Unternehmungsbereiche auf der zweiten Hierarchieebene (Ge-

---

[1] Vgl. hierzu und zum Folgenden insbesondere Dresdner Bank (2000).
[2] Vgl. zur Holding-Struktur vertiefend Frese (2000), S. 551 ff.
[3] Teilweise werden zwei Unternehmensbereiche oder funktionale Fachbereiche von einem Gesamtunternehmungsvorstand in Personalunion geführt.

schäftssegmente) angesiedelt. Durch deren Ausstattung mit umfassenden Entscheidungsbefugnissen hinsichtlich der konkreten Leistungserstellung wird die Voraussetzung für kundenorientiertes und schnelles Handeln geschaffen.

Bei der Erfüllung seiner Aufgaben der strategischen Planung und wertorientierten Steuerung wird der Konzernvorstand durch ein „schlankes" Corporate Center, welches an die Stelle der früheren Unternehmungszentrale getreten ist, unterstützt. Mit der Erfüllung derartiger klassischer Stabsaufgaben ist das Aktivitätenspektrum des Corporate Centers allerdings keineswegs erschöpft. Daneben definiert es im Rahmen seiner Steuerungsfunktion für alle Unternehmungsbereiche gültige, einheitliche Standards und nimmt Aufgaben wahr, die den gesamten Konzern betreffen (wie beispielsweise die externe Rechnungslegung). Schließlich bietet das Corporate Center den Geschäftsbereichen zentrale Serviceleistungen an; dabei steht es im Wettbewerb zu unternehmungsexternen Dienstleistern, d.h. für die Geschäftsbereiche besteht keine zwingende Abnahmeverpflichtung für die zentral angebotenen Services.

2. Strategische Repositionierung: Die Dresdner Bank AG auf dem Weg zur „Fokussierten Europäischen Beraterbank"

Auf der Hauptversammlung im Mai 2000 wurde die vom Vorstand vorgeschlagene strategische Neuorientierung, deren Kernbestandteil eine Repositionierung der Dresdner Bank als „Fokussierte Europäische Beraterbank" darstellt, verabschiedet. Die mit dieser Neuausrichtung verfolgte Zielsetzung der Dresdner Bank-Gruppe lässt sich wie folgt formulieren: Durch ein profitables Wachstum der Kerngeschäftsfelder und durch eine Optimierung des Geschäftsportfolios soll bis zum Jahr 2003 die Eigenkapitalrendite nach Steuern auf 15 % p. a. gesteigert werden.

Im Gegensatz zur früher verfolgten Strategie einer – wenngleich differenzierten – Bearbeitung des Gesamtmarktes besteht der Kerngedanke der Fokussierung darin, dass „nicht mehr alles für alle" angeboten wird, sondern dass die Dresdner Bank zukünftig ihr Leistungsspektrum auf ausgewählte Kundengruppen, Produkte und Regionen ausrichten wird. Eine derartige Fokussierungsstrategie führt zwar insgesamt zu einer Einengung der Angebotspalette, kann aber mit Blick auf bestimmte Zielkundengruppen (z.B. den deutschen Mittelstand) zu einer Ausweitung der bereitgestellten Leistungen führen. Eine hohe Marktabdeckung „in der Breite" wird folglich zu Gunsten einer „in die Tiefe" gehenden Bearbeitung von enger definierten Marktsegmenten aufgegeben. Das entscheidende Kriterium zur Festlegung der Geschäftsbereiche, in denen sich die Dresdner Bank zukünftig engagieren wird, ist die Frage, ob Möglichkeiten existieren, einen „Fit" zwischen den strategischen Kompetenzen des Konzerns (interne Dimension) und den aus dem Wettbewerb erwachsenden Anforderungen (externe Dimension) als Grundlage für dauerhafte strategische Wettbewerbsvorteile herzustellen.[4]

Aus Sicht der Dresdner Bank liegt die zentrale Stärke des Unternehmens in der Beratungskompetenz ihrer Mitarbeiter, die ihr in der Vergangenheit insbesondere im Geschäft mit Kunden aus dem Mittelstand zu einem eigenständigen Profil und infolgedessen auch zu einer starken Stellung im Wettbewerb mit anderen Finanzdienstleistern verholfen hat, begründet.[5] Das Beratungs-Know-how der Mitarbeiter weist alle Charakteristika einer Kernkompetenz im Sinne des „Resource-based View" der Strategietheorie auf:[6] Es ist werthaltig, d.h. es kann einen Beitrag dazu leisten, sich im Anbieterwettbewerb zu behaupten; es handelt sich um eine knappe „Ressource", über die nicht alle Konkurrenten ebenfalls verfügen; der Aufbau ausgeprägter Beratungskompetenz ist mit hohen Kosten verbunden und kann von den Konkurrenten nicht ohne weiteres imitiert werden, d.h. eine auf Beratungs-Know-how basierende herausgehobene Wettbewerbsposition besitzt nachhaltigen Charakter; die Dresdner Bank ist schon in der Vergangenheit in der Lage gewesen, „ressourcenadäquate" Strukturen und Prozesse zu implementieren, d.h. der Wert des vorhandenen Beratungs-Know-hows konnte zur verbesserten Unternehmungszielerreichung bereits in weiten Teilen ausgeschöpft werden.

Um eine noch bessere Ausnutzung der Kernkompetenz zu erreichen, strebt die Dresdner Bank an, zukünftig diese Basis auch auf andere Geschäftsfelder zu übertragen und durch eine Positionierung als Beraterbank überdurchschnittliche Erträge zu erwirtschaften. Außerhalb des beratungsgestützten Geschäfts werden kaum Chancen für den Aufbau eines strategischen Wettbewerbsvorteile gesehen, weswegen sich die Dresdner Bank in solchen „beratungsschwachen" Feldern im Wesentlichen darauf beschränkt, durch Rationalisierungsmaßnahmen – wie sie beispielsweise durch einen konsequenten Rückgriff auf die Internettechnologie ermöglicht werden – auf ein zu den leistungsfähigsten Konkurrenten komparatives Effizienzniveau zu gelangen und hierdurch zumindest das Auftreten von Wettbewerbsnachteilen zu verhindern.[7]

Der marktliche (externe) Hintergrund, vor dem sich die strategische Neupositionierung der Dresdner Bank als „Fokussierte Europäische Beraterbank" vollzieht, ist durch zwei besonders bedeutsame Entwicklungen im Finanzsektor gekennzeichnet: Einerseits

---

[4] Vgl. vertiefend zu auf einem „Fit" zwischen interner und externer Dimension beruhenden strategischen Wettbewerbsvorteilen Grant (1998), S. 13 f. und 173 ff.
[5] Bezeichnend hierfür ist die Tatsache, dass ca. 95% aller Geschäftskunden der Dresdner Bank mittelständische Unternehmungen sind.
[6] Vgl. stellvertretend Barney (1996), S. 141 ff.
[7] Die Dresdner Bank erfüllt damit eindeutig die Merkmale einer Porter'schen Differenzierungsstrategie (vgl. Theuvsen (2002), S. 43 ff.

wird der europäische Integrationsprozess auf allen Gebieten weitere Fortschritte machen; als Folge hieraus wird in Europa ein integrierter und hoch liquider Kapitalmarkt entstehen, dessen Position gleichrangig zu den Finanzmärkten der USA und Japans anzusiedeln ist. Andererseits werden auf Grund der zunehmenden Vernetzung der europäischen Finanzplätze Disintermediationsprozesse vorangetrieben und damit das Kapitalmarktgeschäft für europäische Unternehmungen erheblich an Bedeutung gewinnen. Diese Entwicklungen werden dadurch ergänzt, dass auf der Anlegerseite mit wachsender „Wealth Accumulation" die Nachfrage nach maßgeschneiderten Vermögensaufbau- und -anlageprodukten zunehmen wird. Angesichts der skizzierten Tendenzen ist bereits heute absehbar, dass der Bedarf mit Blick auf Beratungsleistungen sowohl im Kapitalbeschaffungs- als auch im Kapitalanlagebereich zukünftig ansteigt.

Bei der Umsetzung ihrer Fokussierungsstrategie verfolgt die Dresdner Bank gleichgewichtig zwei Stoßrichtungen: Zum einen ist zur verbesserten Bearbeitung der zukunftsträchtigen beratungsintensiven Marktsegmente ein umfassendes Investitions- und Wachstumsprogramm eingeleitet worden; zum anderen werden aus Gründen der Geschäftsbereinigung sowie zur Effizienzsteigerung vielfältige Restrukturierungs- und Kostensenkungsmaßnahmen ergriffen. Die Eckpunkte der Initiativen lassen sich wie folgt umreißen:

- Ausgebaut wird das Wertpapier- und Kapitalmarktgeschäft im europäischen Raum sowohl in Bezug auf die Kapitalbeschaffung von Unternehmungen und anderen Institutionen als auch mit Blick auf die Vermögensbildung und -anlage von Privatkunden. Lediglich in strategisch interessanten Geschäftsfeldern wie dem Asset Management und dem Investment Banking, die auf Grund ihrer Aufgaben- bzw. Kundenstruktur eine weltweite Präsenz verlangen, bleibt die Dresdner Bank auch weiterhin global tätig.

- Ebenfalls im Einklang mit der strategischen Neuausrichtung steht die Rückführung des Anteils eigenkapitalbindender Finanzierungsprodukte am Gesamtumsatz zu Gunsten des erheblich beratungsintensiveren Provisionsgeschäftes. Insbesondere für mittelständische Firmenkunden soll die bankunabhängige Finanzierung forciert werden, d.h. die Rolle der Dresdner Bank wird sich von der eines eigenständigen Kapitalgebers zu der eines Vermittlers zwischen Kapitalgebern und -nehmern wandeln.

- Durch konsequente Intensivierung und Weiterentwicklung des E-Business wird die Dresdner Bank ihr Leistungsangebot und den Kundenservice sukzessive in eine technologiegestützte Plattform integrieren. Ziel ist es, neue – aus Kundensicht direkte und bequeme sowie aus der Perspektive der Dresdner Bank kosteneffizientere – Zugriffsmöglichkeiten auf die Beratungskompetenz der Mitarbeiter zu eröffnen. Im Rahmen des Privatkundengeschäfts kommt hierbei der internetgestützt arbeitenden Tochter „Advance Bank", im Geschäftskundengeschäft dem im Weiteren noch ausführlich behandelten Firmenfinanzportal zentrale Bedeutung zu.

- Schließlich wird der im Jahr 2000 begonnene Prozess der Straffung des inländischen Geschäftsstellennetzes fortgesetzt; anvisiert ist eine Reduzierung der Anzahl der Filialen um 300 auf zukünftig rund 850. Ähnliche Tendenzen zeichnen sich auch im Ausland ab: Im Zuge der Fokussierung der globalen Aktivitäten auf die Geschäftsfelder „Asset Management" und „Investment Banking" werden weltweit Geschäftsstellen geschlossen.

3. Einsatz des Internet zur Absicherung der Fokussierungsstrategie[8]

Netzbasierte Technologien haben sowohl in ihrer internen (Intranet) als auch in ihrer externen (Internet) Ausprägung auch für die Dresdner Bank in den letzten Jahren erheblich an Bedeutung gewonnen. Dies wird nicht zuletzt durch den Umstand verdeutlicht, dass gegenwärtig bereits ca. 25 % des gesamten Investitionsbudgets für den Ausbau der E-Business-Aktivitäten verwendet werden. Trotz dieser erheblichen Investitionen wird sich die Dresdner Bank auch zukünftig „nicht in Bits und Bytes auflösen"[9].

In unternehmungsinterner Betrachtung sind netzbasierte Technologien in der Lage, sowohl die Aufgabenerfüllung aus Sicht des einzelnen Mitarbeiters zu erleichtern als auch die stellen- bzw. bereichsübergreifende Zusammenarbeit wesentlich zu verbessern. Verantwortlich hierfür ist die Fähigkeit intranetgestützter Informations- und Kommunikationssysteme, große Datenmengen schnell, unternehmungsweit und ohne auf Präsenz des jeweiligen Kommunikationspartners angewiesen zu sein, zu transferieren. Dass diese Fähigkeit gerade in einer Branche, in der Informationen den zentralen Produktionsfaktor darstellen, als Muss-Bedingung für erfolgreiches Handeln anzusehen ist, bedarf keiner näheren Begründung.

In unternehmungsexterner Betrachtung leistet eine intelligente Integration von Internet-Komponenten in existierende „Offline"-Geschäftsmodelle entlang der gesamten Wertschöpfungskette von der Beschaffung bis hin zum Vertrieb einen strategisch begründeten Beitrag – zum langfristigen Erfolg des Konzerns und zur positiven Bewertung des angebotenen Leistungsspektrums durch den Markt. Aus einer solchen Sicht der Internetnutzung lässt sich zweierlei ableiten:

---

[8] Vgl. zum Folgenden auch Dambmann (2001).
[9] B. Fahrholz, Sprecher des Vorstands der Dresdner Bank, zitiert nach Hämmerling (2000), S. 92.

Einerseits wird eine bloße Elektrifizierung bestehender Geschäftsprozesse als wenig zweckmäßig erachtet. Vielmehr erschließen sich die Potenziale des Internet nach Auffassung der Dresdner Bank nur dann vollständig, wenn Aufgabenstrukturen und Technologieeinsatz in einem wechselseitigen Anpassungsprozess systematisch aufeinander zugeschnitten werden.

Andererseits setzt die Dresdner Bank das Internet nicht allein – wie viele ihrer Konkurrenten dies tun – als zusätzlichen, weitgehend unabhängigen Informations- und Vertriebskanal im B2C-Geschäft, mit dessen Hilfe Rationalisierungseffekte[10] realisierbar sind, ein – auch wenn sie den strategischen Notwendigkeiten eines internetbasierten (Preis-)Wettbewerbs Rechnung trägt und ihren Privatkunden neben den „marktüblichen" Angeboten wie Internet-Banking auch die Möglichkeit eröffnet – Transaktionen über eine eigene Direktbank, die Advance-Bank, zu tätigen. Das Hauptaugenmerk wird allerdings auf die Einbettung internetgestützter Transaktionsabwicklung sowie spezifischer E-basierter Serviceangebote in ein aus der verfolgten (Wettbewerbs-)Strategie abgeleitetes Kundenbindungs-Management[11] im B2B-Bereich gerichtet. Mit diesem Vorgehen gelingt es der Dresdner Bank aus mehreren Gründen, zukunftsträchtige Geschäftsfelder zu besetzen und sich gleichzeitig klar von der Konkurrenz abzuheben:

- Zunächst steht die Konzentration auf die Internetunterstützung des Firmenkundengeschäfts im Einklang mit der vielfach geäußerten These, dass dem B2B-Bereich wesentlich größere Erfolgspotenziale innewohnen als dem B2C-Geschäft.[12]

- Daneben wird über die gezielte Integration des Internet in den Leistungserstellungsprozess sowie das Angebot zusätzlicher internetbasierter Services nicht nur ein Mehrwert für die Firmenkunden geschaffen; auf diese Weise kann auch die „Commodisierung" der von der Dresdner Bank vertriebenen Leistungen verhindert werden.

- Schließlich ist es möglich, das Auftreten von mit einer schlichten Einrichtung zusätzlicher netzbasierter Distributionskanäle verbundenen Kannibalisierungseffekten gegenüber traditionellen Formen des Vertriebs zu vermeiden.

Im B2B-Bereich übertrifft die Dresdner Bank mit der Implementierung eines eigenen Firmenfinanzportals sowie mit der Einkaufsplattform „Allago" den für Banken üblichen Standard mit Blick auf die angebotenen Leistungen deutlich; die hieraus resultie-

---

[10] Vgl. zu den durch den Einsatz netzbasierter Technologie induzierten Effekten den Beitrag von Lang/Utikal (2002), S. 160 in diesem Band.
[11] Zum Stellenwert des Kundenbindungs-Managements als Element einer erfolgreichen marktorientierten Unternehmungsführung vgl. Meffert (1998).
[12] Vgl. hierzu stellvertretend Schneider/Schnetkamp (2000), S. 19.

rende Differenzierung gegenüber der Konkurrenz leistet sowohl einen Beitrag zur Intensivierung von bereits existierenden langfristigen Geschäftsbeziehungen zu mittelständischen Kunden sowie zum vereinfachten Aufbau neuer Geschäftsbeziehungen.

Jede Geschäftsbeziehung setzt sich aus einer Vielzahl heterogener Einzeltransaktionen zwischen Anbieter und Nachfrager im Zeitablauf zusammen. Diese auf den ersten Blick triviale Aussage besitzt weitreichende Implikationen für die Beherrschung der Transaktionsprozesse durch den Leistungsanbieter: Gerade weil der Kunde seine Geschäftsbeziehung zur Hausbank als Ganzes beurteilt, können von einer mangelhaften Abwicklung einzelner Transaktionen negative Ausstrahlungseffekte auf die Wahrnehmung der gesamten Geschäftsbeziehung ausgehen. Infolgedessen muss die Dresdner Bank dem Kunden bei jeder Einzeltransaktion – unabhängig davon, ob es sich um eine standardisierte Routinetransaktion im Rahmen des Zahlungsverkehrs oder eine komplexe und kundenindividuelle Serviceleistung wie die Beratung im Zuge einer Unternehmungsakquisition handelt – als kompetenter und kostengünstiger Partner zur Seite stehen, um das Vertrauen in ihre Leistungsfähigkeit und -bereitschaft zu erhalten bzw. zu stärken. Gerade in dem durch die strategische Entscheidung, dem Mittelstand eine umfassende Palette an Bankprodukten anzubieten, begründeten Zwang, Einzeltransaktionen unterschiedlichster Natur und Komplexität abwickeln zu müssen, liegt die zentrale Herausforderung für das Management der Internetaktivitäten bei der Dresdner Bank begründet.

Die Leistungsfähigkeit des von der Dresdner Bank betriebenen internetflankierten Kundenbindungsmanagements als Instrument zur Bewältigung der angesprochenen Herausforderung basiert auf der spezifischen Verbindung von Online- und Offline-Kompetenzen bei der Abwicklung verschiedenartiger Transaktionskategorien.

Auf der einen Seite gelingt es durch konsequente Verlagerung von digitalisierbaren Standardtransaktionen[13], die von der Kontoeröffnung und -führung über Devisengeschäfte und Online-Brokerage bis hin zu Kreditgeschäften reichen, die für das Internet typischen Effizienzvorteile zu realisieren und diese an die Kunden in Form von günstigen Konditionen für die eigenständige Abwicklung weiterzugeben. Durch die Übernahme ausgewählter Elemente aus dem Aufgabenspektrum ihrer Firmenkunden leistet die Dresdner Bank darüber hinaus einen Beitrag zur Steigerung von deren Prozesseffizienz. So wird mittelständischen Unternehmungen ein elektronisches Rechnungsstellungsverfahren (Electronic Bill Presentment) angeboten, durch das zeit- und kostenaufwändige Arbeitsschritte wie Rechnungsausdruck, -versand und -erfassung entfallen.

---

[13] Vgl. zu digitalisierbaren und nicht-digitalisierbaren Produkten Theuvsen (2002), S. 25 f.

Auf der anderen Seite wird für komplexe beratungsintensive Transaktionen, die sich nicht bzw. nur unter Inkaufnahme von Qualitätsproblemen technologiegestützt abwickeln lassen, der Raum effektiver „face-to-face"-Beratung bei unveränderter Personalkapazität deutlich erweitert. Mit anderen Worten: Dadurch dass die in unmittelbarem Kundenkontakt stehenden Beratern durch die internetgestützte Abwicklung von Routinetransaktionen entlastet werden, können sie sich auf Aufgaben konzentrieren, deren Erfüllung tatsächlich eine hohe „media richness" erfordert.

Neben der differenzierten Abwicklung verschiedenartiger Transaktionstypen stellt das Firmenfinanzportal einen weiteren wichtigen Bestandteil des internetgestützten Kundenbindungsmanagements dar. Ein wesentliches Kennzeichen dieses Fachportals ist es, dass nicht nur eigene Kompetenzen ausgeschöpft werden, sondern ebenso auf die Fähigkeiten von externen Partnern der Dresdner zurückgegriffen wird. Das Firmenfinanzportal ist aus diesem Grunde als ein virtuelles Dienstleistungs-"Front End" konzipiert worden, das nicht nur eigene Leistungen der Dresdner Bank beinhaltet, sondern auch geschäftsbezogene Mehrwertangebote diverser Kooperationspartner integriert. Auf diese Weise wird für Geschäftskunden der Bank beispielsweise die Möglichkeit geschaffen, über das Firmenfinanzportal Reisebuchungen bei der Lufthansa oder der Deutschen Bahn vorzunehmen. Die eigentliche Transaktionsabwicklung mit den Verkehrsgesellschaften erfolgt dann durch die Dresdner Bank. Mit Hilfe des Firmenfinanzportals schafft die Dresdner Bank für ihre Firmenkunden in doppelter Hinsicht einen Mehrwert: Zum einen ist es mit dieser Form einer internetbasierten, allianz-gestützten „virtuellen" Diversifikation des Leistungsangebots möglich, den Mitarbeitern ihrer mittelständischen Geschäftspartner eine Servicebreite und -tiefe zu bieten, wie sie ansonsten nur von Großunternehmen vorgehalten werden kann. Zum anderen bedeutet die Zusammenfassung verschiedener Angebote im Firmenfinanzportal eine deutliche Reduzierung der bei den mittelständischen Kunden der Dresdner Bank anfallenden Suchkosten für die entsprechenden Leistungen, da ein unternehmungsübergreifender Auskunftseffekt zum Tragen kommt.[14]

Die Dresdner Bank betreibt mit ihren Internetaktivitäten aber auch eine „echte" Diversifikation in dem Sinne, dass sie selbst in neuen Geschäftsfeldern außerhalb des Stammgeschäfts tätig wird. So ist sie durch die Gründung der 100%igen Tochter Allago zum Betreiber eines elektronischen Marktplatzes für „indirekte Güter" geworden, auf dem die Beschaffungspotenziale ihrer mittelständischen Kunden bei C- (Commodity) und MRO-Gütern (Maintenance, Repair und Operating) – d.h. insbesondere bei Standardartikeln und Büromaterialien – gepoolt werden. Diese „virtuelle" Bündelung

---

[14] Es bedarf keiner weiteren Begründung, dass die Auswahl leistungsfähiger Kooperationspartner in dem vertrauenssensiblen Bankgeschäft von zentraler Bedeutung ist, da insbesondere negative Erfahrungen erhebliche „Ausstrahlungseffekte" mit sich brächten.

von Nachfrage resultiert nicht nur in einer gewachsenen Machtposition gegenüber den Lieferanten und hierüber in besseren Konditionen für die Kunden durch konsequente Ausschöpfung von Potenzialen auf dem Beschaffungsmarkt. Darüber hinaus werden durch die Möglichkeit einer erheblich rationelleren Abwicklung von Beschaffungsprozessen mit Hilfe der Allago-Einkaufsplattform weitere Effizienzsteigerungen auf Seiten der mittelständischen Kunden realisiert. Hierfür verantwortlich ist die Option, individuelle Unternehmungsstrukturen und -profile in Allago abzubilden. Indem beispielsweise die Kompetenzen in Bezug auf Beschaffungsentscheidungen klar definiert und gespeichert werden, lassen sich die Genehmigungsprozesse automatisieren und damit erheblich beschleunigen (Erhöhung der Prozesseffizienz). Zudem können in Allago individuelle Einkaufslisten eingerichtet werden, was die Durchführung von Routinebeschaffungsvorgängen, wie sie z.B. bei der Neueinstellung von Mitarbeitern mit Blick auf Arbeitskleidung oder Büroausstattung auftreten, vereinfacht. Die Attraktivität des Angebots wird aus Sicht der mittelständischen Kunden dadurch erhöht, dass sich Investitionen in zusätzliche Software erübrigen, weil das Vorhandensein eines PCs mit Internet-Zugang für die Nutzung von Allago ausreicht.

Die Allago-Einkaufsplattform dient aber nicht nur der Steigerung der Kundenzufriedenheit und damit indirekt der Erhöhung der Bindungsintensität; durch sie entstehen auch für die Dresdner Bank selbst Möglichkeiten zur Erschließung neuer Geschäfte. So ist zeitgleich mit dem Start von Allago die „Dresdner Business Card" auf den Markt gebracht worden, die als erste Kreditkarte in Europa eine Umsatzrückvergütung beinhaltete. Bei Transaktionen über den Allago-Marktplatz erhalten die Nutzer der „Dresdner Business Card" einen zusätzlichen Preisnachlass von 2%. Durch die Kooperation mit einem Reiseveranstalter können die Kunden weltweit günstige Konditionen bei der Buchung von Hotelzimmern und Leihwagen wahrnehmen. Für die Dresdner Bank „rentiert" sich die „Business Card", da über sie diese zusätzlichen Transaktionen abgewickelt werden.

Bei Geschäftsbeziehungen, die wie diejenigen zwischen der Dresdner Bank und ihren mittelständischen Firmenkunden über mehrere Kanäle abgewickelt werden, lassen sich aus organisatorischer Perspektive zwei zentrale Herausforderungen identifizieren:

Zum einen gilt es, die Informationsströme in und zwischen den Kommunikationskanälen zu koordinieren, damit die richtigen Informationen für den richtigen Anwender zur richtigen Zeit verfügbar sind. So muss beispielsweise ein Firmenberater unmittelbar darüber informiert werden, wenn ein Kunde im Internet eine Festgeldverlängerung vornimmt, um dies in seiner eigenen Beratungsplanung berücksichtigen zu können. Diese Koordinationsleistung übernimmt bei der Dresdner Bank ebenfalls das Intrabzw. Internet. Beispielsweise durch die Einführung eines Customer Relationship Management (CRM)-Systems, das die Dresdner Bank im Rahmen einer strategischen

Partnerschaft mit dem amerikanischen Weltmarktführer Siebel als erste europäische Bank implementiert hat, wird ein Online-Zugriff auf alle für die (Firmen-)Kundenbetreuung relevanten Daten möglich.

Zum anderen müssen die Kunden selber bei Einführung und Nutzung der Internetanwendungen beraten und unterstützt werden. Dies erfordert in erster Linie, dass auf Seiten der Dresdner Bank ausreichendes E-Commerce Know-how in der Fläche vorgehalten wird, da sich komplexe Internetanwendungen nicht über das Internet einführen lassen. Die E-Commerce-Beratung wird selber durch einen neu eingerichteten Zentralbereich koordiniert.

Zusammenfassend lässt sich festhalten, dass es der Dresdner Bank bereits heute gelungen ist, durch eine intelligente Integration von Internetanwendungen in ihre Geschäftsprozesse sowohl für die Kunden einen zusätzlichen Nutzen zu generieren als auch einen Beitrag zur verbesserten Realisierung der eigenen Unternehmungsziele zu leisten.

4. Aktuelle Entwicklungen

Abschließend sei kurz auf zwei Ereignisse der jüngeren Vergangenheit hingewiesen, die nicht ohne Konsequenzen für die weitere strategische und informationstechnologische Ausrichtung der Dresdner Bank bleiben werden.

An erster Stelle zu nennen und zweifellos mit weitreichenden Auswirkungen sowohl in Bezug auf die strategische Positionierung als auch hinsichtlich der informationstechnologischen Aktivitäten ist der im Jahre 2001 verkündete Zusammenschluss der Dresdner Bank mit der Allianz AG. Für die Dresdner Bank erwachsen aus diesem Zusammenschluss neue, aussichtsreiche Möglichkeiten, ihre Kernkompetenzen weiter auszubauen und als Folge einer damit verbundenen Erweiterung der Wettbewerbsvorteile zusätzliche Erträge zu generieren. Insbesondere Potenzialgesichtspunkten kommt vor diesem Hintergrund eine enorme Bedeutung zu: Unter dem Leitbild eines „Globalen Finanzdienstleisters mit Versicherungs-, Banking- und Vermögensverwaltungs-Aktivitäten" schafft die zukünftige Kombination von Versicherungs-, Asset-Management- und Bank-Know-how die Voraussetzungen für eine weit über das bislang mögliche Maß hinausgehende Ausschöpfung von Kundenpotenzialen durch die Bearbeitung bestimmter Marktsegmente in ungeahnter „Tiefe". Die produktübergreifende Beratungs- und Problemlösungskompetenz wird verbessert und der Anspruch an Qualitäts- und Service-Führerschaft weiter ausgebaut.

Daneben hat der Vorstand der Dresdner Bank Ende Juli 2001 eine weitere Straffung der Organisationsstruktur auf Geschäftsbereichsebene beschlossen. Die bisherigen Unternehmensbereiche Investment Banking und Firmenkunden werden in einem neuen Unternehmensbereich Corporates & Markets zusammengefasst. Ziel dieser Veränderungen, deren Umsetzung Anfang 2002 beginnen soll, ist es, in stärkerem Maße als bisher Verbundeffekte und Synergiepotenziale zwischen dem Firmenkundengeschäft und dem Investment Banking einerseits, sowie zwischen dem neuen Unternehmensbereich Corporates & Markets und dem Privatkundengeschäft andererseits zu nutzen. Vor diesem Hintergrund werden die Firmenkunden, die keine Investment Banking-Leistungen in Anspruch nehmen, in dem neuen Unternehmensbereich „Private Kunden und Geschäftskunden" integriert.

Literatur

BARNEY, Jay B (1996): Gaining and Sustaining Competitive Advantage. Reading, MA u.a.

DAMBMANN, Wolfgang (2001): www.firmenfinanzportal.de – Geschäftsmodell im Internet. In: Die Bank, 41. Jg., Nr. 3, S. 200-203.

DRESDNER BANK AG (2000): Geschäftsbericht 2000. Frankfurt am Main.

FRESE, Erich (2000): Grundlagen der Organisation. Konzept – Prinzipien – Strukturen. 8. Aufl., Wiesbaden.

GRANT, Robert M. (1998): Contemporary Strategy Analysis: Concepts, Techniques, Applications. 3. Aufl., Malden, MA – Oxford.

HÄMMERLING, Anette (2000): Fit für die Zukunft. In: Cybiz, o. Jg., Nr. 10, S. 2-94.

LANG, Carsten/ UTIKAL, Hannes (2002): Organisatorische Impulse durch Internet-Technologie und technologieinduzierte Strategien. In: E-Organisation: Strategische und organisatorische Herausforderungen des Internet, hrsg. von E. Frese und H. Stöber im Auftrag des Arbeitskreises „Organisation" der Schmalenbach-Gesellschaft für Betriebswirtschaft. Stuttgart, S. 155-189.

MEFFERT, Heribert (1998): Kundenbindung als Element moderner Wettbewerbsstrategien. In: Handbuch Kundenbindungsmanagement. Grundlagen – Konzepte – Erfahrungen, hrsg. von M. Bruhn und C. Homburg. Wiesbaden, S. 115-133.

SCHNEIDER, Dirk/ SCHNETKAMP, Gerd (2000): E-Markets. B2B-Strategien im Electronic Commerce. Wiesbaden.

THEUVSEN, Ludwig (2002): E-Business und Strategie – Neubewertung von Wettbewerbsvorteilen bei veränderten Branchenstrukturen. In: E-Organisation: Strategische und organisatorische Herausforderungen des Internet, hrsg. von E. Frese und H. Stöber im Auftrag des Arbeitskreises „Organisation" der Schmalenbach-Gesellschaft für Betriebswirtschaft. Stuttgart, S. 19-62.

*Martin Müller** / *Marc Danner*****

FALLBEISPIEL LUFTHANSA //ECOMMERCE GMBH:
Stellung im Konzern und Geschäftsmodell

1. Problemstellung

2. E-Business im Lufthansa-Konzern

    2.1   Überblick über die E-Aktivitäten der Lufthansa-AG

    2.2   Stellung und Aufgaben der Lufthansa //eCommerce AG

3. Geschäftsmodell

    3.1   Prozessmodell und Teilnehmermodell

    3.2   Erlösmodell und Transaktionsmodell

Anmerkung der Herausgeber und des Verlages zum Artikel:
„Fallbeispiel Lufthansa //eCommerce GmbH: Stellung im Konzern und Geschäftsmodell", Seite 119-130:

Der abgedruckte Artikel wurde vom Autor, Herrn Marc Danner, unter Bezugnahme auf ein Interview mit Herrn Dr. Martin W. Müller verfasst.

Herr Dr. Müller hat im Vorfeld einer Veröffentlichung des Artikels in der vorliegenden Form unter seinem Namen ausdrücklich widersprochen, da der vorgelegte Beitrag nicht von ihm verfasst wurde.

Trotzdem wurde der Artikel unverändert und mit Nennung von Herrn Dr. Müller als Autor veröffentlicht. Eine Genehmigung hierzu wurde von Herrn Dr. Martin W. Müller nicht eingeholt. Herausgeber als auch der Gabler Verlag weisen ausdrücklich darauf hin, dass als alleiniger Autor Herr Marc Danner für den veröffentlichten Artikel verantwortlich ist.

Wiesbaden, 10.6.2002

---

[*]   Martin Müller, Mitglied der Geschäftsleitung, Lufthansa //eCommerce GmbH, Kriftel
[**] Marc Danner, wissenschaftlicher Mitarbeiter am Lehrstuhl für Organisation, Unternehmungsführung, Personalwirtschaft der Justus-Liebig-Universität Gießen

Zusammenfassung

Die Lufthansa AG hat frühzeitig die Chancen des Internet erkannt und konzernweit gewinnbringend genutzt. Im Mittelpunkt des folgenden Beitrages steht mit der Lufthansa //eCommerce GmbH, eine rechtlich selbständige Einheit, die für den elektronischen Vertrieb im wichtigsten Geschäftsbereich der Lufthansa – der „Passage" – und den Internetauftritt „Infoflyway" zuständig ist. Das erfolgreiche Geschäftmodell wird anhand des Prozess-, Teilnehmer-, Erlös- und Transaktionsmodells analysiert. Bis 2005 will die Lufthansa AG jedes vierte Flugticket online verkaufen. Mit 30 Mio. Seitenaufrufen bereits heute, ist man auf dem besten Weg, dieses Ziel rechzeitig zu erreichen.

1. Problemstellung

Wie gelingt es Unternehmungen, die Chancen des Internet so wahrzunehmen, dass sich damit mehr Geld verdienen als vernichten läßt? Nachdem zu Beginn des Zeitalters der New Economy die Start-ups im Mittelpunkt des Interesses standen, sind es nun vor allem etablierte Unternehmungen, denen es gelingt, Erfolge durch E-Business zu verzeichnen und die Möglichkeiten neuer Technologien konsequent auszunutzen. Jürgen Weber – Vorstandsvorsitzender der Lufthansa AG – bezeichnet Flugzeug und Internet als „Gespann des 21. Jahrhunderts."[1] Waren es früher Postkutsche und Post und dann Telefon und Bahn, welche die Bedürfnisse des Menschen nach Kommunikation und Mobilität erfüllten, so stellen heute Flugzeuge das fortschrittlichste Mittel zur Mobilität dar.[2] Sein Gegenstück im Bereich der Kommunikation ist das Internet. Interessanterweise spielen Netzeffekte, „richness and reach" und der Zusammenhalt über Knoten und Verbindungen („hub and spoke") bei beiden eine tragende Rolle.

Die Lufthansa AG hat zahlreiche Ansatzpunkte gefunden, um die Chancen des Internet zu nutzen. Nach einem Überblick über die vielfältigen Aktivitäten, steht im folgenden Beitrag die Vertriebsseite im Mittelpunkt, wobei der Schwerpunkt auf dem Vertrieb des Lufthansa Geschäftsbereichs „Passage" liegt. Der Anteil der Vertriebskosten an den Gesamtkosten liegt in der Luftfahrtbranche bei ca. 20 %. Sie sind damit genauso hoch wie die Kosten für Treibstoff (Kerosin), können aber von den Fluglinien stärker beeinflusst werden.

2. E-Business im Lufthansa-Konzern

2.1 Überblick über die E-Aktivitäten der Lufthansa AG

In der Lufthansa AG wird E-Business als Instrument betrachtet, mit dem sich die Kundenbindung stärken, neue Vertriebswege aufbauen und Kosten senken lassen.[3] E-Business soll unabhängig von Intermediären machen, Prozessveränderungen ermöglichen und neue Ertragspotenziale erschließen. Um die Stellung des E-Business innerhalb des Lufthansa-Konzerns zu verdeutlichen, wird zunächst der Aufbau mit den unterschiedlichen Geschäftsbereichen dargestellt (vgl. Abb. 1).

---

[1] Weber (2000), S. 3.
[2] Vgl. Weber (2000), S. 3.
[3] Vgl. Weber (2000), S. 3.

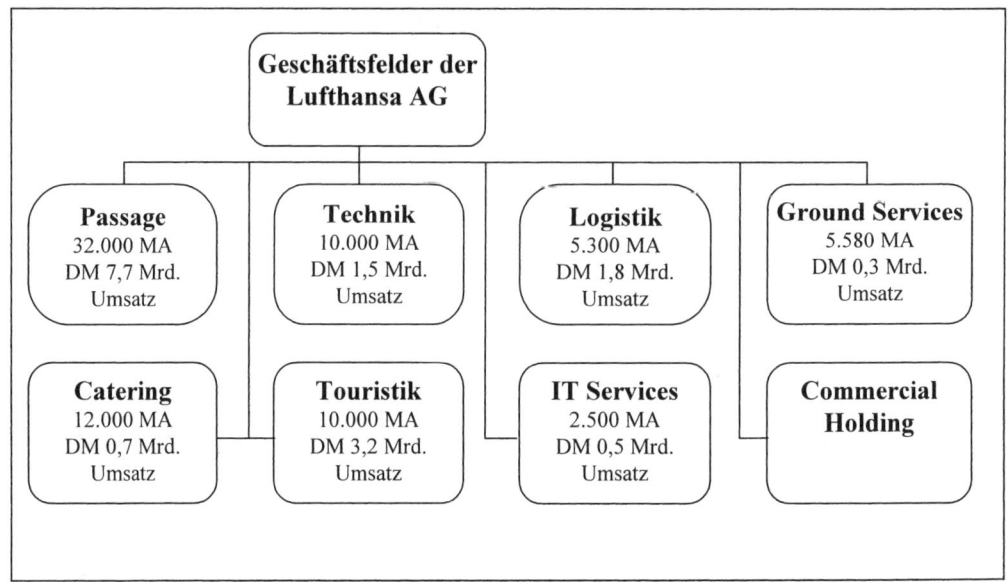

Abb. 1: Überblick über die Geschäftsfelder der Lufthansa AG.[4]

Alle Sparten erzielen einen positiven CVA (Cash Value Added). Besonders erfolgreich sind die Bereiche Passage und Logistik. E-Business spielt in vielen Bereichen der Lufthansa AG eine wichtige Rolle: Lufthansa IT Services ist Mehrheitsaktionär von *Start Amadeus*, dem größten Reisevertriebssystem in Europa, und bietet damit Kunden flexible und individuelle Lösungen für den elektronischen Reise-, Touristik- und Freizeitmarkt. *Lufthansa Aeronautische Dienste* GmbH („LIDO"), eine 100%-ige Tochter von Lufthansa IT Services, stellt Flugpläne und Briefings für Piloten her, die unterwegs über Internet abgerufen werden können und so Kosteneinsparungen beim Flugbetrieb bewirken und aktuelle Daten sicherstellen.[5] Zu den externen Kunden gehören Singapore Airlines und British Airways. Die Lufthansa Kreditkartenunternehmung *AirPlus* ermöglicht ihren Kunden die erste internetgestützte Organisation und Abrechnung von Dienstreisen. Außerdem ist der Kauf von Produkten (C-Teile) über den AirPlus Katalog *ProNet* möglich, wobei unterschiedliche Beschaffungsrichtlinien der Kunden berücksichtigt werden. Dadurch wird besserer Service bei niedrigeren Kosten erreicht. Lufthansas Vorstandsvorsitzender Jürgen Weber schätzt, dass die Bestellung eines bestimmten Produktes, das über die Warenbörse im Internet DM 4,50 kostet, auf dem Papierweg Kosten von DM 185 verursacht.[6] Ausschreibungen und die Beschaf-

---

[4] Vgl. Lufthansa AG (2000) und Kani-Kress (2000), S. 108 ff.
[5] Vgl. Weber (2000), S. 4.
[6] Vgl. Kiani-Kress/Schütz (2000), S. 114 ff.

fung von Flugzeugteilen finden über Einkaufsplattformen (z.B. *Fairpartners*) und Marktplätze (*AeroXchange*) statt.

Auf der *Vertriebsseite* bieten sich der Lufthansa AG weitere vielfältige Ansatzpunkte für Electronic Business (vgl. Abb. 2). Neben traditionellen Reisebüros treten Online-Reisebüros wie Expedia, das mehrheitlich zu Microsoft gehört, und OPODO, ein Joint Venture von Lufthansa und neun europäischen Airline-Partnern. Darüber hinaus gibt es Partnerschaften, z.B. mit T-Online (T-Fly), die innerhalb ihres Angebots im Reisebereich auf Leistungen der Lufthansa AG zurückgreift.

Im Folgenden wird das Augenmerk auf den *Direktvertrieb* gerichtet und die Lufthansa //eCommerce GmbH, die auch für das Lufthansa Vertriebsportal InfoFlyway verantwortlich ist, betrachtet.

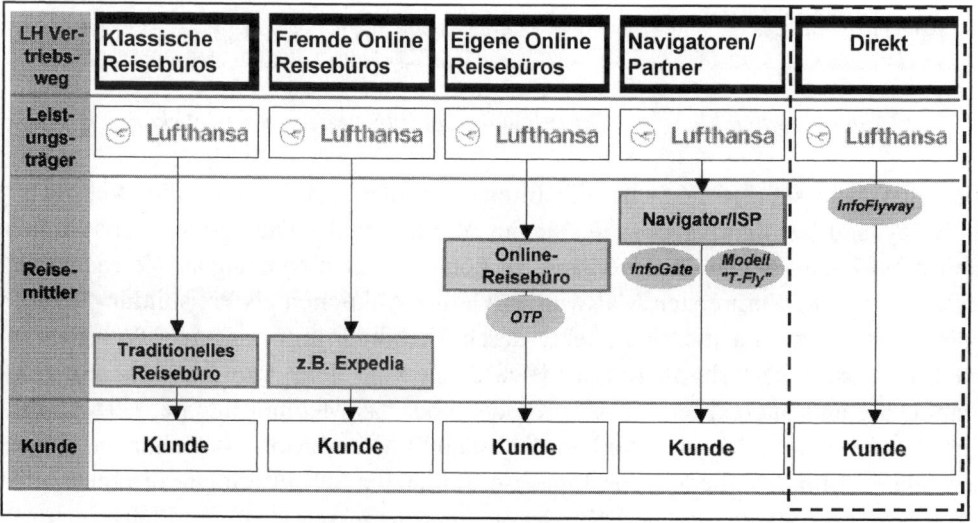

Abb. 2: Elektronische Vertriebskanäle der Lufthansa AG.

2.2 Stellung und Aufgaben der Lufthansa //eCommerce GmbH

Die Lufthansa //eCommerce GmbH (LHE) ist eine 75%-ige Tochter der Commercial Holding der Lufthansa AG. Die restlichen 25% der Anteile besitzt die C&N Touristik Union. Gestartet mit einer Informations-CD, hat es die LHE geschafft, von der reinen Informationsplattform zum *integrierten Direktvertriebskanal* mit über 70 lokalen Sites in aller Welt zu werden (vgl. Abb. 3).

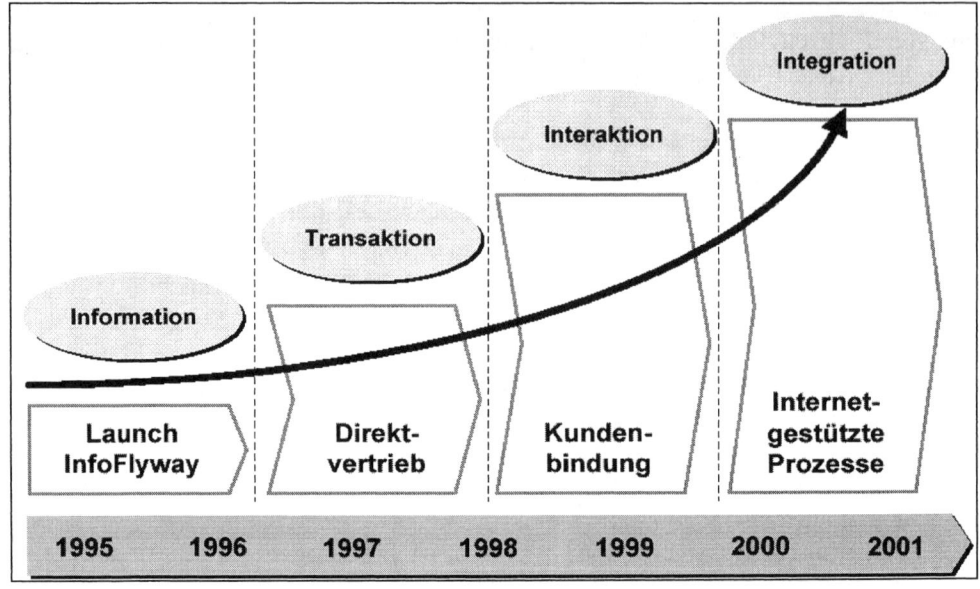

Abb. 3: Entwicklung des InfoFlyway zum integrierten Vertriebskanal.

Bis Ende 1996 standen zunächst die Information der Kunden über die Website InfoFlyway und der Innovationsgedanke im Vordergrund.[7] Die ersten Transaktionen fanden 1997 statt, womit der Übergang zur kommerziellen Nutzung als Vertriebskanal vollzogen wurde. Zum ersten Mal wurden Online Auktionen als Preisbildungsmechanismus eingesetzt und die Netzeffekte durch Verbindung mit anderen Websites genutzt. Der nächste Schritt ab Anfang 1998 diente vor allem dazu, eine stärkere Kundenbindung und Interaktion mit dem Kunden über das Medium Internet herbeizuführen. Dabei waren und sind vor allem die 500.000 Miles&More Statuskunden (insgesamt über 5 Mio. Mitglieder) von Interesse. Im letzten Schritt erfolgte die Integration von Vertriebs-, Marketing- und Kundenbindungsprozessen. Auf der Plattform Lufthansa.com kann der Kunde Flüge buchen (und bekommt sofort eine Buchungsbestätigung), Fluginformationen abrufen, den Check-in vornehmen und Informationen rund um das Bonusprogramm Miles&More abrufen. Anstatt unterschiedlicher Hotlines und Ansprechpartner, hat er hier eine zentrale Anlaufstelle („one face to the customer"). Lufthansa.com verzeichnet beeindruckende 30 Mio. Page Views im Monat und 2 Mio. registrierten Kunden. Dies führt zu 50.000 abgewickelten Buchungen mit 70 Mitarbeitern in der //eCommerce GmbH. Auch mit Hilfe der LHE will die Lufthansa AG ihren Umsatz im Direktvertrieb weiter deutlich ausbauen. Bis 2005 soll jedes vierte Ticket online verkauft werden.

---

[7] Vgl. zur Entwicklung des InfoFlyway Weber (2000), S. 5 f.

Die Lufthansa AG verfolgte mit der Ausgründung einer E-Commerce-Gesellschaft vor allem *drei Ziele*:

1. *Kostensenkung*: dazu gehört zum einen die Realisation von Kostensenkung durch Substitution vorhandener Vertriebswege durch günstigere elektronische Vertriebskanäle. Zum anderen ergeben sich Einsparungen auf Grund eindeutiger Kunden-Lieferantenbeziehungen und höherer Kostentransparenz. Außerdem können durch die Bündelung der gesamten Koordination des Fremdvertriebs Kosten gesenkt werden.

2. *Flexibilitätssteigerung*: Schnelleres und flexibleres Agieren und Reagieren am Markt wird durch die kleine, neugeschaffene Einheit ermöglicht. Dazu soll auch das junge Team aus internationalen Mitarbeitern unterschiedlicher Funktionen beitragen.

3. *Bündelung*: Die LHE bündelt und integriert die E-Commerce-Kompetenzen des Konzerns. Dazu gehört neben der Basiskompetenz „Branchenkenntnis" auch Expertise auf den Gebieten E-Commerce und M-Commerce, speziell B2C-Vertrieb. Durch die Bündelung dieser Kompetenzen wird die Integration der Ressourcen und Fähigkeiten verbessert, werden Lern- und Erfahrungseffekte begünstigt und außerdem Überschneidungen und Mehrarbeiten vermieden.

Ferner kann das Schaffen einer eigenen organisatorischen Einheit auch als klares Signal verstanden werden, das die Stellung der Thematik verdeutlicht und Aufbruch symbolisiert. Vorteile der organisatorischen Verselbständigung können auch darin gesehen werden, dass es leichter gelingt, Anbieter von Leistungen am Markt zu werden und neue Kundengruppen zu erschließen. Dadurch können wiederum Kostensenkungs- und Lernpotenziale geschaffen werden. In dem Maße, in dem die Commercial Holding der AG bereit ist, Kapitalanteile abzugeben, können außerdem neue Beteiligungsmodelle realisiert und Kooperationen eingegangen werden.

3. Geschäftsmodell der Lufthansa //eCommerce GmbH

3.1 Prozessmodell und Teilnehmermodell

Das Prozessmodell zeigt auf, welche Unternehmungen und Individuen an der Wertschöpfung beteiligt sind und welchen Stellenwert sie dabei einnehmen[8] (vgl. Abb. 4).

---

[8] Vgl. Krüger/Bach (2001) und Krüger (2002), S. 81 f.

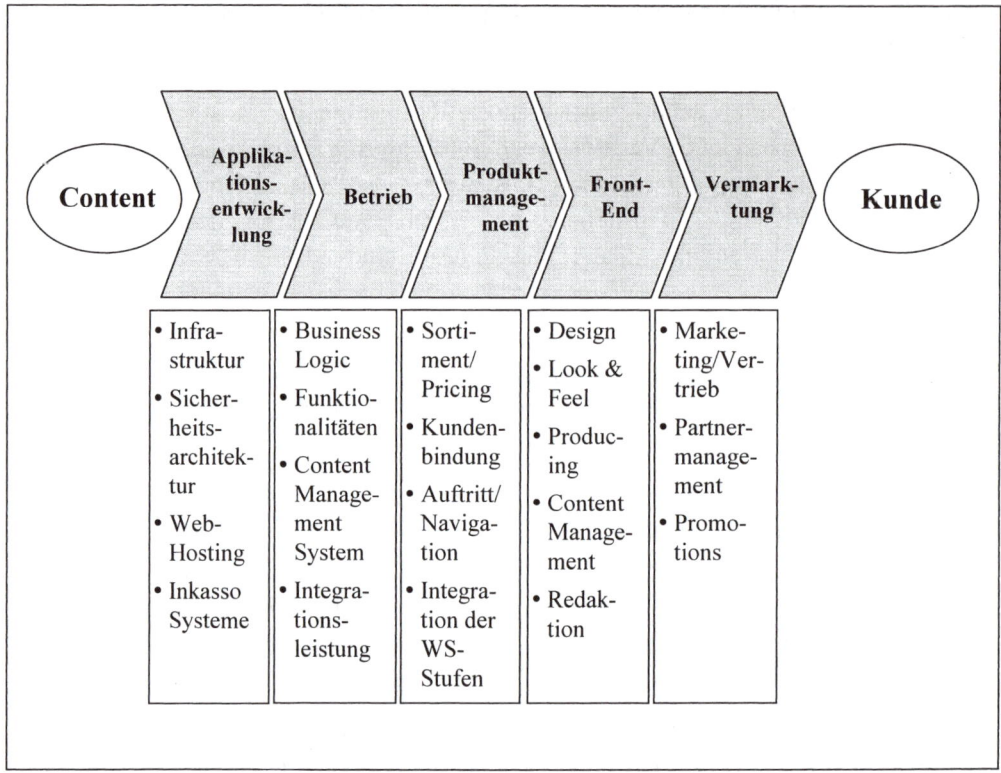

Abb. 4. Prozessmodell der LH //eCommerce GmbH

Die Wertschöpfung der LH //eCommerce GmbH beginnt mit der *Applikations-Entwicklung*, zu der das Content Management System und alle Anwendungen gehören, welche die Integration der unterschiedlichen Systeme sicherstellen. Der nächste Wertschöpfungsschritt besteht im *Betrieb* der Systeme inklusive Infrastruktur und Inkassosystemen. Hier stehen vor allem Sicherheit und Leistung im Vordergrund. Das *Produktmanagement* liefert einen besonders hohen Wertschöpfungsbeitrag. Hierzu gehören Sortimentsgestaltung, Funktionalitäten und alle Maßnahmen zur Kundenbindung. Design und Erarbeitung des *Front-End* sind auf eine zeitnahe Realisation ausgerichtet. Die Redaktionsarbeit wird an dieser Stelle dadurch erleichtert, dass Inhalte mit Hilfe des Content Management Systems dezentral vom Autor eingestellt werden können. Der letzte Schritt auf dem Weg zum Kunden ist die *Vermarktung*, wozu neben Marketing und Vertrieb auch Partnermanagement und Promotions gehören.

Über die LH //eCommerce GmbH bieten sich der Lufthansa AG zahlreiche Optionen, um die Interaktivität und Netzwerkeffekte der neuen Medien nutzen zu können. Es besteht eine vielschichtige Teilnehmerstruktur, an der Gesellschafter, Partner, Kunden und Lieferanten beteiligt sind (vgl. Abb. 5). So gelangt beispielsweise der T-Online Kunde, der im Bereich „Reise" den Menüpunkt „Flug buchen" auswählt, zum T-Fly. Ohne T-Online sichtbar zu verlassen, befindet sich der Kunde hier direkt in einer Umgebung, die von der LHE betrieben wird. Sowohl der Content als auch die Systeme werden von ihr bereitgestellt und betrieben. Lediglich der Schriftzug „powered by Lufthansa" deutet darauf hin, dass es sich um ein Angebot der Lufthansa handelt.

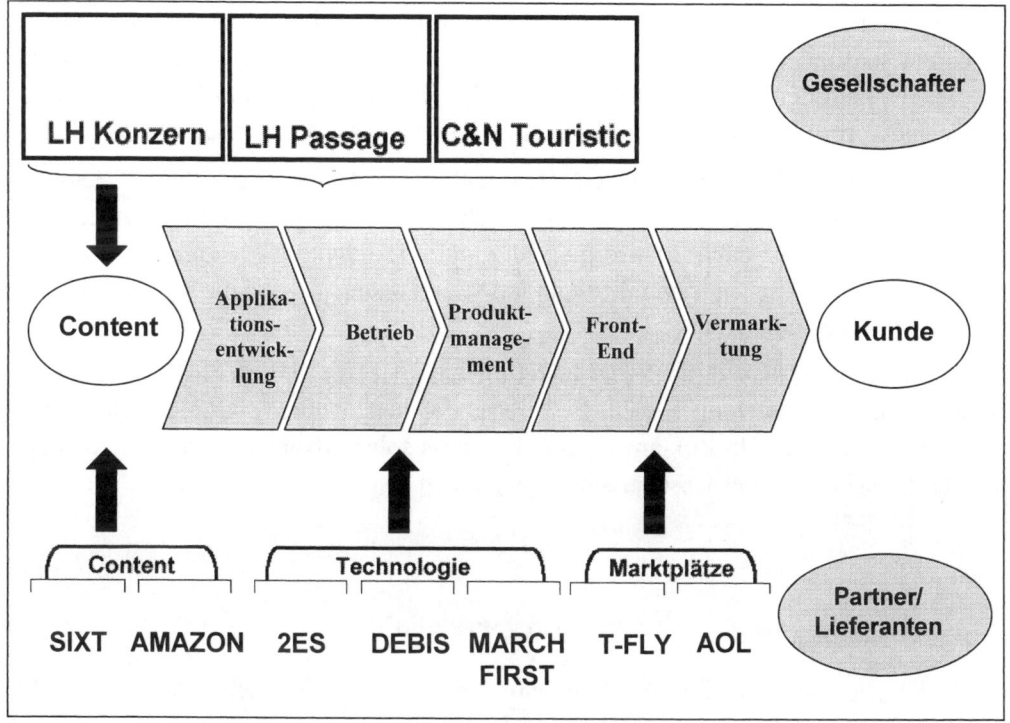

Abb. 5: Teilnehmermodell am Beispiel der LH //eCommerce GmbH.

3.2 Erlösmodell und Transaktionsmodell

Die Gründung der LH //eCommerce GmbH durch die Lufthansa AG erfolgte mit dem Ziel, die Chancen des Internet gewinnbringend zu nutzen. Das *Erlösmodell* beantwortet die Frage, „aus welchen Erlösformen sich die Einzahlungen in welchem Umfang zusammensetzen..."[9] Zum Beginn wurde die LHE von der Lufthansa AG mit dem erforderlichen Stammkapital ausgestattet. Heute beruht das Erlösmodell im Wesentlichen auf *drei Säulen*:

---

[9] Krüger/Bach (2001), S. 19.

1. *Transaction Fee.* Dies ist im vorliegenden Fall eine feste Gebühr pro Flug. Hier sind unterschiedliche Ausgestaltungsmöglichkeiten denkbar. Zur Zeit erfolgt die Abrechnung der Transaction Fee zusätzlich zu einem festgelegten Budget. Im Sinne einer „erfolgsabhängigen Vergütung" wäre dieser fixe Anteil aber schrittweise zu verringern.

2. *Gain Sharing.* Die //eCommerce GmbH ermöglicht z.B. dem Lufthansa Geschäftsbereich Passage erhebliche Prozesskostenersparnisse. Diese können realisiert werden, weil anstatt eines Telefonkontaktes (Call Center) die Interaktion über das Internet stattfindet. Von den zum Teil erheblichen Einsparungen – auch was die geringere Zahl der Anrufer im Bereich des Vielfliegerprogrammes Miles&More anbelangt – profitiert die LHE in Form einer mengenbasierten Service Fee.

3. *Generierung zusätzlicher Erlöse.* Hier soll die Flächenbereitstellung („Shop in Shop") sowie Bannerwerbung zusätzliche Einnahmequellen von Dritten erschließen. Ziel ist auch, Plattformen für andere Bereiche wie Thomas Cook anzufertigen („one kitchen, several restaurants") und dabei vorhandene eigene Software und Systeme zu nutzten.

Der Ticketverkauf über das Internet bietet die Möglichkeit, unterschiedliche Transaktionsmodelle einzusetzen. Neben Festpreisangeboten werden beispielsweise auch Auktionen eingesetzt. In Zukunft ist denkbar, dass solche dynamischen Transaktionen verstärkt Gegenstand des Geschäftsmodells werden.

Literaturverzeichnis

KIANI-KRESS, Rüdiger (2000): Weltweite Referenz. In: Wirtschaftswoche Nr. 48, 23.11.2000, S. 108-113.

KIANI-KRESS, Rüdiger/ SCHÜTZ, Dirk (2000): Meilenweit voraus, Interview mit Lufthansa-Chef Jürgen Weber. In: Wirtschaftswoche Nr. 48, 23.11.2000, S. 114-117.

KRÜGER, Wilfried (2002): Auswirkungen der Internetökonomie auf Wertketten und Geschäftsmodelle. In: E-Organisation: Strategische und organisatorische Herausforderungen des Internet, hrsg. von E. Frese und H. Stöber im Auftrag des Abeitskreises „Organisation" der Schmalenbach-Gesellschaft für Betriebswirtschaft. Stuttgart, S. 63-89.

KRÜGER, Wilfried/ BACH, Norbert (2001): Geschäftsmodell und Wettbewerb im E-Business. In: Supply Chain Solutions, Best Practices im E-Business, hrsg. von W. Buchholz und H. Werner. Stuttgart, S. 29-51.

LUFTHANSA AG (Hrsg.) (2000): Lufthansa Geschäftsbericht 2000. Köln.

WEBER, Jürgen (2000): E-Commerce – Ein Weg zu neuen Märkten, Vortrag anlässlich des 7. Münchner Management Kolloquiums, 12. April 2000.

Dieter Garus [*] */ Manfred Siebert* [**] */ Marc Danner* [***]

FALLBEISPIEL RWE AG:

One Group. Multi Utilities. Using E-Business.

1.   RWE-Konzern im Überblick

        1.1   Vom Stromversorger zu Multi Utilities

        1.2   Geschäftsfelder der RWE AG

2.   Auswirkungen des Internet auf den RWE-Konzern

        2.1   Veränderungen von Wettbewerbssituation und Wettbewerbsstrategie

        2.2   Geschäftsmodelle im E-Business

---

[*]   Dr. Dieter Garus, Konzernentwicklung – Strategische Planung, RWE AG, Essen

[**] Manfred Siebert, Prokurist, MIT & OC Consulting, Essen, Projektleiter „Serviceline e-Business" der RWE Systems AG

[***] Marc Danner, wissenschaftlicher Mitarbeiter am Lehrstuhl für Organisation, Unternehmungsführung, Personalwirtschaft der Justus-Liebig-Universität Gießen

Zusammenfassung

One Group. Multi Utilities. Dieses Motto kennzeichnet die strategische Stoßrichtung der RWE AG. Kaum eine andere deutsche Unternehmung hat sich innerhalb kurzer Zeit so radikal auf eine veränderte Wettbewerbsituation eingestellt[1] und seine Struktur auf Wettbewerb, Schnelligkeit und Effizienz ausgerichtet. Nun gilt es, für die Vielzahl der unterschiedliche Geschäftsfelder und Funktionsbereiche E-Business-orientierte Strategien zu entwerfen und innerhalb der ganzen Unternehmung zu überprüfen, wo sich neue Medien wertsteigernd einsetzen lassen. Das Hauptaugenmerk liegt dabei in der Verbesserung der internen Prozesseffizienz sowie in der Nutzung des Internet für Einkauf und Vertrieb. Innovative E-Business-Lösungen sollen geschaffen werden. Die Maßnahmen reichen von der Gründung von Portalen wie www.rwe.com bis hin zur Auflage eines Venture-Capital-Fonds, der mit € 50 Mio. ausgestattet ist und E-Business-Geschäftskonzepte im Sinne der Multi-Utility-Strategie fördern soll.

---

[1] Vgl. zur Wettbewerbssituation Krüger/Bach (2001), S. 4 ff.

1. RWE-Konzern im Überblick

1.1 Vom Stromversorger zu Multi Utilities

RWE ist der größte Energiekonzern in Deutschland und erzielte im Geschäftsjahr 2000/2001 einen Umsatz von rund € 63 Mrd. Im letzten Jahrzehnt hat sich RWE vom regionalen Stromversorger zum international ausgerichteten Multi-Utility-Konzern gewandelt. Einer der Auslöser war die Deregulierung der Energiemärkte, welche für die gesamte Energiewirtschaft eine tiefgreifende Strukturveränderung bedeutete[2] und entsprechenden Handlungsbedarf begründete. RWE hat die neuen Herausforderungen durch Wettbewerb und Internationalisierung von Anfang an als Chance für ein wertsteigerndes Wachstum begriffen und versucht, diese Möglichkeiten aktiv zu erschliessen. In den Kerngeschäftsfeldern Strom, Gas, Wasser/Abwasser sowie Abfall/Recycling belegt RWE gegenwärtig Spitzenplätze in Deutschland und Europa. Damit befindet sich der Konzern in einer hervorragenden Ausgangsposition, um im europäischen Liberalisierungsprozess auch zukünftig eine führende Rolle zu spielen. Aber auch außerhalb Europas verfügt RWE bereits über weitreichende Engagements, wie z.B. in den USA.

Drei strategische Stoßrichtungen kennzeichnen das Vorgehen von RWE:[3] Die Fokussierung auf die „Multi Utilities" Strom, Gas, Wasser/Abwasser und Entsorgung/Recycling sowie ergänzend energienahe Services, die nachhaltige Kostenreduzierung sowie eine entschlossene Wachstums- und Internationalisierungsstrategie.

1.2 Geschäftsfelder der RWE AG

Das Kerngeschäft von RWE in den Geschäftsfeldern Strom, Gas, Wasser/Abwasser und Umwelt/Recycling wird über zwölf operative Gesellschaften abgewickelt.

Daneben hält RWE Finanzbeteiligungen an der Hochtief AG, an der Heidelberger Druckmaschinen AG sowie an den IMO Car Wash Centers. Als ergänzendes Geschäft ist darüber hinaus die Shell-DEA Oil GmbH geplant (vgl. Abb. 1).

---

[2] Vgl. Müller/Brehm (2000), S. 317 ff.
[3] Vgl. www.rwe.de/1.8_RWE_Konzenr/Vision/Vision1.html.

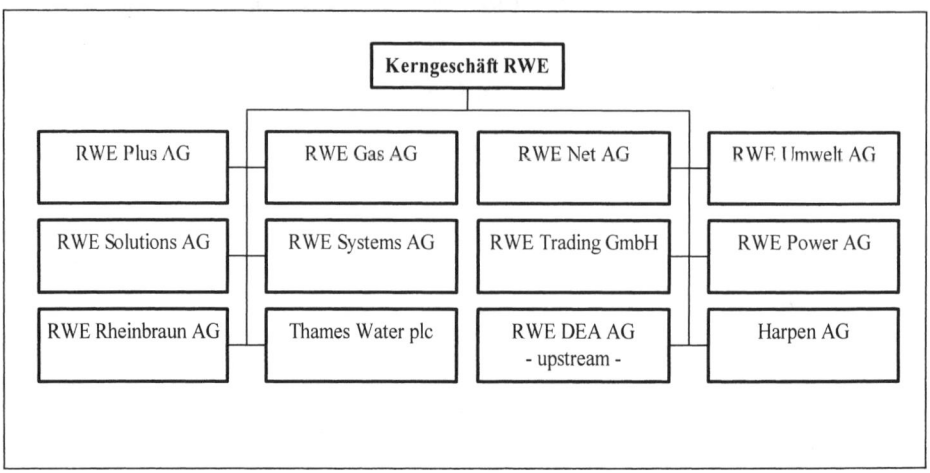

Abb 1: Unternehmen des Kerngeschäfts der RWE AG.

2. Auswirkungen des Internet auf den RWE-Konzern

2.1 Veränderungen von Wettbewerbssituation und Wettbewerbsstrategie

Die *Wettbewerbssituation* ist durch die Branchenstruktur sowie durch die Interaktion der Marktteilnehmer und die Entwicklungsdynamik der Branche gekennzeichnet.[4] Hier sieht sich RWE einer Vielzahl von Veränderungen gegenüber: Die Liberalisierung des Energiemarktes, das Auftreten internationaler Wettbewerber, die Wiedervereinigung mit der Beteiligung an der VEAG, die eigene Fusion mit VEW sowie die Fusion von VEBA und VIAG. Durch das Internet steigt die Dynamik der Veränderungen weiter. Ein Effekt ist beispielsweise der breitere Zugang zu Kunden und Lieferanten über Marktplätze. Ein weiteres Beispiel ist die steigende Bedeutung von Kooperationsformen. Zu denken ist an die Ausgestaltung von Logistikketten im Rahmen eines Supply Chain Managements.

Fragen der *Wettbewerbsstrategie* umfassen die Festlegung und Positionierung der Geschäftsfelder und die Bestimmung der angestrebten Wettbewerbsvorteile. Dies kann nur auf der Basis vorhandener oder geplanter Ressourcen und Fähigkeiten oder Kernkompetenzen geschehen.

---

[4] Vgl. Porter (1996) und Hungenberg (2000), S. 88 ff.

Hierbei verfolgt RWE eine Kombi-Strategie, die gleichzeitig auf Kostenführerschaft durch Ausnutzung von Skaleneffekten und auf Differenzierung gegenüber dem Wettbewerb abzielt.

2.2 Geschäftsmodelle im E-Business

RWE versteht E-Business als ein wichtiges Instrument zur werthaltigen Umsetzung und Weiterentwicklung seiner Multi-Utility-Strategie. Hierzu bedient sich RWE eines ausdifferenzierten Geschäftsmodells, mit dessen Hilfe die neuen Technologien gewinnbringend genutzt werden sollen. Das Geschäftsmodell fußt auf vier Säulen, dem E-Procurement, E-Trade, B2B-E-Commerce und B2C-E-Commerce (vgl. Abb. 2).

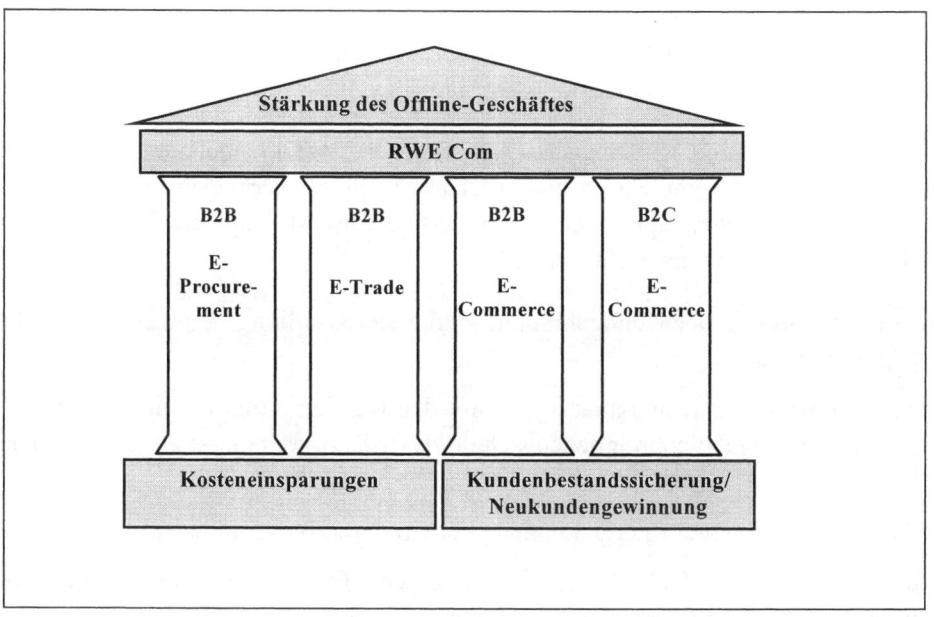

Abb. 2: Aktivitätsfelder der RWE AG im E-Business.

Über das zentrale *E-Business-Portal* unter www.rwe.com wird RWE alle Geschäftsbeziehungen im Einkauf, auf der Großhandelsebene, zu Geschäfts- und zu Privatkunden weiter intensivieren sowie die zu Grunde liegenden Geschäftsprozesse neu definieren und „E-business-fähig" gestalten. Durch konsequente Nutzung des E-Business beabsichtigt RWE, seine Position als eines der führenden europäischen Multi-Utility-Unternehmen nachhaltig zu festigen und weiter auszubauen. Hierbei ist die eigens als Kompetenz-Center für E-Business gegründete Tochtergesellschaft RWE*com* für den

Aufbau und Betrieb des Portals verantwortlich und fungiert als Dienstleister für die operativen Einheiten.

E-Procurement: Durch elektronischen Einkauf über das Konzernportal sowie über die gemeinsam mit zehn weiteren europäischen Utility-Unternehmen betriebene Beschaffungsplattform „Eutilia" beabsichtigt RWE, die Einkaufskosten um 5%, die Transaktionskosten um bis zu 50% zu reduzieren.

RWE ist an HoustonStreet.com beteiligt und nutzt die Vorteile einer elektronischen over-the-counter-Plattform (eOTC) im *E-Trade*. Dazu gehören neben dem einfachen Zugang zu Handelspartnern über das Internet und der Automatisierung des Transaktionsprozesses (Trade-by-Click) vor allem die Reduzierung der Transaktionskosten und Steigerung des Handelsvolumens. RWE ist sicher, dass sich eOTC neben dem OTC per Telefon und dem Börsengeschäft etablieren wird. RWE kann somit seine Marktposition im Stromhandel festigen und ausbauen, aktiven Einfluss auf die Produktgestaltung nehmen und die Margenerosion verzögern.

Im Mittelpunkt des *B2C-E-Commerce* stehen neben Produktangeboten, Informationen und Services zum Thema Strom eine Vielzahl weiterer, permanent aktualisierter Inhalte, z.B. Nachrichten, Spiele sowie eine aktive Mitgestaltung der User durch Chat und Foren. Hierdurch verspricht sich RWE

- eine Verstärkung der Kundenbindung durch Bereitstellung permanent verfügbarer Online-Services,
- eine Erhöhung der Kontakthäufigkeit mit den Kunden durch Bereitstellung von Infotainment-Angeboten, mit denen sich der User häufiger befasst als mit dem Thema Energie,
- die Gewinnung neuer Energiekunden über ein attraktives Internetangebot,
- die Erhöhung des Kundenwertes durch Erschließung neuer Einnahmequellen im Internet über Online-Shops und Werbung,
- das Gewinnen neuer und verbesserter Informationen über das Kundenverhalten.

Als wichtige zukünftige Entwicklungen von „e" bei RWE sind die Einrichtung des Kundencenters für Service und Abrechnung, eine durchgängige Kundendatenbank sowie integrierte IT-Lösungen über die Produktbereiche hinweg zu nennen.

Literatur

HUNGENBERG, Harald (2000): Strategisches Management in Unternehmen: Ziele – Prozesse – Verfahren. Wiesbaden.

KRÜGER, Wilfried/ BACH, Norbert (2001): Geschäftsmodell und Wettbewerb im E-Business. In: Supply Chain Solutions, Best Practices im E-Business, hrsg. von W. Buchholz und H. Werner, Stuttgart, S. 29-51.

MÜLLER, Klaus-Peter/ BREHM, Carsten (2000): Vom Stromversorger zum Energiemanager – Eine strategiegeleitete Restrukturierung bei RWE Energie. In: Organisationsmanagement: Neuorientierung der Organisationsarbeit, hrsg. von E. Frese im Auftrag des Arbeitskreises „Organisation" der Schmalenbach-Gesellschaft für Betriebswirtschaft. Stuttgart, S. 317-329.

PORTER, Michael E. (1996): Wettbewerbsvorteile. Frankfurt.

www.rwe.de/1.8_RWE_Konzenr/Vision/Vision1.html.

Tobias Carstensen [*] */ Henrik Steinhaus* [**]

AKTIVITÄTEN DER STINNES AG ZUR ANPASSUNG VON WERTKETTEN UND GESCHÄFTSMODELLEN AN DIE NEUEN HERAUSFORDERUNGEN DER INTERNETÖKONOMIE

1. Einführung

    1.1 Kurzprofil der Stinnes AG

    1.2 Entwicklungen in der Logistikbranche

2. E-Business-Aktivitäten der Stinnes AG

    2.1 Chronologie

    2.2 Aufgaben, organisatorische Einordnung und Ziele des E-Commerce Competence Centers der Stinnes AG

    2.3 Aktivitäten in einzelnen Geschäftsbereichen der Stinnes AG

3. Veränderung der Prozesse und Wertketten durch die Internetökonomie

    3.1 Akzeleratorfunktion des Internet: Optimierung der Logistikprozesse

    3.2 Enablerfunktion des Internet: Entflechtung der Wertketten und Netzwerkbildung

4. Veränderungen der Geschäftsmodelle durch die Internetökonomie

    4.1 Entstehung neuer Geschäftsmodelle in der Logistik

    4.2 Entwicklung neuer Geschäftsmodelle durch die Stinnes AG

5. Ergebnisse und Fazit

---

[*] Dr. Tobias Carstensen, Leiter E-Commerce Competence Center, Stinnes AG, Essen
[**] Henrik Steinhaus, wissenschaftlicher Mitarbeiter am Lehrstuhl für Organisation, Unternehmungsführung, Personalwirtschaft der Justus-Liebig-Universität Gießen

Zusammenfassung

Die Logistikbranche hat seit den 70er Jahren eine Reihe von tiefgreifenden Veränderungen erfahren. Eine der nachhaltigsten Veränderungen ist die Trennung von Warenlogistik und Informationslogistik, ermöglicht durch das Internet seit Beginn der 90er Jahre. Die Stinnes AG als eines der führenden Logistikunternehmen in Deutschland hat durch eine Vielzahl an Aktivitäten frühzeitig sowohl die internen als auch unternehmensübergreifende Prozesse und Wertketten an die neuen Anforderungen der Internetökonomie angepasst. Teilweise wurden diese Veränderungen durch das Internet erst möglich, teilweise wurden Änderungsbedarfe durch das Internet aufgedeckt und so schneller als ursprünglich geplant Veränderungen vorgenommen. Stinnes tat jedoch mehr, als nur Prozesse neu zu definieren oder bestehende zu verändern. Es wurden, um den neuen Herausforderungen begegnen zu können, neue Geschäftsmodelle für das Internet entwickelt und die notwendigen Netzwerke aufgebaut um diese Geschäftsmodelle erfolgreich betreiben zu können.

1. Einführung

1.1 Kurzprofil der Stinnes AG

Die Stinnes AG, ursprünglich ein traditionelles Handelshaus, hat sich in den letzten Jahren sehr erfolgreich zu einem modernen Logistikdienstleister gewandelt.[1] Im Jahr 2000 ist die Stinnes AG mit einem Gesamtumsatz von über 13 Milliarden Euro, 42.037 Mitarbeitern und einem Betriebsergebnis von etwa 200 Millionen Euro einer der größten und profitabelsten Logistikdienstleister in Deutschland. Das Unternehmen, vor wenigen Jahren noch in zwölf Geschäftsfeldern aktiv, konzentriert sich heute auf das Arbeitsgebiet Logistik in den Bereichen Verkehr, Chemie und Werkstoffe. Stinnes ist stark international tätig und verfolgt weiterhin Expansionskurs.

Der Geschäftsbereich Verkehr des Stinnes-Konzerns ist unter dem Namen Schenker zusammengefasst. Schenker ist im europäischen Landverkehr führend und weltweit in Luft- und Seefracht mit an der Spitze. Alle wesentlichen Logistik-Leistungen werden von Schenker aus einer Hand angeboten. Brenntag, der Geschäftsbereich Chemie, führt im Weltmarkt der Chemiedistribution. Die Versorgung von Produzenten und Weiterverarbeitern mit Industrie- und Spezialchemikalien sowie vielfältige Dienstleistungen rund um die Chemielogistik gehören zum Leistungsspektrum der Brenntag. Mit der Aufgabe der letzten Produktionsstätte für Chemikalien im Jahr 2000 ist die Konzentration der Brenntag auf die Chemiedistribution vollständig abgeschlossen worden. Der Bereich Werkstoffe tritt am Markt unter dem Namen Stinnes Interfer auf und ist der größte werksunabhängige Stahlanbieter in Deutschland. Neben dem eigentlichen Handel erfüllt Stinnes Interfer mit eigenen Anarbeitungszentren individuelle Kundenwünsche. Darüber hinaus liefert das Unternehmen Erze, Mineralien, Nichteisenmetalle, Legierungen und Halbzeuge an die weiterverarbeitende Industrie. Der kleinste Geschäftsbereich, die Stinnes Intertec, beliefert den Handel mit ausgewählten technischen Artikeln, die weltweit beschafft und zu kompletten Sortimenten zusammengestellt werden. In 2001 wird die Stinnes Intertec in die Schenker-Organisation integriert und verliert den Status eines eigenständigen Geschäftsbereichs. Damit verdeutlicht sich auch der Wandel von Stinnes Intertec vom Sortimentsgroßhändler zum Logistikdienstleister für europäische Handelsketten.

1.2 Entwicklungen in der Logistikbranche

Unternehmen der Logistikbranche hatten schon immer die Hauptaufgabe, Wertketten unterschiedlicher Marktteilnehmer zu verbinden. Mit zunehmender Verfügbarkeit von

---

[1] Vgl. zu diesem und dem Folgenden: Stinnes AG (2000), S. 3.

moderner Informationstechnologie ist aus dieser Verbindungsfunktion eine Integrationsfunktion geworden.

Die so genannte klassische Logistik der 70er Jahre hatte hauptsächlich den Transport, Umschlag und die Lagerung verschiedener Materialien als Aufgabe.[2] Ziel war es, eine permanente Materialverfügbarkeit sicherzustellen. Optimierungsbestrebungen fokussieren lediglich einzelne Funktionen, wie beispielsweise Beschaffung, Produktion, Absatz oder die Logistik selbst. Einhergehend mit einer verbesserten Informationstechnologie veränderte sich in den 80er Jahren der Optimierungsfokus zunehmend zugunsten eines effektivitäts- und effizienzsteigernden Logistik-Managements, das Schnittstellen zwischen den einzelnen Funktionen zu optimieren oder ganz zu beseitigen suchte. Mit Beginn der 90er Jahre wandelte sich die Betrachtungsweise der Logistik von einer Funktionsorientierung hin zu einer Flussorientierung. Maßgeblich für diese Entwicklung war die wachsende Bedeutung der Koordination und Optimierung von Informationsflüssen. Mit der zunehmenden informationstechnologischen Vernetzung ging man Ende der 90er Jahre dazu über, die Prozesssicht über Unternehmensgrenzen hinweg auszudehnen. Neue Logistik-Konzepte wie beispielsweise das Supply Chain Management sind Ausdruck dieser Entwicklung. Heute integriert die Logistik unterschiedlichste Wertketten zu globalen Netzwerken. Diese anspruchsvolle Aufgabe können Logistikdienstleister nur mit Hilfe hochentwickelter informationstechnologische Netzwerke erfüllen. Der signifikante informationstechnische Anteil der logistischen Dienstleitung führt in Verbindung mit der Internetökonomie zu deutlichen Veränderungen für die Logistiker.

2. E-Business-Aktivitäten der Stinnes AG

2.1 Chronologie

Die Stinnes AG verfügt seit 1996 über einen eigenen Internetauftritt. Zunächst entwickelten sich die Internetaktivitäten in den einzelnen Geschäftsbereichen dezentral, ohne eine zentrale Koordination. Die Nutzung des Internet ging dabei in der Regel nicht über ein Informationsangebot für Unternehmensexterne oder Online-Marketing hinaus. Zentrale Bemühungen zur Nutzung des Internet als Vertriebs- und Einkaufsinstrument setzten 1999 ein. Im Februar 2000 wurde ein beraterunterstütztes Projekt zur zukünftigen Entwicklung der E-Business-Aktivitäten durchgeführt. Gegenstand des Projektes war ein Ideenwettbewerb in den dezentralen Unternehmensbereichen, die

---

[2] Vgl. hierzu und auch im Folgenden: Baumgarten/Walter (2000), S. 2 ff.

Entwicklung von Plänen zur Realisierung der besten Ideen und deren Umsetzung seit Mai 2000. Um die angestoßenen Veränderungen und Umsetzungsbemühungen im Unternehmen zu unterstützen und weiterzuführen, wurde Mitte 2000 das E-Commerce Competence Center der Stinnes AG gegründet. Zudem wurde die Ressortverantwortung für E-Commerce direkt auf Vorstandsebene verankert, mit ein Ausdruck dafür mit welcher Ernsthaftigkeit und Wichtigkeit die E-Commerce-Aktivitäten betrieben werden. Nur wenige Monate später wurden bereits mehrere Verkaufsportale durch Stinnes-Geschäftsbereiche betrieben sowie logistische Dienstleistungen für Internet-Marktplätze erbracht. Anfang 2001 ging die erste eigene Internettochter, die Importal Online GmbH, ein Markteintrittsportal für Hersteller und Importfirmen von Glas, Porzellan, Keramik, Geschenkartikeln und Haushaltswaren, mit ihrem Angebot ins Netz.

2.2 Aufgaben, organisatorische Einordnung und Ziele des E-Commerce Competence Centers der Stinnes AG

Das E-Commerce Competence Center (ECCC) der Stinnes AG hat die Unterstützung der dezentralen Bereiche bei der Umsetzung ihrer E-Commerce-Aktivitäten zur Aufgabe. Dabei soll das ECCC die Funktion einer Informationsdrehscheibe erfüllen und bei der Entwicklung der E-Commerce-Strategie auf Basis von Unternehmens- und Bereichsstrategie unterstützen. Die Beratung und das Coaching der dezentralen Einheiten steht hierbei an erster Stelle, eine direkte Weisungsbefugnis besteht nicht. Bei der Notwendigkeit operativer Projektunterstützung innerhalb der einzelnen Bereiche, können sich diese an das ECCC wenden, welches über Mitarbeiter mit entsprechendem Fach- und Methodenwissen verfügt. Diese Mitarbeiter können direkt in die einzelnen Projekte eingebunden werden und so die Bereiche bei der Projektrealisation unterstützen.

Organisatorisch ist das ECCC als Stabstelle direkt dem für das Ressort E-Commerce verantwortlichen Vorstand zugeordnet. Dem entsprechenden Vorstandsmitglied steht das ECCC beratend zur Seite und wirkt maßgeblich an der Entwicklung der unternehmensweiten E-Commerce-Strategie mit. Das ECCC übernimmt zudem die Öffentlichkeitsarbeit für E-Commerce betreffende Themen (vgl. Abb. 1).

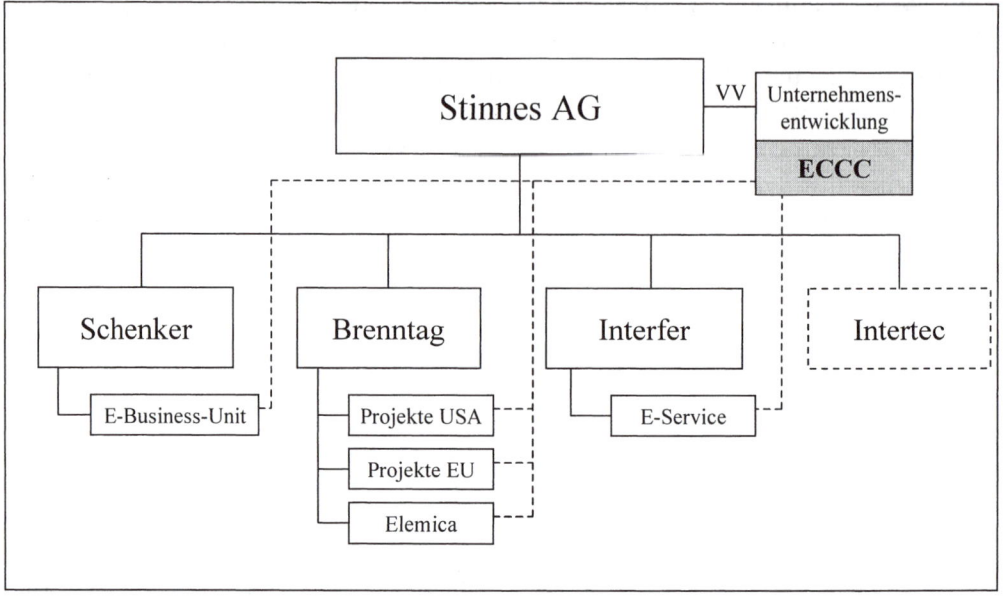

Abb. 1: Organisatorische Einordnung des E-Commerce Competence Center (ECCC)

Wesentliche Ziele, die mit der Gründung des ECCC verfolgt wurden, sind neben der Weiterentwicklung der E-Business-Strategie, die optimale Informationsaufbereitung für die Stakeholder der Stinnes AG im Internet, die weitere Förderung der internen Vernetzung und damit einhergehender Prozessoptimierungen. Die Optimierung einzelner operativer Funktionsbereiche durch die Nutzung des Internet, wie beispielsweise Beschaffung und Vertrieb erfolgt durch die Geschäftsbereiche.

2.3 Aktivitäten in einzelnen Geschäftsbereichen der Stinnes AG

Im Geschäftsbereich Verkehr existiert eine eigene E-Business-Einheit, die spezifische Problemlösungen und umfassende Dienstleistungspakete für Internet-Marktplätze und sonstige Internetaktivitäten entwickelt.[3] Die Leistungen der Einheit werden sowohl für Schenker selbst erbracht als auch erfolgreich vermarktet. So ist Schenker mittlerweile Logistikpartner von mehr als 15 E-Commerce-Unternehmen und auf zahlreichen Internetmarktplätzen und -portalen präsent. Die E-Business-Einheit soll auch zukünftig den zügigen Ausbau der E-Commerce-Aktivitäten bei Schenker vorantreiben.

---

[3] Vgl. zu diesem und zum Folgenden: Stinnes AG (2000), S. 6 und S. 16 ff.

Die Einführung eigener Brenntag-Verkaufsplattformen im Internet ist in naher Zukunft in dem Bereich Chemie geplant. In den USA ist Brenntag hierbei schon mit einigen Großkunden in einer Testphase. Die Kunden der Brenntag haben den Vorteil, über diese Internet-Verkaufsplattformen ihren Chemikalieneinkauf bündeln zu können. So werden nicht nur für die Kunden die Beschaffungskosten gesenkt, sondern auch die Brenntag steigert ihre Produktivität und Umsatzrendite. Zudem hat sich die Brenntag an dem großen Internet-Marktplatz Elemica.com beteiligt. Diese Plattform, an der sich auch die großen Chemieunternehmen der Welt beteiligt haben, soll das internationale Kontraktgeschäft abdecken und dessen Durchführung rationalisieren.

Im Werkstoffbereich ist die Stinnes Interfer seit Ende 2000 mit einem eigenen e-Service-Portal im Internet. Über dieses Portal können die Kunden der Interfer Online nicht nur Stahlprodukte und Rohstoffe beziehen sondern auch die erforderlichen Anarbeitungsschritte konfigurieren. Über 300.000 Produkte können online angefragt und geordert werden. Online sind für den Kunden der jeweilige Auftragsstatus und die Auftragshistorie jederzeit einzeln abrufbar. Zusätzlich können über dieses Portal – zum Beispiel durch Einbindung entsprechender Konstruktionsdateien – ganze Projekte an die Stinnes Interfer in Auftrag gegeben werden.

3. Veränderung der Prozesse und Wertketten durch die Internetökonomie

3.1 Akzeleratorfunktion des Internet: Optimierung der Logistikprozesse

Die zunehmende Verfügbarkeit des Internet in den Geschäftsbereichen der Stinnes AG beschleunigt die Notwendigkeit zur Optimierung der internen und unternehmensübergreifenden Prozesse. Prognosen zufolge wird der Anteil der über das Internet abgewickelten Handelsströme in der Logistik bis 2004 auf etwa 20% des Gesamthandelsvolumen steigen. Dadurch verändern sich die Anforderungen an die bestehenden Logistikprozesse und es müssen eine Reihe neuer internetfähiger Prozesse entwickelt werden. Früher waren leistungsfähige Transportnetze und effiziente Logistikcenter die wesentlichen Erfolgsfaktoren für den klassischen Kundenwunsch des Transports und der Lagerei. Später kamen hohe IT-Kompetenz und kundenindividuelle Logistikberatung als notwendige Fähigkeiten, um eine integrierte Logistik und Supply Chain Management-Projekte erfolgreich anbieten zu können, hinzu. Heute sind internetfähige Logistikprozesse unerlässliche Erfolgsfaktoren für die erfolgreiche Durchführung des E-Fulfillment für Unternehmen der Old und New Economy. Das Leistungsspektrum von Stinnes erweitert sich durch das Internet rapide. Aus diesem Grund müssen die internen Prozesse in beschleunigtem Maße verändert und ergänzt werden. Online Preisanfrage/-angebot, Buchung, Sendungsverfolgung sowie die Verfügbarkeitsauskunft von Lagerware über Internet werden zukünftig kundenseitig von Stinnes erwartet. Die Erbringung dieser Leistungen erfordert die Veränderung der bestehenden Prozesse zur Preisfindung, Abrechnung und Buchung.

Neben der internen Prozessveränderung ermöglicht das Internet auch eine verbesserte Prozessintegration über Unternehmensgrenzen hinweg. Vorrangiges Ziel ist die Senkung von Transaktionskosten, die Minimierung von Schnittstellen und die Reduzierung von Lagerbeständen und geht einher mit einer besseren Kunden- und Lieferantenbindung. Ein Nebeneffekt dieser Integration ist die Veränderung der Sendungsstrukturen. Steigende Anzahl an Sendungen bei verringertem Sendungsumfang müssen für Stinnes durch Skalierbarkeit der eingesetzten Ressourcen und die Prozessgestaltung aufgefangen werden. Zudem erwartet der Kunde auf Grund der schnellen internetgestützten Informationsübermittlung einen ebenfalls beschleunigte Warenlieferung. Um diesen Herausforderungen gerecht zu werden, ist eine forcierte unternehmensübergreifende Prozessoptimierung zwischen Hersteller, Logistiker und Kunden notwendig. Stinnes ist daher heute schon dabei, durch Standardisierung seiner Abläufe, weltweite Vernetzung, Synchronisation mit den Marktpartnern und Beseitigung von Schnittstellen unternehmensübergreifende Prozesse zu optimieren. Prozesskostensenkung und Prozessgeschwindigkeitserhöhung stehen dabei im Mittelpunkt.

3.2 Enablerfunktion des Internet: Entflechtung der Wertketten und Netzwerkbildung

Die Veränderung in den bestehenden Wertketten der Stinnes-Kunden und der Logistikdienstleister selbst werden durch E-Business weiter beschleunigt. Wertkettenaktivitäten, die bisher zum Tätigkeitsumfang eines Unternehmens gehörten, werden ausgegliedert oder durch neue Unternehmen günstiger und professionalisierter am Markt angeboten. E-Business schafft hier Raum für neue Zwischenstufen und Services.[4] Beispiele für eine solche Verselbstständigung bisher interner Wertkettenaktivitäten sind Marktplätze im Internet, die als ausgegründete oder als neu entstehende Unternehmen die Verkaufs- oder Beschaffungsfunktion der alt eingesessenen Marktpartner übernehmen. Diese Entwicklungen konfrontieren die Logistikdienstleister als bisherige Bindeglieder zwischen den Branchenwertschöpfungsstufen mit neuen Herausforderungen. Die Informationslogistik rund um den Warentransport gewinnt an Bedeutung wird aber gleichzeitig durch die neu entstehenden Zwischenstufen stärker von der reinen Transportlogistik getrennt. Die Informationsverarbeitung zur Steuerung der physischen Warenströme kann von den neu entstehenden Zwischenstufen oder den Produzenten selbst übernommen werden und so den Wertschöpfungsanteil der bestehenden

---

[4] Vgl. Heuskel (1999), S. 36 ff.

Logistikunternehmen reduzieren. Die Stinnes AG reagiert auf diese Entwicklung mit zweierlei Strategien:

Zum einen werden Bemühungen unternommen, selbst neuer Anbieter für die entstehenden Zwischenstufen und Services zu werden. Unterstützt durch Verkaufsplattformen im Internet übernimmt die Brenntag Beratungs- und Vermarktungsfunktionen – insbesondere für B- und C-Kunden – von den Herstellern und profitiert so von der Verselbstständigung dieser Aktivität aus den Wertketten ihrer Kunden heraus. Zudem hat sich Brenntag an der Chemieplattform Elemica beteiligt. Diese unterstützt als so genannter E-Hub Transaktionen zwischen den Unternehmen der chemischen Industrie, indem Elemica direkte Verbindungen zwischen den operativen Systemen der beteiligten Firmen ermöglicht. Auch das e-Service-Portal von Interfer ermöglicht neben der Abbildung des Stahlhandels- und Anarbeitungsprozesses die Zusammenarbeit mit komplementären Dienstleistern und übernimmt somit Vertriebsaufgaben für andere Marktteilnehmer. Ein weiterer Schritt zur proaktiven Gestaltung neuer selbstständiger Zwischenstufen aus den bestehenden Wertketten ist die Gründung der ersten Stinnes-Internettochterfirma Importal Online GmbH, die als elektronischer Marktplatz sowohl Vermarktungs- als auch Beschaffungsfunktion aus den bisherigen Wertketten der Hersteller und Händler von Glas, Porzellan, Keramik, Geschenkartikeln und Haushaltswaren herauslöst.

Zum anderen bietet vor allem der Stinnes-Geschäftsbereich Schenker speziell abgestimmte Logistikdienstleistungen für im E-Business tätige Unternehmen an, um so Geschäftsvolumen in den angestammten Tätigkeitsbereichen hinzu zu gewinnen. Beispielhaft für diese Bemühungen ist die Entwicklung eines speziell auf die Bedürfnisse von E-Business abgestimmten Logistik-Dienstleistungspaketes, das neben den notwendigen Informationsschnittstellen den reibungslosen Warentransport umfasst. Zielgruppe dieses Angebots sind etablierte Unternehmen die mit Hilfe von E-Business ihre existierenden Fulfillment-Prozesse optimieren wollen aber auch Internet-Marktplatzbetreiber aller Branchen, die als neu gegründete Start-Up-Unternehmen nicht über die notwendigen Lager- und Transportfähigkeiten verfügen. Schenker entwickelt sich auf Grund der neuen Möglichkeiten der Internetökonomie immer stärker vom klassischen Logistikdienstleister hin zu einem umfassenden Prozess- und Infrastrukturmanager.

Während die bisher beschriebenen Entwicklungen des „Delayering" hauptsächlich die Wertketten der Kunden der Logistikunternehmen betreffen, führen die Entwicklungen der Internetökonomie auch zu einer Veränderung des Leistungsspektrums der Logistikdienstleister selbst. Wie oben schon angesprochen wird diese Veränderung durch die Trennung von Informations- und Transportlogistik ermöglicht. So etablieren sich derzeit innerhalb der Logistikbranche Unternehmen, die sich nicht mehr mit dem physischen Warentransport befassen, sondern nur noch die Informationsverarbeitung und

-steuerung im Zusammenhang mit dem Warentransport übernehmen. Hier wird die Aktivität der Informationsverarbeitung und der Steuerung der Warenströme aus der Wertkette der Logistikdienstleister herausgelöst und verselbstständigt. Stinnes als integrierter Logistikkonzern reagiert durch die Erweiterung der bestehenden Angebote in Bezug auf Informationsverarbeitung und -steuerung auf diese Bedrohung. Für kleinere Logistikunternehmen, die schwerpunktmäßig den physischen Warentransport durchführen, besteht zukünftig die Bedrohung diese wertschöpfenden Aktivitäten der Informationslogistik an die neu entstehenden Anbieter zu verlieren.

Mit der zunehmenden Entflechtung bestehender Wertketten auf Grund der Verselbstständigung einzelner Aktivitäten durch neue Start-Up-Unternehmen, nimmt die Vielzahl an Schnittstellen und die Arbeitsteilung zwischen rechtlich selbständigen Unternehmen zu. Zur gesamthaften Leistungserstellung wird daher der Netzwerkaufbau über mehrere Unternehmen hinweg immer wichtiger. Bei der Gründung der Importal Online GmbH als Internetunternehmen hat Stinnes selbst proaktiv ein derartiges Netzwerk aufgebaut. Marktplatzbetreiber ist die Importal Online GmbH als 100%-Stinnes-Tochter, den Transport übernimmt die Stinnes-Gesellschaft Schenker, weitere strategische Partner sind die auf den Handel spezialisierte Unternehmensberatung BBE und die Deutsche Telekom. Hersteller und Händler, die über den Marktplatz ihre Geschäfte abwickeln, vergrößern das Netzwerk täglich. Aber neben dem proaktiven Netzwerkaufbau ist Stinnes auf vielen Ebenen beim Aufbau derartiger Supply-Netze anderer Unternehmen engagiert. Sollen Waren im Internet vertrieben werden und übernehmen die Handelspartner die Organisation des Warentransports nicht selbst, so benötigen Sie einen Logistikpartner, der die Steuerung und Ausführung der Transportdienstleistungen übernimmt. Dies gilt besonders für alle Ausprägungsformen von Internet-Marktplätzen. Je nach Ausmaß der Logistik-Integration steigt dabei die Intensität der Netzwerkbeziehung zwischen Marktplatzbetreiber und Logistikdienstleister. Verweist lediglich ein Link von dem Marktplatz zu einem Logistikdienstleister ist dessen Rolle in dem Netzwerk weniger bedeutend, und dieser als Partner damit weitaus stärker austauschbar, als wenn der Logistikdienstleister in die operativen Systeme der unterschiedlichen Netzwerkpartner integriert ist oder diese Integration sogar selbst mit übernimmt. Bei Vertragsabschluß über den Marktplatz werden so Buchungen, Preis- und Warentransportinformationen zwischen den Partnern mit Hilfe oder sogar über die Systeme des Logistikers abgewickelt. Um genau diese aktive Rolle in den neuen Netzwerken der New Economy übernehmen zu können, entwickelt Stinnes bereits seit über zwei Jahren Systeme und logistische Dienstleistungen für elektronische Handelsplattformen. So ist man heute strategischer Partner mehrerer Internet-Handelsplattformen wie beispielsweise von dem Internet-Aktionshaus Netbid.de und den Marktplätzen Timberweb und Autopartsasia.com.

4. Veränderungen der Geschäftsmodelle durch die Internetökonomie

4.1 Entstehung neuer Geschäftsmodelle in der Logistik[5]

Das klassische Geschäftsmodell der Logistik beruht auf dem physischen Warentransport der Güter von einem Punkt A zu einem Punkt B und der pünktlichen, kundengerechten Bereitstellung. Der reine Warentransport ist die einfachste Form der Logistikdienstleistung. Für den Transport eines beliebigen Gegenstandes von einem Punkt zu einem anderen wird ein Entgelt von dem Auftraggeber an das Transportunternehmen bezahlt, dass im Wesentlichen die anfallenden Transportkosten deckt und auf Grund der fehlenden sonstigen Zusatzdienstleistungen und des intensiven Wettbewerbs nur einen geringen Gewinnaufschlag zulässt. Klassische Transportunternehmen werden heute auch als „Frachtführer (engl.: Carrier)" bezeichnet. Bereits früh wurde dieses Geschäftsmodell um die Übernahme einfacher organisatorischer Abläufe für den Kunden durch das Transportunternehmen ergänzt. Die Übernahme zusätzlicher Funktionen wie die Lagerung, Verpackung, Kommissionierung, Zollabwicklung etc. der zu transportierenden Güter ermöglichen es für diese Unternehmen, ein Preispremium am Markt für Logistikdienstleistungen durchzusetzen. Solche Logistikunternehmen werden als „Spedition (engl.: Freight Forewarder)" bezeichnet. Mit der Entwicklung immer besserer Datenverarbeitungssysteme entstand für Logistikdienstleister die Möglichkeit weitere administrative und operative Logistikdienstleistungen von den Marktpartnern zu übernehmen. Dazu gehört die Organisation komplexer Abläufe zur reibungslosen Verbindung einzelner Wertschöpfungsstufen und die Steuerung der Warenströme zwischen und teilweise auch in den Unternehmen. Logistikunternehmen, die diese Zusatzfunktionen mit anbieten können sind in hohem Maße in die Prozesse Ihrer Kunden integriert und partizipieren noch stärker an der Wertschöpfung der Marktpartner. Sie werden als „Integrierte Logistikdienstleister (engl.: Third-Party-Logistics-Provider (3PL))" bezeichnet.

Die Internetökonomie ermöglicht nun die Entwicklung eines vollständig neuen, vierten Geschäftsmodells für Logistikunternehmen. Bisher war die Logistikdienstleistung untrennbar mit dem physischen Warentransport verbunden. Durch das Internet und dem damit entstehenden E-Business ist es heute möglich, den physischen Warentransport von der Organisation und Steuerung der Warenströme als Beratungsdienstleistung zu trennen. Heute existieren bereits Logistikunternehmen, die versuchen ausschließlich Dienstleistungen rund um die Informationslogistik anzubieten, die so genannten „Fourth-Party-Logistics-Provider (4PL)". Diese Unternehmen übernehmen die Logistikplanung und -beratung und -steuerung ganzer Unternehmensnetzwerke. Der rei-

---

[5] Vgl. Abb. 2.

bungslose Ablauf der unternehmensübergreifenden Prozessketten und die informatorische Anbindung aller Prozessbeteiligten sowie der Kunden stellen die Logistikdienstleistungen dieser Unternehmen dar. Den physischen Warentransport mit geringer Gewinnspanne wickeln von den 4PL beauftragte Speditionen oder Frachtführer ab. Die Kunden der 4PL profitieren von Kostensenkungspotenzialen auf Grund der Optimierung der eigenen Logistik durch ein externes, spezialisiertes Unternehmen.[6] Durch die Übernahme einer Vielzahl von Funktionen von den Marktpartner erwartet man für 4PL die höchste Profitabilität unter den Logistikdienstleistern. Beispiele für auf Basis des 4PL-Geschäftsmodells entstandene neue Unternehmen ist Vector (Joint Venture des Logistikdienstleisters CNF mit dem Automobilhersteller General Motors). Zudem positionieren sich Tochterfirmen etablierter Logistikdienstleister wie UPS, TNT oder Penske sowie IT-Plattformbetreiber wie Quiva/ Capstan und Optimum Logistics in diesem Marktsegment.

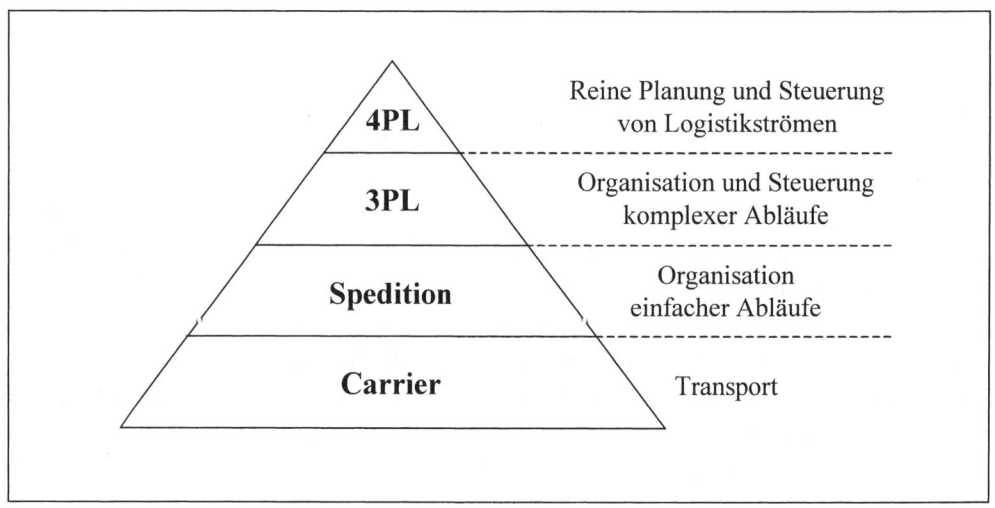

Abb. 2: Geschäftsmodelle in der Logistikbranche

Stinnes reagiert auf die Entstehung des neuen Logistikgeschäftsmodells „4PL" durch die Internetökonomie, indem bei Schenker leistungsfähige, weltweit vernetzte Informationssysteme zur Steuerung der internationalen Servicenetzwerke sowie 4PL-Fähigkeiten aufgebaut werden. Heute stellt sich Stinnes als integrierter Logistikkonzern dar, der mit seinen Tochtergesellschaften sowohl den physischen Warentransport, als auch die reine Steuerung der Informationsströme übernehmen kann. Das Dienstleistungsspektrum des 4PL, als Logistikdienstleister mit Planungs-, Beratungs- und IT-

---

[6] Baumgarten/Walter (2000), S. 55.

Know-how wird auch von Schenker partiell abgedeckt. Die Integration der physischen und logischen Logistikfunktionen innerhalb eines Unternehmens stellt dabei eher ein Vorteil als ein Nachteil dar. Allerdings hat sich auch das Geschäftsmodell von Schenker in den letzten Jahren immer stärker zugunsten der 3PL- und 4PL-Geschäftsmodelle entwickelt. Die reine Transportdienstleistung wird immer stärker von externen Carriern oder Speditionen zugekauft.

4.2 Entwicklung neuer Geschäftsmodelle durch die Stinnes AG

Neben der Integration von Beratungs- und Supply Chain-Dienstleistungen in das bestehende Geschäftsmodell von Schenker, hat Stinnes mit der Gründung der Importal Online GmbH als Internetunternehmen ein neues Geschäftsmodell geschaffen. Die Importal Online GmbH ist elektronischer Marktplatzbetreiber für Glas, Porzellan und Geschenkartikel. Dabei soll der geschaffene Internetmarktplatz nicht in erster Linie die Großhandelsstufe substituieren, sondern durch zusätzliche Internet-Dienstleistungen ergänzen. Anbieter auf dem Marktplatz können dementsprechend Produzenten, Importeure oder Großhändler selbst sein. Abnehmer sind Einzelhandelsfilialen, die auf dem Marktplatz im Internet ein weitgehend vollständiges Angebot an Glas-, Porzellan- und Geschenkartikeln unterschiedlicher Hersteller finden. Dadurch soll vor allem der Auswahl- und Informationsprozess der vielen Einzelhändler auf dem stark fragmentierten Markt erleichtert werden. Das besondere an diesem Internet-Marktplatz ist die integrierte Logistikdienstleistung, die vollständig von Schenker als Prozess- und Infrastrukturmanager übernommen wird. Zu dem angebotenen E-Fulfillment gehört die Tarifermittlung, Gestaltung der Fahrpläne, Track & Tracing, gegebenenfalls Zollabwicklung und Dokumentation. Die Transportkosten sind bei Standardleistungen bereits in den Marktpreisen mit enthalten und können durch die Bündelung der Warenströme möglichst günstig gestaltet werden. Darüber hinaus können individuelle Problemlösungen für den Transport einzelner Aufträge gefunden und definiert werden. Der Marktplatz der Importal GmbH übernimmt damit die Zusatzfunktion des Infomediärs für Logistikdienstleistungen und verbindet diese mit Informations- und Finanzdienstleistungen (Zahlungsabwicklung, Warenkreditversicherung etc.). Einnahmen erzielt Importal über Gebühren für die Nutzung des Marktplatzes und der damit verbundenen Value added-Services, sowie über Gebühren für Bannerwerbung auf dem Marktplatz selbst. Diese Einnahmen sollen es der Importal GmbH als eigenständige Gesellschaft ermöglichen, profitabel zu arbeiten. Neben den möglichen Gewinnen aus der Geschäftstätigkeit der Importal selbst, erhofft sich Stinnes aber weitere Vorteile: Über Importal wird für die Stinnes-Logistikgesellschaft Schenker Transportvolumen akquiriert. Zudem kann sich Schenker als netzwerkfähiger Partner für Internet-Unternehmen beweisen. Darüber hinaus hat der Marktplatz der Importal GmbH für Stinnes selbst eine Prototyp-Funktion: Bei gutem Gelingen kann das Geschäftsmodell weiterentwickelt, ausgebaut und auf andere Branchen übertragen werden. Diese neuen Unternehmen der Internetökonomie können integrierte Logistikdienstleistungen mit anbieten und so auch zukünftig eine hohe Auslastung des bestehenden Logistikgeschäfts sichern.

5. Ergebnisse und Fazit

Die Internetökonomie hat vielfältigen Einfluss auf Wertketten und Geschäftsmodelle der Stinnes AG. In allen Geschäftsbereichen verändern Aktivitäten zur Implementierung von E-Business bestehende Strukturen und Abläufe. Umfassende Prozessveränderungen werden notwendig, um den neuen Herausforderungen der Internetökonomie gewachsen zu sein. Betroffen werden davon die Geschäftsprozesse aller Unternehmensbereiche, die maßgeblich zum E-Fulfillment von Kundenaufträgen beitragen. Dazu gehören Buchungs-, Abwicklungs- und Fakturierungsprozesse. Über die Geschäftsprozesse hinaus werden ganze Wertkettenstrukturen der Abnehmerbranchen, aber auch der Logistikdienstleister selbst stark durch die Internetökonomie verändert. Durch Outsourcing in den Wertketten der Abnehmerbranchen erweitert sich tendenziell das Funktionsspektrum der Logistikdienstleister, durch die Aufspaltung der Wertkette der Logistikdienstleister treten neue Intermediäre wie Fourth-Party-Logistikdienstleister auf. Vor diesem Hintergrund werden sich zukünftig neue, stark spezialisierte Geschäftsmodelle entwickeln, die teilweise die bestehenden Logistikgeschäftsmodelle beeinflussen, ergänzen oder aber auch substituieren werden. Die Stinnes AG hat auf diese Entwicklungen durch eine Vielzahl von Maßnahmen reagiert. So werden heute in immer stärkeren Maße Funktionen der Kunden durch die Stinnes-Tochtergesellschaften mit übernommen. Unternehmensstrukturen und -prozesse den Gegebenheiten der Internetökonomie angepasst und neue Geschäftsmodelle zur Unterstützung neuer Strategieoptionen entwickelt. Die Netzwerkfähigkeit des Unternehmens gewinnt dabei immer stärker als Erfolgsfaktor an Bedeutung. Ein Vorteil der Logistikdienstleister im Vergleich zu Unternehmen anderer Branchen ist hierbei sicher, dass diese schon immer als Bindeglied zwischen Wertschöpfungsketten und selbständigen Unternehmen eine im Vergleich hohe Netzwerkfähigkeit aufweisen mussten.

Literatur

BAUMGARTEN, Helmut/ WALTER, Stefan (2000): Trends und Strategien in der Logistik 2000+. Berlin.

HEUSKEL, Dieter (1999): Wettbewerb jenseits von Industriegrenzen. Aufbruch zu neuen Wachstumsstrategien. Frankfurt.

STINNES AG (2001): Geschäftsbericht 2000. Essen.

D. Internet und Organisation: Konsequente Nutzung des Handlungspotenzials

Carsten Lang[*] */ Hannes Utikal*[**]

I. ORGANISATORISCHE IMPULSE DURCH INTERNET-TECHNOLOGIE UND TECHNOLOGIEINDUZIERTE STRATEGIEN

1. Einleitung

2. Auswirkungen der Internet-Technologie auf die Organisationsgestaltung

    2.1   Direkte organisatorische Effekte: Technologieinduzierte Gestaltungsoptionen

            2.1.1   Information: Fakten und Problemlösungsmethoden

            2.1.2   Kommunikation: Leistungsfähige Medien

    2.2   Indirekte organisatorische Effekte: Strategieinduzierte Gestaltungsbedingungen

            2.2.1   Unternehmungsstrategie: Horizontale und vertikale Wertschöpfungseffekte

                    2.2.1.1   Auswahl der Geschäftsfelder

                    2.2.1.2   Fertigungstiefe

            2.2.2   Wettbewerbsstrategie: Aufbau und Sicherung von Wettbewerbsvorteilen

            2.2.3   Tätigkeitsspektrum und Erfolg im E-Commerce

3. Unternehmungsübergreifende Schnittstellen und Wettbewerbsstrategie

    3.1   Standardprodukte: Transaktionskosten im Fokus

    3.2   Kundenindividuelle Produkte: Der Kunde im Fokus

---

[*] Carsten Lang, wissenschaftlicher Mitarbeiter am Organisationsseminar der Universität zu Köln
[**] Dr. Hannes Utikal, Consultant, Simon-Kucher & Partners, Strategy & Marketing Consultants, früher Organisationsseminar der Universität zu Köln

Zusammenfassende Thesen

Interaktivität und Spontaneität

Die Internet-Technologie ermöglicht im Gegensatz zur früheren, häufig proprietären oder heterogenen Informations- und Kommunikationstechnologien heute räumlich unbegrenzte Kommunikationsbeziehungen, die durch ein hohes Maß an Interaktivität und Spontaneität gekennzeichnet sind. Die zunehmende Kapazität der weltweiten Kommunikationsnetze ermöglicht verstärkt den elektronischen Echtzeit-Transport von multimedialen Informationen (insbesondere Audio, Video), die z.B. in der Kommunikation mit dem Kunden zum Einsatz kommen.

Medien-Reichhaltigkeit

Die Leistungsfähigkeit von Kommunikationsmedien wird wesentlich durch deren Reichhaltigkeit bestimmt (z.B. Möglichkeit unmittelbarer Feedbacks, Übertragbarkeit verschiedenartiger Informationen). Die auf der Internet-Technologie basierenden Kommunikationsmedien (z.B. Videokonferenzen, E-Mail, Diskussionsforen, WWW) verfügen über ein sehr unterschiedliches Ausmaß an Reichhaltigkeit. Vor allem Videokonferenzen weisen eine sehr hohe Reichhaltigkeit auf. Eine vergleichsweise geringe Reichhaltigkeit haben allerdings die besonders intensiv genutzten Medien, nämlich WWW und E-Mail.

Grenzen Internet-basierter Kommunikation

Insbesondere in Entscheidungssituationen, in denen ein ausgeprägtes Maß an Unsicherheit besteht, vorliegende Informationen in hohem Maße mehrdeutig sind und implizites Wissen einen großen Stellenwert hat, ist die Reichhaltigkeit Internet-basierter Kommunikation zu gering, um wesentliche Handlungspotenziale für die aufbauorganisatorische Gestaltung eröffnen zu können.

Direkte und indirekte Effekte

Die Internet-Technologie bzw. die zunehmende Nutzung des Internet haben auf zwei verschiedene Arten Auswirkungen auf die organisatorische Gestaltung. Direkte Effekte ergeben sich hinsichtlich der Basiseinheiten der organisatorischen Gestaltung: Information und Kommunikation. Diese direkten Effekte resultieren einerseits aus dem verbesserten Zugriff auf unternehmungsinterne und -externe Datenbanken, andererseits aus der Bereitstellung neuartiger Kommunikationsmedien. Indirekte Effekte hinsichtlich der organisatorischen Gestaltung ergeben sich mittelbar über die Veränderung der Wettbewerbsdeterminanten von Branchen. Solche Veränderungen ziehen

Neuorientierungen der Unternehmungs- und Wettbewerbsstrategien und in der Konsequenz organisatorische Anpassungen nach sich.

Schnittstelle zum Kunden

Neue Gestaltungsoptionen ergeben sich vor allem an der Schnittstelle zwischen Unternehmung und Kunde. Durch die Koppelung von Internet-Technologie und Datenbanksystemen wird erstmalig eine Personalisierung von Informationen in automatisierten Abläufen der Kundenkommunikation möglich (z.B. One-to-One Marketing, individuelle Produktangebote). Der Nutzen der Internet-Technologie hängt allerdings vom Standardisierungsgrad der angebotenen Produkte und der Strukturiertheit der Kommunikationssituation ab.

Flexibilität

Die Internet-Technologie vermeidet auf Grund ihres hohen Standardisierungsgrads eine Schwäche früherer Informations- und Kommunikations-Technologien, die insbesondere im Rahmen der zunehmenden Häufigkeit organisatorischer Wandlungsprozesse von Bedeutung ist. Aus der mangelnden technischen Flexibilität früherer Informations- und Kommunikationstechnologien haben sich häufig negative Auswirkungen auf die organisatorische Flexibilität ergeben (insbesondere Kosten und Dauer von Reorganisationsprozessen). Durch die standardisierten Kommunikationsprotokolle der Internet-Technologie werden diese Schwächen tendenziell reduziert.

1. Einleitung

In der Vergangenheit sind informations- und kommunikationstechnologische Entwicklungen wiederholt zum Gegenstand von Analysen technologieinduzierter Gestaltungskonsequenzen geworden.[1] Mit der zunehmenden Verbreitung des Internet hat die Zahl der Veröffentlichungen zu Wechselwirkungen zwischen Informations- und Kommunikationstechnologie (IuKT) und organisatorischer Gestaltung erheblich zugenommen. In diesem Zusammenhang wird häufig von „E-Business" oder „E-Commerce" gesprochen. Vor allem die Beratungsbranche hat sich dieser Thematik intensiv gewidmet.[2] In den diversen Veröffentlichungen werden nicht selten fundamentale Auswirkungen des Internet bzw. der Internet-Technologie auf die unternehmungsinterne und -übergreifende Kommunikation sowie die organisatorische Gestaltung von Unternehmungen postuliert.[3] Dabei werden sowohl die Konsequenzen für die inter- als auch für die intraorganisationale Gestaltung thematisiert.

Trotz dieses angeblich fundamentalen Charakters weisen nur wenige Veröffentlichungen eine detaillierte Analyse auf. Insbesondere hinsichtlich der Ursache-Wirkungsannahmen müssen viele Veröffentlichungen als sehr rudimentär bezeichnet werden. Vor diesem Hintergrund wird im Folgenden versucht, durch die Beschreibung von Wirkungszusammenhängen deutlich zu machen, an welchen Stellen die Internet-Technik Auswirkungen auf die organisatorische Gestaltung von Unternehmungen ausüben kann. Dabei liegen die Schwerpunkte auf der intraorganisationalen Gestaltung und der Gestaltung der Schnittstelle zum Absatzmarkt.

2. Auswirkungen der Internet-Technologie auf die Organisationsgestaltung

Ausgangspunkt der folgenden Überlegungen ist die Einschätzung, dass Veränderungen bei der verfügbaren IuKT zu Änderungen in der organisatorischen Gestaltung führen können. Dabei wird jedoch kein deterministischer Zusammenhang zwischen neuer IuKT einerseits und Organisationsgestaltung andererseits unterstellt.[4] Vielmehr basiert die folgende Analyse auf der Überzeugung, dass für die Organisationsgestaltung aus

---

[1] Vgl. z.B. Burgfeld (1998), Frese (2000), S. 128 ff. und Kubicek (1979).
[2] Vgl. z.B. Aldrich/Sonnenschein (2000), Cunningham (2001), Deise et al. (2000), Rosenoer/Amstrong/Gates (1999).
[3] Vgl. z.B. Cusumano/Yoffie (1998), S. 2 und Deise et al. (2000), S. xvi.
[4] Inwieweit auf einer soziologischen Ebene gesellschaftliche Konsequenzen durch den Einsatz der Internet-Technik verursacht werden (z.B. Demokratisierungsthese) soll hier nicht untersucht werden.

den neuen Entwicklungen in der IuKT erweiterte Gestaltungsspielräume resultieren, deren zielkonforme Ausfüllung Aufgabe des Organisators ist.[5]

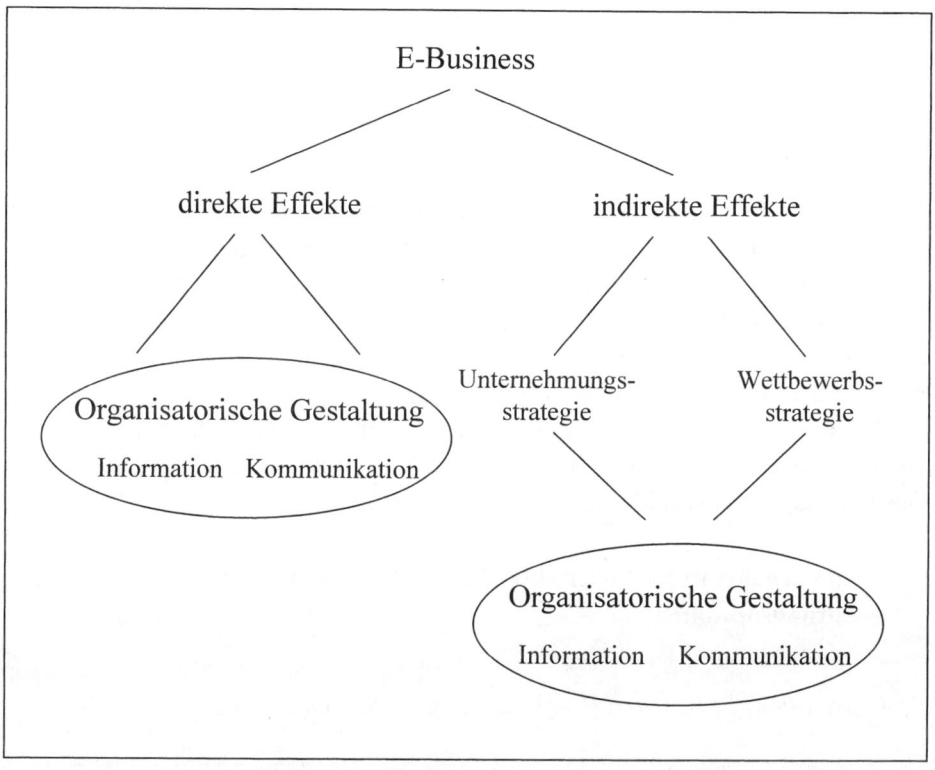

Abb. 1: Zusammenhang zwischen E-Business und organisatorischer Gestaltung

Um eine differenzierte Analyse der Konsequenzen der Internet-Technologie für die organisatorische Gestaltung vornehmen zu können, ist die Isolierung verschiedener Effekte sinnvoll. Sproull und Kiesler unterscheiden bei ihrer Analyse der Auswirkungen von E-Mail-Systemen primäre und sekundäre Effekte.[6] Primäre Effekte sind unmittelbar sichtbare Effizienzsteigerungen. Bei sekundären Effekten handelt es sich um Verhaltensveränderungen, die ex ante wesentlich schwerer abzuschätzen sind. Wenngleich in dieser Arbeit auf eine Analyse von individual- und sozialpsychologischen Effekten weitgehend verzichtet wird,[7] soll auch hier – allerdings mit abweichender Akzentuierung – zwischen direkt und indirekt wirkenden bzw. erkennbaren Effekten differenziert werden (vgl. Abb. 1):

---

[5] Vgl. Frese (2000), S. 128 ff.
[6] Vgl. Sproull/Kiesler (1991), S. 19 ff.
[7] Vgl. hierzu Sarbough-Thompson/Feldman (1998) und Sproull/Kiesler (1991).

- *Direkte Effekte* wirken sich unmittelbar auf die Basiseinheiten der organisatorischen Gestaltung – Information und Kommunikation – aus. Begreift man Organisationsstrukturen als Infrastrukturen zur arbeitsteiligen Lösung von Entscheidungsaufgaben, so schaffen neuere Entwicklungen der IuKT – die leistungsstärkere Bereitstellung von Informationen und Problemlösungshilfen – neue Optionen der Organisationsgestaltung. Durch den Einsatz der IuKT ergeben sich – zumindest potenziell – neue Möglichkeiten der Aufgabenabgrenzung sowie der informationellen Verknüpfung von Organisationseinheiten in der Aufbau- und Ablauforganisation.

- *Indirekte Effekte* setzen an den Rahmenbedingungen der organisatorischen Gestaltung an. Im Folgenden wird von der Annahme ausgegangen, dass der organisatorischen Gestaltung vorrangig die Aufgabe zukommt, die Umsetzung strategischer Zielsetzungen sicherzustellen. Die strategischen Entscheidungen stellen also Rahmenbedingungen der organisatorischen Gestaltung dar. Wenn informations- und kommunikationstechnologische Entwicklungen für die Ausgestaltung der Unternehmungs- und Wettbewerbsstrategie neue Handlungsmöglichkeiten oder -zwänge ergeben, kann dies in der Folge zu einer Neuformulierung des organisatorischen Gestaltungsproblems führen.

2.1 Direkte organisatorische Effekte: Technologieinduzierte Gestaltungsoptionen

2.1.1 Information: Fakten und Problemlösungsmethoden

Informationen erfüllen im Kontext wirtschaftlichen Handelns zwei verschiedene Rollen.[8] Zum einen stellen sie in jedem arbeitsteiligen System eine notwendige Bedingung für die zielorientierte Ausrichtung der Einzelaktivitäten dar – ohne Informationen kann den Anforderungen der Koordination, der Motivation, des Lernens und der Änderung nicht entsprochen werden. Informationen können zum anderen ein eigenständiges, handelbares Produkt oder ein Teilprodukt darstellen. Aus der Digitalisierung solcher Produkte resultieren digitale Produkte, die gegenüber nichtdigitalisierten Produkten besondere Eigenschaften besitzen.[9] Im Folgenden wird vorrangig die erstgenannte Funktion berücksichtigt.

Die Auswirkungen der Internet-Technologie betreffen zunächst nur die Aktivitäten der Erhebung, Aufbereitung, Auswahl und Verarbeitung von Informationen. Als Input von Entscheidungen sind Informationen von zentraler Bedeutung für die organisatorische

---

[8] Vgl. Rayport/Sviokla (1995), S. 75 f. und Weiber/Kollmann (1999), S. 49 ff.
[9] Vgl. hierzu u.a. Arthur (1996), Shapiro/Varian (1999) und Whinston/Stahl/Choi (1997), S. 59 ff. Auf eine Analyse der Besonderheiten digitaler Produkte wird hier verzichtet.

Gestaltung. Änderungen hinsichtlich informationsbeschaffender und -verarbeitender Aktivitäten haben in der Folge Auswirkungen auf die realisationsbezogenen, „physischen" Wertschöpfungsaktivitäten, indem sie z.B. zum Abbau von Lagern, einer beschleunigten Auftragsbearbeitung oder neuen Produktionsmethoden führen.[10] Es kann davon ausgegangen werden, dass das Ausmaß organisatorischer Konsequenzen umso größer ist, je informationsintensiver die Wertschöpfungsaktivitäten sind.[11] Informationsbezogene Aktivitäten sind bereits in der Vergangenheit – vor allem durch die Implementierung von betriebswirtschaftlicher Standard-Anwendungssoftware (insbesondere ERP-Systeme) – elektronisch mediatisiert worden. Gegenwärtig werden diese Systeme durch die Internet-Technologie ergänzt.[12]

Informationen werden im Folgenden als Stromgröße verstanden, d.h. als Kommunikationsinhalte, die geeignet sind, den Wissensstand des jeweiligen Empfängers zu verändern. Entscheidungen in Unternehmungen werden auf der Basis des Wissensstands der Entscheidungsträger sowie der erreichbaren Informationen getroffen. Qualität und Quantität dieser Informationen bestimmen, auf welche Weise Aufgaben durch eine organisatorische Einheit bearbeitet werden können. Eine Verbesserung von Qualität oder Quantität der verfügbaren Informationen hat somit direkte Konsequenzen für die Einräumung und Abgrenzung von Entscheidungskompetenzen und damit für das gesamte aufbauorganisatorische Gefüge einer Unternehmung.

Die Frage nach den aufbauorganisatorischen Konsequenzen der Internet-Technologie erfordert deshalb zu ihrer Beantwortung eine Analyse ihrer Auswirkungen auf die Qualität und Quantität der verfügbaren Informationen. Dabei ist eine Aufspaltung von Informationen in Fakten und Problemlösungsmethoden zweckmäßig.[13] Erstere sind originäre, elementare Informationseinheiten, letztere stellen Methoden dar, mittels derer aus bekannten Fakten weitere entscheidungsrelevante Informationen gewonnen werden können (z.B. Algorithmen, Modelle).

Fakten

Neuerungen durch E-Business betreffen primär die Kommunikationstechnologie und nur mittelbar die Qualität oder Quantität verfügbarer Informationen.[14] Auf technologischer Ebene werden vor allem der Zugang zu vorhandenen Informationen und die Prä-

---

[10] Vgl. ähnlich Deise et al. (2000), S. 58.
[11] Vgl. Rayport/Sviokla (1995) und Porter/Millar (1985).
[12] Vgl. Deise et al. (2000), S. 63 ff. und Norris et al. (2000). Durch den Rückgriff auf Informationen aus ERP-Systemen (z.B. Kunden-, Fertigungs-, Produktinformationen) können E-Business-Anwendungen vergleichsweise schnell implementiert werden.
[13] Vgl. ähnlich Frese (2000), S. 141 f. und Frese/v. Werder (1989), S. 9 f.
[14] Vgl. Shapiro/Varian (1999), S. 8.

sentation von Informationen verbessert. Der Zugang zu vorhandenen Informationen wird durch die Vereinfachung der Benutzerschnittstelle erleichtert. Die Nutzung der Internet-Technologie reduziert das erforderliche IuKT-Wissen der Anwender auf ein Minimum. Durch Medienintegration in Form von multimedialen Darstellungen (z.B. Text in Verbindung mit Video- und Audio-Sequenzen bei der Produktpräsentation) werden Informationssuchkosten reduziert und dem Anwender umfassende Beschreibungen der gesuchten Objekte angeboten.

Die bereits angesprochenen mittelbaren Auswirkungen des E-Business auf Qualität und Quantität der verfügbaren Informationen äußern sich insbesondere darin, dass der Zugang zu bestimmten, in der Unternehmung bisher nicht bekannten Informationen (z.B. verschiedene Aspekte des Käuferverhaltens) vereinfacht bzw. erstmalig möglich wird (insbesondere durch so genannte Cookies oder Web Access Logs[15]). Mittels leistungsfähiger Analysemethoden (siehe unten) kann ein zusätzlicher Nutzen aus solchen Informationen erzielt werden. Die auf diese Art gewonnenen Informationen können insbesondere für eine kundenorientierte Individualisierung von Produkten (Customizing), die Generierung von Bedarfsprognosen sowie die Formulierung von Wettbewerbsstrategien verwendet werden.[16]

Problemlösungsmethoden

Wie bereits beschrieben ermöglicht die Internet-Technologie einer Unternehmung den Zugang zu bisher unbekannten Informationen. Eine Analyse dieser zum Teil umfangreichen Informationsmengen erfordert leistungsfähige Problemlösungsmethoden. Mittels Data Mining/Data Warehouses wird eine differenziertere Auswertung verfügbarer Informationen angestrebt.[17] Durch komplexe Algorithmen sollen z.B. neue Erkenntnisse über das Kundenverhalten gewonnen werden. Diese eignen sich ihrerseits für individuelle Marketing-Maßnahmen. Konsequenzen von Maßnahmen der Preisgestaltung und von Werbekampagnen können im Internet wesentlich umfassender verfolgt werden. An der Schnittstelle zum Kunden ist erstmalig (Internet-Technologie plus Data Warehouses/Data Mining/Web Tracking Systeme) eine Personalisierung von Informationen möglich (z.B. individualisierte Produktangebote, One-to-One-Marketing).[18]

---

[15] Durch die Analyse des „clickstream" können Informationen über die Interessen der Kunden gewonnen werden; vgl. Shapiro/Varian (1999), S. 36 f. Auf Grund der begrenzten Leistungsmerkmale des HTTP-Protokolls ist allerdings eine Erhebung der für die Marktforschung wichtigen Verweildauern nicht möglich. In begrenztem Rahmen kann dieses Defizit durch eine Verwendung von Java-Applets reduziert werden.
[16] Vgl. Whinston/Stahl/Choi (1997), S. 21.
[17] Zu den Anwendungsgebieten des Data Minings im Internet vgl. Zerdick et al. (1999), S. 169 f.
[18] Vgl. Deise et al. (2000), S. 78 f. Zum Nutzen von Datenbanken im Marketing vgl. Link (1999).

Schwierigkeiten der Informationsnutzung bestehen nicht nur im Informationszugang, sondern auch im Problem des „information overload".[19] Damit gewinnen Methoden der Aufspürung, Auswahl und Kommunikation von „nützlichen" Informationen an Bedeutung. Zu diesem Zweck werden im Internet verschiedene Suchmaschinen eingesetzt.[20] Die Qualität der entsprechenden Suchergebnisse ist allerdings trotz einer stark steigenden Quantität nicht selten unbefriedigend. Eine die Probleme des „information overload" und der Qualität reduzierende elektronische, also automatisierte Interpretation von Informationen erfordert den Rückgriff auf formale Semantik.[21] Dabei ergeben sich allerdings insbesondere dann Grenzen der IuKT und formaler Beschreibungssprachen, wenn Sachverhalte durch hohe Unsicherheit gekennzeichnet sind oder den kognitiven Fähigkeiten des Menschen ein hoher Stellenwert bei deren Interpretation zukommt.

2.1.2 Kommunikation: Medienreichhaltigkeit, Unsicherheit und Mehrdeutigkeit

Unter Kommunikation wird der Austausch von Informationen zwischen Personen bzw. organisatorischen Einheiten verstanden. Stellt eine Person ein Defizit zwischen dem für die Bearbeitung einer Aufgabe vorhandenen und erforderlichen Wissens fest, besteht also Unsicherheit, so kann dieses Defizit durch Kommunikation möglicherweise beseitigt werden. Eine Kommunikationssituation kann beschrieben werden durch Sender, Empfänger, Kommunikationsinhalt (zu übermittelnde Information), Kommunikationsmedium, Kommunikationsweg (die die Information weiterleitenden organisatorischen Einheiten oder Personen) sowie durch das die Kommunikation auslösende Ereignis (vgl. Abb. 2).[22] Die kommunikationsbezogenen organisatorischen Auswirkungen der Internet-Technologie können durch eine Analyse ihrer Einflüsse auf die Kommunikationssituation festgestellt werden. Direkte Auswirkungen aus der Internet-Technologie ergeben sich nur hinsichtlich des Kommunikationsmediums. Indirekte Konsequenzen können jedoch auch die anderen Elemente der Kommunikationssituation betreffen.[23]

---

[19] Vgl. Shapiro/Varian (1999), S. 6.

[20] Für E-Mail-Systeme werden gegenwärtig Funktionen entwickelt, die das Aufspüren von wichtigen und dringlichen Informationen u.a. mittels Kontextinformationen (z.B. Terminkalender eines Mitarbeiters) automatisieren sollen.

[21] Die formale Semantik einer Zeichenfolge ist umso präziser, je mehr denkbare Interpretationen ausgeschlossen werden; vgl. Frank/Schauer (2001), S. 169 ff. Zur Anreicherung von Informationen mit formaler Semantik kann insbesondere auf Metainformationen (Schlagworte, Strukturierung (z.B. XML)) zurückgegriffen werden. Hierbei besteht allerdings noch ein erheblicher Bedarf an unternehmungsübergreifender Standardisierung.

[22] Vgl. Frese (2000), S. 108.

[23] Zur Veränderung der Kommunikationsinhalte und des Verhaltens von Sender und Empfänger bei elektronisch mediatisierter Kommunikation vgl. z.B. Sproull/Kiesler (1991).

Die folgenden Überlegungen beschränken sich auf direkte Veränderungen und gehen von vier Merkmalen eines Kommunikationsmediums aus:

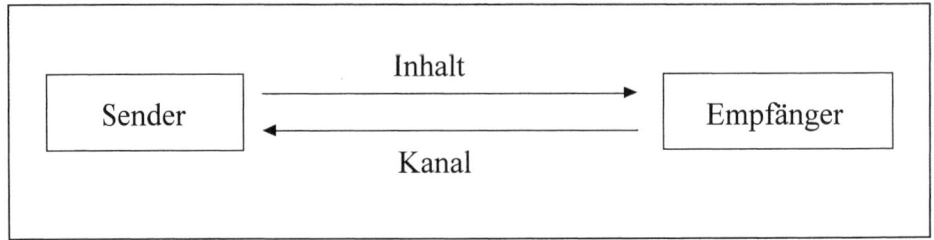

Abb. 2: Merkmale der Kommunikationssituation

1. Kapazität (Informationsmenge pro Zeiteinheit),
2. Art der transportierbaren Informationen,
3. Zugang zum Kommunikationsmedium/Reichweite des Kommunikationsmediums,
4. Installations- und Betriebskosten.

zu 1.:

Neuere Kommunikationstechnologien wie DSL, ATM sowie Glasfaser- und Satellitennetze erlauben den Transport großer Informationsmengen in kurzer Zeit. Echtzeit-Kommunikation von Audio- und Videosequenzen über das Internet ist mit Einschränkungen bereits gegenwärtig möglich.[24] Hohe Bandbreiten eröffnen sowohl neue Geschäftsfelder (z.B. Video on Demand) als auch neue organisatorische Abläufe (z.B. Video-Konferenzen zur Abstimmung von international verteilten Entwicklerteams).

zu 2.:

Kommunikationsmedien können hinsichtlich ihrer Reichhaltigkeit unterschieden werden. Diese ist umso größer, je besser das Medium geeignet ist, eine identische Interpretation der Kommunikationsinhalte durch Sender und Empfänger zu unterstützen. Die Reichhaltigkeit wird durch folgende Faktoren beeinflusst:[25]

---

[24] Zu geringe Kapazitäten in Teilnetzen oder an der Schnittstelle zum privaten Nutzer haben allerdings mitunter lange Warte-/Ladezeiten zur Folge; vgl. Whinston/Stahl/Choi (1997), S. 109 ff.
[25] Vgl. Daft/Lengel/Trevino (1987), S. 358 f. Eine eher technische Interpretation des Begriffs der Reichhaltigkeit findet sich bei Evans/Wurster (1997), S. 73 f.

- Möglichkeit unmittelbaren Feedbacks,
- Übertragbarkeit verschiedener Informationsarten (z.B. Mimik, Gestik, Tonfall, Worte, Zahlen),
- Sprachenvielfalt,
- persönlicher Bezug (Übertragbarkeit von Gefühlen und Emotionen).

„Face to face"-Kommunikation stellt das reichhaltigste, ein unadressiertes Dokument das am wenigsten reichhaltige Kommunikationsmedium dar. Die auf der Internet-Technologie basierenden Kommunikationsmedien weisen unterschiedliche Ausprägungen hinsichtlich der Reichhaltigkeit auf. Im Rahmen von Videokonferenzen sind unmittelbare Feedbacks möglich, verschiedene Informationsarten können transportiert werden, es können sowohl formale als auch natürliche Sprachen verwendet werden und in Grenzen ist eine Übertragung von Gefühlen und Emotionen möglich. Es darf jedoch nicht übersehen werden, dass viele Informationen im Internet den Charakter von unadressierten Dokumenten haben. Die tatsächliche Reichhaltigkeit des Internet entspricht daher häufig nicht der theoretisch erreichbaren. Auf dem Internet setzt eine Vielzahl von Kommunikationsmedien auf (z.B. WWW, E-Mail, FTP). Der Großteil dieser Kommunikationsmedien weist erhebliche Einschränkungen z.B. hinsichtlich der Möglichkeit unmittelbaren Feedbacks auf.

Entscheidungsträger in Unternehmungen sehen sich mit zwei verschiedenartigen Problemen konfrontiert.[26] Zum einen müssen sie Entscheidungen unter Unsicherheit (Mangel an Informationen) treffen.[27] Zum anderen gilt es, mehrdeutige, sich widersprechende Wahrnehmungen der Realität in von mehreren Personen geteilte bzw. akzeptierte Interpretationen zu transformieren.[28] Ein Lösungsansatz für das erste Problem ist die Beschaffung zusätzlicher Informationen. Dieses Problem verliert angesichts der verbesserten Möglichkeiten des Zugangs zu und des Transports von Informationen mittels Internet-Technologie tendenziell an Bedeutung. Bedeutende Grenzen hinsichtlich einer Nutzung der Internet-Technologie als Kommunikationsmedium ergeben sich jedoch aus den Eigenschaften der Kommunikationsinhalte, vor allem aus den Besonderheiten impliziten Wissens und der Strukturiertheit der Kommunikationssituation.[29] Da implizites Wissen schwer aktiv zu kommunizieren und zu kodifizieren ist, ist die Nutzung der Internet-Technologie in hohem Maße auf die Übermittlung von expliziten Informationen beschränkt. Dient die Kommunikation der Bearbeitung schlecht strukturierter Aufgaben, ist außerdem eine präzise Definition der Kommunikationsinhalte

---

[26] Vgl. Daft/Lengel (1984), S. 205 ff. und Daft/Lengel/Trevino (1987), S. 357 f.
[27] Vgl. Galbraith (1973), S. 4 ff. und Galbraith (1977), S. 36 ff.
[28] Vgl. Weick (1979), S. 5 f. und S. 185 ff.
[29] Vgl. Polanyi (1985), Szulanski (1996) und v. Hippel (1998).

schwierig. Neuartige und komplexe Aufgaben erfordern deshalb häufig eine interaktive „face to face"-Kommunikation zwischen den Beteiligten.

Das Problem der Mehrdeutigkeit[30] ruft noch weitergehende Grenzen hinsichtlich der Nutzung des Internet hervor. Mehrdeutigkeit liegt dann vor, wenn verschiedene Personen den gleichen Sachverhalt (z.B. eine Problembeschreibung) unterschiedlich interpretieren. Eine Reduktion von Mehrdeutigkeit erfolgt nicht durch die Beschaffung zusätzlicher Informationen, sondern durch den Austausch bzw. die Kommunikation subjektiver Wahrnehmungen. Daft, Lengel und Trevino haben in einer empirischen Untersuchung gezeigt, dass sich Entscheidungsträger in stark mehrdeutigen Kommunikationssituationen auf das leistungsfähigste Kommunikationsmedium, die „face to face"-Kommunikation, beschränken.[31]

zu 3.:

Der Zugang zum Internet ist weder zeitlich noch räumlich noch durch die Qualifikation der Nutzer eingeschränkt. Das Internet ist rund um die Uhr in allen bedeutenden Wirtschaftsräumen verfügbar. Die zunehmende Verbreitung von Notebooks und Mobilkommunikation führt zu einer weitgehenden Auflösung räumlicher Bindungen von Mitarbeitern und Unternehmungen. Die Vereinfachung der Benutzerschnittstelle hat die Anforderungen an die IuKT-Kenntnisse der Nutzer auf ein Minimum reduziert. Lange Zeit waren Informationssysteme innerhalb und zwischen Unternehmungen sehr heterogen. Hieraus ergaben sich erhebliche Einschränkungen für die Kopplung unternehmungsinterner und -übergreifender Kommunikationsnetze. Durch die offenen Standards der Internet-Technologie werden diese Restriktionen zunehmend abgebaut. Neben Verbesserungen hinsichtlich des Zugangs zum Kommunikationsmedium steigt auch die Erreichbarkeit („reach") potenzieller Kommunikationspartner (z.B. Kunden, Lieferanten).[32]

zu 4.:

Gegenüber proprietären Netzen nehmen bei Intranet und Extranet die Kosten des Infrastrukturaufbaus (so genannte set-up-Kosten) ab, da auf die Infrastruktur des Internet zurückgegriffen werden kann. Insbesondere sind die set-up-Kosten des Electronic Data Interchange (EDI) durch den Übergang zu Web-basierten EDI-Lösungen (WebEDI) erheblich gesunken.

---

[30] Vgl. hierzu Weick (1979), S. 179 ff.
[31] Vgl. Daft/Lengel/Trevino (1987). Siehe hierzu auch den Literaturüberblick bei Daft/Lengel (1984), S. 201 ff.
[32] Vgl. Evans/Wurster (1997), S. 73 f. und Zott/Levy (2000), S. 3 f.

Die Internet-Technik übt über die Vergrößerung der Menge an verfügbaren Informationen und durch das Angebot eines leistungsfähigen (reichhaltigen) Kommunikationsmediums Einflüsse auf die Menge aufbauorganisatorischer Handlungsalternativen aus.[33] Diese Einflüsse dürfen jedoch nicht überbewertet werden. Das Erscheinungsbild realer Organisationsstrukturen wird vor allem durch die erforderlichen Abstimmungskosten bestimmt. Weitreichende Änderungen wären insbesondere dann möglich, wenn die Internet-Technologie wesentlichen Einfluss auf die relativen Abstimmungskosten verschiedener Organisationsstrukturen hätte. Auf Grund der auf Mehrdeutigkeit, Unstrukturiertheit und implizitem Wissen beruhenden Grenzen der Internet-vermittelten Kommunikation sind hier Vorbehalte berechtigt. Allgemeingültige Aussagen sind allerdings nur sehr begrenzt möglich.[34]

Weitergehende Veränderungen sind hinsichtlich der Ablauforganisation zu erwarten. Die Ubiquität des Internet eröffnet insbesondere bei informationsintensiven Tätigkeiten weit reichende Optionen hinsichtlich der Wahl des Aufgabenbearbeitungsortes. Gegebenenfalls ist durch eine schnelle Übermittlung umfangreicher Informationen auch eine Parallelisierung von Arbeitsgängen möglich. Verkürzungen der Entwicklungszeit sind durch die internationale Verteilung von Aufgaben möglich (z.B. „follow the sun"-Software-Entwicklung).

Hinsichtlich Reorganisationsprojekten kann folgende Verbesserung festgestellt werden. Die Internet-Technologie reduziert auf Grund ihres hohen Standardisierungsgrads negative Auswirkungen früherer IuKT hinsichtlich der Flexibilität der organisatorischen Gestaltung. Reorganisationen sind grundsätzlich mit Anpassungen in der zu Grunde liegenden IuKT verbunden. Während bisherige IuKT durch eine geringe technologische Flexibilität gekennzeichnet waren, zeichnet sich die Internet-Technologie auf Grund ihres hohen Standardisierungsgrads insbesondere hinsichtlich der Kommunikationsprotokolle durch einen reduzierten Anpassungsbedarf aus. Dieses zusätzliche Ausmaß an technologischer Flexibilität führt zu einer Verbesserung der organisatorischen Flexibilität.

2.2 Indirekte organisatorische Effekte: Strategieinduzierte Gestaltungsbedingungen

Die Organisationsstruktur einer Unternehmung weist enge Beziehungen zu deren strategischen Ausrichtung auf. Zum einen kommt der Organisationsstruktur die Aufgabe zu, eine effiziente Umsetzung der strategischen Vorgaben sicherzustellen

---

[33] Vgl. Frese (2002), S. 210 ff.
[34] Zu einer differenzierteren Analyse vgl. Frese (2002), S. 227 f.

("structure follows strategy").[35] Zum anderen bildet sie den Rahmen, innerhalb dessen sich neue Strategien entwickeln können ("strategy follows structure").[36] Bei der Beschreibung der technologieinduzierten strategischen Auswirkungen auf die organisatorische Gestaltung erfolgt eine Konzentration auf den erstgenannten Aspekt. Eine Analyse der strategischen Effekte des E-Business kann vorgenommen werden, indem Veränderungen bei den Einflussgrößen des strategischen Entscheidungsproblems aufgezeigt werden. Strategische Entscheidungen werden in Abhängigkeit von den Marktbedingungen und den vorhandenen Ressourcen einer Unternehmung getroffen (vgl. Abb. 3).[37]

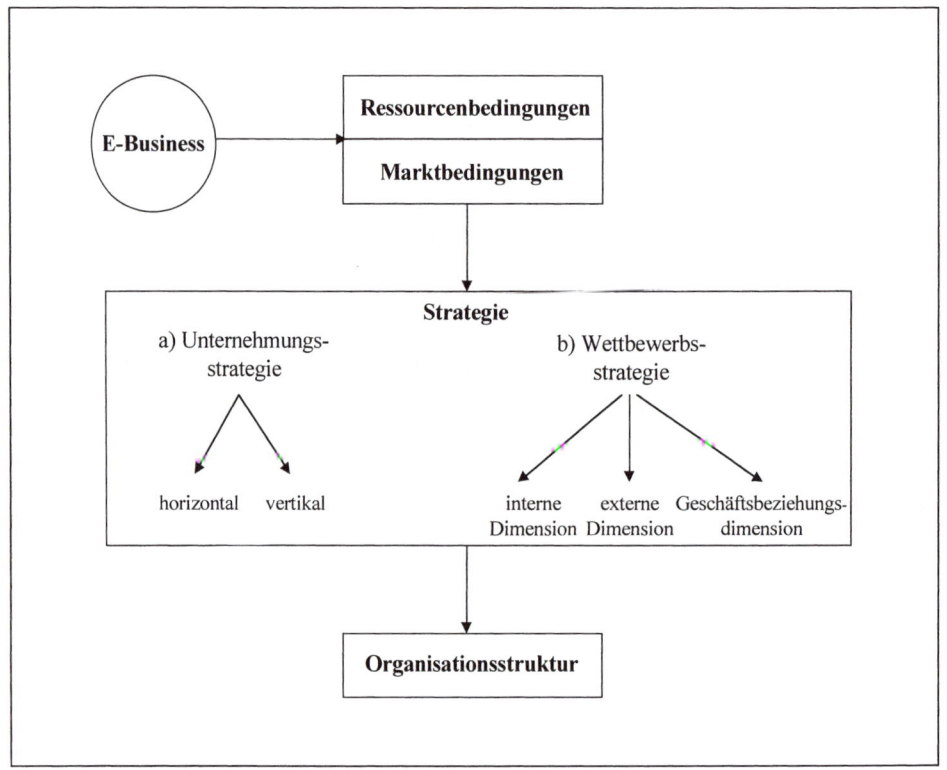

Abb. 3: Indirekte Effekte im Rahmen des Strategie-Struktur-Zusammenhangs

Wettbewerb kann als Prozess der Informationsverarbeitung verstanden werden.[38] Neuerungen hinsichtlich der IuKT haben Einfluss auf die Beschaffung und Verarbeitung

---

[35] Vgl. Chandler (1966), S. 314 ff.
[36] Vgl. Hall/Saias (1980), S. 153 ff.
[37] Vgl. Barney (1996), S. 65 ff.
[38] Vgl. v. Hayek (1952), S. 122 ff.

von Informationen. Die Internet-Technologie führt daher über veränderte Möglichkeiten der Informationsbeschaffung und -verarbeitung zu veränderten Marktbedingungen.

Während die Unternehmungsstrategie festlegt, in welchen Märkten die Unternehmung welche Produkte anbieten will und welche Aktivitäten der Wertschöpfungskette unternehmungsintern durchgeführt werden sollen, definiert die Wettbewerbsstrategie, wie in den so festgelegten Markt-Produkt-Kombinationen (Geschäftsfelder) Wettbewerbsvorteile gegenüber den übrigen Marktteilnehmern (insbesondere Konkurrenten, Lieferanten, Kunden) erzielt werden sollen.[39]

2.2.1 Unternehmungsstrategie: Horizontale und vertikale Wertschöpfungseffekte

2.2.1.1 Auswahl der Geschäftsfelder

Die Auswahl von Geschäftsfeldern erfolgt nach dem Konzept des strategischen Managements auf der Basis von Branchenattraktivität und vorhandenen (wertvollen) Ressourcen.[40]

Branchenanalyse

Im Rahmen der Branchenanalyse müssen etablierte und neu entstehende Branchen hinsichtlich ihrer Attraktivität (insbesondere Renditeprognosen) untersucht werden. Die Attraktivität von Branchen wird vor allem durch fünf Wettbewerbskräfte bestimmt:[41]

- Verhandlungsmacht der Kunden,
- Verhandlungsmacht der Lieferanten,
- Bedrohung durch Brancheneintritte,
- Bedrohung durch Substitutionsprodukte,
- Rivalität der vorhandenen Wettbewerber.

Die Internet-Technologie hat Auswirkungen auf diese Wettbewerbskräfte. Differenzierte Analysen dieser Auswirkungen finden sich bei Porter und bei Haertsch.[42] Die folgenden Ausführungen konzentrieren sich auf die für die Definition der Unternehmungsstrategie (insbesondere Definition der Geschäftsfelder) relevanten Auswirkun-

---

[39] Vgl. Frese (2000), S. 284 f.
[40] Vgl. Porter (1988), S. 25 ff., Barney (1996), S. 65 ff., S. 136 ff., Grant (1998), S. 52 ff., S. 109 ff., Wernerfelt (1984), S. 171 f.
[41] Vgl. Porter (1988), S. 25 ff.
[42] Vgl. Porter (2001), S. 66 ff. und Haertsch (2000), S. 124 ff. Vgl. auch Bloch/Pigneur/Segev (2001).

gen. Über die Produkteigenschaften hat die Branchenauswahl Einfluss auf Komplexität und Dynamik von Entscheidungsproblemen sowie auf den Umfang von Informationsaktivitäten an der Schnittstelle zwischen Unternehmung und Markt.[43] Somit resultieren aus der unternehmungsstrategischen Positionierung Anforderungen an die organisatorische Gestaltung. Die Diffusion der Internet-Technologie kann zu einer Veränderung der Attraktivität etablierter Branchen oder zur Entstehung neuer Branchen führen. Somit existieren zwei branchenbezogene Effekte, die zu einer Neuformulierung der Unternehmungsstrategie führen können:

1. veränderte Attraktivität etablierter Branchen,
2. Entstehung neuer Branchen.

zu 1.:

Die Diffusion der Internet-Technologie führt zu einer veränderten Attraktivität von Branchen. Eine allgemeine Beschreibung dieser Auswirkungen ist jedoch allenfalls in engen Grenzen möglich, da sie von den Eigenschaften der entsprechenden Produkte und denen der Wettbewerbskräfte abhängen.[44] An Attraktivität können z.B. solche Branchen gewinnen, in die man zuvor nur bei Präsenz „vor Ort" eintreten konnte. Räumliche Grenzen werden durch das Internet weitgehend aufgehoben. Schulungs- und Weiterbildungsveranstaltungen etwa setzten in der Vergangenheit häufig eine lokale Präsenz voraus. Durch das Internet werden diese räumlichen Barrieren reduziert, da sich das Medium Internet für verschiedene Arten des Tele-Learning als ausreichend reichhaltig erweist. Für eine Vielzahl von Branchen dürfte allerdings eher ein Verlust an Attraktivität zu erwarten sein,[45] vor allem auf Grund zunehmender Transparenz und niedrigerer Eintrittsbarrieren. Eine Verringerung der Branchenattraktivität ist nicht selten durch aggressive Wachstumsstrategien von solchen „Start-up"-Unternehmungen verursacht worden, die das Internet zu ihrem zentralen oder einzigen Vertriebskanal gemacht haben.[46] Insbesondere auf Branchen mit wenig erklärungsbedürftigen Produkten dürften die angeführten Veränderungen zutreffen. Möglicherweise werden sich entsprechende Auswirkungen langfristig auch in denjenigen Branchen zeigen, die zunächst auf Grund der Internet-Technologie an Attraktivität gewinnen.

zu 2.:

Durch die Diffusion der Internet-Technologie sind sowohl neue Branchen entstanden, die Produkte der Internet-Infrastruktur anbieten, als auch Branchen, deren „Ge-

---

[43] Vgl. Utikal (2001), S. 160 ff.
[44] Vgl. Porter (2001), S. 66.
[45] Vgl. Porter (2001), S. 66 f.
[46] Vgl. Porter (2001), S. 72.

schäftsmodell" auf der Nutzung der E-Business-Infrastruktur beruht. Ein Beispiel für erstgenannte Branchen sind „Internet Service Provider". Beispiele für letztgenannte Branchen sind Online-Auktionen und elektronische Marktplätze.

Oben wurde bereits dargestellt, dass aus der Wahl der Branchen Konsequenzen für die organisatorische Gestaltung resultieren. Eine wichtige Einflussgröße ist in diesem Zusammenhang der Grad der Diversifikation. Gerade bei geringem Diversifikationsgrad (d.h. bei relativ homogenen Branchen) kann ein organisatorischer Abstimmungsbedarf entstehen, um Synergiepotenziale realisieren zu können. Weitere organisatorische Auswirkungen ergeben sich aus dem Kommunikationsbedarf.[47]

Ressourcen

Die jüngsten Veränderungen der IuKT eröffnen Unternehmungen neue Möglichkeiten der Nutzung vorhandener Ressourcen. So setzen etwa Unternehmungen des Versandhandels unter Nutzung des Internet ihre Logistik-Ressourcen neuerdings auch für die Distribution von Lebensmitteln ein. Economies of scope können auf diese Weise eine zunehmende Diversifikation begünstigen. Organisatorisch gesehen resultieren hieraus Ressourceninterdependenzen, die tendenziell einen erhöhten Abstimmungsbedarf begründen. Ebenso führt die Verfügbarkeit umfangreicher Datenbanken mit kundenbezogenem Wissen mitunter zum Eintritt in neue Branchen. Das detaillierte kundenbezogene Wissen soll vorhandene Bindungseffekte auf neue Branchen übertragen.

2.2.1.2 Fertigungstiefe

Ferner hat die Diffusion der Internet-Technologie Einfluss auf die Fertigungstiefe. In dem Maße, in dem vorhandene Schnittstellen zwischen Wertschöpfungsketten mittels Internet-Technologie (z.B. WebEDI) elektronisch besser abgestimmt werden können als ohne, nimmt die Bedeutung des Outsourcings tendenziell zu. Es darf allerdings nicht übersehen werden, dass die Möglichkeiten der informations- und kommunikationstechnischen Integration von Schnittstellen nur eine Einflussgröße der Entscheidung über die Fertigungstiefe darstellen. Da davon ausgegangen werden kann, dass die Abstimmung unternehmungsübergreifender Schnittstellen in der Regel nicht reibungsloser erfolgt als die von unternehmungsinternen Schnittstellen,[48] entstehen bei Reduktion der Fertigungstiefe in der Regel zusätzliche Abstimmungskosten. Die Internet-Technologie hat daher nur dann Einfluss auf die Fertigungstiefe, wenn erst durch ihre Nut-

---

[47] Zu einer entsprechenden Analyse vgl. Kap. 3.
[48] Vgl. Frese (1996), S. 22 ff.

zung die Differenz aus Kosten und Nutzen des Outsourcing (zusätzliche Abstimmungskosten minus Effizienzgewinne) kleiner null wird.[49]

2.2.2 Wettbewerbsstrategie: Aufbau und Sicherung von Wettbewerbsvorteilen

Die Branchenattraktivität ist sowohl im Rahmen der Unternehmungsstrategie als auch im Rahmen der Wettbewerbsstrategie von Bedeutung. Bei der Definition von Unternehmungsstrategien bildet sie die Grundlage für die Auswahl der Geschäftsfelder. Bei der Entwicklung von Wettbewerbsstrategien ist sie Objekt des Gestaltungsprozesses. Durch die wettbewerbsstrategische Ausrichtung einer Unternehmung sollen die Wettbewerbskräfte einer Branche (und damit die Branchenattraktivität) zu Gunsten dieser Unternehmung verändert werden. Wettbewerbsstrategien lassen sich in eine interne und eine externe Dimension differenzieren.[50] Die interne Dimension definiert insbesondere über Produkt-, Konditionen- und Distributionspolitik die weitgehend von der Unternehmung kontrollierbaren Merkmale der zu erbringenden Leistung. Hierdurch werden maßgeblich die kritischen, für die Umsetzung der Wettbewerbsstrategie entscheidenden Interdependenzen zwischen den Teilaufgaben der Leistungserbringung bestimmt. Über die externe Dimension wird das angestrebte Ausmaß an Kundenorientierung[51] festgelegt. Aus dem gewählten Grad an Kundenorientierung resultiert vor allem das relevante Ausmaß an Komplexität und Dynamik und damit der erforderliche Koordinationsbedarf.[52] Die Wettbewerbsstrategie ist daher für die organisatorische Gestaltung von besonderer Bedeutung.

Die Diffusion der neuen IuKT hat Einfluss auf die Wettbewerbskräfte einer Branche. Veränderungen dieser Wettbewerbskräfte können eine Anpassung der wettbewerbsstrategischen Ausrichtung erfordern. Im Folgenden sollen einige dieser IuKT-induzierten Veränderungen aufgezeigt werden. Wenngleich nicht davon ausgegangen werden kann, dass diese Auswirkungen in allen Branchen in gleicher Weise in Erscheinung treten, lassen sich dennoch einzelne Veränderungen beobachten, die sich in mehreren Branchen wiederfinden:

- steigende Markttransparenz

    Produkt- und Preisinformationen werden zunehmend in umfangreichen Datenbanken zusammengeführt. Durch die weltweite Verbreitung des Internet sind diese In-

---

[49] Dieser Aspekt wird häufig bei der Propagierung „virtueller" Unternehmungen und der Konzentration auf Kernkompetenzen übersehen.
[50] Vgl. Frese (2000), S. 86 ff. Der Aspekt der Kundenbindung (vgl. Abb. 4) wird hier zunächst vernachlässigt.
[51] Kundenorientierung wird hier verstanden als das Ausmaß, in dem der Kunde Einfluss auf den Leistungserstellungsprozess nehmen kann; vgl. Frese/Noetel (1992), S. 100 ff.
[52] Darüber hinaus übt die externe Dimension Einfluss auf die Kritizität von Interdependenzen aus.

formationen prinzipiell von jedem Endgerät aus verfügbar und insbesondere den Kunden der Unternehmung zugänglich. Die mobile Internet-Nutzung ermöglicht zudem einen von stationären Endgeräten unabhängigen Zugriff. Hiermit einher geht eine steigende Verhandlungsmacht der Kunden. Diese findet ihren Ausdruck u.a. in einem steigenden Preisdruck und einer abnehmenden Loyalität der Kunden.[53]

- zunehmende Dynamisierung

  Durch das Internet können Marketing-Kampagnen wesentlich schneller als über traditionelle Marketing-Medien und zudem räumlich unbegrenzt verbreitet werden. Konsequenzen sind z.B. ein beschleunigter Wandel von Konsumentenpräferenzen und kürzere Produktlebenszyklen.[54] Ebenso ermöglicht die Internet-Technologie dynamischere Modelle der Preisgestaltung. Die elektronische Produktnachfrage kann innerhalb kürzester Zeit akkumuliert werden. Auf Basis dieser Nachfrage sowie der bekannten Kapazitäten können Maßnahmen der Preisgestaltung vorgenommen werden. Eventuelle Änderungen der Produktpreise können mittels Internet kurzfristig kommuniziert werden. Diese Dynamik verlangt rasche Reaktionen auf Maßnahmen der Konkurrenten.

- zunehmende Globalisierung

  Die IuKT ist einer der treibenden Faktoren der Globalisierung der Märkte. Dies gilt in besonderem Maße auch für die Internet-Technologie. Durch Reduktion von Informations- und Kommunikationsbarrieren begünstigt die Internet-Technologie eine länderübergreifende Homogenisierung von Konsumentenpräferenzen.[55] Gleichzeitig reduziert die Internet-Technologie durch die elektronische Mediatisierung von Teilen der Auftragsanbahnung und -abwicklung Eintrittsbarrieren und erhöht damit die Anzahl potenzieller Konkurrenten.[56]

---

[53] Vgl. Porter (2001), S. 66 f., S. 69 f. Es wird auch die These vertreten, dass die Nutzung des Internet zu erhöhten Wechselkosten sowie zu verringerter Wechselbereitschaft (z.B. als Folge von Netzwerkeffekten) führt und die Kundenbindung somit steigt; vgl. z.B. Arthur (1996), S. 102 f. und Shapiro/Varian (1999), S. 103 ff. Dies kann im Einzelfall zutreffen. In dieser allgemeinen Form ist die These jedoch sehr fragwürdig; vgl. dazu Porter (2001), S. 68 ff.

[54] Zu informations- und kommunikationstechnologisch bedingten Verkürzungen von Produktlebenszyklen vgl. Droege/Backhaus/Weiber (1993), S. 53 ff.

[55] Gegenläufig zu dieser globalen Angleichung ist allerdings eine zunehmende Individualisierung von Konsumentenpräferenzen in vielen Konsumgütermärkten zu beobachten; vgl. May (2000), S. 4 ff., Schinzer/Thome (2000), S. 10 f. Im Rahmen des Mass Customization können über das Internet allerdings Teilaufgaben, insbesondere die Definition der Produktkonfiguration durch den Kunden, elektronisch durchgeführt werden; vgl. Pine (1999), Wan (2000) und Zipkin (2001), S. 82 f.

[56] Vgl. Porter (2001), S. 66 f. Es dürften allerdings Unterschiede zwischen Konsumgüter- und Investitionsgüter-Märkten bestehen, da die elektronische Mediatisierung der Auftragsanbahnung in Investitionsgüter-Märkten engeren Grenzen unterworfen ist; vgl. Kap. 3.

- erhöhte Zeitpräferenz der Kunden

  In der Vergangenheit sind durch die Verknüpfung von informations- und kommunikationstechnologischen sowie logistischen Konzepten erhebliche Beschleunigungen bei der Auftragsbearbeitung, insbesondere bei der Warenauslieferung, erzielt worden (z.B. 24 h-Lieferservice im Versandhandel). Verschiedene Internet-Anbieter versuchen zudem, sich durch eine besonders schnelle Lieferung von Produkten zu differenzieren. Solche Beschleunigungen führen zu einem steigenden Anspruchsniveau der Kunden hinsichtlich der zeitlichen Bearbeitung ihrer Aufträge.

- Digitalisierung

  Die Digitalisierung von betrieblichen Prozessen entspricht der elektronischen Mediatisierung bisher persönlicher Beziehungen. Damit einher gehen eine abnehmende Bedeutung bzw. Häufigkeit persönlicher Kontakte sowie eingeschränkte Möglichkeiten der sinnlichen Produktwahrnehmung vor der Kaufentscheidung.[57] Dieser Verlust an persönlichen Beziehungen wiegt auf Grund der beiden folgenden Aspekte um so schwerer. Zum einen besteht eine gewisse Schwierigkeit, Kunden für elektronische Transaktionen zu gewinnen. Zum anderen führt die abnehmende Loyalität der Kunden dazu, dass es schwieriger wird langfristige Geschäftsbeziehungen (insbesondere auf der Basis emotionaler Bindung) aufzubauen.[58]

  Sofern digitale Güter angeboten werden, ergeben sich darüber hinaus aus den wettbewerbsrelevanten Eigenschaften dieser Güter Konsequenzen hinsichtlich der Eintrittsbarrieren und der Konkurrenzintensität innerhalb einer Branche.

- erhöhte Komplexität

  Die Komplexität des strategischen Entscheidungsproblems steigt auf Grund von zusätzlichen Einflussvariablen. Insbesondere sind Entscheidungen zu treffen über Homogenität oder Heterogenität von Produkt-, Konditionen- und Distributionspolitik in klassischen Vertriebskanälen und dem Internet.

Aus diesen Veränderungen resultieren auf strategischer Ebene sowohl verschärfte Anforderungen hinsichtlich der Kostenwirtschaftlichkeit als auch engere Grenzen hinsichtlich der Differenzierungsmöglichkeiten.[59] Bei gleichzeitiger Zunahme der Kom-

---

[57] Vgl. Zott/Levy (2000), S. 3 ff. In diesem Zusammenhang sind auch die Schwierigkeiten des Aufbaus starker Marken im Internet von Bedeutung; vgl. Porter (2001), S. 69.

[58] Vgl. hierzu auch den Aspekt der Medienreichhaltigkeit in Kapitel 2.1.2. Die Internet-Technologie bietet aber auch Ansätze für eine Erhöhung der Kundenbindung. Zu Kundenbindungsprogrammen, Personalisierung von Angeboten, Virtual Communities und zum Aufbau von Vertrauen im Internet vgl. Zott/Levy (2000), S. 13 f. sowie Kapitel 3 dieses Beitrags.

[59] Vgl. Theuvsen (2002), S. 43. Zu Differenzierungsschwierigkeiten von Online-Händlern vgl. Porter (2001), S. 66, S. 70 ff. Porter unterscheidet operative und strategische Differenzierung. Er vertritt die These, dass

plexität des Entscheidungsproblems ergeben sich hieraus auf organisatorischer Ebene erhöhte Koordinationsanforderungen. Diese werden nur teilweise durch die erhöhte Leistungsfähigkeit der Kommunikation und die verbesserte Informationsbereitstellung kompensiert. Die Bedeutung der organisatorischen Gestaltung zum Erzielen von Wettbewerbsvorteilen wird daher steigen.

3. Unternehmungsübergreifende Schnittstellen und Wettbewerbsstrategie

Vor dem Hintergrund der vorangegangenen kommunikationstheoretischen Überlegungen ist zu erwarten, dass die Erfolgsaussichten einer elektronischen Handhabung von Marktbeziehungen maßgeblich durch den Strukturierungsgrad der von Anbieter und Nachfrager im Transaktionsprozess zu bewältigenden Kommunikationsaufgaben sowie die (begrenzte) Reichhaltigkeit des Kommunikationskanals Internet bestimmt werden.[60] Es erscheint daher zweckmäßig, die im Transaktionsprozess relevanten Teilaufgaben an der Schnittstelle zwischen Unternehmung und Absatzmarkt sowie die Determinanten eines marktlichen Kommunikationsbedarfs näher zu betrachten.

Die Tätigkeiten des Anbieters im Transaktionsprozess umfassen in der *Anbahnungsphase* die Kundenakquisition (Kontaktaufnahme, Kundenberatung) und die Angebotserstellung; in der *Verhandlungsphase* steht die Abstimmung mit dem Nachfrager hinsichtlich der zu erbringenden Leistungen und Gegenleistungen (Festlegung der Produkteigenschaften, Art und Zeitpunkt der Lieferung, Zahlungshöhe und -modalitäten) im Vordergrund. Nachdem in der *Abwicklungsphase* die Leistung erstellt und ausgeliefert wurde, sind in der *Nachkaufphase* gegebenenfalls Wartungs- oder Reparaturleistungen zu erbringen. Strebt der Anbieter den Aufbau einer Geschäftsbeziehung an, so gewinnt die Beratung des Kunden hinsichtlich potenzieller Folgekäufe an Bedeutung (vgl. Abb. 4).[61]

Die Kommunikationssituation in den verschiedenen Phasen des Transaktionsprozesses wird – sofern man das „structure-follows-strategy"-Paradigma als methodische Prämisse wählt – über unternehmungs- und wettbewerbsstrategische Entscheidungen geprägt.

---

operative Differenzierung durch die Internet-Technologie (insbesondere im Vergleich zu früheren IuKT) und den verbesserten Transfer von Best Practice schwieriger geworden ist. Auf der anderen Seite habe der strategische Handlungsspielraum auf Grund erhöhter Leistungsfähigkeit der IuKT zugenommen.

[60] Die Betrachtung fokussiert auf die Beziehungen einer Unternehmung zum Absatzmarkt; die Implikationen des Internet für die informationelle Verbindung mit weiteren Partnern der externen Umwelt (Lieferanten, Behörden etc.) bleiben im Folgenden unbeachtet.

[61] Vgl. Utikal (2001), S. 40 ff.

176 E-Organisation

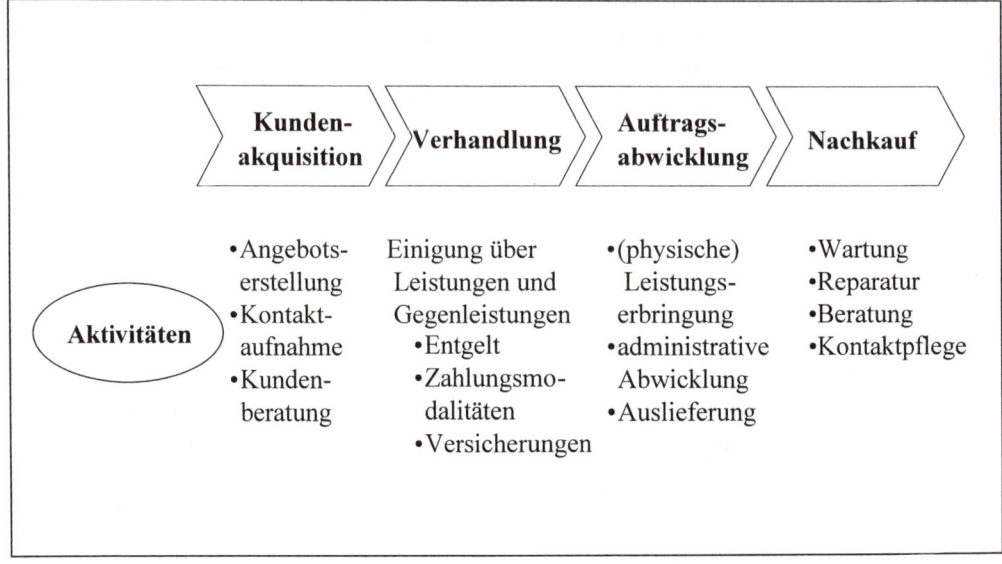

Abb. 4: Aufgaben des Anbieters im Transaktionsprozess

Auf der Ebene der *Unternehmungsstrategie* (Abgrenzung der Produkt-Markt-Kombination) wird zunächst mit der Festlegung des anzubietenden *Produktes* das Objekt der Marktkommunikation definiert (z.B. Maschinen, Lebensversicherungen)[62]; diese strategische Entscheidung bestimmt auch die Komplexität und Dynamik der Produkteigenschaften und beeinflusst damit die externe Kommunikation.[63] Es ist davon auszugehen, dass mit steigender Produktkomplexität und zunehmender technischer Dynamik der Informationsbedarf der Akteure steigt, so dass an der Schnittstelle zwischen Unternehmung und Markt mehr Informationen transferiert werden müssen.[64]

Auf der Ebene der Unternehmungsstrategie wird daneben über den relevanten *Markt* entschieden. Dieser ist in struktureller Hinsicht insbesondere gekennzeichnet durch eine gegebene Anzahl potenzieller Abnehmer und Konkurrenten sowie durch ein spezifisches Verhältnis der potenziellen Abnehmer zu den Konkurrenten, d.h. durch die Existenz eines bestimmten Musters von Austauschbeziehungen. Auch die in diesem

---

[62] Mit dieser Entscheidung wird gleichzeitig darüber bestimmt, inwieweit das physische bzw. digitalisierbare Produkt über das Internet distribuiert werden kann; vgl. Strader/Shaw (2000), S. 85 ff.

[63] Die *technische Komplexität* eines Produktes kann durch die Untersuchung der Merkmale „Erzeugnisstruktur" (einteilige vs. mehrteilige Erzeugnisse) und „Erzeugnisgeometrie" (einfache vs. komplexe Struktur) abgestuft werden; vgl. hierzu im Einzelnen Frese/Noetel (1992), S. 62 ff. Der Grad der *technischen Dynamik* lässt sich über die Untersuchung von Ausmaß, Häufigkeit und Irregularität, in der sich wesentliche Produkteigenschaften im Zeitablauf ändern, ermitteln; zu möglichen Abstufungen vgl. Grant (1998), S. 256 ff.

[64] Vgl. Campbell (1990), S. 269 ff., Metcalf/Frear/Krishnan (1992), S. 29 ff. und Kern (1990), S. 59.

Umfeld herrschenden Rahmenbedingungen – z.B. die Bereitschaft der Kunden, elektronische Medien im Transaktionsprozess zu nutzen, sowie deren Erwartungen an eine persönliche Interaktion, oder die Internetaktivitäten der Konkurrenz – stellen zumindest kurzfristig für den Anbieter und dessen E-Business-Überlegungen relevante Rahmenbedingungen dar.[65]

Auf der Ebene der *Wettbewerbsstrategie* bestimmt die Unternehmung ihren Umgang mit den relevanten Wettbewerbskräften; auch Festlegungen auf dieser Strategieebene beeinflussen die unternehmungsübergreifende Kommunikation. Dabei haben die verschiedenen Strategiedimensionen jeweils spezifische Implikationen.

Entscheidungen in der *internen Strategiedimension* haben vor allem Konsequenzen für die inhaltliche Ausgestaltung des Internet-Auftritts und die Art der Informationsaufbereitung: So wird ein Anbieter mit ausgeprägter Qualitätsorientierung unter Umständen einen anderen Internet-Auftritt wählen als beispielsweise ein Anbieter mit expliziter Kostenorientierung. Der akzentuierte interne Erfolgsfaktor beeinflusst hingegen nicht die Menge der zu transferierenden Informationen – bei aufgabenorientierter Betrachtung erfordert ein mit ausgeprägter Qualitätsorientierung vermarktetes Produkt im Vergleich zu anderen Strategiealternativen nicht zwingend die Vermittlung zusätzlicher Informationen. In diesem Zusammenhang ist die *externe Strategiedimension* – über die der Individualisierungsgrad der Leistung determiniert wird – von zentraler Relevanz. Mit fortschreitendem Individualisierungsgrad – d.h. bei einem Übergang vom Angebot eines Standardproduktes hin zum Angebot eines vollkommen kundenindividuell konstruierten Produktes – steigt der marktliche Kommunikationsbedarf. Es ist nicht mehr nur eine Einigung über die Menge, den Zeitpunkt und die ökonomischen Konditionen des Austausches, sondern darüber hinaus auch eine Abstimmung bezüglich der technischen Produktmerkmale (Funktionsprinzip, Abmessungen, Materialien etc.) erforderlich. Schließlich hat die Ausprägung auf der *Geschäftsbeziehungsdimension* Auswirkungen auf die Marktkommunikation. Dabei kommt aus Sicht der Unternehmungen, die Wettbewerbsvorteile über den Aufbau und Erhalt von Geschäftsbeziehungen generieren wollen, dem Potenzial des E-Business zur Herbeiführung von Folgetransaktionen eine besondere Bedeutung zu.

Im Folgenden sollen für einzelne (wettbewerbs-)strategische Grundtypen das Potenzial des E-Business an der Schnittstelle zwischen Unternehmung und Absatzmarkt sowie die in diesem Zusammenhang im Vordergrund stehenden Fragestellungen untersucht werden. Hierzu werden – in Abhängigkeit vom Grad der Leistungsindividualisierung sowie von der Bedeutung, die ein Anbieter dem Aufbau und Erhalt von Geschäftsbeziehungen beimisst – die Strategietypen „Standardprodukt in der Einzeltransaktion",

---

[65] Vgl. Deise et al. (2000), S. 191 ff. und Zerdick et al. (1999), S. 217 ff.

„Standardprodukt in der Geschäftsbeziehung", „Kundenindividuelles Produkt in der Einzeltransaktion" und „Kundenindividuelles Produkt in der Geschäftsbeziehung" unterschieden (vgl. auch Abb. 5).[66]

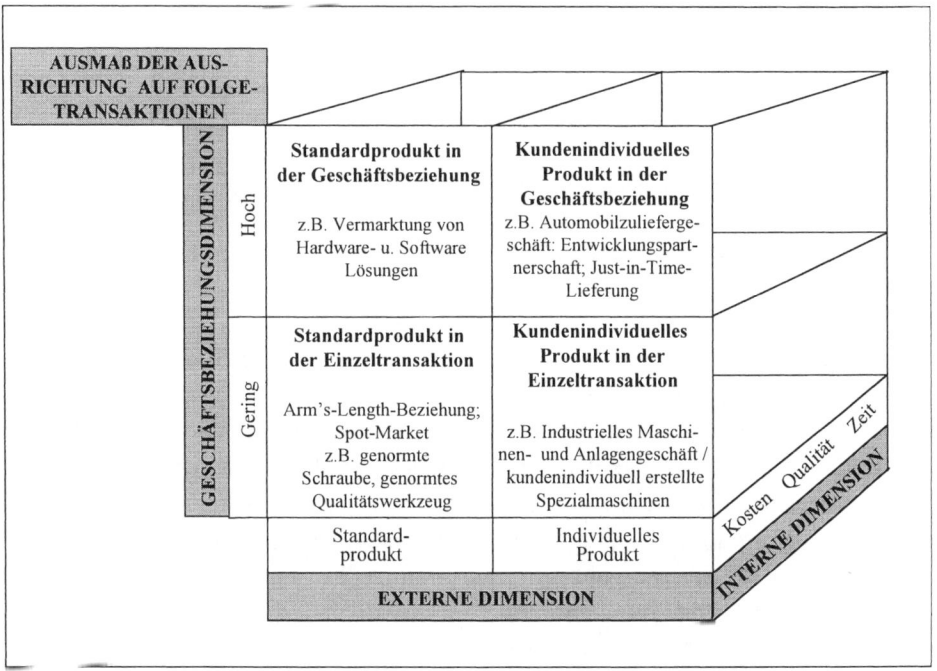

Abb. 5: Idealtypische Wettbewerbsstrategien

3.1 Standardprodukte: Transaktionskosten im Fokus

Einzeltransaktionen

Bei Verfolgung der Wettbewerbsstrategie „Standardprodukt in der Einzeltransaktion" vermarktet die Anbieterunternehmung ein für den anonymen Markt erstelltes Gut und richtet ihre Aktivitäten nicht auf den Aufbau einer Geschäftsbeziehung aus. Die Transaktionsprozesse, die auf der Verfolgung einer derartigen Wettbewerbsstrategie basieren, umfassen beispielsweise die so genannte „Arm's-Length-Beziehung", in der z.B. genormte Schrauben, standardisierte Werkzeuge oder Standardmikrochips ange-

---

[66] Vgl. zu diesen Abgrenzungskriterien Utikal (2001), S. 192 ff. und die dort zitierte Literatur.

boten und nachgefragt werden, ohne dass sich die Transaktionspartner über die einzelne Transaktion hinaus aneinander binden (spot market transactions).[67]

Eine Unternehmung, die eine Leistung zu weitgehend standardisierten Konditionen anbietet, wird insbesondere bei einer Strategie der Kostenorientierung auch darum bemüht sein, den marktlichen Kommunikationsprozess unter dem Aspekt der Kostenminimierung zu gestalten. Hierzu bestehen auf Grund des Angebotes eines für den anonymen Markt gefertigten Produktes prinzipiell günstige Voraussetzungen: Eine intensive Anbieter-Nachfrager-Interaktion ist zur Anbahnung und Abwicklung der Transaktion nicht erforderlich – vielmehr können im Extrem alle Aufgaben an der Schnittstelle zwischen Unternehmung und Absatzmarkt – Kundenkommunikation, Angebotserstellung, Vertragsgestaltung, Auftragsabwicklung, Regelung von Kulanzfragen etc. – standardisiert werden.[68]

Unter diesen strategischen Vorzeichen stellt das Internet einen ausgesprochen attraktiven Distributionskanal dar, dessen im Vergleich mit der „face to face"-Kommunikation begrenzte Informationsreichhaltigkeit nicht als Nachteil, sondern unter Kostengesichtspunkten als Vorteil zu begreifen ist.[69] Elektronische Agenten (z.B. Suchagenten, Verhandlungsagenten) können daneben durch die Bereitstellung von Informationen und methodischem Know-how die Anbieter- und Nachfrageraktivitäten im Transaktionsprozess wirkungsvoll unterstützen.[70] Sind die sonstigen institutionellen Rahmenbedingungen gegeben (insbesondere Zahlungs- und Rechtssicherheit), können sich in dieser Situation leistungsfähige elektronische Märkte herausbilden, auf denen – sofern es sich bei den angebotenen Leistungen um digitalisierbare Produkte (Musik, Informationsdienstleistungen) handelt – die gesamte Transaktion via Internet abgewickelt werden kann.[71]

Geschäftsbeziehungen

Bei der Strategie „Standardprodukt in der Geschäftsbeziehung" vermarktet die Anbieterunternehmung ein für den anonymen Markt erstelltes Produkt und verfolgt dabei als strategisches Ziel den Aufbau und Erhalt von Geschäftsbeziehungen. Typische Beispiele stellen die mit dem Angebot informations- und kommunikationstechnologischer Hard- und Softwareleistungen verbundenen Transaktionsprozesse dar, bei

---

[67] Vgl. Sako (1992), S. 12 und Macneil (1978), S. 863.
[68] Vgl. Shapiro (1991), S. 435 und Hutt/Johnston/Ronchetto (1985), S. 35.
[69] Zu den prinzipiellen Kostenvorteilen einer Abwicklung von Transaktionen über elektronische Medien vgl. Benjamin/Wigand (1995), S. 67 f. und Strader/Shaw (2000), S. 86 ff.
[70] Vgl. Tolle/Chen (2000), S. 371 ff. und Choi/Whinston (2000), S. 39 f.
[71] Vgl. Strader/Shaw (2000), S. 95 f.

denen die vom Anbieter für den anonymen Markt bzw. ein Marktsegment erstellten Standardleistungen von den Nachfragern sequenziell beschafft werden.[72]

Auch unter diesen strategischen Rahmenbedingungen ist das Medium Internet – ebenso wie bei dem zuvor thematisierten Strategietyp – als leistungsstarkes Medium im Transaktionsprozess zu verstehen. Da bei dem Angebot von Standardleistungen eine intensive Interaktion im Transaktionsprozess aus Anbieterperspektive nicht effizient ist, stellt die vergleichsweise geringe Medienreichhaltigkeit des Internet keine Restriktion für dessen Einsatz an der Schnittstelle zwischen Unternehmung und Absatzmarkt dar. Für Anbieter digitalisierbarer Güter besteht daneben die Möglichkeit einer netzbasierten Leistungserbringung (Verkauf und Distribution der Software) sowie einer kostengünstigen Betreuung des Kunden im Zeitablauf (Fernwartung, Versenden von Software-Up-dates) via Internet.[73]

Auf Grund des strategischen Ziels des Aufbaus von Geschäftsbeziehungen gewinnt bei dieser strategischen Ausrichtung die Frage nach den Möglichkeiten einer Kundenbindung über das Internet an Bedeutung. In diesem Zusammenhang ist zunächst festzuhalten, dass die internetbasierte Kommunikation dem Anbieter im Zeitablauf den kostengünstigen Zugang zu einer Vielzahl von Informationen über die ansonsten (im Falle einer nicht elektronisch erfassten) weitgehend anonym bleibenden Kunden gewährt.[74] Durch die Analyse von Informationen über das Anfrage-, Kauf-, Zahlungs- und Reklamationsverhalten können Informationen über die relevanten Ansatzpunkte einer Kundenbindung gewonnen werden.[75] Ebenso können die vielfach eingerichteten Community-Funktionen und Chat-Möglichkeiten zur Marktforschung genutzt werden.[76] Diese Informationen stellen in ihrer Gesamtheit die Basis für die Entwicklung segmentspezifischer Kundenbindungsprogramme und Neuprodukte dar und können so bei einer entsprechenden Ausgestaltung der Anbieteraktivitäten in der Nachkaufphase – zumindest potenziell – die Herbeiführung von Folgetransaktionen unterstützen.[77] Allerdings ist zu beachten, dass im (reinen) Internetgeschäft angesichts der ausgeprägten Markttransparenz sowie der vielfach niedrigen Wechselkosten tendenziell ungünstige Rahmenbedingungen für eine ausschließlich web-basierte Kundenbindung bestehen.[78]

---

[72] Vgl. Weiber (1997), S. 278 ff. und Shapiro/Varian (1999), S. 262 ff.
[73] Vgl. Deise et al. (2000), S. 248 ff.
[74] Vgl. Choi/Whinston (2000), S. 30.
[75] Vgl. auch Bliemel/Fassott (1999), S. 14 ff.
[76] Vgl. O'Connor/O'Keefe (2000), S. 133 und Subramanian/Shaw/Gardner (2000), S. 159.
[77] Vgl. Rayport/Sviokla (1995), S. 80 f. und Feeny (2001), S. 44.
[78] Vgl. Porter (2001), S. 68 und Evans/Wurster (1997), S. 82.

3.2 Kundenindividuelle Produkte: Der Kunde im Fokus

Einzeltransaktion

Bei der idealtypischen Wettbewerbsstrategie „Kundenindividuelles Produkt in der Einzeltransaktion" konzipiert die Herstellerunternehmung das Absatzobjekt nach den spezifischen Vorgaben des einzelnen Nachfragers und misst gleichzeitig dem Aufbau einer Geschäftsbeziehung keine herausgehobene Bedeutung bei. Austauschprozesse, die sich bei Verfolgung dieser Wettbewerbsstrategie einstellen, lassen sich beispielsweise auf Industriegütermärkten regelmäßig im Maschinen- und Anlagenbau finden.[79]

Bei dem Angebot kundenindividueller Produkte ist in den verschiedenen Phasen des Transaktionsprozesses ein intensiver Interaktionsprozess zwischen Anbieter und Nachfrager erforderlich. Dieser umschließt in der Anbahnungsphase einen detaillierten Informationsaustausch zur Definition des Kundenproblems sowie zur Angebotserstellung. Aufwändige Interaktionen sind auch in der Verhandlungsphase zur Herbeiführung einer Einigung über die technischen Leistungsmerkmale sowie die Auftragsmodalitäten (Konditionen, Liefertermin, Vertragsgestaltung) der Regelfall. In der Abwicklungsphase schließlich besteht bei der Detailentwicklung, Leistungserstellung und Integration der Leistung in die Umgebung des Kunden vielfach ein relativ umfassender Kommunikationsbedarf.[80] Bei diesem Strategietyp ist die Kommunikationssituation auf Grund des innovativen Charakters des zu erstellenden Produktes durch einen geringen Strukturierungsgrad gekennzeichnet. Die Möglichkeiten einer weitgehenden Standardisierung der Anbieter-Nachfrager-Interaktion sind mithin stark eingeschränkt.

Das Internet ist auf Grund seiner begrenzten Medienreichhaltigkeit unter diesen Voraussetzungen als alleiniges Kommunikationsmedium im Transaktionsprozess ungeeignet. E-Business-orientierte Überlegungen beziehen sich folglich bei Unternehmungen dieses Strategietyps zum einen auf die Frage, inwieweit eine Unterstützung der allgemeinen Marktkommunikation durch die neuen technischen Medien möglich ist. Zu denken ist hier z.B. an die Bereitstellung genereller Produktinformationen auf der Web-Page, die dem Nachfrager im Vorfeld einer konkreten Anfrage eine erste Orientierung hinsichtlich des Leistungsspektrums des Anbieters erleichtern. Zum anderen kann jedoch auch bei diesem Strategietyp die Internet-Technologie die anbieterseitigen Absatzaktivitäten wirkungsvoll unterstützen. Web-basierte Vertriebsinformationssysteme können z.B. den Außendienst mit aktuellen Informationen (z.B. Kundeninformationen, Lieferfristen) und methodischem Know-how (z.B. zur technischen und

---

[79] Vgl. Backhaus (1999), S. 451 und Kleinaltenkamp (1997), S. 757.
[80] Vgl. Backhaus (1999), S. 454 ff.

kaufmännischen Angebotserstellung) versorgen und so in den verschiedenen Phasen des Transaktionsprozesses die Entscheidungsqualität an der Schnittstelle zwischen Unternehmung und Absatzmarkt erhöhen.[81]

Geschäftsbeziehungen

Bei Verfolgung der Strategie „Kundenindividuelles Produkt in der Geschäftsbeziehung" erbringt die Anbieterunternehmung eine Leistung nach den Vorgaben des einzelnen Nachfragers und strebt gleichzeitig den Aufbau einer langfristigen Geschäftsbeziehung an. Derartige Wettbewerbsstrategien lassen sich z.B. auf Industriegütermärkten in der Automobilindustrie zwischen einem Modullieferanten (First-Tier-Supplier) und dem Automobilhersteller beobachten.[82]

Zu Beginn der Austauschbeziehung ist auch bei diesem Strategietyp – ebenso wie bei der zuvor thematisierten Strategiealternative – das Potenzial des Internet auf die Unterstützung der anbieterseitigen Absatzaktivitäten im Transaktionsprozess beschränkt; eine ausschließlich elektronische Anbahnung und Abwicklung der Ausgangstransaktion erscheint angesichts der Vielzahl abzustimmender Fragestellungen sowie der weitreichenden Folgen der Entscheidung für einen Geschäftsbeziehungspartner nicht realistisch. Ist jedoch die Austauschbeziehung etabliert, so rückt die Frage in den Vordergrund, inwiefern in Geschäftsbeziehungen Wettbewerbsvorteile über eine leistungsfähige informations- und kommunikationstechnologische Verknüpfung der Anbieter- und Nachfrager-Wertketten generiert werden können.[83] Insbesondere der mit dem Internet verbundene Trend zur informations- und kommunikationstechnologischen Standardisierung erleichtert dabei die Realisierung eventuell vorhandener Potenziale zur Kostenreduktion sowie zur Beschleunigung betrieblicher Prozesse. Für diesen Strategietyp ist ein E-Business-induzierter Wettbewerbsvorteil auf operativer Ebene zum einen auf neue Möglichkeiten der Rationalisierung bislang doppelt ausgeführter Tätigkeiten sowie auf die Optionen zur Automatisierung verschiedener Tätigkeiten im Transaktionsprozess (z.B. der Bestellabgabe, Auftragsbestätigung, Liefererminzusage und Zahlungsabwicklung) zurückzuführen.[84] Zum anderen können die eingangs skizzierten Leistungssteigerungen der IuKT auch zu einem verbesserten unternehmungsübergreifenden Wissenstransfer (z.B. im gemeinsamen Produktentwicklungsprozess) führen, welcher ebenfalls einen Ansatzpunkt zum

---

[81] Vgl. Fassott (1999), S. 382 ff.
[82] Vgl. z.B. Helper (1991), S. 785 und Helper/Sako (1995), S. 78.
[83] Vgl. Deise et al. (2000), S. 207 ff.
[84] Vgl. Schinzer/Böhnlein (2000), S. 30 f.

Aufbau von Wettbewerbsvorteilen gegenüber konkurrierenden Anbieter-Nachfrager-Dyaden begründen kann.[85]

Wie diese Ausführungen zeigen, variieren die Potenziale des E-Business an der Schnittstelle zwischen Unternehmung und Absatzmarkt in Abhängigkeit von der verfolgten Strategie. Die jüngsten technologischen Veränderungen bieten – bei weitgehender Abstraktion von unternehmungsstrategischen Rahmenbedingungen – insbesondere für Unternehmungen, welche Standardprodukte in Einzeltransaktionen oder in der Geschäftsbeziehungen vermarkten, vielfältige neue Möglichkeiten zur effizienten Ausgestaltung von Kundenbeziehungen. Das denkbare Spektrum reicht hier von der Unterstützung der einzelnen im Transaktionsprozess zu bewältigenden Absatzaufgaben bis hin zur umfassenden informations- und kommunikationstechnologischen Anbahnung und Abwicklung von Transaktionen auf elektronischen Märkten. Ein derartig weitreichender Interneteinsatz wird aus der Sicht der Anbieter kundenindividueller Produkte (zumindest in der Ausgangstransaktion) durch den geringen Strukturierungsgrad der Kommunikationssituation verhindert; bei dieser strategischen Alternative bleibt die „face to face"-Kommunikation im Transaktionsprozess regelmäßig unverzichtbar. Das Potenzial der Internet-Technologie manifestiert sich für die Anbieter kundenindividueller Produkte vorrangig in der verbesserten Bereitstellung von Informationen und methodischem Know-how im Transaktionsprozess. Neben Rationalisierungspotenzialen bietet die Internet-Technologie auf Grund der gestiegenen Bandbreite übertragbarer Daten insbesondere für Anbieter, welche kundenindividuelle Produkte in Geschäftsbeziehungen vermarkten, auch verbesserte Möglichkeiten für einen unternehmungsübergreifenden Wissenstransfer.

Literatur

ALDRICH, Douglas F./ SONNENSCHEIN, Martin (2000): Digital Value Network. Erfolgsstrategien für die Neue Ökonomie. Wiesbaden.

ARTHUR, W. Brian (1996): Increasing Returns and the new World of Business. Increasing Returns Cause Products that Are Ahead to Get Further Ahead. The Concept Has Revolutionized Economics. Business Is Next. In: Harvard Business Review, 74. Jg., Nr. 4, S. 100-109.

BACKHAUS, Klaus: (1999): Industriegütermarketing. 6. Aufl., München.

BARNEY, Jay B. (1996): Gaining and Sustaining Competitive Advantage. Reading, MA u.a.

---

[85] Vgl. Dyer/Singh (1998), S. 664 ff.

BENJAMIN, Robert/ WIGAND, Rolf T. (1995): Electronic Markets and Virtual Value Chains on the Information Highway. In: Sloan Management Review, 36. Jg., Winter, S. 62-72.

BLIEMEL, Friedhelm W./ FASSOTT, Georg (1999): Electronic Commerce und Kundenbindung. In: Electronic Commerce. Herausforderungen – Anwendungen – Perspektiven, 2. Aufl., hrsg. von F. W. Bliemel, G. Fassott und A. Theobald. Wiesbaden, S. 11-26.

BLOCH, Michael/ PIGNEUR, Yves/ SEGEV, Arie (2001): On the Road of Electronic Commerce – a Business Value Framework, Gaining Competitive Advantage and some Research Issues. http://www.stern.nyu.edu/~mbloch/docs/roadtoec/ec.htm 29.5.2001.

BURGFELD, Beate (1998): Organisationstheorie und Informationstechnologie. Wiesbaden.

CAMPBELL, Nigel C. G. (1990): An Interaction Approach to Organizational Buying Behavior. In: Interaction, Relationship and Networks, hrsg. von D. Ford und The Industrial Marketing & Purchasing Group, London u.a., S. 265-278.

CHANDLER, Alfred D. (1966): Strategy and Structure. Chapters in the History of the Industrial Enterprise. 3. Aufl., Cambridge, MA – London.

CHOI, Yong-Soon/ WHINSTON, Andrew B. (2000): The Future of the Digital Economy. In: Handbook on Electronic Commerce, hrsg. von M. Shaw et al. Berlin u.a., S. 25-52.

CUNNINGHAM, Michael J. (2001): B2B: How to Build a Profitable E-Commerce Strategy. Cambridge, MA.

CUSUMANO, Michael A./ YOFFIE, David B. (1998): Competing on Internet Time. Lessons from Netscape and its Battle with Microsoft. New York.

DAFT, Richard L./ LENGEL, Robert H. (1984): Information Richness: a new Approach to Managerial Behavior and Organization Design. In: Research in Organizational Behavior. Volume 6, hrsg. von B. M. Staw und L. L. Cummings. Greenwich, CT – London, S. 191-233.

DAFT, Richard L./ LENGEL, Robert H./ TREVINO, Linda K. (1987): Message Equivocality, Media Selection, and Manager Performance: Implications for Information Systems. In: MIS Quarterly, 11. Jg., September, S. 355-366.

DEISE, Martin V. ET AL. (2000): Executive's Guide to E-Business. From Tactics to Strategy. New York u.a.

DROEGE, Walter/ BACKHAUS, Klaus/ WEIBER, Rolf (1993): Strategien für Investitionsgütermärkte. Landsberg am Lech.

DYER, Jeffrey H./ SINGH, Harbir (1998): The Relational View: Cooperative Strategy and Sources of Interorganizational Competitive Advantage. In: Academy of Management Review, 23. Jg., S. 660-679.

EVANS, Philip B./ WURSTER, Thomas S. (1997): Strategy and the New Economics of Information. Competing in the Information Economy. In: Harvard Business Review, 75. Jg., Nr. 5, S. 71-83.

FASSOTT, Georg (1999): Vertriebsinformationssysteme als Bausteine des Electronic Commerce. In: Electronic Commerce – Herausforderungen, Anwendungen, Perspektiven, 2. Aufl., hrsg. von F. W. Bliemel, G. Fassott und A. Theobald. Wiesbaden, S. 381-394.

FEENY, David (2001): Making Sense of the E-Opportunity. In: Sloan Management Review, 42. Jg., Nr. 2, S. 41-51.

FRANK, Ulrich/ SCHAUER, Hanno (2001): Potentiale und Herausforderungen des Wissensmanagements aus der Sicht der Wirtschaftsinformatik. In: Wissen in Unternehmen. Konzepte, Maßnahmen, Methoden, hrsg. von G. Schreyögg. Berlin, S. 163-182.

FRESE, Erich (1996): Anmerkungen zum Outsourcing aus organisatorischer Sicht. In: Organisation im Unternehmen zwischen Tradition und Aufbruch. Festschrift für Klaus Tragsdorf, hrsg. von U. von Hoven und R. Lang. Frankfurt am Main u.a., S. 17-26.

FRESE, Erich (2000): Grundlagen der Organisation. Konzept – Prinzipien – Strukturen. 8. Aufl., Wiesbaden.

FRESE, Erich (2002): Theorie der Organisationsgestaltung und netzbasierte Kommunikationseffekte – Das organisatorische Gestaltungspotenzial von Internet und Intranet. In: E-Organisation: Strategische und organisatorische Herausforderungen des Internet, hrsg. von E. Frese und H. Stöber im Auftrag des Arbeitskreises „Organisation" der Schmalenbach-Gesellschaft für Betriebswirtschaft. Stuttgart, S. 191-241.

FRESE, Erich/ NOETEL, Wolfgang (1992): Kundenorientierung in der Auftragsabwicklung. Strategie, Organisation und Informationstechnologie. Stuttgart.

FRESE, Erich/ VON WERDER, Axel (1989): Kundenorientierung als organisatorische Gestaltungsoption der Informationstechnologie. In: Kundennähe durch moderne Informationstechnologien, ZfbF-Sonderheft, Nr. 25, hrsg. von E. Frese und W. Maly. Düsseldorf, S. 1-26.

GALBRAITH, Jay. R. (1973): Designing Complex Organizations. Reading, MA u.a.

GALBRAITH, Jay R. (1977): Organization Design. Reading, MA u.a.

GRANT, Robert M. (1998): Contemporary Strategy Analysis. Concepts, Techniques, Applications. Malden, MA – Oxford.

HAERTSCH, Patrick (2000): Wettbewerbsstrategien für Electronic Commerce. Eine kritische Überprüfung klassischer Strategiekonzepte. 2. Aufl., Lohmar – Köln.

HALL, David J./ SAIAS, Maurice A. (1980): Strategy Follows Structure! In: Strategic Management Journal, 1. Jg., S. 149-163.

v. HAYEK, Friedrich A. (1952): Individualismus und wirtschaftliche Ordnung. Erlenbach – Zürich.

HELPER, Susan R. (1991): Strategy and Irrersibility in Supplier Relations: The Case of the U.S. Automobil Industry, In: Business History Review, 65. Jg., S. 781-824

HELPER, Susan R./ SAKO, Mari (1995): Supplier Relations in Japan and the United States: Are they Converging? In: Sloan Management Review, 36. Jg., S. 77-84.

v. HIPPEL, Eric (1998): „Sticky Information" and the Locus of Problem Solving: Implications for Innovation. In: The Dynamic Firm. The Role of Technology, Strategy, Organization and Regions, hrsg. von A. D. Chandler, P. Hagström und Ö. Sölvell. New York, S. 60-77.

HUTT, Michael D./ JOHNSTON, Wesley J./ RONCHETTO, John R. (1985): Selling Centers and Buying Centers: Formulating Strategic Exchange Patterns. In: Journal of Personal Selling & Sales Management, 5. Jg., S. 33-40.

KERN, Egbert (1990): Der Interaktionsansatz im Investitionsgütermarketing, Berlin.

KLEINALTENKAMP, Michael (1997): Business-to-Business-Marketing. In: Gabler-Wirtschafts-Lexikon, 14. Aufl., Wiesbaden, S. 753-762.

KUBICEK, Herbert (1979): Informationstechnologie und Organisationsforschung. Eine kritische Bestandsaufnahme der Forschungsergebnisse. In: Mensch und Computer. Zur Kontroverse über die ökonomischen und gesellschaftlichen Auswirkungen der EDV, hrsg. von H. R. Hansen, K. T. Schröder und H. J. Weihe. München – Wien, S. 55-79.

LINK, Jörg (1999): Database-Marketing. In: Electronic Commerce. Herausforderungen – Anwendungen – Perspektiven, 2. Aufl., hrsg. von F. W. Bliemel, G. Fassott und A. Theobald. Wiesbaden, S. 193-210.

MACNEIL, Ian R. (1978): Contracts: Adjustment of Long-Term Economic Relations under Classical, Neoclassical and Relational Contract Law. In: Northwestern University Law Review, 72. Jg., S. 854-902.

MAY, Paul (2000): The Business of Ecommerce. Pro-Corporate Strategy to Technology. Cambridge, MA.

METCALF, Lynn E./ FREAR, Carl R./ KRISHNAN, R. (1992): Buyer-Seller Relationships: An application of the IMP Interaction Model. In: European Journal of Marketing, 26 Jg., S. 27-46.

NORRIS, Grant; HURLEY, James R.; HARTLEY, Kenneth M.; DUNLEAVY, John R.; BALLS, John D. (2000): E-Business and ERP. Transforming the enterprise. New York u.a.

O'CONNOR, Gina C./ O'KEEFE, Robert (2000): The Internet as a new Marketplace: Implications for Consumer Behavior and Marketing Management. In: Handbook on Electronic Commerce, hrsg. von M. Shaw et al. Berlin u.a., S. 123-146.

PINE, B. Joseph (1999): Mass Customization: the new Frontier in Business Competition. Boston, MA.

POLANYI, Michael (1985): Implizites Wissen. Deutsche Übersetzung von „The Tacit Dimension" von Horst Brühmann. Frankfurt am Main.

PORTER, Michael E. (1988): Wettbewerbsstrategie. Methoden zur Analyse von Branchen und Konkurrenten. Frankfurt am Main – New York.

PORTER, Michael E. (2001): Strategy and the Internet. In: Harvard Business Review, 79. Jg., Nr. 3, S. 63-78.

PORTER, Michael E./ MILLAR, Victor E. (1985): How Information Gives you Competitive Advantage. The Information Revolution Is Transforming the Nature of Competition. In: Harvard Business Review, 63. Jg., Nr. 4, S. 149-160.

RAYPORT, Jeffrey F./ SVIOKLA, John J. (1995): Exploiting the Virtual Value Chain. In: Harvard Business Review, 73. Jg., Nr. 6, S. 75-85.

ROSENOER, Jonathan/ AMSTRONG, Douglas/ GATES, Russell J. (1999): The Clickable Corporation. Successful Strategies for Capturing the Internet Advantage. New York.

SAKO, Mari (1992): Prices, Quality, and Trust. Cambridge, MA.

SARBOUGH-THOMPSON, Marjorie/ FELDMAN, Martha S. (1998): Electronic Mail and Organizational Communication: Does Saying „Hi" Really Matter? In: Organization Science, 9. Jg., S. 685-698.

SCHINZER, Heiko/ BÖHNLEIN, Claus (2000): Supply Chain Management. In: Electronic Commerce. Anwendungsbereiche und Potentiale der digitalen Geschäftsabwicklung, hrsg. von R. Thome und H. Schinzer. München, S. 27-44.

SCHINZER, Heiko/ THOME, Rainer (2000): Anwendungsbereiche und Potentiale. In: Electronic Commerce. Anwendungsbereiche und Potentiale der digitalen Geschäftsabwicklung, hrsg. von R. Thome und H. Schinzer. München, S. 1-25.

SHAPIRO, Benson P. (1991): Close Encounters of the four Kinds: Managing Customers in a Rapidly Changing Environment. In: Strategic Marketing Management, hrsg. von R. J. Dolan. Boston, MA, S. 429-453.

SHAPIRO, Carl/ VARIAN, Hal R. (1999): Information Rules. A Strategic Guide to the Network Economy. Boston, MA.

SPROULL, Lee S./ KIESLER, Sara (1991): Connections: New Ways of Working in the Networked Organization. Cambridge, MA.

STRADER, Troy J./ SHAW, Michael J. (2000): Electronic Markets: Impact and Implications. In: Handbook on Electronic Commerce, hrsg. von M. Shaw et al. Berlin u.a., S. 77-98.

SUBRAMANIAM, Chandrasekar/ SHAW, Michael J./ GARDNER, David M. (2000): Product Marketing on the Internet. In: Handbook on Electronic Commerce, hrsg. von M. Shaw et al. Berlin u.a., S. 147-173.

SZULANSKI, Gabriel (1996): Exploring Internal Stickiness: Impediments to the Transfer of Best Practice Within the Firm. In: Strategic Management Journal, 17. Jg., Winter Special Issue, S. 27-43.

THEUVSEN, Ludwig (2002): E-Business und Strategie – Neubewertung von Wettbewerbsvorteilen bei veränderten Branchenstrukturen. In: E-Organisation: Strategische und organisatorische Herausforderungen des Internet, hrsg. von E. Frese und H. Stöber im Auftrag des Arbeitskreises „Organisation" der Schmalenbach-Gesellschaft für Betriebswirtschaft. Stuttgart, S. 19-62.

TOLLE, KRISTIN M./ CHEN, HSINCHUN (2000): Intelligent Software Agents for Electronic Commerce. In: Handbook on Electronic Commerce, hrsg. von M. Shaw et al. Berlin u.a., S. 365-382.

UTIKAL, Hannes (2001): Strategiekonforme Organisationsgestaltung an der Schnittstelle zwischen Unternehmung und Markt. Eine theoretische und empirische Analyse ausgewählter Gestaltungsoptionen in industriellen Geschäftsbeziehungen. Wiesbaden.

WAN, Guohua (2000): Internet Based Customer Decision Support Systems for Mass Customization. In: International Journal of Management, 17. Jg., September, S. 386-393.

WEIBER, Rolf (1997): Das Management von Geschäftsbeziehungen im Systemgeschäft. In: Geschäftsbeziehungsmanagement, hrsg. von M. Kleinaltenkamp und W. Plinke. Berlin u.a., S. 277-348.

WEIBER, Rolf/ KOLLMANN, Tobias (1999): Wertschöpfungsprozesse und Wettbewerbsvorteile im Marketspace. In: Electronic Commerce. Herausforderungen – Anwendungen – Perspektiven, 2. Aufl., hrsg. von F. W. Bliemel, G. Fassott und A. Theobald. Wiesbaden, S. 47-62.

WEICK, Karl E. (1979): The Social Psychology of Organizing. 2. Aufl., Reading, MA.

WERNERFELT, Birger (1984): A Resource-Based View of the Firm. In: Strategic Management Journal, 5. Jg., Nr. 2, S. 171-180.

WHINSTON, Andrew B./ STAHL, Dale O./ CHOI, Soon-Yong (1997): The Economics of Electronic Commerce. Indianapolis, IN.

ZERDICK, Axel; PICOT, Arnold; SCHRAPE, Klaus; ARTOPÉ, Alexander; GOLDHAMMER, Klaus; LANGE, Ulrich; VIERKANT, Eckart; LÓPEZ-ESCOBAr, Esteban; SILVERSTONE, Roger (1999): Die Internet-Ökonomie. Strategien für die digitale Wirtschaft. European Communication Council Report. Berlin – Heidelberg – New York.

ZIPKIN, Paul (2001): The Limits of Customization. In: Sloan Management Review, 42. Jg., Spring, S. 81-87.

ZOTT, Christoph/ LEVY, Jon J. (2000): Strategies for Value Creation in E-Commerce: Best Practice in Europe. INSEAD, Working Paper Nr. 2000/61/ENT/3i-5, Fontainebleau.

Erich Frese[*]

II. THEORIE DER ORGANISATIONSGESTALTUNG UND NETZBASIERTE KOMMUNIKATIONSEFFEKTE

– Das organisatorische Gestaltungspotenzial von Internet und Intranet

1. Einführung

2. Informationstechnologie und Organisationsstruktur

3. Statische und dynamische Anforderungen der Organisationsgestaltung

4. Internet und die Ausschöpfung gegenwärtiger Handlungspotenziale

    4.1 Koordination: Integration von Schnittstellen und Potenzialen

    4.2 Motivation: Integration von Unternehmungs- und Individualziel

5. Internet und die Sicherung künftiger Handlungspotenziale

    5.1 Organisationsstruktur und dynamischer Wandel: Methodische Vorbemerkungen

    5.2 Anpassungsfähigkeit: Lern- und Änderungskonzepte im organisatorischen Kontext

    5.3 Motivation: Bereitschaft zu Lernen und Änderung

---

[*] Prof. Dr. Erich Frese, Direktor des Seminars für Allgemeine Betriebswirtschaftslehre und Organisationslehre der Universität zu Köln

Zusammenfassende Thesen

Internet-Technologie

Als Kernbestandteile der Internet-Technologie werden standardisierte Kommunikationsprotokolle und Instrumente zur Vereinfachung der Benutzerschnittstelle angesehen. Die unternehmungsinterne Nutzung der Internet-Technologie führt zur Entstehung so genannter Intranets. Von der Fähigkeit, umfangreiche Informationsbestände bereitzuhalten sowie diese schnell über prinzipiell unbegrenzte Distanzen und unabhängig von der zeitlichen Präsenz eines Kommunikationspartners übermitteln und abfragen zu können, gehen die nachhaltigsten Organisationsimpulse aus.

Informationelle Durchdringung von Prozessen und Strukturen

Internet bzw. Intranet verstärken die informationelle Durchdringung aller Strukturen und Prozesse in Unternehmungen und Märkten. Niedrige Zugangsbarrieren und die kostengünstige Nutzung des Netzes bilden in Verbindung mit der exponentiellen Zunahme der Zahl der erreichbaren Kommunikationspartner (Netzwerkeffekt) die Basis für dieses Phänomen. Nach der Etablierung von Großrechnern und der Individualisierung der Datenverarbeitung bedeutet die flächendeckende Nutzung netzbasierter Kommunikation die dritte informationstechnologische Entwicklungsstufe mit nachhaltiger Gestaltungsrelevanz. Die seit dem Aufkommen der „elektronischen Datenverarbeitung" in Wissenschaft und Praxis immer wieder aufgeworfene Frage nach den Beziehungen zwischen Informationstechnologie und Organisationsgestaltung gewinnt erneut an Aktualität.

Internet-Effekte

Im Mittelpunkt dieses Beitrags steht das aus betriebswirtschaftlicher Sicht entscheidende Merkmal der netzbasierten Kommunikation. Hieraus resultierende Wirkungen des Internet beruhen auf einem kumulativen Effekt. Viele spektakuläre Einzeleffekte werden beim Internet zu einem Gesamteffekt verknüpft, der in einem prinzipiell jedem zugänglichen Kommunikationsnetz mit globaler Dimension neue Maßstäbe für Kosten, Zeit und Qualität setzt. Vor diesem Hintergrund lassen sich die durch den Einsatz der Internet-Technologie ausgelösten Änderungen auf drei Effekte zurückführen. Der Rationalisierungseffekt besteht darin, dass die neuen Kommunikationsoptionen erlauben, den Informationsaustausch mit höherer Effizienz zu realisieren. So wird durch die Kopplung von Internet-Technologie und Datenbanksystemen erstmalig eine Personalisierung von Interaktionen in automatisierten Abläufen der Kommunikation mit Kunden möglich. Der Treffpunkteffekt schafft die Voraussetzungen dafür, dass zwei Einheiten mit jeweils aktivem Transaktionsinteresse schnell und zielgenau zusammengeführt werden. Beispiele sind elektronische externe und interne

Märkte. Der Auskunftseffekt beschreibt den Fall des einseitigen Transaktionsinteresses. Zwischen einer Einheit mit einer aktiv verfolgten Informationsnachfrage und einer Einheit, die zur Vermittlung von Informationen fähig und bereit ist, wird mit hoher Effizienz ein Kontakt hergestellt. Ein Beispiel ist die Kontaktierung aller Vertriebseinheiten durch den zentralen Beschaffungsbereich mit Blick auf Kundenreklamationen hinsichtlich eines bestimmten Werkstoffs.

Strategische Neupositionierung

Anders als frühere informationstechnologische Entwicklungen schafft das Internet eine leistungsfähige Plattform für die Gestaltung unternehmungsübergreifender Markttransaktionen. Das Spektrum der Zugangsmöglichkeiten zu Kunden und Lieferanten erweitert sich so umfassend, dass in vielen Branchen strategische Neupositionierungen etablierter Unternehmungen erfolgen. Neubewertungen der vertikalen Integration und der Diversifikation verändern die bisherige Unternehmungsstrategie; als gesichert angesehene Wettbewerbspositionen werden durch eine verbesserte Markttransparenz in Frage gestellt und führen zu Anpassungen der Wettbewerbsstrategie. Nachhaltige strategische Änderungen bedingen zu ihrer Umsetzung in aller Regel Änderungen bei Strukturen und Prozessen. Die große organisatorische Bedeutung der Internet-Technologie liegt damit schon aus Gründen einer erfolgreichen Implementierung von Strategien auf der Hand.

Steigende Wettbewerbsintensität und Organisation

Der Stellenwert der Organisationsstruktur vergrößert sich in vielen Unternehmungen signifikant. In Branchen, in denen Unternehmungen einen beträchtlichen Teil ihrer Leistungen über das Internet absetzen, nimmt auf Grund der ausgeprägten Markttransparenz die Intensität des Wettbewerbs zu. Der Versuch, Wettbewerbsvorteile aufzubauen und zu sichern, wird unter diesen Bedingungen zu einer Herausforderung, die keine Unternehmung ohne leistungsfähige, strategiekonforme Organisationsstrukturen bewältigen kann. Wenn der Markt konsequente Kundenorientierung und noch stärkere Anstrengungen in Bezug auf Zeit- und Kosteneffizienz verlangt, erreicht diejenige Unternehmung eine überlegene Position, die im Wettbewerb um neue Ideen ein überlegenes Organisationskonzept entwickelt.

Reichhaltigkeit internetbasierter Medien

Kommunikationsmedien sind vor allem nach ihrer Reichhaltigkeit zu beurteilen. Die Reichhaltigkeit umfasst Merkmale wie die Verschiedenartigkeit von Form und Inhalt der Information sowie prozessuale Faktoren wie die Möglichkeit eines unmittelbaren Feedbacks. Die auf der Internet-Technologie basierenden Kommunikationsmedien unterscheiden sich im Einzelnen hinsichtlich der Reichhaltigkeit. Während Video-

Konferenzen eine hohe Reichhaltigkeit garantieren, ist in den vorrangig genutzten Formen wie Web-Seiten und E-Mails dieses Merkmal schwächer ausgeprägt. Auch beim Internet gilt, dass die Effizienz der Kommunikation (Kosten, Zeit) mit dem Standardisierungsgrad von Transaktionsaktivitäten steigt. In Entscheidungssituationen mit hoher Ungewissheit und mehrdeutigen Informationen, die unter Umständen auch den Rückgriff auf implizites, nur schwer zu erfassendes Wissen erfordern, muss deshalb die netzbasierte Kommunikation durch traditionelle Formen ersetzt oder ergänzt werden.

Abbau von Kommunikationsbarrieren

Der mit dem neuen Medium einhergehende Abbau physischer und emotionaler Kommunikationsbarrieren führt zur Förderung eines offenen Kommunikationsverhaltens, bei dem Statusunterschiede zwischen den Beteiligten an Bedeutung verlieren. Diese Tendenz, verbunden mit einer generellen Intensivierung des Informationsaustauschs, erhöht im Grundsatz die Qualität von Entscheidungen und die Akzeptanz bei ihrer Umsetzung, erfordert aber auch aktive Maßnahmen zur Bewältigung der wachsenden Gefahr eines „Information Overload".

Statische und dynamische Anforderungen an die Organisationsgestaltung

Jede Gestaltung von Organisationsstrukturen muss unter statischen und dynamischen Anforderungen betrachtet werden. Das gilt in besonderem Maße bei der organisatorischen Einschätzung des Internet Organisation ist aus statischer Sicht auf die möglichst vollständige Ausschöpfung gegebener Potenziale ausgerichtet. Es geht um die Integration der arbeitsteiligen Wertschöpfungsaktivitäten zur Sicherung von Koordination und Motivation. Bei Verfolgung des dynamischen Gestaltungsanliegens rücken der Aufbau von Potenzialen und die Notwendigkeit permanenten Wandels ins Zentrum der Betrachtung. Es geht um ein langfristig orientiertes Wissensmanagement sowie um die Fähigkeit und Bereitschaft zu Änderungen. Lerneffizienz und Änderungseffizienz sind die entscheidenden Kriterien zur Beurteilung von Organisationsstrukturen.

Koordination kritischer Schnittstellen

Die bereichsübergreifende Koordination von Aktivitäten stellt in besonders hohem Maße Anforderungen an Kooperationsfähigkeit und -willen der Beteiligten. In Wissenschaft und Praxis ist die These weit verbreitet, dass sich die Kommunikation innerhalb von Teilsystemen reibungsloser vollzieht als zwischen Teilsystemen. Organisationsstrukturen der Praxis sind in hohem Maße durch die Orientierung an diesem Prinzip geprägt. Immer dann, wenn die reibungslose Abstimmung einer Schnittstelle besonders wichtig ist, sucht man durch ihre „Internalisierung" in einem Bereich die Notwendigkeit der Kommunikation und Kooperation über Bereichsgrenzen hinweg zu vermeiden. Viele der in den letzten Jahren unter dem Zwang, Prozesse beschleunigen zu müssen, entstandenen relativ autonome Bereiche sind Ausdruck dieses Gestaltungsprinzips. Die Nachteile dieser Konzepte, z.B. die Tendenz zur bereichsweisen Aufsplitterung von Ressourcen, wurden dabei in Kauf genommen. Wenn der Einsatz der Internet-Technologie die bereichsübergreifende Kooperation nachhaltig verbessern würde, wären solche Kompromisse nicht mehr nötig; die Organisationslandschaft würde sich nachhaltig verändern. Allerdings sind Zweifel an einem so weitreichenden Kommunikationseffekt angebracht. Die mit der netzbasierten Kommunikation verbundene Intensivierung des Informationsaustausches kann die Bewältigung solcher Schnittstellenprobleme sicher erleichtern. Bei der Frage, ob als Folge der neuen Kommunikationsmöglichkeiten wirklich eine nachhaltige Verbesserung der Kooperationsfähigkeit – und insbesondere der Kooperationsbereitschaft – eintritt, ist aber Skepsis angebracht.

Koordination der Leistungserstellung

Das Internet eröffnet Möglichkeiten zur intensivierten Abstimmung der verschiedenen Wertschöpfungsaktivitäten auf Grund der weitgehenden Standardisierung internetbasierter Kommunikation. Hinsichtlich des Absatzmarktes kann z.B. die Abstimmung durch rasche Weiterleitung relevanter Kundeninformationen in „marktferne" Bereiche verbessert und die Unterstützung bereichsübergreifender Entscheidungsprozesse erreicht werden.

Interne Märkte

Die Internet-Technologie schafft nicht nur eine neue Plattform für Transaktionen auf dem externen Markt, sie fördert auch die Entstehung interner Märkte. Es ist zu erwarten, dass die sich seit einigen Jahren abzeichnende Tendenz zu mehr Marktwirtschaft in der Unternehmung durch das Internet eine neue Dimension erhält. Wurden bisher interne Leistungsbeziehungen zwischen einer a priori gegebenen Zahl organisatorischer Einheiten durch Einführung interner Preise sowie durch Etablierung interner Kunden-Lieferanten-Beziehungen gesteuert, erweitert sich bei Nutzung netzbasierter Kommunikation die Zahl der potenziellen Anbieter und Nachfrager. Alle einer organisatorischen Einheit zugewiesenen Ressourcen, die fungibel und auch von anderen Unternehmensbereichen zu nutzen sind, können prinzipiell über interne Märkte neuen, effizienteren Verwendungen zugeführt werden. Jeder Ressourceneigner kann durch Präsentation einer Ressource auf elektronischen Marktplätzen jeden potenziellen Nachfrager erreichen – eine Option, die erst das Internet eröffnet. Die Herausbildung solcher internen Märkte lässt sich gegenwärtig in vielfältigen Formen beobachten. Beispiele sind Angebot und Nachfrage auf internen Arbeitsmärkten und marktliche

Transaktionen zur Überbrückung von Ressourcenengpässen bzw. zum Abbau von Überkapazitäten.

Selbst- und Fremdsteuerung

Die Verbreitung der Internet-Technologie fördert Tendenzen zur Geschäftssegmentierung. Es entstehen vermehrt Einheiten mit ausgeprägtem unternehmerischen Handlungsspielraum und umfassender Marktverantwortung: Die operativen Einheiten kontrollieren ihre Wertschöpfungskette weitgehend selbst. Diese Entwicklung lässt sich vor allem auf Kosteneffekte zurückführen. Verringerte Transaktionskosten vereinfachen durch die Möglichkeiten der elektronischen Präsentation von Produkt- und Leistungsmerkmalen das Management der Schnittstelle zum Markt und erlauben eine stärkere Verlagerung von Beschaffungs- und Absatzkompetenzen (z.B. aus Zentralbereichen) in operative Einheiten. Reduzierte Set-up-Kosten vermitteln – durch Erweiterung des Produktprogramms und Eingliederung von Beschaffungsaktivitäten – Anreize zum Ausbau von ursprünglich als bloße elektronische Vertriebskanäle konzipierte Einheiten zu eigenständigen Geschäftsfeldern. Marktorientierte Anreizsysteme, insbesondere Profit-Center-Konzepte, gewinnen in einem solchen Umfeld stärker an Bedeutung.

Verbundeffekte

Die Internet-Technologie kann die Realisierung bereichsübergreifender Verbundeffekte möglich machen. Eine solche gemeinsame Ausschöpfung von Ressourcen- und Marktpotenzialen führt durch die Orientierung am übergeordneten Verbundkonzept zwangsläufig zu Einschränkungen in der Handlungsautonomie der betroffenen Einheiten. Die Verfolgung einer Verbundstrategie äußert sich in vielfältiger Weise. So kann der Internet-Vertrieb neben den traditionellen Distributionswegen Element einer abgestimmten Mehrkanalkonzeption sein. Auch sind Situationen zu beobachten, in denen bereichsübergreifender Koordinationsaufwand entsteht, wenn durch die informationstechnologischen Optionen des Internet einer bestimmten Ressource ein strategischer Stellenwert bei der Realisierung von Verbundeffekten zugewiesen wird. Ein Beispiel ist eine Versandunternehmung, die ihre flächendeckende Logistikinfrastruktur für die Auslieferung zusätzlicher Produkte einsetzt, deren Bestellung elektronisch erfolgt.

Organizational Learning

„Organizational learning" ist auf den Aufbau und die Sicherung künftiger Potenziale ausgerichtet. Letztlich geht es um die Generierung neuer Produktideen und deren Umsetzung in marktfähige Leistungen. Wissensstrukturen und ihre Veränderung sowie die Fähigkeit zum Wandel werden damit zu Orientierungspunkten des Organisationsmanagements. In einer Zeit, in der Wissenschaft und Praxis den Stellenwert des dynamischen Handlungspotenzials für den langfristigen Unternehmungserfolg erkennen, vermittelt schon die Ausbreitung der Netzwerk-Technologie und die Nutzung der neuen Möglichkeiten nachhaltige Anstöße zur Intensivierung der Beschäftigung mit dem Wissensmanagement. Gleichwohl ist der Bestand an theoretisch fundierten und empirisch gestützten Gestaltungsempfehlungen noch unvollkommen.

Absorption und Transfer von Wissen

Absorption von Wissen, d.h. die kognitive Verarbeitung und Integration neuen Wissens, sowie der Transfer von Wissen sind der Kern des „organizational learning". Wenn die Absorption neuen Wissens – wie einschlägige Arbeiten nahe legen – von der Struktur des vorhandenen Wissens abhängt, rückt die Frage nach dem Einfluss alternativer Formen der Organisation auf den Aufbau von Wissensstrukturen in den Mittelpunkt. Allerdings ist festzustellen, dass die Organisationstheorie zum jetzigen Zeitpunkt erst sehr begrenzt die Formulierung anwendungsbezogener Aussagen mit Blick auf „absorptionseffiziente" Strukturen zulässt. Das Interesse in Wissenschaft und Praxis ist gegenwärtig stärker auf den Transfer von Wissen gerichtet. Die allgemeine Tendenz zur Intensivierung der Kommunikation findet ihren sichtbaren Niederschlag in der sprunghaft gestiegenen Bedeutung von internen und externen Datenbanken. Hier zeichnen sich Entwicklungen ab, die über mehr technisch geprägte Datenbank- und Qualifizierungskonzepte („Tele-Learning") hinausweisen. Die bloße Erweiterung in der Zahl der erreichbaren Ansprechpartner und potenzieller Wissensträger verstärkt Bemühungen, das in einer Unternehmung vorhandene Wissen umfassend auszuschöpfen. Eine entscheidende Frage wird sein, welche Rolle dem Internet über die bloße Übertragung relativ standardisierter Informationen hinaus für den Transfer komplexer, aus dem konkreten Anwendungsbezug nur schwer herauszulösender Wissensinhalte zukommt. Die Vorstellung, beim Transfer anspruchsvollen Wissens ganz auf das Internet zu setzen, ist unrealistisch. Das Aufspüren von Wissensträgern und das erste Abschätzen ihres potenziellen Wissensbeitrags wird durch das Internet wesentlich erleichtert. Die umfassende Ausschöpfung von Wissenspotenzialen bedarf jedoch zusätzlich einer ganzen Fülle unterstützender organisatorischer Maßnahmen.

1. Einführung

Dieser Beitrag untersucht die Frage, welche Veränderungen in der Organisationsstruktur von Unternehmungen bei konsequenter Nutzung der Internet-Technologie zu erwarten sind.

Der hier verfolgte Anspruch einer umfassenden Bestandsaufnahme lässt sich nur unter Rückgriff auf ein geschlossenes organisationstheoretisches Gestaltungskonzept einlösen. Gegenwärtig liegen erst Umrisse und Teile einer solchen Konzeption vor. Die Untersuchung bemüht sich deshalb, neben der Auseinandersetzung mit der engeren Fragestellung des Internet vorrangegangene Arbeiten des Verfassers und in den letzten Jahren erschienene Publikationen zu einem aussagefähigen Gestaltungsmodell zusammenzuführen. Die Verbindung der beiden Ziele, das organisatorische Potenzial einer neuen Technologie zu bewerten und die Grundzüge der zu Grunde gelegten Gestaltungstheorie zu entwickeln, stellt an die Bereitschaft des Lesers, den Argumenten zu folgen, einige Anforderungen. Aber angesichts der informationellen Durchdringung aller Strukturen und Prozesse gibt es keine Alternative zur Verknüpfung der beiden Fragestellungen.

Ausgangspunkt der Überlegungen ist das aus betriebswirtschaftlicher Sicht entscheidende Merkmal der netzbasierten Kommunikation. Technologische Entwicklungen, Ausformungen von Standards und sinkende Nutzungskosten lassen globale Kommunikationsnetze entstehen, in denen alle Teilnehmer in effizienter Weise miteinander Informationen austauschen können. Für viele Unternehmungen gilt schon heute, dass im Rahmen des Internet bzw. der unternehmungsinternen Form des Intranets jedes Mitglied mit jedem anderen weitgehend unabhängig von Ort und Zeit kommunizieren kann. In dieser Ubiquität der netzbasierten Kommunikation ist das Neue des Mediums „Internet" zu sehen.

Betrachtet man zwei Einheiten einer Unternehmung (oder eines anderen arbeitsteiligen Systems wie z.B. des Marktes), dann können zwischen ihnen enge, lose oder keine Kommunikationsbeziehungen bestehen. Die neuen Möglichkeiten der netzbasierten Kommunikation erlauben es, bei sehr geringen Kosten in einem System die Zustände „lose Beziehungen" oder „keine Beziehungen" in einen Systemzustand zu überführen, der sich durch eine höhere Intensität der Kommunikation auszeichnet. Darin liegt die elementare Wirkung einer netzbasierten Kommunikation. Vor diesem Hintergrund lassen sich die durch den Einsatz des Internet ausgelösten Organisationsänderungen auf drei Effekte zurückführen:

- Der *Rationalisierungseffekt* besteht darin, dass die neuen Möglichkeiten erlauben, den Informationsaustausch mit hoher Effizienz hinsichtlich Kosten-, Zeit- und Qualitätsanforderungen zu gestalten.

- Der *Treffpunkteffekt* schafft die Voraussetzungen dafür, dass zwei Einheiten mit jeweils aktivem Transaktionsinteresse mit hoher Effizienz hinsichtlich Kosten-, Zeit- und Qualitätsanforderungen zusammengeführt werden. Grundlage dieses Effekts ist die themenspezifische Definition und Bekanntmachung von Treffpunkten. Beispiele sind „elektronische" externe und interne Märkte.

- Der *Auskunftseffekt* beschreibt den Fall, dass zwischen einer Einheit mit einer aktiv verfolgten Informationsnachfrage und einer Einheit, die zur Vermittlung von Informationen fähig und bereit ist, ein Kontakt mit hoher Effizienz hinsichtlich Kosten-, Zeit- und Qualitätsanforderungen hergestellt wird. Grundlage dieses Effekts ist die durch themenspezifische Katalogisierung und Bekanntmachung ermöglichte gezielte Suche nach relevanten Einheiten (Personen, Datenbanken). Ein Beispiel ist die Kontaktierung aller Vertriebseinheiten einer Unternehmung, die Erfahrungen mit Reklamationen japanischer Kunden haben, durch die zentrale Beschaffungsabteilung.

Im Einzelnen lassen sich Organisationsänderungen auf den Rationalisierungseffekt zurückführen, wenn reduzierte Kommunikationskosten bisherige Organisationsstrukturen in Frage stellen. In diesem Zusammenhang ist u.a. die These zu prüfen, dass die Nutzung netzbasierter Kommunikationsmöglichkeiten zu einer Rezentralisierung von Entscheidungen führt. Entsprechende Überlegungen sind hinsichtlich des Treffpunkt- und Auskunftseffektes anzustellen. Zum einen ist zu prüfen, welche Organisationsstrukturen angemessen sind, wenn diese Effekte erstmalig genutzt werden sollen. Zu untersuchen ist in diesem Zusammenhang z.B. die These, dass über die Etablierung interner Märkte mit dem Ziel einer bereichsübergreifenden Nutzung freier Kapazitäten die Tendenz zur Bildung eigenverantwortlicher Einheiten (Geschäftssegmentierung) gefördert wird. Zum anderen stellt sich die Frage der Reorganisation, wenn Treffpunkt- und Auskunftseffekt durch „traditionelle" Organisationslösungen angestrebt wurden. Zu denken ist hier beispielsweise an die Bildung eines Zentralbereichs, dem die Funktion übertragen wird, als „Broker" Kapazitäten bereichsübergreifend zu vermitteln. Dann ist die These zu analysieren, dass angesichts der neuen Möglichkeiten netzbasierter Kommunikation diese Funktion in die Bereiche reintegriert wird.

Die bisher betrachteten Änderungen der Organisationsstruktur lassen sich auf den „direkten" Einfluss der drei Effekte zurückführen. Daneben müssen „indirekte" Wirkungen berücksichtigt werden, auf Grund derer es zu Veränderungen in der Struktur der (externen) Märkte und der Beziehungen von Unternehmungen zum Markt durch Nutzung von Rationalisierungs-, Treffpunkt- und Auskunftseffekten kommt. Mit Blick auf den Absatz- und Beschaffungsmarkt gilt, dass die Technologie der netzbasierten

Kommunikation den strategischen Spielraum von Unternehmungen erweitert, indem sie neue Produkte, Partner oder Marktzugänge hervorbringt. Neue Unternehmungs- und Wettbewerbsstrategien, etwa in Form einer betonten Diversifikation oder einer Veränderung der vertikalen Integration, bedingen dann strategiekonforme Anpassungen der Organisationsstrukturen.

In der Erfassung der direkten und indirekten Wirkungen der Effekte und ihrer Überlagerung liegt die Herausforderung einer organisationstheoretischen Analyse der organisatorischen Optionen des Internet. Um die Herausarbeitung der vielfältigen Gestaltungseinflüsse und vorherrschenden Strukturmuster bemüht sich die folgende Betrachtung.

2. Informationstechnologie und Organisationsstruktur

„Organizations are consumers, managers, and purveyors of information. Rules for gathering, storing, communicating, and using information are essential elements of organizational operating procedures."[1]

Die von Martha S. Feldman und James G. March so anschaulich charakterisierte informationelle Durchdringung aller Prozesse und Strukturen legt es nahe, jeden „Sprung" in der informationstechnologischen Entwicklung mit der Frage nach seinen organisatorischen Auswirkungen zu verbinden; und in der Tat wird diese Frage seit dem ersten kommerziellen Einsatz von Datenverarbeitungsanlagen vor etwa 50 Jahren bei jeder als bemerkenswert eingestuften technologischen Entwicklung gestellt. Die Antworten waren so unterschiedlich wie die konzeptionelle Erfassung der Informationstechnologie und der Organisation, ganz zu schweigen von Einflüssen des methodologischen Zugangs zum Charakter ihrer Beziehungen. Schon deshalb kann es nicht überraschen, dass die Prognosen über die unter dem Einfluss der Informationstechnologie zu erwartenden, langfristigen organisatorischen Veränderungen ein breites Spektrum abdecken. Es reicht von dem eher engen Blick auf Merkmale der Konfiguration wie die Zentralisation von Entscheidungen[2] bis zu den kühnen Voraussagen von Peter F. Drucker[3], der für das erste Jahrzehnt dieses Jahrhunderts eine „informationsbasierte Organisation" erwartet, die mehr Ähnlichkeit mit einem Symphonie-Orchester als mit einer Produktionsunternehmung des Jahres 1950 haben soll.

---

[1] Feldman/March (1981), S. 171.
[2] Vgl. Grochla (1969).
[3] Vgl. Drucker (1988).

Die erstmalige Einführung der neuen Technologie traf seinerzeit auf eine organisationstheoretische Denkrichtung, die von einem deterministischen Ursache-Wirkungs-Zusammenhang ausging. Mehr Informationstechnologie führte nach diesem Verständnis zu Änderungen in der Konfiguration, abgebildet durch Merkmale wie Zentralisation, Spezialisierung und Standardisierung. Das Interesse an der Untersuchung solcher Zusammenhänge ließ im Zeitablauf spürbar nach – und das nicht nur, weil sich die empirische Überprüfung global formulierter Thesen zur Beziehung zwischen Informationstechnologie und Organisation als äußerst schwierig erwies. Eine stärker den Gestaltungsaspekt, den handelnden Manager und seine Gestaltungsphilosophie betonende Organisationsauffassung sah in der Informationstechnologie, nicht zuletzt angesichts des Trends zur „Individualisierung der Datenverarbeitung" in den 1980er Jahren, zunehmend eine den Gestaltungsspielraum erweiternde Option.[4] Die Technologie mit ihrem breiten Leistungsspektrum, ihrer funktionellen Flexibilität und räumlichen Mobilität war in hohem Maße durch Anwendungsoffenheit gekennzeichnet, die für die Ausschöpfung des technischen Potenzials eine Vielzahl von Organisationslösungen bot.

Geht man von der realistischen Annahme aus, dass die Betonung des Optionscharakters den Einsatz von Informationstechnologie angemessener betrachtet als das Modell eines deterministischen Wirkungszusammenhangs[3], dann muss die organisatorische Bewertung informationstechnologischer Veränderungen differenziert in einem umfassenden Gestaltungszusammenhang erfolgen. Eine unmittelbare Beziehung zwischen Informationstechnologie und Organisationsstruktur lässt sich allenfalls dann herstellen, wenn aus Sicht der Unternehmungsziele, insbesondere aus Sicht der verfolgten Wettbewerbsstrategie, technische Restriktionen für eine angestrebte Organisationskonzeption beseitigt werden. Das dürfte seltener der Fall sein, als gemeinhin angenommen wird. Allenfalls für die in den 1980er Jahren ausgelösten strategischen und organisatorischen Neupositionierungen und Restrukturierungen könnte dieser Effekt zutreffen, fallen entsprechende Entwicklungen doch in eine Zeit, in der sich die Möglichkeiten, organisatorische Einheiten mit Informationen zu versorgen, nachhaltig erweiterten. Ohne diesen qualitativen Sprung in der Informationstechnologie wären die in allen Branchen entstehenden kundenorientierten Organisationsstrukturen[5] nicht denkbar gewesen. Die Fähigkeit, mächtige Informationsbestände vorzuhalten und schnell über prinzipiell unbegrenzte Distanzen sowie unabhängig von der zeitlichen Präsenz eines Kommunikationspartners übermitteln und abfragen zu können, stellt

---

[4] Vgl. hierzu die Untersuchungen des Arbeitskreises „Organisation", Frese/Maly (1989).
[5] Vgl. Frese/v. Werder (1989).

nach wie vor den wichtigsten Impuls für informationstechnologisch begründete Organisationsänderungen dar.[6]

Auch für das technologische Fundament des Internet und Intranet gilt – wie die weitere Erörterung zeigen wird – die Feststellung, die schon auf frühe Phasen der „elektronischen Leistungsexplosion" zutraf,[7] dass sich der Fortschritt vornehmlich in einer verbesserten Bereitstellung von Informationen und weniger im Angebot leistungsfähigerer methodischer Problemlösungshilfen äußert.[8] Informationstechnologische Optionen für die Gestaltung organisatorischer Strukturen müssten deshalb vorrangig auf Kommunikationseffekte zurückgeführt werden – angesichts der Entwicklungen netzbasierter Kommunikation in Form des Internet und Intranet ein lohnendes Untersuchungsobjekt. Dabei scheint die These gerechtfertigt, dass die Netztechnologie die bisher weitreichendsten organisatorischen Perspektiven eröffnet. Diese Aussage stützt sich auf drei Veränderungen im Bereich der Kommunikation:

(1) Die Kosten der Nutzung von Übertragungsmedien sind dramatisch gefallen. In einem Kommunikationsnetz, das prinzipiell für jeden Interessierten offen steht, bedeutet das eine radikale Veränderung der Kommunikationslandschaft.

(2) Die Möglichkeiten, Informationen unabhängig von ihrem Strukturierungsgrad mit geringem Kodierungsaufwand abzubilden und zu übertragen[9], nehmen zu.

(3) Die netzbasierte Kommunikation führt in einem bisher nicht erfahrenen Ausmaß zu Änderungen im Kommunikationsverhalten. So fördert E-Mail den Abbau formeller Regelungen[10] und senkt (vertikale wie horizontale) Kommunikationsbarrieren.

Wie keine der früheren informationstechnologischen Neuerungen schafft die netzbasierte Kommunikation darüber hinaus eine neue Plattform für die Gestaltung unternehmungsübergreifender Markttransaktionen. Markttransaktionen bestehen bis auf den abschließenden Akt der physischen Erfüllung vertraglicher Vereinbarungen[11] vor allem aus informationellen Aktivitäten. Das Internet bewirkt einen so radikalen hinsichtlich der möglichen Wege zum Markt, dass tiefgreifende, teilweise spektakuläre

---

[6] Vgl. hierzu auch den Stellenwert des Kommunikationsaspekts bei der Analyse des Informationstechnologie-Potenzials durch Huber (1990).

[7] Eine Übersicht über die verschiedenen Phasen der informations- und kommunikationstechnologischen Entwicklung findet sich in DeSanctis/Dickson/Price (2001), S. 2 ff.

[8] Vgl. Frese/v. Werder (1989).

[9] Vgl. hierzu Boisot (1998), S. 200 ff.

[10] Vgl. Sproull/Kiesler (1991), S. 40.

[11] Es sei denn, der Charakter des Produkts lässt eine elektronische Übermittlung zu (z.B. Bild- und Tonprodukte).

strategische Neupositionierungen erfolgen. Strategische Änderungen sind in aller Regel die Vorläufer organisatorischer Änderungen.

Angesichts dieser vielschichtigen und weitreichenden Entwicklungen erscheint es geboten, Internet und Intranet einer umfassenden organisationstheoretischen Analyse zu unterziehen. Dabei soll im Folgenden die bisher vorherrschende Vorgehensweise bei der organisationstheoretischen Auseinandersetzung mit der Informationstechnologie um eine zusätzliche Dimension erweitert werden. Die statische Sicht, die im Hinblick auf den gegebenen Aufgabenbestand des operativen Geschäfts durch Maßnahmen der Koordination und Motivation Integrationsleistungen erbringen will, wird um eine dynamische Perspektive ergänzt. Organisationsmaßnahmen werden hierbei danach beurteilt, wie weit einer Unternehmung der Aufbau zukünftiger Handlungspotenziale gelingt. In diesem Zusammenhang gewinnt insbesondere die Fähigkeit, Wissen zu generieren und auszuschöpfen, herausragende Bedeutung.

3. Statische und dynamische Anforderungen der Organisationsgestaltung

Organisationsprobleme entstehen durch interpersonelle Arbeitsteilung. Diese führt zur Trennung zusammenhängender Aufgabenkomplexe und zur Übertragung der so entstandenen Teilaufgaben auf eine Mehrzahl von Personen mit jeweils individuellen Zielen. Gegenstand der organisatorischen Gestaltung ist die Schaffung umfasser Systeme ineinander greifender Regelungen, welche einen Beitrag zur Ausrichtung arbeitsteilig durchgeführter Handlungen auf die Unternehmungsziele leisten sollen. Derartige Regelungssysteme sollen im Folgenden als Organisationsstrukturen bezeichnet werden; sie lassen sich als Infrastrukturen im Sinne von Ordnungs- und Orientierungsrahmen begreifen.

Organisationsstrukturen können auf Kompetenz- und Steuerungsregelungen zurückgeführt werden.[12] Das Kompetenzsystem weist den einzelnen Einheiten nach Inhalt und Umfang die zu erfüllenden Aufgaben zu und legt die Interaktionen mit anderen Einheiten fest. Allerdings lassen sich auf diese Weise keine lückenlosen Regelungen treffen. Es muss zusätzlich sichergestellt werden, dass die Ausfüllung der verbleibenden Spielräume auf die übergeordneten Unternehmungsziele ausgerichtet ist. Diese Funktion wird dem Steuerungssystem übertragen, das auf die Prinzipien der Hierarchie- der Experten- oder der Selbststeuerung zurückgreift.

---

[12] Vgl. Frese/Lehmann (2000), S. 205 ff.; Engels (2001), S. 155 ff.

Organisationssysteme müssen vielfältigen Anforderungen genügen. Diese lassen sich auf zwei grundlegende Dimensionen zurückführen, deren gleichzeitige, wenn auch nicht gleichrangige Berücksichtigung eine unabdingbare Voraussetzung für praktisch funktionsfähige Systeme organisatorischer Regelungen darstellt:[13] Aus *aufgabenbezogener Perspektive* ist es notwendig, einen strukturellen Rahmen zu entwickeln, durch den abstrakte Entscheidungseinheiten in die Lage versetzt werden, die ihnen zugewiesenen Aufgaben unter Berücksichtigung der durch Markt- und Ressourcensituation sowie durch inhaltliche und formale Aufgabencharakteristika auferlegten Bedingungen gesamtzielkonform zu erfüllen. Aus Sicht der *Mitarbeiterperspektive* geht es darum, die Bereitschaft des einzelnen Aufgabenträgers zu fördern, bestehende Handlungsspielräume gemäß den übergeordneten Unternehmungszielen auszufüllen.

Die Gestaltung von Organisationsstrukturen muss auf heuristische Prinzipien zurückgreifen, denn eine Entwicklung organisatorischer Regelungen, deren Umsetzung die Optimierung der Unternehmungsziele erlaubte, ist angesichts der Komplexität der Gestaltungsaufgabe nicht möglich. Die Einführung von Subzielen ist deshalb zur Reduzierung der Komplexität unerlässlich. Die zwangsläufige Folge ist die bis zu einem gewissen Grade isolierte Betrachtung von Teilproblemen, zwischen denen faktische Zusammenhänge bestehen. Praktisch existieren deshalb immer Konflikte (Trade-offs) zwischen den einzelnen Subzielen. Neben der Einführung bestimmter Subziele ist jedes Konzept der Organisationsgestaltung auf Annahmen über Ursache-Wirkungs-Zusammenhänge angewiesen. Auf Grund der brüchigen empirischen Basis für Wirkungsaussagen und der Komplexität der Systemzusammenhänge sind Aussagen über „angemessene" Organisationsstrukturen immer bis zu einem gewissen Grade subjektiv.

Auf einer allgemeinen Ebene lassen sich im Rahmen einer an Subzielen orientierten Gestaltungsheuristik die Anforderungen an Organisationsstrukturen in die Kategorien „Integration" (statische Betrachtung) und „Wandel" (dynamische Betrachtung) einordnen.

Bei der Bewältigung von Integrationserfordernissen steht die zielorientierte Ausschöpfung von gegebenen Handlungspotenzialen durch Koordinations- und Motivationsmaßnahmen im Mittelpunkt.[14] Die Möglichkeiten einer Veränderung dieser Handlungspotenziale als Folge eines systematisch betriebenen Ausbaus der Ressourcenausstattung oder von Entwicklungen im marktlichen und technologischen Umfeld werden dabei ausgeblendet; zudem wird der Stand des relevanten Wissens als gegeben unterstellt. Koordinationsbezogene Gestaltung orientiert sich an den aufgabenlogischen

---

[13] Vgl. Frese (2000), S. 7 f.
[14] Vgl. Frese (2001); Milgrom/Roberts (1992).

Anforderungen der Wertschöpfungsaktivitäten. Von individuellen Zielsetzungen, Einstellungen und Verhaltensdispositionen wird weitestgehend abstrahiert, so dass Probleme wie mangelnde Leistungsanstrengung oder die bewusste Verfolgung von im Widerspruch zu den „offiziellen" Unternehmungszielen stehenden Eigeninteressen bei der Entscheidungsfindung ausgeklammert bleiben. Die Herausforderung an organisatorische Gestaltungsaktivitäten aus Sicht der Koordination liegt darin, trotz eines durch Arbeitsteilung verursachten Zwangs zur Potenzialsplittung[15] und daraus resultierenden Problemen der Schnittstellenbewältigung eine möglichst umfassende und reibungslose Ausschöpfung von Ressourcen und Märkten sicherzustellen. Die Einbeziehung der Motivationsdimension in die organisatorische Gestaltung erfordert demgegenüber eine Auseinandersetzung mit individuellen Verhaltensmerkmalen der Mitarbeiter und mit Möglichkeiten ihrer gesamtzielkonformen Beeinflussung durch Anreizmaßnahmen (Transaktion) bzw. die Vermittlung unternehmungszielkonformer Werte und Annahmen (Transformation). Aus motivationsorientierter Perspektive geht es folglich darum, trotz möglicher Diskrepanzen zwischen Unternehmungs- und Individualzielen eine möglichst umfassende und reibungslose Ausschöpfung von Ressourcen und Märkten zu gewährleisten.

Betreibt man organisatorische Gestaltung unter dem Gesichtspunkt des Wandels,[16] d.h. mit einer Akzentuierung dynamischer Elemente wie der Modifizierung von Wissensstrukturen oder der Forcierung von Änderungen innerhalb der Unternehmung, so erweitern sich die Komplexität des Gestaltungsproblems sowie das Spektrum der zu berücksichtigenden Gestaltungsmaßnahmen erheblich. Zur Verwirklichung eines solchen Anliegens müssen durch geeignete organisatorische Regelungen die Voraussetzungen dafür geschaffen werden, dass der zielorientierte Aufbau von Handlungspotenzialen für zukünftige Perioden gelingt. Nur Unternehmungen, die über die Fähigkeit der Anpassung verfügen, werden der Anforderung des Wandels gerecht; die Förderung von Lernen sowie die Fähigkeit zur Änderung werden dann zu Kriterien für die Beurteilung von Organisationsstrukturen. Mit der Lerneffizienz richtet sich der Blick auf Wissensstrukturen und ihre Veränderungen im Zeitablauf: Der Aufbau eines strukturellen Rahmens, welcher die unternehmungsweite Entwicklung neuen sowie den Transfer vorhandenen Wissens sicherstellt, wird zur Herausforderung für das „Organization Design". Unternehmungen mit der Fähigkeit zur Änderung besitzen die für einen Aufbau zukünftiger Handlungspotenziale unerlässliche Voraussetzung zur Anpassung an Entwicklungen in der relevanten Umwelt. Beispielhaft hierfür können

---

[15] Als Potenzialsplittung werden die strukturelle Differenzierung des Gesamtsystems auf Grund der Zerlegung einer komplexen Gesamtaufgabe und die Bearbeitung der entstehenden Aufgabensegmente durch unterschiedliche, mehr oder weniger isoliert handelnde Entscheidungseinheiten verstanden.

[16] Vgl. etwa Frost (1998), S. 91 ff.; Frese (2001).

umfassende strategische Neuausrichtungen,[17] die Generierung neuer Produktideen und deren Umsetzung in marktfähige Leistungen sowie eine grundsätzliche strukturelle Flexibilität[18] angeführt werden. Ebenso wie bei der Integrationsperspektive spielen auch unter dem Aspekt des Wandels Motivationsfragen eine Rolle. Es ist zu klären, wie bei den Mitarbeitern eine grundsätzliche Bereitschaft erzeugt werden kann, sich in Lernprozessen zu engagieren und Anpassungen an geänderte Bedingungen vorzunehmen. In Abb. 1 sind die Anforderungen an die Organisationsgestaltung, die der weiteren Betrachtung zu Grunde liegen, zusammengefasst.

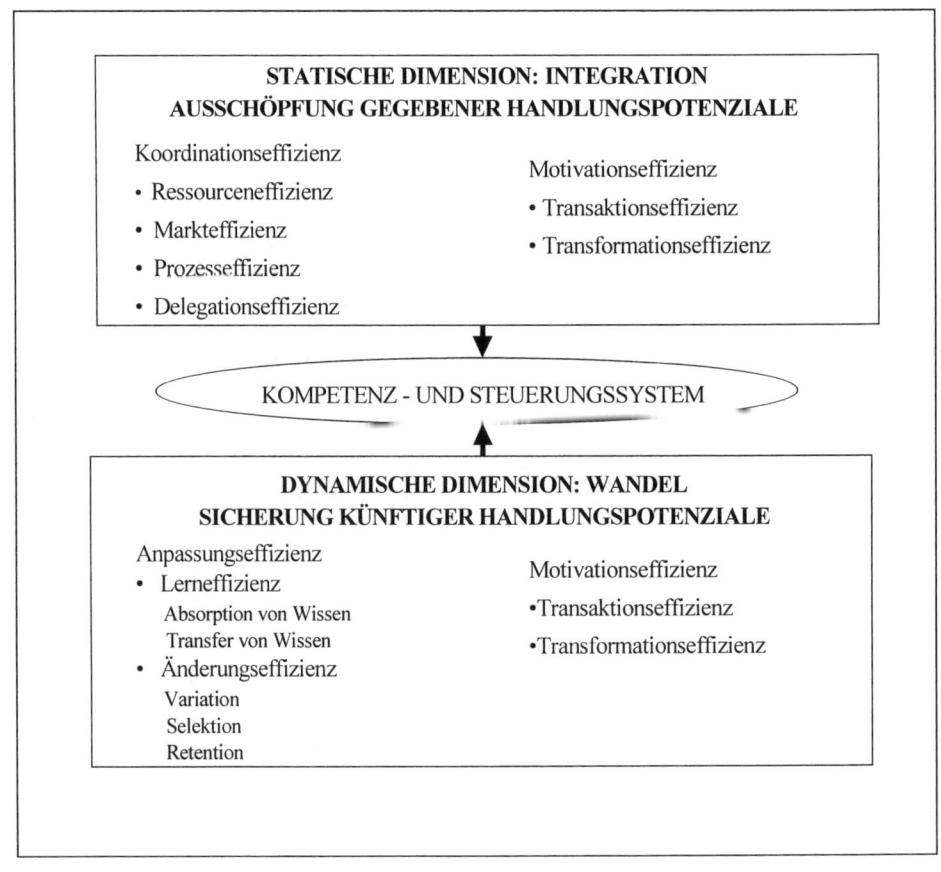

Abb. 1: Kriterien der Organisationsgestaltung

---

[17] Vgl. Burgelman (1983) und Burgelman (1991).
[18] Vgl. Volberda (1998), S. 119 f.

4. Internet und die Ausschöpfung gegebener Handlungspotenziale

Bei der Betrachtung des Gestaltungsproblems aus statischer Sicht, bei der Wahl von Strukturmaßnahmen zur möglichst vollkommenen Ausschöpfung gegebener Handlungspotenziale, stehen Integrationseffekte im Mittelpunkt. Die realisierte Integrationseffizienz äußert sich im Grad der zielorientierten Ausschöpfung gegebener Handlungspotenziale durch Maßnahmen der Koordination und der Motivation.

4.1 Koordination: Integration von Schnittstellen und Potenzialen

Zur Beurteilung der Koordinationseffizienz organisatorischer Regelungen werden im Folgenden die Kriterien der Prozess-, der Markt- und der Ressourceneffizienz eingeführt. Diese Kriterien akzentuieren unterschiedliche, aus einer horizontalen Zerlegung (Segmentierung) von Aufgaben erwachsende Problemfelder nach den jeweils betroffenen Handlungsbereichen.[19] Aus der hierarchischen Aufspaltung von Entscheidungsaufgaben resultierende Koordinationsanforderungen werden durch das Kriterium der Delegationseffizienz abgebildet (Strukturierung).

Über die *Prozesseffizienz* wird erfasst, wie gut und mit welchem Aufwand es gelingt, den gesamten Leistungserstellungsprozess vom einzelnen Beschaffungsvorgang über die Produktion bis hin zur Vertragserfüllung gegenüber dem Kunden abzustimmen. In diesem Zusammenhang ist unter anderem die Beantwortung der Fragen erforderlich, zu welchem Zeitpunkt eine Beschaffung von Verbrauchsfaktoren welcher Qualität zweckmäßig ist sowie wann, in welcher Reihenfolge und unter Rückgriff auf welche Potenzialfaktoren (Anlagen, Personal) unternehmungsinterne Transformationsprozesse abgewickelt werden sollen. Der jeweils realisierte Grad an Prozesseffizienz hängt davon ab, mit welcher Qualität die Abstimmung von innerbetrieblichen Leistungsverflechtungen (der Output einer Einheit stellt den Input für eine andere Einheit dar) und von Ressourceninterdependenzen (mehrere Einheiten nehmen die Leistungen einer knappen Ressource in Anspruch) gelingt. Geringe Prozesseffizienz äußert sich bspw. in der Existenz von Zwischenlagern sowie in Gestalt von Terminüberschreitungen.

Aus Sicht der *Markteffizienz* ist von Interesse, wie gut und mit welchem Aufwand es gelingt, Potenziale auf den externen Beschaffungs- und Absatzmärkten auszuschöpfen sowie gegebenenfalls auftretende Marktinterdependenzen abzustimmen. Mit anderen Worten: Für die Realisierung einer hohen Markteffizienz ist es entscheidend, sämtliche Kontakte mit Kunden und Lieferanten nach Maßgabe der Unternehmungsziele

---

[19] Vgl. Frese (2000), S. 269.

auszugestalten. Die weiteren Überlegungen stellen vorwiegend auf die Absatzmarkteffizienz ab. Mangelnde Markteffizienz kommt bei dieser Sichtweise insbesondere in entgangenen Absatzchancen und schlechten Konditionen für die abgesetzten Leistungen zum Ausdruck. Absatzmarktinterdependenzen und ungenutzte Marktpotenziale weisen in aller Regel eine geringe Merklichkeit für die Entscheidungsträger in der Unternehmung auf, da die Antwort auf die Frage, ob durch einen abgestimmten Marktauftritt eine verbesserte Unternehmungszielerreichung ermöglicht wird, immer hypothetischen Charakter aufweist. Aus diesem Grunde ist der Markteffizienz bei der Analyse und Bewertung eines potenziellen Koordinationsbedarfs mit Blick auf vertriebsbezogene Aktivitäten besondere Aufmerksamkeit zu schenken.

Die *Ressourceneffizienz* drückt aus, wie gut und mit welchem Aufwand es gelingt, das Leistungspotenzial der vorhandenen Potenzialfaktoren (Anlagen, Personal) im Sinne der Unternehmung zu nutzen. Mangelnde Ressourceneffizienz kann die Entstehung von Leerkapazitäten, aber auch einen Verzicht auf die Nutzung von Größenvorteilen zur Folge haben. Eine Beeinträchtigung der Ressourceneffizienz geht üblicherweise auf die Ausstattung mehrerer organisatorischer Einheiten mit gleichartigen Ressourcen zurück. So ist es vorstellbar, dass Fertigungskapazitäten, die aus technischer Sicht zur Herstellung von zwei Produkten eingesetzt werden können, nicht vollständig ausgelastet sind. Ein flexibler Kapazitätsausgleich wird dann unterbunden, so dass insbesondere bei gegenläufigen Beschäftigungsschwankungen der Produktbereiche eine verbesserte Auslastung der vorgehaltenen Kapazitäten nicht möglich ist. Darüber hinaus kann eine organisatorische oder physische Trennung mit dem Verzicht auf Größendegressionseffekte einhergehen, sofern sie zu einer Verkleinerung der Bearbeitungslose und einer hiermit verbundenen Zunahme der Rüstkosten führt.

Die *Delegationseffizienz* gibt Aufschluss darüber, wie gut und mit welchem Aufwand die Nutzung des Informations- und Problemlösungspotenzials von Einheiten auf unterschiedlichen Hierarchieebenen gelingt. Die Ausgestaltung von Organisationsstrukturen nach diesem Effizienzkriterium vollzieht sich ganz im Rahmen des klassischen Vorgesetzten-Untergebenen-Verhältnisses. Technologische Kommunikationseffekte spielen dabei, von besonderen Situationen (etwa der Steuerung des Außendienstes) abgesehen, eine vergleichsweise geringe Rolle. Prinzipien der Delegation, die sich vor allem im Ausmaß der eingeräumten Entscheidungsautonomie und ihrer Kontrolle äußern, sind in hohem Maße vom jeweils verfolgten Führungskonzept geprägt. Der Einfluss des Internet auf diesen Strukturaspekt wird im Folgenden bei der Behandlung der Motivationseffizienz berücksichtigt.

Ein zentrales Problem zielkonformer Organisationsgestaltung besteht darin, dass die einzelnen Effizienzkriterien teilweise gegenläufige Anforderungen an die Ausgestaltung von Organisationsstrukturen stellen. So führt eine Implementierung von Lösungen, welche sich durch ein hohes Maß an Prozesseffizienz auszeichnen, in aller Regel zu problematischen Konsequenzen mit Blick auf die Markt- und die Ressourceneffizienz. Angesichts derartiger Trade-offs ist es erforderlich, die Effizienzkriterien in eine Rangordnung zu bringen, welche den Charakteristika der konkreten Gestaltungssituation umfassend Rechnung trägt. Es spricht vieles dafür, dass insbesondere die verfolgte Wettbewerbsstrategie die Anforderungen an die Koordination arbeitsteiliger Aktivitäten prägt. Ohne an dieser Stelle ins Detail gehen zu wollen, lässt sich doch festhalten, dass Merkmale der Wettbewerbsstrategie nicht nur Rückschlüsse auf die relative Bedeutung der Effizienzkriterien und den Stellenwert einzelner Aufgaben zulassen – also Aussagen über den Gegenstand der Koordination erlauben –, sondern auch Einfluss auf die spezifische Aufgabenungewissheit ausüben und damit die Koordinationsintensität erheblich bestimmen.

Bevor im Folgenden die einzelnen Kriterien der Koordinationseffizienz aus der Sicht netzbasierter Kommunikationseffekte diskutiert werden, muss der im Zusammenhang mit der für die Koordination grundlegenden Gestaltungsphilosophie herausragende Stellenwert der Kommunikation betont werden. Er beruht auf einer zentralen Annahme, die sich als „Kooperationsthese" bezeichnen lässt und besagt, dass sich die Kommunikation innerhalb eines Teilsystems reibungsloser vollzieht als zwischen unterschiedlichen Teilsystemen.[20] Die Folgen dieser auch in der Praxis verbreitet unterstellten Regelmäßigkeiten im Kommunikations- und Kooperationsverhalten für die organisatorische Gestaltung sind weitreichend. Immer dann, wenn die reibungslose Abstimmung einer bestimmten Schnittstelle[21] besonders wichtig ist, sucht man durch ihre „Internalisierung" in einem Subsystem den Zwang zur Koordination über Bereichsgrenzen hinweg so weit wie möglich zu vermeiden.

Angesichts der überragenden Bedeutung der Kooperationsthese für die Koordination müsste eine auf Fortschritten der Informationstechnologie beruhende „neue Qualität" bereichsübergreifender Kommunikation weitreichende Strukturkonsequenzen haben.[22] Sie würde den Trade-off zwischen den Kriterien der Koordinationseffizienz, insbesondere zwischen Ressourcen- und Prozesseffizienz, so nachhaltig verändern, dass eine andere organisatorische Landschaft zu erwarten wäre. Allerdings lässt schon die Tatsache, dass sich hierfür bisher keine Anzeichen finden, Zweifel an einem so nachhaltigen Kommunikationseffekt aufkommen. Im Folgenden soll dieser Zusammenhang näher betrachtet werden.

---

[20] Vgl. Thompson (1967), S. 58; Lawrence/Lorsch (1967), S. 44; Laßmann (1992), S. 198 ff.
[21] Eine Schnittstelle liegt vor, wenn zwischen zwei organisatorischen Einheiten ein potenzieller Koordinationsbedarf existiert; vgl. Frese (2000), S. 399 f.
[22] Vgl. zur Bedeutung dieses Effekts und zum Stellenwert der informationstechnologischen Entwicklung bei der organisatorischen Verankerung von Naturwissenschaftlern und Ingenieuren in projektintensiven Aufgabenbereichen die Studien von Allen (1986); Allen/Hauptman (1994).

Die Notwendigkeit einer Übermittlung von Informationen ist im Koordinationsmodell die zwangsläufige Folge arbeitsteiligen Handelns. Vertikale und horizontale Kommunikation sind die unerlässliche Voraussetzung für eine Verfolgung übergeordneter Unternehmungsziele sowie die Berücksichtigung von Interdependenzen und die Sicherung der Potenzialausschöpfung (Ressourcen, Märkte). Verglichen mit den noch zu behandelnden Formen der Kommunikation unter dynamischen Gestaltungsanforderungen (Wandel) vollzieht sich der Informationsaustausch im Koordinationszusammenhang in der Regel unter stabilen Rahmenbedingungen. Kommunikationspartner (Sender, Empfänger) und Kommunikationswege sind durch die Ausrichtung auf einen gemeinsam zu realisierenden, die relevanten Ressourcen und Märkte festlegenden Wertschöpfungsprozess weitgehend bekannt. Unter diesen Bedingungen ließ sich schon immer ein hoher Grad an Koordinationseffizienz realisieren. Der Einsatz netzbasierter Kommunikationssysteme führt deshalb mit Blick auf die Koordination zu insgesamt nur wenig spektakulären Konsequenzen. Die umfassende empirische Studie von Sproull und Kiesler[23] zum Einsatz von E-Mail belegt vor allem den Abbau von Kommunikationsbarrieren, insbesondere auch die stärkere Einbeziehung „peripherer Einheiten"[24]. Die Kommunikationsbereitschaft steigt nachhaltig – nicht zuletzt dadurch, dass die Konventionen hinsichtlich Inhalt und Form nicht mehr so restriktiv sind.[25] Die Ergebnisse anderer Studien, z.B. der Untersuchung von Sarbough-Thompson und Feldman,[26] stützen diese Aussagen.

Es lässt sich zeigen, dass solche Kommunikationseffekte, so bedeutsam sie auch im Einzelnen sein mögen, nicht den Kern der Problematik bereichsübergreifender Kommunikation betreffen. Die Koordination von Schnittstellen ist vor allem dann kritisch, wenn die Lösung eines nur begrenzt strukturierten Problems zwei getrennten Einheiten übertragen wird. Handlungsspielräume, die aus der bereichsübergreifenden Perspektive des Wertschöpfungsprozesses ausgefüllt werden müssten, können dann über die jeweilige bereichsbezogene Wahrnehmung und Lösung von Problemen[27] zu (möglicherweise problematischen) bereichsspezifischen Ergebnissen führen. Bei einer Wett-

---

[23] Vgl. Sproull/Kiesler (1991).

[24] Hierbei handelt es sich um Einheiten, die zur betrachteten Bezugseinheit eine größere hierarchische Distanz aufweisen oder mit ihr nicht durch Interdependenzen im Wertschöpfungsprozess verbunden sind. Vgl. Sproull/Kiesler (1991), S. 95; vgl. hierzu auch die Untersuchung von Kraut/Attewell (1997), S. 326 f.

[25] Vgl. Sproull/Kiesler (1991), S. 39.

[26] Nach Sarbough-Thompson/Feldman (1998) wird dieser Effekt allerdings durch eine deutliche Abnahme persönlicher, insbesondere informeller Kommunikation überkompensiert. Die Autorinnen arbeiten die weitreichenden organisatorischen Konsequenzen dieser Entwicklung heraus, indem sie auf Funktionen und Folgen des informellen Kontakts für den Aufbau kommunikativer Vertrauenswürdigkeit verweisen.

[27] Vgl. dazu die folgende Feststellung von Levinson (1972), S. 5: „Subsystems tend to develop their own autonomy and to have internal norms or shared beliefs, goals, and values. They become behavioral settings for the people who work in them, shaping their thoughts, aspirations, and feelings about themselves, their work, and the organization." Ähnlich Lawrence/Lorsch (1967), S. 44. Hier ergeben sich enge Beziehungen zu den bei der Lerneffizienz zu behandelnden Funktionen von Organisationsroutinen.

bewerbsstrategie der kundenindividuellen Produktgestaltung würde im Falle einer organisatorischen Trennung von Vertrieb und Entwicklung der Vertrieb die Aufgaben vornehmlich aus der Perspektive des Kunden, die Entwicklung das Problem primär als technische Herausforderung begreifen.[28] Ohne Zweifel kann die mit der netzbasierten Kommunikation verbundene Intensivierung des Informationsaustausches über die Förderung des gegenwärtigen Verständnisses die Bewältigung des Schnittstellenproblems erleichtern. Ob als Folge der Nutzung der neuen Kommunikationsmöglichkeiten über die Angleichung der Problemperspektiven eine nachhaltige Verbesserung der Kooperationsfähigkeit zu erwarten ist, lässt sich gegenwärtig noch nicht beurteilen. Zur Klärung dieser bedeutsamen Frage können nur empirische Untersuchungen beitragen.

Da die Wirkungsannahme über bereichsinterne Kommunikation die Basis für die grundlegenden Effekte der Markt-, der Ressourcen- und der Prozesseffizienz bildet und Trade-offs zwischen den Kriterien bestimmt,[29] ergibt sich die Schlussfolgerung, dass neue, netzbasierte Kommunikationstechnologien Zielkonflikte zwischen den Effizienzkriterien nicht aufheben oder allenfalls sehr begrenzt ändern.

Nach diesem Blick auf das Gestaltungsfundament des Koordinationsmodells wird im nächsten Abschnitt die Wirkung netzbasierter Kommunikation auf die einzelnen Kriterien der Koordinationseffizienz näher beleuchtet.

Prozesseffizienz

Die Bedeutung der Internet-Technologie für die Realisierung von hoher Prozesseffizienz ist zunächst im strategischen Kontext zu sehen. Das in vielen Branchen schon jetzt wettbewerbsbestimmende Prinzip des „time to market" erfährt mit den informationstechnologischen Neuerungen eine nochmalige Steigerung. Das mit niedrigen Eintrittsbarrieren verbundene Internet erleichtert neuen Wettbewerbern den Marktzugang und führt zu größerer Markttransparenz; Kunden können sich zu vergleichsweise geringen Kosten in kurzer Zeit über neue Angebote informieren.[30] In dieser durch zunehmenden (Zeit-)Wettbewerb gekennzeichneten Situation haben Unternehmungen zur Sicherung ihres dauerhaften Bestands regelmäßig kurze Produktentwicklungs- und Leistungserstellungsprozesse zu gewährleisten. Vielfach sind geringe Durchlaufzeiten

---

[28] Vgl. zu diesem Problem die Darstellung und Beurteilung des Schnittstellenproblems im Interview mit Günther Danert, Mitglied des Vorstands der Standard Elektrik Lorenz AG (1976), abgedruckt in Bleicher (1991), S. 359.
[29] Die Konzentration aller kritischen Ressourcen in einem Bereich zur Realisierung von Ressourceneffizienz führt zu ausgeprägten Schnittstellen im Wertschöpfungsprozess (Überwindung von Bereichsgrenzen) und reduziert die Prozesseffizienz.
[30] Vgl. Porter (2001), S. 69.

sowie die Vermeidung bremsender Puffer geboten: der strategische Stellenwert der Prozesseffizienz steigt.

Gleichzeitig eröffnen die neuen Technologien aber auch Möglichkeiten zur verbesserten Abstimmung der verschiedenen Wertschöpfungsaktivitäten. Das gilt zum einen für die Unterstützung der Aufgabenerfüllung in den einzelnen Teilfunktionen (z.B. in der Beschaffung, in der Produktion oder in Zentralbereichen wie dem Personalbereich). Exemplarisch seien hier internet-basierte Algorithmen zur Planung der Beschaffung oder zur Abstimmung der Produktionsaktivitäten sowie webbasierte Schulungsmöglichkeiten genannt.[31] Auf Grund der weitgehenden Standardisierung internetbasierter Kommunikation ist zum anderen eine umfassende Abstimmung des gesamten betrieblichen Leistungsprozesses möglich. Relevante Prozess- und Ressourceninterdependenzen zwischen verschiedenen Teilbereichen können auf Grund des verbesserten Informationsstandes frühzeitig erkannt und wirksam koordiniert werden.

Markteffizienz

Das Kriterium der Markteffizienz besitzt insbesondere für diejenigen Unternehmungen eine hohe (zum Teil herausragende) Bedeutung, die sich für eine Nutzung des Internet als zusätzlichen Vertriebskanal entscheiden.[32]

In dem Maße, in dem Unternehmungen das Internet neben ihren traditionellen Distributionswegen als zusätzlichen Vertriebskanal nutzen, gewinnt die Frage der Abstimmung von Marktinterdependenzen zwischen den Vertriebswegen an Relevanz. Eine mangelnde Berücksichtigung bestehender Wechselbeziehungen kann beispielsweise zu strategisch unerwünschten Substitutionseffekten zwischen dem „Online"- und dem „Offline-Vertrieb" oder zwischen den Internetaktivitäten verschiedener Regionaleinheiten bzw. Landesgesellschaften führen. Eine unzureichende Absatzmarkteffizienz kann sich auch in einer ungenügenden Berücksichtigung von Komplementärbeziehungen zwischen Vertriebskanälen äußern; so genannte Cross-Selling-Potenziale werden dann unzureichend ausgeschöpft.

Die Leistungssteigerungen der Informationstechnologie bieten vielfältige Möglichkeiten zur Koordination von Absatzmarktinterdependenzen sowie zur Berücksichtigung von Marktpotenzialen. Eine erste Abstimmung kann z.B. durch die – auf Basis der

---

[31] Vgl. Porter (2001), S. 75.
[32] Es ist zu betonen, dass hier nur die organisatorische Dimension der Marktbearbeitung behandelt wird. Das Auftreten mehrerer Einheiten in demselben Marktsegment wird koordiniert, um zu vermeiden, dass der Unternehmung durch mangelnde Abstimmung mögliche Gewinne entgehen. Dass die Internet-Technologie neue Zugänge zum Kunden und neue Chancen der Marktausschöpfung eröffnet, ist unstrittig, aber nicht Gegenstand der Betrachtung.

Internet-Technologie im Vergleich zu alternativen Technologien preiswert durchführbare – Weiterleitung relevanter Kundeninformationen erzielt werden. Ausgewählte Fragestellungen können daneben via E-Mail oder durch die Nutzung webbasierter Telekonferenzsysteme von Vertretern verschiedener Distributionswege gemeinsam behandelt werden.[33] In einem durch die eingeschränkte Medienreichhaltigkeit elektronischer Kommunikationskanäle begrenzten Rahmen können netzbasierte Kommunikationstechnologien auf diese Weise über eine intensive Übermittlung von Informationen sowie durch die Unterstützung bereichsübergreifender Entscheidungsprozesse einen Beitrag zur Realisierung einer hohen Absatzmarkteffizienz leisten.

Ressourceneffizienz

Besondere Bedeutung gewinnt das Kriterium der Ressourceneffizienz auf Grund der branchenweit zunehmenden Intensität des Wettbewerbs, der konsequentem Kostenmanagement einen strategischen Stellenwert einräumt. Dieser Stellenwert wird durch die Internet-Technologie noch gesteigert. Die mit der Verbreitung des Internet einhergehende erhöhte Markttransparenz führt zu steigendem Preisdruck und erfordert verstärkte Bemühungen, um einen effizienten Einsatz von Ressourcen sicherzustellen. Organisatorischer Handlungsbedarf entsteht in diesem Zusammenhang in zwei Situationen mit jeweils spezifischen Strukturbedingungen.

Die erste Bedingungskonstellation ist durch die strategische Dominanz der Prozesseffizienz bestimmt. Im Wege einer strategiekonformen Gestaltung werden dann weitgehend ressourcenautonome Bereiche, insbesondere Produktbereiche, geschaffen, um kritische Schnittstellen zu internalisieren. Wenn die Internet-Technologie hier einen Beitrag zur Steigerung der Ressourceneffizienz leisten sollte, dann müsste dieser den bereichsübergreifenden Kapazitätsausgleich betreffen.[34] Dies würde bedeuten, dass bei bereichsbezogener Zuweisung von Ressourcen Über- und Unterkapazitäten mit Internet-Technologie besser ausgeglichen werden könnten als beim Verzicht hierauf. Ob die Annahme eines solchen Effekts realistisch ist, lässt sich nur unter Würdigung der spezifischen Produktionsbedingungen beurteilen. Für die bereichsübergreifende Nutzung von Anlagen erscheinen die Möglichkeiten eines Kapazitätsausgleiches geringer als für den Austausch personeller Ressourcen. Beim Blick auf die zeitweise Überlassung von Personal könnte sich zukünftig durch die Etablierung interner Märkte in Form so genannter elektronischer Marktplätze eine realistische Option für die bereichsübergreifende Potenzialausschöpfung ergeben.

---

[33] Vgl. Deise et al. (2000), S. 226 ff.
[34] Effizienzsteigerungen, die unabhängig von der organisatorischen Zuordnung von Ressourcen erreicht werden können (z.B. durch verbesserte Algorithmen der Losgrößenplanung), werden hier nicht untersucht.

Der zweiten Bedingungskonstellation sind Situationen zuzuordnen, in denen es aus Gründen der vorrangigen Ressourceneffizienz unerlässlich ist, Ressourcen in einem Bereich zu poolen. Auch in diesem Zusammenhang eröffnen elektronische interne Märkte neue Möglichkeiten. Für alle Ressourcen, die ohnehin schon auf internen Märkten angeboten werden (als Beispiel sei auf das verbreitete In-House-Consulting verwiesen), eröffnen sich auch hier neue (elektronische) Wege zum internen Kunden. Viele der im Zusammenhang mit der Markteffizienz erörterten Themen gelten auch für diese internen Märkte. Eine weitere Dimension erhalten die unternehmungsweite Nutzung gepoolter Ressourcen und der Rückgriff auf interne Märkte, wenn netzbasierte Kommunikation die verbesserte Ausschöpfung vorhandener Ressourcen durch ein erweitertes Produkt- und Leistungsprogramm erlaubt. Aus Sicht der Unternehmungsstrategie erlangen entsprechende Ressourcen dann einen neuen Stellenwert. Ein Beispiel ist die Logistikinfrastruktur einer Versandhandelsunternehmung, die eine flächendeckende Belieferung ihrer Kunden mit eigenen Fahrzeugen ermöglicht. In dem Maße, in dem die neuen Möglichkeiten des elektronischen Zugangs zum Markt zu einer Diversifizierung von Geschäftsaktivitäten führen und zusätzliche interne Nachfrage nach Logistikleistungen auslösen, steigen die Koordinationsanforderungen. In dieser Situation könnten sich (intranetbasierte) interne Märkte als effizienter Abstimmungsmechanismus erweisen.

4.2 Motivation: Integration von Unternehmungs- und Individualziel

Während Koordinationsmaßnahmen über die Gestaltung des Kompetenz- und des Steuerungssystems Handlungserwartungen formulieren, geht es beim Einsatz von Motivationsinstrumenten um die gesamtzielkonforme Ausfüllung dieser Handlungserwartungen durch die Mitarbeiter. Das Spektrum der Instrumente ist breit; eine geschlossene Theorie für ihren Einsatz existiert nicht. Kennzeichnend für den Forschungsstand ist ein Nebeneinander verschiedener Theorieansätze, deren empirisches Fundament brüchig ist.[35] Wenn es einen Bereich praktischer Organisationsgestaltung gibt, der in hohem Maße durch Gestaltungsphilosophien des jeweiligen Managements geprägt ist, dann ist es die Ausrichtung der Organisationsstruktur gemäß den Motivationsanforderungen. In diesem Zusammenhang lässt sich die These vertreten, dass motivationsorientierte Gestaltungsphilosophien den Kern der meisten aktuellen Managementkonzepte (und auch Managementmoden) bilden.

Wenn in einem solchen Maße subjektive Gestaltungsphilosophien die Ausformung von Organisationsstrukturen in motivationsbezogener Hinsicht bestimmen, sind generelle Aussagen über die Auswirkungen informationstechnologischer Entwicklungen

---

[35] Vgl. hierzu Frese (2000), S. 155 ff.

nur begrenzt möglich. Die folgenden Überlegungen gehen deshalb von weitverbreiteten Gestaltungsphilosophien aus, bei denen jeweils herauszuarbeiten ist, auf welchen Annahmen sie beruhen. Dabei kann es sich um Konzepte handeln, die sich nach Einschätzung des Managements (oder von Beratern) in der Praxis bewährt haben, oder um Ergebnisse wissenschaftlicher Untersuchungen, die mit einem gewissen Grad an Wahrscheinlichkeit Aussagen über „Regelmäßigkeiten" im Verhalten zulassen. Im Folgenden werden motivationsorientierte Gestaltungsphilosophien in Anlehnung an Bass[36] unter Rückgriff auf die Unterscheidung zwischen Transaktions- und Transformationsmaßnahmen systematisiert. Beim Einsatz von Transaktionsmaßnahmen gewährt die Unternehmung den Mitarbeitern Anreize, um von ihnen im Austausch hierfür möglichst hohe Beiträge in Form von Arbeitsleistungen zur Erreichung der Unternehmungsziele zu erhalten. Gesamtzielkonforme Motivation entsteht bei Transformationsmaßnahmen demgegenüber dadurch, dass die Mitarbeiter grundlegende Werte und Normen der Unternehmung internalisieren; die individuellen Ziele werden mit denen der Unternehmung in Einklang gebracht.[37]

Beim Einsatz von Transaktionsmechanismen können Motivationswirkungen sowohl über eine entsprechende Ausgestaltung des Kompetenzsystems als auch des Steuerungssystems erzielt werden. Da Steuerungsmechanismen im Rahmen des Kompetenzsystems wirksam werden, bestehen zwischen steuerungsbasierten und kompetenzbasierten Transaktionsmaßnahmen enge Beziehungen. So wird das Kompetenzsystem häufig mit der Zielsetzung ausgestaltet, den wirksamen Einsatz von Steuerungsinstrumenten zu erleichtern[38]. Die in diesem Beitrag untersuchte Frage der Auswirkungen des Internet auf den Einsatz von Motivationsinstrumenten geht von der Annahme aus, dass statische Anforderungen der Integration primär über das Steuerungssystem, d.h. über möglichst differenzierte Handlungsvorgaben, dynamische Anforderungen des Wandels primär über das Kompetenzsystem, d.h. über generelle Aufgabenabgrenzungen, realisiert werden.[39]

---

[36] Vgl. Bass (1985).
[37] Vgl. hierzu im Einzelnen Frese (2000), S. 155 ff.
[38] Ein Beispiel ist die Erleichterung der Zurechnung von Handlungsfolgen zu organisatorischen Einheiten; vgl. hierzu die Analyse des Profit-Center-Konzepts in Frese/Lehmann (2002).
[39] Diese Annahme beruht auf folgender Plausibilitätsüberlegung: Die Ausschöpfung *gegebener* Handlungspotenziale, die Sicherung der Integrationseffizienz, erlaubt – je nach Umweltbedingungen – eine detaillierte Vorgabe von Handlungselementen in Form erwarteter Verhaltensweisen und Ergebnisse. Das Steuerungssystem rückt damit in den Mittelpunkt der Organisationsgestaltung. Bei der Sicherung *künftiger* Handlungspotenziale, die häufig bei der Gestaltung allenfalls in Umrissen zu erkennen sind, bestehen nur begrenzte Möglichkeiten einer detaillierten Handlungsvorgabe. Maßnahmen der organisatorischen Gestaltung konzentrieren sich dann auf das Kompetenzsystem, dass durch Aufgabenabgrenzungen eine Rahmenstruktur vorgibt.

Den Kern der Steuerung bilden Kontrollen in Form eines Vergleichs von Soll- und Istgrößen, wobei das Vergleichsergebnis die Grundlage der Anreizgewährung („Belohnung" oder "Bestrafung") bildet. In Abhängigkeit des Charakters der Sollgröße lassen sich plan- und marktbasierte Steuerungskonzepte unterscheiden. Die Effizienz von Steuerungssystemen beruht auf den Möglichkeiten, aussagefähige Sollwerte zu formulieren, den Grad ihrer Realisierung zu erfassen und auftretende Abweichungen zu analysieren. Die zu Grunde liegende Gestaltungsphilosophie findet vor allem in der subjektiven Einschätzung der Planungsfähigkeit, insbesondere hinsichtlich der methodischen Anforderungen an die Formulierung von Sollwerten seinen Ausdruck; sie bestimmt weitgehend die Präferenz des Managements für plan- oder marktbasierte Steuerungssysteme. Bei planbasierten Ansätzen sind die Sollwerte das Ergebnis einer analytischen Durchdringung von Prozesszusammenhängen, bei marktbasierten Ansätzen sind sie nach dem Prinzip des „best practice" aus als erfolgreich eingestuften Vorbildern im externen Markt abgeleitet (Benchmarking). Die Erfassung der Istwerte stellt demgegenüber bei planbasierten Kontrollen auf Grund der Auswahl- und Selektionsfunktion von Sollwerten geringere Anforderungen; die Sollwerte legen fest, was erfasst werden muss.[40] Bei marktorientierten Steuerungssystemen ist die Auswahl und Erfassung der relevanten Istwerte dagegen in der Regel aufwändiger.

Bei der folgenden Erörterung der Frage, ob sich durch die Verbreitung der netzbasierten Kommunikation über Veränderungen im Steuerungssystem Auswirkungen auf den Einsatz von Motivationsinstrumenten ergeben, soll – wie bei der Betrachtung der Koordinationsproblematik – zwischen direkten und indirekten Effekten unterschieden werden. Direkte Effekte lassen sich auf Veränderungen in der Informationsbasis, indirekte Effekte auf Änderungen in der Strategie, welche Strukturanpassungen nach sich ziehen, zurückführen (vgl. Abb. 2).

Hinsichtlich der direkten Effekte ist zunächst ein kommunikationstechnischer Aspekt zu berücksichtigen. Ohne Zweifel eröffnet die Möglichkeit, alle Mitarbeiter in ein Kommunikationsnetz einzubinden, das die Kontaktmöglichkeiten prinzipiell von Raum- und Zeitrestriktionen löst, ganz neue Dimensionen der Kontrolle.[41] Der Kontrolleffekt findet schon darin seinen Ausdruck, dass Nicht-Erreichbarkeit[42] zu einem auffälligen Tatbestand „abweichenden Verhaltens" wird. Die neue Technologie kann in diesem Zusammenhang auch Tendenzen fördern, trotz einer Rhetorik der Autono-

---

[40] Vgl. im Einzelnen Frese (1987), S. 184 ff.
[41] Allerdings auch der Beratung und Unterstützung.
[42] „Absence unavailability" nach Sarbough-Thompson/Feldman (1998), S. 695.

mie die hierarchische Steuerung durch intensive Verhaltenskontrollen nachhaltig zu erhöhen.[43]

INTEGRATIONSANFORDERUNGEN: MOTIVATION

DIREKTE EFFEKTE: VERÄNDERUNG DER INFORMATIONSBASIS

- Kommunikationstechnischer Effekt

  These: Zunahme der Kontrollintensität

- Konzeptioneller Effekt

  These: Verschiebung im Plan-Markt-Spektrum

INDIREKTE EFFEKTE: STRATEGIEINDUZIERTE STRUKTURÄNDERUNGEN

- Vertikaler Integrationseffekt

  These: Zunahme der Geschäftssegmentierung

- Diversifikationseffekt

  These: Zunahme bereichsübergreifender Schnittstellen

Abb. 2 : Netzbasierte Kommunikation und statische Motivationseffekte

Während die These einer stärkeren Fremdkontrolle auf Grund der neuen Kommunikationsmedien sehr plausibel erscheint, dürfte das Wirksamwerden eines weiteren direkten Effekts, der hier als „konzeptionell" bezeichnet wird, eher unwahrscheinlich sein. Man könnte die These aufstellen, dass netzbasierte Kommunikation hinsichtlich der Basis der Steuerungssysteme zu einer Verschiebung im Plan-Markt-Spektrum führt. Wenn die neuen Möglichkeiten netzbasierter Kommunikation aus Sicht des Managements die Planungsfähigkeit nachhaltig verbessern würden, wäre zu erwarten, dass sich der durch zunehmende Komplexität der Märkte und Technologien begründete Trend zu marktbasierten Steuerungssystemen[44] abschwächt oder sogar umkehrt würde. Da der informationstechnologische Fortschritt des Internet in erster Linie einen besseren Informationszugriff (mehr Informationen können schneller erfasst werden) ermöglicht, hinsichtlich der Bewältigung der methodischen Anforderungen aber keine

---

[43] Vgl. zu diesen Aspekten Orlikowski (1991).
[44] Vgl. Frese (1998).

nachhaltige Änderung bedeutet, erscheint eine bemerkenswerte positive Veränderung in der Einschätzung der Planungsfähigkeit unwahrscheinlich. Diese Feststellung schließt allerdings nicht aus, dass das Management die Möglichkeiten einer umfassenden und detaillierten Erfassung von Ergebnis- und Verhaltensdaten nutzen kann, um durch eine Pseudo-Planung den Anschein einer gestiegenen Planungsfähigkeit zu erwecken. Allein der bloßen Informationserfassung und der dadurch begründeten Planungsfiktion, werden dann positive Motivationswirkungen zugeschrieben.

Die vorangegangenen Überlegungen beschränkten sich auf direkte, unmittelbar aus der informationstechnologischen Option resultierende Motivationseffekte. Die Bewertung möglicher Veränderungen im Steuerungssystem muss jedoch auch indirekte Effekte berücksichtigen. Indirekte Effekte ergeben sich, wenn die Umsetzung strategischer Optionen, welche durch die Internet-Technologie attraktiver werden, mit organisatorischen Konsequenzen verbunden sind.

Die in diesem Zusammenhang zu untersuchenden Änderungen in der strategischen Positionierung beziehen sich auf die vertikale Integration (Wertschöpfungstiefe) und die Diversifikation.

Eine Veränderung der vertikalen Integration in Form einer Reduzierung der Fertigungstiefe lässt sich vor allem auf neue Optionen für die Bewältigung der Schnittstelle zum Beschaffungsmarkt zurückführen, die eine Forcierung des Outsourcing begründen. Die These, dass abnehmende Transaktionskosten (Kosten der Anbahnung, des Abschlusses und der Kontrolle von Verträgen über Markttransaktionen) Outsourcing fördern, wird durch informationsökonomische Studien gestützt.[45] Neben dem Effekt erhöhter Markttransparenz sind hier die neuen Möglichkeiten der Produktbeurteilung durch eine aussagefähigere digitale Präsentation der zu beschaffenden Produkte von Bedeutung. Beide Effekte bewirken eine Reduzierung von Transaktionskosten, wodurch sich z.B. die Notwendigkeit einer Übertragung von Einkaufsentscheidungen an Zentralbereiche verringert. Die Folge ist eine stärkere Verankerung bzw. Rückverlagerung von Beschaffungsentscheidungen in den bzw. in die operativen Einheiten. Als Ergebnis zeichnen sich Tendenzen zur stärkeren Herausbildung „marktfähiger" operativer Einheiten ab, die nach dem Konzept der Geschäftssegmentierung ihre Wertschöpfungskette in höherem Maße selbst kontrollieren.

Eine verstärkte Tendenz zur Geschäftssegmentierung auf Grund der durch das Internet ausgelösten Diversifikationsbestrebungen ist zudem dadurch zu erwarten, dass in dem Maße, in dem Unternehmungen über die Etablierung von Portalen und elektronischen

---

[45] Vgl. Malone et al. (1994). Diese Tendenz schließt eine Herausbildung hybrider Formen zwischen Markt und Unternehmung nicht aus; die Informationstechnologie eröffnet hier neue Optionen, vgl. Holland/Lockett (1997).

Marktplätzen eine digitale Absatzinfrastruktur schaffen, die Set-up-Kosten für die operative Verselbstständigung von Vertriebskanälen sinken. Die Zahl der operativen Einheiten würde sich aus diesen Gründen erhöhen. Werden für diese Vertriebseinheiten zur Realisierung von Verbundeffekten interne Bezüge vorgeschrieben, können interne Märkte[46] je nach den Charakteristika der Lieferbeziehungen auch eine gewisse Verantwortung für Beschaffungsentscheidungen einschließen. Diese Entscheidungen gewinnen noch mehr an Gewicht und führen zum Ausbau des ursprünglichen Vertriebskanals in ein eigenständiges Geschäftsfeld, wenn die Produktpalette unter Rückgriff auf externe Beschaffungsquellen erweitert wird. Niedrige Transaktionskosten erlauben – wie gezeigt wurde – eine solche Politik der Programmauffächerung. Als Beispiel kann ein Handelsunternehmen angeführt werden, das Porzellan und Geschirr traditionell an das Hotel- und Gaststättengewerbe vertreibt. Unter Nutzung aller Möglichkeiten der elektronischen Beschaffung bietet das Unternehmen inzwischen ein umfassendes, den weitgefächerten Bedarf im Hotel- und Gaststättenbereich berücksichtigendes Leistungsspektrum an.

Bestätigen sich die aufgezeigten Tendenzen einer Geschäftssegmentierung in der Realität, würden als Folge einer netzbasierten Kommunikation vermehrt operative Einheiten mit ausgeprägter unternehmerischer Autonomie und umfassender Marktverantwortung entstehen. Marktorientierte Anreizsysteme, insbesondere Profit-Center-Konzepte, würden dann im E-Business an Bedeutung gewinnen. Aus der Sicht von Williamson ließe sich das Problem von „low powered incentives"[47] vermeiden, das existiert, wenn aus Gründen einer eingeschränkten Erfolgszurechnung keine Entsprechung zwischen dem Gesamterfolg der Unternehmung und dem Einkommen der Unternehmungseinheiten besteht.

Allerdings darf nicht übersehen werden, dass nicht alle durch das Internet ausgelösten Diversifikationsstrategien den Trend zur Bildung autonomer Einheiten fördern. In dem Maße, in dem mit einer Strategie der Diversifikation Verbundeffekte realisiert werden sollen, ist das Konzept einer Unternehmungseinheit, die autonom Transaktionen auf den (internen und externen) Beschaffungs- und Absatzmärkten abwickelt, nur noch eingeschränkt geeignet, gesamtzielkonforme Anreize zu generieren. Wenn Ressourcen- und Marktpotenziale bereichsübergreifend ausgeschöpft werden sollen – und E-Business schafft auch hierfür die Voraussetzungen –, dann erfordert die Realisierung der Unternehmungsziele Einschränkungen in der Entscheidungsautonomie der Einheiten. In diesem Fall stellt sich bei einer am Ziel der Integrationseffizienz orientierten Organisationsgestaltung die Herausforderung, die Voraussetzungen für be-

---

[46] Vgl. hierzu die Ausführungen zur Ressourceneffizienz auf S. 213.
[47] Vgl. Williamson (1985), S. 153

reichsübergreifende Kooperation zu schaffen und die Entwicklung leistungsfähiger Planungssysteme sicherzustellen.

Die vorangegangene Betrachtung der Motivationsproblematik beschränkte sich auf Transaktionsmechanismen. Integrationsmaßnahmen wurden dabei aus der Perspektive erörtert, wieweit ein Abbau von Zieldivergenzen möglich erscheint. Abschließend soll kurz auf die Frage eingegangen werden, ob das Internet die Transformation, d.h. die Aufhebung oder zumindest die Reduzierung von Zieldivergenzen fördert. Zu diesem Themenkomplex liegen bisher unseres Wissens keine Untersuchungsergebnisse vor. Über die Auswirkungen umfassender netzbasierter Kommunikation auf den Prozess der Internalisierung grundlegender Unternehmungswerte und -normen kann man deshalb allenfalls vorläufige Überlegungen anstellen und plausibel erscheinende Thesen formulieren. So könnte man aus Untersuchungen von Sarbough-Thompson und Feldman[48] einen positiven Effekt im Sinne einer stärkeren Identifizierung mit der Unternehmung ableiten. Die von den Autoren hinsichtlich Form und Inhalt nachgewiesenen Umschichtungen im Gefüge der Kommunikation sind allerdings in ihrem Einfluss auf die Unternehmungskultur nur schwer abzuschätzen. Unterstellt man, dass die Herausbildung gemeinsam geteilter Werte und Überzeugungen durch ein gewisses Maß an Abgeschlossenheit des betrachteten Systems von der Umwelt gefördert wird[49], dann könnte die durch das Internet bewirkte Ablösung der lokalen durch eine kosmopolitische Orientierung der Organisationsmitglieder[50] die Bildung von Unternehmungskulturen sogar erschweren.

5. Internet und die Sicherung künftiger Handlungspotenziale

5.1 Organisationsstruktur und dynamischer Wandel: Methodische Vorbemerkungen

In den letzten Jahren verstärken sich Forderungen und Versuche, dynamische Elemente stärker in die Gestaltung organisatorischer Systeme einzubeziehen. Wie einleitend skizziert, wird dieses Anliegen in diesem Beitrag über das übergeordnete Kriterium der Fähigkeit und Bereitschaft zum Wandel berücksichtigt. Aus dieser Sicht ist zu beurteilen, wie gut und mit welchem Aufwand es gelingt, durch eine adäquate

---

[48] Vgl. Fußnote 26.
[49] Die sozialpsychologische Ableitung der Funktion der Organisationskultur aus der Notwendigkeit, den Bestand der Gruppe angesichts der Herausforderung der externen Umwelt zu sichern, legt diese Annahme nahe, vgl. Schein (1985).
[50] Vgl. Sproull/Kiesler (1991), S. 159 ff.

Gestaltung des Kompetenz- und Steuerungssystems Änderungen, insbesondere Innovationen, hervorzubringen und umzusetzen. Wie bei der vorangegangenen Erörterung der Integrationsmaßnahmen wird auch hier zwischen einer Aufgaben- und einer Mitarbeiterdimension unterschieden. Die dynamische Sicht der aufgabenbezogenen Anforderungen wird – in Abgrenzung zum Begriff der Koordination – durch den Begriff der Anpassungseffizienz erfasst (vgl. Abb. 1).

Bevor die Anforderungen, die bei der Gestaltung von Organisationsstrukturen zu berücksichtigen sind, erläutert und die Optionen netzbasierter Kommunikation untersucht werden, ist auf die Grenzen anwendungsbezogener Aussagen zum Aufbau und zur Sicherung dynamischer Handlungspotenziale hinzuweisen. Verglichen mit der an statischen Anforderungen orientierten Organisationsgestaltung sieht sich die an dynamischen Kriterien ausgerichtete Einführung effizienter Organisationsstrukturen ungleich stärker mit dem Problem einer unzulänglichen theoretischen Fundierung konfrontiert. Die organisationstheoretische Auseinandersetzung mit dem Zusammenhang zwischen Strukturgestaltung und Wandel hat noch nicht zu einer geschlossenen Konzeption geführt. Es werden vielmehr Ansätze aus verschiedenen Disziplinen (z.B. Psychologie, Sozialpsychologie, Evolutionstheorie), die jede für sich durch eine Fülle durchaus heterogener Konzepte gekennzeichnet ist, zu einem noch relativ amorphen Konglomerat verknüpft. Insgesamt lässt sich feststellen: Obwohl die Bedeutung des dynamischen Handlungspotenzials für den langfristigen Unternehmungserfolg in Wissenschaft und Praxis zunehmend erkannt wird, besitzen theoretisch fundierte und empirisch gestützte Vorschläge für die Gestaltung von Strukturen unter dynamischen Gesichtspunkten gegenwärtig allenfalls schemenhafte Konturen.

Bereits für die prinzipielle Frage nach der Anpassungsfähigkeit von Organisationen halten die verschiedenen organisationstheoretischen Ansätze je nach ihren methodologischen Grundannahmen unterschiedliche Antworten bereit. Vereinfacht lassen sich zwei Richtungen unterscheiden.[51] Die eine Richtung unterstellt das Wirksamwerden von Anpassungsmechanismen; Organisationen können demnach auf in der relevanten Umwelt wahrgenommene Änderungen reagieren. Die entgegengesetzte Auffassung sieht Organisationen, wenn überhaupt, nur sehr begrenzt zu Änderungen fähig; Änderungen werden auf das Wirksamwerden von Selektionsmechanismen der Umwelt zurückgeführt. Wenn hier der ersten Richtung gefolgt wird, verkennt dies keinesfalls die Schwierigkeiten einer Sicherung des Wandels. In jeder Unternehmung bestehen ausgeprägte Tendenzen zur Invarianz, die sich auf mehrere Ursachen zurückführen lassen.[52] So werden die Strukturen und Prozesse einer Unternehmung bei aller Notwendigkeit zur Anpassung in hohem Maße durch das gegenwärtige operative Geschäft

---

[51] Vgl. hierzu Barnett/Carroll (1995).
[52] Vgl. hierzu auch Frese (2001).

dominiert. Nur so lässt sich eine effiziente Ausschöpfung der strategisch definierten Geschäftsfelder, mit denen in der Regel weitreichende Ressourcenbindungen geschaffen werden, sicherstellen.[53] Zum anderen ist zur Bestandssicherung eines multipersonalen Systems der Rückgriff auf gemeinsam geteilte Werte und Überzeugungen (Organisationskultur) bis zu einem gewissen Grade unerlässlich. In jeder Unternehmung besteht deshalb eine Tendenz zur Verfestigung kognitiver Wahrnehmungs- und Problemlösungsmuster. Derartige kognitiven Beharrungseffekte äußern sich insbesondere in einer lokalen Fokussierung der Aktivitäten; bei der Wahrnehmung eines Problems konzentrieren sich Such- und Entscheidungsprozesse zunächst auf die Nachbarschaft der aktuellen Lösung – mit allenfalls geringfügigen Modifikationen bisheriger Konzepte.[54]

Diese Beharrungstendenzen könnten das weitgehende Fehlen ausdifferenzierter expliziter „dynamischer" Gestaltungsphilosophien auf Seiten des Managements erklären. Denn es ist eine auffällige Erscheinung, dass sich bisher für den Aspekt des Wandels keine hinsichtlich ihrer Differenziertheit und Operationalität mit der Integrationseffizienz vergleichbaren Gestaltungsphilosophien des Managements nachweisen lassen.[55] Das Fehlen eines Handlungs- und Gestaltungsprogramms auf Seiten des Managements wird in evolutionstheoretisch geprägten Konzepten geradezu als Charakteristikum des Wandels in komplexen arbeitsteiligen Systemen angesehen. So stellt Fujimoto bei seiner Interpretation der Reorganisationen des japanischen Automobilherstellers Toyota im Produktionsbereich fest: „There was apparently no grand strategy on the sequence of capability acquisition".[56]

Wenn auch angesichts der Herausforderung, die mit einer planvollen Einleitung des Wandels durch organisatorische Strukturgestaltung verbunden ist, die Rücknahme des Gestaltungsanspruchs auf Seiten des Managements plausibel erscheint, soll eine andere Erklärung für das weitgehende Fehlen ausdifferenzierter „dynamischer" Gestaltungsphilosophien nicht unerwähnt bleiben. Es könnte sein, dass Impulse zur organisatorischen Berücksichtigung der Notwendigkeit, die strukturellen Voraussetzungen für permanenten Wandel zu schaffen, verglichen mit den Gestaltungsanforderungen der Integrationseffizienz nur eine geringe Merklichkeit aufweisen. Da die Integrationseffizienz, die Sicherung von Koordination und Motivation im operativen Geschäft, auf der Agenda des Managements zumeist ganz oben steht, könnte die Wahrnehmung

---

[53] Vgl. Burgelman (1991).
[54] Vgl. hierzu den Überblick über die relevante Literatur bei Frese (2001).
[55] Allenfalls in Bereichen wie Forschungs- und Entwicklungsabteilungen, die ganz durch die Anforderungen des Aufbaus und der Nutzung von Wissensbasen bestimmt sind, lassen sich vermutlich ausdifferenzierte Gestaltungsphilosophien nachweisen, vgl. hierzu Miner (1994).
[56] Vgl. Fujimoto (2000), S. 247. Ähnlich äußert sich Levinthal (2000), S. 369.

und Verfolgung der langfristigen Sicherung des dynamischen Handlungspotenzials durch eine solche Priorisierung verdrängt werden.

Wie die vorangegangenen Betrachtungen gezeigt haben, wird in diesem Beitrag mit dem Begriff der Anpassung und den zugeordneten Begriffen „Lernen" und „Änderung" ein Gebiet abgegrenzt, für dessen Erschließung keine einheitliche theoretische Konzeption existiert. Eine gewisse Einheitlichkeit zeigt sich allerdings in der verbreiteten Tendenz, das Untersuchungsobjekt mit dem Terminus „organisationales Lernen" zu belegen: „The organizational learning approach focuses on how individuals, groups, and organizations notice and interpret information and use it to alter their fit with the environments." Bei dieser Charakterisierung von Aldrich[57] wird nicht differenziert zwischen dem eigentlichen Lernvorgang (Veränderung von Wissensstrukturen) und den daraus resultierenden Änderungen. Auch bei James G. March[58], dem die Organisationstheorie bedeutende Beiträge zu diesen Fragen verdankt, werden die kumulative Entwicklung von Fähigkeiten und Erfahrungen (Lernen im engeren Sinne) und die Anpassung an in der relevanten Umwelt wahrgenommene Veränderungen konzeptionell verknüpft.[59] Es sagt viel über den gegenwärtigen Entwicklungsstand[60] aus, dass selbst so unbestrittene Autoritäten wie James G. March und Karl E. Weick eine exakte begriffliche Festlegung weitgehend vermeiden und das Wesen des organisationalen Lernens eher bildhaft und anekdotisch umschreiben. Für die analytische Durchdringung der Gestaltungsproblematik ergeben sich deshalb noch enge Grenzen. Wenn in eine so amorphe Konzeption der Anwendungsbezug eingebracht wird, erweist sich die Grenzziehung zwischen unfundierter Spekulation, konzeptioneller Phantasie und empirisch gestützter Aussage häufig als schwierig.

Unabhängig von der Frage der Abgrenzung des Untersuchungsobjekts wird der Zugang zum „Organizational Learning" durch das klassische Reduktionsproblem der Sozialwissenschaften erschwert. Vollzieht sich alles „organisationale" Lernen in Individuen oder handelt es sich um ein soziales Phänomen, dessen Rückführung auf individuelle Kognitionen und Emotionen entscheidende, für das Verständnis „kollektiven" Lernens elementare Merkmale mit der Konsequenz einer unzulässigen Vereinfachung ausschließt? Insgesamt gewinnt man bei der Sichtung der Literatur den Eindruck, dass die individualistische Perspektive dominiert. Das lässt sich wohl nicht zuletzt auf die Tatsache zurückführen, dass die individualpsychologische Lerntheorie die klarsten Konturen und den höchsten Entwicklungsstand aufweist. Es herrscht auch in den Ar-

---

[57] Vgl. Aldrich (1999), S. 57.
[58] Vgl. March (1991); vgl. auch Levitt/March (1988).
[59] Vgl. hierzu Levinthal (1994), S. 170.
[60] Vgl. den Überblick bei Aldrich (1999), S. 57 ff. und 141 ff.

beiten von March die individualistische Sichtweise vor; betrachtet werden überwiegend „Lern"-Aktivitäten individueller Einheiten im organisatorischen Kontext.

Eine andere Position vertritt Karl E. Weick, für den die Gruppe bzw. die eine Gruppe prägende Kultur das zu betrachtende Konstrukt ist. Während die individualistische Sichtweise Lernvorgänge auf kognitive Prozesse und Strukturen der einzelnen Person zurückführt („what goes on in individual heads")[61], betrachtet die institutionalistische Auffassung von Weick die sozialen Strukturen („what goes on in the practice of groups")[62] und sieht in der jeweiligen Kultur das Ergebnis von Lernen („culture as a symbol and storage of past learning")[63]. Lernen äußert sich folglich in der Veränderung von Kulturen. In seinen Beiträgen vermittelt Weick – mit den Organisationsroutinen und der Interpretation von Organisationssystemen als „self-designing systems" – bisher eher Skizzen einer Konzeption organisationalen Lernens. Auch finden sich anwendungsorientierte Bezüge nur vereinzelt. Weick beschränkt sich weitgehend auf die Interpretation und Rekonstruktion von Änderungsprozessen aus der Sicht einer gruppenbezogenen Lerntheorie.

Eine fundierte Entscheidung für eine der Sichtweisen muss den Rahmen einer betriebswirtschaftlichen Analyse sprengen. Der folgenden organisationstheoretischen Untersuchung der Bedingungen einer dynamischen Strukturgestaltung und der Rolle, die der Internet-Technologie in diesem Zusammenhang zukommt, liegen damit pragmatische methodische Entscheidungen zu Grunde. Es sind vor allem zwei Festlegungen, die hervorzuheben sind.

1. Es wird eine methodische Trennung des Untersuchungsobjekts in Anforderungen des Lernens und der Änderung, zusammengefasst unter dem Begriff der Anpassungsfähigkeit, sowie in solche der Motivation vorgenommen. Die Unterscheidung der Anpassungs- und Motivationsdimension wird – wie vorangehend begründet – aus der Gegenüberstellung von aufgabenbezogener Perspektive und Mitarbeiterperspektive abgleitet. Mit der gesonderten Betrachtung von „Lernen" und „Änderungen" wird dem betriebswirtschaftlich bedeutsamen Unterschied zwischen der bloßen Veränderung von Wissensstrukturen und der Hervorbringung veränderter Prozess- und Ergebnismerkmale von Handlungen Rechnung getragen.[64]

---

[61] Weick/Westley (1996), S. 442.
[62] Weick/Westley (1996), S. 446.
[63] Weick/Westley (1996), S. 445.
[64] Aufschlussreich ist in diesem Zusammenhang, dass Hackman und Wageman (2000), S. 35 ff. bei ihrer verhaltenswissenschaftlichen Analyse von Konzepten des Qualitätsmanagements, wenn auch mit anderen Akzenten, ebenfalls zwischen „motivation", „learning" und „change" unterscheiden.

2. Das in diesem Beitrag zu Grunde gelegte Lernkonzept orientiert sich an den organisationstheoretisch differenzierten Beiträgen von March und folgt damit der primär individualistischen Sichtweise.[65] Die Einführung der Änderungsdimension greift weitgehend auf Arbeiten von Burgelman[66] zurück, dessen evolutionstheoretisches Konzept der strategischen Anpassung einen beachtlichen Teil der bisherigen Forschungsergebnisse integriert und den Aspekt des dynamischen Handlungspotenzials in hohem Maße berücksichtigt. Als methodische Grundlage zur anwendungsorientierten Betrachtung der Motivation zur Anpassung dient ein Motivationskonzept, das Hackman und Wageman[67] für die Untersuchung von Einflussgrößen der effizienten Gestaltung des Qualitätsmanagements entwickelt haben. Zwar vollzieht sich ein erheblicher Teil der auf eine „Verbesserung" von Prozess- und Ergebniswerten ausgerichteten Qualitätsmaßnahmen im Rahmen eines gegebenen Handlungsprogramms und erfasst damit nicht oder nur bedingt den Fall innovativer Änderungen. Gleichwohl erscheint ein Rückgriff auf das Motivationskonzept von Hackman und Wageman für die hier interessierende Frage schon deshalb sinnvoll, weil die organisationstheoretische Analyse des Qualitätsmanagements – wie unter anderem auch die Studien von Robert E. Cole zeigen[68] – in hohem Maße auf lerntheoretische Konzepte zurückgreift.

Unter diesen methodischen Prämissen werden im Folgenden die Auswirkungen netzbasierter Kommunikation auf die Entwicklung und Sicherung des dynamischen Handlungspotenzials erörtert.

5.2 Anpassungsfähigkeit: Lern- und Änderungskonzepte im organisatorischen Kontext

In diesem Abschnitt werden isoliert voneinander die Auswirkungen der Internet-Technologie auf die Lern- und die Änderungskomponente der Anpassungsfähigkeit analysiert. Methodisch handelt es sich dabei um eine vereinfachende Betrachtung, bei der mögliche Trade-offs zwischen den Subzielen der Lern- und Änderungseffizienz vernachlässigt werden. Es erfolgt zudem keine Auseinandersetzung mit den organisatorischen Konsequenzen der Tatsache, dass die nachhaltige Förderung von Lerneffekten

---

[65] Diese Charakterisierung unterstellt natürlich nicht, March negierte die soziale Dimension des organisationalen Lernens; vgl. hierzu nur March/Shapira (1992).
[66] Z.B. Burgelman (1991).
[67] Vgl. Hackman/Wageman (2000).
[68] Vgl. z.B. Cole (1999).

nicht zwangsläufig die Fähigkeit steigert, zweckmäßige Änderungen hervorzubringen.[69]

Lerneffizienz

Der Absorption und dem Transfer von Wissen kommt im Konzept des organisationalen Lernens von March eine besondere Bedeutung zu. Das Kriterium der Lerneffizienz wird deshalb bei den weiteren Überlegungen auf Anforderungen der Absorptions- und der Transfereffizienz zurückgeführt.

Die Absorptionseffizienz bemisst sich an den Wirkungen einer organisatorischen Gestaltungsmaßnahme auf die Fähigkeit der betrachteten Einheit zur kognitiven Verarbeitung und Integration neuen Wissens. Die Absorption von Wissen ist ein komplexer, in hohem Maße von den vorhandenen Wissensstrukturen des Empfängers abhängiger Vorgang. Unter dem Einfluss der Arbeiten von March und seinen Schülern haben das Konzept der Absorptionskapazität („absorptive capacity")[70] und insbesondere die These von der begrenzten Absorptionsfähigkeit die wissenschaftliche Auseinandersetzung um den Aufbau von Wissen in Organisationen beeinflusst. Letztere besagt, dass die Aufnahmefähigkeit für neues Wissen von Tiefe und Breite des potenziellen Empfängers bereits vorhandenen Wissens abhängt: „...prior knowledge confers on ability to recognize the value of new information, assimilate it, and apply it to commercial end".[71]

Wenn die Absorption neuen Wissens von der Struktur des vorhandenen Wissens abhängt, rückt die Frage nach dem Einfluss alternativer Formen des Organisationssystems auf den Aufbau von Wissensstrukturen in den Mittelpunkt. Das Spektrum der Instrumente zur Beeinflussung von Wissensstrukturen ist breit. Es reicht von der Rolle des Empfängers bei der Wissensaufnahme (umweltgetriebene, reaktive oder autonome, aktive Form der Akquisition) über die Form (mündliche oder schriftliche Kommunikation) bis zur institutionellen Verankerung der Akquisition (Qualifizierung „on the job" oder „off the job").

Die folgenden Überlegungen unterstellen, dass für den Aufbau und die Sicherung der Absorptionskapazitäten durch organisatorische Gestaltungsmaßnahmen dem Kompetenzsystem ein besonderer Stellenwert zukommt.[72] Die Zuweisung von Aufgaben im Rahmen des Kompetenzsystems determiniert zu einem erheblichen Teil die Wahr-

---

[69] Die von Levinthal/March (1993) herausgearbeiteten Dysfunktionalitäten in Form so genannter „Lernfallen" unterstreichen diese Feststellung.
[70] Levinthal/March (1993); Levinthal (1994).
[71] Cohen/Levinthal (1990), S. 128. Vgl. zur Aufnahme von Wissen auch Heppner (1997), S.203 ff.
[72] Vgl. S. 220.

nehmung, Aufnahme und Verarbeitung von Informationen durch die jeweiligen Personen und damit ihre Wissensstrukturen. Der Versuch, für die folgende Analyse einen Zusammenhang zwischen den relevanten Aufgaben- und Informationsmerkmalen herzustellen (vgl. Abb. 3), greift auf verschiedene organisationstheoretische Ansätze zurück.[73] Mit Blick auf das Kompetenzsystem finden die jeweils verfolgten organisatorischen Gestaltungsprinzipien ihren Niederschlag in der Spezialisierung, der Strukturierung und der Abgeschlossenheit von Aufgaben. Der Grad der Spezialisierung erfasst die Breite des Aufgabenfeldes; sie hat Auswirkungen auf Menge und Fokussierung der Aufgabe. Je kleiner der Ausschnitt ist, der einer Person aus einem gegebenen Aufgabengesamt zugewiesen wird, desto geringer ist tendenziell die Menge der relevanten Informationen und je höher ist über die dadurch bedingte Fokussierung die Wahrscheinlichkeit, dass sich identische oder ähnliche Aktivitäten wiederholen. Zu einem ähnlichen Effekt führt der Strukturierungsgrad, der die Regelungsdichte hinsichtlich der vorgegebenen Aufgabenelemente mit Konsequenzen für Menge, Fokussierung und Ambiguität der Informationen beeinflusst. Die Informationsmenge wird durch den Ausschluss nicht relevanter Informationen bei gleichzeitiger Erhöhung der Wiederholungshäufigkeit reduziert. Ambiguität, die Mehrdeutigkeit von Informationen, wird in dem Maße abgebaut, in dem detailliertere Regelungen die Identifizierung und Interpretation der relevanten aus einer größeren Menge von Merkmalen erlaubt. Die Abgeschlossenheit einer Aufgabe äußert sich in der Intensität der Interdependenzen zu anderen Bereichen und zur externen Umwelt; Auswirkungen sind auf Menge, Ungewissheit und Ambiguität von Informationen zu erwarten. Bezieht man außerdem den Grad der Aufgabenänderung (konstant, wechselnd) mit Konsequenzen für Menge, Ungewissheit und Ambiguität von Informationen in die Überlegungen ein, so wird deutlich, dass sich aus der jeweiligen Struktur des Kompetenzsystems ganz unterschiedliche Impulse für den Aufbau von Wissensstrukturen ergeben.

Die skizzierten Einflüsse, die von der Aufgabengestaltung auf die Ausprägung der Informationsmerkmale ausgehen, zeigen, dass die fundierte Formulierung von Gestaltungsempfehlungen zur Sicherung der Absorptionseffizienz eine anspruchsvolle Aufgabe ist. Zu berücksichtigen ist in diesem Zusammenhang auch, dass ergänzend zu strukturellen Maßnahmen die Zuweisung qualifizierten Personals in die Überlegungen einzubeziehen ist. Der gegenwärtige Stand der kognitiven Organisationstheorie[74] setzt jedem Versuch, durch eine entsprechende Gestaltung des Kompetenzsystems einen gezielten Aufbau von Wissensstrukturen zu gewährleisten, enge Grenzen.[75] Mit dieser

---

[73] Aussagefähig erscheinen vor allem Hackman/Oldham (1980) zur Charakterisierung von Aufgaben und Daft/Lengel/Trevino (1984) zur Beschreibung von Informationsmerkmalen.
[74] Vgl. z.B. Walsh (1995).
[75] Hinzuweisen ist auch darauf, dass „reichhaltigere" Wissensstrukturen nicht zwangsläufig positive Wirkungen auf die Aufgabenerfüllung haben; vgl. hierzu die Studie von Moorman/Miner (1997) zu den Einflussgrößen der Kreativität bei der Entwicklung neuer Produkte.

Feststellung wird nicht der Stellenwert des Internet für die Entwicklung lerneffizienter Strukturen in Frage gestellt.[76] Bei organisatorischen Maßnahmen, die über die Aufgabenstruktur in hohem Maße Art und Umfang der zu erfassenden und zu verarbeitenden Informationen bestimmen, liegt die Bedeutung der netzbasierten Kommunikation auf der Hand. Das Problem liegt in der planmäßigen Nutzung des Kommunikationspotenzials bei der Gestaltung des Kompetenzsystems. Die Organisationstheorie ist aufgerufen, durch die Aufarbeitung des eindrucksvollen Bestands kognitionswissenschaftlicher Beiträge mit organisatorischem Bezug den Erkenntnisstand in Wissenschaft und Praxis zu verbessern.

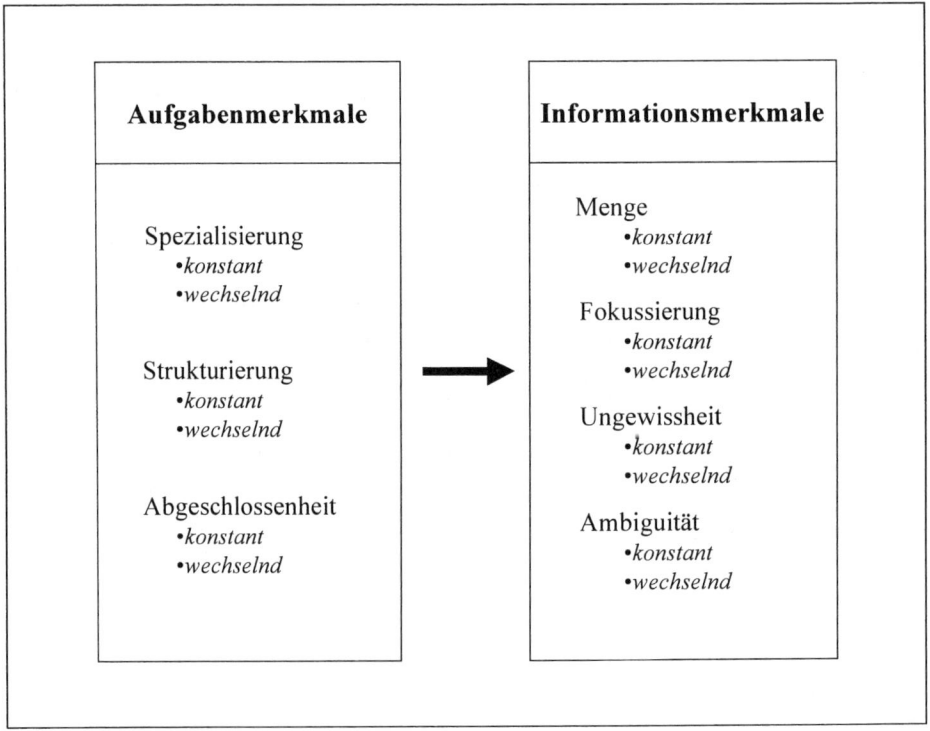

Abb. 3: Aufgaben- und Informationsmerkmale des Kompetenzsystems.

Wendet man sich der Frage der Transfereffizienz zu, so rückt das Problem der Fähigkeit zur Artikulation von Wissen in den Mittelpunkt der Überlegungen. Die Artikulationsfähigkeit stellt bei komplexen, häufig vom konkreten Anwendungsbezug abstrahierenden Wissensinhalten und bei implizitem, d.h. nicht oder nur schwer kodifizierba-

---

[76] Zu erwähnen ist in diesem Zusammenhang auch das zunehmende Angebot von Qualifizierungsprogrammen im Internet (Tele-Learning); vgl. Alavi/Gallupe (2001).

rem Wissen, einen limitierenden Faktor dar. Es ist unmittelbar nachzuvollziehen, dass eingeschränkte Kodifizierbarkeit einen kommunikativen Wissenstransfer begrenzt. Wissensübertragung vollzieht sich in einem solchen Fall weitgehend in der Weise, dass sich der Wissensträger zum Ort des Problems bewegt oder dass das Problem dem Wissensträger zugeführt wird. Einblicke in die Vielschichtigkeit dieser Frage vermitteln die Studien, die Eric von Hippel zum Problem der „stickiness" von Wissen durchgeführt hat.[77]

Soweit es um den Transfer kodifizierten Wissens geht, ist die Leistungsfähigkeit der Informationstechnologie offensichtlich. Die sprunghaft gestiegene Bedeutung von unternehmungsinternen und -externen Datenbanken für die Wissensakquisition belegt den engen Zusammenhang.[78] Dabei ergeben sich für unternehmungsinterne und -externe Informationen verschiedene Anforderungen von Datenbankkonzepten.

Unternehmungsinterne Informationen können entsprechend der jeweils relevanten Zielsetzungen strukturiert werden. Die dadurch eröffneten Dispositionsmöglichkeiten werden von Hansen et al. herausgearbeitet; sie unterscheiden zwei Strategien für den Transfer von Informationen.[79] Im Rahmen der als *Personalisierungsstrategie* gekennzeichneten Vorgehensweise werden Wissensgebiete der verschiedenen Wissensträger der Unternehmung transparent gemacht. Dabei wird das Wissen nicht inhaltlich spezifiziert; vielmehr werden für jeden Mitarbeiter diejenigen Wissensgebiete ausgewiesen, in denen er über Spezialwissen verfügt. Im Gegensatz dazu zielt die *Kodifizierungsstrategie* auf die Explizierung des Wissens (z.B. methodisches Wissen, Produkt- und Marktwissen, Projektergebnisse) ab. Beide Strategien profitieren von netzbasierter Kommunikation. Mittels Intranet können Verzeichnisse mit den Wissensgebieten der verschiedenen Mitarbeiter innerhalb der Unternehmung allgemein zugänglich gemacht und mit geringen Kosten aktualisiert werden. Durch Einräumung entsprechender Zugriffsrechte kann jeder Mitarbeiter die Übersicht über seine Wissensgebiete jederzeit selbst aktualisieren. Gegebenenfalls kann eine Autorisierung der eingestellten Inhalte (z.B. durch den Vorgesetzten) verlangt werden. Automatische Benachrichtigungen bestimmter Mitarbeitergruppen über Änderungen (z.B. per E-Mail) können mittels Selektionskriterien realisiert werden. Bei der Wahl zwischen den skizzierten Strategien ist zu berücksichtigen, dass die Kodifizierungsstrategie im Gegensatz zur Personalisierungsstrategie explizierbares Wissen voraussetzt. Ihr Anwendungsspielraum ist damit geringer. Die Wirtschaftlichkeit hängt zudem auch von der Anzahl der

---

[77] Vgl. von Hippel (1998); vgl. auch Szulanski (1996)
[78] Vgl. hierzu die Studie von Hansen (1999) zum Stellenwert von Datenbanken in wissensintensiven Unternehmungen wie bspw. Beratungsgesellschaften.
[79] Vgl. Hansen/Nohria/Tierney (1999), S. 107 ff.

Zugriffe auf die entsprechenden Informationen ab:[80] Wenn Informationen selten nachgefragt werden, ist eine Personalisierungsstrategie oftmals einer Kodifizierungsstrategie vorzuziehen.

Im Unterschied zu den bisher betrachteten unternehmungsinternen lassen sich unternehmungsexterne Informationen in der Regel erst nach erfolgtem Zugriff strukturieren. Zudem ist es häufig aufwändig, die gesuchten Informationen ausfindig zu machen – eine Tatsache, die angesichts immenser Informationsbestände im Internet effiziente Such- und Auswertungsalgorithmen erfordert. Auf die komplexe Problematik der Strukturierung von Informationsbeständen und der Begriffsvereinheitlichung kann hier nur hingewiesen werden.[81]

Von besonderer Relevanz für unsere Überlegungen ist die Frage, ob Internet und Intranet spezifische Transfereffekte erwarten lassen.

Wie Heppner[82] in seiner organisationstheoretischen Analyse der Transferproblematik herausarbeitet, erweist sich eine Übertragung von Wissen immer dann als schwierig, wenn kognitive Barrieren der Angleichung der Problemperspektiven auf Seiten von „Empfänger" und „Sender" entgegenstehen. In dem Maße, in dem die empfangende Einheit ihren Informationsbedarf nur begrenzt artikulieren kann und keinen oder nur einen eingeschränkten Zugang zur Handlungsgrundlage der sendenden Einheit findet, stößt ein Wissenstransfer „auf Distanz" rasch an seine Grenzen. In Situationen, in denen es um den Transfer komplexer Sachverhalte geht, kann über das Internet allenfalls ein erster Kontakt hergestellt werden. Zur erfolgreichen Übertragung von Wissen sind dann Formen der Kommunikation mit höherer „sozialer Präsenz"[83] etwa der Einsatz unterstützender Integrationseinheiten[84] oder die persönliche Kommunikation auf Gruppenbasis, erforderlich. Nur in relativ einfachen Transfersituationen, das Wissen ist dann leicht zu artikulieren und seine Anwendung ist unproblematisch, ist der ausschließliche elektronische Transfer realistisch.

Bemerkenswert für die Einschätzung des Potenzials der netzbasierten Kommunikation für den Wissenstransfer ist auch die empirische Studie von Hansen[85] zur intraorganisationalen Wissensakquisition in der Neuprodukt-Entwicklung. Sie zeigt, dass das Er-

---

[80] Vgl. Trittmann/Mellis (1999), S. 38 ff.
[81] Vgl. hierzu Frank/Schauer (2001), S. 169 ff.
[82] Vgl. Heppner (1997), S. 333 ff.
[83] Heppner (1997), S. 292 ff.
[84] Die Frage, unter welchen Bedingungen organisatorische Einheiten eine vermittelnde Funktion („brokering") beim Wissenstransfer wahrnehmen, ist allerdings bisher erst vereinzelt untersucht worden, vgl. Hargadon/Sutton (1997); Schulz (2001).
[85] Vgl. Hansen (1999).

gebnis der Suche nach und der Übertragung von neuem Wissen (auch) von der Beschaffenheit des Kommunikationsnetzes abhängt. Die Untersuchung von Hansen knüpft an die einflussreichen Arbeiten von Granovetter[86] zu Funktionen und Folgen loser oder enger Beziehungen in Netzwerken an. Die Suche nach neuem Wissen führt bei der Nutzung von auf sporadischen, nicht-intensiven Kontakten beruhenden Beziehungen mit einer höheren Wahrscheinlichkeit zur redundanzfreien Wissensvermehrung als dies bei engen Kontakten der Fall ist.[87] Der Abbau von Kommunikationsbarrieren und eine höhere Bereitschaft, auch mit bisher unbekannten Personen über E-Mail zu kommunizieren, also lose Beziehungen in einem Netz zu entwickeln, würde die Realisierung positiver Wissenseffekte erleichtern. Allerdings darf nicht übersehen werden, dass die Ausschöpfung einer solchen neuen Wissensquelle dann Probleme aufwerfen kann, wenn die Komplexität des Wissens den Transfer erschwert. Ein hoher Komplexitätsgrad ist gegeben, wenn das Wissen nur begrenzt kodifizierbar und der zu übertragende Wissenskomplex nur schwer aus einem umfassenderen Zusammenhang herauszulösen ist. Hansen fasst die Bedeutung enger und loser Netzbeziehungen folgendermaßen zusammen: „A strong tie will constrain search, whereas a weak tie will hamper the transfer of complex knowledge."[88]

Änderungseffizienz

Nach der Betrachtung der Lerneffizienz wenden sich die Überlegungen zum Zusammenhang zwischen Anpassungsfähigkeit und netzbasierter Kommunikation nun dem Kriterium der Änderungseffizienz zu (vgl. Abb. 1). Die in diesem Zusammenhang elementare Fähigkeit zur Hervorbringung von Änderungsideen soll in sprachlicher Anlehnung an evolutionstheoretische Konzepte durch das Kriterium der Variationseffizienz[89] erfasst werden. Änderungseffiziente Organisationssysteme müssen neben Variationseffizienz auch eine hohe Selektions- und Retentionseffizienz aufweisen. Mit dem Kriterium der Selektionseffizienz wird erfasst, wieweit es durch Mechanismen der Hierarchie-, Experten- oder Selbststeuerung gelingt, aus den generierten Änderungsideen die realisationswürdigen auszuwählen. Die Retentionseffizienz[90] bildet ab, wieweit Neuerungen durch ihre Verankerung im Kompetenz- und Steuerungssystem Bestand haben können.

---

[86] Vgl. Granovetter (1973); Granovetter (1982).
[87] Vgl. zur Begründung im Einzelnen Hansen (1999), S. 84 ff.; vgl. zu diesen Fragen auch Constant et al. (1996).
[88] Hansen (1999) S. 109.
[89] Vgl. Aldrich (1999), S. 22: „Any departure from routine or tradition is a variation...".
[90] Aldrich (1999), S. 30: „Retention occurs when selected variations are preserved, duplicated, or otherwise reproduced so that the selected activities are replaced on future occasions or the selected structures appear again in future generations."

Die Ergebnisse der Organisationsforschung erlauben relativ eindeutige Aussagen zu den Merkmalen von Organisationssystemen mit hoher Variationseffizienz. Die Frage nach dem Einfluss von Organisationsstrukturen auf die Hervorbringung neuer Ideen, insbesondere von Innovationen, ist ein klassisches Thema der Organisationstheorie.[91] „Produktion" von Vielfalt wird vor allem mit Strukturen in Verbindung gebracht, die den organisatorischen Einheiten ein hohes Maß an Autonomie einräumen und durch eine Kultur der Offenheit und des Dialogs gekennzeichnet sind.[92] Der Kommunikation kommt in jedem neuerungsfähigen Organisationssystem eine herausragende Bedeutung zu; „Offenheit" von Strukturen heißt letztlich „ungeregelte Kommunikation". Dennoch wäre es übertrieben, den neuen informationstechnologischen Effekten der Zeit- und Raumüberbrückung in diesem Zusammenhang einen besonderen Stellenwert zuzuweisen. Der Forderung nach einer Verbesserung des Informationsaustausches durch bereichsübergreifend zusammengesetzte Teams kommt sicher eine ungleich größere Bedeutung zu.[93]

Lenkt das Kriterium der Variationseffizienz den Blick auf die Produktion von Vielfalt, stellt sich bei der Analyse der Selektionseffizienz die Frage nach der Auswahl aus der Vielfalt. In der Terminologie von Burgelman geht es darum, im Wege der organisatorischen Gestaltung in der Unternehmung (in der unternehmungsinternen Umwelt) einen Selektionsmechanismus zu installieren,[94] oder anders formuliert, die Rolle des Managements bei der Wahrnehmung, Förderung und Umsetzung neuer Ideen zu definieren.[95] Zu dieser Thematik hat in den letzten zwei Jahrzehnten vor allem Burgelman Beiträge geliefert, die über den von ihm analysierten engeren Anwendungsfall des strategischen Managements hinaus generelle Aussagefähigkeit beanspruchen können. Variation und Selektion werden auf ein Zusammenspiel der Aktivitäten mehrerer Hierarchieebenen – operativer Einheiten, der Unternehmungsleitung und des mittleren Managements – zurückgeführt. Dem mittleren Management kommt dabei angesichts begrenzter Kapazitäten der Unternehmungsleitung mit der Wahrnehmung einer Filter- und Moderationsfunktion die entscheidende Rolle zu. Es bildet gewissermaßen das Scharnier zwischen den ideenproduzierenden marktnahen Einheiten und der Ebene der Unternehmungsleitung. Sieht man mit Burgelman das zentrale Problem einer Gewährleistung von Selektionseffizienz in den Wahrnehmungs- und Beurteilungsgrenzen

---

[91] Vgl. den Überblick bei Frese (1992), S. 277 ff.
[92] Vgl. die klassischen Beiträge von Burns/Stalker (1961) und Wilson (1966), die Untersuchungen von Teece (2000), S. 36 ff. und S. 53 ff. zu Strukturanforderungen technologischer Neuerungen sowie den generellen Überblick bei Aldrich (1999), S. 2 ff.
[93] Vgl. hierzu Teece (2000), S. 71. Auch die Studie von Dean/Susman (1989) zur Kooperation zwischen Produktion und Produktentwicklung weist der bloßen Etablierung von Kommunikationsbeziehungen keinen eigenständigen Stellenwert zu.
[94] Burgelman (1983), S. 242.
[95] Vgl. hierzu die Studien von Burgelman (1991), Noda/Bower (1996) und Fujimoto (1999).

des Managements, dann erscheint es fraglich, ob die neuen informationstechnologischen Potenziale des Intranet und der Abbau von Kommunikationsbarrieren die Selektionseffizienz organisatorischer Strukturen nennenswert erhöhen können.[96] Die Propagierung der technischen Möglichkeiten netzbasierter Kommunikation könnte zur Entstehung von „information overload"[97] führen, nicht aber mehr Handlungsfähigkeit bedeuten.

Mit dem dritten Subziel der Änderungseffizienz, der Retentionseffizienz, verbindet sich das Anliegen der Erhaltung und Bewahrung von Änderungen durch organisatorische Verankerung der neuen Handlungsmuster Aus dieser Sicht werden Organisationsregeln als Wissensspeicher interpretiert und ihre Entstehung und Veränderung aus der Perspektive der Akquisition und Generierung von Wissen analysiert.[98] Die Funktion bürokratischer Strukturen erfährt in diesem Zusammenhang eine, die Einschätzung als weitgehend pathologische Erscheinungsform überwindende Interpretation.[99] Allerdings kommt technologischen Kommunikationseffekten in diesem Kontext keine nennenswerte Bedeutung zu.

Anders sind die Möglichkeiten netzbasierter Kommunikation zu beurteilen, wenn man – wie es geboten ist – den ganzen Problemkreis der Implementierung in die Retention einbezieht. Betrachtet man im Einklang mit der Literatur[100] Konflikthandhabung und Akzeptanzsicherung sowie die Einbeziehung von Mitarbeitern als die wichtigsten Implementierungsmaßnahmen, dann ist die Bedeutung der Kommunikation offensichtlich: „...by far the most important element contributing to success is the art and act of communicating".[101] Vor allem der Abbau von Kommunikationsbarrieren und die Nutzung elektronischer Foren z.B. so genannte chat rooms), wie sie sich mit Einführung der Intranet-Technologie herausgebildet haben, sind zwei Effekte, die den komplexen Prozess der Umsetzung und Sicherung von Änderungen nachhaltig unterstützen können.

---

[96] Diese These findet eine gewisse empirische Bestätigung in der Studie von Schulz (2001), die für Tochtergesellschaften international tätiger Unternehmungen feststellt, dass in vertikaler Richtung vor allem neues Wissen weitergeleitet wird. Geht man von der realistisch erscheinenden Annahme aus, dass neues Wissen hohe Anforderungen an die Artikulations- und Aufnahmefähigkeit stellt, so würden dadurch die Möglichkeiten elektronischer Kommunikation eingeschränkt.

[97] Vgl. in diesem Zusammenhang die Feststellung von Simon (1997), S. 5, „Information isn't the scarce resource; human time and attention is the scarce resource" und den Beitrag von Hansen/Haas (2001) zum Wettbewerb um Aufmerksamkeit auf (internen) „Wissensmärkten" und generell zum information overload MacCrimmon/Taylor (1976), S. 1419 ff., Kraut/Attewell (1997) und Stefik (1999), S. 107 ff.

[98] Vgl. March et al.(2000).

[99] Vgl. Adler (1999).

[100] Vgl. z.B. Marr/Kötting (1992).

[101] Lippitt/Langseth/Mossop (1985), S. 111.

5.3 Motivation: Bereitschaft zu Lernen und Änderung

Von allen gestaltungsorientierten Konstrukten weist das abschließend zu behandelnde Motivationskonzept zur Förderung der Anpassungsfähigkeit den unvollkommensten Entwicklungsstand auf. Es ist unmittelbar nachzuvollziehen, dass sich eine bloße Übertragung der herausgearbeiteten statischen Motivationseffekte[102] auf den Fall dynamischer Strukturanforderungen schon angesichts der anders gearteten Aufgabenstellung verbietet. Während die Sicherung statischer Motivationswirkungen sich an mehr oder weniger detailliert formulierten Handlungsvorgaben orientieren und damit auf definierte Kriterien für mögliche Anreizmaßnahmen zurückgreifen kann, ist es bei der Verfolgung der dynamischen Perspektive, die Bisheriges in Frage stellt, ungleich schwieriger, aussagefähige Sollgrößen zu definieren. Häufig lassen sich Handlungsvorgaben nur in Form von Indikatoren, deren Auswirkungen auf das Unternehmungsziel nicht immer abzuschätzen sind, formulieren. Auf jeden Fall kann das klassische Instrumentarium markt- und planorientierter Anreizmechanismen nicht ohne weiteres auf das hier zu lösende Motivationsproblem angewendet werden.

Wie einleitend begründet wurde[103], sollen für die folgenden Überlegungen die von Hackman und Wageman für die Gestaltung des Qualitätsmanagements herausgearbeiteten Motivationsanforderungen zu Grunde gelegt werden. Bei dieser Vorgehensweise lassen sich in Abgrenzung zu statischen Motivationskonzepten zwei zentrale, für die Einschätzung des Internet relevante Besonderheiten der dynamischen Motivationseffizienz feststellen.

Verallgemeinert man die von den Begründern der Theorie des Qualitätsmanagements[104] in ihren Grundzügen weitgehend übereinstimmenden Motivationsannahmen auf den Fall einer Förderung und Sicherung der Anpassungsfähigkeit, dann kann als erste Besonderheit und als tragendes Fundament des Motivationskonzepts die These von der grundsätzlich positiven Einstellung gegenüber dem Wandel bei einem durch Qualifizierung handlungsfähigen Mitarbeiter angesehen werden. Hackman und Wageman arbeiten die motivationstheoretischen Dimensionen dieser Annahme heraus und formulieren die These eines „natürlichen" Strebens nach Verbesserungen beim Mitarbeiter: „Employees naturally care about the quality of work they do and will take initiatives to improve it – so long as they are provided with the tools and training that are needed for quality improvement, and management pays attention to their ideas."[105]

---

[102] Vgl. S. 214 ff.
[103] Vgl. S. 225.
[104] Als Begründer gelten gemeinhin W. Edwards Demings, Kaoru Ishikawa und Joseph M. Juran; vgl. Hackman/Wageman (2000), S. 24.
[105] Hackman/Wageman (2000), S. 24.

Die Einbringung von Handlungsdruck[106], das in der Praxis verbreitete Gestaltungsprinzip zur Erzielung statischer Motivationseffekte, kann sich unter den Bedingungen dynamischer Effizienz als kontraproduktiv erweisen. Extrinsische Anreizsysteme, die auf Ergebnis- und Erfolgszuordnungen beruhen und leistungsabhängige Entgelte präferieren, werden deshalb in der theoretisch fundierten Literatur zum Qualitätsmanagement durchweg kritisch betrachtet. Die für den dynamischen Wandel erforderlichen Motivationswirkungen entfalten sich vor allem durch eine angemessene Gestaltung des Kompetenzsystems und durch unterstützende Maßnahmen des Managements – nur so kann das dargestellte Potenzial der netzbasierten Kommunikation eigenverantwortlich genutzt werden.

Auch die zweite Besonderheit dynamischer Motivationsanforderungen lässt sich aus Konzepten des Qualitätsmanagements ableiten. Sie kann in der These zusammengefasst werden, dass ohne Problembewusstsein und Streben nach Problemlösung ein effizienter Wandel nicht zu gewährleisten ist. Generalisiert man die für das Qualitätsmanagement entwickelten theoretischen Erklärungen, so sind Lernen und Änderung in hohem Maße von der Bereitschaft zur aktiven Auswertung von Informationen abhängig.[107] Hier ist es naheliegend, von den Möglichkeiten netzbasierter Kommunikation positive Motivationseffekte zu erwarten. Der wesentlich verbesserte Zugang zu Informationen, der eine Auseinandersetzung mit wahrgenommenen Problemen und das eigenverantwortliche Bemühen um ihre Lösung fördert, stimuliert zu Lern- und Änderungsaktivitäten.

Literatur

ADLER, Paul S. (1999): Building Better Bureaucracies. In: The Academy of Management Executive, 13. Jg., Nr. 4, S. 36-47.

ALAVI, Maryam/ GALLUPE, Brent (2001): The Transformation of Business Education. In: Information Technology and the Future Enterprise, hrsg. von G. W. Dickson und G. DeSanctis. Upper Saddle River, S. 261-281.

ALDRICH, Howard E. (1999): Organizations Evolving. London u.a.

ALLEN, Thomas J. (1986): Organizational Structure, Information Technology and R&D Productivity. In: IEEE Transactions on Engineering Management, Vol. EM-33, S. 212-217.

---

[106] Hackman/Wageman (2000), S. 24: „...such as punishment for poor performance, appraisal systems that involve the comparative evaluation of employees, and merit pay".
[107] Hackman/Wageman (2000), S. 25, verweisen im Zusammenhang des Qualitätsmanagements auf die laufende Erfassung der Kundenanforderungen und ihrer Veränderungen.

ALLEN, Thomas J./ HAUPTMAN, Oscar (1994): The Influence of Communication Technologies on Organizational Structure: A Conceptual Model for Future Research. In: Information Technology and the Corporation of the 1990s, hrsg. von T. J. Allen und Michael S. Scott Morton. New York – Oxford, S. 479-483.

BARNETT, William P./ CARROLL, Glenn R. (1995): Modeling Internal Organizational Change. In: Annual Review of Sociology, 21. Jg., S. 217-236.

BASS, Bernard M. (1985): Leadership and Performance Beyond Expectations. New York – London 1985.

BLEICHER, Knut (1991): Organisation. Strategien, Strukturen, Kulturen. 2. Aufl., Wiesbaden.

BOISOT, Max H. (1998): Knowledge Assets. Securing Competitive Advantage in the Information Economy. Oxford – London.

BURGELMAN, Robert A. (1983): A Process Model of Internal Corporate Venturing in the Diversified Major Firm. In: Administrative Science Quarterly, 28. Jg., S. 223-244.

BURGELMAN, Robert A. (1991): Intraorganizational Ecology of Strategy Making and Organizational Adaptation: Theory and Field Research. In: Organization Science, 2. Jg., S. 239-262.

BURNS, Tom/ STALKER, George M. (1961): The Management of Innovation. London.

COHEN, Wesley M./ LEVINTHAL, Daniel A. (1990). Absorptive Capacity: A new Perspective on Learning and Innovation. In: Administrative Science Quarterly, 35. Jg., S. 128-152.

COLE, Robert E. (1999): Managing Quality Fads. How American Business Learned to Play the Quality Game. New York – Oxford.

CONSTANT, David et al. (1996): The Kindness of Strangers: The Usefulness of Electronic Weak Ties for Technical Advice. In: Organization Science, 7. Jg., S. 119-135.

DAFT, Richard L./ LENGEL, Robert H./ TREVINO, Linda K. (1987): Message Equivocality, Media Selection, and Manager Performance: Implications for Information Systems. In: MIS Quarterly, 11. Jg., S. 355-366.

DEAN, James W./ SUSMAN, Gerald I. (1989): Organizing for Manufacturable Design. In: Harvard Business Review, 67. Jg., Nr. 1, S. 28-36.

DEISE, Martin V. et al. (2000): Executive's Guide to E-Business. From Tactics to Strategy. New York u.a.

DESANCTIS, Gerardine/ DICKSON, Gary W./ PRICE, Robert (2001): Information Technology Management. Perspective, Focus, and Change in the Twenty-First Century. In: Information Technology and the Future Enterprise, hrsg. von G. W. Dickson und G. DeSanctis. Upper Saddle River, S. 1-24.

DRUCKER, Peter F. (1988): The Coming of the new Organization. In: Harvard Business Review, 66. Jg., Nr. 1, S. 45-53.

ENGELS, Maria (2001): Die Steuerung von Universitäten in staatlicher Trägerschaft. Eine organisationstheoretische Analyse. Wiesbaden.

FELDMAN, Martha S./ MARCH, James G. (1981): Information in Organizations as Signal and Symbol. In: Administrative Science Quarterly, 26. Jg., S. 171-186.

FRANK, Ulrich/ SCHAUER, Hanno (2001): Potentiale und Herausforderungen des Wissensmanagements aus der Sicht der Wirtschaftsinformatik. In: Wissen in Unternehmen. Konzepte, Maßnahmen, Methoden, hrsg. von G. Schreyögg. Berlin, S. 163-182.

FRESE, Erich (1987): Unternehmungsführung. Landsberg a. L.

FRESE, Erich (1992): Organisationstheorie. Historische Entwicklung – Ansätze – Perspektiven. 2. Aufl., Wiesbaden.

FRESE, Erich (1998): Von der Planwirtschaft zur Marktwirtschaft – auch in der Unternehmung? In: Neue Märkte, neue Medien, neue Methoden – Roadmap zur agilen Organisation, hrsg. von A.-W. Scheer. Heidelberg, S. 77-92.

FRESE, Erich (2000): Grundlagen der Organisation. Konzept – Prinzipien – Strukturen. 8. Aufl., Wiesbaden.

FRESE, Erich (2001): Wenn Organisationen lernen müssen. Anmerkungen aus der Perspektive des Organization Design. In: Interdisziplinäre Managementforschung und -lehre. Herausforderungen und Chancen, hrsg. von S. Klein und C. Löbbecke. Wiesbaden, S. 27-47.

FRESE, Erich/ LEHMANN, Patrick (2000): Outsourcing und Insourcing: Organisationsmanagement zwischen Markt und Hierarchie. In: Organisationsmanagement. Neuorientierung der Organisationsarbeit, hrsg. von E. Frese. Stuttgart, S. 199-238.

FRESE, Erich/ LEHMANN, Patrick (2002): Profit Center. In: Handwörterbuch Unternehmensrechnung und Controlling, hrsg. von H.-U. Küpper und A. Wagenhofer, Stuttgart (im Druck).

FRESE, Erich/ MALY, Werner (Hrsg.) (1989): Kundennähe durch moderne Informationstechnologien. ZfbF-Sonderheft, Nr. 25.

FRESE, Erich/ von WERDER, Axel (1989): Kundenorientierung als organisatorische Gestaltungsoption der Informationstechnologie. In: Kundennähe durch moderne Informationstechnologien, ZfbF-Sonderheft, Nr. 25, hrsg. von E. Frese und W. Maly. Düsseldorf, S. 1-26.

FROST, Jetta (1998): Die Koordinations- und Orientierungsfunktion der Organisation. Bern – Stuttgart – Wien.

FUJIMOTO, Takahiro (1999): The Evolution of a Manufacturing System at Toyota. New York – Oxford.

FUJIMOTO, Takahiro (2000): Evolution of Manufacturing Systems and ex post Dynamic Capabilities: A Case of Toyota's Final Assembly Operations. In: The Nature and Dynamics of Organizational Capabilities, hrsg. von G. Dosi, R. R. Nelson und S. G. Winter. Oxford – New York, S. 244-280.

GRANOVETTER, Mark S. (1973): The Strength of weak Ties. In: American Journal of Sociology, 6. Jg., S. 1360-1380.

GRANOVETTER, Mark S. (1982): The Strength of weak Ties. A Network Theory Revisited. In: Social Structure and Network Analysis, hrsg. von P. V. Marsden und N. Lin. Beverly Hills u.a., S. 105-130.

GROCHLA, Erwin (1969): Zur Diskussion über die Zentralisationswirkungen automatischer Datenverarbeitungsanlagen. In: Zeitschrift für Organisation, 38. Jg., S. 47-53.

HACKMAN, J. Richard/ OLDHAM, Greg R. (1980): Work Redesign. Reading, MA u.a.

HACKMAN, J. Richard/ WAGEMAN, Ruth (2000): Total Quality Management. Empirical, Conceptual, and Practical Issues. In: The Quality Movement and Organization Theory, hrsg. von R. E. Cole und W. R. Scott. Thousand Oaks u.a., S. 23-47.

HARGADON, Andrew/ SUTTTON, Robert I. (1997): Technology Brokering and Innovation in a Product Development Firm. In: Administrative Science Quarterly, 44. Jg., S. 716-749.

HANSEN, Morten T. (1999): The Search-Transfer Problem: The Role of weak Ties in Sharing Knowledge Across Organization Subunits. In: Administrative Science Quarterly, 44. Jg., S. 82-111.

HANSEN, Morten T./ HAAS, Martina R. (2001): Competing for Attention in Knowledge Markets: Electronic Document Dissemination in a Managing Consulting Company. In: Administrative Science Quarterly, 46. Jg., S. 1-28.

HANSEN, Morten T./ NOHRIA, Nitin/ TIERNY, Thomas (1999): What's your Strategy for Managing Knowledge? In: Harvard Business Review, 77. Jg., Nr. 2, S. 106-116.

HEPPNER, Karsten (1997): Organisation des Wissenstransfers. Grundlagen, Barrieren und Instrumente. Wiesbaden.

von HIPPEL, Eric (1998): „Sticky Information" and the Locus of Problem Solving: Implications for Innovation. In: The Dynamic Firm. The Role of Technology, Strategy, Organization and Regions, hrsg. von A. D. Chandler, P. Hagström und Ö. Sölvell. New York, S. 60-77.

HOLLAND, Christopher P./ LOCKETT, A. Geoffrey (1997): Mixed Mode Network Structures: The Strategic Use of Electronic Communication by Organizations. In: Organization Science, 8. Jg., S. 475-488.

HUBER, George P. (1990): A Theory of the Effects of Advanced Information Technologies on Organizational Design, Intelligence, and Decision Making. In: Acadamy of Management Review, 15. Jg., S. 47-71.

KRAUT, Robert E./ ATTEWELL, Paul (1997): Media Use in a Global Corporation: Electronic Mail and Organizational Knowledge. In: Culture of the Internet, hrsg. von S. Kiesler. Mahwah, N.J., S. 323-342.

LAßMANN, Arndt (1992): Organisatorische Koordination. Konzepte und Prinzipien zur Einordnung von Teilaufgaben. Wiesbaden.

LAWRENCE, Paul R./ LORSCH, Jay W. (1967): Organization and Environment. Managing Differentiation and Integration. Boston, MA.

LEVINSON, Harry (1972): Organizational Diagnosis. Cambridge, MA.

LEVINTHAL, Daniel A. (1994): Surviving Schumpeterian Environments: An Evolutionary Perspective. In: Evolutionary Dynamics of Organizations, hrsg. von J. A. C. Baum und J. V. Singh. New York – Oxford, S. 167-178.

LEVINTHAL, Daniel A. (2000): Organizational Capabilities in Complex Worlds. In: The Nature and Dynamics of Organizational Capabilities, hrsg. von G. Dosi, R. R. Nelson und S. G. Winter. Oxford – New York, S. 363-379.

LEVINTHAL, Daniel A./ MARCH, James G. (1993): The Myopia of Learning. In: Strategic Management Journal, 14. Jg., S. 95-112.

LEVITT, Barbara/ MARCH, James G. (1988): Organizational Learning. In: Annual Review of Sociology, hrsg. von W. R. Scott, Greenwich, CT, S. 319-340.

LIPPITT, Gordon L./ LANGSETH, P./ MOSSOP J. (1985): Implementing Organizational Change. San Francisco u.a.

MACCRIMMON, Kenneth R./ TAYLOR, Ronald N. (1976): Decision Making and Problem Solving. In: Handbook of Industrial and Organizational Psychology, hrsg. von M. D. Dunnette, Chicago, S. 1397-1453.

MALONE, Thomas W./ YATES, Joanne/ BENJAMIN, Robert J. (1994): Electronic Markets and Electronic Hierarchies. In: Information Technology and the Corporation of the 1990s, hrsg. von T. J. Allen und M. S. Scott Morton. New York – Oxford, S. 61-83.

MARCH, James G. (1991): Learning from Experience in Ecologies of Organizations. Internes Manuskript.

MARCH, James G. et al. (2000): The Dynamics of Rules: Studies of Change in Written Organizational Codes. Stanford, CA.

MARCH, James G./ SHAPIRA, Zur (1992): Behavioral Decision Theory and Organizational Decision Theory. In: Decision Making. Alternatives to Rational Choice Models, hrsg. von M. Zey. Newbury Park u.a.

MARR, Rainer/ KÖTTING, Marcus (1992): Implementierung, organisatorische. In: Handwörterbuch der Organisation, 3. Aufl., hrsg. von Erich Frese. Stuttgart, Sp. 827-841.

MILGROM, Paul/ ROBERTS, John (1992): Economics, Organization and Management. 2. Aufl., Englewood Cliffs, N.J.

MINER, Anne S. (1994): Seeking Adaptive Advantage: Evolutionary Theory and Managerial Action. In: Evolutionary Dynamics of Organizations, hrsg. von J. A. G. Baum und Jitendra V. Singh. New York – Oxford, S. 76-89.

MOORMAN, Christine/ MINER, Anne S. (1997): The Impact of Organizational Memory on new Product Performance and Creativity. In: Journal of Marketing Research, 34. Jg., S. 91-106.

NODA, Tomo/ BOWER, Joseph L. (1996): Strategy Making as Iterated Processes of Resource Allocation. In: Strategic Management Journal, 17. Jg., S. 159-192.

ORLIKOWSKI, Wanda J. (1991): Integrated Information Environment or Matrix of Control? The Contradictory Implications of Information Technology. In: Accounting, Management and Information Technology, 1. Jg., S. 9-42.

PORTER, Michael E. (2001): Strategy and the Internet. In: Harvard Business Review, 79. Jg., Nr. 3, S. 63-78.

SARBOUGH-THOMPSON, Marjorie/ FELDMAN, Martha S. (1998): Electronic Mail and Organizational Communication: Does Saying „Hi" Really Matter? In: Organization Science, 9. Jg., S. 685-698.

SCHEIN, Edgar H. (1985): Organizational Culture and Leadership. San Francisco u.a.

SCHULZ, Martin (2001) The Uncertain Relevance of Newness: Organizational Learning and Knowledge Flows. In: Academy of Management Journal, 44. Jg., S. 661-681.

SIMON, Herbert A. (1997): The Future of Information Systems. In: Annals of Operations Research, 71. Jg., S. 3-14.

SPROULL, Lee S./ KIESLER, Sara (1991): Connections: New Ways of Working in the Networked Organization. Cambridge, MA.

STEFIK, Mark (1999): The Internet Edge. Social, Legal, and Technological Challenges for a Networked World. Cambridge, MA.

SZULANSKI, Gabriel (1996): Exploring Internal Stickiness: Impediments to the Transfer of Best Practice Within the Firm. In: Strategic Management Journal, 17. Jg., Winter Special Issue, S. 27-43.

TEECE, David J. (2000): Managing Intellectual Capital. Organizational, Strategic, and Policy Dimensions. Oxford – New York.

THOMPSON, J. D. (1967): Organizations in Action. Social Science Bases of Administrative Theory. New York u.a.

TRITTMANN, Ralph/ MELLIS, Werner (1999): Wissenstransfer in der Softwareentwicklung. Eine ökonomische Analyse. In: Software-Management '99. Fachtagung der Gesellschaft für Informatik e.V. (GI), Oktober 1999 in München, hrsg. von A. Oberweis und H. M. Sneed. Leipzig, S. 27-44.

VOLBERDA, H. W. (1998): The Flexible Firm. How to Remain Competitive. Oxford u.a.

WALSH, James P. (1995): Managerial and Organizational Cognition: Notes from a Trip down Memory Lane. In: Organization Science, 6. Jg., S. 280-321.

WEICK, Karl E./ WESTLEY, Frances (1996): Organizational Learning: Affirming an Oxymoron. In: Handbook of Organization Studies, hrsg. von S. R. Clegg, C. Hardy und W. R. Nord. London u.a., S. 440-458.

WILLIAMSON, Oliver E. (1985): The Economic Institutions of Capitalism. Firms, Markets, Relational Contracting. New York – London.

WILSON, James Q. (1966): Innovation in Organizations: Notes Towards a Theory. In: Approaches to Organizational Design, hrsg. von J. D. Thompson. Pittsburgh, S. 193-218.

Axel v. Werder [*] / *Oliver Reichel*[**]

III. ORGANISATION DES E-BUSINESS-MANAGEMENTS
– Gestaltungsalternativen und Lösungen der Praxis

1. Problemstellung

2. Organisation des E-Business-Managements

    2.1   Idealtypische Gestaltungsalternativen

    2.2   Organisationslösungen der Praxis

        2.2.1 Grundalternativen

        2.2.2 Verankerung in einer existierenden Abteilung

        2.2.3 Verankerung in einer neu etablierten Abteilung

3. Zusammenfassung und Fazit

---

[*] Prof. Dr. Axel v. Werder, Inhaber des Lehrstuhls für Betriebswirtschaftslehre – Organisation und Unternehmensführung der Technischen Universität Berlin

[**] Dipl.-Wirtsch.-Ing. Oliver Reichel, wissenschaftlicher Mitarbeiter am Lehrstuhl für Betriebswirtschaftslehre – Organisation und Unternehmensführung der Technischen Universität Berlin

Zusammenfassung

Der Einsatz von E-Business im Unternehmen bringt zusätzlichen Bedarf an stets aktueller und zuverlässiger IT-Infrastruktur für die operativen Einheiten mit sich. Vor diesem Hintergrund behandelt der vorliegende Beitrag die organisatorische Verankerung der Kompetenzen für die Bereitstellung und den Betrieb der E-Business-Infrastruktur, d.h. die Organisation des technischen E-Business-Managements. Besondere Bedeutung kommt dabei der Frage zu, ob eine Kompetenzübertragung auf bestehende oder neu etablierte Abteilungen stattfindet und in welchem Umfang dies geschieht. Unter den im Arbeitskreis „Organisation" der Schmalenbach-Gesellschaft für Betriebswirtschaft vertretenen Unternehmen wurde eine Umfrage durchgeführt, deren Ergebnisse vorgestellt werden. Der Beitrag endet mit einer Zusammenfassung und verdichtet die Untersuchungsergebnisse zu den folgenden drei Thesen:

1. Die Aufgaben des Betriebs und der Wartung der technischen E-Business-Infrastruktur werden in aller Regel nicht im Sinne eines echten Outsourcings ausgelagert.

2. Für die neuen technischen E-Business-Aufgaben werden unternehmensintern grundsätzlich keine neuen Einheiten gebildet. Die Aufgaben werden vielmehr bereits bestehenden Einheiten übertragen, wobei es sich zumeist um die DV- bzw. IT-Abteilungen handelt.

3. Die mit den technischen Fragen der E-Business-Infrastruktur betrauten DV- bzw. IT-Abteilungen sind zumeist als Richtlinien- oder Servicebereiche ausgestaltet.

1. Problemstellung

In Zukunft ist mit einem stetigen Anstieg der Umsätze im elektronischen Geschäftsverkehr zu rechnen. Trotz weltweit angespannter Wirtschaftslage wird allein in den USA ein Umsatzwachstum im E-Business-Sektor von ca. 68 % auf 74 Mrd. US$ in 2002 erwartet.[1] Dies bedeutet, dass sich Unternehmen weiterhin intensiv mit dem Thema E-Business auseinandersetzen und zur Wahrung ihrer Wettbewerbsfähigkeit ihre Geschäftstätigkeit – wenn nicht bereits geschehen – auf das Internet ausdehnen werden.

Nach der Intensität ihrer E-Business-Aktivitäten sind drei Formen von Unternehmen unterscheidbar: (1.) Unternehmen, die sich weiterhin rein dem traditionellen Offline-Geschäft widmen, (2.) Unternehmen, die sich durch Transformation oder als Neugründung ausschließlich im Online-Geschäft positionieren und (3.) Unternehmen, die beides, d.h. traditionelles und elektronisches Geschäft, nebeneinander betreiben. Bei Betrachtung des dritten Falls ist nun u.a. interessant, wie die neuen Aufgaben des E-Business in das bisher Offline-geprägte Unternehmen integriert werden.

Zu den neuen Aufgaben, die in den Unternehmen auf Grund ihres E-Business-Engagements anfallen, gehört u.a. der Aufbau und der Betrieb der E-Business-spezifischen technischen Infrastruktur. Hierunter fallen z.B. die Planung, die Entwicklung, der Aufbau, der Zukauf, der Betrieb und die Wartung von Hard- und Software, die die elektronische Geschäftsabwicklung der Unternehmen unterstützen. Diese Aufgaben werden im vorliegenden Beitrag unter dem Begriff „technisches E-Business-Management" zusammengefasst und in Hinblick auf ihre organisatorische Verankerung analysiert. Kernfrage ist dabei, ob die Unternehmen die Kompetenzen für diese Aufgaben auf bestehende oder neu etablierte Abteilungen übertragen und wie das Kompetenzverhältnis zwischen diesen Abteilungen und den operativen Geschäftseinheiten geregelt wird. Hierzu wurden die im Arbeitskreis „Organisation" der Schmalenbach-Gesellschaft für Betriebswirtschaft vertretenen (Groß-)Unternehmen befragt. Die gewonnenen Ergebnisse werden im Folgenden vorgestellt.

---

[1] Vgl. Forrester Research (2001) und Hochrechnung nach dem Forrester Research Online Retail Index (www.forrester.com). Der Online-Umsatz in den USA beträgt für Januar-Oktober 2001 36,9 Mrd. US$.

246　　　E-Organisation

2. Organisation des E-Business-Managements

2.1 Idealtypische Gestaltungsalternativen

Für die Organisation des technischen E-Business-Managements bestehen prinzipiell drei Grundalternativen. Aufbau und Betrieb der E-Infrastruktur können unternehmensintern von einer schon existierenden Abteilung übernommen (Grundalternative 1), intern auf eine neu etablierte Abteilung übertragen (Grundalternative 2) oder per Outsourcing an unabhängige Drittunternehmen vergeben (Grundalternative 3) werden.[2] Die Alternativen 1 und 2 lassen sich bezüglich ihrer Kompetenzverteilung zwischen Fachabteilung und operativen Einheiten weiter ausdifferenzieren.

Hat sich ein Unternehmen für die Organisationslösung entschieden, die E-Business-Infrastruktur durch eine bisher schon existierende Abteilung zu managen, kann dies entweder nach dem Autarkieprinzip oder einem Zentralbereichsmodell geschehen.[3] Die Autarkielösung würde bedeuten, dass die operativen Einheiten sich jeweils selbst (d.h. autark) mit der erforderlichen technischen Infrastruktur des E-Business versorgen. Die Zentralbereichsmodelle hingegen beinhalten die zusätzliche (bzw. ausschließliche) Beteiligung einer zentralen Organisationseinheit, die (unter anderem) auf das E-Business-Management spezialisiert ist. Dabei kommen zur Betreuung der E-Business-Infrastruktur namentlich die Organisationsabteilung, die DV- bzw. IT-Abteilung oder die OrgDV- bzw. OrgIT-Abteilung in Betracht.

Im Rahmen der Zentralbereichslösung sind unterschiedlich starke Abstufungen in der Kompetenzübertragung auf die Zentraleinheit möglich, wobei das Spektrum von der Stabslösung über das Service-, Matrix- und Richtlinienmodell bis zum Extrem der Kernbereichslösung reicht. Als Stabsbereich übernimmt die (bereits existierende) Abteilung die Entscheidungsvorbereitung bezüglich der technischen E-Business-Infrastruktur, während die eigentliche Entscheidung bei den operativen Einheiten liegt. Fungiert die Abteilung als Servicebereich, führt sie Aufträge durch, die von den operativen Einheiten vergeben werden. Die Abteilung hat somit ausschließlich Entscheidungskompetenzen im Rahmen der Auftragsdurchführung. Beim Matrixmodell wird

---

[2] Hutzschenreuter führt für den Aufbau von Internetaktivitäten (Transformation zum E-Business-integrierten Geschäft) drei ähnliche idealtypische Organisationslösungen an: (1.) Integration innerhalb eines bestehenden Geschäftsbereichs, (2.) Organisation als eigenständiger Geschäftsbereich und (3.) Ausgliederung in ein eigenständiges Unternehmen (Venture). Vgl. Hutzschenreuter (2000), S. 226; Hutzschenreuter (2001), S. 208.

[3] Vgl. allgemein zu den Gestaltungsalternativen für die Organisation von Teilfunktionen Frese/v. Werder (1993), S. 36 ff.

der Kompetenzumfang des Zentralbereichs weiter vergrößert, da dieser nun gemeinsam mit den operativen Einheiten entscheidet. Im Fall des Richtlinienbereichs gibt die Abteilung einen bestimmten technischen Rahmen vor, der von den operativen Einheiten individuell ausgefüllt werden kann. Als Kernbereich schließlich entscheidet die bereits existierende Abteilung letztlich allein mit vollem Kompetenzumfang über die Versorgung der operativen Einheiten mit der technischen Infrastruktur des E-Business.[4]

Hat sich ein Unternehmen dafür entschieden, eine neue Abteilung für den Aufbau und den Betrieb der E-Infrastruktur zu etablieren, kann dies sowohl intern als auch extern geschehen. Für die interne Lösung wird ein neuer Bereich im Unternehmen eingerichtet, für den externen Weg eine Tochtergesellschaft gegründet. Die neue, rechtlich unselbständige bzw. rechtlich verselbständigte Abteilung kann dabei wiederum als Stabs-, Service-, Matrix-, Richtlinien- oder Kernbereich ausgestaltet sein.

2.2 Organisationslösungen der Praxis

Um der Frage nachzugehen, welche der zuvor aufgezeigten Gestaltungsalternativen für die Verankerung des E-Business-Managements in der Praxis bevorzugt werden und welche Überlegungen hierfür ausschlaggebend sind, wurden die entsprechenden Organisationslösungen aller 14 Mitgliedsunternehmen des Arbeitskreis „Organisation" der Schmalenbach-Gesellschaft für Betriebswirtschaft (siehe Abb. 1) per Fragebogen und in darauf aufbauenden Gesprächen erhoben.[5]

---

[4] Siehe zu dieser Typisierung von Zentralbereichen näher Frese/v. Werder (1993), S. 39 ff.
[5] Alle 14 Unternehmen haben den Fragebogen beantwortet (Rücklaufquote von 100 %) und an der Diskussion der Ergebnisse teilgenommen.

Branche	Unternehmen
Banken und Versicherungen	• AXA Colonia Konzern AG • Dresdner Bank AG
Chemie	• Bayer AG
Energie	• RWE Systems Aktiengesellschaft • VEBA OEL AG
Handel und Dienstleistungen	• Quelle AG
Information und Kommunikation	• Arcor AG & Co. • IBM Deutschland GmbH • Mannesmann Mobilfunk GmbH • SAP AG
Maschinen- und Fahrzeugbau	• BMW AG • Deutz AG • Siemens AG
Transport und Verkehr	• Deutsche Lufthansa AG

Abb. 1: Arbeitskreisunternehmen

2.2.1 Grundalternativen

Die deutliche Mehrzahl der befragten Unternehmen[6] hat die Zuständigkeit für die technische Infrastruktur des E-Business einer bisher schon existierenden Abteilung übertragen (siehe Abb. 2) und damit die Grundalternative 1 gewählt (Beispiel Bayer AG, siehe Box). Lediglich zwei Unternehmen haben hierfür (teilweise zusätzlich) eine neue Abteilung etabliert (Grundalternative 2). Bei zwei weiteren Unternehmen wurde die Infrastrukturversorgung zusätzlich auf unabhängige Drittunternehmen outgesourct (Grundalternative 3; Beispiel Deutsche Lufthansa AG, siehe Box).

---

[6] Bei den Antworten waren Mehrfachnennungen möglich, so dass auch Kombinationslösungen berücksichtigt wurden (siehe Beispiel Lufthansa). Diese sind vor allem deshalb denkbar, weil die Gesamtaufgabe z.B. sinnvoll in die Teilaufgaben Bereitstellung und Betrieb untergliedert werden kann.

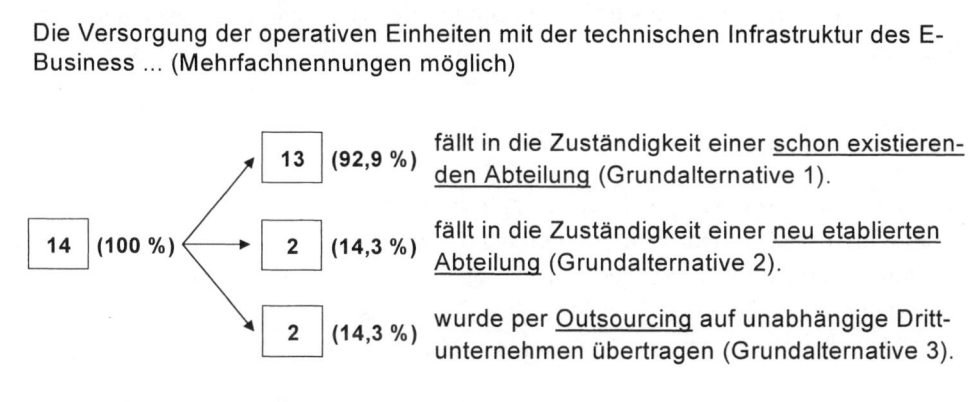

Die Versorgung der operativen Einheiten mit der technischen Infrastruktur des E-Business ... (Mehrfachnennungen möglich)

Abb. 2: Grundsatzentscheidung zur Organisation des E-Business

---

Beispiel Bayer AG: Organisationslösung mit bereits existenter IT-Serviceabteilung

Fragen der Hard- und Software für E-Business werden bei Bayer an den bestehenden zentralen Servicebereich „Information Systems" adressiert. Sie sind somit im gleichen Bereich wie die technischen Grundlagen für die Nutzung z.B. des Intranets, der SAP-Software, des E-Mail-Systems oder des weltweiten Bayer-Networks verankert. Die Zuordnung zu einer existierenden Abteilung wurde gewählt, weil die Infrastruktur des E-Business eng mit den übrigen technischen und infrastrukturellen IT-Fragestellungen im Konzern verknüpft ist.

Beispiel Deutsche Lufthansa AG:
Parallelität von zentraler Steuerung und Outsourcing

Die Zentralfunktion E-Business und somit auch das technische E-Business-Management liegt beim Vorstandsvorsitzenden mit konzernweiter Richtlinienkompetenz für die Einrichtung und Weiterentwicklung der IT-Systeme. Betrieb und Wartung der E-Business-spezifischen Infrastruktur verbleiben bei den operativen Einheiten. Parallel hierzu wird die IT-Infrastruktur von externen Anbietern bereitgestellt. Die Lufthansa Konzerngesellschaft fungiert hierbei als Auftragnehmer.

Im Folgenden werden die Ausdifferenzierungen der Grundalternativen 1 und 2 näher untersucht.

2.2.2 Verankerung in einer existierenden Abteilung

Die Verankerung in einer existierenden Abteilung (Grundalternative 1) erfolgt nahezu ausschließlich nach einem Zentralbereichsmodell (siehe Abb. 3). Nur bei einem der befragten Unternehmen versorgen sich die operativen Einheiten jeweils selbst mit der erforderlichen technischen Infrastruktur des E-Business (Beispiel Siemens AG: Autarkiemodell in Kombination mit Outsourcing, siehe Box).

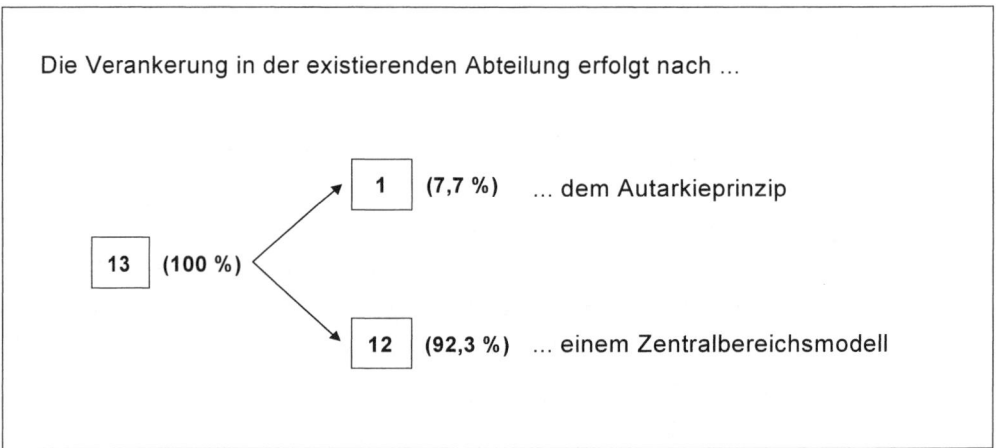

Abb. 3: *Verankerung in einer existierenden Abteilung – Autarkieprinzip vs. Zentralbereichsmodell*

Beispiel Siemens AG: Wahlmöglichkeit für die operativen Einheiten zwischen Outsourcing und Selbstversorgung

Bei der Siemens AG steht es jedem Geschäftsbereich (bzw. Geschäftsgebiet) frei, das technische E-Business-Management selbst zu übernehmen. Hierbei würden die unternehmensinternen Abteilungen selbständig die Entwicklung, die Bereitstellung, den Betrieb und die Wartung der E-Business-Infrastruktur übernehmen. Als Alternative besteht die Möglichkeit, die technischen Aufgaben des E-Business „outzusourcen". Dies kommt vor allem für die Programmierung von Internetportalen und die Bereitstellung von Hardware in Frage.

Bei den Zentralbereichen mit E-Business-Verantwortung handelt es sich mehrheitlich um die bereits bestehenden DV- bzw. IT-Abteilungen (siehe Abb. 4). In zwei Fällen wurde die OrgDV-/OrgIT-Abteilung und in einem weiteren Unternehmen eine andere Abteilung (Dresdner Bank AG, siehe Box) mit der Bereitstellung der Infrastruktur für das E-Business betraut.

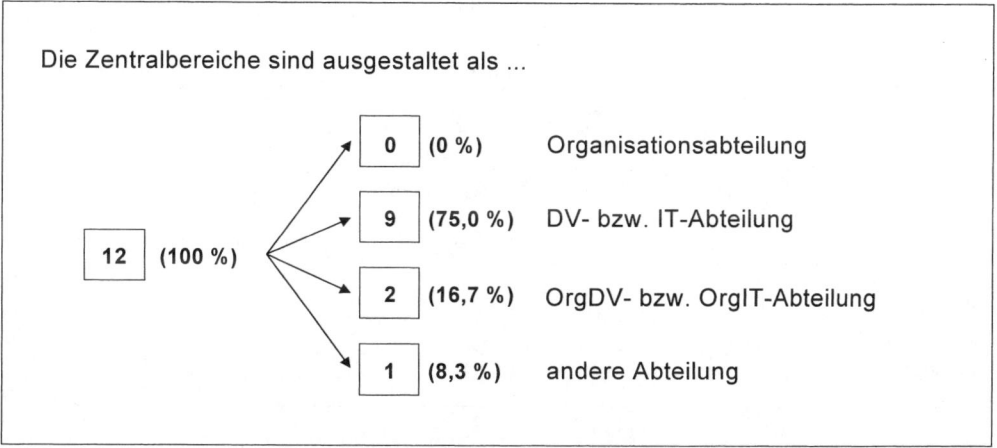

*Abb. 4: Verankerung in einer existierenden Abteilung –
Ausgestaltung der Zentralbereiche*

Beispiel Dresdner Bank AG:

Kompetenzübertragung an bestehende Service-Tochtergesellschaft

Die Versorgung der operativen Einheiten mit der technischen E-Business Infrastruktur wurde der bereits vorhandenen Informationstechnologie für Softwareentwicklung, Tochtergesellschaft für Betrieb übertragen, die als Servicebereich fungiert. Diese Organisationslösung wurde gewählt, weil in der Dresdner Bank AG die IT-Abteilung als interner Dienstleister betrachtet wird, der seine „Services" in hoher Qualität und zu marktkonformen Preisen erbringen muss.

Mit Blick auf ihre Kompetenzen sind die bereits existierenden Zentralbereiche zu 50,0 %[7] als Richtlinienbereich (Beispiel BMW AG, siehe Box) und zu 41,7 % als Servicebereich ausgeprägt (siehe Abb. 5). In weiteren zwei bzw. drei Fällen liegen Matrixbereiche (Beispiel IBM, siehe Box) bzw. Kernbereiche (Beispiel Quelle AG, siehe Box) vor.

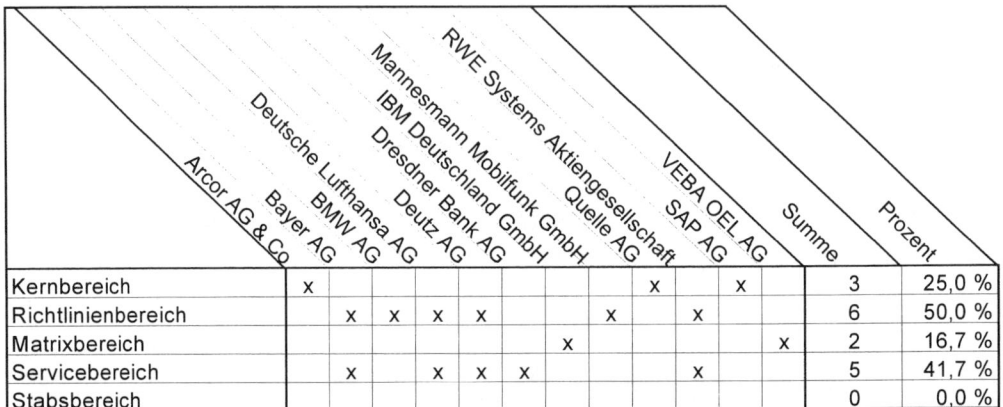

Abb. 5: Verankerung in einer existierenden Abteilung – Kompetenzumfang der Zentralbereiche

---

Beispiel BMW AG:

Kompetenzübertragung an bestehenden, zentralen IT-Richtlinienbereich

Die bereits vorhandene IT-Infrastrukturfunktion hat die zentrale Verantwortung sowohl für die E-Business-Infrastruktur als auch für das Unternehmensnetzwerk inne. Somit fällt auf Grund der vielfältigen Überschneidungen die Bereitstellung und der Betrieb der technischen Infrastruktur des E-Business zusätzlich in den Verantwortungsbereich der bestehenden IT-Abteilung. Die technischen Rahmenbedingungen werden in Form eines „Blueprintprozesses" von den Fachabteilungen gemeinsam mit der zentralen IT-Infrastruktur erarbeitet, die dabei eine Ordnungsfunktion wahrnimmt.

---

[7] Auch bei diesen Antworten waren Mehrfachnennungen möglich, um Kombinationen der Gestaltungslösungen berücksichtigen zu können.

> **Beispiel IBM Deutschland GmbH: Kompetenzaufteilung zwischen IT-Abteilung und operativen Einheiten nach dem Matrixprinzip**
>
> An den Entscheidungen im Rahmen des technischen E-Business-Managements sind bei IBM nach dem Matrixprinzip sowohl die jeweiligen Fachabteilungen als auch die zentrale IT-Abteilung „Service Delivery" beteiligt. Die technische Prozessverantwortung (Ausgestaltung der Abläufe und Aktionsinhalte) liegt schwerpunktmäßig in den Fachabteilungen. Hier werden Anforderungen und Spezifikationen definiert. Die IT-Infrastruktur (Hard- und Software) wird hingegen von Service Delivery zur Verfügung gestellt. Test und Übernahme der E-Business-Infrastruktur erfolgt wiederum gemeinsam durch prozessverantwortliche Fachfunktionen und Service Delivery.

> **Beispiel Quelle AG: Integration der E-Business-Aufgaben in die bestehende IT-Tochtergesellschaft mit Kernbereichskompetenz**
>
> Alle bestehenden IT-Aktivitäten für die Karstadt Warenhaus AG, Neckermann Versand AG und Quelle AG wurden im Zuge der Konzernbildung 1999 in der Itellium Systems & Services GmbH zusammengefasst. Inzwischen stellt diese zusätzlich die gesamte E-Business-Infrastruktur alleinverantwortlich für den Konzern bereit. Damit werden Synergien bei der Beschaffung der Computer, der Anmietung des bundesweiten Leitungsnetzes sowie der zentralen Vorhaltung technischen Know-hows erzielt.

Nach dem Stabsprinzip ist keiner der Zentralbereiche organisiert. In vier Fällen haben die bestehenden Abteilungen sowohl Richtlinien- als auch Servicekompetenz (Beispiel RWE Systems Aktiengesellschaft, siehe Box).

> **Beispiel RWE Systems Aktiengesellschaft:**
> **Verankerung in vorhandenem IT-Kompetenz-Center**
>
> Bei RWE Systems wird die Bereitstellung sowohl der „alten" technischen Infrastruktur als auch der „neuen" Infrastruktur des E-Business durch die existierende Organisationseinheit IT übernommen. Dieser Zentralbereich interagiert mit den funktionalen Bereichen als Richtlinien- und als Servicebereich. Diese Organisationslösung wurde gewählt, weil die aus dem E-Business abzuleitenden technischen Aufgaben des Betriebs und der Wartung der Infrastruktur bei zusammengefasster Bearbeitung durch einen Servicebereich kostengünstiger ausfallen. Andererseits sind bei übergeordneten Entscheidungen Richtlinienkompetenzen notwendig, die eine Klammerfunktion bezüglich der notwendigen IT-Kompatibilität und einer klaren Systemstruktur ausüben.

2.2.3 Verankerung in einer neu etablierten Abteilung

In zwei Unternehmen wurde für die technischen Fragen des E-Business eine neue Abteilung geschaffen (Grundalternative 2; siehe Abb. 6), die einmal innerhalb des Unternehmens angesiedelt ist (Mannesmann Mobilfunk GmbH). Im anderen Fall handelt es sich um eine neue Tochtergesellschaft (Axa Colonia Konzern AG, siehe Box). Für die Bemessung der Kompetenzen wurde bei Mannesmann Mobilfunk das Richtlinienmodell und bei der Axa Colonia das Serviceprinzip gewählt.

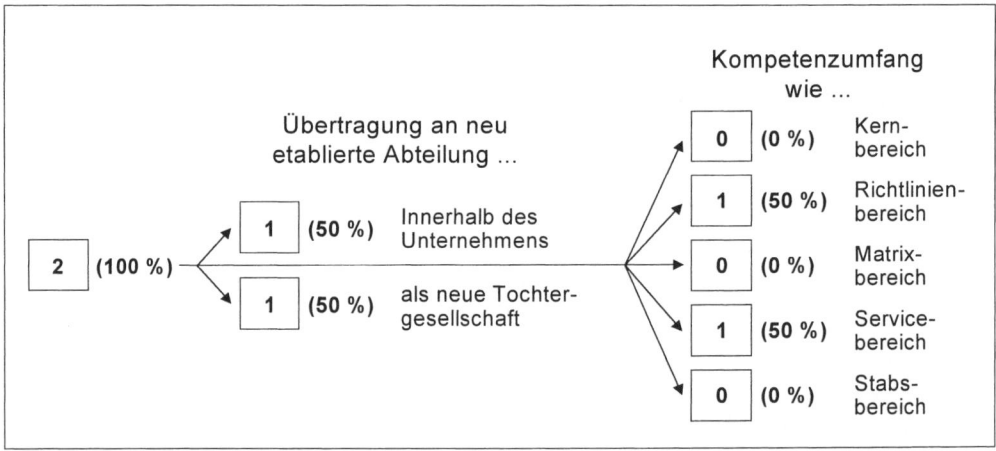

Abb. 6: Verankerung in einer neu etablierten Abteilung

> **Beispiel Axa Colonia Konzern AG:**
> **neu etablierte Tochtergesellschaft als Servicebereich**
>
> Bei Axa Colonia wurde für die Bereitstellung der IT-Infrastruktur des E-Business eigens eine Tochtergesellschaft gegründet. Von der als Servicebereich agierenden Gesellschaft erhofft man sich höhere Flexibilität und Reaktionsgeschwindigkeit, da Konzernhemmnisse wegfallen. Weitere Vorteile sind die Bündelung aller Aktivitäten (Synergien, Know-how-Aufbau) sowie eine höhere Attraktivität für Bewerber.

3. Zusammenfassung und Fazit

Betreiben Unternehmen neben traditionellem auch elektronisches Geschäft, entsteht zusätzlicher Bedarf an technischer Infrastruktur, die diesen Unternehmen E-Business-Umsätze erst ermöglicht. Einheiten, die für das technische E-Business-Management zuständig sind, bilden somit die „Enabler", die die operativen Einheiten in die Lage versetzen sollen, auf dem jeweils neuesten Stand der Technik ihr Geschäft elektronisch abzuwickeln. Für die aufbauorganisatorische Integration dieser „Enabler" gibt es ausgehend von drei Grundalternativen vielfältige idealtypische Gestaltungsmöglichkeiten, welche die Frage nach den vorherrschenden Organisationsmustern in der Praxis aufwerfen. Die Befunde der hierzu bei den 14 Arbeitskreisunternehmen durchgeführten empirischen Erhebung lassen sich thesenartig in drei Komplexen zusammenfassen.

These 1: Die Aufgaben des Betriebs und der Wartung der technischen E-Business-Infrastruktur werden in aller Regel nicht im Sinne eines echten Outsourcings ausgelagert.

Die befragten Großunternehmen managen den Betrieb und die Wartung der E-Business-Systeme regelmäßig unternehmensintern. Erklären lässt sich dies durch die hohe Unternehmensspezifität der neuen technischen Aufgaben. Für die interne Lösung spricht, dass die neuen Systeme mit der schon existierenden Hard- und Softwareumgebung verzahnt werden müssen und auf diese Weise auch den hohen Datenschutzanforderungen besser Rechnung getragen werden kann. Der Rückgriff auf externe E-Business-Dienstleister bietet sich nur in Ausnahmefällen an. So haben die Arbeitskreisunternehmen die Entwicklung der E-Infrastruktur outgesourct, um Standardisierungsvorteile (z.B. bei der Programmierung von Internetportalen und der Bereitstellung von Hard- und Software) nutzen zu können. Outsourcing und unternehmensinterne Lösung werden teilweise selektiv nebeneinander eingesetzt, um fallweise die jeweiligen Vorteile nutzen zu können.

These 2: Für die neuen technischen E-Business-Aufgaben werden unternehmensintern grundsätzlich keine neuen Einheiten gebildet. Die Aufgaben werden vielmehr bereits bestehenden Einheiten übertragen, wobei es sich zumeist um die DV- bzw. IT-Abteilungen handelt.

Die Arbeitskreisunternehmen haben sich überwiegend dafür entschieden, den Betrieb und die Wartung der E-Business-spezifischen Infrastruktur den bestehenden DV- bzw. IT-Abteilungen zusätzlich anzuvertrauen. Für diese Lösung spricht zum einen die enge inhaltliche Verknüpfung der herkömmlichen IT-Aufgaben mit den neuen technischen Fragestellungen des E-Business. Auf diese Weise werden Synergien bei der Beschaffung sowie der Anmietung des Leitungsnetzes genutzt. Zum anderen kann auf das vorhandene technische Know-how über die IT-Systeme des Unternehmens zurückgegriffen werden. Nur in Einzelfällen werden in den Unternehmen neue Einheiten für das technische E-Business-Management etabliert. So ist etwa die Neugründung einer Tochtergesellschaft nur dann sinnvoll, wenn es bei der Erfüllung der technischen Aufgaben auf höchste Flexibilität und Reaktionsgeschwindigkeit sowie in einem engen Personalmarkt auf erhöhte Attraktivität als Arbeitgeber für IT-Spezialkräfte ankommt.

These 3: Die mit den technischen Fragen der E-Business-Infrastruktur betrauten DV- bzw. IT-Abteilungen sind zumeist als Richtlinien- oder Servicebereiche ausgestaltet.

Für die Fragen des technischen E-Business-Managements ziehen die operativen Einheiten der Arbeitskreisunternehmen regelmäßig die bestehenden DV- bzw. IT-Abteilungen hinzu. Dies geschieht je nach Aufgabe mit unterschiedlichem Kompetenzumfang. Die Bereitstellung und Wartung der E-Infrastruktur wird überwiegend durch spezialisierte Serviceeinheiten übernommen, die Effizienz und hohe Qualität der Leistungserbringung durch IT-Fachkräfte sicherstellen. Die operativen Einheiten fungieren bei dieser Lösung als Auftraggeber (Servicemodell). Bei bereichsübergreifenden Fragestellungen zu technischen Rahmenbedingungen oder Grundsatzfragen der Sicherheit und Homogenität der IT-Architektur (Hard- und Software) sind die zentralen DV- bzw. IT-Abteilungen mit einer Richtlinienkompetenz ausgestattet. Ihnen kommt dann eine Klammerfunktion bezüglich der operativen Bereiche zu. Die Zentralbereiche geben – teilweise nach Abstimmung mit den operativen Einheiten – einen grundsätzlichen Rahmen für die technische Infrastruktur des E-Business vor (Richtlinienmodell). Service- und Richtlinienmodell werden in den befragten Unternehmen teilweise parallel nebeneinander verwirklicht.

Literatur

FORRESTER RESEARCH (2001): eCommerce Will Prevail Through The Economic Downturn In 2002, According To A New Consumer Survey From Forrester Research. Pressemitteilung vom 7. November 2001. Abrufbar unter: http://www.forrester.com/ER/Press/Release/0,1769,651,00.html (Stand: 12.12.2001).

FRESE, Erich/v. WERDER, Axel (1993): Zentralbereiche – Organisatorische Formen und Effizienzbeurteilung. In: Zentralbereiche, Theoretische Grundlagen und praktische Erfahrungen, hrsg. von E. Frese, A. v. Werder und W. Maly. Stuttgart, S. 1-50.

HUTZSCHENREUTER, Thomas (2000): Electronic Competition. Branchendynamik durch Entrepreneurship im Internet. Wiesbaden.

HUTZSCHENREUTER, Thomas (2001): Organisation von Internet-Aktivitäten in etablierten Mehrproduktunternehmen. In: Zeitschrift Führung und Organisation, 70. Jg., S. 206-212.

IV. Neue organisatorische Herausforderungen: Firmenberichte

Thomas Michels [*] */ Sylvia Valcárcel* [**]

E-LEARNING IM AXA KONZERN:

Bisherige Erfahrungen und Erkenntnisse für die Zukunft

1. Zum Verständnis von E-Learning beim AXA Konzern
2. E-Learning in der Organisationspraxis des AXA Konzerns
    - 2.1 Bisherige Erfahrungen
    - 2.2 Zukünftige Herausforderungen
3. Erfolgsfaktoren für die Umsetzung eines E-Learning-Konzepts
    - 3.1 Erkenntnisse aus der Praxis
    - 3.2 Theoretische Betrachtungen
4. Resümee: E-Learning im Spannungsfeld zwischen pragmatischen Erfordernissen und der Etablierung einer neuen Lernkultur

---

[*] Thomas Michels, Direktor Personal- und Organisationsentwicklung, AXA Konzern, Köln
[**] Dr. Sylvia Valcárcel, Consultant im Bereich Konzernentwicklung, AXA Konzern, Köln, früher Organisationsseminar der Universität zu Köln

Zusammenfassung

Die gegenwärtige „Weiterbildungslandschaft" im AXA Konzern ist von dem Umstand geprägt, dass einerseits der Qualifizierungsbedarf der Mitarbeiter stetig zunimmt und andererseits mit den technischen Mitteln des E-Learning ganz neue Möglichkeiten der Wissensvermittlung und der Organisation von Lernprozessen zur Verfügung stehen.

Im AXA Konzern wird ein weit gefasstes Verständnis von E-Learning vertreten, das den Weiterbildungs- und Lernprozess der Mitarbeiter als eine Wertschöpfungskette begreift. Die E-Learning-Wertschöpfungskette reicht von der Planung des Lernprozesses über die Produktion von Inhalten und die eigentliche Durchführung von Schulungen bis hin zur Kontrolle des durchlaufenen Lernzyklus. Von Unternehmensseite aus wird der Weiterbildungsprozess der Mitarbeiter von dem Bereich Personal- und Organisationsentwicklung begleitet.

Der vorliegende Beitrag kommt zu dem Ergebnis, dass bei der Einführung von E-Learning-Systemen eine im Einzelfall geeignete Mischung aus E-Learning-Modulen und traditionellen Lernformen gefunden werden muss. Der Einsatz von E-Learning kann – so eine These des Beitrags – zur Etablierung einer neuen Lernkultur und in der Folge auch einer neuen Unternehmenskultur führen. Erste Schritte auf dem langen Weg hin zu einer Kulturveränderung, die dem Mitarbeiter mehr Eigenverantwortung bei der Erfüllung und der zeitlichen Einteilung seiner Tätigkeiten einräumt, sind im AXA Konzern bereits gemacht worden. Die häufig anzutreffende Vorstellung, dass der Einsatz von E-Learning quasi automatisch eine Verhaltensänderung bei Mitarbeitern und Vorgesetzten bewirkt und sich eine offene, von Vertrauen geprägte Lern- und Unternehmenskultur gewissermaßen von selbst einstellt, hat sich allerdings als Fehleinschätzung erwiesen. Die Einführung von E-Learning in ein Unternehmen ist weniger ein (Zwischen-)Ziel auf dem Weg zu einer neuen Lern- und Unternehmenskultur als Anstoß und Ansatzpunkt für die Auslösung von Veränderungsprozessen.

1. Zum Verständnis von E-Learning beim AXA Konzern

Die Anforderungen an die Ausgestaltung der Aus- und Weiterbildung im AXA Konzern sind in den vergangenen Jahren stetig gestiegen. So müssen Schulungen in immer kürzeren Zeitabständen durchgeführt, Produkt- und Fachinformationen den verschiedenen Zielgruppen im Unternehmen zunehmend bedarfs- und termingerecht zur Verfügung gestellt und hierbei in höherem Maße als früher auch Möglichkeiten zum Selbststudium eröffnet werden. Diese Entwicklung lässt sich auf eine Reihe von Faktoren zurückführen. Einer hiervon ist sicherlich der, dass der Einsatz neuer Technologien den Schulungsbedarf der Mitarbeiter bezüglich der Anwendung dieser Technologien erhöht. Einen weitaus größeren Einfluss auf die Erfordernisse, die das System der Aus- und Weiterbildung erfüllen muss, dürfte jedoch der Umstand haben, dass Anzahl und Komplexität der Produkte im Finanzdienstleistungsbereich zunehmen und die Einführung neuer Produkte am Markt auf Grund des steigenden Wettbewerbsdrucks zugleich sehr schnell erfolgen muss. Diese Situation stellt neue Anforderungen nicht nur an die Mitarbeiter, die für den Vertrieb von Finanzdienstleistungen oder deren Entwicklung und Konzipierung verantwortlich sind, sondern auch an Mitarbeiter und Führungskräfte, die mit der strategischen Positionierung und Ausrichtung des Geschäfts des AXA Konzerns befasst sind. Als Folge hiervon steigt der Qualifizierungsbedarf der Mitarbeiter über alle Bereiche des Unternehmens hinweg.

Den gestiegenen Anforderungen an die Mitarbeiterqualifizierung stehen mit den technischen Mitteln, die der Einsatz elektronisch gestützter Lernmedien bietet, ganz neue Möglichkeiten der Vermittlung von Informationen und Wissen sowie der Organisation des Lernens im Unternehmen gegenüber. Das Spektrum an Möglichkeiten, das durch E-Learning eröffnet wird, ist weit: Neben der technischen Unterstützung herkömmlicher Lernformen, wie z.B. dem computergestützten „Testen" bereits erworbenen Wissens, kann E-Learning auch zur vollständigen oder teilweisen Substitution traditioneller Lernformen herangezogen werden, wie etwa im Falle der internetbasierten Durchführung vormals als Präsenzveranstaltungen abgehaltener Schulungen. E-Learning kann schließlich auch als Medium begriffen werden, mit dessen Hilfe sich ein grundsätzlich neues Verständnis von Lernen im Unternehmen etablieren lässt. Die Funktionen, die E-Learning in einem Unternehmen erfüllen kann, korrespondieren eng mit den Zielen, die durch seinen Einsatz erreicht werden sollen. Als Ziele der Einführung von E-Learning werden gemeinhin eine Steigerung der Qualität der Aus- und Weiterbildung, eine Senkung der mit den Bildungsmaßnahmen verbundenen Kosten, eine Erhöhung der Mitarbeitermotivation sowie hiermit verwandte Ziele genannt. Dies sind auch die Ziele, die der AXA Konzern mit der Einführung von E-Learning verfolgt.

Beim AXA Konzern bezeichnet der Begriff „E-Learning" das Lernen, die Organisation und das Controlling von Lernprozessen mit Hilfe elektronischer Medien und Verfahren. Diese weit gefasste Begriffsauslegung geht über ein enges Begriffsverständnis hinaus, das mit E-Learning allein die computerbasierte Vermittlung bzw. Aufnahme von Lerninhalten verbindet. Die hier verfolgte Sichtweise basiert im Gegensatz hierzu auf einem breit angelegten Verständnis von Lernen, das Weiterbildungs- und Lernprozesse im Unternehmen als Wertschöpfungsketten auffasst. Gemäß dieser Sichtweise stellt sich die Weiterbildung aus Sicht der mit ihrer Umsetzung beauftragten Unternehmenseinheit – beim AXA Konzern ist dies der Bereich Personal- und Organisationsentwicklung (POE) – als ein Prozess mit verschiedenen Teilelementen dar, der von der Planung des konkret vorliegenden Weiterbildungsbedarfs über die Produktion von Lerninhalten und die Durchführung von Bildungsmaßnahmen bis hin zur Kontrolle der Lernerfolge reicht. Der Teilprozess der Planung beinhaltet hierbei die Ermittlung des potenziellen Lernbedarfs des Mitarbeiters, die Erstellung eines entsprechenden Lerncurriculums sowie die inhaltliche Konzipierung der Bildungsmaßnahmen. Hieran schließen sich die Produktion und Beschaffung von Lerninhalten an. Zum Teilprozess der Durchführung der Bildungsmaßnahmen gehören die Bekanntmachung der angebotenen Lernprogramme und -methoden gegenüber möglichen Zielgruppen im Unternehmen, die Durchführung von Schulungen und Kursen im engeren Sinne sowie die e-unterstützte Interaktion und Kooperation des Bereichs Personal- und Organisationsentwicklung mit den Lernenden. In diesem Zusammenhang wird auch der Austausch sowohl der Lernenden untereinander als auch zwischen dem Trainer – falls ein solcher existiert – und den Lernenden unterstützt. Die Kontrolle schließlich umfasst die Evaluation der individuellen Lernerfolge einerseits sowie der verwendeten Lernmethoden andererseits. Anhand der Ergebnisse der Evaluation wird sodann der sich möglicherweise ergebende Bedarf an Modifikationen vorangegangener Elemente der Wertschöpfungskette ermittelt und bei der Planung des darauf folgenden Lernzyklus berücksichtigt. Auf diese Weise greifen das letzte Teilelement der Lern-Wertschöpfungskette und das erste Element der sich anschließenden Wertschöpfungskette ineinander. Bei konsequenter Umsetzung des Gedankens einer Lern-Wertschöpfungskette gelangt man idealerweise zu einem übergreifenden Lern- und Weiterbildungsprozess, der sich über die gesamte Verweildauer des Mitarbeiters im Unternehmen erstrecken kann und dessen Teilprozesse jeweils an vorangegangene Teilprozesse anknüpfen und auf diesen aufbauen. Die beschriebenen Zusammenhänge sind in der nachstehenden Abbildung dargestellt.[1]

---

[1] Man beachte, dass sich in jeder Stufe der beschriebenen Wertschöpfungskette Rückkoppelungen zu vorangegangenen Stufen ergeben können. Im vorliegenden Kontext soll lediglich darauf hingewiesen werden, dass

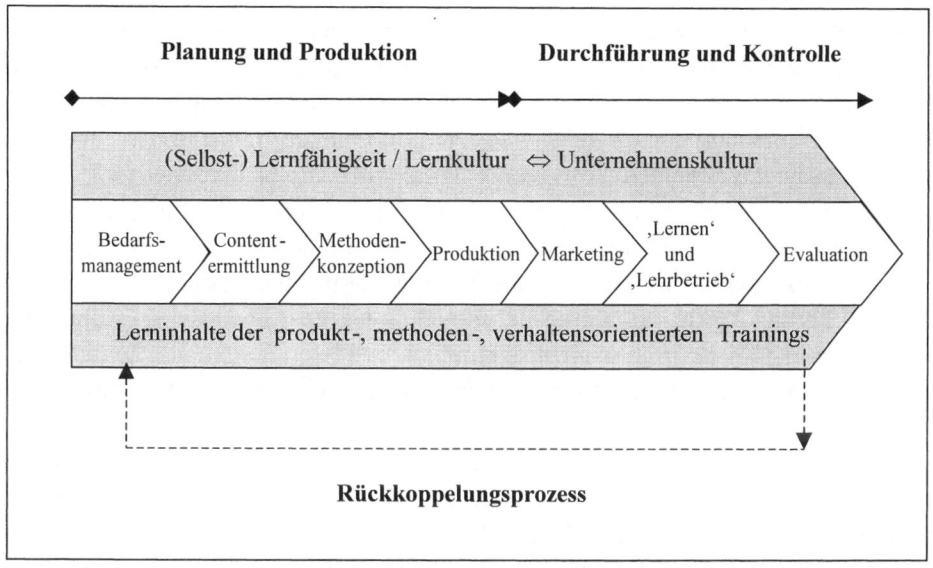

Abb. 1: Die E-Learning-Wertschöpfungskette

Aus der oben beschriebenen Konzeption des E-Learning ergeben sich zwei wesentliche Implikationen: Zum einen grenzt sich das dem E-Learning zu Grunde liegende Lernverständnis deutlich von der traditionellen Auffassung ab, die „Lehren" mit der Durchführung und „Lernen" mit dem Durchlaufen und gegebenenfalls der individuellen Nachbereitung von Schulungen, Kursen oder Seminaren gleichsetzt.[2] Gemäß dem E-Learning-Verständnis des AXA Konzerns ist die Durchführung bzw. das Durchlaufen einer Veranstaltung nur ein Baustein einer ganzen Wertschöpfungskette, die es zu betrachten gilt. Zum anderen setzt die im AXA Konzern verfolgte Konzeption von E-Learning eine enge Interaktion des die Lern- und Weiterbildungsprozesse organisierenden und begleitenden Bereichs Personal- und Organisationsentwicklung mit den Mitarbeitern, die geschult werden sollen, und deren Fachbereichen voraus. Die Interaktion ist hierbei in Abhängigkeit von der Phase der Wertschöpfungskette, in der sich der lernende Mitarbeiter befindet, auf unterschiedliche Weise und unterschiedlich eng auszugestalten. So ist der zu schulende Mitarbeiter etwa in den Prozess der Ermittlung seines Lernbedarfs einzubeziehen, wohingegen für die Beschaffung der Lerninhalte eine Auswertung des zuvor ermittelten Bedarfs sowie Erkenntnisse aus den vorangegangenen Beschaffungsprozessen möglicherweise aus-

---

    die Wertschöpfungskette des Lernens keinen linearen Prozess abbildet, der mit der Evaluation des durchlaufenen Lernprozesses endet.

[2] In der Abbildung sind die beiden Begriffe in ihrer engen Auslegung daher in Anführungszeichen gesetzt.

reichen. Für die Erstellung des Curriculums sind die Erwartungen des Mitarbeiters an die Weiterbildung mit denen des Unternehmens abzugleichen. Des Weiteren kann dem Mitarbeiter die Möglichkeit eingeräumt werden, Zeitpunkt und Intensität bestimmter Schulungen sowie die in diesem Zusammenhang eventuell erforderliche Abstimmung mit anderen Lernenden oder dem Trainer den individuellen Bedürfnissen entsprechend zu beeinflussen. Zu beachten ist, dass die Mitarbeiter von Seiten des AXA Konzerns bzw. des Bereichs POE oder eines Tutors aktiv unterstützt werden müssen, damit sie die Fähigkeit zur Selbstorganisation und zum Selbstlernen erlangen. In allen Praxisfällen der betrieblichen Weiterbildung stellt diese aktive Unterstützung – etwa durch Tutoren, Führungskräfte als Lerncoaches, regelmäßige Foren zum Erfahrungsaustausch – neben Selbstlernfähigkeitsprogrammen und -seminaren ein Muss-Merkmal für den erfolgreichen Einsatz von E-Learning dar. Die einschlägige Literatur ist voller Beispiele dafür, dass der Wegfall solcher aktiven Unterstützungsmaßnahmen fast zwangsläufig zum Misserfolg betrieblicher Weiterbildung führt: Die Mitarbeiter sind auf Grund hoher Arbeitsanforderungen selbst zumeist nicht in ausreichendem Maße motiviert, die zur Durchführung ihrer E-Learning-Aktivitäten notwendige Zeit aufzuwenden. Die ungewohnte Methodik und der Wegfall der Sozialkontrolle durch Trainer und Mitlernende erzeugen ferner einen hohen Lernwiderstand. Erst E-Learning-Konzepte, die eine aktive Ansprache und Selbstlernbegleitung z.B. durch Lernforen mit Kollegen, Bereichstutoren oder anderen Ansprechpartnern beinhalten, können daher ein Qualifizierungsniveau gewährleisten, das dem traditioneller Lernformen entspricht.

2. E-Learning in der Organisationspraxis des AXA Konzerns

Nach diesen einleitenden Überlegungen zum generellen Verständnis, das im AXA Konzern zum Themenkomplex des E-Learning besteht, soll im vorliegenden Untersuchungsabschnitt ein Eindruck davon vermittelt werden, auf welche Weise E-Learning bei der AXA derzeitig eingesetzt wird und für welche Bereiche sich künftiger Handlungsbedarf ausmachen lässt. Zu diesem Zweck werden zunächst die Erfahrungen beschrieben, die bislang mit dem Einsatz von E-Learning gemacht worden sind. Konkret betrachtet werden die bisherigen Initiativen der AXA Gruppe auf dem Gebiet des E-Learning sowie die Handhabung der oben bereits vorgestellten Wertschöpfungskette und ihrer einzelnen Elemente innerhalb des AXA Konzerns. Im Anschluss hieran werden – unter Rückgriff auf die gemachten Erfahrungen – zukünftige Herausforderungen für den Umgang mit E-Learning im AXA Konzern skizziert.

2.1 Bisherige Erfahrungen

Bisherige Initiativen der AXA Gruppe

Auf der Ebene der AXA Gruppe, d.h. aller AXA Gesellschaften weltweit, sind bereits eine Reihe von Erfahrungen im Bereich des E-Learning gesammelt worden. So ist etwa bei der *AXA Royal Belge* seit ca. zwei Jahren eine Lernplattform für E-Learning im Einsatz, die als zentrales Verwaltungssystem, d.h. als Learning-Management-System, fungiert. E-Learning wird hier konkret für Produktschulungen sowie für die Vermittlung von Methoden und Tools, wie z.B. das Projektmanagement oder das Zeitmanagement, angeboten. Im Wesentlichen wird E-Learning bei der AXA Royal Belge zur Vor- und Nachbereitung von Präsenzschulungen eingesetzt. Vollständig substituiert werden Präsenzschulungen lediglich von E-Learning-Schulungen, die der Einführung von Standardsoftware und der Durchführung von PC-Schulungen dienen. Bei der *AXA UK* können Kenntnisse zum PC und zur Standardsoftware nur noch über entsprechende E-Learning-Module erworben werden. Dasselbe gilt für die *AXA Financial US*, die darüber hinaus eigene E-Learning-Tools für Produkt- und Verkaufsschulungen herstellt. Bei der *AXA France* werden Produktschulungen in Ergänzung zu herkömmlichen Präsenzveranstaltungen auf Basis von E-Learning durchgeführt. Ferner wird E-Learning zur Simulation geschäftlicher Situationen im Rahmen von Trainingsmaßnahmen eingesetzt, so z.B. bei dem zweitägigen Einführungskurs für neue Mitarbeiter. An der *AXA University* wird E-Learning ebenfalls zu Simulationszwecken eingesetzt. Dies geschieht vornehmlich bei der Durchführung von Business Games im Rahmen der dort angebotenen Managementkurse. Um einen einheitlichen Wissensstand der Teilnehmer zu gewährleisten, wird ferner auch die Vor- und Nachbereitung der Managementkurse im Wege von E-Learning durchgeführt. Für die Managementkurse der AXA University gilt, dass E-Learning-Module nicht allein als ergänzende Lernmedien angeboten werden, sondern stets auch integraler Bestandteil der Präsenzveranstaltungen sind. Für alle anderen wesentlichen Ländergesellschaften schließlich lässt sich sagen, dass die Möglichkeiten, die der Einsatz von E-Learning bietet, bereits vereinzelt ausprobiert und erste Erfahrungen mit E-Learning gemacht worden sind.

Die Aktivitäten, die der *AXA Konzern* in Deutschland auf dem Gebiet des E-Learning durchführt, erstrecken sich auf vier Bereiche. So wird E-Learning im Zusammenhang mit Qualifizierungsprojekten wie z.B. zur Einübung des Mitarbeitergesprächs oder zur Durchführung des PC Rollout eingesetzt. Der zweite Bereich, in dem E-Learning zum Einsatz kommt, ist der Bereich der computerbasierten Management-Simulationsprogramme. Hier wird neben einem Programm zur Einübung genereller Managementfähigkeiten das so genannte Project Leadership angeboten, in dem Gruppen von je vier Führungskräften im 45-Minuten-Takt mit neuen Projektsituationen konfrontiert werden. E-Learning kommt ferner bereits seit dem Jahr 1996 im Rahmen von Standardtrainingsprogrammen zur Anwendung. Das Angebot umfasst inzwischen Schulungen für die Handhabung von MS Office sowie für den Erwerb von speziellem Versicherungswissen und Englischkenntnissen. Schließlich gibt es beim AXA Konzern ein Lernsystem für den Vertrieb, das den Mitarbeitern unter Zuhilfenahme von E-Learning näher gebracht wird.

Die vorangegangenen Ausführungen zeigen, dass sich innerhalb der AXA Gruppe bereits eine Vielzahl von Aktivitäten auf dem Gebiet des E-Learning entfaltet hat. Nachdem einzelne Gesellschaften verschiedene Einsatzformen von E-Learning erprobt und unterschiedliche Erfahrungen mit den Möglichkeiten, die E-Learning bietet, und den Problemen, die sich bei seinem Einsatz ergeben können, gesammelt haben, erscheint es sinnvoll, die gewonnenen Erkenntnisse nun zusammenzuführen, um hieraus einen gruppenweit abgestimmten Ansatz für die zukünftige Handhabung von E-Learning zu entwickeln und entstehende Synergien zu realisieren.

Die E-Learning-Wertschöpfungskette im AXA Konzern

Um den derzeitigen Stand der E-Learning-Aktivitäten im AXA Konzern und die in diesem Zusammenhang bereits gemachten Erfahrungen genauer einschätzen zu können, bietet sich ein Blick auf die einzelnen Elemente der Lern-Wertschöpfungskette und deren bisherige E-Learning-Tauglichkeit an.

Im Rahmen des *Bedarfsmanagements* sind für einige Bereiche des Unternehmens bereits Kompetenzprofile erstellt worden. Diese Profile formulieren Soll-Anforderungen an Mitarbeiter in Abhängigkeit von der Funktionsgruppe, der sie angehören. Die Soll-Anforderungen sind mehrstufig und skaliert beschrieben. Ein Abgleich der tatsächlichen Qualifikation eines Mitarbeiters mit seinem Kompetenzprofil erfolgt unter Berücksichtigung dieser Soll-Anforderungen und ist daher relativ einfach durchführbar. Aus den sich ergebenden Abweichungen zwischen Soll-Anforderungen und Ist-Qualifikationen lassen sich sodann der vorliegende Qualifizierungsbedarf sowie entsprechende Ziele und Inhalte ableiten, die die Schulung des Mitarbeiters abdecken muss.

Die *Inhalte* neuer Schulungen werden zusammen mit dem Auftraggeber der Schulungen, d.h. dem Fachbereich, der den Mitarbeiter entsendet, in einem standardisierten Aufklärungsprozess erhoben. Durch Einbindung des Auftraggebers bis hin zur Feinkonzeption ist es möglich, die Schulungsinhalte sehr nah an den Bedarfen der Schulungsteilnehmer auszurichten. Die bisherigen Erfahrungen zeigen, dass Lerninhalte sich in ihrer Eignung für die Vermittlung mittels E-Learning zum Teil erheblich voneinander unterscheiden. Man kann die unterschiedlichen Eignungsgrade für E-Learning recht anschaulich anhand dreier Typen von Trainingsmaßnahmen verdeutlichen, und zwar der produkt- und verfahrensorientierten Trainings, der methoden- und tool-orientierten Trainings und der verhaltensorientierten Trainings.

Produkt- oder verfahrensorientierte Trainings, beispielsweise Trainingsmaßnahmen zur Vermittlung von Wissen über „Riester-Produkte", neue Kundentarife oder aber Vorschriften der Schadensbearbeitung, eignen sich sehr gut für die Vermittlung via E-Learning, und zwar sowohl was die unmittelbare Wissensvermittlung angeht als auch im Hinblick auf die Handhabung der gesamten Lern-Wertschöpfungskette. Dies liegt zum einen an dem großen Anteil an Faktenwissen, das solche Trainingsmaßnahmen zum Gegenstand haben, und zum anderen daran, dass die Wissensvermittlung, einschließlich der ihr vor- und nachgelagerten Prozesse, relativ gut kodifizierbar und damit auch übertragbar ist. Der zu vermittelnde Stoff besteht in hohem Maße aus Detailwissen wie z.B. Tarifbesonderheiten oder Prämien, das dem Vertriebs- oder Innendienst-Mitarbeiter – pragmatisch betrachtet – nicht ständig präsent sein muss. Lerninhalte dieser Art stellen daher ein geeignetes Feld für bedarfsgesteuertes „E-Learning on Demand" dar. E-Learning eröffnet hier ferner Kosteneinsparungspotenziale und kann als Marketinginstrument eingesetzt werden, so z.B. durch Bereitstellung der Software auf der Unternehmens-Webseite für einen – gegebenenfalls limitierten – Kundenkreis.

Betrachtet man demgegenüber *methoden- und tool-orientierte Trainings*, also etwa Trainingsmaßnahmen, die Regeln des Zeitmanagements oder Grundlagen des Projektmanagements vermitteln sollen, so ist die Eignung von E-Learning für deren Durchführung eingeschränkter. Hauptgrund hierfür ist der im Vergleich zu produkt- und verfahrensorientierten Trainings niedrigere Anteil an Faktenwissen, das sich der Mitarbeiter bei dieser Art von Trainings aneignen muss. Für die Fähigkeiten, die der Mitarbeiter letztlich erwerben soll, spielt seine Erfahrung dagegen eine ungleich größere Rolle, wie sich am Beispiel des Zeit- oder Projektmanagements unmittelbar erkennen lässt. Bei methoden- und tool-orientierten Trainings kann E-Learning deshalb nur ein Baustein in einem Lernkonzept sein, das sich mit Blick auf die Anwendung der erlernten Methoden und Tools stark auf persönliches Coaching und Präsenztrainings stützt.

Noch höher ist der Stellenwert von Erfahrungswissen schließlich bei *verhaltensorientierten Trainings*, also bei Trainings, die die Vermittlung von sozialen und emotionalen Fähigkeiten zum Ziel haben, wie dies z.B. bei Trainings zur Führung von Mitarbeitergesprächen oder zur Konfliktlösung der Fall ist. Bei dieser Trainingsart ist nicht nur der Anteil an konkretem Faktenwissen sehr gering und das Ausmaß an Erfahrungen, die der Mitarbeiter erwerben muss, um die von ihm erwarteten Managementfähigkeiten zu erlernen und umsetzen zu können, zugleich sehr hoch. Hinzu kommt, dass für das Erlernen und die Aneignung von Verhaltensweisen die Interaktion mit Dritten unabdingbar ist, da der Lernende zur Überprüfung des eigenen Verhaltens den Kontakt zu und den Austausch mit einem außenstehenden Betrachter benötigt. Das Erlernen genuiner Managementfähigkeiten ist daher – insoweit Managementfähigkeiten überhaupt „erlernbar" sind – zum einen nur im Zusammenspiel mit anderen Personen und nicht im Selbststudium möglich, was die Eignung von E-Learning auf Schulungsmodule beschränkt, die sich interaktiv gestalten lassen. Zum anderen setzt das Erlernen solcher Fähigkeiten neben dem Training von Verhaltensweisen eine hohe Selbsterfahrung voraus, die kaum innerhalb weniger Seminar- oder E-Learning-Stunden erlernbar ist. Um bei dem zu schulenden Mitarbeiter eine für das Unternehmen relevante Verhaltensänderung zu bewirken, bedient man sich daher des flankierenden Instruments der Langzeitbegleitung in Form von regelmäßigen Praxisforen zur Supervision oder Einzelcoachings. Berücksichtigt man neben diesen interaktiven Erfordernissen die große Bedeutung, die das Erfahrungswissen für das Verhalten und das Handeln eines Managers hat, so reduzieren sich die Einsatzmöglichkeiten von E-Learning für verhaltensorientierte Trainings auf vornehmlich unterstützende Funktionen.

Insgesamt lässt sich festhalten, dass die Einsetzbarkeit von E-Learning in hohem Maße von den Lerninhalten abhängt, die transportiert werden sollen. Generell ist hier zu sagen, dass Lerninhalte mit einem hohen Anteil an Faktenwissen sich prinzipiell gut für die Vermittlung mittels E-Learning eignen. Mit zunehmendem Stellenwert des Erfahrungswissens, das vermittelt werden soll, sinkt die Einsetzbarkeit von E-Learning. Weitere Kriterien, die für die Einsetzbarkeit von E-Learning von Bedeutung sind, sind die Kodifizierbarkeit des zu vermittelnden Wissens und des hiermit verbundenen Lernprozesses sowie der Grad an zwischenmenschlicher Interaktion, die im Rahmen des Lernprozesses notwendig ist. Die E-Learning-Eignung von Interaktionsprozessen hängt ihrerseits ganz wesentlich davon ab, ob die notwendige Interaktion sich in für E-Learning tauglicher Form übertragen lässt und inwieweit sie nicht kodifizierbare und somit nicht mit Hilfe von E-Learning-Modulen übermittelbare Elemente beinhaltet.

Für die *Produktion und Beschaffung der Inhalte* hat sich im AXA Konzern eine relativ standardisierte Vorgehensweise herausgebildet, die sich an Erfahrungswerten der Vergangenheit orientiert. Sind neue Lerninhalte zu produzieren oder zu beschaffen, so wird für die Gestaltung der Anwenderoberfläche der Lernprogramme von den Mitarbeitern des Bereichs Personal- und Organisationsentwicklung der „Intranet Style Guide" zu Rate gezogen. Der Leitfaden wird ständig aktualisiert. Für die externe Produktion und Beschaffung von Lerninhalten hat sich bereits ein Kreis bevorzugter Lieferanten herausgebildet.

Die Bekanntmachung der E-Learning-Angebote, das unternehmensinterne *Marketing* von E-Learning, erfolgt heute noch mittels allgemeiner Intranet-Information.

Zukünftig soll eine übergreifende Lernplattform, ein so genanntes Learning-Management-System, diese Funktion übernehmen.

Was die eigentliche *Durchführung der Schulungen* betrifft, so kann durch den Einsatz von E-Learning ein einheitliches Niveau bei der Vor- und Weiterbildung der Mitarbeiter gewährleistet werden: Das erfolgreiche Absolvieren des E-Learning-Basic-Kurses etwa ist Voraussetzung für die Teilnahme an PC-Anwender-Schulungen wie z.B. MS Office und stellt sicher, dass die Teilnehmer der Präsenzseminare über ein gemeinsames Mindestniveau an Wissen verfügen.

Die Phase der *Evaluation und Modifikation* schließlich dient dazu, den entsendenden Fachbereich bzw. den geschulten Mitarbeiter nach seiner Einschätzung des durchlaufenen Lernprozesses zu befragen, seine Einschätzung mit der des Bereichs Personal- und Organisationsentwicklung abzugleichen und eventuellen Modifikationsbedarf bezüglich der Gestaltung des Lernprozesses zu identifizieren. Die Befragung des Mitarbeiters erfolgt mittels eines Feedback-Bogens, der sich auf Inhalte, Methoden und wahrgenommene Erfolge des Lernprozesses bezieht und dem Mitarbeiter Gelegenheit zu konkreten Verbesserungsvorschlägen gibt. Ergibt sich hieraus nach Einschätzung des Bereichs Personal- und Organisationsentwicklung Bedarf zur Modifizierung einzelner Elemente des Lernprozesses oder aber von Lerninhalten, so fließen die entsprechenden Änderungen in den sich anschließenden Lernzyklus ein.

2.2 Zukünftige Herausforderungen

Im vorliegenden Untersuchungsabschnitt sollen Herausforderungen skizziert werden, die sich aus dem Einsatz von E-Learning im AXA Konzern zukünftig ergeben könnten. Um die bisherigen Betrachtungen zur E-Learning-Wertschöpfungskette im AXA Konzern abzurunden, soll zunächst die künftige Handhabung der Wertschöpfungskette anhand der Frage thematisiert werden, in welchem Maße die elektronische Abwicklung ihrer einzelnen Elemente möglich und geplant ist. Im Anschluss hieran soll der Versuch unternommen werden, einen Ausblick auf die mögliche Zukunft der Lern- und Unternehmenskultur beim Einsatz von E-Learning zu geben.

Zukünftige Handhabung der E-Learning-Wertschöpfungskette im AXA Konzern

Im Folgenden wird der Frage nachgegangen, inwieweit sich die einzelnen Elemente der E-Learning-Wertschöpfungskette ihrerseits für eine Abwicklung mit Hilfe von „E-Tools" eignen, also „e-fähig" sind, und in welchem Maße prinzipiell „e-fähige" Elemente im AXA Konzern zukünftig elektronisch abgewickelt werden sollen.

Das erste Element der E-Learning-Wertschöpfungskette, das *Bedarfsmanagement*, lässt sich grundsätzlich gut mit Hilfe von E-Tools durchführen. Die Bedarfsabfrage kann im Rahmen eines elektronischen Planungsprozesses vom Fachbereich des zu schulenden Mitarbeiters selbst vorgenommen werden, und zwar differenziert nach verschiedenen Kompetenzfeldern. Im AXA Konzern ist die Einführung eines solchen elektronischen Planungsprozesses für das Jahr 2003 geplant.

Die Ermittlung der *Lerninhalte*, die Gegenstand des E-Learning sein sollen, ist nur bedingt „e-fähig": Lassen sich Schwerpunkte für Lerninhalte aus den Ergebnissen der Bedarfserhebung ableiten, so können differenzierte Anforderungen an Inhalte und die mit ihnen verbundenen Lernziele nur in enger Abstimmung des Bereichs Personal- und Organisationsentwicklung mit dem Fachbereich, dem der Lernende angehört, formuliert werden. Bei der Entwicklung der *Methoden*, die im Rahmen des E-Learning Verwendung finden sollen, handelt es sich um den eigentlich konzeptionellen, „intelligenten" Teil der Qualifizierung. Dieser Teil der E-Learning-Wertschöpfungskette ist grundsätzlich nicht „e-fähig".

Der Vorgang der *Produktion* der Lernsoftware lässt sich heutzutage mit Hilfe von E-Tools gestalten und ist insofern „e-fähig". Da die Produktion sich jedoch nicht unabhängig von den Inhalten durchführen lässt, die Gegenstand der Lernsoftware sind, beinhaltet der Produktionsprozess stets auch einen kreativen Teil, der nicht „e-fähig" ist, sondern von dem für die Produktion verantwortlichen externen Dienstleister oder dem Bereich Personal- und Organisationsentwicklung erbracht wird. Die Produktion der Lernsoftware vollzieht sich daher in Form eines iterativen Prozesses, in dem „e-fähige" Tools und nicht „e-fähige", kreative Elemente aufeinander abgestimmt werden.

Das *Marketing* der E-Learning-Maßnahmen ist prinzipiell „e-fähig" und wird bereits heute über das unternehmensweite Intranet und mit Hilfe von e-Mail-Aktionen durchgeführt. Mit der geplanten Einführung der Lernplattform im Jahr 2003 sollen die bisherigen Maßnahmen des AXA Konzerns auf diesem Gebiet noch professioneller gestaltet werden.

Die eigentliche *Durchführung* der Trainings, der so genannte „Lern"- und „Lehrbetrieb", findet beim AXA Konzern bereits heute intranetbasiert statt. In welchem Maße einzelne Trainingsmaßnahmen elektronisch durchgeführt werden, hängt – wie oben anhand der verschiedenen Typen von Trainings diskutiert wurde – von den konkreten Lerninhalten ab, die vermittelt werden sollen.

Der Prozess der *Evaluation* schließlich lässt sich vollständig elektronisch abwickeln. Derzeitig werden Evaluationen nur teilweise online vorgenommen; ab 2003 soll gemeinsam mit der Einführung des elektronischen Planungsprozesses auch die Evaluation im AXA Konzern komplett elektronisch erfolgen.

Visionen für eine künftige Lernkultur

Die bisherigen Ausführungen waren stark von dem Gedanken der Wertschöpfungskette der Aus- und Weiterbildung und der E-Learning-Tauglichkeit ihrer Teilelemente geprägt. Dieser Gedanke soll nun erweitert und ergänzt werden um einige generelle Überlegungen zu der Frage, wie sich Lernen und Lernvorgänge zukünftig in das übrige (Arbeits-)Leben des Mitarbeiters einfügen werden. Vergegenwärtigt man sich einmal die Möglichkeiten, die das Internet und der Einsatz elektronisch gestützter Medien aus Sicht ihrer Anwender eröffnen, so lässt sich sagen, dass eine der wesentlichen Neuerungen, die diese Medien mit sich gebracht haben, die zeitliche und örtliche Ungebundenheit ihrer Nutzung ist. Dieser Umstand hat bereits heute Auswirkungen auf das Verhalten der Informations- und Wissensbeschaffung sowohl im privaten Bereich als auch am Arbeitsplatz. In Zukunft ist mit weiteren Verhaltensänderungen zu rechnen: Wenn etwa – wie dies im AXA Konzern geplant ist – Extranet-Zugriffsmöglichkeiten auf das unternehmensweite Intranet geschaffen werden, die den Zugriff auf das Learning-Management-System gestatten, dann wird dies den Mitarbeitern zukünftig die Möglichkeit eröffnen, Ort und Zeitpunkt ihrer E-Learning-Aktivitäten frei zu wählen. Umgekehrt kann vom Arbeitsplatz aus der Zugriff auf Wissensmanagementsysteme, auf Lern- und Trainingsprogramme jeglicher Art sowie auf „On-Line-Tutoren" ermöglicht werden und den Mitarbeitern so verstärkt die Gelegenheit zu nachfragegesteuertem, bedarfsgerechtem Lernen gegeben werden. Eine solche Entwicklung würde den Trend von der Schulung zur aktuell notwendigen Weiterbildung, vom Lernen auf Vorrat mittels CD-ROM (Computer Based Training) hin zum Learning on Demand und dem Management von Wissen („Knowledge Management") verstärken.

Voraussetzung dafür, dass ein derartig erweitertes Lernangebot von den Mitarbeitern tatsächlich angenommen wird und zu einer Veränderung ihres Lernverhaltens führt, ist eine positive Einstellung der Führungskräfte zum Lernen und zum E-Learning und konkret ihre Bereitschaft, die Mitarbeiter zu Lernzwecken von anderen Tätigkeiten frei zu stellen. Der positive Umgang aller Beteiligten, d.h. des Lernenden und seines Vorgesetzten, mit dem Phänomen „Lernen" erfordert den Einsatz von Motivationsinstrumenten, die eine Lernkultur unterstützen, in der Lernen und speziell E-Learning als etwas Positives wahrgenommen wird, auch wenn während des Lernvorgangs operative Tätigkeiten ruhen. Sind diese Bedingungen gegeben, so ist davon auszugehen, dass „Lernwelt" und „Arbeitswelt" künftig weiter zusammenwachsen werden. Eine stärkere Verschmelzung von Lern- und Arbeitswelt durch den Einsatz des Internet führt in der Konsequenz auch zu zunehmenden Überlappungen von

Berufs- und Privatwelt; die vormals strikte Trennung, nach der Arbeiten im Büro stattfindet, Lernen im Seminar und Privates zu Hause, ist in dieser Form dann nicht mehr aufrecht zu erhalten. Sollten sich Tendenzen in diese Richtung in größerem Umfang abzeichnen, so hätte dies Auswirkungen nicht nur auf die Regelung der im Büro verbrachten Arbeitszeit, sondern auch auf Entgelt- und Führungsmodelle, auf das Ausmaß an Eigenverantwortung, das den Mitarbeitern zugebilligt wird, und – hiermit einhergehend – auch auf das ihnen entgegengebrachte Vertrauen. Eine durch den Einsatz von E-Learning bedingte neue Lernkultur würde auf diese Weise auch die Unternehmenskultur insgesamt verändern. Diesen zur Zeit noch visionär anmutenden Überlegungen ist allerdings hinzuzufügen, dass es auch in Zukunft Tendenzen geben wird, auf der strikten Trennung zwischen Privatem und Beruflichem zu bestehen. Insofern lässt sich derzeit noch nicht abschätzen, ob und in welchem Maße E-Learning derartig tief greifende Veränderungen bewirken wird wie sie hier skizziert worden sind.

3. Erfolgsfaktoren für die Umsetzung eines E-Learning-Konzepts

Nachdem die bisherigen Erfahrungen des AXA Konzerns mit dem Einsatz von E-Learning dargestellt sowie mögliche zukünftige Herausforderungen hieraus umrissen worden sind, sollen nachfolgend die Erfolgsfaktoren aufgezeigt werden, die für die Umsetzung eines E-Learning-Konzepts wie das des AXA Konzerns besonders wichtig sind. Betrachtet werden sollen hierbei zunächst die unmittelbar aus dem praktischen Einsatz von E-Learning im AXA Konzern gewonnenen Erkenntnisse. Anschließend werden weiter reichende theoretische Betrachtungen zur Erfolgsträchtigkeit von E-Learning-Systemen angestellt.

3.1 Erkenntnisse aus der Praxis

Die bisherigen Erfahrungen des AXA Konzerns zeigen, dass für die erfolgreiche Implementierung eines E-Learning-Systems eine ganze Reihe von Faktoren erfüllt sein muss. Diese Erfolgsfaktoren lassen sich grob in vier Kategorien unterscheiden: in technisch-strukturelle, sachliche, personelle und kulturelle Faktoren.

Technisch-strukturelle Erfolgsfaktoren

Für die Einführung von E-Learning müssen zunächst einige technisch-strukturelle Voraussetzungen erfüllt sein, die die drei technischen Komponenten „Architektur", „Lernmedium" und „Lernplattform / Learning-Management-System" sowie die beiden funktionalen Komponenten „Individualfunktionen" und „Gruppenfunktionen" umfassen. Unabdingbare technische Voraussetzungen mit Blick auf die Architektur des E-Learning-Systems sind ein Web-Server sowie ein für die Nutzer, also die lernenden Mitarbeiter, verfügbares Netz – sei dies nun ein Intranet, ein Extranet oder das Internet. Für den Fall, dass eine Lernplattform existiert, können Datenbank- und Applikationsserver Bestandteil der Architektur sein. Darüber hinaus sind die verschiedenen Komponenten mit der geeigneten Software zu versehen und Schnittstellen so zu gestalten, dass die Teilsysteme miteinander kompatibel sind. Als Lernmedium eignen sich alle Lerninhalte, so genannte Contents, die sich elektronisch bereitstellen lassen. Eine Lernplattform ist – wie bereits gesehen – ein wünschenswerter Bestandteil der Architektur eines E-Learning-Systems, weil sie in ihrer Funktion als zentrales Verwaltungssystem den Zugriff aller Mitarbeiter auf die verschiedenen Module des Systems erleichtert und zum Teil überhaupt erst ermöglicht.[3] Beim AXA Konzern wurde bei der Einführung von E-Learning der Schwerpunkt zunächst auf die Inhalte und die Lernmedien gelegt, die im Rahmen von E-Learning zur Anwendung kommen sollten. Die Einführung einer Lernplattform ist für die zweite Phase der Implementierung von E-Learning im Jahr 2003 vorgesehen.

Neben diesen technischen Voraussetzungen, die ein E-Learning-System nach Möglichkeit erfüllen sollte, sind auch Anforderungen bezüglich seiner Funktionalität zu beachten. So sollte ein E-Learning-System individuell funktional sein und zugleich über verschiedene Gruppenfunktionen verfügen. Die individuelle Funktionalität eines E-Learning-Systems sollte z.B. den Ausweis eines individuellen Ausbildungsprofils sowie individueller Lernziele und Geschäftsprozesse ermöglichen. Konkret heißt dies, dass der lernende Mitarbeiter über eine persönliche Homepage verfügen können muss, in der individuelle Lernpläne, seine Lernhistorie, zusätzliche Bildungsangebote, Zertifizierungen und Nachweise seiner Qualifizierung abgebildet sind. Diese Funktionalitäten werden in dem Learning-Management-System, das der AXA Konzern im Jahr 2003 einführen wird, enthalten sein. Wie die bisherigen Ausführungen gezeigt haben, sind interaktive Elemente im E-Learning-Prozess sehr wichtig, wenn der Einsatz von E-Learning erfolgreich sein soll. Aus diesem Grund sollten E-Learning-Systeme auch Funktionalitäten für Gruppenprozesse enthalten, so etwa E-Mail-Funktionen zur Kommunikation zwischen den lernenden Mitarbeitern bzw. zwischen den Mitarbeitern und den Tutoren. Weitere Gruppenfunktionalitäten sind Chat-Möglichkeiten, die Online-Betreuung durch Tutoren, Diskussionsforen und Expertengruppen sowie die Schaffung virtueller Klassenräume. Diese Gruppenfunktionalitäten werden im AXA Konzern derzeitig im Rahmen von Trainings mit ausgewählten Führungskräften getestet.

---

[3] Im Falle des AXA Konzerns werden die Zweigniederlassungen erst nach Einführung einer Lernplattform in vollem Umfang am konzernweiten E-Learning-System teilnehmen können.

Sachbezogene Erfolgsfaktoren

Ein wichtiger sachbezogener Erfolgsfaktor für E-Learning-Systeme, der sich beim Einsatz von E-Learning im AXA Konzern herauskristallisiert hat, ist die Zusammensetzung von Lernprogrammen und Lernmethoden. Es hat sich gezeigt, dass E-Learning herkömmliche Formen des Lernens nicht vollständig substituieren kann, sondern dass es für den Erfolg von E-Learning im Gegenteil sehr wichtig ist, eine geeignete Mischung aus herkömmlichen Lernformen und Formen des E-Learning zu finden. Besonders deutlich lässt sich dies am Beispiel der verschiedenen Typen von Trainings veranschaulichen: Wie gesehen, geht es bei produkt- und verfahrensorientierten Trainings, bei methoden- und tool-orientierten Trainings und bei verhaltensorientierten Trainings um die Vermittlung derart unterschiedlicher Fähigkeiten und Kenntnisse, dass ein für diese drei Trainingstypen einheitlicher Einsatz von E-Learning wenig sinnvoll erscheint. Insbesondere die beiden letztgenannten Trainingstypen dienen der Vermittlung von Fähigkeiten, die einer Unterstützung durch herkömmliche Lernformen, insbesondere Präsenzschulungen und Supervisionen, bedarf.

Personenbezogene Erfolgsfaktoren

Die personenbezogenen Erfolgsfaktoren für den Einsatz von E-Learning ergeben sich aus den veränderten Anforderungen an Lernende und Lehrende. Während der lernende Mitarbeiter selbst eine aktive Rolle im Lernprozess übernehmen muss und beim Durchlaufen eines Lernzyklus Lernintensität und Lerntempo zum Teil selbst bestimmen und seine Lernfortschritte eigenverantwortlich überprüfen kann, muss der Trainer seine vormalige Rolle als Dozent zu Gunsten einer eher unterstützenden Funktion, die die Beratung und das Coaching der Lernenden in den Vordergrund stellt, aufgeben. In diesem Punkt zeigt sich ein Dilemma, das bei der Einführung von E-Learning grundsätzlich auftritt: Der Einsatz von E-Learning dient nämlich unter anderem dem Ziel, die Motivation der Mitarbeiter zu steigern. Motivationssteigernd sollen insbesondere der Einfluss der Mitarbeiter auf Lernprozesse, die individuelle Gestaltbarkeit der Lernprozesse und die hiermit einhergehende höhere Eigenverantwortung wirken. Zugleich ist die Motivation der Mitarbeiter zur eigenverantwortlichen Gestaltung ihrer Weiterbildung jedoch auch Voraussetzung dafür, dass E-Learning überhaupt erfolgreich eingesetzt werden kann. Beim (erstmaligen) Einsatz von E-Learning in einem Unternehmen kann man daher nicht allein darauf vertrauen, dass Motivationssteigerungen bei den Mitarbeitern schon durch die Einführung des E-Learning-Systems selbst bewirkt werden; der Einsatz von E-Learning muss vielmehr von umfangreichen Maßnahmen der Motivationsförderung und einem entsprechenden Marketing im Unternehmen begleitet werden.

Erfolgsfaktor Lern- und Unternehmenskultur

Dieser Aspekt leitet unmittelbar zum vierten Erfolgsfaktor für den Einsatz von E-Learning, der Lern- und Unternehmenskultur, über. Eine Motivationssteigerung durch E-Learning auf Seiten der Mitarbeiter lässt sich letztlich nur erzielen, wenn Lernen und E-Learning von Führungskräften und Kollegen des lernenden Mitarbeiters nicht nur akzeptiert, sondern auch aktiv gefördert werden. Eine Voraussetzung hierfür ist, dass das Anmelden von Lern- und Weiterbildungsbedarf durch einen Mitarbeiter von seinem Vorgesetzten nicht als Eingeständnis mangelnder Fähigkeiten interpretiert wird. Eine weitere Voraussetzung ist, dass der Mitarbeiter, der sich weiterbilden möchte, im Einvernehmen mit seinem Vorgesetzten und seinen Kollegen den zeitlichen Rahmen seiner Weiterbildung absteckt und das Ausmaß an hierdurch verursachter Beanspruchung seiner Kapazitäten abstimmt. Ohne die Schaffung derartiger „Lernbedingungen" ist dagegen nicht damit zu rechnen, dass der Einsatz von E-Learning von den Mitarbeitern akzeptiert wird und ihr Lernverhalten in Zukunft nachhaltig beeinflussen kann. Im AXA Konzern ist die Tatsache, dass es sich bei der Veränderung der Lern- und der Unternehmenskultur um einen langwierigen Prozess handelt, der sehr konsequent begleitet werden muss, erkannt worden. Dieser Umstand kann allerdings nicht darüber hinwegtäuschen, dass dieser Prozess bei weitem noch nicht so weit vorangeschritten ist wie es wünschenswert wäre.

3.2 Theoretische Betrachtungen

Im vorliegenden Untersuchungsabschnitt werden die vier in der E-Learning-Praxis des AXA Konzerns identifizierten Erfolgsfaktoren für den Einsatz von E-Learning-Systemen in den Kontext einiger theoretischer Betrachtungen gestellt, die die bisherigen Überlegungen ergänzen und vervollständigen. Betrachtet werden drei Aspekte, die für die Umsetzung eines E-Learning-Konzepts und seinen erfolgreichen Einsatz aus theoretischer Sicht von großer Bedeutung sind: die Unterscheidung von Information und Wissen, die Generierung neuen Wissens und das Verhältnis von individuellem Wissen und „organisationalem" Wissen.

Information und Wissen

Wie im Laufe der vorangegangenen Ausführungen bereits deutlich geworden ist, hängt die Einsetzbarkeit von E-Learning wesentlich von der Art des Wissens ab – es wurde von „Lerninhalten" gesprochen –, das vermittelt werden soll. Unterschieden wurde hierbei zwischen Faktenwissen, das sich für eine Übertragung via E-Learning sehr gut eignet, und Erfahrungswissen, für dessen Vermittlung traditionelle Lernformen flankierend einzusetzen sind. Nonaka, Reinmöller und Toyama spitzen diese Unterscheidung pointiert auf die allgemeinere Unterscheidung zwischen Information und

Wissen zu:[4] Während Information unabhängig von einem konkreten Kontext gegeben ist, ist Wissen grundsätzlich kontextabhängig und stützt sich auf bestimmte Erfahrungen, Wertvorstellungen und Handlungen. Betrachtet man die in der Praxis im Einsatz befindlichen E-Learning-Systeme im Lichte dieser Unterscheidung, so gelangt man zu dem Schluss, dass der Großteil von ihnen derzeitig noch eher auf das Management von Informationen („Information Management") als auf das Management von Wissen („Knowledge Management") abstellt. Die bisherigen Ausführungen haben deutlich gemacht, dass es zum gegenwärtigen Zeitpunkt noch vornehmlich die traditionellen Formen des Lernens sind, die im Rahmen von E-Learning-Systemen Funktionen des Wissensmanagements übernehmen.

Generierung von Wissen

Ein weiterer Aspekt, der für den Erfolg von E-Learning-Systemen wenigstens so bedeutsam ist wie die Entwicklung hin zum Wissensmanagement, ist die Generierung neuen Wissens im Rahmen des eingesetzten Lernsystems. Bislang wurde stillschweigend unterstellt, dass E-Learning-Systeme in erster Linie der Vermittlung vorhandenen Wissens dienen. Unter dynamischen Gesichtspunkten betrachtet sollte ein Lernsystem jedoch nicht nur der effizienten Übertragung und Vermittlung bestehenden Wissens dienen, sondern auch die Schaffung neuen Wissens unterstützen und vorantreiben. Das Lern- bzw. E-Learning-System würde dann nicht einen zu einem bestimmten Zeitpunkt gegebenen Wissensstand abbilden, sondern einen kontinuierlichen, dynamischen Prozess der Wissensgenerierung im Unternehmen etablieren.[5] Die oben beschriebenen Gruppenfunktionalitäten von E-Learning-Systemen könnten in diesem Zusammenhang eine tragende Rolle übernehmen.

Individuelles und organisationales Wissen

Die bisherigen Ausführungen haben sich auf die Förderung individuellen Wissens durch den Einsatz von E-Learning-Systemen, d.h. auf individuelles Lernen, konzentriert. In der Organisationstheorie spielt neben dem Wissen, über das einzelne Individuen verfügen, der Wissensbestand von Organisationen und insbesondere das so genannte organisationale Lernen eine hervorgehobene Rolle.[6] Wissen und Lernen in Organisationen werden typischerweise mit einem dynamischen Verständnis von Organisationsgestaltung, mit Prozessen dynamischen Wandels, in Verbindung gebracht. Für die Betrachtung solcher Prozesse des Wandels im organisatorischen Kontext wird

---

[4] Vgl. hierzu und nachfolgend Nonaka/Reinmöller/Toyama (2001), S. 827 ff.
[5] Vgl. sinngemäß Nonaka/Reinmöller/Toyama (2001), S. 827, 829 f.
[6] Zum Verhältnis von individuellem und organisationalem Lernen und den unterschiedlichen Interpretationen organisationalen Lernens vgl. Friedman (2001), S. 398 ff.

nachfolgend auf Freses Konzept der Anpassungsfähigkeit zurückgegriffen.[7] Das Konzept unterscheidet zwischen der Lerneffizienz und der Änderungseffizienz in Organisationen.

Die *Lerneffizienz* stellt darauf ab, in welchem Maße eine organisatorische Einheit zur kognitiven Verarbeitung und Integration neuen Wissens (Absorption) und zur Artikulation dieses Wissens (Transfer) in der Lage ist. Die Vorstellung, dass ganze Unternehmenseinheiten eine hohe Lerneffizienz aufweisen sollten, lässt sich zur Ergänzung der bisherigen Überlegungen heranziehen. Der Erfolg des in einem Unternehmen eingesetzten E-Learning-Systems würde dann nicht nur anhand der individuellen Lernerfolge und der hierdurch bedingten Qualifikations- und Leistungssteigerungen aller geschulten Mitarbeiter gemessen. Er würde vielmehr auch danach beurteilt, in welchem Maße die e-unterstützte Schulung von Mitarbeitern einen Fachbereich, der Mitarbeiter zur Schulung entsendet hat, bzw. das Unternehmen insgesamt befähigt, seine Lerneffizienz zu steigern. Konkret müsste in diesem Zusammenhang geprüft werden, inwieweit die Absorption und der Transfer neuen Wissens durch den Einsatz von E-Learning verbessert werden. Da die Absorption neuen Wissens in starkem Maße von den Strukturen des vorhandenen Wissens in der zur Betrachtung stehenden organisatorischen Einheit abhängt,[8] hätte der Einsatz von E-Learning hier nur dann einen unmittelbaren Effekt, wenn durch ihn diese Strukturen verändert würden. Von größerer praktischer Relevanz für die Beurteilung eines E-Learning-Systems dürfte die Frage sein, wie stark dieses System den Transfer von Wissen innerhalb einer Organisation beeinflusst und ob es ihn verbessert. Zur Beantwortung dieser Frage ist es sinnvoll, zwei Bedeutungen des Begriffs „Wissenstransfer" zu unterscheiden, und zwar einerseits den Transfer im Sinne der Übermittlung von Informationen und andererseits den Transfer im Sinne der Vermittlung von Wissen. Betrachtet man den Wissenstransfer, der sich in einem Unternehmen vollzieht, als einen Vorgang der Übermittlung von Informationen, so lässt sich sagen, dass E-Learning-Systeme diesen grundsätzlich immer unterstützen, auch wenn sie sich z.B. ausschließlich auf Produktschulungen konzentrieren. Wird unter Wissenstransfer hingegen die Vermittlung – und möglicherweise auch die Generierung – von Wissen verstanden, so muss ein E-Learning-System, das diesen Transfer ermöglichen soll, Merkmale aufweisen, wie sie für den Einsatz von methoden- und toolorientierten sowie verhaltensorientierten Trainings beschrieben worden sind: Das E-Learning-System müsste konkret die Interaktion der zu schulenden Mitarbeiter untereinander sowie mit ihrem Trainer und den Austausch von Erfahrungen vorsehen, verknüpft mit einem Lernziel, das über den reinen Erwerb von

---

[7] Vgl. hierzu und für die Begrifflichkeiten nachfolgend Frese (2002), S. 225 ff.
[8] Vgl. Frese (2002), S. 226.

Faktenwissen hinausgeht. Auch die als Erfolgsfaktoren ausgewiesenen Gruppenfunktionalitäten eines E-Learning-Systems würden den Wissenstransfer im Sinne der Wissensvermittlung und -generierung fördern. Zusammenfassend lässt sich daher sagen, dass das Ausmaß, in dem E-Learning-Systeme die Lerneffizienz durch einen vermehrten Wissenstransfer im Unternehmen steigern, ganz wesentlich von der Art des vermittelten Wissens und dem Grad an Interaktion, die im Rahmen der e-unterstützten Lernprozesse stattfindet, abhängt.

Im Gegensatz zur Lerneffizienz geht es bei der *Änderungseffizienz* um die Hervorbringung veränderter Prozess- und Ergebnismerkmale.[9] Das Kriterium der Änderungseffizienz weist somit über dasjenige der Lerneffizienz hinaus und ergänzt die bisherige Betrachtungsperspektive um einen weiteren Aspekt: Im Blickpunkt steht nicht die Steigerung der Lerneffizienz im Unternehmen, sondern die Fähigkeit des Unternehmens, Änderungsideen hervorzubringen (Variation), die realisationswürdigen unter ihnen auszuwählen (Selektion) und diese dann im Unternehmen zu verankern und zu erhalten (Retention). Inwieweit ein E-Learning-System diese an evolutionstheoretische Vorstellungen anknüpfenden Funktionen erfüllen kann, hängt folglich nicht so sehr von den vermittelten Wissensinhalten und der Interaktionshäufigkeit und -intensität der lernenden Mitarbeiter ab. Entscheidend für die Fähigkeit eines Unternehmens zur Variation, Selektion und Retention neuer Ideen ist vielmehr die Existenz organisatorischer Instrumente, die die Förderung von Kreativität sowie die Etablierung konkreter Handlungsmuster zur Verbreitung und Auswahl neuer Ideen zum Ziel haben. Beispiele für solche Instrumente im Bereich des E-Learning sind informelle Diskussionsforen und Chat-Möglichkeiten. Sie können die Mitarbeiter zur (spontanen) Einbringung von Vorschlägen ermutigen und Hemmschwellen herabsetzen, die mit der formalen Einreichung von Verbesserungsvorschlägen normalerweise einhergehen. Auch der Austausch von Ideen über Bereichsgrenzen hinweg wird durch den Einsatz derartiger E-Tools gefördert und kann die Entstehung einer übergreifenden Problemsicht und entsprechender Ideen und Lösungsvorschläge begünstigen. Zusammenfassend ist zu sagen, dass die hier beschriebenen Instrumente die Generierung von Änderungsideen unterstützen; für die Selektion geeigneter Änderungsideen und deren Verankerung im Unternehmen müsste ein E-Learning-System über weitere Funktionalitäten, wie z.B. einen e-unterstützten Auswahlprozess für Verbesserungsvorschläge oder eine Vorgehensweise zur Integration neuer Ideen in den Kontext vorhandenen Wissens, verfügen.

---

[9] Vgl. Frese (2002), S. 231 ff.

4. Resümee: E-Learning im Spannungsfeld zwischen pragmatischen Erfordernissen und der Etablierung einer neuen Lernkultur

Die vorausgegangenen Ausführungen haben ein Schlaglicht auf eine Fülle von Aspekten geworfen, die bei der Einführung von E-Learning in ein Unternehmen zu beachten sind, und die breite Einsetzbarkeit von E-Learning-Modulen in der Praxis aufgezeigt. Zum Abschluss der Betrachtungen sollen einige der angestellten Überlegungen nochmals aufgegriffen und gemeinsam mit weiterführenden Gedanken zu fünf Thesen verdichtet werden, die das Spannungsfeld zwischen dem theoretischen Anspruch und den praktischen Möglichkeiten und Erfordernissen abbilden, in dem sich der Einsatz von E-Learning-Systemen in der Praxis vollzieht.

These 1: E-Learning kann kurzfristig und kostengünstig zur „Massenschulung" eingesetzt werden

Ein hohes umsatzrelevantes Potenzial von E-Learning ist darin zu sehen, dass sein Einsatz die Reaktionsfähigkeit des Unternehmens auf Marktveränderungen positiv beeinflussen kann: Durch eine Schulung aller Mitarbeiter via E-Learning können unabhängig von verfügbaren Trainer- und Schulungsraumkapazitäten sowie ohne dass arbeitsplatzspezifische Zeiträume für Schulungen beachtet werden müssten mehrere Hundert oder Tausend Mitarbeiter innerhalb sehr kurzer Zeit geschult werden. Im Hinblick auf eine solche kurzfristige, simultane Massenschulung ist E-Learning auch unter Kostengesichtspunkten vorteilhaft: Die Kosten für eine gleichartige, simultane Präsenzschulung, die die Buchung von externen Trainern und Schulungsräumen sowie Reisekosten und Spesen für Mitarbeiter einschließen, machen ein Vielfaches der Produktions- und Wartungskosten für E-Learning-Software aus.

These 2: Umfassende E-Learning-Systeme können nur bedingt zur Senkung der betrieblichen Weiterbildungskosten beitragen

Die Etablierung eines umfassenden, langfristig angelegten E-Learning-Systems erfordert hohe Primärinvestitionen und macht vom unterstützenden Einsatz herkömmlicher Lernformen intensiv Gebrauch. Es ist daher eine Fehleinschätzung, dass sich, wie dies von vielen Anbietern propagiert wird, durch den Einsatz von E-Learning-Systemen Kosteneinsparungen in der Weiterbildung in Höhe von 30 % bis 50 % realisieren ließen. Eines der oftmals genannten Ziele der Einführung von E-Learning – die Einsparung von Kosten der betrieblichen Aus- und Weiterbildung – kann folglich nur bedingt erreicht werden. Die Höhe des konkreten Einsparpotenzials, das im Rahmen von E-Learning erzielt werden kann, ist eher von der unternehmensspezifischen Großzügigkeit bei der Auswahl von Seminareinsätzen und -orten abhängig als von der Etablierung des E-Learning-Systems als solchem.

These 3: Der Einsatz von E-Learning ist langfristig nur dann sinnvoll, wenn er durchdacht und auf Dauer angelegt ist

Für den Einsatz von E-Learning-Systemen ist es von Vorteil, gezielt und konsequent vorzugehen und die Konzeptentwicklung unter ständigem Abgleich mit den am Markt beobachtbaren Erfahrungen durchzuführen. „Schnellschüsse" unter dem Hinweis, dass das Thema E-Learning gerade modern ist, verbieten sich schon deshalb, weil die Etablierung eines solchen Systems hohe Primärinvestitionen erfordert und durch den notwendigen Gewöhnungsprozess der volle Nutzen erst mittelfristig erschlossen werden kann.

These 4: Eine erfolgreiche Nutzung von E-Learning erfordert einen geeigneten Mix mit traditionellen Lernformen

Um E-Learning erfolgreich in einem Unternehmen einzusetzen, ist es – wenigstens gegenwärtig noch – notwendig, E-Learning-Module mit herkömmlichen Lernformen, insbesondere mit persönlichen Coachings und Präsenztrainings, zu kombinieren. Die im Einzelfall sinnvolle Mischung beider Lernformen hängt von den zu vermittelnden Lerninhalten ab, d.h. von der Art des Wissens, das die Mitarbeiter erwerben sollen.

These 5: E-Learning ist ein Katalysator für eine neue Lernkultur

Die Hauptanforderungen an E-Learning-Systeme liegen heutzutage nicht mehr so sehr im Bereich der Technik, d.h. in der Beherrschung technischer Anforderungen, als vielmehr im Austarieren von Unternehmensinteressen und Mitarbeiterinteressen, was die verfolgten Lernstrategien und das bezweckte Lernverhalten betrifft. Richtig eingesetzt und mit flankierenden Motivationsinstrumenten für Führungskräfte und Mitarbeiter versehen, kann E-Learning zu einem Katalysator sowohl für eine Lernkultur werden, die auf die Eigenverantwortung der lernenden Mitarbeiter setzt und diese stärkt, als auch – daraus resultierend – für eine Unternehmenskultur, die zu einem hohen „Human Capital Value" motivierter, unternehmerisch orientierter und sehr gut ausgebildeter Mitarbeiter führt. Gegenwärtig ist die Umsetzung einer solchen umfassenden Konzeption, die die Lern- und die Unternehmenskultur unter Zuhilfenahme von E-Learning in der beschriebenen Weise fortentwickelt und aufeinander abstimmt, in der Praxis noch nicht absehbar.[10]

---

[10] Den Autoren sind Erfolgsbeispiele aus der Praxis, die diese Vision schon umgesetzt hätten, nicht bekannt.

Literatur[11]

FRESE, Erich (2002): Theorie der Organisationsgestaltung und netzbasierte Kommunikationseffekte – Das organisatorische Gestaltungspotenzial von Internet und Intranet. In: E-Organisation: Strategische und organisatorische Herausforderungen des Internet, hrsg. von E. Frese und H. Stöber im Auftrag des Arbeitskreises „Organisation" der Schmalenbach-Gesellschaft für Betriebswirtschaft. Stuttgart, S. 191-241.

FRIEDMAN, Victor J. (2001): The Individual as Agent of Organizational Learning. In: Handbook of Organizational Learning and Knowledge, hrsg. von M. Dierkes, A. Berthoin Antal, J. Child und I. Nonaka. Oxford, S. 398-414.

NONAKA, Ikujiro/ REINMÖLLER, Patrick/ TOYAMA, Ryoko (2001): Integrated Information Technology Systems for Knowledge Creation. In: Handbook of Organizational Learning and Knowledge, hrsg. von M. Dierkes, A. Berthoin Antal, J. Child und I. Nonaka. Oxford 2001, S. 827-848.

---

[11] Die Autoren danken Dr. Lutz Dietrich, zuständig für E-Learning im Bereich Personal- und Organisationsentwicklung des AXA Konzerns, für die wertvollen Hinweise.

Lothar Grapatin[*] */ Hannes Utikal*[**] */ Markus Holzporz*[***]

DIE DEUTZ AG:

Möglichkeiten und Grenzen des E-Business an der Schnittstelle zwischen Unternehmen und Absatzmarkt

1. Deutz AG: Unternehmerischer Hintergrund

2. Einsatz von E-Business bei der Deutz AG

    2.1 Bestehende und zukünftige Einsatzfelder des E-Business

    2.2 Potenziale des E-Business-Einsatzes im Transaktionsprozess

        2.2.1 Kundenakquisition

        2.2.2 Verhandlung

        2.2.3 Auftragsabwicklung

        2.2.4 Nachkauf

3. Fazit

---

[*] Lothar Grapatin, Bereichsleiter „Organisation / Informationssysteme", Deutz AG, Köln
[**] Dr. Hannes Utikal, Consultant, Simon-Kucher & Partners, Strategy & Marketing Consultants, früher Organisationsseminar der Universität zu Köln
[***] Markus Holzporz, wissenschaftlicher Mitarbeiter am Organisationsseminar der Universität zu Köln

Zusammenfassung

Der zielorientierte Einsatz von Informations- und Kommunikationstechnologien hat bei der Deutz AG eine lange Tradition und wird nicht erst seit dem Aufkommen des Internet thematisiert. Insofern stellt auch die Nutzung der Internettechnologien bei der unternehmensinternen und unternehmungsübergreifenden Organisationsgestaltung für die Deutz AG eher eine Evolution und weniger eine Revolution dar. Neben einer Darstellung der gegenwärtig implementierten informationstechnologischen Anwendungen werden im vorliegenden Beitrag die Einsatzpotenziale der Internettechnologie an der Schnittstelle zwischen Unternehmen und Absatzmarkt analysiert. Hierzu wird der unternehmungsinterne und unternehmungsübergreifende Abstimmungsbedarf in den verschiedenen Phasen des Transaktionsprozesses (Kundenakquisitions-, Verhandlungs-, Auftragsabwicklungs-, Nachkaufphase) untersucht. Auf dieser Basis werden Möglichkeiten und Grenzen einer elektronischen Abstimmung der Beteiligten im Transaktionsprozess beleuchtet. Es wird deutlich, dass den aktuellen E-Business-Anwendungen zwar zur Abstimmung unternehmungsinterner Beziehungen (z.B. zwischen dem Vertrieb und der Produktion) eine gewisse Bedeutung zukommt. An der Schnittstelle zum Kunden können sie hingegen nur in geringem Maße die persönliche Kommunikation ersetzen. Sie sind daher bei der Deutz AG insgesamt eher als Komplement denn als Substitut für die persönliche Abstimmung zu begreifen.

1. Deutz AG: Unternehmerischer Hintergrund

Die Deutz AG ist ein Maschinenbaukonzern mit 135-jähriger Unternehmensgeschichte. Im Jahre 2000 erwirtschafteten die 6614 Beschäftigten mit der Entwicklung, der Herstellung und dem Vertrieb von Motoren sowie mit Leistungen im Industrieanlagenbereich einen Umsatz von knapp 1,3 Mrd. Euro.

Kern des Motorengeschäfts ist das Angebot einer durchgehenden Produktpalette von 4 bis 7400 kW, welches die Kühlungssysteme Wasser, Luft und Öl beherrscht und kundenspezifische Einbaulösungen realisiert. In diesem Geschäftsbereich wurden im vergangenen Geschäftsjahr mit 1,16 Mrd. Euro der Großteil der Umsätze erzielt. Innerhalb des Motorengeschäfts werden die Bereiche Deutz Motor, Deutz Service und Deutz Energy unterschieden:

Die Entwicklung, Produktion sowie der Vertrieb von Motoren unterschiedlichster Bauart, Größe und Leistungsfähigkeit, u.a. zum Einsatz in Baumaschinen, Nutzfahrzeugen, Kompressoren und Schiffen, wird von „Deutz Motor" wahrgenommen.

Der Dienstleistungsbereich „Deutz-Service" stellt den weltweiten After-Sales-Service für alle Deutz-Motoren sicher. Hierzu gehört das Ersatzteilgeschäft, aber auch die Inbetriebsetzungs- und Instandhaltungsaktivitäten sowie der Kundendienst.

Der Bereich „Deutz Energy" ist schließlich für die Lieferung und den Betrieb von Energieanlagenlösungen sowie für den Betrieb von Notstrom- und Kraft-Wärme-Kopplungsanlagen zuständig.

Der Industrieanlagenbereich, der im vergangenen Jahr 124,5 Mio. Euro Umsatz erzielte, wird von der KHD Humboldt Wedag, einer Tochtergesellschaft der Deutz AG, betreut. Die KHD Humboldt Wedag AG ist einer der weltweit führenden Lieferanten im Sektor Zementtechnologie, Mineralien-Verarbeitungstechnologie und Aluminiumtechnologie. Dabei bietet sie nicht nur grundlegende Technologien, sondern auch Spezialtechnologien sowie Produktionsanlagen und Ausstattungsleistungen im Anlagenbereich an. Das Angebot beinhaltet außerdem Modernisierungsmaßnahmen, Maßnahmen zur Kapazitätssteigerung und Automatisierungs- und Prozesskontrollausstattungen.

Die Deutz AG ist weltweit tätig und bietet ihre – vielfach speziell nach den Vorgaben des einzelnen Kunden entwickelten – Einbauvarianten der Produkte in Europa, Amerika (Nafta und Mercosur), Asien-Pazifik und China sowie in Mittel- und Süd-/ Ostafrika an. Wie Abb. 1 zeigt, sind die Unternehmensaktivitäten sowohl nach Produkten als auch nach Regionen gegliedert.

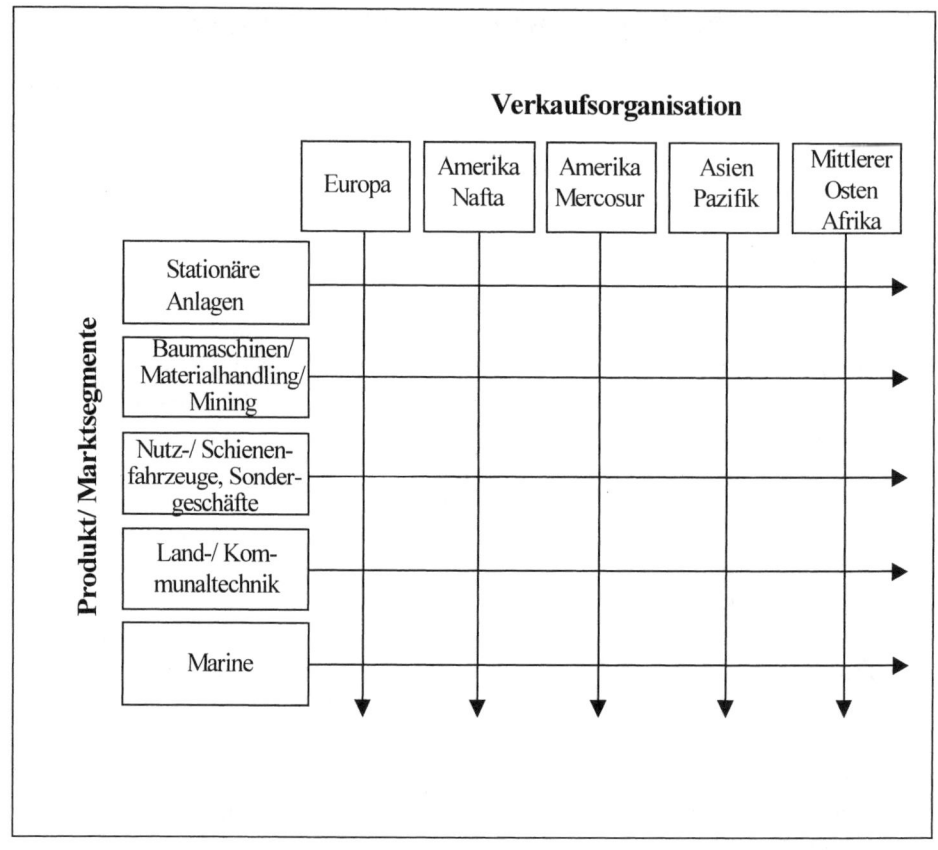

Abb. 1: Organisationsstruktur der Deutz AG (Stand 2001)

Für die marktlichen Rahmenbedingungen der Deutz AG ist insbesondere die zentrale Bedeutung langfristiger Geschäftsbeziehungen charakteristisch. Im Vordergrund der strategischen Überlegungen steht weniger die einmalige Transaktion, als vielmehr eine bestimmte Anzahl von Transaktionen umfassende Geschäftsbeziehung: So schließt die Deutz AG z.B. im Motorengeschäft als Zulieferer langfristige Rahmenverträge mit verschiedenen Kunden ab. Um die Einsatzbereitschaft der Deutz-Motoren dauerhaft sicherstellen zu können, wird daneben ein weltweites Service-Netz, welches aus eigenen Tochtergesellschaften und Service-Centern sowie selbständigen Service-Partnern besteht, unterhalten. Eine kurzfristige Reparatur auch über 30 Jahre alter Deutz-Motoren ist schließlich auf Grund der Bevorratung von ca. 110.000 Ersatzteilen im Kölner Haupt-Teilezentrum sowie durch die Aktivitäten der Service-Partner möglich. Auch im Industrieanlagenbereich ist der Aufbau langfristiger Geschäftsbeziehungen für beide Marktparteien von grundlegender Relevanz. Da die Kunden die beschafften Leistungen für einen längeren Zeitraum nutzen und z.B. im Reparaturfall in gewissem

Umfang an den Anbieter gebunden sind, ist es für den dauerhaften Erfolg der Deutz AG entscheidend, von den Nachfragern sowohl zum Zeitpunkt der gegenwärtigen Transaktion als auch mit Blick auf zukünftige Transaktionen als leistungsfähiger Geschäftspartner wahrgenommen zu werden. Die Deutz AG versteht sich daher auch in diesem Geschäftsfeld als langfristiger Partner der Kunden, der im Zeitablauf eine reibungslose Nutzung der angebotenen Leistungen sicherzustellen hat.

Wesentliches Kennzeichen der Anbieter-Nachfrager-Beziehungen sind daneben die zwischen den Transaktionspartnern bestehenden engen persönlichen Beziehungen, die sich auf einem – im Vergleich zu einem Massenmarkt – überschaubaren Markt von einigen hundert Teilnehmern relativ einfach herausbilden können. In diesem Zusammenhang kommt u.a. der Präsenz auf Messen (z.B. Bauma, Hannover Messe, Marinemesse etc.) die Funktion zu, den persönlichen Kontakt zu Kunden und relevanten Entscheidungsträgern in ausgewählten Marktsegmenten (z.B. Bauwirtschaft, Stromwirtschaft, Militär) zu pflegen.

2. Einsatz von E-Business bei der Deutz AG

Da bei der Deutz AG Fragen der Effizienzsteigerung durch den Einsatz von Informationstechnologie nicht erst seit dem Internet-Boom im Sommer 2000 verfolgt werden, erscheint es zweckmäßig, zunächst die Entwicklungslinien des E-Business – verstanden als den Einsatz moderner Informationstechnologie, wie z.B. Internet, Extranet sowie Electronic Data Interchange (EDI) – zur Bewältigung von Abstimmungsaufgaben zu verdeutlichen. Anschließend werden die Möglichkeiten und Grenzen des E-Business im Transaktionsprozess dargestellt.

2.1 Bestehende und zukünftige Einsatzfelder des E-Business

Der Einsatz von Informations- und Kommunikationstechnologie zur Abstimmung der Aktivitäten verschiedener Einheiten im Transaktionsprozess ist für die Deutz AG keineswegs neu.

Bereits vor ca. zehn Jahren wurde das so genannte Deutz Corporate Network (DCN) implementiert. Dieses Netzwerk wird gegenwärtig von ca. 4000 Anwendern benutzt. Innerhalb des DCN können Partner, Tochtergesellschaften sowie ausgewählte Kunden der Deutz AG mit dem Stammhaus kommunizieren. Der elektronische Datenaustausch erfolgt in standardisierter Form durch die Nutzung bestimmter Anwendungen: Mit Hilfe des so genannten DSS-P (Deutz Service System für Partner) können die ca. 1000 Service-Partner sowie ausgewählte Kunden der Deutz AG über Direktleitung bzw.

Extranet an das Stammhaus angebunden werden. Tochtergesellschaften werden über das DES (Deutz European System) an die Deutz AG angebunden. Daneben existieren noch lokale Anwendungen in den USA sowie in Italien. Durch die Nutzung dieser Anwendungen erlangen sowohl die Partner als auch die Tochtergesellschaften der Deutz AG einen Zugang zu einer Vielzahl von Informationen. So haben sie beispielsweise die Möglichkeit, technische Informationen über den Teilestammsatz zu erhalten sowie Bestandsinformationen, Listenpreise, individuelle Rabattsätze und Sonder-Nettopreise zu bestimmten Teilen abzurufen. Wesentlich ist die Möglichkeit einer Online-Bestellung im Teilezentrum Köln. Dabei ist zu beachten, dass im Rahmen der elektronischen Kommunikation – wie bei der EDI-Technologie – lediglich nach vorgegebenen Formaten strukturierte Daten (z.B. Bestellungen, Rechnungen, Überweisungen etc.) zwischen den Rechnern der Informationssubjekte ausgetauscht werden.

Um die Vorteile der Internet-Technologie – das Potenzial zur Kostenreduktion und Leistungssteigerung – für die Deutz AG nutzen zu können, wird bis zum Jahre 2004/2005 eine Substitution des DCN durch das Internet, d.h. ein Virtual Private Network (VPN) in Verbindung mit SAP/R3 angestrebt. Auf diese Weise sollen weltweit einheitliche E-Business-Anwendungen für Kunden und nachgeschaltete Handelsstufen kostengünstig implementiert werden.

Neben dem proprietären Deutz Corporate Network hat die Deutz AG seit einiger Zeit auch einen – von verschiedenen Fachzeitschriften ausgezeichneten – Auftritt im World Wide Web. Unter der Domäne „www.deutz.de" werden Unternehmens- und Produktinformationen präsentiert. Im Zuge des geplanten Ausbaus der E-Business-Aktivitäten soll ein Wechsel der Domäne von „www.deutz.de" zu „www.deutz.com" stattfinden. Hierbei wird auch eine neue Begrüßungsseite mit Direkt-Links zu den Tochter-/Landesgesellschaften geplant. Ziel ist, den Kunden durch einen weltweit einheitlichen Internetauftritt die Orientierung zu erleichtern und eine reibungslose Kundenkommunikation zu ermöglichen. Während im Maschinen- und Anlagenbau von einer Vielzahl von Unternehmen Unternehmens- und Produktinformationen ins Internet gestellt werden, hebt sich die Deutz-Internetseite von der Konkurrenz durch die Möglichkeit einer Kundenberatung per E-Mail ab. Dieses Angebot erfolgt bei der Deutz AG durch Vorgabe bestimmter vorstrukturierter Themengebiete, welche z.B. nach bestimmten Produkten (z.B. Industrieanlagen) oder Fragekomplexen (z.B. technische Fragen, Fragen zu Unternehmensberichten etc.) gegliedert sind.

Da die Deutz AG in einem mangelnden Ausbau der E-Business-Aktivitäten zukünftig einen Wettbewerbsnachteil sieht, gehört die konsequente Ausnutzung der Möglichkeiten des E- Business zu den strategischen Herausforderungen der kommenden Jahre. Aus diesem Grund ist die Deutz AG auch zukünftig bestrebt, neue informationstechnologische Entwicklungen zu prüfen und bei prognostizierter Vorteilhaftigkeit die eigenen Strukturen an diese neuen Entwicklungen anzupassen.

2.2 Potenziale des E-Business-Einsatzes im Transaktionsprozess

Aufbauend auf einer Gliederung des Transaktionsprozesses in verschiedene Phasen – es wird zwischen der Kundenakquisitions-, der Verhandlungs-, der Auftragsabwicklungs- und der Nachkaufphase unterschieden – werden im Folgenden die Potenziale des E-Business an der Schnittstelle zwischen Unternehmen und Absatzmarkt untersucht. In jeder Phase wird jeweils das Einsatzpotenzial ausgewählter E-Business-Anwendungen für die Abstimmung unternehmensexterner Beziehungen (zwischen der Deutz AG und dem Kundenunternehmen) einerseits und unternehmensinterner Beziehungen (z.B. zwischen dem Vertriebsaußendienst und der Produktion) andererseits untersucht (vgl. Abb. 2).

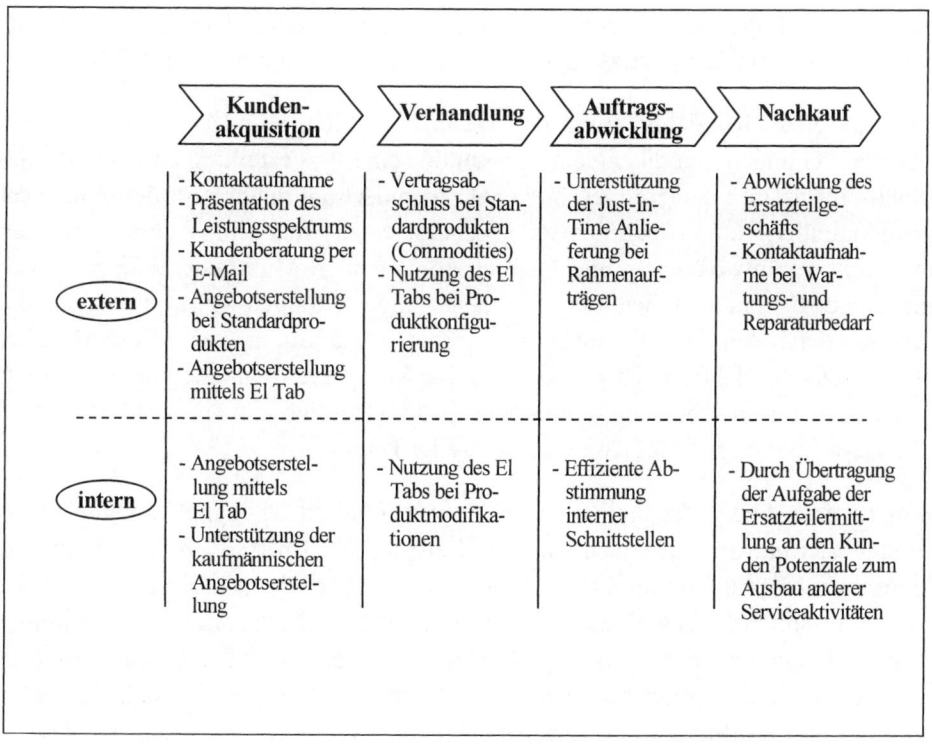

Abb. 2: E-Business-Anwendungsfelder im Transaktionsprozess

2.2.1 Kundenakquisition

Die Akquisitionsphase beginnt mit der ersten Kontaktaufnahme zwischen Anbieter und Nachfrager und endet mit der Angebotsabgabe durch den Anbieter. Sie umfaßt aus Sicht der Deutz AG neben der Kontaktaufnahme auch die Teilaufgaben Kundenberatung, die Durchführung von Vorstudien sowie die technische und kaufmännische Angebotserstellung.

Das Internet dient dieser Phase zunächst vor allem einer ersten Kontaktaufnahme mit einem potenziellen Kunden. Die Domäne „www.deutz.de" dient aus Verkaufssicht primär der Präsentation des Leistungsspektrums der Deutz AG. So erhält der potenzielle Kunde in den Segmenten Baumaschinen, Untertage, Kompressoren, Landmaschinen, Aggregate, Flur-/ Förderzeuge, Schiffe und Energieanlagen detaillierte Produktbeschreibungen für die jeweiligen Baureihen. Indem der Nachfrager auf den verschiedenen Internetseiten den jeweils zuständigen Ansprechpartner finden kann, wird daneben via Internet auch die Kontaktaufnahme zwischen potenziellem Kunden und der Deutz AG unterstützt. Eine Kontaktierung erfolgt dann über Telefon oder per E-Mail.

Auch eine (erste) Kundenberatung per E-Mail wird dem Kunden auf der Homepage der Deutz AG angeboten. Nachdem der Kunde seine Fragestellung einem bestimmten Themenschwerpunkt zugeordnet hat (z.B. technische Fragen zu Motoren, Bestellungsmodalitäten von Ersatzteilen etc.), gelangt er zu einer Eingabemaske, in der er dem jeweils verantwortlichen und fachlich kompetenten Mitarbeiter sein spezifisches Anliegen per E-Mail mitteilen kann. Einfache Fragestellungen – z.B. Aussagen zu den Bestellmöglichkeiten von Ersatzteilen – werden dann durch den Deutz-Mitarbeiter unter Umständen elektronisch beantwortet; bei komplexen Kundenproblemen ist hingegen eine elektronische Kommunikation zu umständlich – unter diesen Umständen werden „reichhaltigere" Medien eingesetzt (z.B. Telefon).

Inwiefern eine Angebotserstellung via Internet möglich ist, hängt maßgeblich vom Individualisierungsgrad der nachgefragten Leistung ab: Im Bereich von Standardprodukten – wie z.B. für Commodities, Diesel-Partikelfilter oder Merchandising-Artikel – sowie im gesamten Ersatzteilgeschäft plant die Deutz AG eine Angebotserstellung per Internet. Für kundenindividuelle Leistungen wird auch zukünftig keine web-basierte Angebotserstellung angestrebt, da hier im Rahmen der Angebotserstellung zu viele technische und kaufmännische Detailfragen geklärt werden müssten, als dass eine elektronische Abstimmung in kurzer Zeit reibungslos möglich wäre.

Während sich die bisherigen Anmerkungen auf die Potenziale des Internet im Hinblick auf die Kommunikationsmöglichkeiten mit den Kunden konzentrierten, beziehen sich die folgenden Ausführungen vorwiegend auf den internen Informationsaustausch.

Die Deutz AG setzt in der Akquisitionsphase neben dem Internet noch weitere elektronische Medien ein. Hat der Kunde (telefonisch, persönlich oder per E-Mail) einen „groben Bedarf" geäußert, kann unternehmensintern eine Angebotserstellung mit Hilfe eines elektronischen Taschenbuchs (El Tab) erfolgen. Dieses elektronische Taschenbuch stellt ein Vertriebsinformationssystem dar, welches die Aktivitäten des Vertriebs in der Angebotserstellungsphase bei der technischen Produktkonfiguration, der Lieferterminermittlung sowie bei der kaufmännischen Angebotserstellung unterstützt. Es enthält komplexe Entscheidungstabellen, bei denen mit Blick auf potenzielle Produktkonfigurationen technische Details automatisch geklärt werden. Auf diese Weise kann die Realisierbarkeit der Kundenwünsche schnell überprüft werden. Außerdem ermöglicht das El-Tab Aussagen über die Produktionsdauer eines Motors (in der Regel können die so genannten schnelllaufenden Motoren innerhalb von drei Wochen geliefert werden) sowie über die Preiszusammensetzung. Insgesamt erleichtert das El-Tab damit dem Außendienstmitarbeiter die Produktkonfiguration sowie die Angebotserstellung. Da diese El-Tabs mit dem Stammwerk elektronisch verbunden werden können, ist es den Außendienstmitarbeitern auch möglich, in kurzer Zeit einen zu erwartenden Liefertermin zu ermitteln. Damit unterstützt das El-Tab nicht nur die Vertriebsaktivitäten des Außendienstes, sondern insbesondere auch die interne Abstimmung zwischen Außendienst und Produktion.

Zusammenfassend kann festgestellt werden, dass in der Kundenakquisitionsphase bei der Deutz AG sowohl an der Schnittstelle zum Kunden als auch unternehmensintern die Vertriebsaktivitäten durch den Einsatz von E-Business-Anwendungen unterstützt werden können. Gleichwohl sind die Möglichkeiten, den gesamten Anbieter-Nachfrager-Interaktionsprozess in der Anbahnungsphase elektronisch abzuwickeln insbesondere bei dem Angebot kundenindividueller Produkte eingeschränkt. Da es sich hierbei um erklärungsbedürftige Produkte mit Verwendungs- bzw. Einbaurelevanz handelt, ist eine vollständige Substitution der Mensch-zu-Mensch-Kommunikation durch einen elektronisch mediatisierten Informationsaustausch auch für die Zukunft nicht zu erwarten.

2.2.2 Verhandlung

In der Verhandlungsphase erfolgt – auf der Basis eines bestehenden Angebots – eine Abstimmung zwischen dem Anbieter und dem Nachfrager über die genauen Eigenschaften des zu erstellenden Produkts, die Liefermodalitäten sowie über die Höhe des zu entrichtenden Entgelts.

Das Einsatzpotenzial des Internet variiert auch in dieser Phase in Abhängigkeit vom Individualisierungsgrad der zu erstellenden Leistung. Bei Standardprodukten wird dem Internet für die Zukunft insofern eine gewisse Bedeutung zugesprochen, als dass für klar definierte Produkte, die mit Preisangabe im Internet präsentiert werden, ein Vertragsabschluß via Internet möglich sein wird. Unter diesen Umständen weisen die Verhandlungsaktivitäten eine ausgesprochen geringe Komplexität auf; der Kunde kann das Angebot entweder annehmen oder ablehnen. Eine derartige „Verhandlung" kann elektronisch abgewickelt werden.

Im Regelfall bietet die Deutz AG jedoch technisch anspruchsvolle Produkte mit hoher Komplexität und hoher Varianz an. Diese Produkte werden oftmals in Endprodukte mit ebenfalls hoher Varianz eingesetzt. Bei dem Angebot dieser kundenindividuell zu erstellenden Problemlösungen ist in der Verhandlungsphase eine intensive Interaktion zwischen den Transaktionspartnern die Regel. Vielfach kommt es zu Modifikationen des ursprünglichen Angebots. Die vielfältigen zu klärenden technischen und ökonomischen Detailfragen können im face-to-face-Kontakt effizienter behandelt werden als durch Nutzung eines elektronischen Mediums. Aus diesem Grund wird das Internet in dieser Phase in Bezug auf die von der Deutz AG erstellten kundenindividuellen Produkte nicht eingesetzt.

Auch hinsichtlich der Gestaltung interner Beziehungen werden E-Business-Anwendungen von der Deutz AG in dieser Phase des Transaktionsprozesses kaum eingesetzt. Die einzige Einsatzmöglichkeit könnte – bei dem Angebot kundenindividueller Leistungen – in der Nutzung des EI-Tabs im Falle von Produktmodifikationen gesehen werden. Ist der Kunde mit dem erteilten Angebot des Außendienstmitarbeiters nicht einverstanden, so könnte er nach preislichen Auswirkungen bestimmter Angebotsmodifikationen fragen. So könnte der Verzicht auf eine Komponente des Leistungsangebots den Kunden dazu bewegen, ein vorher abgelehntes Angebot nach erfolgter Modifikation nun zu akzeptieren. Der Einsatz des EI-Tabs ermöglicht dann zum einen eine effiziente Interaktion zwischen Außendienst und Kunden und zum anderen eine Abstimmung zwischen Vertriebsaußendienst und Entwicklung bzw. Produktion.

Insgesamt lässt sich – insbesondere mit Blick auf das Angebot kundenindividueller Leistungen – festhalten, dass dem Einsatz von E-Business-Anwendungen in der Verhandlungsphase weder im internen noch im externen Bereich eine entscheidende Bedeutung zukommt. Trotz der strategischen Zielsetzung der Deutz AG, ihre E-Business-Aktivitäten zur effizienteren Gestaltung des Transaktionsprozesses auszubauen, werden in der Verhandlungsphase auch in Zukunft in unbedeutendem Umfang informationstechnologische Neuerungen eingesetzt werden können, da dem engen, persönlichen Kontakt zum Kunden nach wie vor eine erfolgsentscheidende Bedeutung zukommt.

2.2.3 Auftragsabwicklung

In der Auftragsabwicklungsphase, in der die vereinbarte Leistung erstellt und ausgeliefert wird, kommt dem Internet gegenwärtig nur bei der Existenz von Rahmenaufträgen zwischen der Deutz AG und einem Kundenunternehmen eine herausgehobene Bedeutung zu. Bei diesen Rahmenaufträgen wird eine längerfristige Geschäftsbeziehung zwischen der Deutz AG mit dem Kunden vereinbart. Es handelt sich hierbei in der Regel um Motoren, die für den Kunden spezifisch entwickelt wurden. Eine Ausrichtung des Leistungsangebotes an den Vorstellungen des Kunden wird folglich durch eine erhöhte Integration und Mitwirkung des Kunden in dem Prozess der Leistungsdefinition gewährleistet. Ein entscheidendes Charakteristikum der Leistung stellt somit die erhöhte Interaktionskomplexität dar. Nach der kundenspezifischen Entwicklung der gewünschten Leistung ist der Kunde dann längerfristig in seinen Kaufprozessen an die Deutz AG gebunden. Die folgenden Lieferabrufe lassen sich durch eine Eingliederung des Kunden an das eingangs erläuterte Deutz Corporate Network effizient bewerkstelligen. Die informationstechnologische Anbindung des Kunden an das DCN kann für beide Vertragspartner eine so genannte Win-Win Situation darstellen, da durch Reduktion von Prozesskosten sowie durch Vereinfachung und Beschleunigung von Bestellprozessen Transaktionskosten eingespart werden können. Ferner besteht für die Deutz AG die Möglichkeit durch eine Verkürzung der Lieferzeit ihre Servicequalität zu steigern.

Unternehmensinterne Schnittstellen werden bereits heute mit modernster IuK-Technologie abgestimmt. So erleichtert die informationstechnologische Abbildung der verschiedenen Aktivitäten im Leistungserstellungsprozess eine effiziente Koordination der arbeitsteilig zu erbringenden Teilleistungen. Der bestehende Abstimmungsbedarf, der sich in der Auftragsabwicklung z.B. auf die Bestimmung der Reihenfolge der Transformationshandlungen sowie die Auswahl der relevanten Anlagen, Maschinen, Werkzeuge und Vorrichtungen beziehen kann, wird bei der Deutz AG auf der Basis der bestehenden informationstechnologischen Infrastruktur vergleichsweise reibungslos bewältigt.

Die Bedeutung von E-Business-Aktivitäten sowie modernster IuK-Technologie ist folglich sowohl für die interne als auch die externe Auftragsabwicklung als sehr hoch einzustufen. Ohne Einsatz dieser informationstechnischen Systeme wäre eine zeitsynchrone Anlieferung der erstellten Produkte im Rahmen von Just-in-time-Konzepten nicht vorstellbar. Fortschritte in der Informations- und Kommunikationstechnologie – und damit auch die nun anstehende Umstellung von EDI auf ein internetbasiertes EDI-System – ermöglichen der Deutz AG Verbesserungen in den strategisch relevanten Zielkategorien „kurze Lieferzeiten" und „geringe Abstimmungskosten".

2.2.4 Nachkauf

Nachdem in der Abwicklungsphase die Leistung erstellt und ausgeliefert wurde, sind in der Nachkaufphase neben dem klassischen Ersatzteilgeschäft gegebenenfalls noch Wartungs- und Reparaturleistungen zu erbringen. Auch Tätigkeiten der Kundenberatung und der Kontaktpflege sind in dieser Phase zur Aufrechterhaltung der Geschäftsbeziehung von Relevanz.

Die Potenziale des E-Business erstrecken sich in dieser Phase vor allem auf das Ersatzteilgeschäft. Auf Grund von Lieferverpflichtungen müssen bestimmte Ersatzteile innerhalb einer bestimmten Zeit für den Kunden verfügbar gemacht werden. Früher wurden diese Lieferverpflichtungen erfüllt, indem die Ersatzteile vor Ort – d.h. in den verschiedenen Niederlassungen der von der Deutz AG betreuten Regionen – gelagert wurden. Bei dezentraler Lagerung der über 110.000 teilweise sehr kostenintensiven Lagerpositionen fallen ausgesprochen hohe Lagerkosten an. Die Fortschritte der Logistik in Bezug auf die Lieferzeit können nur mit Hilfe schneller elektronischer Systeme ausgeschöpft werden. Deshalb bietet die Deutz AG seit ca. 10 Jahren die Möglichkeit der elektronischen Bestellung auch für ausgewählte Kunden an. Hierzu wurden CD-Roms entwickelt, anhand derer die einzelnen Komponenten und Ersatzteile von Deutz-Produkten vom Kunden ermittelt werden können. Dieses Ersatzteilfindungssystem (SERPIC) soll im Jahre 2004 auf eine web-basierte Form gebracht und in den Bestellprozess integriert werden. Hiermit wird die Bedeutung des Internet (VPN) für die Deutz AG sukzessive zunehmen.

Daneben bietet das Internet auch in dieser Phase – ebenso wie in der Anbahnungsphase – dem Kunden einen weiteren Kommunikationskanal mit der Deutz AG. Unabhängig von Zeit und Ort ist dem Kunden durch Nutzung des Internet bereits heute eine Kontaktaufnahme mit der Deutz AG möglich (Möglichkeit der asynchronen Kommunikation). Dabei unterscheidet sich die Kommunikationssituation in der Nachkaufphase von der Gegebenheiten in der Angebotsphase dahingehend, dass dem Kunden auf Grund der ersten Transaktion der für ihn relevante Ansprechpartner bekannt ist. Eine zielgerichtete Kommunikation ist unter diesen Umständen z.B. bei Wartungs- und Reparaturbedarf zu erweitern.

Unternehmensintern ergeben sich mit der Einführung von SERPIC/ E-Dok insofern Änderungen, als dass im Prozess beteiligte Mitarbeiter (z.B. beim Händler) auf Grund der Übertragung der Aufgabe der Ersatzteilermittlung in das Internet die gewonnene Zeit für einen andere Servicetätigkeiten verwenden können.

3. Fazit

Die zielorientierte Nutzung informations- und kommunikationstechnologischer Optionen hat bei der Deutz AG eine lange Tradition; das Aufkommen der Internettechnologie hat daher auch nicht zu einem plötzlichen Umsturz bestehender Strukturen und Prozesse geführt. Vielmehr wurden die Möglichkeiten und Grenzen der neuen Technologie nüchtern geprüft; sofern die Internettechnologie nennenswerte Verbesserungspotenziale bietet – zu denken ist hier beispielsweise an die Umstellung des Ersatzteilkatalogs auf Internettechnologie oder an die Einführung eines EDI auf Basis der Internetplattform –, werden die neuen technologischen Möglichkeiten systematisch und ohne Hast genutzt.

E-Business-Anwendungen sind bei der Deutz AG insbesondere zur Unterstützung der Abstimmung unternehmungsinterner Beziehungen im Transaktionsprozess geeignet. Auf ihrer Basis ist im Transaktionsprozess sowohl eine reibungslose Bewältigung einzelner Teilaufgaben, wie z.B. der Angebotserstellung und der Auftragsabwicklung, als auch eine erleichterte Koordination von Vertriebs- und der Produktionsaktivitäten möglich. Dabei ist das interne Einsatzpotenzial um so größer, je standardisierter die Aufgabenerfüllungssituation ist. Damit sind die Möglichkeiten einer technologiebasierten Koordination vor allem bei der Abwicklung von Rahmenaufträgen sehr ausgeprägt.

Bei der Abstimmung der Beziehungen zwischen der Deutz AG und den Kunden ist das Einsatzpotenzial der E-Business-Anwendungen hingegen eingeschränkt. Insbesondere bei dem Angebot kundenindividueller Produkte ist die Kommunikationssituation für Anbieter und Nachfrager vielfach so unstrukturiert, dass ein Informationsaustausch via Internet auf Grund der begrenzten Reichhaltigkeit des Mediums ineffizient erscheint. Eine umfassende Substitution der Mensch-zu-Mensch-Kommunikation durch einen elektronisch mediatisierten Informationsaustausch stellt daher für die Deutz AG als Anbieter kundenindividuell entwickelter Problemlösungen keine geeignete Option dar. Zum Aufbau und Erhalt der Geschäftsbeziehungen ist vielmehr die unmittelbare Kommunikation zwischen Anbieter und Nachfrager regelmäßig unverzichtbar. Eine Ausnahme stellt jedoch wiederum die Abstimmung zwischen der Deutz AG und den Kunden bei Existenz von Rahmenaufträgen dar. Im Zuge der Rahmenvereinbarung werden hier die Produkt- und Liefermodalitäten für zukünftige Transaktionen festgelegt; im Rahmen des Lieferabrufs ist damit die Kommunikationssituation für Anbieter und Nachfrager in hohem Maße strukturiert. Unter diesen Umständen bieten E-Business-Anwendungen auf Basis der Internettechnologie leistungsfähige Möglichkeiten zur effizienten Abstimmung der relevanten unternehmungsinternen und -übergreifenden Aufgabenbeziehungen.

Abb. 3 gibt einen zusammenfassenden Überblick über die Bedeutung der E-Business-Anwendungen im Transaktionsprozess.

			Phasen im Transaktionsprozess			
			Kunden-akquisition	Verhandlung	Auftrags-abwicklung	Nachkauf
Bedeutung von E-Business	Externe Beziehung	Aktuell	0	0	++[1]	+
		Künftig	0	0	++[1]	++
	Interne Beziehung	Aktuell	+	+	++[1]	+
		Künftig	+	+	++[1]	++

0: geringe Bedeutung; +: hohe Bedeutung; ++: sehr hohe Bedeutung
[1]: Die Einschätzung bezieht sich ausschließlich auf Rahmenaufträge

Abb. 3: Bedeutung von E-Business-Anwendungen im Transaktionsprozess

Dieter Steiner [*] */ Carsten Lang* [**]

E-PROCUREMENT BEI IBM

– Ausschöpfung von Beschaffungsmarktpotenzialen durch Zentralisierung und Internet-Technologie

1. Unternehmung und Kontext der Beschaffungsaufgaben

2. Beschaffungsaufgaben der IBM

3. Organisatorische Gestaltungsziele

4. Ehemalige Beschaffungsorganisation

    4.1 Struktur

    4.2 Prozess

    4.3 Schwächen

5. Aktuelle Beschaffungsorganisation

    5.1 Ziele und Reorganisationsmaßnahmen

    5.2 Struktur

    5.3 Prozess

6. Informations- und Kommunikationstechnologie (IuKT) im Beschaffungsprozess

    6.1 IuKT im ehemaligen Beschaffungsprozess

    6.2 IuKT im aktuellen Beschaffungsprozess

    6.3 IuKT-induzierter Aufgabenwandel

7. IuKT und organisatorisches Handlungspotenzial

8. Resümee

---

[*] Dr. Dieter Steiner, General & Customer Solutions Procurement, IBM Deutschland GmbH
[**] Carsten Lang, wissenschaftlicher Mitarbeiter am Organisationsseminar der Universität zu Köln

Zusammenfassung

Die International Business Machines Corporation (IBM) ist weltweit eine der führenden Unternehmungen im Bereich des Electronic Procurement. Branchenübergreifend gilt der Beschaffungsprozess der IBM als einer der effizientesten. Gleichzeitig ist er durch eine ausgesprochene Durchdringung mit moderner Informations- und Kommunikationstechnologie, insbesondere Internet-Technologie, gekennzeichnet. Durch die Reorganisation des früheren Beschaffungsprozesses und dessen elektronische Mediatisierung konnten signifikante Einsparungen erzielt werden.

Der Beitrag untersucht vor diesem Hintergrund die verschiedenen Einflussgrößen der erfolgreichen Reorganisation. Hierzu werden ehemalige und aktuelle Beschaffungsorganisation gegenübergestellt. Beide werden hinsichtlich der organisatorischen Gestaltungsziele der Prozess-, Ressourcen- und Markteffizienz analysiert. Es lässt sich feststellen, dass erhebliche Effizienzsteigerungen hinsichtlich aller drei Gestaltungsziele erreicht werden konnten. Da im Allgemeinen Zielkonflikte zwischen diesen Gestaltungszielen bestehen, wird weiterhin untersucht, inwieweit deren gleichzeitige Optimierung auf den Einsatz moderner Informations- und Kommunikationstechnologie zurückgeführt werden kann.

1. Unternehmung und Kontext der Beschaffungsaufgaben

Die Produktangebote der International Business Machines Corporation (IBM) konzentrieren sich weitgehend auf eine Branche, nämlich die Branche für Informations- und Kommunikationstechnologie (IuKT). Mit einem Umsatz von 88,4 Mrd. US$[1] und einem Gewinn von 8,1 Mrd. US$ im Jahr 2000 ist IBM gemessen am Umsatz der größte Anbieter dieser Branche. Die Unternehmung ist weltweit mit 316.000 Mitarbeitern tätig. Als Kerngeschäftsfelder IBM können „Hardware", „Global Services" und „Software" identifiziert werden. Das Geschäftsfeld „Hardware" kann untergliedert werden in die Segmente „Technologie", „Personal Systems" und „Enterprise Systems". Zu den Produkten des Segments „Technologie" gehören insbesondere Speichergeräte, Netzwerkkomponenten, Komponenten für Drucker und Displays sowie Halbleiter. So genannte General-Purpose Systeme bilden inklusive der zugehörigen System- und Anwendungssoftware den Gegenstand des Segments „Personal Systems". Den Schwerpunkt des Segments „Enterprise Systems" bilden so genannte Multi-Purpose Systeme, also leistungsfähige Server für Mehrbenutzerbetrieb und Verarbeitung von hohen Transaktionsvolumina. Mit einem Umsatz von 37,7 Mrd. US$ (nicht konsolidiert) weist das Geschäftsfeld „Hardware" einen Gesamtumsatzanteil von 42,6 Prozent auf. Gegenstand des Geschäftsfelds „Global Services" sind „Strategic Outsourcing Services", „Business Innovation Services" und „Integrated Technology Services". Mit einem Umsatz von 33,2 Mrd. US$ (nicht konsolidiert) hat dieses Geschäftsfeld einen Anteil von 37,5 Prozent am Umsatz der IBM. Dem Geschäftsfeld „Software" sind diverse Software-Produkte, vor allem Anwendungssoftware, Datenbanksoftware, E-Business-Software (insbesondere Middleware) und Betriebssysteme, zuzurechnen. Mit einem Umsatz von 12,6 Mrd. US$ (nicht konsolidiert) hat es einen Umsatzanteil von 14,3 Prozent am Gesamtumsatz der IBM. Hinzukommen darüber hinaus vor allem Finanzierungsdienstleistungen und Beteiligungen an Unternehmungen der IuKT-Branche, die darauf abzielen die Aktivitäten in den Kerngeschäftsfeldern zu unterstützen.

In der Vergangenheit wies IBM einen hohen Grad an vertikaler Integration auf. Die externe Beschaffung von Produkten und Dienstleistungen machte in 1986 lediglich einen Anteil von 28 Prozent am Umsatz aus. Anfang der 90er Jahre, als der Umsatz der Unternehmung stagnierte und der Gewinn stark rückläufig war, wurde eine Änderung der Fertigungstiefe angestrebt. Diese Neuorientierung basierte zum einen auf der Einschätzung, dass die IBM nicht alle Teilprodukte qualitativ hochwertiger und kostengünstiger als andere Marktteilnehmer herstellen kann. Zum anderen konnte festgestellt werden, dass nur eine Teilmenge aller Vorprodukte für die wettbewerbsstrategi-

---

[1] Die Angaben zu Umsatz, Gewinn und Mitarbeiterzahl basieren auf den Daten des Geschäftsberichts der IBM für das Jahr 2000, vgl. IBM (2000).

sche Positionierung der Unternehmung (insbesondere Differenzierung durch Technologieführerschaft) wichtig ist. Es wurde also begonnen, in höherem Maße auf leistungsfähige Technologien und hochwertige Dienstleistungen anderer Marktteilnehmer zurückzugreifen. Aus dieser veränderten Grenzziehung zum Beschaffungsmarkt resultierte ein zunehmender Stellenwert der Beschaffungsaufgaben. Dies kommt vor allem in der Tatsache zum Ausdruck, dass der Anteil der externen Beschaffung am Umsatz in 1998 auf 51 Prozent gestiegen ist, was einem externen Beschaffungsvolumen von 41,5 Mrd. US$ entspricht. Damit erreichten die Beschaffungskosten ein Niveau, das fast doppelt so hoch war wie die gesamten Personalkosten. Dieser schon allein kostenmäßige Stellenwert rückte die Beschaffung zunehmend in das Zentrum des Managementhandelns der IBM. Als Gene Richter 1994 Leiter der Beschaffung der IBM wurde, wurden zunächst interne Kunden- und externe Lieferantenbefragungen durchgeführt. Die Ergebnisse dieser Befragungen waren der Ausgangspunkt für weitreichende Reorganisationsmaßnahmen.

Diese Reorganisationsmaßnahmen bilden den zentralen Gegenstand dieses Artikel. Im Fokus der Untersuchung stehen die Konsequenzen dieser Maßnahmen in Hinblick auf die organisatorischen Gestaltungsziele der Prozess-, Ressourcen- und Markteffizienz. Der gegenwärtige Beschaffungsprozess der IBM ist in hohem Maße durch den Einsatz von Informations- und Kommunikationstechnologie, insbesondere Internet-Technologie, geprägt. Nach Ansicht vieler Experten stellt dieser E-Procurement-Prozess gegenwärtig einen der effizientesten und der am weitreichendsten durch den Einsatz von IuKT geprägten Beschaffungsprozesse dar. Insofern ist es naheliegend, die Rolle der IuKT als Einflussgröße dieser Reorganisation zu untersuchen. Von wesentlicher Bedeutung ist hierbei vor allem, ob die zwischen den drei organisatorischen Zielen bestehenden Zielkonflikte durch den Einsatz der Internet-Technologie beeinflusst werden.

2. Beschaffungsaufgaben der IBM

Bei IBM können drei Arten von Beschaffungsprozessen unterschieden werden. Hierbei handelt es sich um „Production Procurement", „General Procurement" und „Customer Solutions Procurement". Beschaffungsobjekte des „Production Procurement" sind Produkte, die durch eine Teilenummer erfasst sind bzw. die in einer permanenten Logistikkette (z.B. Supply Chain Management, Continuous Replenishment) eingebunden sind. Auf diese Produkte sind in der Regel die Methoden der Materialwirtschaft (z.B. Losgrößenplanung) anwendbar. Beispiele umfassen etwa Transistoren, Dioden, Mikroprozessoren oder Speicherbausteine, die zur Produktion von IBM Hardware-Produkten benötigt werden. Auf Produkte, die im Rahmen des „General

Procurements" beschafft werden, treffen die obigen beiden Merkmale in der Regel nicht zu. Stattdessen geht es hier um die Beschaffung von (technischen) Dienstleistungen oder Investitionsgütern. Beispielhaft können hier Beratungsdienstleistungen, Produkte und Dienstleistungen im Rahmen des Facilities Management sowie Produktionsmaschinen und IuKT-Endprodukte (z.B. PCs, Drucker, Router) genannt werden.

Eine Sonderstellung nimmt das „Customer Solutions Procurement" ein, das zum Zweck der Unterstützung von IBM Global Services gegründet wurde. Gegenstand des „Customer Solutions Procurement" ist die integrierte Beschaffung von Produkten und Dienstleistungen, um externen Kunden eine integrierte Lösung aus Hardware, Software und IuKT-Dienstleistungen bereitstellen zu können. Entweder hat der Vertrieb der IBM bereits einen Auftrag akquiriert oder er möchte ein Angebot (z.B. im Rahmen einer Ausschreibung) abgeben. Das „Customer Solutions Procurement" weist hierbei im Vergleich zu den anderen beiden Beschaffungsarten insofern eine Besonderheit auf, als dass eine frühzeitige Abstimmung mit dem Vertrieb erforderlich ist, damit sichergestellt werden kann, dass einerseits die individuellen Kundenwünsche (z.B. Präferenzen hinsichtlich der Herstellerwahl) im Einkauf berücksichtigt werden und dass andererseits den Zielsetzungen des Einkaufs Rechnung getragen wird, indem nach Möglichkeit auf Lieferanten zurückgegriffen wird, mit denen vorverhandelte Verträge existieren. Die zu beschaffenden Produkte, die Beschaffungsstrategien und die erforderlichen IuKT-Systeme entsprechen denen des „General Procurement". Zentraler Unterschied ist, dass diese Produkte nicht isoliert beschafft werden, sondern dass ein Einkäufer als Ansprechpartner für das jeweilige Kundenprojekt zur Verfügung steht, der die Beschaffung der Einzelprodukte und Dienstleistungen koordiniert. Im Vergleich zum „Production Procurement" ist das „Customer Solutions Procurement" aus Sicht des Einkaufs wesentlich dynamischer, da die Anforderungen der einzelnen Projekte stark variieren.

Die folgenden Ausführungen konzentrieren sich auf Grund der unterschiedlichen Anforderungen der Beschaffungsprozesse auf „General Procurement" und „Customer Solutions Procurement". Vom Gesamtbeschaffungsvolumen in Höhe von 41,5 Mrd. US$ in 1998 entfielen 50 Prozent auf das „Production Procurement". Jeweils ca. 25 Prozent entfielen auf „General Procurement" und „Customer Solutions Procurement". Aus Gründen der begrifflichen Vereinfachung werden „General Procurement" und „Customer Solutions Procurement" im Folgenden unter dem Begriff „General Procurement" zusammengefasst.

3. Organisatorische Gestaltungsziele

Zur Beurteilung organisatorischer Gestaltungsmaßnahmen ist der Rückgriff auf Gestaltungsziele notwendig. Letztlich müssen alle Handlungen an ihrem Beitrag zum Erreichen der Unternehmungsziele gemessen werden. Häufig ist es jedoch schwierig, Beziehungen zwischen bestimmten Handlungen und dem Grad der Zielerreichung herzustellen. Diese Problematik trifft in besonderer Weise auf organisatorische Gestaltungshandlungen zu. Nimmt man z.B. an, dass ein Unternehmungsziel in der langfristigen Gewinnmaximierung besteht, so muss konstatiert werden, dass der Grad der Zielerreichung nur zum Teil durch organisatorische Gestaltungshandlungen bestimmt wird. Beschaffungs-, Produktions- und Absatz-Handlungen beeinflussen ebenfalls den Grad der Zielerreichung. Erschwerend kommt hinzu, dass Ursache-Wirkungs-Zusammenhänge zwischen organisatorischen Gestaltungshandlungen und dem Gewinn einer Unternehmung nur sehr unvollständig bekannt sind. Vor diesem Hintergrund ist der Rückgriff auf solche Subziele erforderlich, die auf Grund theoretischer und praktischer Kenntnisse und Erfahrungen mit großer Wahrscheinlichkeit in instrumentaler Beziehung zu den Unternehmungszielen stehen.[2]

In der Literatur werden eine Vielzahl solcher Subziele vorgeschlagen. Hier wird auf die organisatorischen Subziele der Prozess-, Ressourcen- und Markteffizienz von Frese zurückgegriffen.[3] Gegenstand der Prozesseffizienz ist eine über organisatorische Bereichsgrenzen hinwegreichende Abstimmung des gesamten Leistungserstellungsprozesses von der Beschaffung der benötigten Vorprodukte bis zur Vertragserfüllung gegenüber dem Kunden. Organisatorische Gestaltungshandlungen beinhalten hierbei insbesondere Entscheidungen über den Zeitpunkt der Beschaffung von Verbrauchsfaktoren und die Reihenfolge der Durchführung der einzelnen Prozessschritte mittels der verschiedenen Potenzialfaktoren (Anlagen, Personal). Anzeichen einer mangelnden Prozesseffizienz können Terminüberschreitungen und das Vorhandensein oder die Größe von Zwischenlagern sein. Kennzahlen der Prozesseffizienz sind somit Durchlaufzeit und (Zwischenlager-)Kosten. Das Subziel der Ressourceneffizienz beschreibt, wie gut und mit welchem Aufwand es gelingt, den Einsatz von Potenzialfaktoren über Bereichsgrenzen hinweg an den Zielen der Unternehmung auszurichten. Eine mangelnde Ressourceneffizienz äußert sich vor allem im Auftreten von Leerkapazitäten und einer mangelhaften Ausnutzung von Skaleneffekten, also z.B. in der Anschaffung mehrerer kleinerer an Stelle einer großen Produktionsanlage für den Fall, dass die kleineren Anlagen höhere Stückkosten aufweisen. Eine hohe Markteffizienz wird dann erreicht, wenn es gelingt, die Potenziale auf den externen Beschaffungs- und Absatzmärkten über Bereichsgrenzen hinweg an den Zielen der Unternehmung auszurichten.

---

[2] Vgl. Frese (2000) S. 253 ff.
[3] Vgl. Frese (2002) S. 207 ff.

Im Folgenden erfolgt eine Konzentration auf Beschaffungsmärkte. Bei diesen äußert sich eine mangelhafte (Beschaffungs-)Markteffizienz vor allem in ungünstigen Einkaufskonditionen und der unabgestimmten Reaktion auf Lieferengpässe.

Die Wahl organisatorischer Gestaltungsalternativen wird dadurch erschwert, dass zwischen den Zielen der Prozess-, Ressourcen- und Markteffizienz Zielkonflikte bestehen. So führt die Implementierung organisatorischer Gestaltungsmaßnahmen, die versuchen ein hohes Maß an Markt- oder Ressourceneffizienz zu erreichen, in der Regel zu Beeinträchtigungen der Prozesseffizienz. Im Folgenden wird dieser Zielkonflikt am Beispiel des reorganisierten Beschaffungsprozesses der IBM untersucht. Dieses Reorganisationsprojekt ist deshalb besonders interessant, da trotz der aufgezeigten Zielkonflikte und der Zielsetzung der Optimierung der Beschaffungsmarkteffizienz erhebliche Verbesserungen bei der Prozesseffizienz erzielt werden konnten. In diesem Zusammenhang wird untersucht werden, inwieweit dieses Ausbleiben von Zielkonflikten auf neuere IuKT, insbesondere Internet-Technologie, zurückgeführt werden kann.

4. Ehemalige Beschaffungsorganisation

Wesentliche Meilensteine für die Veränderung der Beschaffungsorganisation bei IBM bilden die Jahre 1993 und 1994. Diese Jahre sind aus zweierlei Gründen von zentraler Bedeutung. Zum einen erfolgte 1993 die Ernennung von Louis V. Gerstner zum CEO. Mit der Ablösung seines Vorgängers John Akers erfolgte auch eine Abkehr von dem Modell unabhängiger Unternehmungseinheiten, das bei IBM wesentlich durch Akers geprägt worden war. An die Stelle dieses mit weitreichender Autonomie für die operativen Einheiten versehenen Modells trat unter Gerstner ein auf der Zielsetzung der verbesserten Ausschöpfung von Marktpotenzialen basierender Ansatz der zunehmenden Zentralisierung von Kompetenzen, der insbesondere in der Zentralisierung der Beschaffungs- und Vertriebsaufgaben deutlich wird.[4] Zum anderen erfolgte in 1994 die Ernennung von Gene Richter zum Chief Procurement Officer, also zum Leiter der Beschaffungsaufgaben. Richter war zuvor bereits Leiter der Beschaffung bei Black und Decker sowie bei Hewlett Packard gewesen; in beiden Unternehmungen konnte er durch die Implementierung globaler Beschaffungsstrategien große Erfolge erzielen. Die folgende Darstellung der ehemaligen Beschaffungsorganisation orientiert sich deshalb an der Situation der IBM im Jahr 1993. Die aktuelle, vor allem durch Richter geprägte Beschaffungsorganisation bildet den Gegenstand von Kap. 5.

---

[4] Der Begriff der Zentralisierung kennzeichnet hier die organisatorische Zusammenfassung von Beschaffungsaufgaben in einer Organisationseinheit, aber nicht die räumliche Zusammenfassung von Mitarbeitern. Zum Stellenwert von Zentralisierungsprinzipien bei IBM vgl. auch Frese/Lehmann (2002).

4.1 Struktur

Wie bereits durch den Namen John Akers angedeutet wurde, war die ehemalige Beschaffungsorganisation durch eine Dezentralisierung der Beschaffungskompetenzen gekennzeichnet. Insgesamt existierten mehrere hundert Organisationseinheiten, die Beschaffungskompetenzen wahrgenommen haben. Hierzu gehörten insbesondere die verschiedenen Standorte und Unternehmungsbereiche der IBM. In der nachfolgenden Abbildung ist diese Dezentralisierung von Beschaffungskompetenzen vereinfacht skizziert (vgl. Abb. 1).

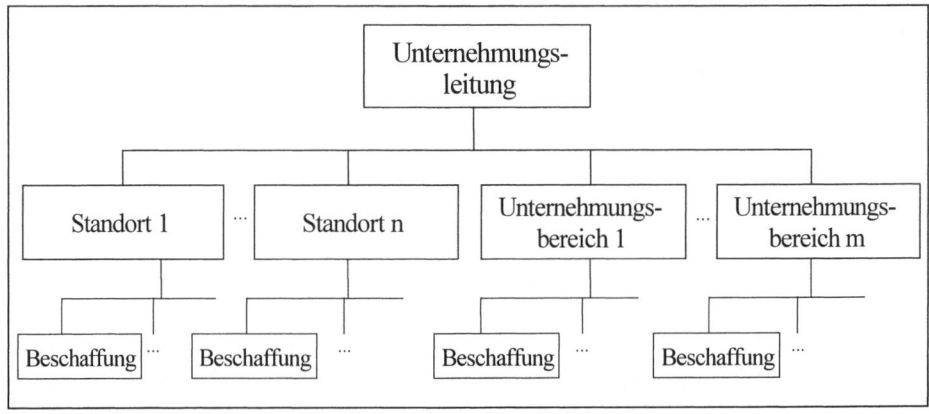

Abb. 1: Ehemaliges Kompetenzsystem der Beschaffungsaufgaben

Verantwortlich für die Definition der zu beschaffenden Produkte und die operative Durchführung der Beschaffungsvorgänge waren die einzelnen Standorte und Unternehmungsbereiche bzw. deren jeweilige Einkaufsabteilung. Eine Verpflichtung zur Abstimmung zwischen Beschaffungseinheiten verschiedener Standorte oder Unternehmungsbereiche wurde organisatorisch nicht vorgegeben und erfolgte nur sehr bedingt in einer unternehmungsweiten Beschaffungsplanung. Abstimmungen zwischen den Einkäufern der verschiedenen Standorte und Unternehmungsbereiche erfolgten – wenn überhaupt – nur auf informellem Wege. Alle Teilaufgaben von der Markterhebung über das Einholen von Angeboten bei den Lieferanten und die Vertragsverhandlungen bis zur Vertragserfüllung waren dezentralisiert. Standardisierung und Formalisierung der einzelnen Beschaffungsaufgaben waren nur gering ausgeprägt.

4.2 Prozess

Der Beschaffungsprozess des „General Procurement" der IBM kann in verschiedene Teilaufgaben bzw. Phasen zerlegt werden. Die nachfolgende Abbildung gibt einen Überblick über diese Phasen (vgl. Abb. 2).

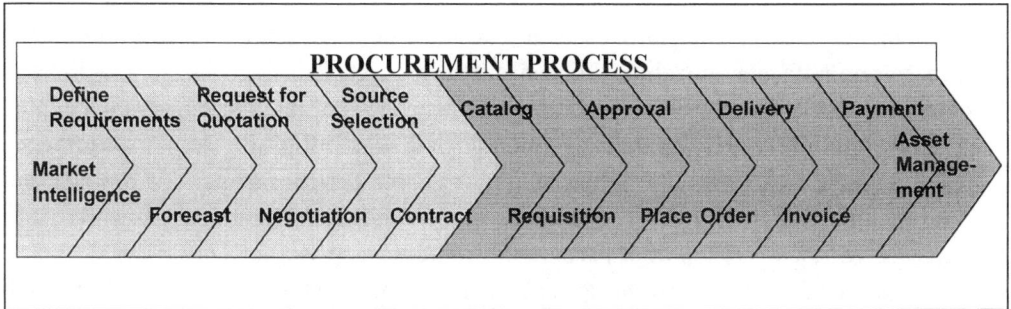

Abb. 2: Beschaffungsprozess

Gegenstand der Phase „Market Intelligence" sind verschiedene Marktforschungsaktivitäten. Hierzu gehören insbesondere die Erhebung der relevanten Lieferanten, die Analyse deren Leistungsfähigkeit und Prognosen über die künftigen Entwicklungen des relevanten Beschaffungsmarktes. An diese Phase schließt sich die Definition der Anforderungen an („Define Requirements"). Gegenstand ist die Definition der zu beschaffenden Produkte bzw. Dienstleistungen und die Festlegung von Anforderungen an den Beschaffungsprozess. Zu letzteren Anforderungen gehören die Wahl des Beschaffungsprinzips (z.B. auf Lager, produktionssynchron) sowie die Festlegung der Beschaffungsmengen und der Zahl der Lieferanten je Produkt bzw. Dienstleistung. Nach der Definition der Anforderungen erfolgt im Rahmen der „Request for Quotation" (RFQ) das Einholen von Angeboten bei ausgewählten Lieferanten. Auf Basis der durch die Lieferanten abgegebenen Angebote erfolgen in der Phase „Negotiation" dann Verhandlungen mit denjenigen Lieferanten, die interessante Angebote abgegeben haben. Die Ergebnisse diese Verhandlungen führen im Rahmen der „Source Selection" dann zur Auswahl des- oder derjenigen Lieferanten, mit dem oder mit denen anschließend ein Vertrag über die Lieferung der entsprechenden Produkte oder Dienstleistungen abgeschlossen werden soll („Contract").

Gegenstand der Phase „Requisition" ist die Anforderung des benötigten Produktes bzw. der benötigten Dienstleistung durch einen Bereichsmitarbeiter. Diese Anforderung erfordert ein weiteres „Approval", das sachliche und finanzielle Prüfungen beinhaltet und z.B. abhängig von dem Wert der zu beschaffenden Produkte ist. Erst danach erfolgt im Rahmen des „Place Order" die verbindliche Auftragsvergabe an einen vertraglichen Lieferanten. Anschließend erfolgt die Lieferung der Ware durch den bzw. die Lieferanten („Delivery") und die Übermittlung der Rechnung vom Lieferanten an IBM („Invoice"). Die Begleichung der Rechnung und die entsprechenden finanziellen Buchungen sind Gegenstand der Phase „Payment". Im Rahmen des „Asset Management" erfolgen Aufgaben der Inventarisierung und der laufenden Erfassung z.B. zu Zwecken der finanzbuchhalterischen Abschreibung.

Der ehemalige Beschaffungsprozess war gekennzeichnet durch eine Vielzahl von Iterationen innerhalb der einzelnen Phasen und durch Rücksprünge in frühere Phasen. Anders, als es die obige Abbildung suggeriert, war die Abfolge der einzelnen Teilphasen keinesfalls streng sequenziell. So mussten z.B. die Definition der Anforderungen auf Grund inhaltlich stark unterschiedlicher Angebote der Lieferanten im Rahmen des „Request for Quotation" präzisiert und die entsprechenden Phasen („Define Requirements", „Request for Quotation") wiederholt durchlaufen werden. Trotz der dezentralen Verankerung der Beschaffungsaufgaben, die normalerweise einer hohen Prozesseffizienz förderlich ist, wiesen die Beschaffungsvorgänge mitunter solche Durchlaufzeiten auf, dass Beeinträchtigungen hinsichtlich des gesamten Leistungserstellungsprozesses entstanden. Diese Beeinträchtigungen sind u.a. auf eine Vielzahl manueller Tätigkeiten, eine aufwändige Informationsbeschaffung und verzweigte Prozessketten sowie redundante Bearbeitungsschritte zurückzuführen.[5]

4.3 Schwächen

Die ehemalige Beschaffungsorganisation setzte gemäß der damaligen Gestaltungsphilosophie des Top-Managements auf die Vorteile dezentraler autonomer Unternehmungseinheiten. Die strategische Grundausrichtung der Unternehmung mit ihrer Orientierung an einer auf Technologieführerschaft basierenden Differenzierungsstrategie wies der Prozesseffizienz zudem einen hohen Stellenwert zu. Die als Konsequenz der organisatorischen Umsetzung dieser strategischen Vorgaben resultierende dezentrale Beschaffungsorganisation führte durch die Betonung der Prozesseffizienz zu Beeinträchtigungen der Markt- und Ressourceneffizienz. Auf Grund der dezentralen Ansiedlung der Beschaffungsaufgaben musste auf günstige Einkaufskonditionen durch das Poolen des gesamten Beschaffungsvolumens verzichtet werden. Auf Lieferengpässe konnte zudem nicht koordiniert reagiert werden; insbesondere konnte nicht sichergestellt werden, dass in solchen Situationen Produkte oder Dienstleistungen in der nutzenmaximierenden Verwendung eingesetzt wurden. Als Konsequenz der dezentralen Struktur bildeten sich in den einzelnen Beschaffungseinheiten zum Teil auch unterschiedliche IuKT-Systeme heraus. Die Gesamtkosten der Beschaffung der IBM

---

[5] Vgl. hierzu auch Dörflein/Thome (2000) S. 48 f.

konnten nur vage abgeschätzt werden. Eine zum Teil geringe, durch ein bürokratisches Erscheinungsbild der Beschaffung hervorgerufene Kundenzufriedenheit der Auftraggeber aus den Standorten und Unternehmungsbereichen führte ferner dazu, dass ca. 30 Prozent des gesamten Beschaffungsvolumen im so genannten „maverick buying", also ohne ausreichende Einbeziehung der Beschaffungseinheiten, erworben wurde. Hieraus ergaben sich Nachteile hinsichtlich der Einkaufskonditionen und der Rechtssicherheit für die geschlossenen Verträge.

5. Aktuelle Beschaffungsorganisation

Die Beschreibung der aktuellen Beschaffungsorganisation spiegelt den Stand im Jahr 2001 wider. Dieser ist im Wesentlichen das Ergebnis von zwei zentralen Veränderungen. Zum einen handelt es sich hierbei um organisatorische Maßnahmen der Zentralisierung der Beschaffungsaufgaben. Zum anderen ist die neue Beschaffungsorganisation maßgeblich durch eine Reorganisation der Prozessabläufe und deren Umsetzung in IuKT, in neuerer Zeit in Internet-Technologie, charakterisiert.

5.1 Ziele und Reorganisationsmaßnahmen

Die Wahl der Reorganisationsziele lässt sich auf zwei verschiedene Ausgangspunkte zurückführen. Einerseits wurde aus dem operativen Geschäft heraus die Notwendigkeit festgestellt, Kosten und Durchlaufzeit der Beschaffungsvorgänge zu reduzieren sowie Kunden- und Lieferantenzufriedenheit zu erhöhen. Andererseits erfolgte eine strategische Neuorientierung, die der Beschaffungsmarkteffizienz, also dem Ausschöpfen von Potenzialen auf den Beschaffungsmärkten, einen überragenden Stellenwert beimaß. Als zentrales Ziel kann somit die Kostenreduktion identifiziert werden, die gleichzeitig Teil der operativen Notwendigkeiten und als Suche nach besseren Beschaffungsmarktkonditionen auch zentraler Aspekt der strategischen Neuorientierung ist. Die Ansätze der IBM, dieses Ziel zu erreichen bilden den Gegenstand der folgenden Kapitel. Hierbei handelt es sich einerseits um strukturelle und prozessuale sowie andererseits um informationstechnologische Maßnahmen. Die strukturellen Maßnahmen betreffen die Zentralisierung der Beschaffungsaufgaben, die prozessualen ein Redesign des Beschaffungsprozesses. Ziele der informationstechnologischen Maßnahmen sind auf der Nutzung der IuKT basierende Effizienzsteigerungen, die vor allem durch eine engere Zusammenarbeit mit den Lieferanten erreicht werden sollen (Supply-Chain-Integration). Durch elektronische Bestellung und Bezahlung sollen Transaktionskosten, Kosten der Kapitalbindung und Fehler im Beschaffungsprozess vermieden werden. Insbesondere zwischen dem Redesign des Beschaffungsprozesses und der Internet-Nutzung bestehen enge Beziehungen.

Der Ablauf des Reorganisationsprojektes erfolgte in zwei Stufen. In der ersten Stufe erfolgte zwischen 1994 und 1997 eine Zentralisierung der Beschaffungsaufgaben und deren Übertragung an etwa 30 Beschaffungsteams („Global Commodity Councils"). Jedem dieser Teams wurde die Verantwortung für bestimmte Produktgruppen übertragen, bezüglich derer es für die Entwicklung neuer globaler Beschaffungsstrategien zuständig ist. Hierzu gehört insbesondere die Entwicklung eines Online-Bestellsystems. Durch diese Maßnahmen konnten zum einen signifikante Einsparungen erzielt werden. Zum anderen ging die eigentliche Bearbeitung von Kaufaufträgen durch proaktives Sourcing (vgl. Kap. 5.3) von 30 auf einen Tag zurück und die Dauer von Vertragsverhandlungen sank von 6 bis 12 Monaten auf einen Monat. In der zweiten Stufe des Reorganisationsprojektes wurde ein Großteil der noch papiergebundenen Vorgänge auf das Internet übertragen. Hierzu wurden ab 1998 E-Procurement-Komponenten entwickelt (vgl. Kap. 6.2). Mittlerweile verschickt bzw. empfängt IBM im Rahmen des „General Procurement" 98 Prozent aller Bestellungen bzw. Rechnungen auf elektronischem Wege. Nach der Zentralisierung der Beschaffungsaufgaben und der informationstechnologischen Vereinheitlichung der ehemals heterogenen Systeme existiert jetzt ein weltweit einheitlicher Beschaffungsprozess, der auf eine zentrale Datenbank mit den gesamten globalen Beschaffungsdaten zurückgreifen kann.

5.2 Struktur

An die Stelle der ehemals dezentralen Einkaufsgruppen der einzelnen Standorte und Unternehmungsbereiche traten in der neuen Beschaffungsorganisation „Global Commodity Councils". Diese verknüpfen die Anforderungen der Standorte und Unternehmungsbereiche an die jeweiligen Produkte, verhandeln mit Lieferanten langfristige Verträge und nehmen die einzelnen Einkaufstransaktionen vor. Mit jedem Lieferanten wird ein einziger global gültiger Vertrag abgeschlossen. Im Rahmen der Restrukturierung der Beschaffungsaufgaben wurden die Beziehungen zu den Lieferanten neu definiert. Während sich die Beziehungen 1993 noch überwiegend am „Arm's Length"-Prinzip orientierten, basieren die jetzigen Beziehungen auf längerfristigen Verträgen und einer weitreichenden Zusammenarbeit mit den Lieferanten. Die Zielsetzung der Poolung des Einkaufsvolumens musste zwangsläufig auch zu einer Reduktion der Lieferantenzahl führen. Auch hierfür waren die „Global Commodity Councils" verantwortlich. Die ehemals dezentrale Struktur hatte zuvor dazu geführt, dass nicht selten eine Vielzahl von Lieferanten für jedes zu beschaffende Produkt existierte. Durch die Poolung des Beschaffungsvolumens gelang es, die Einkaufspreise zu senken und jährliche Einkaufsbeiträge von 5 bis 10 Prozent zu erreichen. Mit der zunehmenden Zentralisierung und dem verstärkten IuKT-Einsatz (vgl. Kap. 6) erfolgte auch eine verstärkte Standardisierung des Beschaffungsprozesses. Ein zusätzlicher Poolungseffekt wird dadurch erreicht, dass auch Vorprodukte für Vertragshersteller verhandelt werden. Zusätzliche Aufgaben für die neue Beschaffungsorganisation resultieren aus der Tatsache, dass die Fertigungstiefe der IBM im Zeitablauf nicht konstant ist. Bei Outsourcing-Überlegungen entscheidet die Beschaffung in einem Team mit Mitarbeitern der Produktentwicklung und Produktion über die Wahl der Lieferanten. Nachdem eine Outsourcing-Entscheidung getroffen worden ist, ist die Beschaffung für das weitere Management der entsprechenden Lieferantenbeziehungen verantwortlich.

Die folgende Abbildung zeigt im Überblick die interne Organisation der Beschaffung (vgl. Abb. 3). Es wird bereits auf dieser Ebene deutlich, dass die Spezialisierung der Mitarbeiter in der neuen Beschaffungsorganisation deutlich zugenommen hat.

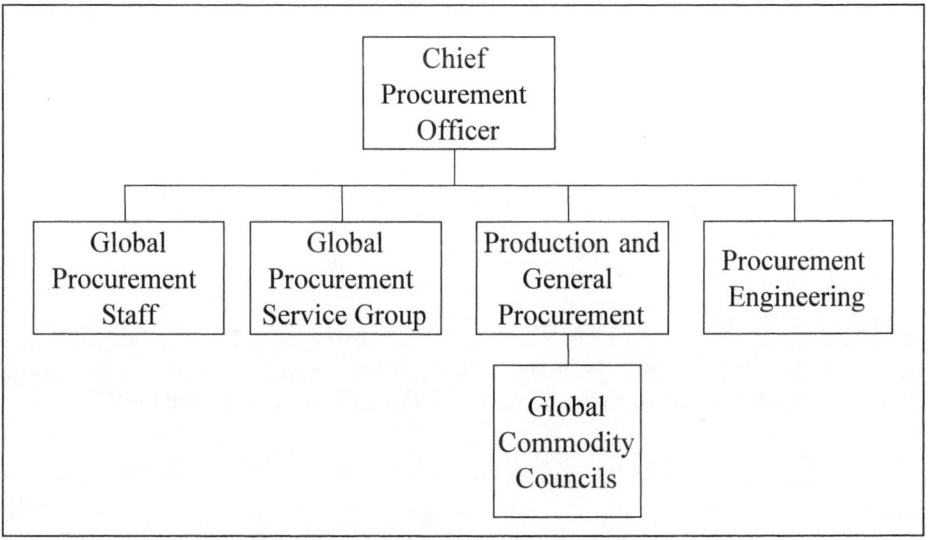

Abb. 3: Interne Struktur der Beschaffung

Zu den Aufgaben des „Global Procurement Staff" gehören insbesondere Grundsatzentscheidungen über die Beschaffungsstrategie und die Entwicklung und Implementierung von Kennzahlensystemen (z.B. zu Zwecken der Leistungsevaluation der Lieferanten). Die „Global Procurement Service Group" ist insbesondere für Marktforschungsaufgaben, Wettbewerbsanalysen und Logistik zuständig. Gegenstand des „Procurement Engineering" sind Aufgaben der Technologiekonvergenz, der Förderung von neu im Markt auftretenden Lieferanten, die der IBM möglicherweise in der Zukunft zu einem Wettbewerbsvorteil verhelfen können, und Maßnahmen der technischen Qualifizierung der Lieferanten. Die Maßnahmen der Technologiekonvergenz zielen insbesondere auf die Abstimmung zwischen künftigen Technologien der IBM und denen ihrer Lieferanten.

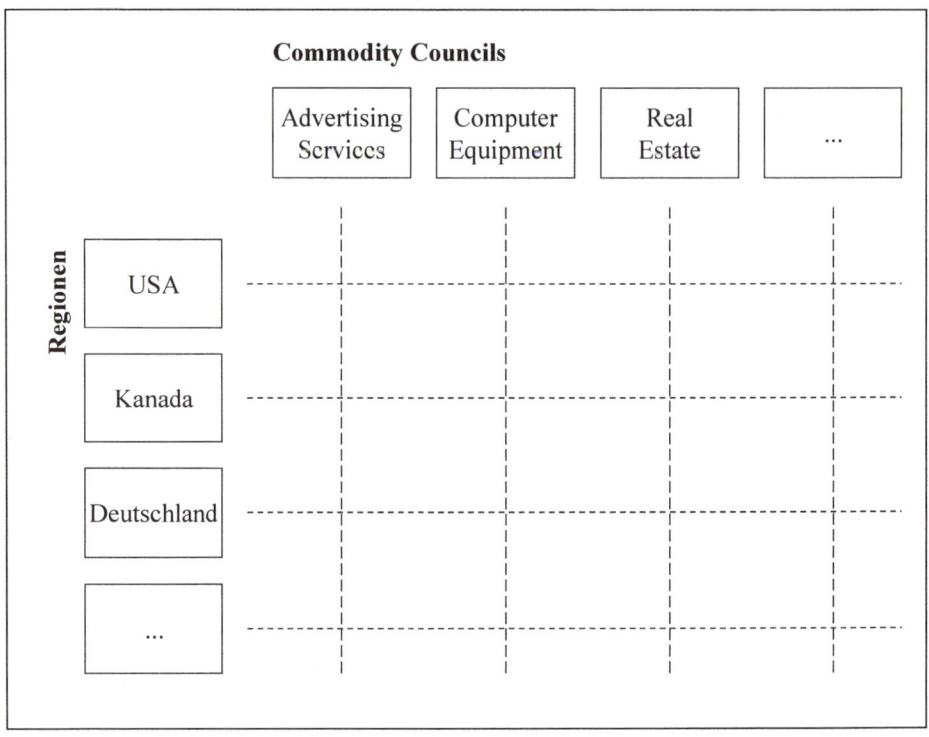

Abb. 4: Mehrdimensionale Struktur des „General Procurement"

Die Zentralisierung betrifft die organisatorische Konzentration von Aufgaben, nicht aber die räumliche Gruppierung von Mitarbeitern. An Stelle der ehemals existierenden Vielzahl von unabhängigen Beschaffungsabteilungen sind heute alle Beschaffungsaufgaben in einem einzigen Zentralbereich zusammengefasst. Die einzelnen Mitarbeiter dieses Zentralbereichs sind jedoch nach wie vor gemäß sachlicher Anforderungen der Beschaffungsmärkte über die einzelnen Landesgesellschaften verteilt. Wenn also z.B. die Lieferanten für bestimmte Hardware-Komponenten überwiegend aus Ostasien stammen, dann werden die Einkäufer dieser Komponenten in der Regel in der jeweiligen ostasiatischen Landesgesellschaft arbeiten, um den Anforderungen des jeweiligen Beschaffungsmarktes Rechnung tragen zu können. Aus der Tatsache heraus, dass „Production and General Procurement" auf der darunter liegenden Hierarchieebene gleichzeitig nach produktorientierten („Global Commodity Councils") und regionalen Kriterien (Länder bzw. Wirtschaftsregionen) gegliedert ist, entsteht eine mehrdimensionale Organisationsstruktur (vgl. Abb. 4). Wenngleich das die Matrixstruktur normalerweise konstituierende wechselseitige Vetorecht hier nicht gegeben ist, ähnelt die Organisationsstruktur der Beschaffung doch relativ stark dem Matrixprinzip, da die regionalen Einheiten auf Grund ihrer besonderen Nähe zu den Beschaffungsmärkten faktisch einen wesentlichen Einfluss auf die formal von den produktorientierten Einheiten zu treffenden Entscheidungen haben. Normalerweise werden die produktorientierten „Global Commodity Councils" überzeugend begründeten Argumenten der regionalen Einheiten nicht zuwider handeln können. Der faktische Einfluss der regionalen Einheiten ist also wesentlich größer als der der Reinform des Stabsprinzips.

Ferner wurde in der Beschaffungsorganisation ein Ombudsmann institutionalisiert, der für Identifikation, Untersuchung und nach Möglichkeit Auflösung von Problemen zwischen der IBM und ihren Lieferanten verantwortlich ist. Hierzu gehört insbesondere die Bearbeitung von Beschwerden der Lieferanten.

5.3 Prozess

Die einzelnen Teilaufgaben im Beschaffungsprozess (vgl. Abb. 2) sind erhalten geblieben. Geändert hat sich vor allem die Abfolge und Dauer der Teilaufgaben und das Grundverständnis des Einkaufs im Beschaffungsprozess. Der Fokus liegt jetzt auf den proaktiv zu leistenden Tätigkeiten, die zeitlich gesehen vor dem eigentlichen Bedarfsanfall liegen, und dem damit verbundenem Zeitgewinn in den späteren Aktivitäten des Bedarfsabrufs. Die in Abb. 2 hell schraffierten Flächen stellen ebenso wie die Auftragsvergabe („Place Order") Aufgaben der zentralen Beschaffungsabteilung dar. Die Definition der Anforderungen („Define Requirements") erfolgt allerdings in Zusammenarbeit mit den Unternehmungsbereichen. Diesen Aufgaben liegt in der neuen Beschaffungsorganisation ein proaktives Grundverständnis zugrunde, d.h. die zentrale Beschaffung wird schon vor konkreten Bedarfsanforderungen der Standorte und Unternehmungsbereiche tätig. Sie verhandelt auf Grundlage von eigenen Bedarfsprognosen, die sich u.a. am Bedarf der Vergangenheit orientieren, Rahmenverträge mit den potenziellen Lieferanten. Im Rahmen dieses proaktiven Agierens der Beschaffung wird auch eine Optimierung der Ablaufketten zwischen den frühen Phasen im Beschaffungsprozess vorgenommen. Dabei wird insbesondere versucht, Iterationen und Rücksprünge in frühere Phasen zu vermeiden. Hierbei sind zentrale Lieferanten- und Vertragsdatenbanken von Nutzen. Darüber hinaus werden die Schnittstellen zu den Lieferanten und Kunden durch die Nutzung der Internet-Technologie vereinfacht. Mittels der Tools „Internet Quoting" und „Technical Services Skill Matching" (vgl. Kap. 6.2) wird die Lieferantenwahl beschleunigt. Insbesondere das „Request for Quotation" ist mitunter ein aufwändiger Prozess. Je nach Neuartigkeit und Komplexität der einzukaufenden Produkte werden zusätzliche Informationen von den potenziellen Lieferanten angefordert oder inhaltlich stark unterschiedliche Angebote abgegeben. Das Internet kann hier als effizientes Medium für die Distribution zusätzlicher Informationen genutzt werden.

Die Anwendung „Req/Cat" erlaubt den Standorten und Unternehmungsbereichen, Bedarfsanforderungen an den Einkauf zu adressieren. Der einzelne Mitarbeiter kann die Produkte in einem elektronischen Katalog[6] suchen und die Bestellung auf Basis dieses Katalogs auslösen („Requisiton"). Nicht katalogisierte Waren und Dienstleistungen müssen sachlich beschrieben werden, um den Einkauf die individuelle Bestellung zu ermöglichen. Nach der Bestellauslösung wird der Beschaffungsauftrag mittels Workflow-Management-Systemen (WFMS) automatisch zum „Approval" weitergeleitet. Der bisherige Approval-Prozess sah je nach Bestellwert bis zu fünf Approval-Ebenen vor. Hinzu kamen entsprechende Sonder-Approvals, die für bestimmte Produkte erforderlich sind (z.B. Approval durch Umweltschutzbeauftragten). Im Rahmen der Reorganisation wurde die Zahl der Approvals reduziert und durch den Einsatz der WFMS wird sichergestellt, dass nur die formal berechtigten Personen die Approvals vornehmen. Falls das Approval erfolgt, wird die freigegebene Bestellung an die zentrale Beschaffung weitergeleitet, die anschließend die Bestellung beim Lieferanten platziert („Place Order").

6. Informations- und Kommunikationstechnologie (IuKT) im Beschaffungsprozess

6.1 IuKT im ehemaligen Beschaffungsprozess

Der ehemalige Beschaffungsprozess war durch ein vergleichsweise geringes Maß an IuKT-Nutzung geprägt. Die Aktivitäten in der Phase „Request für Quotation" beschränkten sich überwiegend auf die Nutzung von Telefon und Fax. Auf Grund der mit diesen Technologien verbundenen 1:1-Beziehungen entstand bei der Anforderung der Angebote ein beachtlicher administrativer Aufwand für die Einkäufer. Die Vertragsverhandlungen erfolgten ebenfalls weitgehend ohne IuKT-Unterstützung. In Verbindung mit der damaligen dezentralen Struktur führte dies dazu, dass mit den Lieferanten überwiegend individuelle Verträge geschlossen wurden. Die Phasen „Place Order", „Invoice" und „Payment" wiesen ein unterschiedliches Maß an IuKT-Nutzung auf. Mit großen Lieferanten wurden entsprechende Formulare und Rechnungen mittels EDIFACT ausgetauscht. Die Zahl dieser Lieferanten beschränkte sich jedoch auf ca. 60 bis 70. Mit mittleren und kleineren Lieferanten wurden die entsprechenden Dokumente mittels Post und Telefax ausgetauscht.

---

[6] Zur den Leistungsmerkmalen von elektronischen Produktkatalogen vgl. Renner (1999), S. 175 ff.

6.2 IuKT im aktuellen Beschaffungsprozess

Der aktuelle Beschaffungsorganisation basiert maßgeblich auf einem erweiterten Einsatz von IuKT. Dieser orientiert sich an folgenden Grundprinzipien:

- Als gemeinsame Infrastruktur aller Beschaffungstransaktionen dient die ERP-Software SAP R/3.
- Die Kommunikation mit den Lieferanten wird elektronisch mediatisiert (insbesondere EDI bzw. WebEDI).
- Die Anwendung „Req/Cat" dient als standardisierte Schnittstelle, um Bedarfsanforderungen an den Einkauf zu übermitteln.

Als die IBM 1994 mit der Reorganisation des Beschaffungsprozesses und 1998 mit Übertragung des Beschaffungsprozesses auf das Internet begann, existierten keine umfassenden, integrierten Software-Lösungen für den Beschaffungsprozess. Deshalb wurde eine Mehrzahl von Anwendungen vorwiegend selbst entwickelt (durch IBM Global Services), die überwiegend auf den Software-Produkten Lotus Notes, SAP R/3 und der Internet-Technologie basieren. An Stelle einer umfassenden Darstellung aller dieser Anwendungen erfolgt hier eine Konzentration auf die für das „General Procurement" zentralen Anwendungen. Hierzu gehören vor allem die auf Lotus Notes bzw. Domino basierenden Anwendungen „Req/Cat" und „Contract Online Tool (COLT)", die auf der Internet-Technologie (insbesondere JavaScript) basierende WebEDI-Anwendung „Forms Exchange (FOX)"[7] und das SAP R/3-System als Infrastruktur der Beschaffungstransaktionen. Ergänzend wird auf einige Technologien der Lieferanten-Integration und zentrale Datenbanken eingegangen. Die nachfolgende Darstellung orientiert sich an denjenigen Phasen des Beschaffungsprozesses, in denen die jeweiligen Technologien bzw. Anwendungen eingesetzt werden.

In den gesamten frühen Phasen der Beschaffung wird COLT genutzt. Hierbei handelt es sich um eine Datenbank, in der sämtliche Lieferantenverträge geführt werden. In der Vergangenheit wurden mit den Lieferanten weit überwiegend individuelle Verträge für Einzeltransaktionen geschlossen. Inzwischen existiert pro Lieferant weltweit ein einziger Vertrag. Grundlage für die Verträge sind weltweit standardisierte „Master Agreements". Diese können ergänzt werden durch landesspezifische „Participation Agreements", die dann erforderlich werden, wenn in einem bestimmten Beschaffungsland abweichende Rechtsvorschriften bestehen. Mittels der COLT-Anwendung

---

[7] Neben WebEDI wird in einigen Lieferantenbeziehungen weiterhin die klassische nicht Web-vermittelte EDIFACT-Technologie genutzt. Möglicherweise wird diese VAN-basierte Technologie zukünftig durch WebEDI ersetzt. Gegenwärtig bietet VAN-EDIFACT aber noch Vorteile bei der System-to-System Integration. Diese Backend-Integration kann zukünftig möglicherweise auch auf der Grundlage der Internet-basierten XML-Technologie erfolgen.

können alle Templates der „Master Agreements" und „Participation Agreements" sowie alle abgeschlossenen Verträge gespeichert und laufend verfolgt werden (insbesondere Abruf vertragsbezogener Daten wie Name des Lieferanten, Vertragslaufzeit, Vertragsobjekte). Durch die Nutzung der COLT-Anwendung und die Einführung weltweit standardisierter Verträge wurden der administrative Aufwand im Einkauf reduziert, Vertragsverhandlungen erheblich beschleunigt und günstigere Einkaufskonditionen erzielt.

Im „Request for Quotation" existieren verschiedene Anwendungen zur Optimierung der Abstimmung mit den Lieferanten. Hierzu gehören das Web-basierte „Internet-Quoting" und das Lotus Notes/Domino-basierte „Technical Services Skill Matching". Die Anwendung „Internet Quoting" ermöglicht den automatisierten Versand von RFQs sowie ergänzender Informationen an im voraus ausgewählte Lieferanten und den Empfang der entsprechenden Antworten. Für die Lieferanten stehen Standard-Antwortformulare zur Verfügung, die eine beschleunigte, teilautomatisierte Auswertung der Reaktionen durch IBM ermöglicht. Mittels „Technical Services Skill Matching" wird eine elektronische Verbindung zwischen einem Einkäufer und vordefinierten Lieferanten technischer Dienstleistungen (z.B. Programmierung, Projektmanagement) hergestellt. Die Auswahl der Lieferanten erfolgt automatisch auf Basis eines elektronischen Formulars, welches der Einkäufer zunächst ausfüllen muss. Nach Eingang des RFQ kann der entsprechende Lieferant bzw. dessen Personaleinsatzplanung in weniger als einer Stunden prüfen, ob die nachgefragte Dienstleistung innerhalb des vorgesehenen Zeitraums erbracht werden kann. Beide Anwendungen zielen darauf ab, die administrativen Beschaffungsaufgaben zu reduzieren.

Die zentrale Anwendung für die unternehmungsinterne Abstimmung, also zur Abstimmung zwischen zentraler Beschaffung („General Procurement") und den einzelnen Standorten bzw. Unternehmungsbereichen, ist die elektronische, auf Lotus Notes bzw. Java basierte Anwendung „Req/Cat". Eine wesentliche Komponente dieser Anwendung ist ein elektronischer Produktkatalog. Dieser ermöglicht es den Mitarbeitern der Unternehmungsbereiche, die zu bestellenden Produkte oder Dienstleistungen aufzufinden und elektronische Bestellungen („Requistion") auszulösen. Über den Produktkatalog können alle Standard-Produkte und -Dienstleistungen abgerufen werden. Die Abstimmung zwischen „zentraler Beschaffung" und den Unternehmungsbereichen beschränkt sich somit auf die frühe Phase der Definition der Produktanforderungen („Define Requirements"). Nach Etablierung eines Katalogs können die Unternehmungsbereiche ohne erneutes Einschalten des Einkaufs auf Basis dieses Katalogs direkt agieren. Zeitaufwändige Interdependenzen zwischen zentraler Beschaffung und den Unternehmungsbereichen werden an dieser Stelle vermeidbar. Mit diesem reduzierten Abstimmungsaufwand gehen erhebliche Zeiteinsparungen im Beschaffungsprozess einher.

Wesentlich für die Kommunikation mit den Lieferanten ist die Anwendung „Forms Exchange (FOX)". Der Anstoß zu dieser Anwendung entstand aus den Schwächen des klassischen Electronic Data Interchange (EDI) beim Einsatz bei kleineren und mittleren Lieferanten. Für diese Lieferanten sind die hohen Installationskosten und -zeiten von klassischen EDI-Lösungen relativ zu ihrem Liefervolumen in der Regel zu unwirtschaftlich. Da IBM jedoch auch in den Beziehungen mit diesen Lieferanten die Vorteile des EDI nutzen will, wurde mit FOX eine Internet-basierte Anwendung geschaffen, die die Vorteile des EDI unter Vermeidung der Nachteile realisiert. FOX ermöglicht es Lieferanten, elektronische Kaufaufträge („Place Order") über das Internet zu empfangen sowie automatisch die zugehörigen Lieferscheine und Rechnungen zu generieren und zurückzusenden. Die entsprechenden Informationen gehen direkt in die Bezahlsysteme der IBM ein und Rechnungen werden mittels Electronic Funds Transfer (EFT) unverzüglich beglichen.[8] Durch diese Anwendung können Fehler im Fulfillment-Prozess durch Umgehung der Mehrfacherfassung von Daten vermieden (z.B. erhebliche Senkung der Fehlerquote bei der Erfassung von Rechnungen), eine erhebliche Reduktion der Durchlaufzeit erzielt und der administrative Aufwand wesentlich reduziert werden. Vor Einführung von FOX nutzten nur 60 bis 70 Lieferanten EDIFACT. Jetzt nutzen über 12.000 Lieferanten WebEDI mittels FOX.

Die Infrastruktur aller Transaktionen bildet das SAP R/3-System, insbesondere das Modul „Procurement" und die Kreditorenbuchhaltung des Moduls „Financial Accounting". Die oben beschriebenen Anwendungen sind zum einen mit diesem System integriert, zum anderen mit dem auf Lotus Notes basierenden Human Resources (HR)-System. Nummern für Kaufaufträge werden durch das R/3-System vergeben. Mittels des HR-Systems können insbesondere die verschiedenen Approver ermittelt werden, die die aus der Anwendung Req/Cat heraus erzeugten Requisitions genehmigen müssen. Der entsprechende Informationsfluss wird automatisiert gesteuert. Zu Zwecken der Lieferanten- und Wettbewerbsanalyse können zudem aus dem R/3-System entsprechende Lieferanten- und Transaktionsdaten generiert werden.

6.3 IuKT-induzierter Aufgabenwandel

Es wurde bereits darauf hingewiesen, dass durch den IuKT-Einsatz verschiedene, ehemals manuelle, überwiegend administrative Aufgaben automatisiert werden konnten. Hierzu gehören insbesondere der Informationsaustausch mit den Lieferanten im Rahmen des „Request for Quotation" sowie die Aufgaben des Fulfillments. In der Vergangenheit waren die Mitarbeiter der dezentralen Beschaffungsabteilungen zu ca.

---

[8] Eine Überprüfung der Lieferung erfolgt in der Regel erst anschließend durch den bestellenden Unternehmungsbereich.

75 Prozent mit Aufgaben des Fulfillments beschäftigt. Dieser Anteil konnte durch den IuKT-Einsatz auf ca. 20 Prozent reduziert werden. Während früher weniger als 25 Prozent der Zeit für die Aufgaben der Lieferantenanalyse, -auswahl und der Vertragsverhandlungen verwendet wurde, werden inzwischen jeweils ca. 30 Prozent für die Entwicklung der Beziehungen mit Lieferanten und die Kommunikation mit den internen und externen Kunden der Beschaffung genutzt. Damit hat sich der Schwerpunkt der Beschaffungsaufgaben verschoben von den operativen Aufgaben der Transaktionsabwicklung zu den eher strategischen Aufgaben der Lieferantenauswahl, -qualifizierung und -evaluation sowie zu dem damit verbundenen Bestreben, strategische Lieferantenbeziehungen aufzubauen und Kostensenkungspotenziale durch die Poolung des gesamten Beschaffungsvolumens zu realisieren.

7. IuKT und organisatorisches Handlungspotenzial

Der neue Beschaffungsprozess ist dadurch gekennzeichnet, dass bei allen Aktivitäten dieses Prozesses IuKT eingesetzt wird, von der Auswahl der Lieferanten über die Auslösung der Bestellungen bis zur elektronischen Bezahlung von Rechnungen. Auf Grund dieses durchdringenden Charakters der IuKT stellt sich die Frage, welche Bedeutung IuKT für den Erfolg der Reorganisationsmaßnahmen gehabt hat. Sollte durch den IuKT-Einsatz lediglich eine Automatisierung von Teilaufgaben erfolgen oder sollten durch den IuKT-Einsatz neue, vorher nicht mögliche Handlungspotenziale genutzt werden? Ist der Erfolg der Reorganisationsmaßnahmen wesentlich auf den Einsatz von IuKT zurückzuführen oder eher auf organisatorische Maßnahmen?

Zur Verdeutlichung der Zusammenhänge wird an dieser Stelle nochmals auf die in Kap. 3 eingeführten organisatorischen Gestaltungsziele eingegangen. Festgestellt wurde bereits, dass zwischen den Zielen der Markteffizienz und der Prozesseffizienz im Allgemeinen ein Zielkonflikt besteht. Die Maßnahmen zur Reorganisation der Beschaffungsaufgaben erfolgten, wie in Kap. 5.1 dargestellt, mit dem Ziel, die Markteffizienz durch das Poolen von Beschaffungsvolumen wesentlich zu steigern. Verbesserte Einkaufskonditionen (vgl. Kap. 5.2) machen deutlich, dass dieses Ziel erreicht werden konnte. Mit der Poolung des Beschaffungsvolumen wurde gleichzeitig eine organisatorische Zusammenfassung von Ressourcen vorgenommen, in diesem Fall insbesondere von Mitarbeitern der ehemals dezentralen Beschaffungsabteilungen. Durch eine solche Maßnahme ist normalerweise eine höhere Ressourceneffizienz zu erwarten. Diese konnte tatsächlich festgestellt werden. Von 1994 bis 1998 ist das Beschaffungsvolumen des „General Procurement" von 11,4 Mrd. US$ auf 21,5 Mrd. US$ gestiegen. Trotzdem kann dieses gestiegene Beschaffungsvolumen mit ungefähr derselben Mitarbeiterzahl wie in 1994 bewältigt werden. Inwieweit die organisatorische Zusammenfassung hierfür ausschlaggebend gewesen ist, kann allerdings nicht zuverlässig abgeschätzt werden, da die Effizienzgewinne wesentlich auch durch die Implementierung der verschiedenen IuKT-Anwendungen beeinflusst sein dürfte.

Besonders interessant aber ist die Feststellung einer verbesserten Prozesseffizienz. Die Zeitspanne für die Bearbeitung von Kaufaufträgen ist von 30 auf einen Tag zurückgegangen. Ebenso werden inzwischen für Vertragsverhandlungen mit Lieferanten nicht mehr durchschnittlich sechs bis zwölf Monate gebraucht, sondern nur noch 30 Tage. Diese gestiegene Prozesseffizienz scheint zunächst im Widerspruch zu einer auf Grund der Zielkonflikte zu erwarten gewesenen Abnahme der Prozesseffizienz zu stehen. Es bieten sich jedoch verschiedene Erklärungen für dieses Phänomen an. Erstens kann davon ausgegangen werden, dass bereits die ehemaligen Beschaffungseinheiten keine optimale Prozesseffizienz gewährleisten konnten. Zwar waren in der ehemaligen Beschaffungsorganisation alle Beschaffungsaufgaben dezentralisiert. Da aus Gründen der Wirtschaftlichkeit bei dieser dezentralen, mit der Vervielfachung von Beschaffungsressourcen verbundenen Organisationsstruktur nur eine beschränkte personale Ausstattung akzeptabel war, musste eine klare Konzentration auf das tägliche Geschäft erfolgen. Weitreichende Optimierungen der Abläufe und Strukturen waren vor dem Hintergrund der begrenzten Ressourcen nicht möglich. Projekte wie eine dezentrale Euro- oder Jahr 2000-Umstellung wären vermutlich nicht ohne immense Kosten realisierbar gewesen. Zweitens muss beachtet werden, und hierbei dürfte es sich um einen zentralen Erklärungsansatz handeln, dass wesentliche Verbesserungen hinsichtlich der Prozesseffizienz auf den Einsatz von IuKT, insbesondere die Internet-Technologie, zurückgeführt werden können. An dieser Stelle ist vor allem auf die in Kap. 6.2 beschriebenen Anwendungen COLT, FOX, „Technical Services Skill Matching", „Internet Quoting" und „Req/Cat" zu verweisen. Drittens können als Teil der Reorganisation verschiedene Maßnahmen identifiziert werden, die die Ablauforganisation betreffen. In diesem Zusammenhang ist insbesondere das in Kap. 5.3 beschriebene neue proaktive Grundverständnis der Beschaffung zu nennen.

Aus organisatorischer Sicht ist darüber hinaus die Frage interessant, ob durch den Einsatz von IuKT, insbesondere Internet-Technologie, die zwischen den verschiedenen organisatorischen Gestaltungszielen bestehenden Zielkonflikte beseitigt oder abgeschwächt werden konnten.[9] Anders formuliert stellt sich die Frage, ob die oben beschriebenen IuKT-Anwendungen lediglich geeignet sind prinzipiell mögliche alternative Organisationsstrukturen zu „elektrifizieren" oder ob sie in der Lage sind, den organisatorischen Gestaltungsspielraum zu erweitern.[10] In diesem Zusammenhang sind hier insbesondere die Anwendungen „Req/Cat", FOX „Internet Quoting" und „Tech-

---

[9] Vgl. Frese (2002) S. 208 f.
[10] Vgl. Hammer (1994) S. 104.

nical Services Skill Matching" relevant. Das Vorliegen einer zentralen, auf einheitlichen Datenstrukturen basierenden Datenbank ist die Grundlage für die Erfassung der gesamten globalen Einkaufsvolumina und ermöglicht außerdem betriebswirtschaftliche Analysen der Beschaffungsdaten. Durch den elektronischen Produktkatalog konnte der Abstimmungsbedarf zwischen der zentralen Beschaffung und den Unternehmungsbereichen bzw. Standorten auf ein Minimum reduziert werden. Bei der Bestellung von Waren und Dienstleistungen, die im Produktkatalog enthalten sind, kann auf eine persönliche Kommunikation zwischen Mitarbeitern der entsprechenden Einheiten verzichtet werden. Entsteht ein Bedarf an nicht katalogisierten Produkten, so wird zunächst eine standardisierte Beschreibung der entsprechenden Produkte auf elektronischem Wege (mittels „Req/Cat") an die zentrale Beschaffung übermittelt. Erst wenn diese Beschreibung unzureichend oder mehrdeutig ist, erfolgen weitere Abstimmungsprozesse.[11] Die auf der Internet-Technologie basierenden Anwendungen FOX, „Internet Quoting" und „Technical Services Skill Matching" haben den in Kap. 6.3 beschriebenen Aufgabenwandel, insbesondere die Automatisierung administrativer Tätigkeiten an der Schnittstelle zu den Lieferanten, maßgeblich unterstützt. Ohne diesen Aufgabenwandel wäre eine so weitreichende gleichzeitige Optimierung der Markt-, Ressourcen- und Prozesseffizienz nicht möglich gewesen.

8. Resümee

Im Jahr 2000 wurden durch IBM Produkte und Dienstleitungen im Wert von 43 Mrd. US$ „e-procured". Der Übergang von einem ehemals dezentralen, überwiegend manuellen auf einen zentralen, global standardisierten und durch die Internet-Technologie geprägten E-Procurement-Prozess ist somit weitgehend abgeschlossen. Viele Kennzahlen (z.B. Durchlaufzeit, Einkaufskonditionen, Fehlerquote) zeigen, dass die Reorganisationsmaßnahmen äußerst erfolgreich waren und sind. Der Erfolg des gesamten Reorganisationsvorhaben ist nicht auf eine einzige, sondern auf eine Vielzahl von Maßnahmen zurückzuführen. Wesentlich sind vor allem die durch die Einführung der „Global Commodity Councils" erzielte Poolung der Beschaffungsvolumina, die verstärkte Einbindung der Lieferanten in die Wertschöpfungskette der IBM, das proaktive Grundverständnis der neuen Beschaffung und die weitreichende Nutzung der Internet-Technologie gewesen. Insbesondere das Bestreben, qualitativ hochwertige Lieferantenbeziehungen aufzubauen, und die Abstimmung zwischen zentralen und dezentralen Einheiten haben wesentlich von den Möglichkeiten der neuen Informations- und Kommunikationstechnologien profitiert.

---

[11] Zur Bedeutung der Medienreichhaltigkeit bei der elektronisch mediatisierten Kommunikation vgl. Lang/Utikal (2002) S. 163 ff.

Literatur

DÖRFLEIN, Michael/ THOME, Rainer (2000): Electronic Procurement. In: Electronic Commerce. Anwendungsbereiche und Potentiale der digitalen Geschäftsabwicklung, hrsg. von Rainer Thome und Heiko Schinzer. München, S. 45-80.

FRESE, Erich (2002): Theorie der Organisationsgestaltung und netzbasierte Kommunikationseffekte. – Das organisatorische Gestaltungspotenzial von Internet und Intranet. In: E-Organisation: Strategische und organisatorische Herausforderungen des Internet, hrsg. von E. Frese und H. Stöber im Auftrag des Arbeitskreises „Organisation" der Schmalenbach-Gesellschaft für Betriebswirtschaft. Stuttgart, S. 191-241.

FRESE, Erich (2000): Grundlagen der Organisation. Konzept – Prinzipien – Strukturen. 8. Aufl., Wiesbaden.

FRESE, Erich/ LEHMANN, Patrick (2002): Der koordinierte Weg zum Kunden. Konzeption einer strategiekonformen Vertriebsorganisation. In: Marketing und Unternehmensführung. Festschrift für Richard Köhler zum 65. Geburtstag, hrsg. von H. Böhler. Stuttgart, im Druck.

HAMMER, Michael (1994): Reengineering Work: Don't Automate, Obliterate. In Harvard Business Review, 68. Jg., H. 4, S. 104-112.

IBM (2000): Annual Report 2000.

LANG, Carsten/ UTIKAL, Hannes (2002): Organisatorische Impulse durch Internet-Technologie und technologieinduzierte Strategien. In: E-Organisation: Strategische und organisatorische Herausforderungen des Internet, hrsg. von E. Frese und H. Stöber im Auftrag des Arbeitskreises „Organisation" der Schmalenbach-Gesellschaft für Betriebswirtschaft. Stuttgart, S. 155-189.

RENNER, Thomas (1999): Produktkataloge und kostengünstige Beschaffungsprozesse im Intranet und Internet. In: Der Internet-Guide für Einkaufs- und Beschaffungsmanager, hrsg. von Manfred Strub. Landsberg am Lech, S. 153-191.

Gerhard Rolz [*] */ Simone Schiller* [**]

E-COMMERCE IM VERSANDHANDEL AM BEISPIEL DER QUELLE AG
– Bedeutung und organisatorische Verankerung

1. Einleitung
2. Versandhandel und E-Commerce
    - 2.1 Versandhandel in Deutschland
    - 2.2 Bedeutung von E-Commerce im Versandhandel
3. Organisation und E-Commerce am Beispiel von KarstadtQuelle AG und Quelle AG
    - 3.1 Organisatorische Verankerung der Quelle AG in der KarstadtQuelleAG
    - 3.2 Organisatorische Grundstruktur der Quelle AG
    - 3.3 Bedeutung von E-Commerce
        - 3.3.1 Bedeutung von E-Commerce in der KarstadtQuelle AG
        - 3.3.2 Bedeutung von E-Commerce in der Quelle AG
    - 3.4 Organisatorische Verankerung von E-Commerce-bezogenen Aufgaben
        - 3.4.1 Organisatorische Verankerung von E-Commerce-bezogenen Aufgaben in der KarstadtQuelle AG
        - 3.4.2 Organisatorische Verankerung von E-Commerce-bezogenen Aufgaben in der Quelle AG
4. Organisatorische Gestaltungslösung der Quelle AG
    - 4.1 Grundlegende Alternativen der organisatorischen Verankerung E-Commerce-bezogener Aufgaben
    - 4.2 Zur organisatorischen Gestaltungslösung der Quelle AG
        - 4.2.1 „Neue Medien" – Ausgliederung von E-Commerce-bezogenen Aufgaben
        - 4.2.2 „Neue Medien" versus "Einzelkunden" und „Systemkunden" – Integration von Online- und Offline-Aktivitäten
5. Fazit

---

[*] Gerhard Rolz, Leiter Sonderprojekte, Quelle AG
[**] Simone Schiller, wissenschaftliche Mitarbeiterin am Organisationsseminar der Universität zu Köln

Zusammenfassung

Die Entscheidung etablierter Unternehmungen, das Internet als zusätzlichen Vertriebskanal zu nutzen, führt innerhalb der Unternehmungen zu mehr oder weniger weitreichenden Veränderungen sowohl strategischer als auch organisatorischer Art. Die Entwicklung von E-Commerce-Strategien begründet den Bedarf festzulegen, welche organisatorischen Einheiten der Unternehmung mit der Umsetzung E-Commerce-bezogener Aufgaben betraut werden.

Der vorliegende Beitrag behandelt am Beispiel der Quelle AG, wie Versandhandelsunternehmungen mit diesem Bedarf umgehen können. Dabei werden zunächst die Bedeutung von E-Commerce und die Ursachen des strategischen Stellenwerts für den Versandhandel im Allgemeinen dargelegt und am Beispiel der derzeit aktuellen Gestaltungslösungen der Quelle AG und ihrer Mutterunternehmung, der KarstadtQuelle AG, verdeutlicht. Es folgt eine Analyse der Gestaltungslösung der Quelle AG auf der Grundlage zweier Fragestellungen:

- Welche organisatorischen Gestaltungslösungen der Verankerung E-Commerce-bezogener Aufgaben in etablierten Unternehmungen sind denkbar und für welche Gestaltungslösung hat sich die Quelle AG entschieden?
- Welche organisatorischen Effizienzwirkungen beinhaltet die gewählte Gestaltungslösung?

Im Ergebnis lässt sich festhalten, dass E-Commerce in der Quelle AG als zusätzlicher Vertriebskanal definiert wurde und damit einen strategisch bedeutsamen Stellenwert einnimmt. Wesentliche E-Commerce-bezogene Aufgaben wurden in einen eigenständigen Bereich integriert. Dennoch spiegelt die gewählte Gestaltungslösung den hohen strategischen Stellenwert nicht in jeder Hinsicht wider. Die Tätigkeit des mit E-Commerce-bezogenen Aufgaben betrauten Organisationsbereichs ist in hohem Maße von Entscheidungen anderer Organisationseinheiten abhängig.

1. Einleitung

Die Anzahl der Haushalte mit Internetzugang wächst stetig, ebenso die Häufigkeit des Netzugangs. Schätzungen belaufen sich auf rund 20 Millionen Personen mit Internetzugang in Deutschland, wobei knapp 8 Millionen das Netz täglich nutzen.[1]

Mit der Verbreitung des Internetzugangs scheint auch die Bereitschaft zu Online-Bestellungen zuzunehmen. Nach einer neueren Studie der Gesellschaft für Konsumforschung (GfK)[2] wurden in Deutschland im ersten Halbjahr 2001 Waren im Wert von 1,9 Milliarden Euro über das Internet bestellt.[3] Dies entspricht einem Umsatzanstieg von über 50 Prozent im Vergleich zum Vorjahr. Davon profitierte insbesondere der Wirtschaftszweig des Versandhandels: Während der Online-Buchhändler Amazon den größten Anteil am Online-Gesamtumsatz erwirtschaftete, folgten mit Otto Versand AG und KarstadtQuelle AG zwei Versandhandelsunternehmungen, die sich als Marktführer im Online-Versand positionierten.

Im Zuge dieser sprunghaften Entwicklung des Online-Marktes hat E-Commerce in den Versandhandelsunternehmungen mittlerweile maßgebliche strategische Bedeutung erlangt. So ist die Testphase, in der zunächst nur einzelne, wenig koordinierte Schritte im E-Commerce unternommen wurden, abgeschlossen. Mittlerweile haben E-Commerce-Strategien nicht nur die Wettbewerbsstrategien der Unternehmungen verändert, sondern zugleich zu weitreichenden organisatorischen Veränderungen geführt.[4]

Ziel des Beitrags ist es, zunächst kurz die möglichen Ursachen der mittlerweile auch strategischen Bedeutung des E-Commerce als zusätzlichen Distributionskanal in Versandhandelunternehmungen aufzuzeigen und an den Beispielen der Quelle AG und ihrer Mutterunternehmung, der KarstadtQuelle AG, zu verdeutlichen. Die im Zuge der zunehmenden strategischen Bedeutung vorgenommenen organisatorischen Veränderungen zur Verankerung E-Commerce-bezogener Aufgaben werden anhand der Beispiele dargestellt. Daraufhin wird die spezifische Organisationslösung der Quelle AG genauer betrachtet. Dazu werden die möglichen Alternativen der organisatorischen Verankerung neuartiger Aufgaben vorgestellt, um die von der Quelle AG gewählte

---

[1] Vgl. Klietmann (2001). Immerhin noch fast zwei Drittel der Befragten (64 Prozent) nutzen das Netz an mehr als fünf Tagen pro Woche, so der Internetshopping-Report 2001.
[2] Das so genannte eCommerce-Verbraucherpanel der GfK enthält fortlaufende Informationen über das Online-Kaufverhalten von 10.000 Internetnutzern. Vgl. o.V. (2001b).
[3] Dabei bestellten die knapp 6,9 Mio. Online-Einkäufer durchschnittlich dreimal Waren im Wert von jeweils 83 Euro.
[4] Der Beitrag beschäftigt sich ausschließlich mit der Betrachtung des Business-to-Consumer-Marktes, kurz B2C-E-Commerce. Im Folgenden wird die Kurzform „E-Commerce" im Sinne von B2C-E-Commerce verwandt. Zu den weiteren Anwendungsfeldern des E-Commerce – z.B. Business-to-Business (B2B) – vgl. Hermanns/Sauter (1999), S. 23 ff.

324 E-Organisation

Alternative schließlich hinsichtlich ihrer organisatorischen Effizienzwirkungen zu analysieren.[5]

2. Versandhandel und E-Commerce

2.1 Versandhandel in Deutschland

Der Versandhandel in Deutschland hat sich in den letzten Jahrzehnten im Vergleich zum stationären Handel konstant entwickelt. So schwankt der relative Marktanteil des Versandhandels am Gesamteinzelhandelsumsatz regelmäßig um fünf Prozent.[6] Im Jahr 2000 (1999) lag der Versandhandelsumsatz in Deutschland bei 41,5 (40,9) Mrd. DM und machte damit rund 5,6 % des Gesamteinzelhandelsumsatzes aus.[7]

Der Pro-Kopf-Umsatz des Versandhandels in Deutschland lag im Jahr 2000 bei rund 256 Euro. Deutschland nahm damit die weltweite Führungsposition unter den wichtigsten Versandhandelsmärkten ein. In absoluten Zahlen liegt Deutschland bezogen auf das Umsatzvolumen immerhin an zweiter Stelle hinter dem international wichtigsten Versandhandelsmarkt der USA.[8]

2.2 Bedeutung von E-Commerce im Versandhandel[9]

Das Internet stellt für den Versandhandel in vielerlei Hinsicht einen idealen Vertriebskanal dar.[10] Einerseits ist die Online-Bestellung nur eine weitere Bestellform, die sich mit relativ geringem Aufwand in die bestehenden Bestell- und Kundeninformationssysteme integrieren lässt. Die Vielfalt der möglichen Bestellmedien kommt letztlich den individuellen Bestellpräferenzen der Konsumenten entgegen. Andererseits – und gerade hier realisiert der Versandhandel seinen komparativen Wettbewerbsvorteil gegenüber neuen Versendern im Internet – blickt der Versandhandel auf eine langjährige Erfahrung im medialen Verkauf mit entsprechender Logistik- und Marketingkompetenz zurück. Dieser Wettbewerbsvorteil des Versandhandels zeigt sich insbesondere in

---

[5] Dabei beschränkt sich die Betrachtung auf die Analyse aufbauorganisatorischer Veränderungen, wohlwissend, dass die Internet-Technologien in vielfältiger Weise auch ablauforganisatorische Verbesserungen in Form von Prozessoptimierungen ermöglichen.
[6] Vgl. Mattmüller/Hauser (1999), S. 24.
[7] Vgl. o.V. (2001c).
[8] Vgl. KarstadtQuelle AG (2000), S. 85.
[9] Die Darstellung beschränkt sich auf den für den Beitrag relevanten B2C-Bereich.
[10] Vgl. Mehler-Bicher/Borgman (1999), S. 57.

seiner bereits bestehenden Infrastruktur. Organisatorische und technische Systeme der Bestellabwicklung, der Kundenbetreuung, der Kundenbuchhaltung, der Lagerhaltung, der Versandlogistik und des Retourenmanagements sind bereits verfügbar. So ist insbesondere die Bedeutung der Kundenbetreuung in einem anonymen Bestellmedium wie dem Internet nicht zu unterschätzen.[11] Hier hat der Versandhandel eine vergleichsweise günstige Ausgangsposition gegenüber anderen Online-Anbietern, sind doch die entsprechend notwendigen Kapazitäten für die Beantwortung von Kundenanfragen bereits in Form von Kundenservicecentern vorhanden.[12] In der Kundenbuchhaltung kann der Versandhandel auf hoch automatisierte Verfahren der Zahlungsabwicklung und der Bonitätspflege zurückgreifen. Darüber hinaus ist es auch die Logistikkompetenz, die im Internet-Zeitalter an Bedeutung gewinnt – die schnelle Informationsübertragung mit Hilfe des Internet suggeriert eine zeitnahe Bestellabwicklung und Auslieferung der Ware[13] – und die im klassischen Versandhandel in hohem Maße vorhanden ist. Schließlich profitieren gerade die großen Universalversender von der Bekanntheit ihrer Marke: Die bereits erwähnte Anonymität des Netzes führt dazu, dass Online-Kunden bevorzugt auf bekannte Markennamen reagieren, die Zuverlässigkeit und Vertrauenswürdigkeit repräsentieren.[14]

Das Internet als Vertriebskanal eröffnet dem Versandhandel letztlich auch ein enormes Rationalisierungspotenzial. Berücksichtigt man, dass die Erstellung, der Druck und die Versendung von Katalogen in hohem Maße Werbungskosten verursachen, deren Anteil am Verkaufspreis je nach Produkt, Streuung und Bestellquote weit über 20 Prozent annehmen kann, liegt in der digitalen Sortimentspräsentation eine angestrebte Alternative.[15] Allerdings ist ein solches Rationalisierungspotenzial nur mittel- bis langfristig zu erwarten, da via Internet bisher noch nicht alle Zielgruppen erreichbar sind.[16]

Das Ausschöpfen von Umsatz- und Einsparpotenzialen lässt sich jedoch nur erzielen, wenn der Kunde auf das Online-Angebot reagiert, sich zunehmend über das Internet informiert und dort auch bestellt. Hier kann ein Blick auf die grundsätzliche Neigung der Konsumenten zum Versandhandelseinkauf hilfreich sein. Die vergangene Ent-

---

[11] Vgl. Preißl/Haas (1999), S. 92 und S. 107.
[12] Vgl. Preißl/Haas (1999), S. 103. Zu berücksichtigen ist jedoch, dass die Kundenbetreuung über das Medium Internet neuartige Anforderungen an die Mitarbeiterqualifikation stellt und damit Kosten in Form von Weiterbildungsmaßnahmen anfallen.
[13] Vgl. Preißl/Haas (1999), S. 108.
[14] Vgl. Preißl/Haas (1999), S. 104 und S. 108 sowie den Beitrag von Theuvsen (2002) in diesem Band.
[15] Vgl. Loos (1998), S. 101.
[16] Vgl. Mehler-Bicher/Borgman (1999), S. 76. Zur Zeit wird der Online-Shop überwiegend als reines Bestellmedium genutzt, die Produktinformationen werden weiterhin dem Katalog entnommen. Dies steht im übrigen im Widerspruch zu den bisherigen Erfahrungen aus anderen Branchen, wie z.B. den Versicherungen. Dort nutzen die Kunden das Internet vornehmlich als Informationsquelle, Kontraktabschlüsse erfolgen jedoch weiterhin auf herkömmlichen Wege.

wicklung des Versandhandels hat gezeigt, dass nur ein geringer Anteil der Einkäufe über Versandkäufe getätigt wird. Es stellt sich mithin die Frage, inwieweit die neuen Medien dazu beitragen können, die Einkaufsbereitschaft der Konsumenten zu Gunsten des Versandhandels auszuweiten. Mittelfristig sind verschiedene Szenarien denkbar.[17] Legt man die Annahme zu Grunde, dass sich das Käuferverhalten – insbesondere die Disposition zum Versandhandelseinkauf – nur geringfügig ändern wird, wäre eine konstante Entwicklung des Versandhandelsumsatzes relativ zum Gesamteinzelhandelsumsatz zu erwarten. In diesem Fall erhielte das Internet lediglich die Rolle eines Bestellmediums, das die bisherigen Versandhandelskäufer alternativ zu den übrigen Bestellmedien in Anspruch nehmen. In Worten von Jansen wäre „eine Art Medien-Kannibalismus"[18] die Folge. Geht man jedoch davon aus, dass das Internet in den Augen der Konsumenten nicht nur ein Bestellmedium darstellt, sondern darüber hinaus einen zusätzlichen Mehrwert und sogar Einkaufserlebnisse bieten kann, so könnten neue Kundengruppen angezogen werden.[19] Mittelfristig wäre dann eine zunehmende Bedeutung des Versandhandels zu erwarten.[20]

Setzt sich die Entwicklung des Online-Geschäfts wie in der Vergangenheit fort, ist eine zunehmende Bedeutung des Versandhandels in hohem Maße wahrscheinlich. Während im Jahr 2000 die gesamte Handelsbranche 5 Mrd. DM an Online-Umsätzen verbucht hat, erzielte davon allein der Versandhandel 2,1 Mrd. DM. Der E-Commerce-Anteil an den Verkäufen im gesamten Handel lag damit bei 0,5 Prozent, mit 5,3 Prozent vom Gesamtumsatz lag er für den Versandhandel weitaus höher.[21]

---

[17] Vgl. zum Folgenden Jansen (1997), S. 16 f.

[18] Jansen (1997), S 17.

[19] Diese Einschätzung teilen Mattmüller und Hauser, die von dem zunehmenden Wunsch vieler Verbraucher nach Bequemlichkeit und Flexibilität ausgehen, Bedürfnissen, die sich mittels Onlineeinkäufen realisieren lassen. Vgl. Mattmüller/Hauser (1999), S. 29.

[20] So erwarten z.B. Preißl und Haas, dass der Marktanteil des Versandhandels am deutschen Einzelhandelsumsatz einschließlich der internetbasierten Vertriebsform auf rund 16% im Jahr 2010 steigen wird. Vgl. Preißl/Haas (1999), S. 55.

[21] Vgl. o.V. (2001a); o.V. (2001c). Für die Zukunft prognostiziert z.B. Forrester Research einen Anstieg von E-Commerce-Umsätzen (B2C) in Europa von 22 Mrd. Euro im Jahr 2001 auf 232 Mrd. Euro im Jahr 2004. Vgl. EHI (2000), S. 74. Die Einschätzungen verschiedener Forschungsinstitute sind jedoch unterschiedlich. Ein Prognosemodell zur Einschätzung der zukünftigen Bedeutung von B2C-E-Commerce bietet Dach (2000), S. 175 ff.

3. Organisation und E-Commerce am Beispiel von KarstadtQuelle AG und Quelle AG

3.1 Organisatorische Verankerung der Quelle AG in der KarstadtQuelle AG

Die Quelle AG ist ein Universalversender mit fünfundsiebzigjähriger Geschichte.[22] Sie ist mit einem Marktanteil von mehr als 20 Prozent Marktführer im deutschen Versandhandel. Als Tochtergesellschaft der 1999 gegründeten Management- und Strategieholding KarstadtQuelle AG bildet sie gemeinsam mit der Neckermann Versand AG den Unternehmungsbereich Versandhandel der Holding ab (vgl. Abb. 1). Mit den beiden Unternehmungen positioniert sich die KarstadtQuelle AG als zweitgrößtes europäisches Versandhandelshaus.

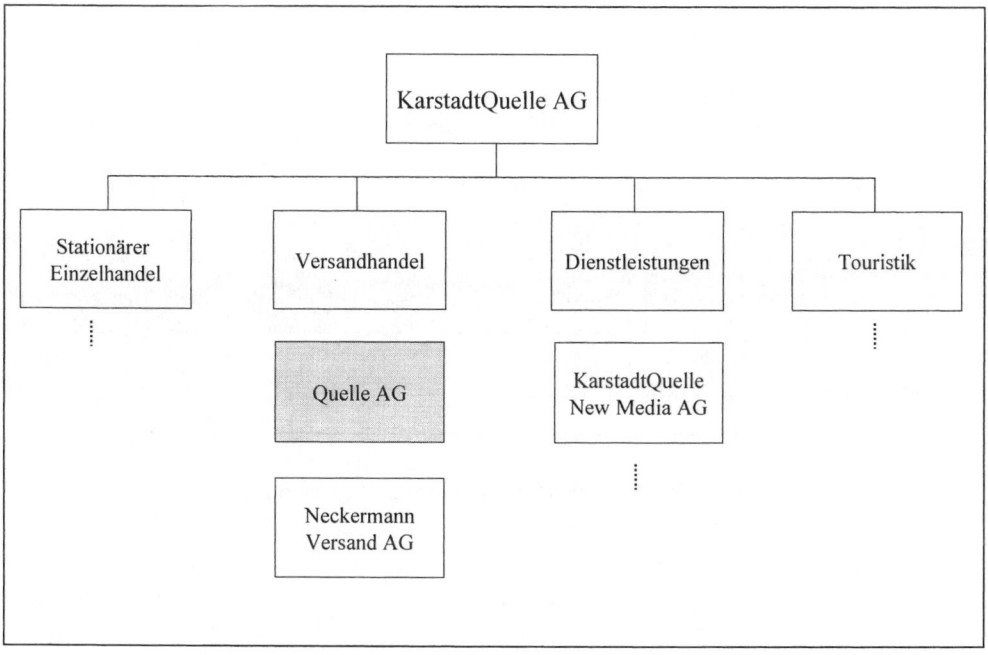

Abb. 1: Organisationsstruktur der KarstadtQuelle AG

---

[22] Als Universalversender werden Versandhandelsunternehmungen bezeichnet, wenn sie mehrere Fachsortimente kombinieren, die sich an abgrenzbaren Bedarfsbündeln orientieren; Spezialversender bieten demgegenüber jeweils nur einen Ausschnitt aus einem bestimmten Bedarfsbündel. Zu Abgrenzung und Typologie des Versandhandels vgl. Mattmüller/Hauser (1999), S. 18 ff.

3.2 Organisatorische Grundstruktur der Quelle AG

Die Organisationsstruktur der Quelle AG weist eine mehrdimensionale Strukturausrichtung auf (vgl. Abb. 2).[23] Die Grundstruktur der Quelle AG ist eine Funktionalorganisation, die Funktionsbereiche sind als Vorstandsbereiche gekennzeichnet und umfassen die Bereiche „Finanzen/Controlling", „Einkauf Textil", „Einkauf Technik und Hartwaren", „Logistik", „Vertrieb und Marketing" sowie „Personal und Informationstechnologie". Die funktionale Grundstruktur erfährt mit den Vorstandsbereichen „Versand Ausland" und „Spezialversand" eine marktorientierte Ergänzung.[24]

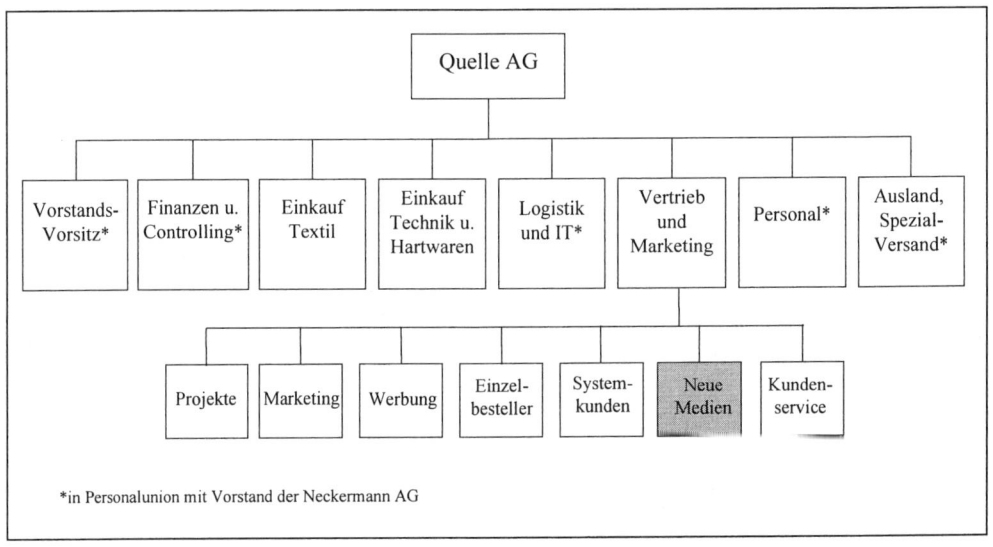

Abb. 2: Organisationsstruktur der Quelle AG

---

[23] Eine mehrdimensionale Organisationsstruktur entsteht durch Anwendung von mindestens zwei Gliederungskriterien auf einer Hierarchieebene. Vgl. Frese (2000), S. 355 ff.

[24] Seit Januar 2002 verfügen die Unternehmungen Quelle AG und Neckermann AG über einen gemeinsamen Vorstand mit den Vorstandsbereichen „Vorstandsvorsitz", „Finanzen/Controlling", „Personal", „Logistik/IT", „Einkauf Textil Quelle", „Einkauf Textil Neckermann", „Einkauf Technik und Hartwaren Quelle", „Einkauf Technik und Hartwaren Neckermann", „Vertrieb und Marketing Quelle", „Vertrieb und Marketing Neckermann".

3.3 Bedeutung von E-Commerce

3.3.1 Bedeutung von E-Commerce in der KarstadtQuelle AG

Die KarstadtQuelle AG ist mit einem Umsatz von 15,2 Mrd. Euro (2000) Europas größter kombinierter Warenhaus- und Versandhandelskonzern. Neben dem Versandhandel zählen Stationärer Einzelhandel, Touristik und Dienstleistungen zu den Geschäftsfeldern des Konzerns (vgl. Abb. 1). Wachstumsstrategisches Ziel des Konzerns ist es, die zahlreichen Vertriebskanäle konsequent kundenorientiert zu verknüpfen und Cross-Selling-Potenziale zwischen den Vertriebskanälen umfassend auszuschöpfen. Die erfolgreiche Umsetzung einer solchen Multi-Channel-Strategie hängt maßgeblich von der Vernetzung sämtlicher Vertriebs- und Kommunikationskanäle ab. Hier leisten die Internet-Technologien und insbesondere geschäftsfeldübergreifende E-Commerce-Aktivitäten einen wichtigen Beitrag.

Darüber hinaus hat sich E-Commerce mittlerweile als gleichberechtigter Vertriebskanal etabliert. Mit konzernweit rund 50 Internet-Shopping-Portalen erzielte die KarstadtQuelle AG im Jahr 2000 einen Umsatz von 450 Mio. Euro und hat damit ihren Online-Umsatz gegenüber dem Vorjahr vervierfacht. Für das Jahr 2001 plant der Konzern eine Erhöhung des Online-Umsatzes um 50 Prozent, im Jahr 2003 sollen 1,5 Mrd. Euro über das Internet abgesetzt werden.

3.3.2 Bedeutung von E-Commerce in der Quelle AG

Das Geschäftsfeld des Versandhandels ist maßgeblich für die Online-Umsätze des KarstadtQuelle-Konzerns verantwortlich: mit knapp 440 Mio. Euro (2000) liegt der Anteil bei 98 Prozent. 7,3 Prozent des Umsatzes im Geschäftsfeld Versandhandel werden derzeit über das Internet realisiert.

Eine Vorreiterrolle im E-Commerce nimmt die Quelle AG ein. Als erster deutscher Universalversender war die Quelle AG bereits im August 1995 im Internet vertreten. In absoluten Zahlen gingen im Jahr 2000 (1999) bei der Quelle AG Online-Bestellungen im Wert von 332 Mio. Euro (77 Mio. Euro) ein, knapp ein Drittel mehr als geplant. Damit erwirtschaftete die Quelle AG nahezu jede zehnte Umsatzmark des reinen Versandumsatzes online. Für das Jahr 2001 wird ein Online-Umsatz von 1 Mrd. DM erwartet, entsprechend einem Anteil von rund 15 Prozent am reinen Versandumsatz.

Die Bedeutung von E-Commerce in der Quelle AG lässt sich jedoch nicht nur auf Grundlage bisheriger Umsatzentwicklungen erklären. Sie wird insbesondere durch das erhebliche Rationalisierungspotenzial genährt, das bei vollständigem Übergang auf digitale Vertriebswege realisierbar wäre. Dabei könnten nicht nur erhebliche Werbungskosten eingespart, sondern ebenso die Kosten der Bestellabwicklung auf Grund zunehmender Automatisierungsmöglichkeiten im Falle von Online-Bestellungen reduziert werden.

Neben den in Abschnitt 2.2 ausführlich erörterten Punkten sind es letztlich auch zielgruppenbezogene Daten, die die Bedeutung des Onlinevertriebs für den Versandhandel unterstreichen. Die am stärksten besetzte Altersgruppe der Versandhandelskunden sind die 20- bis 39-jährigen, die auch die größte Gruppe der Internet-Nutzer darstellen.[25] Hier liegt auch für die Quelle AG ein weitreichendes Absatzmarktpotenzial.

3.4 Organisatorische Verankerung von E-Commerce-bezogenen Aufgaben

3.4.1 Organisatorische Verankerung von E-Commerce-bezogenen Aufgaben in der KarstadtQuelle AG

Seit Mai 2000 verfügt die KarstadtQuelle AG über eine Tochtergesellschaft, über die alle E-Commerce-Aktivitäten des Konzerns koordiniert werden (vgl. Abb. 1). Die so genannte KarstadtQuelle New Media AG unterliegt der unmittelbaren Führung des Vorstands für Neue Medien und Services. Ziel ist es, die Multi-Channel-Strategie des Konzerns mit Hilfe der Vernetzung aller Vertriebs- und Kommunikationskanäle zum Kunden – Warenhäuser, Fachmärkte, Printmedien, TV, Internet – konsequent zu etablieren.

Die KarstadtQuelle New Media AG übernimmt beim Aufbau des konzernweiten Multi-Channel-Netzwerks im Wesentlichen steuernde und beratende Funktionen. Als zentrale E-Business-Einheit hat sie die Aufgabe, die strategische Ausrichtung der elektronischen Geschäftsaktivitäten des Konzerns festzulegen und die E-Business-Aktivitäten der Konzerngesellschaften strategisch zu koordinieren. Das bedeutet auch, Standardisierungspotenziale konsequent zu realisieren.[26] Darüber hinaus unterstützt sie die Konzerngesellschaften mit Beratungsleistungen bei der Entwicklung und Optimierung der vorhandenen B2C-Marktauftritte. Schließlich ist sie für die Planung und den Abschluss von Unternehmungskooperationen im E-Business-Bereich zuständig.[27]

---

[25] Vgl. Mehler-Bicher/Borgman (1999), S. 58.
[26] Ein Beispiel ist der Aufbau eines Data Warehouses, in dem Kunden-, Artikel- und Lieferantendaten konzernweit zusammengeführt werden und mit dem die KarstadtQuelle AG jährlich 400 Mio. DM einsparen will.
[27] So z.B. mit LetsBuyIt.com, einer Internet-Marke, die gezielt die Gruppe der 20- bis 39-Jährigen anspricht.

3.4.2 Organisatorische Verankerung von E-Commerce-bezogenen Aufgaben in der Quelle AG

In der Quelle AG sind E-Commerce-bezogene Aufgaben im Bereich „Neue Medien" zusammengefasst und direkt dem Vorstand „Vertrieb und Marketing" untergeordnet (vgl. Abb. 3).

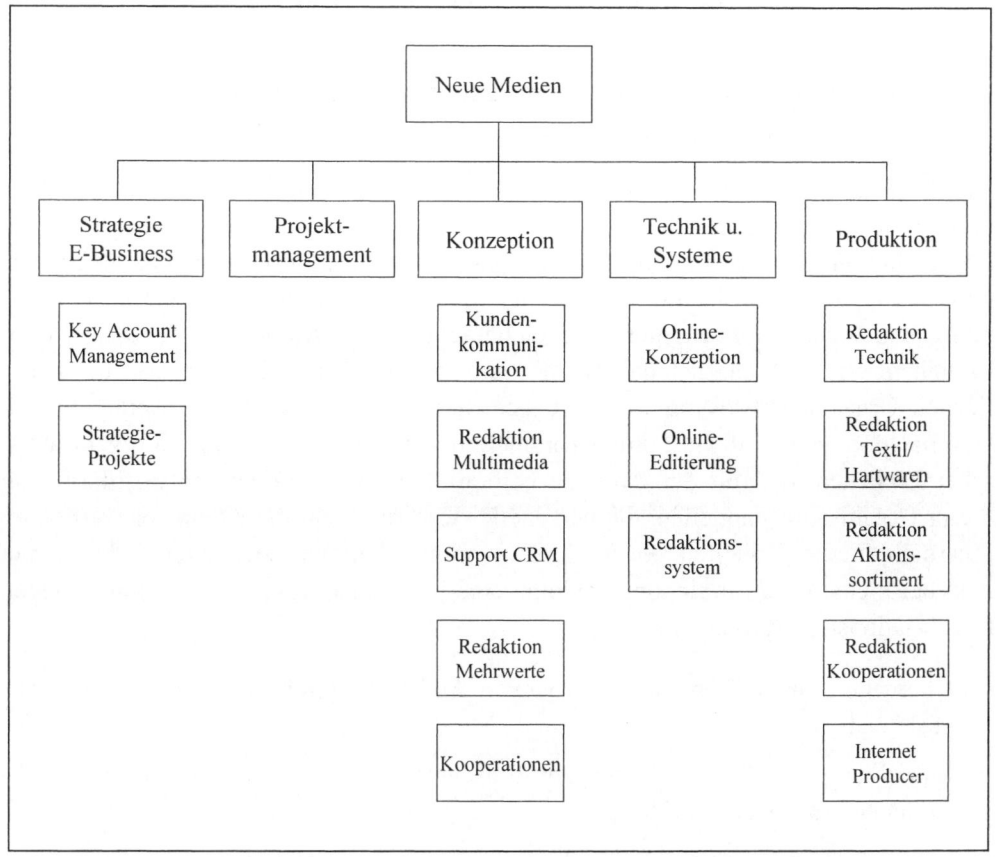

Abb. 3: Organisationsstruktur des Bereichs „Neue Medien"

Die Aufgaben des Unternehmungsbereichs „Neue Medien" umfassen im Wesentlichen die technische Betreuung, inhaltliche Ausgestaltung und konzeptionelle Weiterentwicklung des Internet-Redaktionssystems. So werden im Bereich der Konzeption bestehende Sortimentsbeschreibungen zwecks Internetverwendung weiterentwickelt, im Produktionsbereich werden die Inhalte der Webseiten sortimentsbezogen aufbereitet.

Darüber hinaus erfolgen im Rahmen der Kundenkommunikation neben der Erfassung statistischer Kundendaten die Planung und Durchführung von Direktmarketingmaßnahmen. Neben diesen eher technisch und redaktionell orientierten Aufgaben unterliegt dem Bereich die Verantwortung für die E-Business-Strategie der Quelle AG.

4. Organisatorische Gestaltungslösung der Quelle AG[28]

4.1 Grundlegende Alternativen der organisatorischen Verankerung E-Commerce-bezogener Aufgaben

Die Verankerung neuartiger Aufgaben in einer bestehenden Organisationsstruktur verlangt regelmäßig eine Abschätzung der Frage, in welchem Ausmaß die Aufgaben der Abstimmung mit und zwischen bestehenden Organisationseinheiten bedürfen. Die gewählte Organisationslösung definiert letztlich ein bestimmtes Ausmaß an Abstimmung und – damit notwendigerweise einhergehend – an Autonomie der betroffenen Einheiten. Wie hoch letztlich das Ausmaß an Autonomie und Abstimmung einer spezifischen Organisationslösung ist, lässt sich anhand der jeweiligen Ausprägung und Kombination von fünf Gestaltungsparametern bestimmen: die Anzahl organisatorischer Einheiten, die mit der Aufgabe betraut sind, die hierarchische Positionierung dieser Organisationseinheiten, die personelle Besetzung und die Kompetenzverteilung innerhalb dieser Einheiten sowie deren Kommunikationsbeziehungen.[29] Betrachtet man beispielhaft die Einbindung E-Commerce-bezogener Aufgaben, so sind folgende Organisationslösungen denkbar:[30]

(a) Übernahme der E-Commerce-bezogenen Aufgaben durch bestehende Organisationseinheiten

(b) Einrichtung von Stabseinheiten zur Entscheidungsvorbereitung in Bezug auf E-Commerce-bezogene Aufgaben

(c) Einrichtung eines Servicebereichs mit Entscheidungskompetenz für die Art der Aufgabenerfüllung E-Commerce-bezogener Aufgaben

---

[28] Sofern nicht anders gekennzeichnet, orientieren sich die organisationstheoretischen Aussagen in diesem Kapitel an der entscheidungsorientierten Organisationstheorie von Frese. Vgl. hierzu ausführlicher den Beitrag von Frese (2002) in diesem Band.
[29] Vgl. Frese/v. Werder (1993), S. 37.
[30] Vgl. Frese/v. Werder (1993), S. 38.

(d) Einrichtung von Matrixeinheiten mit Entscheidungskompetenz im Hinblick auf E-Commerce-bezogene Aufgaben

(e) Einrichtung eines Richtlinienbereichs mit Entscheidungsbefugnis für die Grundsatzentscheidungen der E-Commerce-bezogenen Aufgaben

(f) Ausgliederung der E-Commerce-bezogenen Aufgaben in einen eigenständigen – eventuell sogar rechtlich selbständigen – Kernbereich

Während aus Sicht der bestehenden Organisationsstruktur bei Alternative (a) der bisherige Grad an Autonomie und Abstimmung unverändert bleibt – die bestehende organisatorische Grundstruktur bleibt schließlich unverändert –, repräsentieren die Alternativen (b) bis (f) einen zunehmenden Grad an Autonomie und einen abnehmenden Abstimmungsbedarf.

In der Praxis scheinen sich insbesondere drei Alternativen der organisatorischen Verankerung von E-Commerce-bezogenen Aufgaben durchzusetzen: entweder werden die Aufgaben vollständig in einen eigenständigen organisatorischen Bereich oder in eingeschränkter Form in einen Servicebereich ausgegliedert (Alternativen f und c) oder die Aufgaben werden in einem Richtlinienbereich verankert (Alternative e).[31] Daher werden die organisatorischen Merkmale dieser drei Alternativen im Folgenden kurz näher dargestellt.[32]

Einrichtung eines Kernbereichs

Bei der Einrichtung eines Kernbereichs werden E-Commerce-bezogene Aufgaben vollständig in eine permanente Organisationseinheit ausgelagert. Die Einheit verfügt über umfassende Kompetenz hinsichtlich jeglicher E-Commerce-bezogener Entscheidungen und führt die entsprechenden Realisationsmaßnahmen eigenständig durch. Die Kommunikationsbeziehungen mit den übrigen Unternehmungsbereichen können, müssen aber nicht notwendigerweise organisatorisch festgelegt sein. Der Autonomiegrad der Einheit ist entsprechend hoch.

Einrichtung eines Servicebereichs

Der Einrichtung eines Servicebereichs liegt eine abgeschwächte Anwendung des Ausgliederungsprinzips zu Grunde. Während der Servicebereich über das „wie" der Aufgabenerfüllung entscheidet, obliegen die Entscheidungen über das „ob" und „was" an-

---

[31] Zur Verankerung der technischen E-Business-Aufgaben vgl. v. Werder/Grundei/Talaulicar (2002) in diesem Band.
[32] Vgl. zum Folgenden Frese/v. Werder (1993), S. 39 ff.

deren Unternehmungsbereichen. Der Servicebereich wird mithin ausschließlich auftragsbezogen tätig.

Einrichtung eines Richtlinienbereichs

Der Richtlinienbereich ist gegenüber den in den Unternehmungsbereichen mit E-Commerce-bezogenen Aufgaben beauftragten Einheiten uneingeschränkt weisungsbefugt. Die Entscheidungen des Richtlinienbereichs gelten als Rahmen für die nachgelagerten Einheiten, innerhalb dessen sie ihre eigenen Detailentscheidungen treffen können.

Es ist anzunehmen, dass die Entscheidung für eine bestimmte Organisationsalternative durch den strategischen Stellenwert beeinflusst wird, den E-Commerce-bezogene Aufgaben in der jeweiligen Unternehmung annehmen. Wird die Bedeutung E-Commerce-bezogener Aufgaben als herausragend eingeschätzt, zeigt die jeweilige Organisationslösung wahrscheinlich einen ausgeprägten Grad an Autonomie des betroffenen Bereichs. Diese Aussage ist jedoch empirisch in keiner Weise gesichert und muss insofern in diesem Beitrag als ungeprüft stehen bleiben. Nichtsdestotrotz soll die Aussage im Folgenden am Beispiel der von der Quelle AG gewählten Organisationsalternative hinterfragt werden. Interessant ist mithin die Fragestellung, inwieweit sich die strategische Bedeutung von E-Commerce-Aktivitäten im Autonomiegrad des Bereichs „Neue Medien" widerspiegelt. Im Anschluss daran wird die mit dem Bereich „Neue Medien" gewählte Organisationslösung hinsichtlich ihrer Effizienzwirkungen analysiert. Dabei werden die im Beitrag von Frese ausführlich erläuterten Kriterien der Prozess-, Markt- und Ressourceneffizienz herangezogen.[33]

4.2 Zur organisatorischen Gestaltungslösung der Quelle AG

4.2.1 „Neue Medien" – Ausgliederung von E-Commerce-bezogenen Aufgaben

E-Commerce hat in der Quelle AG mittlerweile strategische Bedeutung erlangt:[34] Strategische Leitlinie des Konzerns ist es, E-Commerce neben den klassischen Vertriebskanälen als gleichberechtigten Vertriebskanal zu betrachten. Organisatorisch wird diese Multi-Channel-Strategie durch den neu geschaffenen Bereich „Neue Medien" repräsentiert, der neben den weiteren Vertriebskanälen „Einzelbesteller" und „Systemkunden" im Vorstandsbereich „Vertrieb und Marketing" verankert ist. Dabei vermittelt diese Organisationslösung augenscheinlich zunächst den Eindruck, als ver-

---

[33] Vgl. Frese (2002).
[34] Vgl. Abschnitt 3.3.2.

füge die neue Organisationseinheit über umfassende Entscheidungskompetenz für alle E-Commerce-bezogenen Aufgaben in der Quelle AG.[35] In einem solchen Fall würde der Bereich „Neue Medien" einen Kernbereich mit entsprechend weitreichender Entscheidungs- und Handlungsautonomie darstellen.

Das Beispiel der Quelle AG zeigt jedoch, dass bei einem umfassend eigenständigen Vorgehen des Bereichs „Neue Medien" das Problem der „Selbstkannibalisierung"[36] mit den bisherigen Vertriebskanälen zunehmen würde. Aus diesem Grunde wurde der Bereich „Neue Medien" lediglich mit eingeschränkter Entscheidungs- und Handlungsautonomie im Hinblick auf E-Commerce-bezogene Aufgaben ausgestattet. Die Entscheidungen des Bereichs sind faktisch abhängig von den Entscheidungen anderer Bereiche, insbesondere der bisherigen Vertriebskanäle. So entscheiden die Vertriebskanäle „Einzelkunden" und „Systemkunden" über das „ob" und „was" von E-Commerce-Aktivitäten, die der Bereich „Neue Medien" in der Folge umsetzt. Über Entscheidungsspielraum verfügt der Bereich mithin lediglich in Bezug auf das „wie" der Aktivitäten. Die gewählte Organisationslösung der Quelle AG lässt sich entsprechend als Servicebereich bezeichnen.

Eine weitere Einschränkung der eigenen Entscheidungs- und Handlungsautonomie erfährt der Bereich „Neue Medien" über die Anbindung der Quelle AG an die Aktivitäten der Mutterunternehmung. Der von der KarstadtQuelle AG gegründeten KarstadtQuelle New Media AG obliegen die wesentlichen Grundsatzentscheidungen im Hinblick auf die E-Commerce-Aktivitäten des gesamten Konzerns. Die Entscheidungen der KarstadtQuelle New Media AG bilden damit einen strategischen Rahmen, innerhalb dessen die verschiedenen Konzernunternehmungen eigenständigen E-Commerce-Aktivitäten nachgehen können.[37]

Vor diesem Hintergrund mag zwar die Bedeutung von E-Commerce als zusätzlicher Vertriebskanal der Quelle AG erkannt sein, organisatorisch spiegelt sich diese strategisch bedeutsame Position jedoch (noch) nicht wider. Welche organisatorischen Effizienzwirkungen mit der Einrichtung des Servicebereichs „Neue Medien" zu erwarten sind, stellt Thema des folgenden Abschnitts dar. Dabei soll zumindest am Rande auch ein Eindruck über die Ursachen und Auswirkungen der eingeschränkten Autonomie – und analog des hohen Abstimmungsbedarfs – vermittelt werden.

---

[35] Vgl. zu den Aufgaben des Bereichs „Neue Medien" Abschnitt 3.4.2.
[36] Meffert (2000), S. 925.
[37] Organisatorisch gilt die KarstadtQuelle New Media AG damit als Richtlinienbereich für E-Commerce-bezogene Aufgaben im KarstadtQuelle-Konzern.

4.2.2 „Neue Medien" versus „Einzelkunden" und „Systemkunden" – Integration von Online- und Offline-Aktivitäten

Betrachtet man die Vertriebsorganisation der Quelle AG genauer, so sind die bisherigen Vertriebskanäle an den klassischen Kunden und Kundengruppen der Quelle AG ausgerichtet, während sich der Vertriebskanal „Neue Medien" an die Kundengruppe der Internetnutzer wendet. Fraglich ist in diesem Zusammenhang, inwiefern der neue internetbasierte Vertriebskanal sich an für die Quelle AG vollkommen neue Kunden wendet oder seine Kunden vielmehr aus den bisherigen Vertriebskanälen rekrutiert. Mit der bisherigen Entwicklung zeichnet sich die letzte Annahme ab. Es sind überwiegend bereits bekannte Einzel- und Systemkunden der Quelle AG, die zum Online-Vertriebskanal wechseln. Dennoch ist innerhalb der Quelle AG nicht von Kannibalisierung zwischen den Vertriebskanälen die Rede, wechselt der Kunde doch lediglich das Bestellmedium.[38] Es zeigt sich im Übrigen, dass die zum Online-Vertriebskanal wechselnden Kunden weiterhin auch die bisherigen Bestellmedien nutzen. Reine Internetkunden sind bisher nicht zu verzeichnen. Damit birgt die bestehende Ausrichtung der Vertriebsorganisation die Gefahr von Marktinterdependenzen in sich, da nicht alle Vertriebsentscheidungen in Bezug auf eine Kundengruppe einer Einheit übertragen sind.

Vor diesem Hintergrund sind aus organisatorischer Sicht insbesondere folgende Fragestellungen interessant:

(1) Sofern sich der neue Online-Vertriebskanal an die vorhandenen Kunden der Quelle AG richtet, wie werden mögliche Marktinterdependenzen – z.B. in Form abweichender Kundenkommunikation in den unterschiedlichen Vertriebskanälen oder der Verletzung des „one face to the customer"-Prinzips – vermieden? Zur Beantwortung der Frage wird das Kriterium der Markteffizienz herangezogen.

(2) Welche Wirkungen haben die organisatorischen Lösungen zur Verbesserung der Markteffizienz auf Prozessinterdependenzen? Nimmt die Gefahr von Ressourceninterdependenzen zu? Hier wird auf das Kriterium der Prozesseffizienz zurückgegriffen.

(3) Hat die Integration des Online-Vertriebskanals die umfassende Nutzung von Vertriebsressourcen beeinträchtigt? Hier werden die Auswirkungen auf die Ressourceneffizienz behandelt.

---

[38] Zu den weiteren Bestellmedien zählen Telefon, Brief, Fax und T-Online.

Markteffizienz

(Absatz-)Markteffizienz[39] lässt sich dann verwirklichen, wenn unter Abwägung von Autonomie- und Abstimmungskosten die Kundenkontakte zur Berücksichtigung von Marktinterdependenzen und zur Nutzung von Marktpotenzialen über Bereichsgrenzen hinweg auf die Ziele der Gesamtunternehmung ausgerichtet werden. Ziel ist ein über alle Vertriebskanäle hinweg koordiniertes Auftreten gegenüber dem Kunden im Sinne des „one face to the customer"-Prinzips. Die mit einem solchen Ziel verbundenen organisatorischen Koordinationsmaßnahmen begründen einen zunehmenden Abstimmungsbedarf und gehen damit notwendigerweise mit einem Verlust der Autonomie der vorhandenen Vertriebskanäle einher.

Für die Quelle AG als einer ausgesprochen marktorientierten Unternehmung kommt der Realisierung von Markteffizienz naturgemäß eine hohe Bedeutung zu. Das Marktpotenzial, das in einer effizienten Nutzung von rund 14 Mio. Kundenadressen liegt, soll umfassend ausgeschöpft werden. Etwaige interne Abstimmungskosten werden dabei zu Gunsten des „one face to the customer"-Prinzips in Kauf genommen. Der direkte Kontakt zum Kunden unterliegt daher ausschließlich dem Bereich „Kundenservice", einer Organisationseinheit, die neben den Vertriebskanälen ebenfalls dem Vorstandsbereich „Vertrieb und Marketing" zugeordnet ist. Zu den wesentlichen Aufgaben des Bereichs gehören die zentrale Bestellabwicklung, der After-Sales-Service, die Beantwortung von Kundenanfragen[40] sowie die Kundendatenverwaltung. Die Bündelung von kundenserviceorientierten Aufgaben in einem Bereich ist im Übrigen nicht nur unter dem Gesichtspunkt der Markteffizienz als positiv zu beurteilen. Darüber hinaus stellt der „Kundenservice" im Sinne eines Kompetenzcenters eine zentrale Anlaufstelle für kundendatenbezogene Fragestellungen innerhalb der Unternehmung dar.[41]

Die Einrichtung eines zentralen Kundenservicebereichs allein genügt jedoch nicht, potenzielle Marktinterdependenzen vollständig auszuräumen. Die Gefahr von Substitutionseffekten zwischen den Vertriebskanälen erhöht sich naturgemäß auch mit der vertriebskanalspezifischen Ausgestaltung von Marketinginstrumenten, so z.B. der Sortiments- oder Preispolitik. Vor diesem Hintergrund hat die Quelle AG den Online-Vertriebskanal lediglich mit eingeschränkten Kompetenzen hinsichtlich einer eigenständigen Ausgestaltung der Marketingpolitik ausgestattet. So unterliegt die grundlegende Gestaltung der Marketingpolitik für Einzel- und Systemkunden wie bisher den

---

[39] Der Begriff der „Markteffizienz" bezieht sich in diesem Beitrag ausschließlich auf den Absatzmarkt.
[40] Dabei erfolgt eine medienkonforme Kundenkommunikation. Per Brief bestellende Kunden erhalten eine schriftliche Antwort per Post, per Fax eingehende Kundenanfragen werden entsprechend per Fax beantwortet, Internetkunden erhalten eine Antwort via e-mail.
[41] Vgl. die Ausführungen zur Ressourceneffizienz auf S. 339.

jeweiligen Vertriebskanälen. Vermarktungsinitiativen des Online-Vertriebskanals bedürfen entweder der Abstimmung mit dem entsprechend betroffenen Vertriebskanal oder gehen in der Regel gar als dessen Auftrag beim Online-Vertriebskanal ein. Ferner ist das Sortimentsangebot des Online-Vertriebskanals an das für Einzel- und Systemkunden geplante Sortiment der Quelle AG gebunden und stellt lediglich eine Auswahl aus dem bestehenden Sortiment dar. Die in Abschnitt 3.4.2 beschriebenen Aufgaben des Unternehmungsbereichs „Neue Medien" unterliegen damit im Wesentlichen den inhaltlichen Vorgaben der bestehenden Vertriebskanäle „Einzelkunden" und „Systemkunden".[42]

Insgesamt kann daher die Markteffizienz der Integration von Online-Vertriebsaktivitäten in der Quelle AG als gut bezeichnet werden. Marktinterdependenzen auf Grund von Substitutions- oder Kannibalisierungseffekten zwischen den Online- und Offline-Aktivitäten sind mit der faktischen Abhängigkeit des Bereichs „Neue Medien" von den Vertriebsstrategien der Bereiche „Einzelkunden" und „Systemkunden" nicht zu erwarten. Ebenso wenig wahrscheinlich sind auf Unterschiede in der direkten Kundenkommunikation zurückzuführende Marktinterdependenzen zwischen den Vertriebskanälen. Das Prinzip des „one face to the customer" wird mit dem Bereich „Kundenservice" als zentraler Kontaktstelle für den Kunden umfassend realisiert.

Prozesseffizienz

Die Verwirklichung von Prozesseffizienz erfordert, den internen Leistungsprozess über alle Wertschöpfungsstufen hinweg auf die Ziele der Gesamtunternehmung auszurichten. Wesentliches handlungsleitendes Ziel heutiger Unternehmungen ist es, die Durchlaufzeiten – ganz im Sinne eines „time to market"-Prinzips – zu reduzieren. Dies setzt voraus, das Ausmaß an Prozessinterdependenzen[43] gering zu halten und Ressourceninterdependenzen[44] weitestgehend zu vermeiden.

Die heutige Vertriebsorganisation der Quelle AG weist mit den Vertriebskanälen „Einzelkunden", „Systemkunden" und „Neue Medien" einerseits und dem „Kundenservice" andererseits eine organisatorische Trennung von Kundenserviceaufgaben als originären Vertriebsaufgaben von den übrigen Vertriebsaufgaben auf. Dabei steht die Verwirklichung von Markteffizienz im Vordergrund. Eine solche Ausgliederung spe-

---

[42] Am Rande sei erwähnt, dass die derzeit eingeschränkte Rolle des Bereichs „Neue Medien" als eigenständiger Vertriebskanal auf die bisher eher reduzierte Bedeutung dieses Vertriebswegs in der Neukundengewinnung zurückzuführen ist. Es ist jedoch anzunehmen, dass sich diese Rolle mit zunehmender Bedeutung des Online-Vertriebs entsprechend ändern wird.

[43] Prozessinterdependenzen sind interne Leistungsverflechtungen, das heißt der Output einer Einheit stellt den Input der anderen dar.

[44] Ressourceninterdependenzen treten dann auf, wenn mehrere Einheiten die Leistungen einer knappen Ressource in Anspruch nehmen.

zifischer Vertriebsaufgaben führt gegenüber einer Organisationsalternative, bei der der jeweilige Vertriebskanal über umfassende Entscheidungskompetenzen hinsichtlich aller Vertriebsaufgaben verfügt, zu zusätzlichen Prozessinterdependenzen und damit zu eingeschränkter Prozesseffizienz. Ebenso begründet auch die eingeschränkte Entscheidungskompetenz des Online-Vertriebskanals im Hinblick auf die Gestaltung der Marketinginstrumente zusätzliche Prozessinterdependenzen zwischen dem Bereich „Neue Medien" einerseits und den Vertriebskanälen „Einzelkunden" und „Systemkunden" andererseits.

Neben zusätzlichen Prozessinterdependenzen sind es auch Ressourceninterdependenzen der derzeitigen Vertriebsorganisation, die die Verwirklichung der Prozesseffizienz beeinträchtigen. So ist die Ausgliederung von Kundenserviceaufgaben und die Poolung in einem gesonderten Bereich dann als problematisch zu bezeichnen, wenn die vorgehaltenen Kapazitäten nicht zur Bearbeitung sämtlicher Kundenanfragen ausreichen und die Anfragen bestimmter Kundengruppen bevorzugt behandelt werden (so z.B. der Systemkunden zum Nachteil der Einzelkunden). Gleiches gilt für die Position des Bereichs „Neue Medien" als interner Dienstleister dann, wenn beide Vertriebskanäle – „Einzelkunden" und „Systemkunden" – zeitgleich die Durchführung von Online-Vermarktungsinitiativen anfordern, die Kapazitäten eine zeitgleiche Durchführung jedoch nicht zulassen.

Betrachtet man schließlich den KarstadtQuelle-Konzern insgesamt, so unterliegt der Bereich den strategischen Vorgaben der KarstadtQuelle New Media AG und hat damit weitere Prozessinterdependenzen zu berücksichtigen, die die eigene Entscheidungskompetenz begrenzen. Insgesamt weist die Integration des Bereichs „Neue Medien" in die Quelle AG mithin verschiedene Prozess- und Ressourceninterdependenzen auf, die die Prozesseffizienz der Organisationslösung beeinträchtigen können. Die Internet-Technologien eröffnen hier allerdings neue Möglichkeiten, den gesamten betrieblichen Leistungsprozess umfassend abzustimmen und damit organisatorisch bedingte Prozess- und Ressourceninterdependenzen wirksam zu koordinieren.[45]

Ressourceneffizienz

Ressourceneffizienz bezeichnet die im Sinne der Ziele der Gesamtunternehmung effiziente Nutzung homogener Ressourcen über Bereichsgrenzen hinweg. Die Realisierung von Ressourceneffizienz bedeutet tendenziell, zusätzliche Abstimmungskosten in Form von Prozess- und Ressourceninterdependenzen in Kauf zu nehmen.

---

[45] So lassen sich organisatorische Prozess- und Ressourceninterdependenzen beispielsweise mit Hilfe von Intranetanwendungen überwinden.

Die Vertriebsorganisation der Quelle AG zeigt mit der Poolung von spezifischen Ressourcen grundsätzlich eine gute Ressourceneffizienz. Ressourcenbezogene Autonomiekosten entstehen kaum, da diejenigen Vertriebsaufgaben, die eine Bündelung – u.a. auch unter Marktgesichtspunkten – sinnvoll erscheinen lassen,[46] bereits vor der Integration von Online-Vertriebsaktivitäten in einem abgeschlossenen Bereich zusammengeführt wurden. Darüber hinaus werden die E-Commerce-Aktivitäten der Unternehmung gebündelt in dem Bereich „Neue Medien" zusammengeführt. Gerade vor dem Hintergrund, dass die interne Kommunikation innerhalb eines Teilsystems als reibungsloser gilt als zwischen Teilsystemen, und damit Lerneffekte wahrscheinlicher realisierbar sind, ist die zentrale Zusammenführung der E-Commerce-bezogenen Aufgaben eine Chance, das Wissen über E-Commerce konsequent nutzbar zu machen und zügig weiterzuentwickeln.[47]

Zusammenfassend lässt sich festhalten, dass die Integration von E-Commerce-bezogenen Aufgaben in die bestehende Organisationsstruktur der Quelle AG eine hohe Markteffizienz und eine gute Ressourceneffizienz aufweist. Die Prozesseffizienz wird hingegen in hohem Maße von den bestehenden Prozess- und Ressourceninterdependenzen beeinträchtigt.[48] Vor dem Hintergrund, dass der Wertschöpfungsprozess der Quelle AG eine ausgesprochen hohe Kundenorientierung aufweist, ist die Auswahl einer im wesentlichen markteffizienten Organisationslösung verständlich. So gilt es vorrangig, Marktinterdependenzen auszuräumen und Marktpotenziale umfassend nutzbar zu machen. Es bleibt jedoch anzumerken, dass gerade die Bedeutung der Prozesseffizienz im Zeitalter von E-Commerce zuzunehmen scheint. Die Verwirklichung von „time to market"-Prinzipien ist in hohem Maße gefordert, wird jedoch im Falle zahlreicher Prozess- und Ressourceninterdependenzen erschwert. Eine rein an der Verwirklichung von Markteffizienz orientierte Organisationslösung erscheint insofern als kritisch. Mit den neuen Anwendungsmöglichkeiten auf Basis der Internet-Technologien werden jedoch technische Lösungen bereitgestellt, die zur Überwindung der nachteiligen Wirkungen des beschriebenen Zielkonflikts beitragen.

---

[46] Vgl. die Ausführungen zur Markteffizienz auf S. 337.

[47] Bezogen auf den gesamten KarstadtQuelle-Konzern erfährt die Verwirklichung von Lerneffekten und entsprechend von Ressourceneffizienz jedoch eine Beeinträchtigung durch die organisatorische Trennung des Richtlinienbereichs KarstadtQuelle New Media von den E-Commerce-Einheiten der Konzerngesellschaften. Auch hier eröffnen Internet-Technologien Möglichkeiten des Wissenstransfers, die die Nachteile einer organisatorischen Trennung aufheben können.

[48] Hier offenbart sich der klassische Zielkonflikt der Organisationsgestaltung zwischen der Verwirklichung von Markt- und Ressourceneffizienz einerseits und von Prozesseffizienz andererseits.

5. Fazit

Die vorangehenden Ausführungen haben beispielhaft gezeigt, dass E-Commerce in Versandhandelsunternehmungen zunehmend als eigenständiger Vertriebskanal angesehen wird und damit strategische Bedeutung erlangt hat. Geht man von der Annahme aus, dass sich eine solche strategische Bedeutung in einer entsprechend bedeutsamen „Position" der mit E-Commerce-bezogenen Aufgaben betrauten Organisationseinheiten widerspiegelt, so sollten sich in den Unternehmungen organisatorische Einheiten vorfinden, die über umfassende Handlungs- und Entscheidungsautonomie hinsichtlich E-Commerce-bezogener Aufgaben verfügen.[49] Inwiefern sich also die strategische Bedeutung von E-Commerce in der organisatorischen Bedeutung der entsprechenden Organisationseinheiten ausdrückt, war handlungsleitende Fragestellung des vorliegenden Beitrags.

Die Analyse der von der Quelle AG gewählten Organisationsalternative hat gezeigt, dass die tatsächliche Bedeutung von E-Commerce-Organisationseinheiten trotz der geäußerten hohen strategischen Bedeutung des Themas E-Commerce weiterhin fraglich erscheinen muss. So existieren zwar E-Commerce-Organisationseinheiten, deren Tätigkeit ist jedoch in hohem Maße von Entscheidungen anderer Organisationseinheiten geprägt. Hier wiegt die Gefahr der Kannibalisierung weiterhin schwer, so dass Marketingstrategien und sogar operative Marketingmaßnahmen der Entscheidungskompetenz der bisherigen Vertriebskanäle unterliegen. Die E-Commerce-Organisationseinheit fungiert insofern lediglich als ausführende Instanz, die Rolle eines eigenständigen Vertriebskanals wird damit organisatorisch bisher nicht repräsentiert.[50]

Inwiefern sich die strategische Bedeutung von E-Commerce zukünftig in einer tatsächlichen Bedeutung der entsprechenden Einheiten widerspiegelt, bleibt abzuwarten. Es ist jedoch in hohem Maße davon auszugehen, dass die Verbraucher zunehmend E-Commerce-Angebote wahrnehmen werden, mithin die betriebswirtschaftliche Bedeutung des Online-Marktes zunehmen wird. Die betriebswirtschaftliche Bedeutung wird sich entsprechend in einer veränderten „Position" der E-Commerce-Einheiten in den Unternehmungen widerspiegeln. Es ist anzunehmen, dass die E-Commerce-Einheiten dann über erhöhte Entscheidungs- und Handlungsautonomie verfügen werden und weniger als interne Dienstleister für bisherige Vertriebskanäle agieren, sondern vielmehr tatsächlich einen eigenständigen Vertriebskanal darstellen.

---

[49] Es bleibt erneut darauf hinzuweisen, dass es sich um eine empirisch in keiner Weise gesicherte, auf reinen Plausibilitätsüberlegungen fußende Annahme handelt.
[50] Die eingeschränkte Rolle der E-Commerce-Organisationseinheit lässt sich derzeit auch darauf zurückführen, dass über den Online-Vertriebskanal bisher kaum neue Kunden angesprochen wurden, sondern dass bestehende Kunden zunehmend auf das Bestellmedium Internet zurückgreifen, ohne jedoch gänzlich auf die bisherigen Bestellmedien zu verzichten.

Literatur

DACH, Christian (2000): Die zukünftige Bedeutung des Business-to-Consumer-E-Commerce – ein Prognosemodell. In: Zukunftsperspektiven des E-Commerce im Handel, hrsg. von Lothar Müller-Hagedorn. Frankfurt am Main, S. 175-225.

EHI – EuroHandelsinstitut GmbH (2000): Handel aktuell 2000. Köln.

FRESE, Erich (2000): Grundlagen der Organisation: Konzept – Prinzipien – Strukturen. 8. Aufl., Wiesbaden.

FRESE, Erich (2002): Das organisatorische Gestaltungspotenzial von Internet und Intranet – Theorie der Organisationsgestaltung und netzbasierte Kommunikationseffekte. In: E-Organisation: Strategische und organisatorische Herausforderungen des Internet, hrsg. von E. Frese und H. Stöber im Auftrag des Arbeitskreises „Organisation" der Schmalenbach-Gesellschaft für Betriebswirtschaft. Stuttgart, S. 191-241.

FRESE, Erich/ v. WERDER, Axel (1993): Zentralbereiche – Organisatorische Formen und Effizienzbeurteilung. In: Zentralbereiche: theoretische Grundlagen und praktische Erfahrungen, hrsg. von E. Frese, W. Maly und A. v. Werder. Stuttgart, S. 1-50.

HERMANNS, Arnold/ SAUTER, Michael (1999): Electronic Commerce – Grundlagen, Potentiale, Marktteilnehmer und Transaktionen. In: Management-Handbuch Electronic Commerce, hrsg. von A. Hermanns und M. Sauter. München, S. 13-29.

JANSEN, Harald (1997): Online-Shopping – Spezialversender auf dem Vormarsch. In: Enzyklopädie des Handels. Neue Medien im Handel. Auf dem Weg zum Electronic Retailing, hrsg. vom Verlag EHI – EuroHandelsinstitut GmbH. Köln, S. 16-20.

KARSTADTQUELLE AG (2000): Geschäftsbericht 2000.

KLIETMANN, Markus: Internetshopping Report 2001. URL: http://www.ecin.de/marktbarometer/shoppingreport/, 15.10.2001

LOOS, Christoph (1998): Online-Vertrieb von Konsumgütern. Wiesbaden.

MATTMÜLLER, Roland/ HAUSER, Thomas (1999): Typologie und Bedeutung des Versandhandels. In: Versandhandels-Marketing: vom Katalog zum Internet, hrsg. von Roland Mattmüller, Frankfurt am Main, S. 15-31.

MEFFERT, Heribert (2000): Marketing: Grundlagen marktorientierter Unternehmensführung: Konzepte – Instrumente – Praxisbeispiele. 9. überarbeitete und erweiterte Aufl., Wiesbaden.

MEHLER-BICHER, Anett/ BORGMAN, Hans (1999): Electronic Commerce – eine zukunftsträchtige Distributionsform? In: Versandhandels-Marketing: vom Katalog zum Internet, hrsg. von Roland Mattmüller. Frankfurt am Main, S. 51-81.

O.V. (2001a): B2C-E-Commerce in Deutschland. URL: http://www.ecc-handel.de/ecinfos/branchen/showcontent.php3?sub=011&b_id=954338222&b_title=Prognosen&bp=p&globcon=180274CD, 10.10.2001.

O.V. (2001b): Nicht nur zur Weihnachtszeit: eCommerce hat immer Saison. URL: http://www.ecin.de/news/2001/09/13/03131/, 12.10.2001.

O.V. (2001c): Versandhandel erfolgreich im Internet. URL: http://www.ecin.de/news/2001/03/08/01665/, 12.10.2001.

PREIßL, Brigitte/ HAAS, Hansjörg (1999): E-Commerce – Erfolgsfaktoren von Online-Shopping in den USA und in Deutschland. Berlin.

THEUVSEN, Ludwig (2002): E-Business und Strategie – Neubewertung von Wettbewerbsvorteilen bei veränderten Branchenstrukturen. In: E-Organisation: Strategische und organisatorische Herausforderungen des Internet, hrsg. von E. Frese und H. Stöber im Auftrag des Arbeitskreises „Organisation" der Schmalenbach-Gesellschaft für Betriebswirtschaft. Stuttgart, S. 19-62.

v. WERDER, Axel/ GRUNDEI, Jens/ TALAULICAR, Till (2002): Organisation der Unternehmenskommunikation im Internet-Zeitalter. In: E-Organisation: Strategische und organisatorische Herausforderungen des Internet, hrsg. von E. Frese und H. Stöber im Auftrag des Arbeitskreises „Organisation" der Schmalenbach-Gesellschaft für Betriebswirtschaft. Stuttgart, S. 395-423.

Thomas Vetter [*] */ Matthias Graumann* [**]

INTERNETBASIERTES LERNEN

– Der Ansatz von SAP

1. Einführung

2. Firmenportrait

3. Die SAP Learning Solution

4. Nutzen des SAP-Ansatzes

---

[*] Dr. Thomas Vetter, Vice President, General Business Unit Financials, SAP AG
[**] Dr. Matthias Graumann, wissenschaftlicher Mitarbeiter am Organisationsseminar der Universität zu Köln

Zusammenfassung

SAP hat eine Software entwickelt, die es in Abstimmung mit der bewährten ERP-Software möglich macht, diejenigen Lernpotenziale auszuschöpfen, die durch die moderne Internet-Technik zur Verfügung gestellt werden. Im Firmenbericht wird einleitend ein kurzer Überblick über die Unternehmung „SAP" gegeben. Dann wird die „SAP Learning Solution" vorgestellt, und es wird versucht, auf der Grundlage einer betriebswirtschaftlichen Zielordnung nachvollziehbar denjenigen Nutzen abzuschätzen, den der SAP-Ansatz stiften kann. Hierbei werden lernfördernde Aspekte ebenso berücksichtigt wie Kostenaspekte.

1. Einleitung

Der hier vorliegende Firmenbericht soll deutlich machen, wie SAP an das aktuelle Thema des internetbasierten Lernens herangeht und welchen Lösungsvorschlag SAP diesbezüglich zu machen hat. Zu diesem Zweck wird mit der Software „SAP Learning Solution" der SAP-spezifische Ansatz eines internetbasierten Lernens vorgestellt. Mit diesem Software-Modul sollen die Nutzenpotenziale ausgeschöpft werden, die die moderne Internet-Technik für das Lernen bietet. Nach einem kurzen Firmenporträt unter Abschnitt 2 wird in Abschnitt 3 die SAP Learning Solution vorgestellt. Dann wird in Abschnitt 4 ein Fazit gezogen, indem der betriebswirtschaftliche Nutzen abgeschätzt wird, den SAP mit seinem Lerntool stiften kann.

2. Firmenporträt

Seit ihrer Gründung 1972 ist die Walldorfer SAP führend im Bereich unternehmungsübergreifender E-Business-Lösungen für alle Branchen und alle wichtigen Märkte. SAP ist der weltweit größte Anbieter von unternehmensübergreifenden Geschäftslösungen, drittgrößter unabhängiger Softwarehersteller und unter dem Namen „SAP" an mehreren Börsen notiert darunter auch in Frankfurt und an der Wall Street. Mit 26.000 Beschäftigten in über 50 Ländern liefert die SAP ihren Kunden exzellente Betreuung und einen erstklassigen Service. Die folgenden Daten geben einen aktuellen Überblick über das Unternehmen.

Erfahrung, Wissen und Technologie sind die Erfolgsfaktoren in der neuen New Economy. SAP hat sich vom weltführenden Anbieter von ERP-Lösungen[1] zum führenden Anbieter von innovativen E-Business-Lösungen entwickelt, die dem Kunden eine größere Wertschöpfung bringen. SAP möchte mit den folgenden Schwerpunkten zum Anbieter Nr. 1 im Markt für E-Business-Lösungen werden: Unternehmensportale, Marktplätze, Customer Relationship Management, Supply Chain Management und Product Lifecycle Management.

---

[1] Enterprise Resource Planning-Lösungen

Kennzahlen 2. Quartal 2001

Kennzahlen	2. Quartal 2001 (Mio €)	2. Quartal 2000 (Mio. €)	Δ %
Lizenzumsatz	646	554	17
Gesamtumsatz	1.853	1.498	24
Operatives Ergebnis	373	151	147
- in % vom Umsatz	20	10	10*
Ergebnis vor Ertragssteuern	354	193	83
- in % vom Umsatz	19	13	6*
Konzernergebnis	206	116	78
- in % vom Umsatz	11	8	3*
Erlös pro Aktie (in €)	0,65	0,37	76

* Prozentpunkte

Umsatz nach Regionen – 2. Quartal 2001

	2. Q. 2001 (Mio. €)	2. Q. 2000 (Mio. €)	Δ %	Δ währungsbereinigt
EMEA	962	708	36	36
davon Deutschland	384	282	36	36
Nord- und Südamerika	671	598	12	6
davon USA	516	451	14	6
APA	220	192	15	20
davon Japan	112	94	19	26
Summe Gruppe	1.853	1.498	24	22
Umsatz international in % des Gesamtumsatzes	79	81	-2*	

* Prozentpunkte

Mitarbeiterzahl weltweit in FTE zum 30. Juni 2001

	06/2001	12/2000	Δ abs.	Δ in %
Konzern	26.774	24.178	2.597	11
EMEA	16.851	15.305	1.546	10
Nord- und Südamerika	6.778	6.121	657	11
APA	3.145	2.752	393	14
Forschung und Entwicklung	6.768	6.138	630	10
Service und Support	12.285	11.054	1.231	11
Vertrieb und Marketing	4.673	4.229	444	10
Allgemein und Verwaltung	3.048	2.757	291	11

	2. Q. 2001	2. Q. 2001
Neueinstellungen, FTE	1.556	1.040

Abb. 1: Kennzahlen, Umsatz und Mitarbeiter von SAP

Alle involvierten Produkte haben das Ziel, den geschäftlichen Erfolg der Kunden weiter zu steigern. Vor allem will SAP unter den eigenen Mitarbeitern, Partnern und Kunden ein Umfeld der integrierten Zusammenarbeit, Kreativität und ständigen Weiterbildung schaffen. Kern dieses Vorhabens ist die unternehmensübergreifende E-Business-Plattform mySAP.com. Sie ermöglicht es Kunden, Mitarbeitern und Geschäftspartnern jederzeit und überall erfolgreich zusammenarbeiten. MySAP.com ist eine offene und flexible Plattform, die auf mySAP Technology basiert. Das plattform-unabhängige Format unterstützt führende Datenbanken, Betriebssysteme und Hardware und baut auf offenen Standards auf. Damit kann mySAP.com problemlos an praktisch alle Systeme oder Technologien von Drittanbietern angebunden werden. Mit der besten Technologie, dem besten Service und den besten Entwicklungsressourcen hat SAP eine E-Business-Plattform geschaffen, die in jedem Unternehmen Mehrwert generieren kann: Wertvolle Informationsquellen werden freigesetzt, Ineffizienzen in der Logistikabwicklung beseitigt und Kundenbeziehungen optimiert. Die E-Business-Plattform mySAP.com bietet damit sämtliche Lösungen und Services, die Unternehmen benötigen, um Unternehmensgrenzen überschreiten und an weltweiten Marktplätzen teilnehmen zu können.

3. Die SAP Learning Solution

Vor dem Hintergrund der skizzierten Ausrichtung auf das E-Business erstaunt es nicht, dass SAP es sich zur Aufgabe gemacht hat, das Internet (und – im Folgenden immer mitgedacht – das Intranet) für eine Steigerung der Effizienz von Lernanstrengungen in Unternehmungen nutzbar zu machen. Dass eine solche Nutzbarmachung vor dem Hintergrund der strategischen Ausrichtung von SAP durch die Bereitstellung von entsprechender Software erfolgt, ist naheliegend. Das Ziel ist es, die moderne Internet-Technik in Verbindung mit geeigneten Software-Modulen dafür zu nutzen, dass in Unternehmungen besser (und hier ganz bewusst nicht: „schneller") und kostengünstiger gelernt wird. Zu diesem Zweck setzt SAP seit Anfang des Jahres 2002 im eigenen Haus das Programm „SAP Learning Solution" ein, das gleichzeitig auch als Produkt auf dem Markt angeboten wird. „Lernen" wird von SAP dabei in Übereinstimmung mit den einleitenden Überlegungen in diesem Sammelband als *Veränderung von Entscheidungswissen* begriffen.[2] Entscheidungswissen ist dasjenige Wissen, auf das bei Entscheidungen zurückgegriffen wird. Wenn im Folgenden die Veränderung von Entscheidungswissen als Wirkung eines gezielten Software-Einsatzes untersucht wird, so wird angenommen, dass es sich bei dem durch Lernen erworbenen Entscheidungswissen um menschengebundenes Wissen handelt, das als Kenntnisse oder als Fähigkeiten

---

[2] Vgl. Frese (2002), S. 223.

vorliegt. Auf der Grundlage dieser Präzisierungen wird „Lernen" im SAP-Ansatz begriffen als eine *Veränderung von Kenntnissen oder Fähigkeiten, auf die beim Treffen von Entscheidungen zurückgegriffen werden kann.*

An die vorgenannte Definition seien noch zwei Hinweise angefügt. Der erste Hinweis bezieht sich auf den Ort der Existenz des Entscheidungswissens. Da Entscheidungswissen an verschiedenen Orten existieren kann, ist es zweckmäßig klarzustellen, dass die Unterschiedlichkeit der räumlichen Existenz von Wissen – und das heißt vor allem: die Existenz im Menschen oder die Existenz außerhalb von Menschen – im hier verwendeten SAP-Lernbegriff berücksichtigt wird. Der Lernbegriff stellt zwar unmittelbar ab auf Veränderungen von Kenntnissen und Fähigkeiten, die in Entscheidungen eingehen sollen; er stellt aber mittelbar auch ab auf die Veränderung des Bestands an elektronisch gespeicherten Daten und Methoden. Er berücksichtigt allerdings dasjenige Entscheidungswissen *nicht*, das nicht-elektronischen Trägergegenständen aufruht wie beispielsweise papierene Aktennotizen, Bücher, Zeitschriftenaufsätze und Vortragsmanuskripte. Zu beachten ist außerdem, dass beim Entscheidungswissen die Eigenschaft des „Eingehens" in Entscheidungen bedeutet, dass das Wissen zumindest in dem Zeitraum, in dem die Entscheidung getroffen wird, im Menschen existieren muss.[3] Außermenschliches Wissen, das elektronisch gespeichert ist, erlangt bestenfalls den Status eines „möglichen" Entscheidungswissens. „Wirkliches" Entscheidungswissen ist immer menschengebundenes Entscheidungswissen (egal ob es als Kenntnisse oder als Fähigkeiten vorliegt) und wird damit zum Dreh- und Angelpunkt der gesamten Lernproblematik – gleichsam zum Télos des Lernens. So ausgefeilt die elektronischen Speichermöglichkeiten, die Weiterleitung durch Internet-Technik und die Unterstützung durch Software auch sein mag, die Lernproblematik kulminiert schließlich *im Menschen*.

Der zweite Hinweis bezieht sich auf die Wirkungen des Lernens. Man sollte deutlich sehen, dass mit einer Veränderung des Entscheidungswissens nicht notwendigerweise eine Verbesserung der Qualität des Entscheidungswissens oder gar ein vergrößerter Unternehmenserfolg verbunden ist. Lernen kann auch reduzierte Erfolgsbeiträge nach sich ziehen oder handfeste Misserfolge bewirken. Eine solche Gefahr ist vor allem dann gegeben, wenn *schnell* gelernt wird.[4] Schnelles Lernen kann Probleme verursachen, die vermieden werden können, wenn langsam gelernt wird. Diesen Sachverhalt formuliert *James G. March* anschaulich wie folgt:

„Die meisten dieser Probleme entstehen dadurch, dass man sich auf eine Antwort konzentriert, die falsch ist, oder dass man eine Alternative verwirft, die eigentlich ganz gut

---

[3] Ähnlich Weick/Westley (1996), S. 442.
[4] Vgl. Luhmann (2000), S. 76.

ist, aber wie eine schlechte aussieht – davon gibt es übrigens sehr viele. Schnelles Lernen neigt dazu, diese zu eliminieren. Wenn Organisationen also ihr Lernen verlangsamen, werden nicht so viele gute Alternativen verworfen."[5]

Diese Perspektive hat sich SAP zu eigen gemacht. Es geht im SAP-Ansatz nicht darum schnell zu lernen, sondern „gut" (und kostengünstig) zu lernen. Das Lernen wird damit nicht nur als Handlung begriffen, sondern – entscheidungstheoretisch – als Ziel. Mit einer so veränderten Thematisierungsperspektive treten aber zwei Folgeprobleme auf. Zu klären ist ...

- in welcher Beziehung das Lernziel zu anderen Zielen der Unternehmung steht und
- durch welche Einflussgrößen das Lernziel gefördert werden kann.

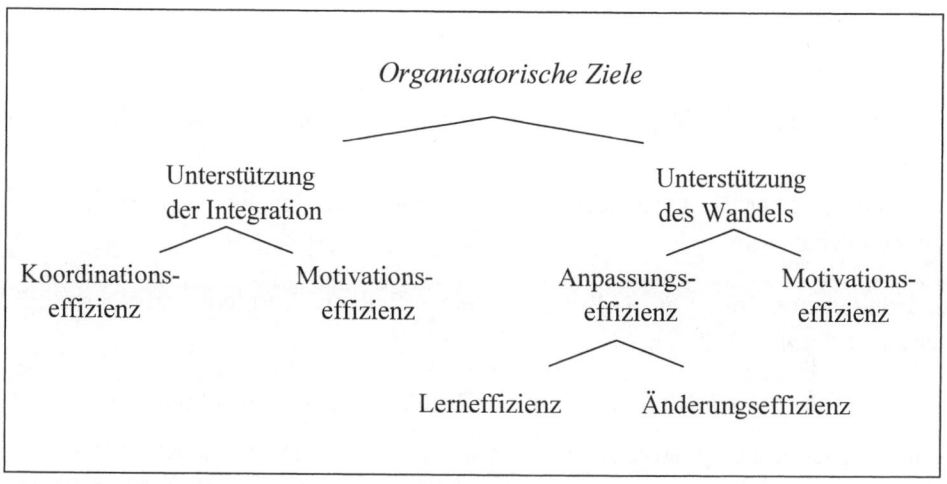

Abb. 2: Das Lernziel als eines von mehreren organisatorischen Zielen[6]

Stellt man die Überlegungen auf den Fokus der ersten Frage ein, dann wird sofort klar, dass es zweckmäßig ist, das Lernziel in eine umfassendere unternehmerische Zielordnung einzupassen, um eine realistische Gewichtung dieses Ziels abschätzen zu können.[7] Zu lernen ist zwar unbestritten ein wichtiges Ziel, aber es ist eben nur *ein Ziel* unter anderen Zielen. Fokussiert man die Ziele dezidiert auf die organisatorische Problematik, dann kann man unter Rekurrierung auf grundlegende Überlegungen in

---

[5] March (2001), S. 27. Ähnlich äußert sich Luhmann (2000), S. 86: „ ... profitiert die Organisation sowohl vom Vergessen als auch vom Erinnern ihrer Mitglieder."
[6] Vgl. Frese (2002), S 206, Abb. 1.
[7] Siehe zu dieser Problematik grundlegend Eisenführ/Weber (1999), S. 115 ff.

diesem Buch das Lernziel als Unterziel einer umfassender angelegten Zielhierarchie begreifen (vgl. Abb. 2).

Im Rahmen dieser umfassenden Perspektive kann das Thema „Lernen" eine intensivierte Aufmerksamkeit erfahren, ohne eine Übergewichtung (oder eine Untergewichtung) des Lernziels befürchten zu müssen. Um nun diejenigen Größen in den Blick zu ziehen, mit denen die Ausprägungen des Lernziels beeinflusst werden können, ist es zweckmäßig, sich die typische Situation vor Augen zu halten, mit der Unternehmungen bei der Lernproblematik konfrontiert werden.

Ein Lernproblem oder positiver formuliert: eine *Gelegenheit zum Lernen*[8] betrifft die Mitarbeiter einer Unternehmung in vier verschiedenen möglichen Rollen. Ein Mitarbeiter kann ...

- als Lernender auftreten,
- er kann als Trainingsadministrator auftreten,
- als Instructional Designer (der für die Lern-Infrastruktur verantwortlich zeichnet) oder
- als Vorgesetzter des Lernenden, der Ressourcen und Zeit für das Lernen bewilligt oder ablehnt.

Die grundlegende Idee von SAP ist, dass ein effizientes Lerntool unter Nutzung der Internet-Technik ...

- in isolierter Perspektive jede dieser vier Rollen unterstützen soll und
- in integrierter Perspektive nicht nur die vier Rollen untereinander abstimmt sondern auch eine Abstimmung mit „normalen" betrieblichen Aufgabenbearbeitungen anderer Unternehmungsbereiche leistet.

Die SAP Learning Solution stellt sich dieser Aufgabe, indem sie für jede Rolle spezielle Softwaremodule zur Verfügung stellt, die aufeinander abgestimmt und mit anderen Softwaremodulen kompatibel sind. Der Lernende beispielsweise findet eine individuelle Lernumgebung vor, die zur allgemein personalwirtschaftlichen Software mySAP HR passt. So kann die Personalabteilung Stellenbeschreibungen und Personalentwicklungspläne mit den Lernanforderungen abstimmen. Der Instructional Designer findet Werkzeuge zur Strukturierung von SCORM-kompatiblen Kursen zur schnellen Bereitstellung von online-Inhalten vor. Darüber hinaus steht ein Content Management mit WebDAV-Schnittstelle für Autorenarbeit und Versionierung zur Verfügung. Trai-

---

[8] Vgl. Keeney (1996), S. 17.

ningsadministratoren arbeiten mit einer einfachen Katalogadministration und einem übersichtlichen Web-Reporting-System. Und dem Vorgesetzten schließlich steht eine integrierte Anbindung an Workflow-, Personalplanungs- und Auswertungssoftware zur Verfügung.

Richtet man den Blick wieder auf das Lernziel, so lassen sich aus der so skizzierten Lernsituation mehrere lernbezogene Unterziele ableiten. Eine effiziente Lernunterstützung muss Folgendes leisten:

- ein auf einzelne Mitarbeiter abgestimmtes individualisierbares Lernen,
- eine Integration mit allgemeinen Enterprise Resource Planning Systems, wie sie im Rechnungswesen, im Personalwesen und in der Fertigungsplanung Verwendung finden,
- einen Einklang mit international anerkannten Lernstandards,
- eine einmalige Erstellung von Inhalten und deren mehrfache Wiederverwendung,
- eine flexible Verwaltung des Lernangebots,
- eine mögliche Einbindung neuer Lernmethoden und
- ein Festhalten des Lernfortschritts.

Diese lernbezogenen Unterziele lassen sich nur mit einem Instrumentarium fördern, das als Bündel aus Einzelinstrumenten konzipiert ist. Bei der SAP Learning Solution handelt es sich demzufolge auch um eine Gesamtheit von Software-Modulen, die sowohl einzeln als auch als Gesamtheit eingesetzt werden können (und bei SAP selbst auch eingesetzt werden). Im Einzelnen besteht die SAP Learning Solution aus einem Learning Portal, aus einem Learning Management System, einer Autorenumgebung und einem Content Management System (vgl. Abb. 3). Mit dieser Eigenschaft eine integrierte Gesamtheit zu sein überwindet das Learning Solution-Paket die traditionelle Problematik schlecht abgestimmter und technisch inkompatibler Schnittstellen.

Das Lernportal eröffnet den Zugang zum Internet und zum Intranet der Unternehmung. Es bietet die Möglichkeit zur Kursauswahl und zur Kursanmeldung, es gibt eine Übersicht der Trainingshistorie und des individuellen Lernfortschritts und es ermöglicht eine automatische Übernahme der erworbenen Qualifikationen in den Personalstamm bei erfolgreichen Abschlüssen von Kursen. Das Lernportal lässt sich unterteilen in drei Einzelbestandteile: in das Lernkonto (Learner Account), in das Lernangebot und in die Kommunikationsschnittstelle, mit der die Produktion von Mitteilungen ermöglicht wird, die dann von anderen Rezipienten wahrgenommen und verstanden werden können, so dass Kommunikation zustande kommt. Als erreichungsförderndes Komunika-

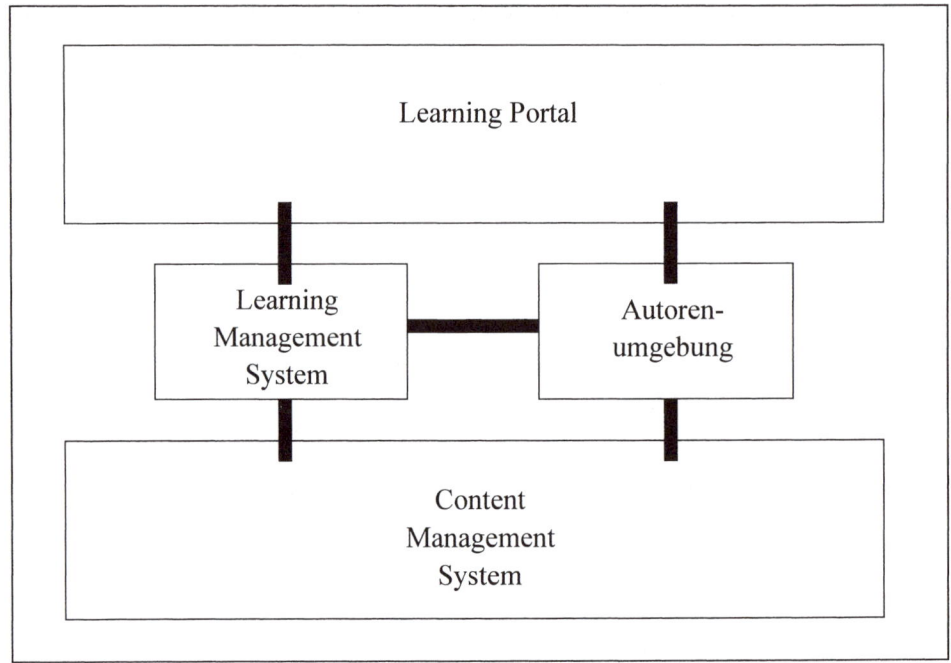

Abb. 3: Bausteine der SAP Learning Solution

tionsmedium[9] wird das Internet bzw. das Intranet verwendet. Das Lernkonto nimmt in Abhängigkeit von der jeweiligen Rolle des Nutzers (Lernender, Instructional Designer, Trainingsadministrator oder Vorgesetzter) die in der Kommunikation mitzuteilenden Inhalte auf. Des weiteren stehen die bisher erworbenen Qualifikationen und Beurteilungen des Nutzers ebenso zur Verfügung wie die Trainingshistorie und verwaltungstechnische Details wie Fakturierungen und Verrechnungen. Das Lernangebot ermöglicht in Verbindung mit der Kommunikationsschnittstelle im virtuellen Klassenzimmer oder Chat Room eine Echtzeit-Kommunikation.

Ergänzt wird das Lernportal um das Learning Management System, das mit einer Autorenumgebung kombiniert wird. Das Learning Management System beinhaltet ein Lernkonto mit Lernpfad, Lernergebnissen und einem dokumentierten Lernfortschritt. Des weiteren enthält es einen Mediator, der die Lernstrategie vorgibt, die Lernfortschritte erkennt und den Lernenden durch den Kurs führt. Schließlich ist ein integriertes Test- und Zertifiziermodul vorhanden. Die Autorenumgebung dient zur Aufbereitung und Strukturierung von Lerninhalten und zur Erstellung von Tests und Zertifizierungen, die in das Test- und Zertifiziermodul des Learning Management Systems Ein-

---

[9] Im Sinne von Luhmann (1981), S. 123.

gang finden. Eine so konzipierte Gesamtheit aus Learning Management System und Autorenumgebung ermöglicht Lernobjekte, die in sich geschlossen sind, die wiederverwendbar sind, die der SCORM-Spezifikation[10] genügen und zu Teilkursen oder Lernblöcken bündelbar sind. Dabei sind feste Lernwege ebenso möglich wie Lernwege, deren Pfad in Abhängigkeit von besonderen Eigenschaften der jeweiligen Lerngelegenheit verändert werden kann.

Das vierte Modul der SAP Learning Solution, das Content Management System, ermöglicht neben einer „internen" Gesamtheit aus lernrelevanten Inhalten auch einen internetgestützten Zugriff auf externe Inhalte. Damit wird eine Schnittstelle zu einer externen Autorenumgebung geschaffen, über die ein entsprechender Input in das Content Management System gelangen kann. Im Content Management System selbst sind die Inhalte nach verschiedenen Kriterien organisierbar beispielsweise nach Struktur, nach Version oder Status. Neben den Inhalten im engeren Sinne sind Werkzeuge zur Aufbereitung und Strukturierung der Inhalte vorhanden. Wie diese Werkzeuge genutzt werden, hängt von den Präferenzen der Unternehmung ab. Die Besonderheit dabei ist, dass neben einer strukturierten Ablage auch eine weniger strukturierte Ablage erfolgen kann. Ganz im Sinne der „chaotischen" Eigendynamik des Worldwide Web kann hier – je nach Präferenz der Unternehmung – über die beiden Schnittstellen „interne Autorenumgebung" und „externe Autorenumgebung" innovative Dynamik erzeugt werden. Organisationstheoretisch lässt sich ein solches Vorgehen als eine vergrößerte Einräumung von Entscheidungsautonomie interpretieren. Wie viel Entscheidungsautonomie die Unternehmungsleitung hier im Einzelnen einräumen will, bleibt dem Anwender überlassen. Es mag Inhalte geben, bei denen eine streng geregelte Strukturierung als unablässig erscheint. Es mag aber auch Inhalte geben, bei denen nur ein gewisses Maß an Unkontrolliertheit die gewünschten Effekte (z.B. die Stimulierung von Innovationen) bewirken kann.

4. Nutzen des SAP-Ansatzes

Um fundiert beurteilen zu können, was der SAP-Ansatz in Bezug auf das Thema „internetbasiertes Lernen" leistet, ist es zweckmäßig, zwei fundamentale Einflussgrößen auf das Lernen zu unterscheiden:[11]

---

[10] Sharable Content Object Reference Model.
[11] Vgl. Frese (2002), S. 226. Frese spricht allerdings von „Transfer" anstatt von „Kommunikation".

- die Kommunikation von Entscheidungswissen und
- die Absorption des kommunizierten Entscheidungswissens.

Diese Zweiteilung ist evident. Die Absorption von Entscheidungswissen ist notwendige Voraussetzung jeder Veränderung des Entscheidungswissens (also von Lernen im engeren Sinne), aber bevor Entscheidungswissen von Mitarbeitern absorbiert werden kann, muss es den Mitarbeitern erst einmal zugänglich gemacht werden, und das zugänglich gemachte Entscheidungswissen muss von den Mitarbeitern auch verstanden werden. Damit rückt die Problematik der Verwirklichung möglicher Kommunikationen als vorgeschaltete zweite Einflussgröße in den Blick. Das Wirklich-Sein oder das Nicht-Wirklich-Sein der Kommunikation nimmt kausalen Einfluss auf das Absorbieren von Entscheidungswissen, was wiederum das Lernen beeinflusst. Abb. 4 verdeutlicht die gedachte Mittel-Zweck-Kette.

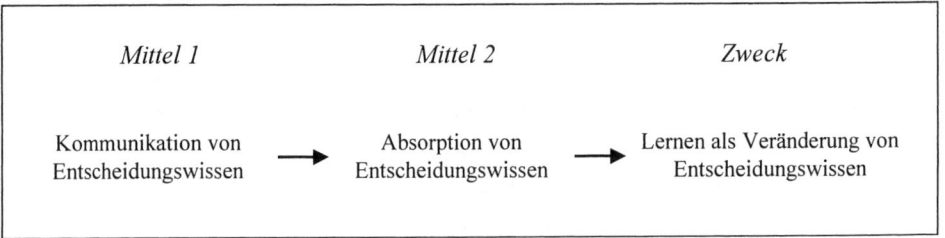

Abb. 4: Mittel-Zweck-Kette des Lernens

Beide Einflussgrößen ermöglichen nun die Generierung einer Zielordnung, die den Hintergrund für eine nachvollziehbare und in diesem Sinne hoffentlich: konsensfähige Bewertung des SAP-Ansatzes abgibt. Diese Zielordnung besitzt zwei Oberziele:

- die Förderung des Lernens und
- die Vermeidung von Kosten.

Das Kostenziel ist in Geldeinheiten messbar und bedarf keiner weiteren Verbesonderung in Unterziele. Das Lernziel hingegen ist noch zu unbestimmt gefasst und wird daher zweckmäßigerweise in zwei Unterziele überführt, die mit den beiden Einflussgrößen in Abb. 4 identisch sind:

- die Förderung von Kommunikation von Entscheidungswissen und
- die Förderung der Absorption von Entscheidungswissen.

Um die Nutzenstiftung des SAP-Ansatzes noch genauer abschätzen zu können (siehe für einen besseren Überblick jetzt schon Abb. 5), wird das Unterziel der Kommunikation von Entscheidungswissen in weitere Unterziele überführt, die identisch sind mit denjenigen Einflussgrößen, die nach *Luhmann* das Wirklich-Sein von Kommunikationen fundamental beeinflussen. Somit ergeben sich drei zusätzliche Unterziele:[12]

- die Förderung der Produktion von Mitteilungen durch die Mitarbeiter,
- die Förderung der Übertragung von Mitteilungen durch materielle Trägergegenstände und
- die Förderung des Verstehens von Mitteilungen durch die Mitarbeiter.

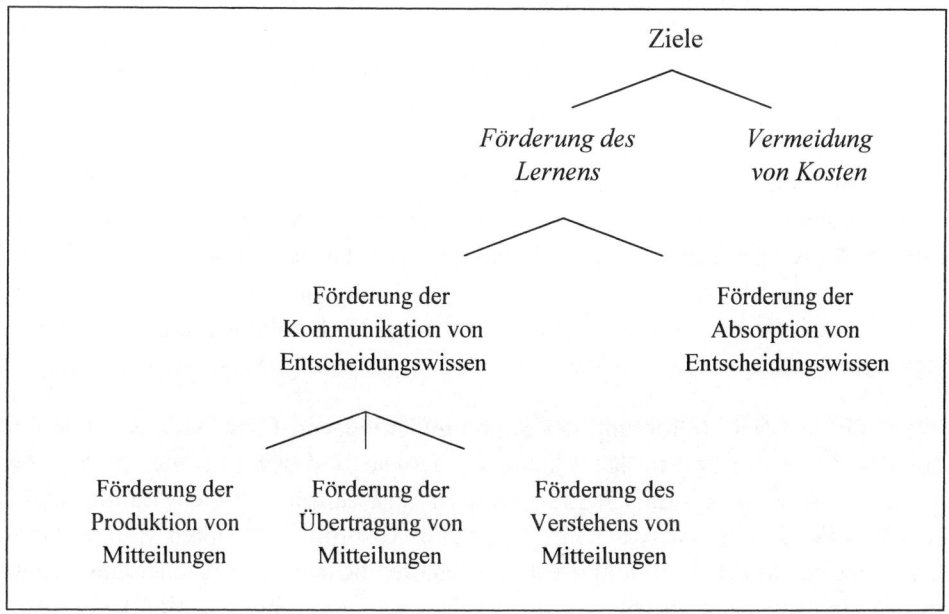

Abb. 5: Betriebswirtschaftlich relevante Ziele beim Thema „Lernen"

Die SAP Learning Solution fördert zunächst einmal durch Nutzung der Internet-Technik das Ziel der Übertragung von Mitteilungen. Noch nie war es so einfach, umfangreiche Wissensbestände von einem Mitteilenden auf eine nahezu unbegrenzt große Menge von Rezipienten zu übertragen. Die SAP Learning Solution erschöpft sich jedoch nicht in diesem Zielerfüllungsbeitrag, sondern sie erleichtert in einem erheblichen Maße die Produktion von lernrelevanten Mitteilungen und zwar für alle vier möglichen Rollen, die Mitarbeiter in einer Lernsituation ausüben können (Lernender, Instructional Designer, Trainingsadministrator oder Vorgesetzter). Die betriebswirtschaftliche Nutzenrelevanz ergibt sich aus der gleichzeitigen Förderung von unmittel-

---

[12] Vgl. Luhmann (1981), S. 123 ff. Luhmann spricht von „Kommunikationsmedien".

bar lernrelevanten Mitteilungen (gemeint ist der zu lernende „Stoff") wie auch aus der Förderung von mittelbar lernrelevanten Mitteilungen wie beispielsweise die Übernahme der erworbenen Qualifikationen in die Datenbank der Personalabteilung, die Rechnungsstellung, die Zeitplanung aus Sicht des Vorgesetzten usw. Die Produktion von Mitteilungen wird deshalb vereinfacht, weil ihre integrierte Weiterverarbeitung möglich ist. Dieser Sachverhalt ist auch psychologisch unter Rückgriff auf kognitive Theorien der Motivation zu erklären, die den Gegenstand „Motivation" als Produkt aus einer metrisch formulierten Erwartungskomponente und aus einer metrisch formulierten Wertkomponente modellieren.[13] Weil der Lernende, der Instructional Designer, der Trainingsadministrator und der Vorgesetzte eine problemlose Weiterverarbeitung der Mitteilungsinhalte erwarten (Erwartungskomponente) und diese Problemlosigkeit für die Mitarbeiter Nutzen stiftet (Wertkomponente), steigt die Motivation zur Produktion von Mitteilungen gegenüber einer Situation, in der auf Grund einer weniger leistungsfähigen Software mehr Zeit, Kraft und Arbeit aufgewendet werden muss, um das gleiche Ergebnis zu erzielen. Bezieht man nun diesen Aspekt der problemlosen Weiterverarbeitung nicht mehr auf den Mitteilungen sondern auf den Rezipienten, so ist die erleichterte Weiterverarbeitung als Förderung des Verstehens von Mitteilungen interpretierbar.[14] Pointiert lässt sich formulieren: Mehr kann einfacher verstanden werden – und in einer kürzeren Zeit. Für das Ziel „Förderung der Kommunikation von Entscheidungswissen" können also begründete Zielerfüllungsbeiträge konstatiert werden.

Können für das Ziel „Förderung der Kommunikation von Entscheidungswissen" unmittelbare Zielerfüllungsbeiträge erkannt werden, so sind bezüglich des Ziels „Förderung der Absorption von Entscheidungswissen" nur vermittelte Zielerfüllungsbeiträge erkennbar. Es ist allgemein bekannt, dass die Absorptionsfähigkeit der Mitarbeiter kausal stark beeinflusst wird von den Eigenschaften desjenigen Entscheidungswissens, über das die Mitarbeiter bereits verfügen.[15] Die SAP Learning Solution kann also die Absorptionsfähigkeit der Mitarbeiter nur dadurch fördern, dass sie über gelungene Kommunikationen (Plural!) das Entscheidungswissen so verbessert, dass eine verbesserte Absorption neuen Entscheidungswissens erfolgt – *und dies ist in der Tat der Fall*. Es ist zu beachten, dass auch hier alle vier Mitarbeiterrollen (Lernender, Instructional Designer, Trainingsadministrator oder Vorgesetzter) positiv betroffen sind. Beim Lernenden ist diese Aussage offensichtlich. Aber auch ein Instructional Designer, Trainingsadministratoren und Vorgesetzte vergrößert ihre Absorptionsfähigkeiten. Pointiert lässt sich noch einmal formulieren: Mehr kann einfacher verstanden werden – und in einer kürzeren Zeit, und damit ist auch das Kostenziel angesprochen.

---

[13] Vgl. grundlegend Heckhausen (1989), S. 133 ff.
[14] Zu dem zu Grunde liegenden Kommunikationsbegriff siehe Luhmann (1987) und Luhmann (1984), S. 193 ff.
[15] Vgl. Cohen/Levinthal (1990), S. 128 und Anderson (1988), S. 379 ff.

Die Wirtschaftlichkeit des Einsatzes der mit dem Thema „Lernen" befassten Mitarbeiter steigt, weil die Kapazität der Mitarbeiter bezüglich aller vier Rollen vergrößert wird. Ohne Übertreibung lässt sich festhalten: Mit der SAP Learning Solution lernen Lernende besser, arbeiten Instructional Designer und Trainingsadministratoren effizienter und verwalten Vorgesetzte einfacher. Stellt man nun die Betrachtung von einer relativen Wirtschaftlichkeitsperspektive auf die Perspektive absoluter Kosten (gemessen in Geldeinheiten) um, dann darf man begründet annehmen, dass die Kostensenkung auf Grund der gestiegenen Wirtschaftlichkeit der Mitarbeiter die Kosten für die Neuanschaffung der Software übersteigt. Die Kosten sinken absolut.

Zusammenfassend lässt sich daher sagen, dass die SAP Learning Solution für das internetbasierte Lernen einen aus betriebswirtschaftlicher Sicht beachtlichen Nutzen stiftet. Diese Aussage lässt sich nachvollziehbar begründen.

Literatur

ANDERSON, John R.(1988): Kognitive Psychologie. Heidelberg.

COHEN, Wesley M./ LEVINTHAL, Daniel A. (1990): Absorptive Capacity: A New Perspective on Learning and Innovation. In: Administrative Science Quarterly, Volume 35, S. 128-152.

EISENFÜHR, Franz/ WEBER, Martin (1999): Rationales Entscheiden. 3. Aufl., Berlin u.a.

FRESE, Erich (2002): Theorie der Organisationsgestaltung und netzbasierte Kommunikationseffekte – Das organisatorische Gestaltungspotenzial von Internet und Intranet. In: E-Organisation: Strategische und organisatorische Herausforderungen des Internet, hrsg. von E. Frese und H. Stöber im Auftrag des Arbeitskreises „Organisation" der Schmalenbach-Gesellschaft für Betriebswirtschaft. Stuttgart, S. 191-241.

HECKHAUSEN, Heinz (1989): Motivation und Handeln. 2. Aufl., Berlin u.a.

KEENEY, Ralph L. (1996): Value-Focused Thinking. A Path to Creative Decisionmaking. Cambridge. MA. u.a.

LUHMANN, Niklas (1981): The Improbability of Communication. In: International Social Science Journal, 33. Jg., S. 122-132.

LUHMANN, Niklas (1984): Soziale Systeme. Grundriß einer allgemeinen Theorie. Frankfurt am Main.

LUHMANN, Niklas (1987): Was ist Kommunikation? In: Information Philosophie, 1. Jg., März, S. 4-14.

LUHMANN, Niklas (2000): Organisation und Entscheidung. Opladen u.a.

MARCH, James G. (2001):„Wenn Organisationen wirklich intelligent werden wollen, müssen sie lernen, sich *Torheiten* zu leisten!" Ein Gespräch mit James G. March. In: Zirkuläre Positionen 3. Organisation, Management und Beratung, hrsg. von T. M. Bardmann und T. Groth. Wiesbaden, S. 21-41.

WEICK, Karl E./ WESTLEY, Frances (1996): Organizational Learning: Affirming an Oxymoron. In: Handbook of Organization Studies, hrsg. von S. R. Clegg, C. Hardy und W. R. Nord. London u.a., S. 440-458.

*Wolfgang Suske**** / Patrick Lehmann******* / Michael Bungarten********

ELEKTRONISCH UNTERSTÜTZTES WISSENSMANAGEMENT ALS MEILENSTEIN AUF DEM WEG ZUR KNOWLEDGE-BASED COMPANY

– Das Beispiel Siemens

1. Der Siemens-Konzern – Charakteristika eines global tätigen Technologieunternehmens zu Beginn des 21. Jahrhunderts

2. E-Business-Aktivitäten bei Siemens – Ein Überblick

    2.1 E-Business zur effizienten Abwicklung von Geschäftsprozessen

    2.2 E-Business als Geschäft

    2.3 E-Business zur Unterstützung des Knowledge Managements

3. Wandel zur Knowledge-based Company – Einflussfaktoren und strategische Ziele

4. Wissenserwerb und Wissenstransfer als Elemente organisationalen Lernens

5. Informations- und kommunikationstechnologische Potenziale zu Unterstützung von Lernprozessen

    5.1 Merkmale und Bedeutung des „Lernumfelds"

    5.2 Strukturiertes Lernumfeld – Transfer von Erfahrungswissen

    5.3 Teilstrukturiertes Lernumfeld – Identifizierung und Transfer von Best Practice

    5.4 Unstrukturiertes Lernumfeld – Überwindung struktureller und professioneller Barrieren

6. Ausblick

---

[*] Wolfgang Suske, Leiter Siemens Group Business Unit Corporate Units/Services, Siemens Business Services GmbH & Co. OHG, München

[**] Dr. Patrick Lehmann, wissenschaftlicher Mitarbeiter am Organisationsseminar der Universität zu Köln

[***] Michael Bungarten, Referent des Prodekans für Struktur und Finanzen, Universitätsklinikum Aachen, früher Organisationsseminar der Universität zu Köln

Zusammenfassung

Kaum eine technologische Innovation hat die ökonomische Landschaft in so dramatischer Weise beeinflusst wie das Aufkommen und die rasche Verbreitung netzbasierter Informations- und Kommunikationstechnologien. Internet und Intranet sind für zahlreiche Unternehmungen in mehrfacher Hinsicht von Bedeutung: Zunächst besitzen sie das Potenzial, neue Geschäftsfelder zu erschließen, d.h. E-Business-Gesamtlösungen oder einzelne Komponenten werden von Technologieanbietern auf dem Absatzmarkt vertrieben. Daneben ermöglichen sie neue Formen der Kontaktaufnahme zu und der Transaktionsabwicklung mit Kunden und Lieferanten. Schließlich verbessern sie die Voraussetzungen für eine qualitativ hochwertige, schnelle und kostengünstige Aufgabenerfüllung innerhalb der Unternehmung.

Im vorliegenden Beitrag werden ausgewählte Aspekte der aktuellen Transformation der Siemens AG in eine „E-Company" diskutiert. Ein kurzer Überblick über E-Business-Aktivitäten bei Siemens vermittelt grundlegende Einblicke in die Vielfalt der von netzbasierten Informations- und Kommunikationstechnologien berührten Handlungsfelder. Im Anschluss wird schwerpunktmäßig untersucht, in welchen Bereichen eine „Knowledge-based Company" wie Siemens das Wissensmanagement durch den Rückgriff auf Internet und Intranet unterstützen kann: Nach einer Analyse von Inhalten des Wissenserwerbs- und -transfers werden zu diesem Zweck die Anwendungspotenziale netzbasierter Informations- und Kommunikationstechnologien in drei „Lernumfeldern" mit jeweils unterschiedlichen Merkmalen einer detaillierten Betrachtung unterzogen. Für jedes Lernumfeld werden spezifische Anforderungen identifiziert und Ansatzpunkte zu deren Bewältigung am Beispiel von im Siemens-Konzern eingesetzten Lösungen aufgezeigt.

1. Der Siemens-Konzern – Charakteristika eines global tätigen Technologieunternehmens zu Beginn des 21. Jahrhunderts

Das „E-Knowledge-Management" wird uns noch effizienter machen und unseren Kunden noch größeren Nutzen bringen: „Siemens weiß, was Siemens weiß"

Heinrich von Pierer

Siemens zählt zu den weltweit führenden Anbietern der Elektrotechnik und Elektronik. Dabei wandelt sich Siemens zunehmend von einem „klassischen" Produkthersteller zu einem Anbieter von branchen- bzw. kundenspezifischen Anlagen und Systemlösungen sowie von hiermit verbundenen Dienstleistungen. So werden beispielsweise Telefongesellschaften nicht mehr nur einzelne Anlagen, sondern auch vollständige Geschäftsmodelle offeriert.

Im Geschäftsjahr 2000/2001 erwirtschafteten weltweit rund 450.000 Mitarbeiter einen Konzernumsatz von 82,2 Mrd. €[1]; damit konnte der Umsatz gegenüber dem Vorjahr um 15,3 % gesteigert werden. Der Jahresüberschuss erreichte im genannten Geschäftsjahr 2,088 Mrd. €.[2]

Die globale Ausrichtung der Siemens-Gruppe kommt bereits in wenigen ausgewählten Daten zum Ausdruck: Einerseits sind mittlerweile ca. 60 % der Siemens-Mitarbeiter außerhalb von Deutschland (in über 190 Ländern) tätig; andererseits trägt das Auslandsgeschäft zu mehr als 75 % zum Konzernumsatz bei. Bemerkenswert ist in diesem Zusammenhang, dass in den letzten Jahren der Umsatz in den Regionen „Amerika" und „Asien/Pazifik" überproportional angewachsen ist.

Die Siemens-Gruppe bietet traditionell ein breit diversifiziertes Technologieportfolio an, bei dem inzwischen eine Fokussierung auf die sechs Arbeitsgruppen „Information and Communications", „Automation and Controls", „Power", „Transportation", „Medicals" sowie „Lightning" stattgefunden hat. Innerhalb dieser Arbeitsgebiete tragen insgesamt 13 Bereiche[3] die Verantwortung für das weltweite Geschäft. Auf Konzernebene werden diese mit primären Wertschöpfungsaktivitäten befassten Bereiche um einen ebenfalls geschäftsführenden Dienstleistungsbereich „Siemens Finance Service"

---

[1] Unberücksichtigt bleibt die „Infineon Technologies AG", an der die Siemens AG zur Zeit eine Minderbeteiligung hält.
[2] Hierbei handelt es sich um das Konzernergebnis nach Steuern einschließlich Infineon, Sondereffekten und Sonderabschreibungen.
[3] Ohne Infineon.

sowie um den Geschäftsbereich „Siemens Real Estate (SRE)" ergänzt sowie durch insgesamt zehn funktionale Zentralabteilungen bzw. -stellen unterstützt.

Die zentrale organisatorische Herausforderung, mit der sich Siemens als global tätiger Technologiekonzern zu Beginn des 21. Jahrhunderts konfrontiert sieht, lässt sich in wenigen Worten folgendermaßen charakterisieren: Auf der einen Seite erfordert die strategische Ausrichtung auf das „intelligente" Anlagen-, System- und Dienstleistungsgeschäft eine Intensivierung der unmittelbaren Kundenkontakte;[4] um den individuellen Kundenwünschen möglichst umfassend gerecht zu werden, erbringt Siemens seine Leistungen zunehmend vor Ort. Auf der anderen Seite muss die Siemens-Gruppe ihre technologischen Fähigkeiten und Kompetenzen länder- und bereichsübergreifend bündeln und weiterentwickeln, um in einem dynamischen und hoch kompetitiven Wettbewerbsumfeld auch langfristig erfolgreich sein zu können. Dieser Forderung lässt sich nur mit Hilfe eines zentralen „Synergiemanagements" Rechnung tragen. Hierbei stellt eine bloße Konzentration von Wissen und „Skills" allerdings keinen ausreichenden Ansatzpunkt dar; vielmehr müssen aufgabenrelevante Wissenskomponenten und Fähigkeiten für die Mitarbeiter vor Ort verfügbar gemacht werden.

Die Siemens-Gruppe setzt bei der Bewältigung dieser Herausforderung konsequent auf die Nutzung moderner Informations- und Kommunikationstechnologien,[5] was sich in einem breiten Bündel von E-Business-Aktivitäten niederschlägt, die im Folgenden skizziert werden sollen.

2. E-Business-Aktivitäten bei Siemens – Ein Überblick

Die Siemens-Gruppe versteht sich als aktiven Teilnehmer in einer raschen Wandlungsprozessen unterworfenen digitalen Welt. Als Folge dieses Selbstverständnisses stellt E-Business[6] einen integralen Bestandteil jeglicher Geschäftsaktivität im Siemens-Konzern dar. Zentrales Anliegen ist es, die traditionellen industriellen Kompetenzen von Siemens mit den Vorteilen des E-Business zu verknüpfen, um so das Schlagwort „New Economy" mit Substanz zu füllen.

---

[4] So stehen inzwischen über 30 % aller Siemens-Mitarbeiter in unmittelbarem Kontakten zu den Kunden.

[5] Vgl. in diesem Zusammenhang auch Frese/v. Werder (1994), S. 17 ff., wo bereits frühzeitig auf die Möglichkeit eines „Shifts" organisatorischer Trade-offs durch moderne Informations- und Kommunikationstechnologien hingewiesen wurde.

[6] Unter dem Oberbegriff „Electronic Business (E-Business)" sollen hier alle über elektronische Medien abgewickelten Geschäftsaktivitäten subsumiert werden. „Electronic Commerce (E-Commerce)" ist demnach als ein Teilbereich des E-Business anzusehen. Vgl. zu verschiedenen Definitionen des Begriffs „E-Business" auch die Ausführungen im einleitenden Abschnitt A in diesem Band.

Siemens wird in den nächsten Jahren einen tiefgreifenden Transformationsprozess hin zur „E-Company" durchlaufen.[7] Auf Grund des hohen strategischen Stellenwerts und der Tragweite hat der Vorstandsvorsitzende, Heinrich von Pierer, diesen Prozess zur Chefsache erklärt. Unterstützt wird die Konzernleitung bei ihren Bemühungen um eine Neuausrichtung durch die beiden neu eingerichteten Zentralstellen „e-Business (eB)" und „Information Knowledge Management (IK)", die vor kurzem in „Corporate Information and Operation (CIO)" zusammengefasst wurden.

Im Wesentlichen lassen sich die E-Business-Aktivitäten bei Siemens zu drei eng miteinander verbundenen Schwerpunkten zusammenfassen:

- E-Business zur effizienten Abwicklung von Geschäftsprozessen
- E-Business als Geschäft
- E-Business zur Unterstützung des Knowledge Managements

2.1 E-Business zur effizienten Abwicklung von Geschäftsprozessen

Die Siemens-Gruppe betreibt mit Nachdruck die elektronische Vernetzung aller Geschäftsprozesse u.a. auf der Basis eines umfassenden „Supply Chain Management"-Konzepts. Das diesem Vorhaben zu Grunde liegende Ziel besteht darin, die eigene Ertragskraft mittels eines elektronisch integrierten Wertschöpfungssystems über alle (unternehmungsinternen wie -externen) Wertschöpfungsstufen hinweg zu steigern. Als „E-Driven Company" wird Siemens gemeinsam mit Partnern und Lieferanten den Kunden Leistungen anbieten können, welche auf dessen gesamte Wertschöpfungskette ausgerichtet sind.

Um dieses anspruchsvolle Ziel zu erreichen, werden einerseits unternehmungsintern diejenigen organisatorischen Teilbereiche, welche bereits über gut funktionierende Einzellösungen verfügen (wie beispielsweise „Forschung und Entwicklung" oder „Produktion"), in ein elektronisches Gesamtsystem integriert.

Andererseits treibt Siemens die unternehmungsübergreifende Prozessintegration konsequent voran. An der Schnittstelle zu den Absatzmärkten werden im Rahmen des E-Commerce bereits zum gegenwärtigen Zeitpunkt 10 % des Konzernumsatzes elektronisch abgewickelt. Dieser Anteil soll in den nächsten Jahren erheblich gesteigert werden; im Geschäftskundenbereich („B2B") sind 25 % angepeilt, im Endkundengeschäft („B2C") – bezogen auf das reine Produktgeschäft – sogar 50 %. Auch an der Schnittstelle zu den Beschaffungsmärkten werden in Zukunft verstärkt elektronische Lösun-

---

[7] Vgl. Davenport/Probst (2000), S. 10.

gen zum Einsatz kommen. Gegenwärtig werden rund 10 % des jährlichen Beschaffungsvolumens in Höhe von 35 Mrd. € mit elektronischer Unterstützung abgewickelt. Mittelfristig wird ein wesentlich höherer „E-Procurement"-Anteil angestrebt.

Aus organisationstheoretischer Perspektive lassen sich die skizzierten E-Business-Aktivitäten primär als Maßnahmen zur Erhöhung der Prozesseffizienz[8] interpretieren. Zum einen können bestehende Prozesse durch „Elektrifizierung" deutlich beschleunigt werden; zum anderen leistet die elektronische Unterstützung von Abläufen einen Beitrag zur Kostenreduzierung. In diesem Zusammenhang ist zu erwähnen, dass Siemens nicht exklusiv von den Kostensenkungen profitieren wird, sondern dass auch bei den Kunden und Lieferanten Kostensenkungspotenziale realisiert werden, indem die Vorteile moderner Informations- und Kommunikationstechnologien in allen Phasen des Transaktionsprozesses genutzt werden.[9]

Die elektronische Vernetzung der Geschäftsprozesse besitzt aus Sicht von Siemens einen weiteren Effekt: Die existierenden, zum Teil äußerst komplexen Strukturen und Abläufe werden transparenter, was die Steuerung operativer Einheiten durch übergeordnete Hierarchieebenen vereinfacht. Organisationstheoretisch lässt sich dies als Erhöhung der Delegationseffizienz ansehen.

Eine ausschließliche Interpretation dieser E-Business-Aktivitäten als Ansatz zur Steigerung der statischen Effizienz im Sinne einer bloßen Weiterentwicklung des „Business Reengineering"-Gedankens würde der Siemens-spezifischen Situation nicht ausreichend gerecht, erschließt Siemens mit Hilfe des E-Business doch neuartige langfristige Handlungspotenziale bzw. baut vorhandene konsequent aus. Um diese dynamische Dimension der geschäftsprozessorientierten E-Business-Aktivitäten zu verstehen, ist eine Berücksichtigung der im Folgenden noch zu behandelnden Entwicklung von E-Business als eigenständiges Geschäftsfeld erforderlich: Die Siemens-Gruppe stärkt dadurch, dass sie E-Business-Lösungen selbst anwendet und weiterentwickelt, ihre Position als weltweit führender Anbieter solcher Produkte und Dienstleistungen. Auf Grund des Umstandes, dass Siemens sein eigener „Lead User"[10] ist, werden Lernprozesse initiiert, welche der strategischen Entwicklung des Konzerns zugute kommen.

---

[8] Vgl. zu den hier verwendeten organisatorischen Effizienzkriterien den Beitrag von Frese (2002) in diesem Band.
[9] Vgl. vertiefend den Beitrag von Lang/Utikal (2002) in diesem Band.
[10] Vgl. zum Lead User-Konzept grundlegend v. Hippel (1988).

2.2 E-Business als Geschäft

Innerhalb des Technologieportfolios der Siemens-Gruppe liegt traditionell ein strategischer Schwerpunkt auf dem Angebot von Informationstechnologie. So ist „Information and Communications" das umsatzstärkste Arbeitsgebiet des Konzerns. Es trägt mit seinen drei Bereichen „Information and Communication Networks" (ICN), „Information and Communication Mobile" (ICM) und „Siemens Business Services" (SBS) ca. 26,4 Mrd. € und damit ungefähr ein Drittel zum Konzernumsatz bei.

Im IT-Bereich hat die Nachfrage nach E-Business-Lösungen in den letzten Jahren stark zugenommen. Dabei vermarktet die Siemens-Gruppe ihr E-Business-Know-how sowohl im B2C- als auch im B2B-Geschäft. Im B2C-Sektor helfen Siemens-Produkte dem Endverbraucher unter anderem, schnell und einfach ins Internet zu gelangen. Im B2B-Geschäft bietet Siemens seinen Kunden umfassende E-Business-Lösungen einschließlich der zugehörenden Software und des benötigten Services an. Einige Beispiele sollen die Vielfalt der bei unterschiedlichen Geschäftspartnern bereits implementierten Systeme demonstrieren:[11]

- Siemens hat für die Autovermietung Sixt ein Internet-Portal (Scenic m-Tr@vel Plattform) entwickelt, das einen zusätzlichen „elektronischen" Weg zum Kunden erschließt. Dabei beinhaltet das Angebot von e-sixt nicht allein die „klassischen" Leistungen eines Autovermieters, sondern erstreckt sich darüber hinaus auf verschiedenste Touristikleistungen sowohl für Firmen- als auch für Geschäftskunden. Das Internet-Portal ermöglicht es Sixt zum einen, Kosteneinsparungen als Folge von Geschäftsprozessoptimierungen zu realisieren. Auf der anderen Seite erwachsen aus der Anwenderfreundlichkeit des Systems („3 Clicks zur Buchung", permanente Online-Verfügbarkeit) eigenständige Beiträge zur Steigerung der Kundenbindung.

- Eine weitere von Siemens geschaffene E-Business-Lösung ist „Arbeitsamt Online", ein von der Bundesanstalt für Arbeit bereitgestellter virtueller Markt für Arbeitsmarktinformationen. Hierbei handelt es sich um das weltweit größte einschlägige Informationsangebot für Arbeitsuchende, Auszubildende, Arbeitgeber. Der Zugriff auf die täglich aktualisierten durchschnittlich 2, 5 Mio. Stellengesuche, Ausbildungs- und Arbeitsangebote sowie auf Informationen zu Schulungen und Kursen ist 365 Tage im Jahr rund um die Uhr möglich.

- Auch eine effiziente interne Aufgabenerfüllung wird durch E-Business-Lösungen von Siemens unterstützt. So gewährleistet das für die Arbeitsgerichte in Nordrhein-

---

[11] Die Darstellung basiert auf von der Siemens AG zur Verfügung gestellten Unterlagen über E-Business-Referenzanwendungen.

Westfalen entwickelte Intranet neben einer Vereinfachung standortübergreifender Kommunikation mit Hilfe von Foren und Chat Rooms eine (einheitliche und tagesaktuelle) Integration der vorhandenen Daten auf der Basis einer Informix-Datenbank; zusätzlich umfasst es eine Suchmaschine, mit der vom Richterarbeitsplatz aus auf die Entscheidungssammlungen der Arbeitsgerichte zugegriffen werden kann.

Als einer der weltweit führenden Anbieter von E-Business Lösungen sieht die Siemens-Gruppe trotz der in den letzten Monaten zu beobachtenden Rückschläge in diesem Geschäftsfeld weiterhin beachtliche strategische Wachstumspotenziale. Besondere Bedeutung wird hierbei der in den nächsten Jahren zu erwartenden Entwicklung vom E-Business zum „Mobile Business", das eine Nutzung des Internet vollständig frei von räumlichen und zeitlichen Beschränkungen erlauben wird, beigemessen. Siemens hat sich als bislang weitweit einziger Anbieter in der gesamten Bandbreite von M-Business-Lösungen in diesem Wachstumssegment sehr gut positioniert und will seine Marktstellung in den nächsten Jahren weiter ausbauen. In konkreten Zahlen ausgedrückt bedeutet dies, dass beispielsweise der SBS-Bereich, der im abgelaufenen Geschäftsjahr bereits einen Umsatz von mehr als einer Mrd. € mit dem E- und M-Business-Geschäft erzielen konnte, beabsichtigt, diesen im laufenden Geschäftsjahr zu verdoppeln.

Einen Zugang zum Stellenwert der Geschäftsaktivitäten von Siemens im E-Business-Bereich eröffnet primär eine (wettbewerbs-)strategische Betrachtung.[12] Siemens verfolgt in diesem Marktsegment eine Differenzierungsstrategie: Für den Kunden wird sowohl durch eine technologische Innovationsführerschaft als auch durch das Angebot von Systemlösungen – einschließlich der damit verbundenen Beratungs- und Serviceleistungen – ein zusätzlicher Nutzen generiert, welcher sich für Siemens wiederum in höheren Umsätzen und einer verbesserten Marge niederschlägt. Zudem kann sich Siemens durch die aufgezeigte wettbewerbsstrategische Positionierung dem bei reiferen Technologieprodukten vorherrschenden Preiswettbewerb entziehen und so seine Ertragskraft langfristig sichern.

2.3 E-Business zur Unterstützung des Knowledge Managements[13]

Der dritte Schwerpunkt der E-Business-Aktivitäten von Siemens liegt im elektronisch unterstützten Knowledge Management.[14] Wissens-Management ist für Siemens nicht

---

[12] Vgl. zu den strategischen Implikationen des E-Business grundlegend den Beitrag von Theuvsen (2002) in diesem Band.

[13] Vgl. zum Folgenden auch die Darstellung bei Davenport/Probst (2000), S. 10 ff.

neu. So verfügt die Unternehmung bereits seit 1997 über ein institutionalisiertes Netzwerk, der „Community of Practice" (CoP), über das die Mitarbeiter weltweit Erfahrungen und (problembezogenes) Wissen austauschen können. Das Besondere und für Siemens eher Atypische an diesem Vorläufer des heutigen Knowledge Managements ist sein Entstehungsprozess: Die CoP-Projekte sind unternehmensweit aus Initiativen des mittleren Managements in den Geschäfts- und Funktionsbereichen sowie in den Landesgesellschaften entstanden. Dieser vom Top Management unterstützte und geförderte „Gras Root Approach" brachte für Siemens zwei nicht zu unterschätzende positive Effekte mit sich.

Auf der einen Seite entwickelte sich auf diese Weise eine Vielzahl von Initiativen. Es wurde von Anfang an bewusst auf ein unternehmungseinheitliches „Zwangskorsett" verzichtet, um Suchprozesse nach innovativen Lösungen nicht zu behindern. Als Konsequenz aus diesem Ansatz existiert heute in den (Geschäfts-)Bereichen und Landesgesellschaften eine kaum zu erfassende Bandbreite von Projekten zur systematischen Sammlung, Auswertung und Diffusion von Wissen über „Best Practice", Kunden, Wettbewerber und Produkte. Dabei ist insbesondere eine große Varietät der Inhalte anzutreffen, während sich die Unterschiedlichkeit von Methoden und „Tools" in engen Grenzen hält.

Auf der anderen Seite „lernte" eine relativ große Anzahl von Mitarbeitern das Wissensmanagement. So verfügt Siemens heute über eine „CoP Knowledge Management" (CoP KM), der rund 500 Experten auf dem Gebiet des Wissensmanagements angehören. Diese Zahl ist insofern bemerkenswert, als selbst internationale Unternehmungsberatungen selten über so viele im Bereich des Wissensmanagements qualifizierte Mitarbeiter verfügen. Gerade das Fehlen von Knowledge Management-Experten stellt in vielen Unternehmungen eine große Barriere zur Einführung vom Knowledge Management-Systemen dar. Neben dem Vorhandensein qualifizierter Mitarbeiter ergibt sich noch ein weiterer Vorteil für Siemens: Die Knowledge Management-Experten nehmen in ihren Bereichen die Funktion von (Fach-)Promotoren ein und können dadurch einen wesentlichen Beitrag zum Aufbau einer „Wissens-Kultur" und damit zum Abbau von Akzeptanzproblemen leisten. Diese „Wissens-Kultur" ist geprägt durch das Leitbild einer Unternehmung, in der jeder Mitarbeiter seine zur Erfüllung der Kundenbedürfnisse erforderlichen Informationen unabhängig von Zeit, Standort und hierarchischer Position umfassend zur Verfügung stellt.

---

[14] Da Knowledge-Management und der Einsatz moderner Informations- und Kommunikationstechnologien untrennbar miteinander verbunden sind, soll im Weiteren aus Gründen der sprachlichen Vereinfachung auf das Attribut „elektronisch" bzw. „e-" in Bezug auf Knowledge-Management verzichtet werden.

Es kann konstatiert werden, dass Siemens im Bereich des Knowledge Managements in hohem Maße auf die Entdeckung neuer Handlungsalternativen setzte und immer noch setzt. Ein „Grass Root Approach" hat aber nicht nur Vorteile; der zentrale Nachteil ist darin zu sehen, dass ein „Wildwuchs" droht, d.h. durch die Heterogenität der Initiativen werden die Vorteile eines einheitlichen, (ressourcen-)effizienten Vorgehens nicht genutzt. Insbesondere um in diesem Punkt gegenzusteuern, hat Siemens im Oktober 1999 auf Konzernebene eine Abteilung für „Corporate Knowledge Management" (CKM) gegründet. Das CKM ist inzwischen Teil der Zentralstelle „Corporate Information and Operation" (CIO); es koordiniert und steuert die Knowledge Management-Projekte weltweit und entwickelt einheitliche Strategien, Prozesse, Kultur und technische Marktplätze zum Wissensaustausch. Die Gründung des CKM bedeutet aber keine Abkehr vom ursprünglichen „Gras Root Approach", sondern ergänzt ihn, indem die Verantwortung und Initiative für das Knowledge Management weiterhin in den dezentralen Einheiten verbleiben und lediglich aus einer bereichsübergreifenden Perspektive gebündelt werden.

Zusammenfassend lässt sich festhalten: Siemens befindet sich gegenwärtig in einer Phase der Transformation zu einer Knowledge-based Company. Bevor in den Teilen 4. und 5. auf Inhalte und Vorgehensweisen dieses Transformationsprozesses eingegangen wird, gilt es zunächst, die hierfür verantwortlichen strategischen Gründe herauszuarbeiten.

3. Wandel zur Knowledge-based Company – Einflussfaktoren und strategische Ziele

Um die Ursachen für die gegenwärtig von Siemens eingeleitete Transformation zu einer Knowledge-based Company verstehen zu können, erscheint es zweckmäßig, zwischen den situativen Bedingungen, auf die sich eine Unternehmung einstellen bzw. auf die sie reagieren muss, einerseits sowie den strategischen Entscheidungen der Unternehmungsleitung und deren Konsequenzen für die Organisationsstruktur andererseits zu unterscheiden.

Als exogene situative Faktoren lassen sich auch bei Siemens die für (fast) alle in Technologiebranchen tätigen Unternehmungen relevanten Einflussfaktoren identifizieren: Zunächst ist in diesem Zusammenhang das zunehmend dynamische Fortschreiten der technologischen Entwicklung zu nennen. In dem Maße, in dem sich die Produktlebenszyklen verkürzen, gewinnt die aus dem Wissen aller Mitarbeiter erwachsende Innovationsfähigkeit von Unternehmungen an Bedeutung. So wird bei Siemens davon ausgegangen, dass gegenwärtig zwischen 60 und 80 % der Wertschöpfung auf wissensbasierten Tätigkeiten der Mitarbeiter beruht. Indem es die schnelle unternehmungsweite Diffusion neuen Wissens und neuer Ideen sicherstellt, erweist sich Knowledge Management als wichtiges Instrument zur Förderung der notwendigen Innovationsfähigkeit. Als ein weiterer bedeutsamer Faktor im situativen Bedingungsgefüge ist der sich verschärfende internationale Wettbewerbsdruck anzusehen. In einem zunehmend global geführten Technologiegeschäft kann ein Anbieter langfristig nur dann überleben, wenn es gelingt, das in der Unternehmung vorhandene Know-how für alle lokalen Einheiten unabhängig von der jeweiligen Region verfügbar zu machen. Einen solchen länderübergreifenden Wissenstransfer sicherzustellen, kann als zweite zentrale Funktion des Knowledge Managements verstanden werden. Als dritter Einflussfaktor ist die zunehmende „Verdienstleistung" der Produkte zu nennen. Bedingt durch die über Kostenvorteile verfügende Konkurrenz aus den (fernöstlichen) Schwellenländern können Technologieanbieter aus hochentwickelten Regionen ihre Umsätze und Gewinne nur noch sichern, wenn sie gemeinsam mit innovativer „Hardware" auch die zugehörige „Software" anbieten. Da Dienstleistungen ex definitione im unmittelbaren Kontakt mit den Kunden erbracht werden müssen, erfordert ihre Bereitstellung das Vorhandensein entsprechend qualifizierter Mitarbeiter. In der Mitarbeiterqualifikation ist dementsprechend eine dritte Funktion des Knowledge Management zu sehen.

Auch wenn sich die Liste relevanter Einflussfaktoren sicherlich noch verlängern ließe, kann dies doch nicht den Eindruck verwischen, dass die genannten situativen Bedingungen weitgehend Siemens-unspezifischen Charakter besitzen und sie insofern lediglich einen geringen Beitrag zur Erklärung der aktuellen Entwicklung der Siemens-Gruppe leisten. Im Folgenden wird daher der Wandel zur Knowledge-based Company als eine (aktive) strategische Entscheidung des Managements zur Erzielung dauerhafter Wettbewerbsvorteile interpretiert, um auf diese Weise Siemens-spezifische Aspekte und Ziele der Transformation herauszuarbeiten. Dabei soll auf die bereits an anderer Stelle in diesem Band ausführlich vorgestellte Unterscheidung zwischen dem „Resource-based View" und dem „Market-based View" als theoretischer Bezugsrahmen zurückgegriffen werden.[15]

Von Vertretern des Resource-based View, die strategische Wettbewerbsvorteile auf die Existenz einzigartiger und nicht-imitierbarer Ressourcen zurückführen, wird bereits seit langem die Frage nach den besonderen Ressourcen und Fähigkeiten diversifizierter Unternehmungen aufgeworfen. Insbesondere wird das Erfolgspotenzial von Konglomeraten, in denen nur geringe Beziehungen zwischen den strategischen Geschäftsfeldern bestehen, kritisch beurteilt. Derartige Kritik gründet sich vor allem auf das empirisch nachweisbare Phänomen, dass die Zusammenlegung weitgehend unabhängiger Geschäftaktivitäten unter einem „Konzerndach" häufig weder für die Ge-

---

[15] Vgl. hierzu Theuvsen (2002).

schäftsbereiche noch für die Aktionäre einen Nutzen stiftet, sondern im Gegenteil eher schadet.

Vor diesem Hintergrund wird deutlich, dass die Siemens-Gruppe mit der Transformation zu einer Knowledge-based Company versucht, derartigen Defiziten entgegenzuwirken, indem sie einen Ansatz für ein systematisches, bereichsübergreifendes „Synergie-Management" betreibt, bei dem in der Unternehmung vorhandenes Wissen in einen unternehmungsweiten Wissenspool eingebracht und in allen Bereichen verwertet wird. Ein unternehmungsweites Knowledge Management schafft, wie in den folgenden Abschnitten noch ausführlich behandelt wird, zur Erreichung dieses strategischen Ziels einerseits die wissensadäquaten Kommunikationsstrukturen und technischen Plattformen und dient andererseits der Überwindung „menschlicher Hemmnisse". Letztere Aufgabe ist vor allem in einem durch die Führungsphilosophie ausgeprägter dezentraler Erfolgsverantwortung geprägten Konzern von Bedeutung, da dort die Bereitschaft der Mitarbeiter, vorhandenes Wissen mit anderen Bereichen zu teilen, nicht ohne weiteres vorausgesetzt werden kann.

Sind solche Implementierungshemmnisse überwindbar, kann aus einer ressourcenorientierten Perspektive vermutet werden, dass die bereichsübergreifende Wissensbasis selber zur Quelle eines strategischen Wettbewerbsvorteils avanciert. Diese Vermutung lässt sich auf zwei Arten begründen: Zum einen stellt der durch das Knowledge Management zu generierende Wissenspool eine einzigartige und von anderen, nicht in vergleichbarer Weise diversifizierten Unternehmungen nur schwerlich imitierbare Ressource dar. Zum anderen entwickeln sich durch das Knowledge Management Routinen des Wissenstransfers, die ein hohes Maß an „sozialer Einbettung" aufweisen und daher nicht oder nur in Grenzen durch Konkurrenten imitierbar sein werden.

Aus der Perspektive des Market-based View lässt sich das Knowledge Management von Siemens als ein Ansatz zur Implementierung der bereits mehrfach angesprochenen (Wettbewerbs-)Positionierung als innovativer Anbieter von technologischen Komplettlösungen verstehen. Das Knowledge Management erfüllt dabei die von Porter formulierten Anforderungen an eine erfolgreiche Differenzierungsstrategie: Es wird ein besonderer Kundennutzen geschaffen, in dem unter Rückgriff auf die gemeinsame Wissensbasis innovative technologische Problemlösungen einschließlich wissensintensiver Beratungs- und Serviceleistungen in kurzer Zeit angeboten werden können. Darüber hinaus wird Siemens in die Lage versetzt, ein aus Sicht des Kunden einzigartiges Angebot bereitzustellen, da es der Wissenspool ermöglicht, kundenindividuelle (System-)Lösungen anzubieten. Nicht vernachlässigt wird dabei der einem systematischen Knowledge Management verbundene Kosteneffekt. Grundsätzlich entziehen sich zwar Unternehmungen, die eine Differenzierungsstrategie verfolgen, dem unmittelbaren Kostenwettbewerb; gleichwohl müssen sie auf eine paritätische Kostenposition achten, da ansonsten die Gewinne erodieren würden. Um dieser Gefahr zu begegnen, wird – wie bereits beschrieben – im Siemens-Konzern zunehmend auf hard- und softwaretechnische Einheitlichkeit gesetzt. Dies hilft, unnötige Doppelarbeiten zu vermeiden und verkürzt zudem in den Bereichen kostenintensive Lernprozesse bei der Einführung neuer Systeme.

Zusammenfassend lässt sich festhalten, dass sich der Wandel zu einer Knowledge-based Company sowohl aus Sicht des Resource-based View als auch des Market-based View grundsätzlich als eine Maßnahme zur Erzielung dauerhafter strategischer Wettbewerbsvorteile interpretieren lässt, wobei aber die Realisierung dieser Erfolgspotenziale von der Ausgestaltung des Knowledge-Managements abhängen wird.

4. Wissenserwerb und Wissenstransfer als Elemente organisationalen Lernens

Die in ihren Grundzügen bereits kurz nachgezeichnete Transformation der Siemens-Gruppe in eine „Knowledge-based Company" beruht auf der tief verwurzelten Überzeugung des Top Managements, dass Wissen einen zentralen Erfolgsfaktor für zukunftsorientiertes Handeln in einem sich permanent wandelnden Umfeld darstellt. Diese Position wird auch von Ikujiro Nonaka, einem der Wegbereiter der theoretischen Auseinandersetzung mit der Funktion von Wissen in Unternehmungen, sehr prononciert vertreten: „In an economy where the only certainty is uncertainty, the one sure source of lasting competitive advantage is knowledge."[16]

Grundsätzlich sind in diesem Zusammenhang alle Wissenskomponenten von Bedeutung, durch die Siemens in die Lage versetzt wird, Wettbewerbsvorteile gegenüber der Konkurrenz zu erzielen bzw. – allgemeiner formuliert – die aktuelle Position auf dem Absatzmarkt zu festigen und zusätzliche Marktpotenziale zu erschließen. Derartiges positionierungsrelevantes Wissen setzt sich aus externen und internen Bestandteilen zusammen:[17] Als „extern" können Kenntnisse über Struktur und Entwicklungen derjenigen Märkte, in denen Siemens gegenwärtig tätig ist oder sich zukünftig zu positionieren beabsichtigt, sowie das Wissen über Bedürfnisse und Verhaltensweisen spezifischer Kunden bezeichnet werden. Internes Wissen umfasst produktbezogenes Know-how, d.h. bei Siemens insbesondere die Fähigkeit, aus Einzelleistungen maßgeschneiderte Lösungen zu entwickeln, sowie die intime Vertrautheit mit Strukturen und Pro-

---

[16] Nonaka (1991), S. 96.
[17] Vgl. zur praktischen Bedeutung der unterschiedlichen Formen internen und externen Wissens beispielhaft die Darstellung für den Bereich „Information & Communication Networks" bei Gibbert/Jonczyk/Völpel (2000), S. 31 f.

zessen. Die letztgenannte Wissenskomponente stellt eine wesentliche Voraussetzung für die möglichst wirtschaftliche Nutzung aller vorhandenen Ressourcen sowie für eine schnelle und gleichzeitig qualitativ hochwertige Projektabwicklung dar.

Die Betonung des Wissensaspekts für erfolgreiches wirtschaftliches Handeln ist in doppelter Hinsicht mit Konsequenzen für die Siemens-Gruppe verbunden: Zum einen definiert sie das für alle Unternehmungsaktivitäten gültige Selbstverständnis neu und besitzt damit den Charakter einer Vision, die ihren Niederschlag in der Unternehmungskultur finden muss und wird. Zum anderen – und das ist im hier untersuchten Kontext von noch größerem Interesse – wird der Blick bei der Schaffung einer „Knowledge-based Company" auf Fragestellungen des Wissensmanagements gelenkt, die zwar schon früher thematisiert, aber erst in der jüngeren Vergangenheit mit der erforderlichen Systematik und Konsequenz angegangen wurden. Systematisches Wissensmanagement zielt darauf ab, dass erfolgsrelevante Kenntnisse und Fähigkeiten sämtlichen Einheiten der Unternehmung im Bedarfsfalle zur Verfügung stehen, wobei unterschiedlichen situativen Bedingungen in ausreichendem Maße Rechnung zu tragen ist; konsequent betriebenes Wissensmanagement bedeutet, dass die für Wissensaufbau, -speicherung, -verteilung und -abruf wesentlichen Voraussetzungen in personeller, technologischer und finanzieller Hinsicht unter Umständen auch gegen eventuelle interne und externe Akzeptanzbarrieren geschaffen werden.

Um die für international tätige Großunternehmungen wie Siemens typischen Elemente des Wissensmanagements isolieren und Möglichkeiten ihrer Informationstechnologischen Unterstützung herausarbeiten zu können, werden im Folgenden mit Komplexität und Dynamik zwei Dimensionen unterschieden, anhand derer die problemlösungs- und wissensbezogene Situation charakterisierbar sind. Die *Komplexität* bildet dabei neben Zahl und Unterschiedlichkeit von problemlösungsrelevanten Wissenskomponenten auch die Zahl und Distanz von organisatorischen Einheiten ab, welche über für die Aufgabenerfüllung bedeutsames Wissen verfügen. Aus der *Dynamik* lässt sich ableiten, ob und in welchem Maße vorhandenes Wissen zur Bewältigung verschiedenartiger Problemstellungen im Zeitablauf ausreicht. So kann beispielsweise ein permanenter Wandel im technologischen Umfeld mit raschen und tiefgreifenden Veränderungen der Kundenbedürfnisse einhergehen, wodurch bislang angebotene Problemlösungen obsolet werden. Mit einer solchen Situationen sieht sich Siemens etwa im Telekommunikationsgeschäft verstärkt konfrontiert.

Nachfolgend wird aus Vereinfachungsgründen unterstellt, dass sowohl Komplexität als auch Dynamik die Ausprägungen „hoch" bzw. „niedrig" annehmen können. Durch Kombination der alternativen Ausprägungen wird es möglich, vier idealtypische Situationen zu identifizieren, die sich durch jeweils spezifische Anforderungen an ein funktionsfähiges Wissensmanagement auszeichnen (vgl. Abb. 1).

		Komplexität	
		niedrig	hoch
Dynamik	niedrig	**A** statisch/integrierte Problem- und Wissensstruktur Schwerpunkte des Wissensmanagements: •Wissensspeicherung und -abruf	**C** statisch/verteilte Problem- und Wissensstruktur Schwerpunkte des Wissensmanagements: •Wissensverteilung •Wissensspeicherung und -abruf
	hoch	**B** variabel/integrierte Problem- und Wissensstruktur Schwerpunkte des Wissensmanagements: •Wissenserwerb •Wissensspeicherung und -abruf	**D** variabel/verteilte Problem- und Wissensstruktur Schwerpunkte des Wissensmanagements: •Wissenserwerb •Wissensverteilung •Wissensspeicherung und -abruf

Abb. 1: Einflüsse von Dynamik und Komplexität auf Schwerpunkte des Wissensmanagements

Die in Matrixfeld A beschriebene Konstellation zeichnet sich durch eine hohe Stabilität der im Zeitablauf zu bewältigenden Probleme und Umweltbedingungen sowie durch das Vorhandensein aller erforderlichen Wissenskomponenten bei den mit der Problemlösung befassten Aufgabenträgern bzw. Organisationseinheiten (integrierte Wissensstruktur) aus. Das Wissensmanagement kann sich in derartigen Situationen darauf beschränken, vorhandenes Wissen in geeigneter Form aufzubereiten, zu speichern und es den Mitarbeitern im Bedarfsfalle, beispielsweise durch leistungsfähige Information Retrieval-Systeme, zugänglich zu machen. Beispielhaft hierfür lässt sich die Bearbeitung eines räumlich begrenzten, technologisch „reifen" Marktsegments mit bekannter und gleichbleibender Kunden- und Konkurrentenstruktur durch eine weitgehend autonom handelnde Einheit anführen. Obwohl einzelne Mitarbeiter ihre Fähigkeiten und Kenntnisse durchaus verbessern mögen, findet organisationales Lernen im eigentlichen Sinne in einem solchem Umfeld nicht bzw. in zu vernachlässigendem Umfang statt.

Bevor die weiteren Matrixfelder näher erläutert werden, erscheint es zweckmäßig, sich etwas eingehender mit dem hier zu Grunde gelegten Verständnis organisationalen Lernens auseinander zu setzen. Wenige Begriffe werden in Wissenschaft und Praxis mit so vielfältigen Bedeutungen belegt wie der des organisationalen Lernens. Gleichwohl besteht grundlegende Übereinstimmung in zumindest einem Punkt: In ergebnisbezogener Betrachtung bedeutet organisationales Lernen, dass der Unternehmung nach Abschluss eines Lernprozesses eine umfassendere (breitere oder tiefere) Wissensbasis zur Verfügung steht als zu dessen Beginn bzw. dass die ursprüngliche Wissensbasis im Verlauf von Lernvorgängen modifiziert wird. Organisationales Lernen kann sich in Unternehmungen auf unterschiedliche Weise vollziehen.[18] Diese Feststellung ist insofern bedeutsam, als die Anforderungen an das Knowledge Management in Abhängigkeit davon variieren, welche „Lernform" jeweils unterstützt werden soll.

Die wohl augenfälligste Form besteht analog zu individuellen Lernvorgängen im (autonomen bzw. umweltgetriebenen) Erwerb von (Fakten- oder Methoden-)Wissen, welches in der Unternehmung bislang nicht vorhanden war. Autonome Wissensgenerierung findet ohne externe Anstöße innerhalb der Unternehmung, etwa im Rahmen systematisch betriebener Suchprozesse durch hierauf spezialisierte Einheiten (insbesondere F&E-Bereich), aber auch „als Nebenprodukt" der „normalen" bereichsinternen- oder übergreifenden Aufgabenerfüllung statt. Als Beispiele lassen sich die Entwicklung neuer Werkstoffe oder radikal veränderter Produktionsverfahren anführen. Umweltgetriebene Wissensgenerierung ist das Ergebnis von Kontakten zu Unternehmungsexternen (z.B. Kunden, Lieferanten oder Wettbewerbern). In der Umwelt bereits vorhandenes Wissen wird in diesem Falle der Unternehmung über Interaktionsprozesse zugänglich gemacht. Wissenserwerb bzw. -generierung im skizzierten Sinne hat stets zur Konsequenz, dass sich die Wissensbasis des Gesamtsystems „Unternehmung" erweitert.

Ebenfalls Entsprechungen im individuellen Kontext besitzen Neubewertungen des vorhandenen Wissensbestands vor dem Hintergrund veränderter Wahrnehmungs- bzw. Interpretationsmuster oder die Übertragung einzelner Wissenselemente auf zusätzliche Anwendungsbereiche. Obwohl in beiden Fällen kein zusätzliches Faktenwissen generiert wird, kann eine Erweiterung oder zumindest eine Veränderung der Wissensbasis die Folge sein. Organisationales Lernen drückt sich in einer Modifikation der Wissensbasis beispielsweise dann aus, wenn Veränderungen von strategischen oder füh-

---

[18] Vgl. zu einer ähnlichen, wenngleich detaillierteren Systematisierung von alternativen Formen organisationalen Lernens Pautzke (1989), S. 113 f.

rungsbezogenen Grundannahmen bislang nicht hinterfragte Problemlösungsmuster obsolet machen und gleichzeitig neuartige leistungsfähige Verfahren der Aufgabenerfüllung erschließen. Die Übertragung bekannten Wissens auf zusätzliche Anwendungsbereiche bedeutet nichts anderes als eine verbesserte Ausschöpfung der vorhandenen Wissenspotenziale. Beispielhaft soll hier nur auf die Nutzung bestimmter Kernkompetenzen – etwa die Fähigkeit, aus standardisierten Komponenten maßgeschneiderte Problemlösungen zu entwickeln – in den unterschiedlichsten Märkten und Marktsegmenten hingewiesen werden.

Im letztgenannten Aspekt deutet sich bereits eine dritte Kategorie organisationaler Lernvorgänge an, welche für arbeitsteilige Handlungssysteme typisch sind – der Problemkreis der Wissensverteilung innerhalb einer Unternehmung. Üblicherweise verfügen die einzelnen organisatorischen Einheiten gerade in global tätigen diversifizierten Unternehmungen wie Siemens entsprechend ihrem jeweiligen Tätigkeitsfeld und der dort gemachten Erfahrungen über stark spezialisiertes Wissen in markt-, kunden-, produkt- und prozessbezogener Hinsicht. In dem Maße, in dem bereichsbezogenes Know-how auch in anderen Einheiten für die Aufgabenerfüllung von Bedeutung ist oder in die Erstellung komplexer integrativer Lösungen einfließt, ist es erforderlich, sich mit der Frage auseinander zu setzen, wie dezentral vorgehaltenes Wissen über die Sphäre des ursprünglichen Inhabers hinaus für weitere Unternehmungsbereiche erschlossen werden kann. Mit anderen Worten: Strukturen und Prozesse des individuen- bzw. bereichsübergreifenden Wissenstransfers müssen systematischen Gestaltungsüberlegungen unterworfen werden. Obwohl durch reinen Transfer die Wissensbasis aus Sicht der Gesamtunternehmung nicht vergrößert wird, lassen sich entsprechende Übertragungsvorgänge als organisationales Lernen interpretieren, da sich der Kreis der potenziellen Wissensnutzer erweitert und insofern die Handlungsrelevanz einzelner Wissenskomponenten zunimmt.[19] Vor diesem Hintergrund entfaltet die eingangs zitierte Aussage von Heinrich von Pierer, „Siemens weiß, was Siemens weiß", seine volle Bedeutung: Effizient betriebenes Wissensmanagement besteht nicht darin, Wissensbestände in jeder organisatorischen Einheit vorzuhalten und damit unkontrolliert zu duplizieren; vielmehr ist ein System zu schaffen, das die Mitarbeiter in die Lage versetzt, problembezogen das benötigte Wissen bzw. dessen jeweiligen Inhaber zu identifizieren und auf dieses Wissen im Bedarfsfall unproblematisch zugreifen zu können.

Die je nach Problem- und Wissensstruktur dominierenden Elemente organisationalen Lernens in Unternehmungen bzw. Unternehmungsbereichen lassen sich Abb. 1 entnehmen. Überwiegen Veränderungen der zu bewältigenden Problemstellungen oder

---

[19] Darüber hinaus darf nicht verkannt werden, dass sich ein Wissenstransfer aus Sicht des Empfängers als Generierung neuen Wissens darstellt.

der relevanten Umweltbedingungen im Zeitablauf und sind die Potenziale einer unternehmungsweiten Nutzung bereichsspezifisch aufgebauter Wissensbestände vernachlässigbar[20] (Matrixfeld B), so steht der Wissenserwerb im Mittelpunkt. Anders stellt sich die Situation im Falle geringer Dynamik und gleichzeitiger starker Konzentration von Wissen mit Verwendungsmöglichkeiten in unterschiedlichen Zusammenhängen innerhalb eines Bereichs (Feld C) dar: Dem Wissenstransfer kommt in einem solchermaßen charakterisierten Umfeld ein zentraler Stellenwert zu.

Matrixfeld D (hohe Problem- und Umweltvariabilität sowie asymmetrischer Wissensstand) bildet den Rahmen, mit dem sich das Wissensmanagement bei Siemens konfrontiert sieht, sicherlich am präzisesten ab. Auf der einen Seite machen es die Tätigkeitsschwerpunkte der Siemens-Gruppe im Hochtechnologiesektor unter zunehmend schwierigeren Wettbewerbsbedingungen erforderlich, sich permanent sowohl mit der Weiterentwicklung bestehender Technologien als auch mit der Hervorbringung technologischer Innovationen zu beschäftigen. Darüber hinaus verändern sich die Kundenbedürfnisse, insbesondere im Telekommunikationsbereich, in immer kürzeren Zeitabständen. Beide Tendenzen deuten auf die enorme Bedeutung eines systematisch und konsequent betriebenen Wissenserwerbs für den Unternehmungserfolg hin. Auf der anderen Seite haben die verschiedenen Regional- und Geschäftsbereiche auf Grund ihres unterschiedlichen Wahrnehmungs- und Erfahrungshorizonts im Zuge der Aufgabenerfüllung sehr heterogene Wissensbasen aufgebaut. Der Zugriff auf diese Wissensbasen kann für andere organisatorische Einheiten eine qualitativ hochwertigere, kostengünstigere oder schnellere Bewältigung gleicher oder ähnlicher Aufgaben zur Folge haben. In ähnlicher Richtung ist die Nutzung ausgewählter Wissenskomponenten im Rahmen einer Abwicklung bereichsübergreifender Projekte zu interpretieren. Es wird deutlich, dass auch ein reibungsloser Wissenstransfer über Bereichsgrenzen hinweg für Siemens einen herausragenden Stellenwert besitzt.

Nachfolgend wird untersucht, welchen Beitrag E-Business als technologische Plattform des Wissensmanagements beim Umgang mit den vielfältigen Herausforderungen mit Blick auf den Erwerb neuen und den Transfer vorhandenen Wissen leisten kann.

---

[20] Ähnlich wirkt ein paralleler Aufbau gleicher oder ähnlicher Wissensbasen in allen organisatorischen Einheiten.

5. Informations- und kommunikationstechnologische Potenziale zur Unterstützung von Lernprozessen

Die bisherigen Überlegungen sollten bereits einen allgemeinen Eindruck von der Heterogenität der Aktivitäten vermittelt haben, mit welchen sich eine Knowledge-based Company, die dem organisationalen Lernen einen zentralen Stellenwert einräumt, konfrontiert sieht. Es muss nicht näher begründet werden, dass sich selbst dann, wenn man sich auf die Problemkreise des Wissenserwerbs und der Wissensverteilung konzentriert und die komplexen Zusammenhänge einer Neubewertung des vorhandenen Wissensbestands außer Acht lässt, die Anforderungen an ein leistungsfähiges Knowledge Management sehr unterschiedlich gestalten und das Unterstützungspotenzial moderner Informations- und Kommunikationstechnologien hiervon nicht unberührt bleiben kann. Doch auch innerhalb einzelner Problemkreise können die Bedeutung sowie die Ausgestaltung „elektronischer Komponenten" des Wissensmanagements in Abhängigkeit von den jeweils herrschenden Bedingungen teilweise deutlich variieren. Der daraus resultierenden Notwendigkeit zur situativen Relativierung soll durch die Analyse verschiedenartiger „Lernumfelder" Rechnung getragen werden.

5.1 Merkmale und Bedeutung des „Lernumfelds"

Ganz allgemein lässt sich ein Lernumfeld definieren als Gesamtheit aller (Kontext-) Faktoren, von denen Einflüsse auf Inhalte, Abläufe und Erfolg des organisationalen Lernens ausgehen. Angesichts der Zahl und Heterogenität lernbeeinflussender Faktoren erscheint der Versuch ihrer abschließenden Aufzählung als wenig Erfolg versprechendes Unterfangen. Einen wesentlich aussichtsreicheren Zugang zur Charakterisierung unterschiedlicher Lernumfelder eröffnet die Systematisierung allgemeiner *Elemente des Lernumfelds*, deren jeweilige Ausprägungen im Zuge der Ausgestaltung leistungsfähiger Knowledge Management-Systeme einer näheren Analyse zu unterziehen sind. Im Einzelnen handelt es sich hierbei um Inhalte und Charakteristika des Wissens, um Eigenschaften von in die Wissensgenerierung oder den Wissenstransfer involvierten Mitarbeiter, um den Charakter der Aufgaben bzw. Problemstellungen, bei deren Bewältigung Wissen benötigt wird, sowie um ausgewählte unternehmungsbezogene Faktoren wie beispielsweise Organisationsstrukturen und Führungssysteme. Es sei allerdings bereits an dieser Stelle darauf hingewiesen, dass zwischen den verschiedenen Elementen teils sehr enge wechselseitige Einflussbeziehungen existieren, die einer konsequenten Isolierung von Komponenten des Lernumfeldes bei der Ausgestaltung von Knowledge Management-Systemen enge Grenzen auferlegen.

Ganz ohne Zweifel kommt in diesem Zusammenhang *Merkmalen des zu generierenden bzw. zu transferierenden Wissens* als dem eigentlichen Gegenstand des Knowledge Managements ein zentraler Stellenwert zu. Wissensarten lassen sich nach mehreren Kriterien voneinander abgrenzen,[21] allerdings ist die Aussagefähigkeit der einzelnen Abgrenzungen für anwendungsbezogene Probleme des Wissensmanagements und insbesondere für die Frage nach seiner informationstechnologischen „Absicherung" unterschiedlich hoch. Ein Systematisierungsvorschlag läuft darauf hinaus, zwischen Faktenwissen („know what") einerseits und Regel- („know why") bzw. Methodenwissen („know how") andererseits zu differenzieren. Während Faktenwissen, etwa Informationen über das Leistungsspektrum eines Produktes bzw. einer Dienstleistung oder über die Bedürfnisse eines bestimmten Kunden, in aller Regel verhältnismäßig einfach zu generieren und transferieren ist, weisen entsprechende Vorgänge mit Blick auf Wissen über Verknüpfung und Anwendung von Fakten (Methodenwissen) einen wesentlich höheren Komplexitätsgrad auf und stellen insofern anspruchsvollere Anforderungen an das Wissensmanagement.

Vor allem in Bezug auf das Management des Wissenstransfers ist die Zerlegung des Wissens nach dem Ausmaß seiner Artikulierbarkeit in explizite und implizite Komponenten von Bedeutung. Explizites Wissen ist einem individuenübergreifenden Transfer im Grundsatz relativ problemlos zugänglich, weil der „Wissensinhaber" (Sender) in der Lage ist, es in verbaler oder schriftlicher Form auszudrücken; die Voraussetzungen für eine Kommunikation des fraglichen Wissens sind damit gegeben. Deutlich anders ist die Situation im Falle impliziten Wissens zu beurteilen: Weil es nicht oder nur unzureichend in Worte gefasst werden kann, ist es in starkem Maße an einen bestimmten Wissensträger gebunden. Wenn auch verschiedene Vorschläge existieren, wie implizites Wissen für eine Unternehmung auch außerhalb der Sphäre des Inhabers erschlossen werden kann, lässt sich doch konstatieren, dass entsprechende Versuche regelmäßig an der Einflussnahme auf das organisatorische Umfeld, etwa durch die Entsendung von Mitarbeitern in andere Bereiche oder ihre Mitarbeit in einem bereichsübergreifend zusammengesetzten Team anknüpfen. Die bloße Schaffung elektronisch gestützter Kommunikationsbeziehungen kann demgegenüber vermutlich nur einen vernachlässigbaren eigenständigen Beitrag zur Nutzbarmachung impliziten Wissens für die Gesamtunternehmung leisten.

Die enge Kopplung bestimmter Wissensbestandteile an einzelne Individuen leitet über zum zweiten und für das Wissensmanagement wichtigsten Element des Lernumfelds – dem *Mitarbeiter*. Da mit Blick auf die Mitarbeiter naturgemäß das individuelle Element hinsichtlich ihrer generellen psychischen Dispositionen, Fähigkeiten sowie Motivation vorherrscht, welches sich durch eine enorme Bandbreite an möglichen Zuständen auszeichnet, ist es nicht überraschend, dass sich nur sehr wenige Aussagen inhaltlicher Natur formulieren lassen. Offensichtlich ist allerdings der überragende Stel-

---

[21] Vgl. stellvertretend Rehäuser/Krcmar (1996), S. 6 ff. oder Schreyögg (2001), S. 7 ff.

lenwert der Mitarbeitermotivation für alle Vorgänge organisationalen Lernens.[22] Die Leistungsfähigkeit des Wissenstransfers hängt in wesentlichen Teilen von der Bereitschaft des potenziellen Senders, sein Wissen preiszugeben, aber auch von der Motivation eines potenziellen Empfängers, innerhalb der Unternehmung nach möglichem problemrelevantem Wissen zu suchen, ab. In ihrer Eigenschaft als Generator von für die Gesamtunternehmung neuen Wissen bestimmt neben der Motivation zur aktiven Suche auch die Bereitschaft der Mitarbeiter, sich mit nur bruchstückhaft zugänglichen oder im Widerspruch zu bisherigen Erfahrungen stehenden Informationen auseinander zu setzen, den Erfolg organisationaler Lernprozesse.

Über den auf der Hand liegenden Zusammenhang hinaus, dass sich Funktion und Leistungsfähigkeit des Wissensmanagements nur vor dem Hintergrund einer Unterstützung der Aufgabenerfüllung erschließen, steckt der *Aufgabencharakter* in doppelter Hinsicht den Rahmen für die Ausgestaltung von Knowledge Management-Systemen ab: Einerseits definieren Aufgabenumfang und -inhalt Menge und Detailliertheitsgrad des benötigten Fakten- und Methodenwissens, das im Content Management meist strukturiert und vorformuliert zur Verfügung steht. Andererseits wird durch sehr heterogene Aufgabenmerkmale (z.B. Abgeschlossenheit oder Dynamik) bestimmt, inwieweit die Mitarbeiter in der Lage sind, eine ihnen übertragene Aufgabe durch Rückgriff auf eigenes Wissen zu bewältigen. In Abhängigkeit von den jeweiligen Aufgabencharakteristika kann es sich als notwendig erweisen, die vorhandene Wissensbasis durch (autonome) Generierung neuen Wissens oder durch Akquisition ergänzender Wissenselemente aus anderen Unternehmungsbereichen zu erweitern. Mit anderen Worten: Je weniger die aus der bisherigen Aufgabenerfüllung resultierenden Erfahrungen zur Lösung aktueller bzw. zukünftiger Probleme beitragen können, um so größere Bedeutung gewinnt ein umfassendes und systematisches Wissensmanagement.

Eine aufgabenbezogene Ableitung von Anforderungen an Knowledge Management-Systeme sieht sich mit zwei zentralen Schwierigkeiten konfrontiert: Einerseits ist es ein wesentliches Kennzeichen von Unternehmungen als arbeitsteiligen Handlungssystemen, dass sie sich im Rahmen der Wertschöpfung mit sehr unterschiedlichen Problemstellungen konfrontiert sehen. Mit anderen Worten: Die zu erfüllenden (Teil-)Aufgaben sind äußerst heterogener Natur; die typische Aufgabe existiert nicht. Hieraus kann der Schluss gezogen werden, dass ein konkreter Wissensbestand bzw. -bedarf nur für einzelne, klar umrissene Aufgaben identifizierbar ist. Andererseits stellt die Aufgabenabgrenzung und -zuordnung stets das kombinierte Ergebnis organisatorischer Gestaltungsakte sowie führungsbezogener Grundsatzentscheidungen dar, denen in aller

---

[22] Hierüber sollte allerdings nicht verkannt werden, dass auch Fähigkeiten von Mitarbeitern – beim Wissenstransfer beispielsweise die Fähigkeit zur Artikulation bzw. zum Verständnis komplexer Zusammenhänge – eine maßgebliche Rolle spielen.

Regel eine unternehmungs- oder zumindest eine bereichsorientierte Perspektive zu Grunde liegt. Dieser Umstand deutet darauf hin, dass es wenig Sinn macht, aus der Aufgabenstruktur erwachsende Anforderungen an das Wissensmanagement losgelöst vom vierten Bestandteil des Lernumfeldes – den unternehmungsbezogenen Faktoren – zu formulieren.

Über die skizzierte Beeinflussung von Aufgabencharakteristika hinaus kommt unternehmungsinternen Faktoren aus zahlreichen Gründen, die hier nur beispielhaft angesprochen werden können, ein hoher Stellenwert für das Knowledge Management zu. Man vergegenwärtige sich etwa die Bedeutung struktureller Regelungen für die Frage, ob bestimmte Wissenskomponenten konzentriert in einer Einheit generiert und vorgehalten werden, oder ob Wissensakquisition und -speicherung (unter Umständen auch parallel) mehreren organisatorischen Einheiten obliegen. Daneben stellt die Führungsphilosophie das Wissensmanagement je nach Ausprägung vor sehr unterschiedliche Herausforderungen. So dürften konsequente Dezentralisierungsbestrebungen nicht nur mit der Gefahr von Ineffizienzen in Form von kostenintensiver Generierung ähnlicher Wissensbestände in mehreren dezentralen Einheiten einhergehen; unter Umständen werden Versuche einer zentralen Steuerung von Wissensakquisition und -transfer von den Bereichen als Eingriffe in ihre Autonomie empfunden. Schließlich darf der Stellenwert der implementierten Anreizsysteme nicht unterschätzt werden: Insbesondere bei Dominanz von bereichsbezogenen Erfolgsgrößen zu Beurteilungs- und Anreizzwecken sind mit Blick auf den bereichsübergreifenden Wissenstransfer strukturinduzierte Schwierigkeiten zu erwarten.

Im Folgenden soll zwischen drei Lernumfeldern unterschieden werden, die unterschiedliche Bedingungen abbilden, unter denen sich Wissensakquisition und -transfer bei Siemens vollziehen – einem strukturierten, einem teilstrukturierten und einem unstrukturierten Lernumfeld. In diesem Zusammenhang sind zwei Bemerkungen angebracht: Zum einen wird kein Anspruch auf Vollständigkeit erhoben; die Auswahl ist durch das Bemühen geleitet, Einblicke in den Facettenreichtum von Problemstellungen zu vermitteln, den eine Knowledge-based Company wie der Siemens-Konzern bewältigen muss. Zum anderen soll nicht der Eindruck entstehen, Siemens ließe sich eindeutig und überschneidungsfrei in verschiedene Lernumfelder „zerlegen". Vielmehr vermischen und überlagern sich unterschiedliche Lernumfelder, d.h. je nach den situativen Ausprägungen der oben genannten Faktoren können sich die Bedingungen für das Knowledge Management stark ändern, auch wenn jeweils identische organisatorische Einheiten in den Lernprozess involviert sind.

Wenn nachfolgend für die einzelnen Lernumfelder Siemens-spezifische Lösungsansätze vorgestellt werden, wird neben der Charakterisierung ausgewählter Systeme des „E-Knowledge Management" jeweils der tiefer liegenden Frage nachgegangen, welchen Beitrag Informations- und Kommunikationstechnologien zur Unterstützung des Wissensmanagements in der jeweiligen Situation leisten können.

5.2 Strukturiertes Lernumfeld – Transfer von Erfahrungswissen

Als „strukturiert" charakterisierbare Lernumfelder im Siemens-Konzern zeichnen sich durch eine Reihe von Merkmalen aus, welche die Ableitung von Anforderungen an die Ausgestaltung technologiebasierter Knowledge Management-Systeme erlauben:

- Zahlreiche Geschäftsbereiche der Siemens-Gruppe verfügen innerhalb eines fachlich bzw. funktionsorientiert abgesteckten Rahmens (z.B. Entwicklung, Vertrieb oder Service) über eine umfangreiche, aber auf mehrere organisatorische Einheiten verteilte Wissensbasis.

- In einer Einheit vorhandenes Wissen kann einen Beitrag zur qualitativ hochwertigeren, schnelleren oder kostengünstigeren Aufgabenerfüllung in anderen Geschäfts- oder Regionalbereichen leisten. Mit anderen Worten: Die unternehmungsweite Nutzung des innerhalb einer organisatorischen Einheit vorgehaltenen Wissens birgt Potenziale zur Ausschöpfung knowledge-bezogener Leverage-Effekte in sich: „Leveraging knowledge on a global basis is a major challenge of big multinationals like Siemens."[23]

- Wissensnachfrager sind in der Lage, einen problemspezifischen Informationsbedarf klar zu artikulieren; zusätzlich verfügen sie, da sie dem gleichen fachlichen Hintergrund aufweisen wie ein potenzieller Wissensanbieter, über eine hohe „absorbtive capacity"[24] zur Aufnahme von nur schwer artikulierbaren Wissenselementen, was den Transfer einerseits erleichtert und andererseits in begrenztem Maße auch „tacit knowledge" einer Übertragung zugänglich macht.

In einem solchermaßen umrissenen Kontext wird die Schaffung von Systemen, die einen schnellen und umfassenden Zugriff auf „fremdes" Wissen ermöglichen, zu einer zentralen Einflussgröße sowohl für den Erfolg am Absatzmarkt als auch für die Realisierung interner Effizienz. Siemens hat die Chancen, welche ein systematisches technologiegestütztes Wissensmanagement in strukturierten Lernumfeldern eröffnet, frühzeitig erkannt und sich den hieraus erwachsenden Herausforderungen gestellt. Ein Zeugnis von entsprechenden Bemühungen legen verschiedene bereits existierende E-Knowledge Management-Systeme ab, von denen zwei beispielhaft genannt werden sollen:

---

[23] Gibbert/Jonczyk/Völpel (2000), S. 22.
[24] Vgl. zur „absorbtive capacity" den Beitrag von Frese (2002) im vorliegenden Band.

- ShareNet zur Unterstützung des Vertriebs in den Bereichen „Information & Communication Networks" (ICN)[25] und „Information and Communication Mobile" (ICM) sowie

- Knowledge Networking Service Knowledge (KN Service Knowledge) für den Wissenstransfer zwischen Serviceeinheiten ebenfalls im Bereich „ICN".[26]

Obwohl die genannten Systeme in unterschiedlichen Bereichen bzw. bei der wissensmäßigen Absicherung verschiedenartiger funktionaler Aktivitäten zur Anwendung kommen, weisen sie doch ein hohes Maß an Übereinstimmung hinsichtlich der zu bewältigenden Probleme und der implementierten Lösungen auf. Im Folgenden soll ShareNet stellvertretend für die bei Siemens eingesetzten E-Knowledge Management-Systeme in strukturierten Lernumfeldern etwas genauer beschrieben werden, was insbesondere durch den Umstand gerechtfertigt werden kann, dass ShareNet als Siemensweiter Standard im Sinne eines übergreifenden globalen Tools vorgesehen ist.

Das ShareNet-Projekt wurde im Jahre 1999 mit dem Ziel ins Leben gerufen, Vertriebsmitarbeitern[27] des ICN-Geschäftsbereichs einen weltweiten Rückgriff auf absatzrelevantes Wissen ihrer Kollegen (z.B. Informationen über Projektabwicklung sowie produkt- und kundenbezogene Kenntnisse) zu ermöglichen. Ein möglichst reibungsloser Wissenstransfer zwischen einzelnen Projektteams, aber auch zwischen regionalen Einheiten wurde insbesondere auf Grund von immer rascher fortschreitenden marktlichen und technologischen Veränderungen in der Telekommunikationsbranche als notwendig erachtet. Handelte es sich früher bei den Nachfragern von Telekommunikationsausrüstungen primär um große staatliche Telefongesellschaften, zu denen bereits seit langer Zeit intensive Absatzbeziehungen unterhalten wurden, so hat sich die Situation mit der zunehmenden Deregulierung im Telekommunikationssektor grundlegend gewandelt. Zum einen avancierten Preise, Schnelligkeit und Servicequalität nicht nur für die Telefongesellschaften, sondern auch für deren Lieferanten zu herausragenden Erfolgsfaktoren, zum anderen sah sich Siemens als Folge des Aufkommens kleiner spezialisierter Konkurrenten der etablierten Telefongesellschaften mit der Notwendigkeit konfrontiert, nicht allein Produkte zu vertreiben, sondern maßgeschneiderte, dienstleistungsintensive Lösungen bis hin zur Entwicklung von Business-Plänen anzubieten. Begleitet wurden diese Entwicklungen durch Umwälzungen im technologischen Bereich, was die Notwendigkeit, den Vertriebsmitarbeitern „vor Ort" umfassendes produktbezogenes Wissen schnell verfügbar zu machen, zusätzlich verstärkte.

---

[25] Siehe auch Gibbert/Jonczyk/Völpel (2000) sowie Gibbert/Kugler/Völpel (2000), S. 203 f.
[26] Vgl. hierzu Gibbert/Jonczyk/Trillitzsch (2000).
[27] Die Fokussierung des ShareNet-Projektes auf einen spezifischen Teilprozess der gesamten Wertschöpfungskette stellte sicher, dass die Nutzer von ShareNet eine mit Blick auf ihren Wissensbedarf, aber auch hinsichtlich des bei ihnen vorhandenen Wissens und ihres Erfahrungshorizonts eine sehr homogene Gruppe bildeten.

Die Entwicklung von ShareNet in einem solchermaßen charakterisierten Umfeld war von zwei einander ergänzenden Anliegen getragen: Auf der einen Seite stellt gerade für Unternehmungen wie Siemens, die in wissensintensiven Branchen tätig sind, der effiziente Umgang mit der Ressource „Know-how" eine zentrale Erfolgsbedingung dar. Vergegenwärtigt man sich das spezifische Verhältnis von Kosten der erstmaligen Wissensgenerierung (hoch) und Kosten des Wissenstransfers (gering), so ist offensichtlich, dass die Erschließung einmal erworbenen Wissens für zusätzliche Nutzergruppen in besonderem Maße dem Wirtschaftlichkeitspostulat genügt. In diesem Sinne kann man von „angebotsgetriebenen" Tendenzen zur Einführung eines elektronisch unterstützten Wissenstransfersystems sprechen. Auf der einen Seite ist es für potenzielle Wissensnachfrager von Interesse, bei der Erfüllung ihrer Aufgaben auf eine möglichst umfassende Informationsbasis zurückgreifen zu können. Um auch in einem Umfeld, in dem möglicherweise problemlösungsrelevantes Know-how weltweit verstreut und der jeweilige Wissensinhaber unter Umständen nicht einmal bekannt ist, Informationen schnell und zielgenau beschaffen zu können, erweist sich der Einsatz moderner Informations- und Kommunikationstechnologien bei der Suche nach und der Übermittlung von Wissen ebenfalls als unumgänglich. Mit anderen Worten: In den Vertriebsbereichen von ICN und ICM entfaltete sich zusätzlich eine „nachfragegetriebene" Tendenz zur Einführung eines E-Knowledge Management-Systems. Ein wesentliches Ziel von ShareNet stellte es in diesem Zusammenhang, dar, Experten möglichst reibungslos identifizieren und gegenseitig transparent machen zu können.

Trotz dieser überzeugenden Gründe für die Entwicklung von ShareNet war für die Projektverantwortlichen klar, dass nur eine konsequente Orientierung an den Bedürfnissen der Mitarbeiter im Vertriebsbereich die Voraussetzungen für eine hohe Akzeptanz des neuen Systems schaffen kann. Aus diesem Grunde wurde ShareNet im Rahmen eines „bottom up"-Approach von potenziellen Anwendern für potenzielle Anwender geschaffen. Von Beginn an besaß das ShareNet-Projekt mit der ICN-Bereichsleitung darüber hinaus die Unterstützung eines einflussreichen „Machtpromotors".

Die ShareNet-Anwendung besteht im Kern aus zwei Modulen – einer Wissensdatenbank- und einer Newsboard-Komponente.

In die Datenbank, die so genante Knowledge Library, können Mitarbeiter Informationen einstellen, von denen sie annehmen, dass sie ihren Kollegen in anderen Projektteams oder Regionen bei der Lösung von Vertriebsproblemen behilflich sein können. Es handelt sich also primär um ein Modul zur Unterstützung des „angebotsgetriebenen" Wissenstransfers. Um potenziellen Wissensnachfragern die Suche nach relevantem Know-how zu erleichtern, werden die eingestellten Informationen verschiedenen Wissensgebieten zugeordnet. Da es das Ziel von ShareNet darstellt, unmittelbar im

Vertriebsprozess verwendbares Wissen zur Verfügung zu stellen, wird besonderer Wert darauf gelegt, dass es sich bei den in der Datenbank vorgehaltenen Informationen um „erfahrungsgestütztes" Wissen handelt, welches sich bei der Lösung praktischer Probleme bereits bewährt hat. Besondere Schwierigkeiten bereitet – wie oben dargestellt – der Transfer impliziten, d.h. nicht oder nur schwer artikulierbaren, Wissens. ShareNet trägt entsprechenden Problemen Rechnung, indem ergänzend zur Kodifizierungsstrategie eine Personalisierungsstrategie verfolgt wird. Da beim Austausch impliziten Wissens persönlichen Kontakten ein herausragender Stellenwert zukommt, beschränkt sich die elektronische Unterstützung in diesem Zusammenhang darauf, Hinweise auf mögliche Ansprechpartner mit ihren jeweiligen Wissens- und Interessengebieten bereitzustellen.

Mittels der Newsboard-Komponente „urgent request" werden Vertriebsmitarbeiter in die Lage versetzt, bei der Aufgabenbewältigung auftretende Fragen über zeitliche und räumliche Grenzen hinweg an alle ShareNet-Anwender oder ausgewählte User-Gruppen zu richten („nachfragegetriebener Wissenstransfer"). Da mittlerweile über 20.000 Mitarbeiter in mehr als 60 Ländern mit ShareNet arbeiten, ist die Wahrscheinlichkeit, schnell und unbürokratisch mit dem benötigten Wissen versorgt zu werden, sehr hoch.

Jeder Anwender kann in unterschiedlichen Situationen sowohl Wissensnachfrager als auch Wissensanbieter sein, so dass ShareNet als Instrument zur Vereinfachung der wechselseitigen Unterstützung fungiert. Bereits durch die Förderung des Bewusstsein aller Mitarbeiter, dass sie zukünftig auf Hilfe ihrer Kollegen angewiesen sein können, wird ein Anreiz dafür geschaffen, Informationen, die möglicherweise von allgemeinem Interesse sind, in das System einzustellen. Zusätzlich wird die Motivation zur Nutzung von ShareNet dadurch verstärkt, dass Wissensanbieter und -nachfrager in Abhängigkeit von der Verwendbarkeit des bereitgestellten Wissens bzw. vom Rückgriff auf verfügbares Wissen Anteile (so genannte ShareNet Shares) erhalten. Die angesammelten Shares können gegen verschiedene „Incentives" eingetauscht werden.

5.3 Teilstrukturiertes Lernumfeld – Identifizierung und Transfer von Best Practice

Teilstrukturierte Lernumfelder, wie sie für die bereichs- oder unternehmungsweite Verbreitung von Best Practice typisch sind, unterscheiden sich vom bislang diskutierten strukturierten Kontext in mehrfacher Hinsicht:

- Der Stellenwert von in einem teilstrukturierten Lernumfeld zu transferierenden Wissenselementen für eine verbesserte (qualitativ hochwertigere, schnellere oder kostengünstigere) Aufgabenerfüllung ist primär indirekter Natur, da die Lösung konkreter Problemstellungen auch ohne Rückgriff auf das fragliche Wissen – wenngleich weniger effizient – möglich ist.

- Potenzielle Wissensnutzer sind ohne Kenntnis darüber, dass bestimmtes Best Practice-Wissen in der Unternehmung vorhanden ist, überhaupt nicht in der Lage, bisherige Handlungs- oder Strukturdefizite zu erkennen und eine Nachfrage nach Wissen, mit welchem die jeweiligen Defizite beseitigt werden können, zu entfalten.

- Inhaber von Best Practice-Wissen können dessen Wert aus zwei Gründen schlecht abschätzen. Zum einen können sie nicht beurteilen, ob ihr Wissen überhaupt Best Practice in dem Sinne darstellt, dass keine Einheit innerhalb der Unternehmungen über bessere Lösungen verfügt. Zum anderen ist nicht ohne weiteres zu erkennen, ob ihr Wissen auch in anderen Anwendungssituationen einen Beitrag zur Effizienzsteigerung leisten kann.

- Schließlich ist anders als in strukturierten Lernumfeldern nicht von einem homogenen Erfahrungshorizont der Wissensanbieter und -nachfrager auszugehen, was den eigentlichen Transferprozess deutlich erschwert.

Beispielhaft für die Bemühungen von Siemens, in einem teilstrukturierten Lernumfeld ein leistungsfähiges Wissensmanagement zu implementieren, sollen nachfolgend die Grundzüge des Best Practice-Marktplatzes bei Siemens skizziert werden.[28]

Getragen von dem Anliegen, wertschöpfungsbezogene Verbesserungspotenziale in allen Siemens-Einheiten möglichst umfänglich ausschöpfen zu können, stellt sich zunächst die Frage, ob primär eine Strategie des Wissenserwerbs oder eine Transferstrategie verfolgt werden sollte. Angesichts der hiermit verbundenen Vorteile (z.B. Nutzung knowledge-bezogener Leverage-Effekte; Vermeidung unnötiger Doppelarbeiten bei der Wissensgenerierung) wurde dabei eine Entscheidung zu Gunsten der Transferstrategie getroffen. Diese Entscheidung warf allerdings wiederum zwei Probleme auf: Zum einen musste geklärt werden, auf welche Weise Best Practice identifiziert werden kann. Zum anderen waren verschiedene Barrieren individueller, kollektiver, struktureller und politisch/kultureller Natur hinsichtlich der Preisgabe eigenen, aber auch der Nutzung fremden Best Practice-Wissens zu überwinden.[29]

Mit Blick auf die Identifikationsproblematik entschied man sich für einen dezentralen Mechanismus: Welche Wissenskomponenten Best Practice-Charakter aufweisen, soll infolgedessen nicht von einer Instanz oder einem zentral eingesetzten Gremium, sondern von Wissensanbietern und -nachfragern beurteilt werden. Die institutionelle Absicherung erfährt der dezentrale Beurteilungsmechanismus durch die Einrichtung eines

---

[28] Zum Überblick vgl. auch Gibbert/Krause (2002).
[29] Vgl. hierzu Gibbert/Krause (2000), S. 71 ff.

(virtuellen) elektronischen Marktplatzes, auf dem Best Practice in direkter Interaktion „gehandelt" werden kann. Als Indikator für den Wert – und damit letztlich für die Qualität – des in einer Intranet-basierten Datenbank bereitgestellten Best Practice-Wissens dient die Nachfrageintensität. Eine hohe Nachfrage bestimmter Wissenskomponenten kann vom Anbieter wiederum als Signal interpretiert werden, seine Bemühungen um einen weiteren Aufbau von effizienzsteigerndem Wissen in diesem Gebiet zu verstärken. Um Best Practice-Suche und -Transfer in besonders Erfolg versprechende Bahnen zu lenken, ist die Zentralstelle „Information und Knowledge Management" auf Konzernebene mit der Identifikation und Definition von unternehmensrelevanten Themenfeldern sowie mit der Erstellung einer „Wissenslandkarte"[30] betraut.

Angesichts der Heterogenität der angesprochenen Transferbarrieren ist es nicht überraschend, dass man zu deren Überwindung auf ein ganzes Bündel von Maßnahmen zurückgreift. Im Mittelpunkt steht ohne Zweifel die Förderung von direkter Interaktion zwischen den am Best Practice-Austausch beteiligten Mitarbeitern. Neben der Durchführung von Workshops hat sich in diesem Zusammenhang die Schaffung von Netzwerken wie beispielsweise der „Community of Practice Knowledge Management" (CoP KM) als überaus nützlich erwiesen. Derartige Netzwerke stellen einen lockeren Zusammenschluss von in Fragen des Knowledge Managements involvierten Mitarbeitern aus allen Einheiten des Geschäftsbereichs dar; sie dienen neben dem Informationsaustausch auch als Rahmen für die gemeinsame Generierung neuen Wissens. Durch die Einbindung in die CoP KM werden insbesondere Barrieren individueller Natur, auf Grund der Promotorenfunktion von Netzwerkmitgliedern in ihren organisatorischen Einheiten aber auch strukturelle und kulturelle Hindernisse abgebaut. Ergänzend legt man großen Wert darauf, dass der Best Practice-Transfer vom Management unterstützt wird. Schließlich hat man ein differenziertes System von Anreizen geschaffen und den Austausch von Best Practice zum Bestandteil eines unternehmungsweit angelegten Programms zur Förderung der Führungskompetenz gemacht, um die Bereitschaft aller Mitarbeiter zu fördern, als Anbieter oder Nachfrager am bereichsinternen Markt für Best Practice-Wissen aufzutreten.

Die Ausführungen haben deutlich gemacht, dass E-Business-Komponenten auch in teilstrukturierten Lernumfeldern einen eigenständigen Beitrag zur Verbesserung des Wissenstransfers leisten können, wenngleich ergänzenden (nicht technologie-gestütz-

---

[30] Wissenslandkarten erlauben durch die Bereitstellung von Metawissen in Form einer Strukturierung der in der Best Practice-Datenbank abgelegten Wissensbestände für die Wissensanbieter eine verbesserte Zuordnung der eigenen Wissenselemente zu einzelnen Themenfeldern und ermöglichen den Wissensnachfragern eine raschere und zielgenauere Suche.

ten) Mechanismen ein wesentlich größerer Anteil für den Erfolg des Knowledge Managements zukommt als in einem strukturierten Lernumfeld.

5.4 Unstrukturiertes Lernumfeld – Überwindung struktureller und professioneller Barrieren

Unter dem Begriff „unstrukturiertes Lernumfeld" wird eine ganze Reihe von Konstellationen subsumiert, in welchen sich ein systematisch betriebenes Wissensmanagement mit besonders großen Schwierigkeiten konfrontiert sieht. Nachfolgend sollen verschiedene hierfür verantwortliche Ursachen beispielhaft diskutiert werden:

Zunächst reicht es, um langfristig erfolgreich in einem sich wandelnden Umfeld agieren zu können, in aller Regel nicht aus, allein auf bereits vorhandenes Wissen zu setzen. Anders ausgedrückt: In Unternehmungen, die wie Siemens in globalen, hochkompetitiven Technologiebranchen tätig sind, muss neben der Sicherstellung intensiven Wissenstransfers auch und gerade die permanente Generierung neuen Wissens gewährleistet sein. Stellt bereits die Entwicklung innovativer Lösungen durch hierauf spezialisierte Einheiten einen in hohem Maße kreativen, komplexen und unstrukturierten Vorgang dar, so gilt dies in noch ausgeprägterer Form für die Generierung neuen Markt-, Kunden- oder Prozesswissens. Einer Unterstützung der Wissensgenerierung durch moderne Informationstechnologien sind im Vergleich zum Wissenstransfer verhältnismäßig enge Grenzen gesteckt. Insbesondere Computer Support for Cooperative Work (CSCW)-Systeme (z.B. OpenText Livelink) können bei der arbeitsteiligen Generierung neuen Wissens die Abstimmung erleichtern und die Kommunikation beschleunigen, also ganz generell die Zusammenarbeit vereinfachen.[31]

Unabhängig davon, ob es um Wissenserwerb oder -transfer geht, sieht sich das Wissensmanagement mit um so größeren Herausforderungen konfrontiert, je stärkere Abweichungen zwischen dem spezifischen fachlichen und erfahrungsbezogenen Hintergrund der Beteiligten ist. In aller Regel ist die Bewältigung hierdurch verursachter Hemmnisse im organisationalen Lernprozess (z.B. abweichende Interpretation bestimmter Sachverhalte und damit einhergehende Kommunikationsprobleme) nur möglich, indem im Vorfeld ein einheitliches Problemverständnis geschaffen wird. Da dies im Allgemeinen häufige und direkte Interaktionen der Mitarbeiter untereinander voraussetzt, sind die Möglichkeiten einer elektronischen Unterstützung gering.

Ein ähnliches Bild mit Blick auf die Potenziale moderner Informations- und Kommunikationssysteme ergibt sich, wenn mehrere organisatorische Einheiten mit abwei-

---

[31] Vgl. z.B. Heinrich (2002), S. 474.

chenden Bereichskulturen in Lernprozesse involviert sind, oder der Bereichserfolg zum maßgeblichen Beurteilungs- und Steuerungskriterium erhoben wird. In beiden Fällen scheitert kooperativer Wissenserwerb oder -transfer möglicherweise nicht an der Komplexität des eigentlichen Lernvorgangs, sondern an mangelnder Fähigkeit bzw. Bereitschaft zur bereichsübergreifenden Zusammenarbeit. Die Lösung entsprechender Probleme muss primär auf kultureller oder organisatorischer Ebene ansetzen – etwa durch den Versuch einer unternehmungsweiten Verankerung kooperationsfördernder Werte oder durch Modifikation von Anreizsystemen nach Maßgabe lernbezogener Kriterien. Eine Problemlösung durch bloßen Technologieeinsatz herbeiführen zu wollen, hieße die besonderen Charakteristika des Lernumfelds zu verkennen.

6. Ausblick

Im vorliegenden Beitrag wurde ein Überblick über die E-Business-Aktivitäten der Siemens-Gruppe gegeben. Dabei ist deutlich geworden, dass E-Business bei der Transformation von Siemens zur wissensbasierten Unternehmung in dreifacher Hinsicht von Bedeutung ist – bei der effizienten Abwicklung von Geschäftsprozessen, als Geschäft und bei der Unterstützung des Knowledge Managements.

Im Weiteren stand letzterer Aspekt im Mittelpunkt der Betrachtung. Für unterschiedliche Lernumfelder wurden die Unterstützungspotenziale moderner Informations- und Kommunikationstechnologien mit Blick auf das Wissensmanagement anhand von Beispielen aus dem Siemens-Konzern verdeutlicht. Als generelle Schlussfolgerung bleibt festzuhalten: Knowledge Management ist ohne Zweifel eine Erfolg versprechende Strategie, deren Bedeutung zukünftig weiter wachsen wird. Allerdings ist es unabdingbar, das jeweils zum Einsatz kommende Konzept nach den Erfordernissen der jeweiligen Situation „maßzuschneidern". Wie der in Abhängigkeit vom spezifischen Lernumfeld variierende Stellenwert elektronischer Systeme sowie die vielfältigen bei Siemens implementierten Maßnahmen personalpolitischer, organisatorischer und kultureller Natur zeigen, wird erfolgreiches Knowledge Management nur durch einen ganzheitlichen Ansatz erreicht.

Literatur

DAVENPORT, Thomas H./ PROBST, Gilbert (2000): Siemens' Knowledge Journey. In: Knowledge Management Case Book. Siemens Best Practises, hrsg. von Th. H. Davenport und G. Probst. Erlangen – München, S. 10-19.

FRESE, Erich (2002): Theorie der Organisationsgestaltung und netzbasierte Kommunikation – Das organisatorische Gestaltungspotenzial von Internet und Intranet. In: E-Organisation: Strategische und organisatorische Herausforderungen des Internet, hrsg. von E. Frese und H. Stöber im Auftrag des Arbeitskreises „Organisation" der Schmalenbach-Gesellschaft für Betriebswirtschaft. Stuttgart, S. 191-241.

FRESE, Erich./ v. WERDER, Axel. (1994): Organisation als strategischer Wettbewerbsfaktor – Organisationstheoretische Analyse gegenwärtiger Umstrukturierungen. In: Organisationsstrategien zur Sicherung der Wettbewerbsfähigkeit. ZfbF-Sonderheft 33, hrsg. von E. Frese und W. Maly, S. 1-27.

GIBBERT, Michael/ JONCZYK, Claudia/ TRILLITZSCH, Uwe (2000): Networked Knowledge – Implementing a System for Sharing Technical Tips and Expertise. In: Knowledge Management Case Book. Siemens Best Practises, hrsg. von Th. H. Davenport und G. Probst. Erlangen – München, S. 54-67.

GIBBERT, Michael/ JONCZYK, Claudia/ VÖLPEL, Sven (2000): ShareNet – The next Generation Knowledge Management. In: Knowledge Management Case Book. Siemens Best Practises, hrsg. von Th. H. Davenport und G. Probst. Erlangen – München, S. 22-39.

GIBBERT, Michael/ KRAUSE, Hartmut (2000): Practice Exchange in a Best Practice Marketplace. In: Knowledge Management Case Book. Siemens Best Practises, hrsg. von Th. H. Davenport und G. Probst. Erlangen – München, S. 68-83.

GIBBERT, Michael/ KUGLER, Petra/ VÖLPEL, Sven (2000): Getting real About Knowledge Sharing. In: Knowledge Management Case Book. Siemens Best Practises, hrsg. von Th. H. Davenport und G. Probst. Erlangen – München, S. 200-217.

HEINRICH, Lutz J. (2002): Informationsmanagement. Planung, Überwachung und Steuerung der Informationsinfrastruktur. 7. Aufl., München – Wien.

v. HIPPEL, Eric (1988): The Sources of Innovation. New York – Oxford.

LANG, Carsten/ UTIKAL, Hannes (2002): Organisatorische Impulse durch Internet-Technologie und technologieinduzierte Strategien. In: E-Organisation: Strategische und organisatorische Herausforderungen des Internet, hrsg. von E. Frese und H. Stöber im Auftrag des Arbeitskreises „Organisation" der Schmalenbach-Gesellschaft für Betriebswirtschaft. Stuttgart, S. 155-189.

NONAKA, Ikujiro (1991): The Knowledge-Creating Company. In: Harvard Business Review, Vol. 69, No. 6, S 96-104.

PAUTZKE, Gunnar (1989): Die Evolution der organisatorischen Wissensbasis – Bausteine zu einer Theorie des organisatorischen Lernens. München.

REHÄUSER, Jakob/ KRCMAR, Helmut (1996): Wissensmanagement im Unternehmen. In: Managementforschung 6: Wissensmanagement, hrsg. von G. Schreyögg und P. Conrad. Berlin – New York, S. 1-40.

SCHREYÖGG, Georg (2001): Wissen, Wissenschaftstheorie und Wissensmanagement. In: Wissen in Unternehmen. Konzepte, Maßnahmen, Methoden, hrsg. von G. Schreyögg. Berlin 2001, S. 3-18.

THEUVSEN, Ludwig (2002): E-Business und Strategie – Neubewertung von Wettbewerbsvorteilen bei veränderten Branchenstrukturen. In: E-Organisation: Strategische und organisatorische Herausforderungen des Internet, hrsg. von E. Frese und H. Stöber im Auftrag des Arbeitskreises „Organisation" der Schmalenbach-Gesellschaft für Betriebswirtschaft. Stuttgart, S. 19-62.

E. Internet und Unternehmenskommunikation: Das einheitliche Bild nach Innen und Außen

*Axel v. Werder** / *Jens Grundei**** / *Till Talaulicar*****

I. ORGANISATION DER UNTERNEHMENSKOMMUNIKATION IM INTERNET-ZEITALTER

1. Unternehmenskommunikation als strategischer Erfolgsfaktor im E-Business

2. Aufgabenanalyse der Unternehmenskommunikation

3. Entwicklung und Bewertung organisatorischer Gestaltungsoptionen

    3.1 Delegation

    3.2 Bereichsbildung

        3.2.1 Etablierung

        3.2.2 Platzierung

        3.2.3 Differenzierung

        3.2.4 Kooperation

4. Zusammenfassung in Thesen

---

[*] Prof. Dr. Axel v. Werder, Inhaber des Lehrstuhls für Betriebswirtschaftslehre – Organisation und Unternehmensführung der Technischen Universität Berlin

[**] Dr. Jens Grundei, wissenschaftlicher Assistent am Lehrstuhl für Betriebswirtschaftslehre – Organisation und Unternehmensführung der Technischen Universität Berlin

[***] Dipl.-Ing. Till Talaulicar, wissenschaftlicher Mitarbeiter am Lehrstuhl für Betriebswirtschaftslehre – Organisation und Unternehmensführung der Technischen Universität Berlin

Zusammenfassung

Die Unternehmenskommunikation hat in den vergangenen Jahren stark an Bedeutung gewonnen und mittlerweile für viele Unternehmen einen strategischen Stellenwert erlangt. Als Folge gewachsener Informationsansprüche und neuer technischer Potenziale können und müssen Unternehmen heute mehr und häufiger, schneller und zielgruppenspezifischer kommunizieren. Mit der Realisierung dieser Ziele wird es allerdings zunehmend schwieriger, zugleich die Korrektheit und Konsistenz der Informationen sicherzustellen. Die Erfüllung der verschiedenen Anforderungen an die Unternehmenskommunikation setzt eine effiziente Organisation der Kommunikationsaufgaben voraus. Dieser Thematik ist der vorliegende Beitrag gewidmet. Es werden zunächst die wichtigsten Aufgabenelemente der Unternehmenskommunikation herausgearbeitet. Anschließend werden – getrennt nach den beiden Gestaltungsdimensionen Delegation und Bereichsbildung – in Frage kommende organisatorische Gestaltungsoptionen erläutert und hinsichtlich ihrer Stärken und Schwächen bewertet. Dabei zeigt sich, dass die organisatorische Verankerung der Kommunikationskompetenzen gegenläufigen Tendenzen Rechnung tragen muss. So legt die Notwendigkeit, intensiv, zeitnah und zielgruppengenau zu kommunizieren, eine Delegation und Dekonzentration auf die fachlich geeignetsten Bereiche nahe. Das Erfordernis, Korrektheit und Konsistenz der Informationen zu gewährleisten, spricht hingegen eher für eine Zentralisation und Konzentration der Kommunikationsaktivitäten. Praxisbeispiele aus fünf Mitgliedsunternehmen des Arbeitskreises „Organisation" illustrieren die Ausführungen.

1. Unternehmenskommunikation als strategischer Erfolgsfaktor im E-Business

Die Auswirkungen des E-Business zeigen sich nicht nur auf der Ebene der übergeordneten Strategien und Strukturen der Unternehmen. Das Internet stellt vielmehr auch die Abwicklung mancher Teilfunktionen vor grundlegend neue Herausforderungen. Dieser Befund gilt naturgemäß ganz besonders für die *Unternehmenskommunikation*, welche die modernen Technologien zum verständigungsorientierten Informationsaustausch mit den internen und externen Bezugsgruppen des Unternehmens (Stakeholdern) einsetzt.[1] Auf der einen Seite erleichtern die neuen Informations- und Kommunikationstechnologien auf Grund ihrer enormen Potenziale die Unternehmenskommunikation heute in erheblichem Maße, da sie eine schnellere und kostengünstigere Kommunikation, die Übermittlung größerer Bandbreiten sowie eine verstärkte Vernetzung und Integration mit (anderen) Computertechnologien ermöglichen.[2] Auf der anderen Seite wird die Abstimmung der zu übermittelnden Informationen zunehmend zu einer erfolgskritischen Größe, da die verschiedenen internetbasierten Kommunikationskanäle (vor allem Webpages) für die Adressaten „just a click away" sind und Unstimmigkeiten damit ungleich leichter transparent werden als früher.

Die Unternehmenskommunikation hat in den vergangenen Jahren allerdings auch unabhängig von den technologischen Entwicklungen an Bedeutung gewonnen und mittlerweile einen strategischen Stellenwert für die Unternehmen.[3] Vor allem zwei Trends liegen diesem Bedeutungsschub zu Grunde. Zum einen wird der Produktwettbewerb in vielen Branchen angesichts der wachsenden Produktähnlichkeit mehr und mehr von einem Kommunikationswettbewerb zumindest ergänzt, wenn nicht gar ersetzt.[4] Zum anderen treten Unternehmen verstärkt mit Stakeholdern in Interaktion, zu denen keine absatzmarktbezogenen Beziehungen bestehen müssen, wie vor allem die allgemeine Öffentlichkeit, (potenzielle) Mitarbeiter und Kapitalgeber. So haben im Zuge der Globalisierung der Kapitalmärkte gerade die Informationsansprüche von Investoren und anderen Finanzmarktakteuren eine ganz neue Dimension erreicht. Die gestiegenen Anforderungen an die Transparenz der Unternehmensaktivitäten strahlen mittlerweile

---

[1] Im Regelfall kommen die neuen Kommunikationsmedien dabei neben traditionelleren Mitteln der Kommunikation zur Anwendung, ohne diese vollkommen zu verdrängen. So z.B. auch Krzeminski (1998), S. 26; Zerfaß (1998), S. 47, ferner die Firmenberichte über Arcor [Stöber/Bültel (2002), S. 432], BMW [Raff/Grundei (2002), S. 460 f.], Lufthansa [Kraft-Christoffel/Laemmerhold/Grundei (2002), S. 474 ff.] und Siemens [Suske/Talaulicar (2002), S. 487 ff.].
[2] Vgl. Fulk/DeSanctis (1995), S. 338, sowie auch schon Frese/v. Werder (1989), S. 9 f.
[3] Vgl. zum Letzteren etwa Bruhn (1993), S. 2; Nieschlag/Dichtl/Hörschgen (1994), S. 529; Bruhn (1995), S. 7; Derieth (1995), S. 13; Steinmann/Zerfaß (1995), S. 12 f.; Goodman (1998), S. 1; Gronstedt (2000), S. 7 f.; Gauly (2001).
[4] Vgl. Zorn (1991), S. 53; Bruhn (1993), S. 2; Bruhn (1995), S. 2, 5 ff.

auch auf andere Bezugsgruppen aus, die bisher als selbsterklärend oder vertraulich angenommene Sachverhalte zunehmend hinterfragen.[5]

Als Folge der gewachsenen Informationsansprüche und der neuen technischen Potenziale können (und müssen) die Unternehmen heute mehr und häufiger (gestiegenes Bedürfnis nach Information), schneller (gestiegenes Bedürfnis nach Aktualität der Information)[6] und zielgruppenspezifischer kommunizieren. Mit der Realisierung dieser Ziele wird es allerdings zugleich zunehmend schwieriger, die Korrektheit und Konsistenz[7] der Informationen sicherzustellen. Durch die Erhöhung von Quantität, Aktualität und Individualität der Unternehmenskommunikation steigt somit auch das Risiko einer Übermittlung fehlerhafter, unüberlegter oder uneinheitlicher Informationen. Die Konsequenzen solcher Unzulänglichkeiten der Unternehmenskommunikation können von kleineren Irritationen bis hin zur Verfehlung strategisch wichtiger Zielsetzungen wie z.B. einer bestimmten Positionierung im Wettbewerb oder dem Vertrauensverlust auf wichtigen (Kapital-, Arbeits- etc.) Märkten reichen.

Zur Erfüllung der diversen und teilweise auch divergierenden Anforderungen an die Unternehmenskommunikation ist eine sachgerechte Organisation der verschiedenen Kommunikationsaufgaben entscheidende Voraussetzung. Dabei muss die organisatorische Verteilung der Kommunikationskompetenzen gegenläufigen Tendenzen Rechnung tragen. So legt auf der einen Seite die Notwendigkeit, intensiv, zeitnah und zielgruppengenau zu kommunizieren, eine Delegation und Dekonzentration auf die fachlich geeignetsten Bereiche nahe. Auf der anderen Seite spricht das Erfordernis, Korrektheit und Konsistenz der Informationen zu gewährleisten, eher für eine Zentralisation und Konzentration der Kommunikationsaktivitäten. Da somit einfache und einseitige Organisationslösungen für die Unternehmenskommunikation ausscheiden, soll das komplexe Gestaltungsproblem der Organisation der Unternehmenskommunikation im elektronischen Zeitalter im Folgenden detaillierter analysiert werden. Zunächst werden (in Kap. 2) die wichtigsten Aufgabenelemente der Unternehmenskommunikation herausgearbeitet. Anschließend werden die in Frage kommenden organisatorischen Gestaltungsoptionen erläutert, bewertet und durch Praxisbeispiele aus fünf Mitgliedsunternehmen des Arbeitskreises „Organisation" der Schmalenbach-Gesellschaft für Betriebswirtschaft e.V. illustriert[8] (Kap. 3). Die wesentlichen Ergebnisse der vorgenommenen Untersuchung werden abschließend in Thesen zusammengefasst (Kap. 4).

---

[5] Vgl. Krzeminski (1998), S. 20 f.
[6] Vgl. z.B. Klöfer (1998), S. 98; Springston (2001), S. 605.
[7] Vgl. zur Notwendigkeit konsistenter Kommunikation z.B. Gronstedt (2000), S. 32 und passim; Kirchner (2001), S. 33.
[8] Siehe im Einzelnen die Firmenberichte über Arcor [Stöber/Bültel (2002)], Bayer [Münch/Neuwirth (2002)], BMW [Raff/Grundei (2002)], Lufthansa [Kraft-Christoffel/Laemmerhold/Grundei (2002)] und Siemens [Suske/Talaulicar (2002)].

2. Aufgabenanalyse der Unternehmenskommunikation

Allein die Vielzahl relevanter Anspruchsgruppen und die Vielfalt zur Auswahl stehender Kommunikationsformen machen deutlich, dass Vorschlägen für die organisatorische Gestaltung der Unternehmenskommunikation zunächst eine wenigstens überschlägige Aufgabenanalyse vorausgehen muss.[9] Mit der Aufgabenanalyse soll die gesamte Teilfunktion Unternehmenskommunikation in solche Aufgabenkomplexe zerlegt werden, die hinreichend ähnliche Anforderungen an die Organisationsgestaltung stellen und deren organisatorische Verankerung daher nach einem einzigen Modell erfolgen kann. Diese einheitlich verteilungsfähigen Aufgaben werden als *Teilfunktionselemente* der Unternehmenskommunikation bezeichnet.[10] Ausgehend von der zu Grunde gelegten Definition kann sich die Aufgabenanalyse zunächst an den verschiedenen Stakeholdergruppen orientieren. Im Kern lassen sich danach fünf Felder bzw. Sektionen der Unternehmenskommunikation unterscheiden, die englisch als Customer Relations, Public Relations, Supplier Relations, Investor Relations und Human Relations bezeichnet werden können.[11]

Angesichts der gegenwärtig regelmäßig vorherrschenden Situation, dass Unternehmen ihre Leistungen auf Käufermärkten anbieten,[12] steht im Mittelpunkt der Kommunikationsanstrengungen zumeist der Kunde (*Customer Relations*). Dementsprechend stellt die Marketingkommunikation eine zentrale Kommunikationsaufgabe dar. Der Marketingkommunikation sind jegliche Aktivitäten zuzuordnen, die (potenzielle) Abnehmer über das Angebot eines Unternehmens informieren und die Kommunikationsadressaten unternehmenszielkonform beeinflussen sollen.[13]

Wenngleich Public Relations mitunter als Instrument der Marketingkommunikation dargestellt wird,[14] hat sie doch einen eigenständigen Charakter, da Zielgruppe, Anlie-

---

[9] Vgl. zur Aufgabenanalyse hier nur Krüger (1992).

[10] Der angemessene Detaillierungsgrad von Teilfunktionselementen der Unternehmenskommunikation kann augenscheinlich nicht losgelöst von dem konkreten Anwendungskontext des organisatorischen Gestaltungsproblems verbindlich vorgegeben werden.

[11] Vgl. zu einer solchen Einteilung etwa auch Link (1994), S. 364 f.; Goodman (1998), S. 2. Diese Stakeholder werden von den Mitgliedsunternehmen des Arbeitskreises ebenfalls als relevant bezeichnet, wenngleich im Detail eine mitunter abweichende Gruppierung vorgenommen wird. So sind bei Siemens Kunden und Zulieferer zu Marktpartnern zusammengefasst [Suske/Talaulicar (2002), S. 484]. Sämtliche dieser Teilaspekte haben gemein, dass für sie – wie auch für den grundlegenden Begriff der Kommunikation selbst [vgl. z.B. Burkart (1998), S. 16 ff.; Maletzke (1998), S. 37 ff.; Merten (1999), S. 76 ff.] – keine verbindliche Terminologie existiert [vgl. exemplarisch für die Public Relations Cutlip/Center/Broom (1994), S. 1 ff.; Gordon (1997), S. 57 ff.; Hutton (1999), S. 199 ff.; Merten (1999), S. 256 ff.; Röttger (2000), S. 25 ff.; Cropp/Pincus (2001), S. 190 ff.]. Davon unbenommen ist es jedoch möglich, die Kommunikationsaufgaben in ihren für die betrachtete Organisationsproblematik wesentlichen Merkmalen zu kennzeichnen.

[12] Vgl. für viele Nieschlag/Dichtl/Hörschgen (1994), S. 9, 12 f.

[13] Vgl. Kroeber-Riel (1993), Sp. 2720.

[14] So z.B. bei Kroeber-Riel (1993), Sp. 2721.

gen und Vorgehen sich vom Marketing wie auch den übrigen Kommunikationsbereichen unterscheiden.[15] Umgekehrt wird Public Relations teilweise auch als Oberbegriff definiert, der sämtliche Kommunikationsvorgänge zwischen einem Unternehmen und seinen Stakeholdern erfasst;[16] die Begriffe Public Relations und Unternehmenskommunikation fallen dann allerdings wenig zweckmäßig zusammen. Maßnahmen der *Public Relations* (bzw. synonym Öffentlichkeitsarbeit[17]) richten sich jedoch vor allem an externe gesellschaftliche Anspruchsgruppen, zu denen das Unternehmen keine marktlichen Beziehungen besitzt oder anstrebt.[18] Dabei wird das Ziel verfolgt, Glaubwürdigkeit und Vertrauen des Unternehmens in der Öffentlichkeit aufzubauen und zu pflegen, um die gesellschaftliche Akzeptanz des unternehmerischen Handelns sicherzustellen.[19]

Auch mit Blick auf die Input-Seite wird heute einem professionellen Beziehungs- und Kommunikationsmanagement große Bedeutung beigemessen. Die Gestaltung der *Supplier Relations* zielt dabei auf die Gewährleistung der Qualität und Zuverlässigkeit der Ressourcenversorgung, die Grundlage nachhaltiger Wettbewerbsvorteile sein kann.[20] Dabei ist für Unternehmen insbesondere die Kapitalversorgung essenziell. Entsprechend wichtig sind ein überzeugender Auftritt am Kapitalmarkt sowie die Pflege der Beziehungen zu den (potenziellen) Anteilseignern und wesentlichen Multiplikatoren wie Fondsmanagern, Finanzanalysten, Rating-Agenturen oder Wirtschaftsjournalisten. Kommunikationsmaßnahmen mit diesen Bezugsgruppen werden unter dem Begriff *Investor Relations* zusammengefasst,[21] die bei zunehmender Verbreitung einer Shareholder Value-Orientierung und wachsendem Einfluss institutioneller Investoren besondere Aufmerksamkeit erfahren.

Als fünfte Stakeholdergruppe werden die Mitarbeiter des Unternehmens fokussiert (*Human Relations*).[22] Gelungene Mitarbeiterkommunikation leistet einen wichtigen Beitrag zur Erhöhung der Motivation der Mitarbeiter und ihrer Arbeitszufriedenheit.[23] Ihr kommt gerade in Zeiten andauernden organisatorischen Wandels eine wesentliche

---

[15] Vgl. zur (dennoch nicht unproblematischen) Abgrenzung der Public Relations auch Mühlbacher (1993), Sp. 3617; Cutlip/Center/Broom (1994), S. 6 ff.; Merten (1999), S. 260 ff.; Cheney/Christensen (2001), S. 169 ff.; Hutton (2001).

[16] So z.B. Grunig/Hunt (1984), S. 6; Hahn (1992), S. 139; Coombs (2001), S. 106.

[17] Vgl. zu dieser üblichen Gleichsetzung z.B. Burkart (1998), S. 288; Merten (1999), S. 257.

[18] Vgl. Zerfaß (1998), S. 32.

[19] Vgl. z.B. auch die Grundsätze der Deutschen Public Relations Gesellschaft in Avenarius (1998), S. 44.

[20] Vgl. Cusumano/Takeishi (1991), S. 563; Helper/Sako (1995), S. 77; Doney/Cannon (1997), S. 35; Mudambi/Helper (1998), S. 775 ff.; Takeishi (2001), S. 403 ff.

[21] Vgl. Becker (1994), S. 295 ff.; Link (1994), S. 364; Derieth (1995), S. 221; Günther/Otterbein (1996), S. 390 f.; Kirchhoff (2001a).

[22] Vgl. zur internen Kommunikation Macharzina (1990); Zander (1992); Noll (1996); Nestler (2000).

[23] Vgl. z.B. Tourish/Hargie (2000a), S. 6; Kazoleas/Wright (2001), S. 472 f.

Funktion zu.[24] Vor dem Hintergrund zunehmender Knappheit hochqualifizierten Personals, die teilweise bereits zu einem „War for Talent" geführt haben soll,[25] umfasst dieser Aufgabenkomplex der Unternehmenskommunikation ebenso die Interaktion mit potenziellen Mitarbeitern.

Neben einer stakeholderbezogenen Differenzierung kann die Teilfunktion Unternehmenskommunikation ferner nach Handlungsphasen in Planungs-, Entscheidungs-, Realisations- und Kontrollhandlungen zerlegt werden.[26] Die ersten beiden Phasen lassen sich für die Zwecke der vorliegenden Untersuchung zur *Konzipierung* von Kommunikationsaktivitäten zusammenfassen. Sie stehen im Mittelpunkt der weiteren Ausführungen. Bei den Konzipierungsaufgaben kann es beispielsweise um die Entwicklung und Auswahl alternativer Kommunikationskonzepte oder die Festlegung von Leitlinien der Public Relations gehen. Die *Realisierung* dieser Konzepte beinhaltet z.B. die tatsächliche (rein technische) Durchführung einer PR-Kampagne. Mit der *Kontrolle* der Unternehmenskommunikation ist zum einen die Überwachung der Wirksamkeit und Effizienz der Kommunikationsaktivitäten gemeint. Derartige Ergebniskontrollen sind zweifellos notwendig, auf Grund der Schwierigkeiten, die mit Wirkungs- und Erfolgsmessungen von Kommunikationsmaßnahmen verbunden sind,[27] jedoch auch problematisch.[28] Zum anderen werden prozessbezogene Kontrollhandlungen[29] und die Durchführung eines Kommunikations-Auditing vorgeschlagen, das auf die Überprüfung von Grundlagen, Prozeduren und Inhalten der Kommunikation gerichtet ist.[30]

Schließlich kann eine Ausdifferenzierung der Unternehmenskommunikation anhand der Relevanz erfolgen, welche die auszutauschenden Informationen für das Unternehmen besitzen. Konkret lassen sich Kommunikationsmaßnahmen somit danach unterscheiden, ob sie *teilbereichsübergreifende* (z.B. unternehmens- bzw. konzernweite) oder lediglich *teilbereichsbezogene* (also geschäftsbereichs- oder werksspezifische) Bedeutung haben. Unternehmensweite Relevanz können Kommunikationsaktivitäten auch dann aufweisen, wenn sie über Unternehmensmaßnahmen informieren, die nur in einem bestimmten Teilbereich des Unternehmens durchgeführt werden (z.B. der Personalabbau in einer einzelnen Fertigungsstätte). Außerdem ist die Relevanz eines

---

[24] Vgl. Mohr (1997), S. 14 ff.; Kieser/Hegele/Klimmer (1998), S. 2.
[25] Vgl. z.B. Cliffe (1998), S. 18; Pfeffer (2001).
[26] Vgl. zu dieser bewährten Einteilung Krüger (1992), Sp. 226.
[27] Vgl. als Überblick zum Stand der (massen)kommunikativen Wirkungsforschung z.B. Burkart (1998), S. 183 ff.; Maletzke (1998), S. 91 ff.; Merten (1999), S. 331 ff.; Schmidt/Zurstiege (2000), S. 96 ff.
[28] Vgl. hierzu z.B. Köhler (1993), S. 103 ff.; Mayer (1993), S. 213 ff.; Mühlbacher (1993), Sp. 3621; Bänsch (1995), Sp. 1197 f.; Baerns (1995).
[29] Vgl. Zerfaß (1998), S. 46, sowie generell zur Unterscheidung von ergebnis- und verfahrensorientierten Kontrollen auch bereits Frese (1968), S. 61 f.
[30] Vgl. Bänsch (1995), Sp. 1198, ferner auch Tourish/Hargie (2000b), S. 23 ff.

Kommunikationsakts nicht mit seiner Reichweite, das heißt der Anzahl der Kommunikationsadressaten gleichzusetzen. So kann sich die Aufdeckung strategischer Geschäftspläne auf das Standing des gesamten Unternehmens auswirken, selbst wenn die entsprechenden Informationen nur sehr wenigen Rezipienten (z.B. ausgewählten Analysten in vertraulichen Gesprächen) offenbart werden.

3. Entwicklung und Bewertung organisatorischer Gestaltungsoptionen

Zur Entwicklung und Bewertung von Organisationsoptionen bietet es sich an, zwei strukturbildende Gestaltungsdimensionen zu unterscheiden. Zum einen geht es mit Blick auf die vertikale Kompetenzverteilung um die Frage, ob bzw. welche Kommunikationsaufgaben zentral von der Unternehmensleitung oder dezentral auf nachgelagerten Hierarchieebenen wahrgenommen werden sollen (*Delegation*). Zum anderen ist hinsichtlich der Festlegung der Kompetenzbeziehungen zwischen den Organisationseinheiten unterhalb der Unternehmensleitung (*Bereichsbildung*) im Kern zu klären, ob Aufgaben der Unternehmenskommunikation in einem Zentralbereich zusammengefasst (konzentriert) werden sollen oder ob die Unternehmenskommunikation zu dekonzentrieren, also (zumindest auch) in den einzelnen operativen Einheiten zu verankern ist.

3.1 Delegation

Der Delegationsgrad im Unternehmen lässt sich nahezu stufenlos variieren innerhalb eines Kontinuums, das von den theoretischen Extremformen einer vollkommenen Zentralisation der jeweiligen Kompetenzen bei der Unternehmensleitung und einer vollständigen Dezentralisation auf die nachgeordneten Hierarchieebenen begrenzt wird.

Die große Bedeutung der Unternehmensleitung für die Kommunikation wird immer wieder unterstrichen.[31] Zu den nicht-delegierbaren *Kernaufgaben* der Unternehmensleitung zählen die Rahmenhandlungen der Unternehmenskommunikation, die eine Grundorientierung vorgeben und durch Folgehandlungen umzusetzen sind. Bei den Rahmenhandlungen handelt es sich vor allem um die obersten Grundlagenbeschlüsse hinsichtlich der verfolgten Kommunikationsstrategie oder -philosophie. Mit diesen Entscheidungen wird z.B. festgelegt, ob Informationen lediglich bei entsprechenden rechtlichen Verpflichtungen übermittelt werden sollen oder aber eine darüber hinausgehende Transparenz des Unternehmens anzustreben ist (defensive oder offensive

---

[31] Vgl. Bruhn (1993), S. 12; Mühlbacher (1993), Sp. 3622 f.; Gronstedt (2000), S. 92; Kirchhoff (2001b).

Kommunikation). Ferner trägt die Unternehmensleitung in letzter Instanz Verantwortung für die Koordination grundlegender Kommunikationsmaßnahmen. Da in der Vergangenheit das Fehlen einer klaren Verantwortungszuweisung auf der Führungsebene bemängelt wurde,[32] kann es sich anbieten, diese Zuständigkeit auch nach außen durch Einrichtung eines *Chief Communication Officer* (CCO) zu dokumentieren. Auf Grund der herausgehobenen Bedeutung der Unternehmenskommunikation für den Bestand und die Prosperität des Unternehmens wird diese Rolle im Regelfall vom Vorsitzenden des Geschäftsleitungsorgans ausgefüllt werden.[33] Implizit ist vielen Vorstandsvorsitzenden dieses Ressort bereits zugewiesen worden, da und soweit ein Zentralbereich Unternehmenskommunikation unmittelbar an sie berichtet.[34]

Zur Effizienzsteigerung kann es sich ferner empfehlen, bestimmte Kommunikationsaufgaben auch themenabhängig auf die entsprechenden Vorstands-Ressorts zu verteilen,[35] so dass beispielsweise der Finanzvorstand für die Investor Relations verantwortlich ist[36] oder die Koordination der Human Relations dem Arbeitsdirektor obliegt.[37]

Daneben umfassen die Kernaufgaben auch kommunikative Realisationshandlungen, deren symbolische Funktion die Einbringung der Unternehmensleitung verlangt[38]. Hierzu gehören vor allem Pressekonferenzen und Roadshows zur Unternehmensentwicklung, Stellungnahmen in Krisensituationen oder (andere) Repräsentationshandlungen. Die Wichtigkeit dieser Repräsentationspflichten ist heute kaum zu unterschätzen, da namentlich die Vorstandsvorsitzenden große Unternehmen immer mehr geradezu personifizieren.[39] Das gestiegene Involvement der Vorsitzenden oder Sprecher der Unternehmensleitung ist dabei keineswegs für externe Kommunikationsadressaten reserviert, sondern betrifft genauso Maßnahmen der Human Relations.[40]

---

[32] Vgl. die Befunde von Bruhn (1995), S. 52 f.
[33] Deutlich etwa Gronstedt (2000), S. 92: „The CEO Is the CCO".
[34] Vgl. z.B. Cutlip/Center/Broom (1994), S. 56, 58, 67; Kirchner (2001), S. 243, sowie übereinstimmend die Firmenberichte über Arcor [Stöber/Bültel (2002), S. 430], BMW [Raff/Grundei (2002), S. 456], Lufthansa [Kraft-Christoffel/Laemmerhold/Grundei (2002), S. 471] und Siemens [Suske/Talaulicar (2002), S. 489].
[35] So etwa bei Arcor [Stöber/Bültel (2002), S. 431], Bayer [Münch/Neuwirth (2002), S. 445], BMW [Raff/Grundei (2002), S. 456], Lufthansa [Kraft-Christoffel/Laemmerhold/Grundei (2002), S. 470] und Siemens [Suske/Talaulicar (2002), S. 488].
[36] Siehe hierzu auch die empirischen Befunde von Günther/Otterbein (1996), S. 396, und jüngst Schneider (2001) sowie die entsprechende Verankerung bei Lufthansa [Kraft-Christoffel/Laemmerhold/Grundei (2002), S. 469].
[37] Vgl. z.B. die Zuständigkeiten des Personalvorstands von Arcor [Stöber/Bültel (2002), S. 430]
[38] Vgl. auch Mintzberg (1973), S. 75 ff.; v. Werder (1996a), S. 50.
[39] Vgl. Löwer (2000); Reinert/Mentner (2001); Wachtel (2001), S. 96.
[40] Vgl. z.B. Kutscher (2000) zur Einführung einer „Breuer-Hotline", über die jeder Mitarbeiter der Deutschen Bank den Vorstandssprecher direkt kontaktieren kann.

Für eine intensive Zentralisation von Kommunikationsaufgaben, die auch über die Kernaufgaben hinausgeht, spricht die Möglichkeit, für diese Handlungen ebenfalls auf Wissen und Übersicht der Unternehmensleitung zurückgreifen zu können.[41] Somit lassen sich nicht nur qualitativ hochwertige, sondern auch einheitliche Lösungen finden, die der Korrektheit und Konsistenz der Unternehmenskommunikation dienlich sind. Tendenziell sollte die Zentralisation umso höher ausfallen, je größer die Relevanz der zu übermittelnden Information für das Unternehmen ist, da dann die Autorität des Top Managements genutzt werden kann.

In Anbetracht der regelmäßig hohen Arbeitsbelastung von Mitgliedern des Top Managements liegt es allerdings auf der Hand, dass eine zu umfassende Aufgabenzentralisation schnell an Kapazitätsgrenzen stößt. Dies wird besonders deutlich, wenn man bedenkt, dass die Bewältigung kommunikativer Aufgaben nicht ohne profunde Kenntnisse der Bereichsgegebenheiten erfolgen kann. Die Unternehmensleitung kann auf die erforderlichen Informationen zwar grundsätzlich zurückgreifen, wofür allerdings Zeit und Ressourcen aufgewendet werden müssen. Dabei wird der Koordinationsaufwand einer stärkeren Zentralisation von der Herkunft der zu übermittelnden Informationen abhängen. Bei Kommunikationsmaßnahmen, die bereichsübergreifende Informationen verarbeiten, ist der durch Einschaltung der Unternehmensleitung zusätzlich entstehende Zeit- und Ressourcenverlust geringer, da sich in diesem Falle die dezentralen Bereiche ebenfalls untereinander abstimmen müssten, um (hinreichend) konsistent und korrekt kommunizieren zu können. Hingegen können teilbereichsbezogene Informationen direkt von den Bereichen selbst übermittelt werden, sofern sie nicht ebenfalls für andere Unternehmensbereiche relevant sind oder aber die große Reichweite eine Zentralisierung geboten erscheinen lässt. Da eine stärkere Dezentralisierung dieser Aufgaben einen größeren Handlungsspielraum bei den nachgelagerten Bereichen belässt, können zudem größere Leistungsanstrengungen entsprechend motivierter Handlungsträger erwartet werden. Die Qualität der delegierten Kommunikationsaktivitäten kann im Übrigen durch Vorgaben gewährleistet werden, welche die Berücksichtigung übergeordneter Belange des Unternehmens sicherstellen sollen. Eine Zuständigkeit für bereichsbezogene Kommunikationsaufgaben in den jeweiligen Geschäftsbereichen bzw. Tochtergesellschaften findet sich etwa bei BMW und Lufthansa.[42]

---

[41] Der folgenden Bewertung von Organisationsalternativen liegt ein geschlossenes handlungstheoretisches Effizienzkonzept zu Grunde, das an dieser Stelle nicht näher dargestellt werden kann. Siehe zum Konzept und namentlich den verschiedenen Effizienzkriterien im Einzelnen v. Werder (1999) und v. Werder/Grundei (2000), jeweils mit weiteren Nachweisen.
[42] Siehe Raff/Grundei (2002), S. 459 f., und Kraft-Christoffel/Laemmerhold/Grundei (2002), S. 476.

3.2 Bereichsbildung

Die Organisationsalternativen der Bereichsbildung werden zweckmäßigerweise nach den Gestaltungsfeldern Etablierung, Platzierung, Differenzierung und Kooperation getrennt.[43]

3.2.1 Etablierung

Mit dem Gestaltungsfeld der *Etablierung* ist die Fragestellung verbunden, ob für die (betrachteten Sektionen der) Unternehmenskommunikation spezielle organisatorische Einheiten geschaffen werden, die sich ausschließlich oder zumindest in einem nennenswerten Umfang mit den Kommunikationsaufgaben befassen. Eine solche *Spezialistenlösung* vereinfacht Aufbau und Nutzung kommunikationsbezogenen Wissens (Poolungseffekte), das für eine erfolgreiche Kommunikationsarbeit erforderlich ist.[44] Ferner erhöht die Etablierung von Kommunikationsspezialisten die Chance auf Konsistenz der zugewiesenen Kommunikationsmaßnahmen. Dennoch mögen in kleineren Unternehmen einer Spezialisierung dadurch Grenzen gesetzt sein, dass Kommunikationsspezialisten nicht wettbewerbsfähig vergütet oder hinreichend ausgelastet werden können.[45]

Auch bei Wahl einer Spezialistenlösung darf allerdings nicht der Eindruck entstehen, dass Fragen der Unternehmenskommunikation nur Kommunikationsspezialisten betreffen. Vielmehr müssen die übrigen Mitarbeiter, die primär für andere Aufgaben zuständig und nicht auf diese Teilfunktion spezialisiert sind, ebenso Verständnis für die Unternehmenskommunikation und ihre strategische Bedeutung entwickeln und mitunter auch Verantwortung für Kommunikationsaufgaben übernehmen.[46] Besonders augenfällig ist diese Notwendigkeit im Fall der Mitarbeiterkommunikation, die regelmäßig einen wichtigen Bestandteil der Tätigkeit von Führungskräften ausmacht.[47]

Dieses Beispiel verdeutlicht, dass die Etablierungsentscheidung für unterschiedliche Teilaufgaben der Unternehmenskommunikation unterschiedlich getroffen werden

---

[43] Vgl. v. Werder (1996b), S. 2554 f.; v. Werder/Nestler (1998), S. 42 ff.; Grundei (1999), S. 31 ff.; v. Werder/Grundei (2000), S. 104 ff.

[44] Siehe auch die Firmenberichte über Arcor [Stöber/Bültel (2002), S. 431], Bayer [Münch/Neuwirth (2002), S. 445 f.], BMW [Raff/Grundei (2002), S. 458], Lufthansa [Kraft-Christoffel/Laemmerhold/Grundei (2002), S. 471] oder Siemens [Suske/Talaulicar (2002), S. 490] sowie zu den Qualifikationsanforderungen an Kommunikationsmitarbeiter Goodman (1998), S. 10 ff.

[45] Vgl. Mühlbacher (1993), Sp. 3622, sowie auch Köhler (1993), S. 107; Grundei (1999), S. 35; Röttger (2000), S. 213.

[46] Vgl. Mühlbacher (1993), Sp. 3623; Gronstedt (2000), S. 33 und passim.

[47] Vgl. Macharzina (1990), S. 82 f.; Zander (1992), Sp. 1400, sowie die Firmenberichte über Bayer [Münch/Neuwirth (2002), S. 449], Lufthansa [Kraft-Christoffel/Laemmerhold/Grundei (2002), S. 474] und Siemens [Suske/Talaulicar (2002), S. 485].

kann. Vor diesem Hintergrund wird in den weiteren Ausführungen von der realistischen Konstellation ausgegangen, dass zumindest für bestimmte Kommunikationsaufgaben das Spezialistenmodell gewählt wird. Insoweit stellt sich als nächstes die Frage nach der zweckmäßigen Platzierung dieser Kommunikationsspezialisten in der Organisationsstruktur des Unternehmens.[48]

3.2.2 Platzierung

Für die Eingliederung der auf Kommunikationsfragen spezialisierten Organisationseinheiten in die bestehende Unternehmensstruktur (*Platzierung*) stehen die drei Optionen einer Konzentrations-, Dekonzentrations- und Kombinationslösung zur Auswahl.

Bei einer *Konzentrationslösung* werden sämtliche Kommunikationsspezialisten in einem Zentralbereich zusammengefasst. Für bestimmte Kommunikationsfelder wird eine weitgehende Konzentration durch den Einsatz elektronischer Medien unterstützt oder überhaupt erst ermöglicht. Dies veranschaulichen exemplarisch Elemente der Mitarbeiterkommunikation bei Arcor. Per E-Mail können dort sämtliche Beschäftigte täglich über aktuelle Pressemeldungen, die das Unternehmen betreffen, von einer einzelnen Organisationseinheit (der Zentralabteilung „Kommunikation") rasch in Kenntnis gesetzt werden.[49]

Die Konzentration von Kommunikationsaktivitäten in einem Zentralbereich erleichtert generell die Abstimmung (bzw. Vermeidung) interdependenter Handlungen und trägt zu einem einheitlichen Auftreten bei.[50] Die Realisierung derartiger Integrationseffekte ist gerade für die Organisation von Kommunikationsaufgaben wichtig, die große Relevanz für das gesamte Unternehmen entfalten. Ferner können durch eine Konzentration Ressourcenpotenziale genutzt werden, wie es beispielsweise die Einrichtung eines zentralen Call-Center möglich macht. Auf Grund andauernder Kostensteigerungen für die Unternehmenskommunikation erhalten solche Poolungsvorteile einer Konzentrationslösung bei der Ressourcennutzung zunehmende Bedeutung. So liegt das Motiv, durch eine Zusammenfassung der jeweiligen Kommunikationsaktivitäten Interdependenzen abzustimmen und Potenziale zu nutzen, beispielsweise auch der Konzentration der Electronic Commerce-Zuständigkeiten im Zentralbereich „eCommerce" bei Bayer zu Grunde. Auf diese Weise soll nicht nur der Internet-Auftritt der verschiedenen Ge-

---

[48] Vgl. zu dieser Fragestellung auch Cutlip/Center/Broom (1994), S. 64.
[49] Vgl. Stöber/Bültel (2002), S. 432 f.
[50] Vgl. z.B. Bänsch (1995), Sp. 1199, sowie auch die Argumentation bei BMW [Raff/Grundei (2002), S. 458].

schäftsbereiche harmonisiert, sondern ferner die Realisierung vorhandener Synergiepotenziale sichergestellt werden.[51]

Schließlich lässt sich durch die Positionierung eines Zentralbereichs der strategische Stellenwert der Unternehmenskommunikation zum Ausdruck bringen.[52] Sofern dieser Zentralbereich unmittelbar dem Geschäftsleitungsorgan oder sogar seinem Vorsitzenden unterstellt ist, wird nicht nur die Kooperation zwischen der Unternehmensleitung und den Kommunikationsspezialisten der nachfolgenden Hierarchieebene erleichtert. Die hohe hierarchische Eingliederung und die große (unter Umständen sogar räumliche) Nähe zur Unternehmensleitung können außerdem die Autorität der zentralen Kommunikationsspezialisten fördern, wodurch einheitlichen Vorgaben – auch ohne weitreichende Kompetenzen des Zentralbereichs – Nachdruck verliehen werden kann.

Eine *Dekonzentrationslösung* liegt vor, wenn sämtliche Kommunikationsaufgaben in der Zuständigkeit der operativen Bereiche verbleiben. Bei diesem Modell existiert folglich kein Zentralbereich; die Kommunikationsspezialisten sind vielmehr allen bzw. einigen operativen Bereichen zugeordnet (*vollständige* bzw. *unvollständige Dekonzentrationslösung*). Eine Dekonzentration bietet sich umso eher an, je heterogener die Kommunikationsadressaten, das Angebotsprogramm oder die bearbeiteten Markträume und je bereichsbezogener die Kommunikationsaktivitäten sind.[53] Eine zentrale Abteilung kann hier rasch überfordert sein.[54] Um beispielsweise eine Werkszeitung möglichst zielgruppenadäquat einzusetzen, was eine aktuelle und individuelle Gestaltung ihrer Inhalte notwendig macht, liegt es nahe, die Redaktion vor Ort anzusiedeln.[55] Entsprechende Flexibilitätsvorteile haben hingegen nachgeordnete Bedeutung, wenn unternehmensrelevante Informationen nachgefragt werden, bei denen Konsistenz und Korrektheit stärker zu gewichten sind als ein geringerer Koordinationsaufwand. Aus diesem Grund wird die Investor Relations häufig ausschließlich einem Zentralbereich überantwortet.[56]

Die konträren Anforderungen an die Unternehmenskommunikation lassen im Regelfall eine *Kombinationslösung* zweckmäßig erscheinen, die die Zusammenfassung ausge-

---

[51] Vgl. Münch/Neuwirth (2002), S. 448.
[52] Vgl. z.B. Hahn (1992), S. 147, sowie übereinstimmend die Firmenberichte über Arcor [Stöber/Bültel (2002), S. 430], Bayer [Münch/Neuwirth (2002), S. 444], BMW [Raff/Grundei (2002), S. 456], Lufthansa [Kraft-Christoffel/Laemmerhold/Grundei (2002), S. 471] und Siemens [Suske/Talaulicar (2002), S. 490].
[53] Vgl. auch Kraft-Christoffel/Laemmerhold/Grundei (2002), S. 472.
[54] Vgl. Bänsch (1995), Sp. 1199, sowie zum Verzicht auf eine produktübergreifende Integration der Kommunikation bei heterogenem Produktprogramm Köhler (1993), S. 99.
[55] Vgl. auch die entsprechende Organisationslösung bei BMW [Raff/Grundei (2002), S. 460].
[56] Vgl. die Darstellungen über Bayer [Münch/Neuwirth (2002), S. 447], BMW [Raff/Grundei (2002), S. 459], Lufthansa [Kraft-Christoffel/Laemmerhold/Grundei (2002), S. 476] und Siemens [Suske/Talaulicar (2002), S. 491].

wählter Kommunikationsspezialisten in einem Zentralbereich mit der Platzierung anderer Kommunikationsspezialisten in den operativen Bereichen verbindet. Dieser Überlegung folgen prinzipiell auch die Platzierungsentscheidungen der fünf Arbeitskreis-Unternehmen. In diesem Sinne ist z.B. bei der Lufthansa die konzernweite Kommunikation in einem Zentralbereich, die geschäftsfeldspezifische Kommunikation hingegen dekonzentriert in den entsprechenden Tochtergesellschaften verankert.[57]

3.2.3 Differenzierung

Auch wenn in einem Unternehmen mehrere Organisationseinheiten mit Kommunikationsaufgaben betraut sind, ist zumindest der auf einige dieser Einheiten entfallende Aufgabenumfang regelmäßig so groß, dass sie mit mehreren Personen besetzt sind. So sind konkret in den Kommunikations-Zentralbereichen von Arcor, Lufthansa, BMW, Siemens und Bayer 11, 60, 80, 140 bzw. 180 Mitarbeiter beschäftigt.[58] Eine bereichsinterne Arbeitsteilung (*Differenzierung*) ist demnach unerlässlich.

Für die interne Gliederung kommen mit der Objekt- und der Verrichtungsorientierung im Kern zwei Segmentierungskriterien in Betracht. Hinsichtlich der praktischen Relevanz überwiegt dabei in den betrachteten Mitgliedsunternehmen des Arbeitskreises die *objektorientierte Segmentierung*, die z.B. zu einer Spezialisierung auf die zu adressierenden Zielgruppen führt.[59] So gliedert sich der Bereich Corporate Communications bei Siemens (unter anderem) in Investor Relations, Pressearbeit, Marketingkommunikation, Interne Kommunikation und Öffentlichkeitsarbeit.[60] Eine adressatenorientierte Segmentierung kann zweckmäßig sein, da und soweit die Kommunikation mit diesen Anspruchsgruppen unterschiedliche Informationsschwerpunkte und Zielsetzungen aufweist.[61] Dass dies eine Abstimmung dennoch keineswegs entbehrlich macht, resultiert aus einer Grundthese integrierter Kommunikation. Konsistenz ist danach nicht zuletzt deshalb erforderlich, weil Personen als Kommunikationsteilnehmer in verschiedenen Lebenskontexten unterschiedlichen Bezugsgruppen angehören (können).[62]

Eine (objektorientierte) Segmentierung kann unterschiedlich fein vorgenommen werden. Während z.B. im Zentralbereich Corporate Communications bei Siemens auf eine weitere Spezialisierung der Presse-Mitarbeiter verzichtet und die Einrichtung projekt-

---

[57] Siehe Kraft-Christoffel/Laemmerhold/Grundei (2002), S. 471 f. und S. 475.
[58] Siehe Stöber/Bültel (2002), S. 431; Kraft-Christoffel/Laemmerhold/Grundei (2002), S. 471, Raff/Grundei (2002), S. 458, Suske/Talaulicar (2002), S. 491, bzw. Münch/Neuwirth (2002), S. 447.
[59] Vgl. für weitere Beispiele der internen Arbeitsteilung innerhalb einer zentralen Kommunikationsabteilung Grunig/Hunt (1984), S. 101 ff.
[60] Vgl. Suske/Talaulicar (2002), S. 491.
[61] Vgl. z.B. auch die Differenzierung bei Arcor [Stöber/Bültel (2002), S. 431].
[62] Vgl. Mühlbacher (1993), Sp. 3619; Steinmann/Zerfaß (1995), S. 30 f.

bezogener Arbeitsgruppen bevorzugt wird,[63] sind bei Lufthansa Zuständigkeiten für die zentrale Pressearbeit inhaltlich weitergehend differenziert.[64] Eine stärkere Spezialisierung dürfte im Allgemeinen eine größere Fachkompetenz der Kommunikationsmitarbeiter ermöglichen, jedoch gleichzeitig mehr Abstimmungsbedarf schaffen. Proponenten einer integrierten Kommunikation empfehlen daher eher eine möglichst umfassende „De-Spezialisierung", um durch die verstärkte Zusammenlegung von (inhaltlich verwandten) Aufgaben bereits auf Ebene der Stellenbildung dem Integrationsgedanken Rechnung zu tragen.[65]

3.2.4 Kooperation

Das Gestaltungsfeld der *Kooperation* betrifft die Regelung von Kompetenz- und Kommunikationsbeziehungen zwischen mehreren organisatorischen Einheiten, die an der Durchführung von Kommunikationsaufgaben mitwirken. Dabei sind im Kern drei unterschiedliche Kooperationsebenen zu unterscheiden. Mit Blick auf einen bestimmten Aufgabenkomplex der Unternehmenskommunikation sind erstens die Zuständigkeiten von zentralen und dezentralen Kommunikationsspezialisten festzulegen. So gibt es etwa im Hause BMW jeweils sowohl zentrale Einheiten für Marketingkommunikation sowie die Presse- und Öffentlichkeitsarbeit als auch dezentrale „Pendants" in den Vertriebsgesellschaften bzw. Werken,[66] zwischen denen eine Kompetenzverteilung vorzunehmen ist. Ferner können z.B. zwischen verschiedenen Regional- oder Produktbereichen eines Unternehmens Marktinterdependenzen existieren, die eine Koordination der jeweiligen Marketing-Kommunikationsaktivitäten geboten erscheinen lassen. Zweitens muss das Kompetenzverhältnis zwischen (zentralen oder dezentralen) Kommunikationsspezialisten und sonstigen Mitarbeitern geregelt werden. Zu denken wäre dabei exemplarisch an die Befugnis einer zentralen Investor Relations-Abteilung, für alle Unternehmensangehörigen verbindliche Vorgaben hinsichtlich der Kommunikation finanzmarktrelevanter Informationen zu erarbeiten. Darüber hinaus ist drittens die Koordination zwischen verschiedenen Feldern bzw. Sektionen der Unternehmenskommunikation, beispielsweise also zwischen Kommunikationsspezialisten der Public Relations und der Customer Relations, für ein einheitliches Erscheinungsbild des Unternehmens unverzichtbar. Da derartige sektionsübergreifende Abstimmungen im Vordergrund von Beiträgen zur (Organisation der) „integrierten Unternehmenskom-

---

[63] Vgl. Suske/Talaulicar (2002), S. 490.
[64] Vgl. Kraft-Christoffel/Laemmerhold/Grundei (2002), S. 472.
[65] Vgl. Bruhn (1995), S. 176, der darauf hinweist, dass die gemeinhin bei der organisatorischen Gestaltung unterstellte positive Beziehung zwischen Spezialisierungsgrad und Produktivität auf Überlegungen für den Fertigungsbereich beruht und auf die Unternehmenskommunikation nicht uneingeschränkt übertragen werden kann.
[66] Siehe Raff/Grundei (2002).

munikation" stehen,[67] konzentriert sich die nachfolgende Betrachtung auf dieses bedeutsame Kooperationsproblem.

Für die Gestaltung von Kooperationsbeziehungen stehen mit dem Autarkie-, dem Stabs-, dem Service-, dem Matrix-, dem Richtlinien- und dem Kernbereichsmodell grundsätzlich sechs Organisationsformen zur Auswahl.[68]

Beim *Autarkiemodell* wird auf die Einrichtung einer gesonderten Integrationseinheit zur Koordination der betrachteten Aufgaben verzichtet. Stattdessen sind die für verschiedene Sektionen zuständigen Kommunikationsspezialisten prinzipiell unabhängig und somit bezüglich ihrer jeweiligen Kommunikationsaufgabe allein handlungsbefugt. Bei einer extremen Ausformung dieses Modells wird auf die formale Festlegung eines Informationsaustauschs (z.B. zwischen Public Relations und Customer Relations) gänzlich verzichtet. Da eine hinreichend widerspruchsfreie Unternehmenskommunikation zumindest gewisser Abstimmungsaktivitäten bedarf, erscheint dieses extreme Autarkiemodell wenig relevant.

Die moderate Variante hingegen sieht zumindest einen (mehr oder weniger intensiven) Informationsfluss zwischen den Kommunikationsspezialisten vor. So könnte z.B. auf elektronischem Wege, bei gelegentlichen Konferenzen oder auch regelmäßigen Treffen ein Wissensaustausch zwischen den verschiedenen Kommunikationseinheiten stattfinden, die für ihre jeweiligen Verantwortungsbereiche weiterhin allein entscheidungsbefugt bleiben. Bei dieser Modellvariante steht es den Kommunikationseinheiten dadurch wenigstens offen, bei ihrer Entscheidungsfindung zusätzlich zum sektionsspezifischen Wissen auch auf die Erfahrungen anderer Kommunikationsspezialisten zurückzugreifen. Auf diese Weise lassen sich dennoch bestenfalls in geringem Umfang Interdependenzen abstimmen und Synergien realisieren, wohingegen der geringe Koordinationsaufwand und die Autonomie der verschiedenen Kommunikationsbereiche die Stärken des Modells ausmachen.

Anders als beim Autarkiemodell sehen die übrigen Modelle die Einrichtung einer Integrationseinheit vor. Die Modelle unterscheiden sich danach, welche Kompetenzen auf diese Integrationseinheit übertragen werden. Durch die Etablierung einer gesonderten Organisationseinheit vergrößert sich die „Koordinationskapazität" zur Abstimmung der Kommunikationsaktivitäten. Eine solche Integration bzw. eine konsistente Unternehmenskommunikation wird umso eher erreicht, je umfangreicher die Kompetenzen der Integrationseinheit ausfallen. Gleichzeitig steigt damit allerdings auch der Abstimmungsaufwand, wodurch es zu Verzögerungen kommen kann. Außerdem ver-

---

[67] Vgl. hierzu insbesondere Bruhn (1995), S. 173 ff.
[68] Siehe zur Entwicklung und zu einer detaillierteren Charakterisierung dieser Modelle Frese/v. Werder (1993), S. 36 ff.

ringern sich die Möglichkeiten der individuellen und aktuellen Stakeholder-Kommunikation in dem Maße, wie verbindliche sektionsübergreifende Vorgaben zu beachten sind.

Kennzeichnend für das *Stabsmodell* ist die Unterscheidung von Kompetenzen der Entscheidungsvorbereitung und solchen der Entscheidungsfindung. Der Stab übernimmt demnach die Aufgaben der Entscheidungsvorbereitung, während die Beschlussfassung bei den jeweiligen Spezialisten (für Investor Relations, Customer Relations usw.) verbleibt. Die grundlegende Funktion des Stabs besteht folglich in der (informationellen und methodischen) Unterstützung dieser Einheiten. Konkret könnte ein Stab beispielsweise bei der Konzipierung einer neuen PR-Kampagne beratend zur Seite stehen.

Durch seine Funktion als Informationsdrehscheibe kann der Stab Fachwissen bündeln (Poolungseffekte), das auch zur Berücksichtigung sektionsübergreifender Belange bei der Kommunikationsarbeit genutzt werden kann (Integrationseffekte). Eine Stabseinheit kann ferner prinzipiell zu einer verbesserten Ressourcennutzung beitragen, da und soweit eine Poolung von Ressourcen – etwa in Form von zentral vorgehaltenen Datenbeständen – vorgenommen wird. Da die Beschlussfassung über die Kommunikationsmaßnahmen jedoch bei den übrigen Spezialisten verbleibt, ist die Berücksichtigung von Interdependenzen und die Nutzung von Ressourcenpotenzialen keineswegs sichergestellt. Dem Modellcharakter entspricht vielmehr die Unabhängigkeit der Sektionsspezialisten, so dass durch dieses Modell eher etwa die Individualität der Zielgruppenansprache als die sektionsübergreifende Kommunikationskonsistenz organisatorisch unterstützt wird. Durch die mangelnde Entscheidungsgewalt des Stabs und die weitreichenden Handlungsbefugnisse der übrigen Kommunikationsspezialisten lassen sich für die letzteren autonomiebedingte Motivationseffekte realisieren.

Die für das *Servicemodell* charakteristische Kompetenzspaltung sieht vor, dass die Entscheidungen, *ob* überhaupt Kommunikationsmaßnahmen zu ergreifen sind, *was* genau kommuniziert wird und *wie* die Maßnahmen durchzuführen sind, getrennt werden. Spezialisten der Marketingkommunikation könnten also beispielsweise beschließen, dass für ein Produkt eine Werbemaßnahme im Internet durchzuführen ist. Sie erteilen daraufhin einen entsprechenden Auftrag an den Servicebereich, der – nur aber auch immerhin – über die Art der konkreten Durchführung (z.B. wie die Werbeinformationen im Internet präsentiert werden sollen) entscheiden darf.[69] Die Auftragsvergabe kann auch externe Anbieter mit einbeziehen, um durch Einbringung von Marktdruck auf eine möglichst effiziente Aufgabenbewältigung hinzuwirken.[70] Allerdings

---

[69] In diesem Sinne agiert etwa der Konzernbereich Unternehmenskommunikation bei Bayer gegenüber den Unternehmensbereichen [vgl. Münch/Neuwirth (2002), S. 445].
[70] So etwa bei Lufthansa mit Blick auf die Einschaltung externer Agenturen im Rahmen der Pflege des Internetauftritts [vgl. Kraft-Christoffel/Laemmerhold/Grundei (2002), S. 473].

ist zu beachten, dass bei Einschaltung mehrerer (unabhängiger) externer Serviceagenturen das koordinierende Element eines internen (zentralen) Servicebereichs entfällt und folglich Abweichungen in der Art der Durchführung der Kommunikationsmaßnahme – z.B. eine inkonsistente Produktpräsentation im Internet – auftreten können.

Ein Servicebereich kann (wenngleich eingeschränkt) ein einheitliches Auftreten des Unternehmens sichern, da die Entscheidungen über das „Wie" ausschließlich ihm obliegen. Die Einschränkungen sind unter anderem darauf zurückzuführen, dass der Servicebereich nur im Auftrag tätig wird, was z.B. eine zeitliche Abstimmung von Kommunikationsmaßnahmen erheblich behindert. Bei Kapazitätsengpässen im Servicebereich sind zudem Kommunikationsverzögerungen möglich. Ferner besteht die Gefahr, dass die Konsistenz kommunikativer Maßnahmen an weitreichenden Vorgaben der Auftraggeber leidet. So können z.B. die jeweiligen inhaltlichen Vorfestlegungen von Investor Relations einerseits und Human Relations andererseits den Spielraum für die Abstimmung des Kommunikationsauftritts durch den Servicebereich stark einschränken.

Beim *Matrixmodell* wird ebenfalls eine Integrationseinheit gebildet. Im Unterschied zum Servicemodell sind jedoch für sektionsübergreifende Kommunikationsfragen die beteiligten Spezialisten und die gesonderte Integrationseinheit nur gemeinsam (in einem Matrixausschuss) entscheidungsberechtigt. Der Matrixausschuss bietet ein Forum für die Diskussion der verschiedenen Perspektiven und damit die Chance auf ausgewogene Kommunikationsentscheidungen. Zu beachten ist jedoch, dass gerade die Gleichberechtigung der beteiligten Einheiten beim Matrixmodell einen ausgesprochen hohen Abstimmungsaufwand mit sich bringen kann. Dieser dürfte umso höher liegen, je mehr Einheiten in die Abstimmung einbezogen werden. Die matrixtypischen Konflikte[71] werden dabei nicht nur aus unterschiedlichen Fachkompetenzen resultieren, sondern auch auf divergierenden Interessen der Matrixeinheiten beruhen und insoweit eher kontraproduktiv wirken. Beispielsweise können mit demselben zu kommunizierenden Ereignis unterschiedliche Zielsetzungen verfolgt werden. So könnte etwa die Freisetzung von Mitarbeitern aus Sicht der Investor Relations anders darzustellen sein, als es sich für die Human Relations empfehlen würde. Der Zwang zur Abstimmung der Kommunikationsaktivitäten mit anderen Einheiten und die damit unter Umständen einhergehenden Reibungsverluste können sich demotivierend auf die Beteiligten auswirken. Werden beim Matrixmodell dennoch tragbare Kompromisse gefunden, so spricht die Partizipation aller betroffenen Einheiten indes für eine hohe Akzeptanz der gemeinsamen Beschlüsse.[72] Auf Grund des fehlenden Kompetenzübergewichts einer Einheit erfordert die Findung von Kompromisslösungen nicht selten persönliches En-

---

[71] Vgl. z.B. Scholz (1992), Sp. 1307 ff.; Frese (2000), S. 368; Steinmann/Schreyögg (2000), S. 428 ff.
[72] Vgl. auch Bruhn (1995), S. 188.

gagement sowie fachliche Autorität und Überzeugungskraft der involvierten Mitarbeiter. Insofern sind die Möglichkeiten zur Reduzierung des Koordinationsaufwands mit Hilfe moderner, aber weniger „reichhaltiger"[73] Kommunikationsmedien begrenzt.

Beim *Richtlinienmodell* ist die Integrationseinheit (Richtlinienbereich) für Grundsatzentscheidungen allein entscheidungsbefugt und gegenüber den übrigen Kommunikationseinheiten (fachlich) weisungsberechtigt. Diese Einheiten treffen dann ihre (Detail-) Entscheidungen im Rahmen der vom Richtlinienbereich gezogenen Vorgaben. Entsprechende Richtlinien können im Wesentlichen inhaltliche, formale und zeitliche Aspekte der Kommunikation regeln.[74] Ergänzend sei darauf hingewiesen, dass Richtlinien nicht zwangsläufig von einem gesonderten Integrationsbereich erarbeitet werden müssen. Es kann auch durchaus eine bereits bestehende Einheit die Federführung hinsichtlich der Koordination bestimmter Kommunikationsaufgaben übernehmen. Diese Lösung findet sich beispielsweise bei der Lufthansa, wo das Marketing des bedeutendsten Geschäftsbereichs „Passage Airline" unter anderem formale Gestaltungsgrundsätze für die Marke Lufthansa konzernweit verbindlich festlegt.[75]

Der Richtlinienbereich scheint besonders geeignet zur Abstimmung von Interdependenzen und zur Ressourcennutzung (Integrations- und Poolungseffekte). Mit seinen Vorgaben verfolgt der Richtlinienbereich eine übergreifende, unternehmenszielorientierte Perspektive. Die Vorgaben können dabei insbesondere darauf gerichtet sein, das wichtige Ziel hinreichender Konsistenz zu erreichen.[76] Der Einsatz moderner Informations- und Kommunikationstechnologien kann die Anwendung von Richtlinien erheblich vereinfachen. So ist beispielsweise die elektronische Bereitstellung inhaltlicher oder formaler Vorgaben mit geringem Aufwand möglich. In der Praxis der Mitgliedsunternehmen besitzt das Richtlinienmodell tatsächlich große Bedeutung. Vier der fünf einbezogenen Unternehmen des Arbeitskreises haben sich zur Regelung der Unternehmenskommunikation auch für diese Modellvariante entschieden.[77] Die Anwendung von Richtlinien ist jedoch keineswegs von vornherein sichergestellt. Die Richtlinienakzeptanz kann zum einen durch die mit einer hohen hierarchischen Positionierung sowie einer umfassenden Kompetenzausstattung des Richtlinienbereichs zum Ausdruck gebrachten Autorität gefördert werden. Zum anderen können durch die Dosierung des Richtlinienumfangs und die Beteiligung der betroffenen Einheiten an der

---

[73] Vgl. Daft/Lengel (1984).
[74] Vgl. allgemein zu Kommunikationsrichtlinien auch Bruhn (1993), S. 21 ff.
[75] Vgl. Kraft-Christoffel/Laemmerhold/Grundei (2002), S. 478, sowie zur Koordination durch eine solche „Lead Unit" auch Grundei (1999), S. 52.
[76] Vgl. zur Notwendigkeit einer Richtlinienkompetenz für die Unternehmenskommunikation auch Hahn (1992), S. 149.
[77] Siehe Bayer [Münch/Neuwirth (2002), S. 446], BMW [Raff/Grundei (2002), S. 463], Lufthansa [Kraft-Christoffel/Laemmerhold/Grundei (2002), S. 478] und Siemens [Suske/Talaulicar (2002), S. 492].

Formulierung der Richtlinien in unterschiedlichem Maße autonomiebedingte Motivationseffekte realisiert werden. Das Kompetenzübergewicht des Richtlinienbereichs gegenüber den übrigen Einheiten darf dadurch allerdings nicht ausgehöhlt werden, da ansonsten das Richtlinien- in das Matrixmodell übergehen würde.

Im Gegensatz zu den übrigen Kooperationsmodellen können die zu koordinierenden Aktivitäten auch vollständig in einer Integrationseinheit (Kernbereich) zusammengefasst werden. Bei diesem *Kernbereichsmodell* wird infolgedessen die erforderliche Abstimmung bereichsintern vorgenommen, was nach einer verbreiteten organisationstheoretischen These reibungsloser erfolgen kann als zwischen verschiedenen Bereichen.[78] Da und soweit indes nicht sämtliche interdependenten Kommunikationsaufgaben in einem einzigen organisatorischen Bereich zusammengeführt werden können,[79] bedarf es einer Identifizierung der besonders kritischen Interdependenzen. In einem Kernbereich sollten danach vor allem diejenigen Kommunikationsaufgaben zusammengefasst werden, die unternehmensweite Bedeutung besitzen.

Eine abschließende Beurteilung der Vorteilhaftigkeit der einzelnen Organisationslösungen kann letztlich nur in Anbetracht der konkreten Kontextbedingungen erfolgen. Für ein Übergewicht einer Integrationseinheit sprechen vor allem die Notwendigkeiten, Korrektheit und Konsistenz der Kommunikationsmaßnahmen zu gewährleisten. Die Konsistenz des Kommunikationsauftritts dürfte stets gewichtig sein, wenn es um Maßnahmen geht, die für das Unternehmen große Relevanz besitzen. Eine stärkere Konzentration von Kompetenzen in der Hand eines Integrationsbereichs erlaubt in diesem Fall eine größere Einheitlichkeit des Außenauftritts und eine höhere Professionalität in der Kommunikationsarbeit.

Mit zunehmender Diversifizierung und Internationalisierung eines Unternehmens nehmen die Heterogenität und Spezifität des Markt- und Produktwissens zu. Soweit sich hierdurch differenzierte Kommunikationsaufgaben stellen, scheinen eher Kooperationsmodelle vorzugswürdig zu sein, die eine stärkere Autonomie der einzelnen Kommunikationseinheiten und Geschäftsbereiche ermöglichen. Ebenso können eine hohe Umweltdynamik und die durch eine entsprechende Führungsphilosophie akzentuierte Eigenständigkeit von Geschäftsbereichen[80] – z.B. in Form ergebnisverantwortlicher Tochtergesellschaften – weitreichende Einflussnahmemöglichkeiten der operativen Kommunikationseinheiten rechtfertigen, da diese bei fehlenden Abstimmungs-

---

[78] Siehe zu dieser These Lawrence/Lorsch (1969), S. 9 ff., sowie näher hierzu auch Laßmann (1992), S. 163, 294 f.; Frese (2000), S. 249 f.

[79] Selbst bei größten Integrationsbestrebungen erscheint die Zusammenlegung sämtlicher Kommunikationsmitarbeiter kaum praktikabel [so auch Bruhn (1995), S. 176] und fand sich auch in keinem der untersuchten Mitgliedsunternehmen des Arbeitskreises.

[80] Vgl. in diesem Zusammenhang Hahn (1992), S. 149; Nusch/Guntrum (1998), S. 193; Suske/Talaulicar (2002), S. 489.

zwängen bereichsrelevante Informationen schneller und kostengünstiger vermitteln können. So betont beispielsweise der Lufthansa-Konzern die Autonomie der rechtlich eigenständigen Konzerngesellschaften in Kommunikationsfragen, auch wenn diese bestimmte Vorgaben beachten müssen. Die Begründung für diese Organisationsform wird darin gesehen, dass unterschiedliche Kommunikationsinhalte über verschiedene Kommunikationsmedien an heterogene Zielgruppen gesendet werden müssen.[81]

4. Zusammenfassung in Thesen

1. Die Unternehmenskommunikation hat im elektronischen Zeitalter strategische Bedeutung und stellt hohe Anforderungen an die organisatorische Gestaltung. Bei der Organisation der Unternehmenskommunikation müssen widerstreitende Zielsetzungen ausbalanciert werden, um insgesamt eine adressatenspezifische wie auch konsistente Informationsversorgung zu gewährleisten.

Die Unternehmenskommunikation gewinnt heute zunehmend einen strategischen Stellenwert für die Prosperität des Unternehmens. Mit Unterstützung moderner Informations- und Kommunikationstechnologien können – und müssen – Unternehmen den gestiegenen, vor allem durch die Globalisierung der Kapitalmärkte bedingten Informationsnotwendigkeiten gerecht werden. Die Herausforderungen für die Unternehmen bestehen zum einen darin, umfassender, häufiger, schneller und zielgruppenindividueller zu kommunizieren. Dies legt eine intensive Delegation und Dekonzentration von Kommunikationsaufgaben auf die jeweils fachlich geeignetsten Bereiche nahe. Damit wird es allerdings zum anderen auch immer schwieriger, die Korrektheit und Konsistenz der Informationen sicherzustellen. Diese Anforderungen sprechen eher für eine Zentralisation und Konzentration der Kommunikationsaktivitäten. Einfache und einseitige Organisationslösungen kommen für die Unternehmenskommunikation folglich nicht in Betracht.

2. Besonders wichtige Kommunikationsaktivitäten sollten von der Unternehmensleitung persönlich wahrgenommen werden. Darüber hinaus ist eine Kombination dezentraler Organisationseinheiten mit einem Zentralbereich Unternehmenskommunikation zur Bewältigung der verschiedenen Anforderungen am besten geeignet. Den Informations- und Kommunikationstechnologien kommt dabei eine Enabling-Funktion zu.

Zu den nicht-delegierbaren Kernaufgaben der Unternehmensleitung zählen vor allem Grundlagenentscheidungen zur Kommunikationsstrategie sowie symbolträch-

---

[81] Vgl. Kraft-Christoffel/Laemmerhold/Grundei (2002), S. 477.

tige Repräsentationspflichten. Kommunikationsaufgaben sollten umso eher zentralisiert werden, je größer ihre unternehmerische Relevanz, der Anteil bereichsübergreifender Informationen und die Zahl ihrer Adressaten ist.

Um die Intensität, Geschwindigkeit und Individualität der Kommunikation zu gewährleisten, müssen gewisse Kommunikationskompetenzen auf dezentrale Organisationseinheiten übertragen werden. Gleichzeitig ist allerdings darauf zu achten, dass die dezentralen Kommunikationsaktivitäten nicht zu isoliert voneinander erfolgen, sondern in sich ausreichend konsistent sind. Hierfür bietet sich die Etablierung eines Zentralbereichs mit Richtlinienkompetenz an, der die notwendige Abstimmung durch inhaltliche, formale und zeitliche Rahmenvorgaben sicherstellen kann.

Die Informations- und Kommunikationstechnologien unterstützen die professionelle Abwicklung von Kommunikationsaktivitäten, da sie zum einen die Intensivierung, Beschleunigung und Individualisierung der Kommunikation ermöglichen. Zum anderen erlauben sie die zeitgleiche und kostengünstige Versorgung dezentraler Einheiten mit einheitlichen Informationen.

Literatur

AVENARIUS, Horst (1998): Die ethischen Normen der Public Relations. Kodizes, Richtlinien, freiwillige Selbstkontrolle. Neuwied – Kriftel.

BÄNSCH, Axel (1995): Kommunikationspolitik. In: Handwörterbuch des Marketing. 2. Aufl., hrsg. von B. Tietz, R. Köhler und J. Zentes. Stuttgart, Sp. 1186-1200.

BAERNS, Barbara (Hrsg.) (1995): PR-Erfolgskontrolle. Messen und Bewerten in der Öffentlichkeitsarbeit. Verfahren, Strategien, Beispiele. Frankfurt am Main.

BECKER, Fred G. (1994): Finanzmarketing von Unternehmungen. Konzeptionelle Überlegungen jenseits von Investor Relations. In: Die Betriebswirtschaft, 54. Jg., S. 295-313.

BRUHN, Manfred (1993): Integrierte Kommunikation als Unternehmensaufgabe und Gestaltungsprozeß. In: Effizientes Kommunikationsmanagement. Konzepte, Beispiele und Erfahrungen aus der integrierten Unternehmenskommunikation, hrsg. von M. Bruhn und H. D. Dahlhoff. Stuttgart, S. 1-33.

BRUHN, Manfred (1995): Integrierte Unternehmenskommunikation. Ansatzpunkte für eine strategische und operative Umsetzung integrierter Kommunikationsarbeit. 2. Aufl., Stuttgart.

BURKART, Roland (1998): Kommunikationswissenschaft. Grundlagen und Problemfelder. Umrisse einer interdisziplinären Sozialwissenschaft. Wien – Köln – Weimar.

CHENEY, George/ CHRISTENSEN, Lars Thøger (2001): Public Relations as Contested Terrain. In: Handbook of Public Relations, hrsg. von R. L. Heath und G. Vasquez. Thousand Oaks, CA – London – New Delhi, S. 167-182.

CLIFFE, Sarah (1998): Human Resources. Winning the War for Talent. In: Harvard Business Review, Vol. 76, No. 5, S. 18-19.

COOMBS, W. Timothy (2001): Interpersonal Communication and Public Relations. In: Handbook of Public Relations, hrsg. von R. L. Heath und G. Vasquez. Thousand Oaks, CA – London – New Delhi, S. 105-114.

CROPP, Fritz/ PINCUS, J. David (2001): The Mystery of Public Relations. Unraveling Its Past, Unmasking Its Future. In: Handbook of Public Relations, hrsg. von R. L. Heath und G. Vasquez. Thousand Oaks, CA – London – New Delhi, S. 189-203.

CUSUMANO, Michael A./ TAKEISHI, Akira (1991): Supplier Relations and Management: A Survey of Japanese, Japanese-Transplant, and U.S. Auto Plants. In: Strategic Management Journal, Vol. 12, S. 563-588.

CUTLIP, Scott M./ CENTER, Allen H./ BROOM, Glen M. (1994): Effective Public Relations. 7. Aufl., Englewood Cliffs, NJ.

DAFT, Richard L./ LENGEL, Robert H. (1984): Information Richness: A New Approach to Managerial Behavior and Organization Design. In: Research in Organizational Behavior, Vol. 6, S. 191-233.

DERIETH, Anke (1995): Unternehmenskommunikation. Eine theoretische und empirische Analyse zur Kommunikationsqualität von Wirtschaftsorganisationen. Opladen.

DONEY, Patricia M./ CANNON, Joseph P. (1997): An Examination of the Nature of Trust in Buyer-Supplier Relationships. In: Journal of Marketing, Vol. 61, No. 2, S. 35-51.

FRESE, Erich (1968): Kontrolle der Unternehmungsführung. Entscheidungs- und organisationstheoretische Grundfragen. Wiesbaden.

FRESE, Erich (2000): Grundlagen der Organisation. Konzept – Prinzipien – Strukturen. 8. Aufl., Wiesbaden.

FRESE, Erich/ v. WERDER, Axel (1989): Kundenorientierung als organisatorische Gestaltungsoption der Informationstechnologie. In: Kundennähe durch moderne Informationstechnologien. Sonderheft 25/1989 der Zeitschrift für betriebswirtschaftliche Forschung, hrsg. von E. Frese und W. Maly, S. 1-26.

FRESE, Erich/ v. WERDER, Axel (1993): Zentralbereiche. Organisatorische Formen und Effizienzbeurteilung. In: Zentralbereiche. Theoretische Grundlagen und praktische Erfahrungen, hrsg. von E. Frese, A. v. Werder und W. Maly. Stuttgart, S. 1-50.

FULK, Janet/ DESANCTIS, Gerardine (1995): Electronic Communication and Changing Organizational Forms. In: Organization Science, Vol. 6, S. 337-349.

GAULY, Thomas (2001): Das Ende der Öffentlichkeitsarbeit. Die digitale Revolution bedeutet das Ende der klassischen Presse- und Öffentlichkeitsarbeit von Unternehmen. In: FAZ v. 22.01.2001, S. 30.

GOODMAN, Michael B. (1998): Corporate Communications for Executives. Albany, NY.

GORDON, Joye C. (1997): Interpreting Definitions of Public Relations: Self Assessment and a Symbolic Interactionism-Based Alternative. In: Public Relations Review, Vol. 23, S. 57-66.

GRONSTEDT, Anders (2000): The Customer Century. Lessons from World-Class Companies in Integrated Marketing and Communications. New York – London.

GRUNDEI, Jens (1999): Effizienzbewertung von Organisationsstrukturen. Integration verhaltenswissenschaftlicher Erkenntnisse am Beispiel der Marktforschung. Wiesbaden.

GRUNIG, James E./ HUNT, Todd (1984): Managing Public Relations. New York u.a.

GÜNTHER, Thomas/ OTTERBEIN, Simone (1996): Die Gestaltung der Investor Relations am Beispiel führender deutscher Aktiengesellschaften. In: Zeitschrift für Betriebswirtschaft, 66. Jg., S. 389-417.

HAHN, Dietger (1992): Unternehmungsführung und Öffentlichkeitsarbeit. In: Zeitschrift für Betriebswirtschaft, 62. Jg., S. 137-157.

HELPER, Susan/ SAKO, Mari (1995): Supplier Relations in Japan and the United States: Are They Converging? In: Sloan Management Review, Vol. 36, No. 3, S. 77-84.

HUTTON, James G. (1999): The Definition, Dimensions, and Domain of Public Relations. In: Public Relations Review, Vol. 25, S. 199-214.

HUTTON, James G. (2001): Defining the Relationship Between Public Relations and Marketing. Public Relations' Most Important Challenge. In: Handbook of Public Relations, hrsg. von R. L. Heath und G. Vasquez. Thousand Oaks, CA – London – New Delhi, S. 205-214.

KAZOLEAS, Dean/ WRIGHT, Alan (2001): Improving Corporate and Organizational Communications. A New Look at Developing and Implementing the Communication Audit. In: Handbook of Public Relations, hrsg. von R. L. Heath und G. Vasquez. Thousand Oaks, CA – London – New Delhi, S. 471-478.

KIESER, Alfred/ HEGELE, Cornelia/ KLIMMER, Matthias (1998): Kommunikation im organisatorischen Wandel. Stuttgart.

KIRCHHOFF, Klaus Rainer (2001a): Grundlagen der Investor Relations. In: Die Praxis der Investor Relations. Effiziente Kommunikation zwischen Unternehmen und Kapitalmarkt, hrsg. von K. R. Kirchhoff und M. Piwinger. 2. Aufl., Neuwied, S. 25-55.

KIRCHHOFF, Klaus Rainer (2001b): Kommunikation ist Chefsache. Viele Börsenneulinge bereiten sich aber unzureichend auf diese Aufgabe vor. In: FAZ v. 06.03.2001, S. B3.

KIRCHNER, Karin (2001): Integrierte Unternehmenskommunikation. Theoretische Grundlagen und eine empirische Analyse amerikanischer Großunternehmen. Wiesbaden.

KLÖFER, Franz (1998): Neue Medien in der Mitarbeiterkommunikation. Status quo und Chancen in deutschen Unternehmen. In: Interaktive Unternehmenskommunikation. Internet, Intranet, Datenbanken, Online-Dienste und Business-TV als Bausteine erfolgreicher Öffentlichkeitsarbeit, hrsg. von M. Krzeminski und A. Zerfaß. Frankfurt am Main, S. 93-106.

KÖHLER, Richard (1993): Kommunikations-Management im Unternehmen. In: Handbuch Marketing-Kommunikation. Strategien – Instrumente – Perspektiven, hrsg. von R. Berndt und A. Hermanns. Wiesbaden, S. 93-112.

KRAFT-CHRISTOFFEL, Joachim/ LAEMMERHOLD, Lutz/ GRUNDEI, Jens (2002): Organisation der Unternehmenskommunikation im Lufthansa Konzern. In: E-Organisation: Strategische und organisatorische Herausforderungen des Internet, hrsg. von E. Frese und H. Stöber im Auftrag des Arbeitskreises „Organisation" der Schmalenbach-Gesellschaft für Betriebswirtschaft. Stuttgart, S. .465-479

KROEBER-RIEL, Werner (1993): Marketing-Kommunikation. In: Handwörterbuch der Betriebswirtschaft. 5. Aufl., hrsg. von W. Wittmann et al. Stuttgart, Sp. 2720-2733.

KRÜGER, Wilfried (1992): Aufgabenanalyse und -synthese. In: Handwörterbuch der Organisation. 3. Aufl., hrsg. von E. Frese. Stuttgart, Sp. 221-236.

KRZEMINSKI, Michael (1998): Interaktivität und Vernetzung. Zur Rolle neuer Medien in der Unternehmenskommunikation. In: Interaktive Unternehmenskommunikation. Internet, Intranet, Datenbanken, Online-Dienste und Business-TV als Bausteine erfolgreicher Öffentlichkeitsarbeit, hrsg. von M. Krzeminski und A. Zerfaß. Frankfurt am Main, S. 13-28.

KUTSCHER, Gerhard (2000): Die deutsche Bank startet durch. In: Handelsblatt v. 09.06.2000, S. 25.

LAßMANN, Arndt (1992): Organisatorische Koordination. Konzepte und Prinzipien zur Einordnung von Teilaufgaben. Wiesbaden.

LAWRENCE, Paul/ LORSCH, Jay W. (1969): Organization and Environment. Managing Differentiation and Integration. Homewood, IL.

LINK, Rainer (1994): Die Hauptversammlung im Rahmen des Aktienmarketing und der Investor Relations. In: Die Aktiengesellschaft, 39. Jg., S. 364-369.

LÖWER, Chris (2000): Marke Manager. Deutschland auf dem Weg zur Entertainment-Economy: Immer schwerer zu erklärende Produkte und die große Zahl von Börsengängen zwingt Unternehmen und Vorstände zunehmend in die Öffentlichkeit. In: Handelsblatt v. 12.05.2000, S. K3.

MACHARZINA, Klaus (1990): Informationspolitik. Unternehmenskommunikation als Instrument erfolgreicher Führung. Wiesbaden.

MALETZKE, Gerhard (1998): Kommunikationswissenschaft im Überblick. Grundlagen, Probleme, Perspektiven. Opladen – Wiesbaden.

MAYER, Hans (1993): Wirkungen der Kommunikationspolitik. In: Handbuch Marketing-Kommunikation. Strategien – Instrumente – Perspektiven, hrsg. von R. Berndt und A. Hermanns. Wiesbaden, S. 209-224.

MERTEN, Klaus (1999): Einführung in die Kommunikationswissenschaft. Bd 1/1. Grundlagen der Kommunikationswissenschaft. Münster.

MINTZBERG, Henry (1973): The Nature of Managerial Work. New York u.a.

MOHR, Niko (1997): Kommunikation und organisatorischer Wandel. Ein Ansatz für ein effizientes Kommunikationsmanagement im Veränderungsprozeß. Wiesbaden.

MUDAMBI, Ram/ HELPER, Susan (1998): The ‚Close but Adversarial' Model of Supplier Relations in the U.S. Auto Industry. In: Strategic Management Journal, Vol. 19, S. 775-792.

MÜHLBACHER, Hans (1993): Public Relations. In: Handwörterbuch der Betriebswirtschaft. 5. Aufl., hrsg. von W. Wittmann et al. Stuttgart, Sp. 3616-3624.

MÜNCH, Erwin/ NEUWIRTH, Stefan (2002): Organisation der Kommunikationsarbeit bei Bayer. In: E-Organisation: Strategische und organisatorische Herausforderungen des Internet, hrsg. von E. Frese und H. Stöber im Auftrag des Arbeitskreises „Organisation" der Schmalenbach-Gesellschaft für Betriebswirtschaft. Stuttgart, S. 439-451.

NESTLER, Anke (2000): Die Information der Mitarbeiter und ihrer Interessenvertretungen durch das Management. Gestaltungsmöglichkeiten und rechtliche Rahmenbedingungen. Aachen.

NIESCHLAG, Robert/ DICHTL, Erwin/ HÖRSCHGEN, Hans (1994): Marketing. 17. Aufl., Berlin.

NOLL, Nathalie (1996): Gestaltungsperspektiven interner Kommunikation. Wiesbaden.

NUSCH, Friedmar/ GUNTRUM, L. Nikolaus (1998): Hoechst Online Relations – Digitalisierung der Konzernkommunikation und veränderte interne Kommunikation. In: Interaktive Unternehmenskommunikation. Internet, Intranet, Datenbanken, Online-Dienste und Business-TV als Bausteine erfolgreicher Öffentlichkeitsarbeit, hrsg. von M. Krzeminski und A. Zerfaß. Frankfurt am Main, S. 193-208.

PFEFFER, Jeffrey (2001): Fighting the War for Talent is Hazardous to Your Organization's Health. In: Organizational Dynamics, Vol. 29, No. 4, S. 248-259.

RAFF, Joachim/ GRUNDEI, Jens (2002): Organisation der Unternehmenskommunikation bei der BMW Group. In: E-Organisation: Strategische und organisatorische Herausforderungen des Internet, hrsg. von E. Frese und H. Stöber im Auftrag des Arbeitskreises „Organisation" der Schmalenbach-Gesellschaft für Betriebswirtschaft. Stuttgart, S. 453-464.

REINERT, Michael/ MENTNER, Peter (2001): Lernen aus dem Urknall. Die Kapitalmarktkommunikation in Deutschland ein Jahr nach Vodafone. In: FAZ v. 05.02.2001, S. 33.

RÖTTGER, Ulrike (2000): Public Relations – Organisation und Profession. Öffentlichkeitsarbeit als Organisationsfunktion. Eine Berufsfeldstudie. Wiesbaden.

SCHMIDT, Siegfried/ ZURSTIEGE, Guido (2000): Orientierung Kommunikationswissenschaft. Was sie kann, was sie will. Reinbek.

SCHNEIDER, Sabine (2001): Viele Unternehmen ziehen aus der Krise offenbar die richtigen Schlüsse. In: Handelsblatt v. 18.09.2001, S. B1.

SCHOLZ, Christian (1992): Matrix-Organisation. In: Handwörterbuch der Organisation. 3. Aufl., hrsg. von E. Frese. Stuttgart, Sp. 1302-1315.

SPRINGSTON, Jeffrey K. (2001): Public Relations and New Media Technology. The Impact of the Internet. In: Handbook of Public Relations, hrsg. von R. L. Heath und G. Vasquez. Thousand Oaks, CA – London – New Delhi, S. 603-614.

STEINMANN, Horst/ SCHREYÖGG, Georg (2000): Management. Grundlagen der Unternehmensführung. Konzepte – Funktionen – Fallstudien. 5. Aufl., Wiesbaden.

STEINMANN, Horst/ ZERFAß, Ansgar (1995): Management der integrierten Unternehmenskommunikation. Konzeptionelle Grundlagen und strategische Implikationen. In: Integriertes Kommunikationsmanagement: Konzeptionelle Grundlagen und praktische Erfahrungen, hrsg. von R. Ahrens, H. Scherer und A. Zerfaß. Frankfurt am Main, S. 11-50.

STÖBER, Harald/ BÜLTEL, Stephan (2002): Organisation der Unternehmenskommunikation bei Arcor. In: E-Organisation: Strategische und organisatorische Herausforderungen des Internet, hrsg. von E. Frese und H. Stöber im Auftrag des Arbeitskreises „Organisation" der Schmalenbach-Gesellschaft für Betriebswirtschaft. Stuttgart, S. 425-437.

SUSKE, Wolfgang/ TALAULICAR, Till (2002): Corporate Communications bei Siemens. In: E-Organisation: Strategische und organisatorische Herausforderungen des Internet, hrsg. von E. Frese und H. Stöber im Auftrag des Arbeitskreises „Organisation" der Schmalenbach-Gesellschaft für Betriebswirtschaft. Stuttgart, S. 481-494.

TAKEISHI, Akira (2001): Bridging Inter- and Intra-Firm Boundaries: Management of Supplier Involvement in Automobile Product Development. In: Strategic Management Journal, Vol. 22, S. 403-433.

TOURISH, Dennis/ HARGIE, Owen (2000a): Communication and Organisational Success. In: Handbook of Communication Audits for Organisations, hrsg. von O. Hargie und D. Tourish. London, S. 3-21.

TOURISH, Dennis/ HARGIE, Owen (2000b): Auditing Communication to Maximise Performance. In: Handbook of Communication Audits for Organisations, hrsg. von O. Hargie und D. Tourish. London, S. 22-41.

WACHTEL, Stefan (2001): Topmanager: Vor Mikrofon und Kamera professionell auftreten. In: Harvard Business Manager, 23. Jg., Nr. 5, S. 96-102.

v. WERDER, Axel (1996a): Grundsätze ordnungsmäßiger Unternehmungsleitung (GoU) – Bedeutung und erste Konkretisierung von Leitlinien für das Top-Management. In: Grundsätze ordnungsmäßiger Unternehmungsführung (GoF) für die Unternehmungsleitung (GoU), Überwachung (GoÜ) und Abschlußprüfung (GoA). Sonderheft 36/1996 der Zeitschrift für betriebswirtschaftliche Forschung, hrsg. von A. v. Werder, S. 27-73.

v. WERDER, Axel (1996b): Organisationsstrategien US-amerikanischer Großunternehmungen im Umweltmanagement. In: Der Betrieb, 49. Jg., S. 2553-2565.

v. WERDER, Axel (1999): Effizienzbewertung organisatorischer Strukturen. In: Wirtschaftswissenschaftliches Studium, 28. Jg., S. 412-417.

v. WERDER, Axel/ GRUNDEI, Jens (2000): Organisation des Organisationsmanagements: Gestaltungsalternativen und Effizienzbewertung. In: Organisationsmanagement. Neuorientierung der Organisationsarbeit, hrsg. von E. Frese im Auftrag des Arbeitskreises „Organisation" der Schmalenbach-Gesellschaft für Betriebswirtschaft e.V. Stuttgart, S. 97-141.

v. WERDER, Axel/ NESTLER, Anke (1998): Organisation des Umweltschutzes im Mittelstand. Konzeption – Praxiserfahrungen – Gestaltungsempfehlungen. Wiesbaden.

ZANDER, Ernst (1992): Mitarbeiterinformation. In: Handwörterbuch des Personalwesens. 2. Aufl., hrsg. von E. Gaugler und W. Weber. Stuttgart, Sp. 1399-1408.

ZERFAß, Ansgar (1998): Öffentlichkeitsarbeit mit interaktiven Medien: Grundlagen und Anwendungen. In: Interaktive Unternehmenskommunikation. Internet, Intranet, Datenbanken, Online-Dienste und Business-TV als Bausteine erfolgreicher Öffentlichkeitsarbeit, hrsg. von M. Krzeminski und A. Zerfaß. Frankfurt am Main, S. 29-52.

ZORN, Dieter (1991): Integrierte Kommunikation – Grundlagen und zukünftige Entwicklung. In: Handbuch Direct Marketing. 6. Aufl., hrsg. von H. Dallmer. Wiesbaden, S. 51-64.

II. Neue Herausforderungen an die Unternehmenskommunikation: Firmenberichte

*Harald Stöber** / *Stephan Bültel***

ORGANISATION DER UNTERNEHMENSKOMMUNIKATION BEI ARCOR

1. Markt, Unternehmen und Strategie
2. Organisation der Kommunikationsaktivitäten
   - 2.1 Delegation
   - 2.2 Bereichsbildung
     - 2.2.1 Interne Struktur der Einheit „Kommunikation"
     - 2.2.2 Interne Struktur der Einheit „Marketing Kommunikation und Services"
     - 2.2.3 Kooperation und Koordination
3. Schlussbetrachtung

---

[*] Harald Stöber, Vorsitzender des Vorstands, Arcor AG & Co., Eschborn
[**] Stephan Bültel, wissenschaftlicher Mitarbeiter am Lehrstuhl für Betriebswirtschaftslehre – Organisation und Unternehmensführung der Technischen Universität Berlin

Zusammenfassung

Im deutschen Telekommunikationsmarkt ist die Arcor-Gruppe der führende unter den neuen Anbietern für Telekommunikationsleistungen im Festnetz. Bereits seit der Gründung im Jahr 1997 wird der Erfolg der Gesellschaft in hohem Ausmaß von einer effektiven, auf interne und externe Zielgruppen abgestimmten Unternehmenskommunikation bestimmt. Der Beitrag illustriert die organisatorischen Lösungen, die Arcor zur Bewältigung dieser komplexen Aufgabe gefunden hat. Ein besonderer Stellenwert wird dabei der Beschreibung der beiden zentralen Organisationseinheiten „Kommunikation" und „Marketing Kommunikation und Services" eingeräumt. Das Ziel einer möglichst widerspruchsfreien Unternehmens(gesamt)kommunikation macht die Koordination sämtlicher zentraler und dezentraler Kommunikationsaktivitäten erforderlich. Wesentliche Aspekte der Koordination werden beispielhaft anhand der Abstimmungsprozesse der Abteilung „Kommunikation" dargestellt. Der Beitrag endet mit einer abschließenden Betrachtung der gegenwärtigen und zukünftigen Anforderungen an die Kommunikationsarbeit bei Arcor.

1. Markt, Unternehmen und Strategie

Die Arcor-Gruppe ist am deutschen Telekommunikationsmarkt mit einem Umsatz von 1,6 Mrd. EUR im Jahr 2000, derzeit mehr als 2,5 Millionen Vertragskunden (ISDN und Preselection) sowie über eine Million aktiver Internet-Nutzer der führende unter den neuen Anbietern für Telekommunikationsleistungen im Festnetz. Gegründet wurde die noch relativ junge Aktiengesellschaft im Januar 1997 als Gemeinschaftsunternehmen der CNI Communications Network International GmbH und der Deutsche Bahn-Tochter DBKom Gesellschaft für Telekommunikation mbH & Co. KG. In der Anfangsphase konzentrierte sich das Unternehmen vornehmlich auf Telekommunikationsdienste für Geschäftskunden. Mit der vollständigen Liberalisierung des deutschen Telekommunikationsmarkts im Januar 1998 trat Arcor jedoch sehr bald auch in das Privatkundengeschäft ein. Das Unternehmen reagierte auf den rasant wachsenden Markt mit gezielten Zukäufen, Beteiligungen und Neugründungen von Tochtergesellschaften. Zur Arcor-Gruppe zählen heute neben der Arcor AG & Co. die Unternehmen o.tel.o GmbH, Arcor Online GmbH, MCO Customer Operations GmbH, ArcTel GmbH & Co. KG sowie die Mehrheitsbeteiligungen ISIS Multimedia GmbH & Co. KG, Würzburger TelekommunikationsgmbH wücom und Netcom Kassel GmbH. Die Beschäftigtenzahl der gesamten Unternehmensgruppe beläuft sich auf rund 8900 Mitarbeiter.

Der größte Arcor-Anteilseigner ist mit einer Beteiligungsquote von rund 74 % die Vodafone Group Plc. Darüber hinaus sind die Deutsche Bahn AG mit rund 18 % und die Deutsche Bank AG mit rund 8 % an der Gesellschaft beteiligt. Neben dem Privat- und Geschäftskundengeschäft bildet die Deutsche Bahn ein stabiles Kundensegment, auf das im Jahr 2000 immerhin rund ein Viertel des Umsatzes entfiel. Zu den Telekommunikationsleistungen für die Bahn zählen insbesondere Sprach- und Datenanwendungen im Spezialgebiet der Bahntelekommunikation, bahnspezifische Telekommunikationsleistungen für elektronische Stellwerke und Betriebszentralen sowie der Aufbau eines digitalen Mobilfunknetzes. Aus dem Geschäftskundensegment entstammen im Jahr 2000 rund ein Drittel des Umsatzes, während der größte Anteil am Gesamtumsatz mit ca. 40 % auf das stetig wachsende Privatkundengeschäft zurückgeht.

Die große Bedeutung der Unternehmenskommunikation bei Arcor lässt sich vor allem auf einen situativen Kontext zurückführen, der durch ein hohes Maß an Dynamik und Differenziertheit geprägt ist. Auf dem Absatzmarkt ist die Gesellschaft namentlich dem Konkurrenzdruck des ehemaligen Monopolisten Telekom ausgesetzt. Auch nach der Liberalisierung der Telekommunikationsmärkte hat Arcors größter Wettbewerber noch immer einen sehr starken Einfluss auf das Marktgeschehen. Um den neuen Anbietern von Telekommunikationsleistungen zur erforderlichen Chancengleichheit zu verhelfen, werden die Aktivitäten der Telekom durch die Regulierungsbehörde für

Telekommunikation und Post überwacht. Trotz dieser Bemühungen gelang es der Telekom im Jahr 2000 massive Preiseinschnitte zu veranlassen: Das Unternehmen initiierte Preissenkungen von bis zu 70 %, um bestehende Marktanteile halten und verlorene Anteile wieder zurückgewinnen zu können. Derart massive Eingriffe bedingen den schnellen Aufstieg und plötzlichen Untergang junger Unternehmen und erklären die zunehmende Verkürzung der Produktlebenszyklen im Telekommunikationssektor. Externe Faktoren erzeugen daher einen enormen Druck zu stetiger Anpassung und Veränderung und generieren auf diese Weise naturgemäß einen hohen Informationsbedarf bei Kunden, Mitarbeitern und der allgemeinen Öffentlichkeit.

Verschärft wird die Situation bei Arcor darüber hinaus durch unternehmensinterne Einflüsse. Die im Zuge ihrer Wachstumsstrategie angestrebte Marktdurchdringung durch Unternehmensübernahmen macht eine reibungslose Integration der zugekauften Gesellschaften in das Unternehmen zu einer notwendigen Erfolgsvoraussetzung. Eine Integration kann nur dann problemlos gelingen, wenn sich mögliche Wollens-Barrieren der Betroffenen abbauen lassen.[1] Ablehnung gegenüber organisatorischem Wandel ist jedoch nicht selten das Resultat unzureichender Informationsstände.[2] Zielsetzungen und Konsequenzen der Veränderungen müssen daher frühzeitig und eindeutig kommuniziert werden.

Insgesamt lässt sich feststellen, dass die Unternehmenskommunikation bei Arcor bereits seit der Gründung der Gesellschaft eine ausgesprochen wichtige Rolle spielt. Im Folgenden soll aufgezeigt werden, welche organisatorischen Lösungen gefunden wurden, um den aufgezeigten Kommunikationserwartungen der unterschiedlichen Stakeholder (Mitarbeiter, Kunden, allgemeine Öffentlichkeit) gerecht zu werden.

2. Organisation der Kommunikationsaktivitäten

Die große Bedeutung und Reichweite von Kommunikationsaktivitäten bei Arcor macht deutlich, dass Unternehmenskommunikation als anspruchsvolle Gesamtaufgabe kaum von einer einzigen Person allein bewältigt werden kann. Sie macht also in jedem Fall Arbeitsteilung erforderlich. Anhand der Gestaltungsdimensionen der Delegation und Bereichsbildung[3] soll nun dargelegt werden, wie die vertikale und horizontale Zuordnung der Kommunikationsaufgaben auf verschiedene Aufgabenträger innerhalb der

---

[1] So wurden etwa in einer empirischen Untersuchung von Gerds (2000), hier S. 189 f., Integrationsbarrieren als eine wesentliche Determinante des Integrationserfolgs festgestellt.
[2] Zur Entstehung von Akzeptanz und Resistenz im organisatorischen Wandlungsprozess siehe ausführlich bei Krüger (1994), S. 205 ff.
[3] Zu den Gestaltungsdimensionen der Aufbauorganisation vgl. v. Werder/Grundei/Talaulicar (2002), S. 402 ff.

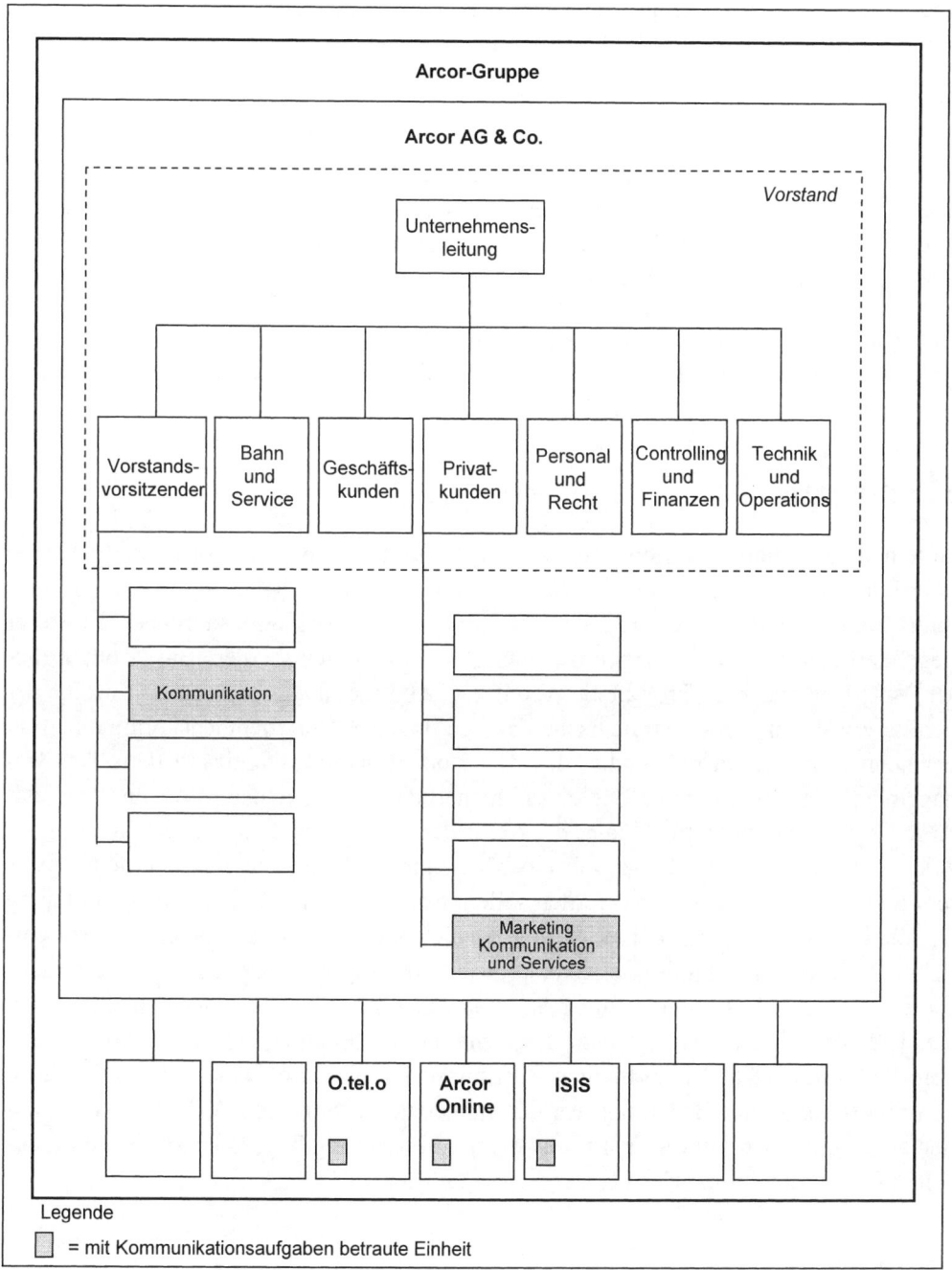

Abb. 1: Organisatorische Verankerung von Kommunikationsaufgaben bei Arcor

Organisationsstruktur gelingt. Zum besseren Verständnis wird zunächst die Segmentierung der Rahmenstruktur des Unternehmens betrachtet.

Im Zuge einer Reorganisation wurde kürzlich die seit der Gründung der Gesellschaft bestehende Funktionalorganisation mit dem Ziel einer stärkeren Berücksichtigung des Kundengedankens modifiziert. Die Rahmenstruktur wurde demnach nicht mehr nur nach dem Verrichtungskriterium (Personal und Recht, Controlling und Finanzen, Technik und Operations) gegliedert, sondern um das Kriterium „Kunde" (Bahn und Service, Geschäftskunden, Privatkunden) ergänzt (vgl. Abb. 1).

Kommunikationsaufgaben werden sowohl von spezialisierten Einheiten in der Muttergesellschaft, der Arcor AG & Co., als auch von Einheiten in den Tochtergesellschaften o.tel.o, Arcor Online und ISIS wahrgenommen.

2.1 Delegation

Unternehmenskommunikation kann zunächst einmal als eine originäre Aufgabe der obersten Führungsebene gesehen werden. Die hohe Arbeitsbelastung macht es allerdings grundsätzlich erforderlich, dass bestimmte Kommunikationsaufgaben auf tiefer liegende Ebenen in der Unternehmenshierarchie übertragen werden. Ein Großteil dieser Aufgaben wird bei Arcor an die Abteilung „Kommunikation" delegiert. Infolge der bereits erwähnten hohen strategischen Bedeutung der Unternehmenskommunikation erscheint es zwingend notwendig, dass die Kommunikationsarbeit mit dem Top Management abgestimmt wird. Die Zusammenarbeit zwischen dem Vorstand und der Abteilung „Kommunikation" kann bei Arcor daher als besonders eng und intensiv bezeichnet werden. Informationen mit einer bestimmten Tragweite, die unternehmensintern und -extern kommuniziert werden sollen, bedürfen grundsätzlich der Abstimmung mit dem Vorstand. So werden etwa sämtliche Pressemitteilungen vor ihrer Veröffentlichung mit dem Vorstandsvorsitzenden diskutiert. Bei themenspezifischen Informationen erfolgt die Abstimmung mit den entsprechenden Vertretern der einzelnen Vorstandsressorts. Beispielsweise bedarf die interne Verbreitung von Informationen aus dem Personalbereich der vorherigen Zustimmung des Personalvorstands. Informationen von strategischer Bedeutung werden hingegen stets mit dem Vorstandsvorsitzenden abgestimmt. Besonders intensiv ist dessen Mitwirkung bei großen Pressekonferenzen, z.B. im Rahmen der CeBIT.

2.2 Bereichsbildung

Die Gestaltungsdimension der Bereichsbildung beschreibt alle horizontalen Kompetenz- und Kommunikationsbeziehungen zwischen den Organisationseinheiten unterhalb der Unternehmensleitung. Die Erfüllung der Kommunikationsaufgabe erfordert zum einen journalistisches Know-how und zum anderen ein tiefgreifendes Verständnis betriebswirtschaftlicher Zusammenhänge sowie technisches und branchenspezifisches Basiswissen. Daher sind Handlungsträger auf der Ebene der Ausführung in der Regel überfordert, wenn sie neben den „normalen" operativen Tätigkeiten Kommunikationsaufgaben bewältigen müssen. Aber auch die Führungsebene des Unternehmens ist – wie bereits aufgezeigt wurde – auf eine entsprechende Spezialisierung angewiesen. Bei Arcor wird die Kommunikationsaufgabe zielgruppenorientiert auf die beiden Organisationseinheiten „Kommunikation" sowie „Marketing Kommunikation und Services" aufgeteilt. Während der Bereich „Kommunikation" die Information der Mitarbeiter und der allgemeinen Öffentlichkeit leistet, verfolgt der Bereich „Marketing Kommunikation und Services" Werbeziele und adressiert den potenziellen Kunden. Darüber hinaus entfallen bestimmte Kommunikationsaufgaben aber auch auf einzelne Tochtergesellschaften, deren Aufgabenerfüllung bis zu einem gewissen Ausmaß autonom erfolgt. Im Folgenden werden zunächst die internen Strukturen der beiden spezialisierten Kommunikationseinheiten dargestellt und anschließend wesentliche Kooperations- und Koordinationsbeziehungen in und zwischen diesen Kommunikationseinheiten und den Einheiten in den Tochtergesellschaften untersucht.

2.2.1 Interne Struktur der Einheit „Kommunikation"

Die Organisationseinheit „Kommunikation" ist für die Information unternehmensexterner und -interner Stakeholder zuständig. Diese Aufgabe wird von insgesamt elf Mitarbeitern (davon acht Referenten) bewältigt. Die Abteilung wird intern nach dem Verrichtungskriterium segmentiert, d.h. die Kommunikationsaufgabe gliedert sich in externe und interne Kommunikation (vgl. Abb. 2).

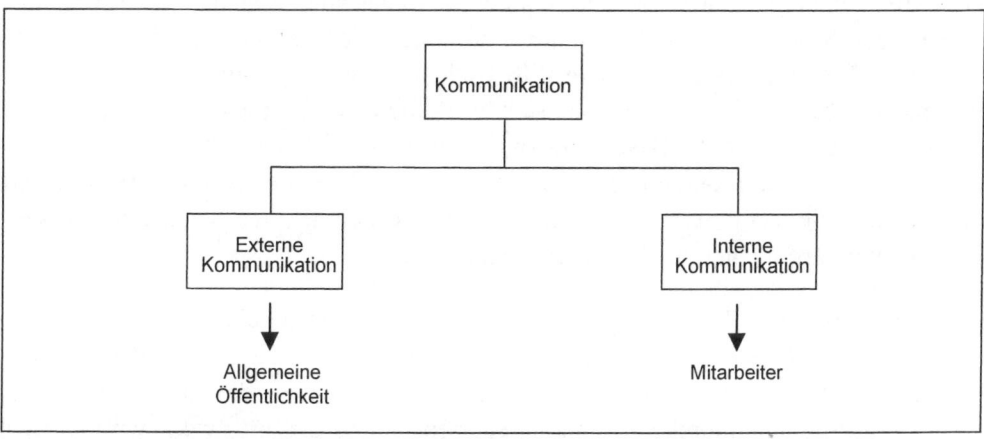

Abb. 2: Interne Struktur der Einheit „Kommunikation"

Für die externe Kommunikation werden derzeit die Personalkapazitäten von sechs Referenten beansprucht, für die interne (Mitarbeiter-)Kommunikation sind zwei Referenten zuständig. Der hohe Stellenwert des Bereichs wird insbesondere durch die Tatsache unterstrichen, dass sich die Anzahl der Beschäftigten innerhalb der Organisationseinheit seit 1998 mehr als verdoppelt hat. Durch den stetig zunehmenden Erwartungsdruck der Mitarbeiter in Hinblick auf die Informationspolitik des Unternehmens gewinnt insbesondere die interne Kommunikation zunehmend an Bedeutung. Während noch vor wenigen Jahren ein Teil der Mitarbeiter – vor allem in entfernten Stützpunkten – über unternehmerische Veränderungen wie z.B. dem Zukauf einer neuen Tochtergesellschaft häufig erst aus der Presse erfuhren, wird eine offene, umfassende und transparente Informationspolitik von den meisten Beschäftigten heute schon als eine Selbstverständlichkeit betrachtet. Zielsetzungen der internen Kommunikation sind eine stärkere Identifikation der Mitarbeiter mit dem Unternehmen, eine Steigerung der Motivation und die Schaffung von Vertrauen. Darüber hinaus wird eine nicht zu unterschätzende Funktion im Mitarbeiter als Informationsmultiplikator gesehen.

Die Bewältigung der Aufgabe der internen Kommunikation erfolgt über den Einsatz unterschiedlicher Instrumente. Ein Großteil der Informationen wird über das klassische Medium Mitarbeiterzeitung verbreitet. Diese erscheint im Abstand von zwei Monaten und richtet sich an alle Beschäftigten der Arcor-Gruppe. Die Mitarbeiterzeitung beinhaltet Berichte über Projekte und Aufgaben, Artikel und Interviews über aktuelle Strategie- und Personalthemen wie die Vorstellung neuer Führungskräfte sowie Trends, Entwicklungen und Ereignisse innerhalb der Branche, der Arcor-Gruppe und beim größten Anteilseigner Vodafone. Die redaktionelle Betreuung der Zeitung übernehmen die für die interne Kommunikation zuständigen Mitarbeiter der Kommunikationseinheit. Neben den aufgezählten Mantelthemen, die für alle Mitarbeiter innerhalb der Arcor-Gruppe von Interesse sind, enthält jede Ausgabe zusätzlich einen von drei Sonderteilen. So erhalten die Mitarbeiter von o.tel.o einen so genannten o.tel.o-Beihefter, die Mitarbeiter von ISIS einen ISIS-Beihefter und die restliche Belegschaft einen Arcor-Beihefter. Nur auf diese Weise können die zum Teil recht unterschiedlichen Informationsbedürfnisse der Beschäftigten der einzelnen Gesellschaften berücksichtigt werden und die Identifikation der Mitarbeiter mit dem Unternehmen gestärkt werden. Die redaktionelle Verantwortung für die Sonderteile übernehmen die entsprechenden Kommunikationseinheiten der jeweiligen Gesellschaften.

Neben dem Print-Medium Mitarbeiterzeitung spielt der Einsatz elektronischer Medien nicht zuletzt auf Grund der wachsenden Erwartungshaltung der Mitarbeiter eine zunehmend wichtige Rolle. Für die Zukunft ist vor allem der weitere Ausbau des Intranets als zentrales Kommunikationsinstrument geplant. Zu diesem Zweck wird es aller Voraussicht nach erforderlich sein, einen entsprechend ausgebildeten Online-Redakteur einzustellen. Viele aktuelle Unternehmensinformationen werden jedoch auch schon heute über elektronische Medien an die Mitarbeiter versandt. Außerdem erscheint täglich im Intranet eine Zusammenfassung der wichtigsten, für das Unternehmen relevanten Meldungen aus der Tagespresse. Diese Nachrichten werden von den Mitarbeitern der internen Kommunikation vorab aus einer Liste mit ca. 80 Artikeln ausgewählt, die ein externer Anbieter zu bestimmten Stichwörtern liefert.

Trotz der unbestritten hohen Bedeutung der internen Kommunikation liegt der Schwerpunkt der Kommunikationsarbeit jedoch nach wie vor in der externen Kommunikation. Diese hat die Aufgabe, über die Geschäftstätigkeit der Gesellschaft zu informieren. Auf diese Weise trägt sie maßgeblich zur Imagepflege des Unternehmens bei. Eine besondere Herausforderung stellt für die externe Kommunikation der Balanceakt zwischen der Notwendigkeit von Transparenz als Voraussetzung für Glaubwürdigkeit und dauerhaftes Vertrauen der Stakeholder in das Unternehmen und dem Erfordernis der Zurückhaltung bestimmter, die Wettbewerbsposition negativ beeinflussender Informationen dar. Bei der Auswahl der Informationen und dem Zeitpunkt ihrer Veröffentlichung muss daher stets mit ausgesprochener Sorgfalt vorgegangen werden. Neben der unmittelbaren Kommunikation mit der allgemeinen Öffentlichkeit über das Internet und Messen, wird ein Großteil der Informationen aber auch mittelbar über Rundfunk- und Fernsehanstalten, Wirtschafts- und Fachpresse sowie regionale und überregionale Tageszeitungen verbreitet. Zu den klassischen Kommunikationsinstrumenten der externen Kommunikation zählen deshalb Pressemitteilungen, Pressekonferenzen, Pressegespräche und Interviews.

2.2.2 Interne Struktur der Einheit „Marketing Kommunikation und Services"

Die Kommunikation mit dem Kunden ist Aufgabe der Organisationseinheit „Marketing Kommunikation und Services". Hier sind insgesamt 27 Mitarbeiter beschäftigt. Ziel des Marketings ist die Gestaltung eines einheitlichen Außenauftritts. Die Marketingaktivitäten der Tochtergesellschaften erfolgen größtenteils dezentral.

Die interne Gliederung der Einheit „Marketing Kommunikation und Services" erfolgt wie bei der Organisationseinheit „Kommunikation" nach Verrichtungen (vgl. Abb. 3).

Dabei werden die vier Teilaufgaben Marketing Kommunikation, Customer Marketing, Event Marketing und Marketing Services unterschieden. Die größte Personalkapazität wird für die Marketing Kommunikation beansprucht, wo die Mitarbeiter für Werbung, Medienkoordination, Sponsoring und neue Medien verantwortlich sind. Zu den typischen Aktivitäten dieser Teilaufgabe zählen die Planung und Gestaltung von Werbekampagnen (Plakate, Werbespots in Hörfunk und Fernsehen) sowie des Internetauftritts von Arcor. Beim Customer Marketing geht es vorrangig um die Durchführung des Handels- und Dialogmarketings wie z.B. die Erstellung von Händler-Magazinen,

Broschüren und Rechnungsbeilagen zum Zwecke der Kundenbindung. Aufgabe des Event Marketings ist die Gestaltung von Veranstaltungen wie Messen, Kongresse und VIP-Events für strategisch wichtige Kunden. Marketing Services als letzte Teilaufgabe beinhaltet im Gegensatz zu den übrigen Teilaufgaben des Marketings nicht nur die Kommunikation mit dem Kunden über das Designmanagement (Gestaltung des Corporate Designs), sondern auch andere funktionsverwandte Aufgaben wie das Produktionsmanagement (Aufbereitung und Pflege von Mediendatenbanken und Archiven) und das Datenmanagement (Bereitstellung von Kundendaten und Analyse der Werbewirkung).

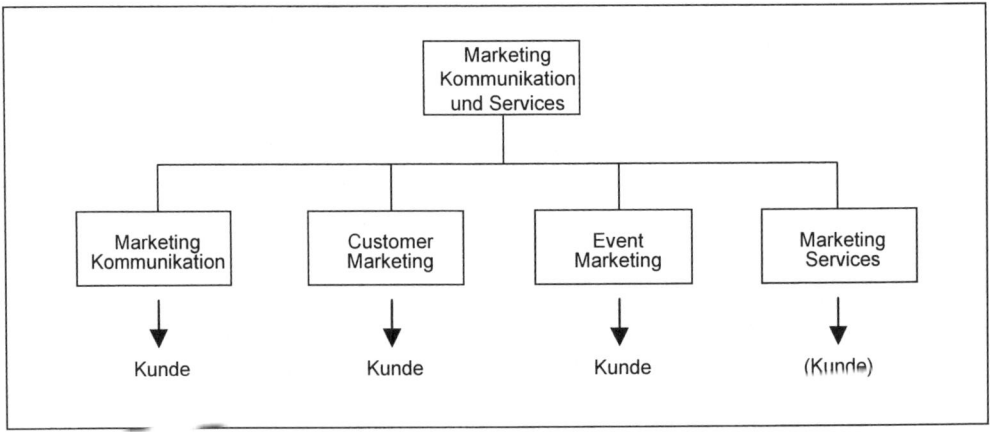

Abb. 3: Interne Struktur der Einheit „Marketing Kommunikation und Services"

2.2.3 Kooperation und Koordination

Um dem Ziel einer möglichst widerspruchsfreien Unternehmens(gesamt)kommunikation gerecht zu werden, bedürfen die auf unterschiedlichste Organisationseinheiten verteilten Kommunikationsaktivitäten bei Arcor prinzipiell der Abstimmung. Bei der Gestaltung der Kooperation und Koordination geht es im Folgenden mithin um die Regelung der Zusammenarbeit sowohl innerhalb einer Kommunikationseinheit als auch zwischen verschiedenen mit Kommunikationsaufgaben betrauten Organisationseinheiten. Zwecks erforderlicher Umfangsbegrenzung dieses Beitrags sollen aus der Vielzahl koordinationsrelevanter Beziehungen zwischen zentralen und dezentralen Kommunikationseinheiten nur die wesentlichen Abstimmungsprozesse der Abteilung „Kommunikation" betrachtet werden. Dabei geht es im Einzelnen um die Koordination innerhalb der zentralen Organisationseinheit „Kommunikation" in der Muttergesellschaft, um die Abstimmung zwischen der zentralen Kommunikationseinheit und den dezentralen Kommunikationseinheiten in den Tochtergesellschaften sowie um die

Kooperation zwischen dem zentralen Bereich „Kommunikation" und dem zentralen Bereich „Marketing Kommunikation und Services".

Innerhalb der Einheit „Kommunikation" hat sich als Abstimmungsmaßnahme ein so genannter „Jour fixe" etabliert. Mindestens einmal wöchentlich treffen sich sämtliche Mitarbeiter zu einer informellen Informationsrunde über die aktuellen Arbeitsgebiete. Jeder Referent berichtet dabei ausführlich über den Stand seiner derzeitigen Arbeit. Der „Jour fixe" hat nicht nur die Funktion der Abstimmung, sondern dient ferner der Ideengenerierung und gegenseitigen Unterstützung. Neben dem „Jour fixe" wurde eine spezifische Form der Abstimmung mit der Unternehmensleitung eingerichtet. In zwei- bis dreimal jährlich stattfindenden Strategiemeetings informiert der Vorstandsvorsitzende die Mitarbeiter des Bereichs „Kommunikation" über aktuelle, strategisch relevante Entwicklungen der Gesellschaft, über die externe und interne Informationsempfänger in Kenntnis gesetzt werden sollen.

Das bereits erwähnte Erfordernis der Konsistenz der Unternehmenskommunikation hat bei Arcor zur Realisierung einer Integrationslösung geführt. Folglich werden sämtliche Informationen, die nicht ausschließlich Werbezwecken dienen und nicht nur muttergesellschaftsintern (z.B. Informationen des Personalbereichs an die Arcor-Belegschaft), sondern unternehmensübergreifend veröffentlicht werden sollen, im Bereich „Kommunikation" kanalisiert. Für die Gestaltung der Kooperation zwischen den bestehenden dezentralen Kommunikationseinheiten in den Tochtergesellschaften o.tel.o, Arcor Online und ISIS und der zentralen Einheit „Kommunikation" bedeutet dies im Hinblick auf die Veröffentlichung unternehmensexterner Informationen ein Kompetenzübergewicht der zentralen Einheit. Sowohl ISIS als auch o.tel.o und Arcor Online müssen sämtliche Informationen, die an externe Adressaten gerichtet sind, vor ihrer Veröffentlichung mit der zentralen Kommunikationseinheit in der Muttergesellschaft abstimmen. Tochtergesellschaftsinterne Informationen werden hingegen von den dezentralen Einheiten im Rahmen des ihnen delegierten Handlungsspielraums grundsätzlich autonom kommuniziert. So liegt beispielsweise die Gestaltung der bereits erwähnten Beihefter der Mitarbeiterzeitung in der alleinigen Verantwortung der Tochtergesellschaften.

Die Zusammenarbeit und der Austausch zwischen den Bereichen „Kommunikation" sowie „Marketing Kommunikation und Services" geschieht in der täglichen Arbeit in der Regel auf bilateraler Ebene. Die grundsätzliche Abstimmung über Themen, Strategien, Design u.ä. erfolgt zum einen über das so genannte „Product Board" und zum anderen über die Redaktionskonferenz. Während im „Product Board" geplante Werbekampagnen (TV- und Printkampagnen) sowie neue Produkte vorgestellt werden, dient die je nach Bedarf ein- bis zweimal monatlich stattfindende Redaktionskonferenz der Information über die Arbeit des Bereichs „Kommunikation". In beiden Gremien sind die Leiter der jeweiligen Bereiche, die zuständigen Vorstandsmitglieder sowie für bestimmte Themen verantwortliche Referenten aus den Bereichen vertreten.

3. Schlussbetrachtung

Knapp fünf Jahre nach ihrer Gründung ist die Arcor-Gruppe der führende unter den neuen Anbietern von Telekommunikationsleistungen im Festnetz. Diese Stellung hat das Unternehmen nicht zuletzt seiner erfolgreichen Kommunikationsarbeit zu verdanken. Die hohe Dynamik und Differenziertheit im Telekommunikationsmarkt, der vor allem vom ehemaligen Monopolisten Telekom erzeugte Wettbewerbsdruck, das geringe Alter der Gesellschaft und der damit – im Vergleich zur Telekom – zwangsläufig verbundene niedrigere Bekanntheitsgrad sowie das rasante Wachstum des Unternehmens durch zahlreiche Zukäufe machen eine effektive und auf unterschiedliche Zielgruppen abgestimmte Kommunikation zu einer unabdingbaren Erfolgsprämisse.

Die Bewältigung dieser Aufgabe wird dabei zunehmend durch den Einsatz moderner Informations- und Kommunikationstechnologien unterstützt. Zu nennen ist in diesem Zusammenhang insbesondere der geplante Ausbau des Intranet als zentrales Informationsmedium der internen Kommunikation. Trotz der unbestritten hohen Bedeutung darf das Potenzial neuer Medien jedoch nicht überschätzt werden. Fest etablierte und auf breiter Basis akzeptierte Kommunikationsinstrumente wie das klassische Printmedium Mitarbeiterzeitung werden sich sicherlich auch in Zukunft nicht ersetzen lassen. Der Einsatz moderner Technologien geht stattdessen vielmehr auf den erweiterten quantitativen Informationsbedarf sowie das gestiegene Bedürfnis der Mitarbeiter nach Aktualität der Information zurück. Diese wollen möglichst zeitnah und umfassend über laufende unternehmensinterne und -externe Veränderungen informiert werden.

Bei gleichzeitig wachsender Individualisierung der Kommunikation besteht grundsätzlich die Gefahr der Vernachlässigung der übergeordneten Zielsetzung einer konsistenten Informationspolitik. Daher wird innerhalb der Arcor-Gruppe ein Großteil der Kommunikationsaktivitäten so zentral wie möglich koordiniert. Dies gilt vor allem für die Öffentlichkeitsarbeit. Zur Wahrung der Identität zugekaufter Gesellschaften hat es sich jedoch als strategisch sinnvoll erwiesen, bestimmte Kompetenzen wie die Kommunikation mit Kunden und Mitarbeitern zum Teil bewusst auf die dezentrale Ebene der Tochtergesellschaften zu verlagern.

Literatur

ARCOR-GRUPPE (2000): Geschäftsbericht 2000. Eschborn.

GERDS, Johannes (2000): Post Merger Integration. Eine empirische Untersuchung zum Integrationsmanagement. Wiesbaden.

KRÜGER, Wilfried (1994): Umsetzung neuer Organisationsstrategien: Das Implementierungsproblem. In: Schmalenbachs Zeitschrift für betriebswirtschaftliche Forschung. Sonderheft 33, S. 197-221.

v. WERDER, Axel/GRUNDEI, Jens/TALAULICAR, Till (2002): Organisation der Unternehmenskommunikation im Internet-Zeitalter. In: E-Organisation: Strategische und organisatorische Herausforderungen des Internet, hrsg. von E. Frese und H. Stöber im Auftrag des Arbeitskreises „Organisation" der Schmalenbach-Gesellschaft für Betriebswirtschaft. Stuttgart, S. 395-423.

Erwin Münch[*] */ Stefan Neuwirth*[**]

ORGANISATION DER KOMMUNIKATIONSARBEIT BEI BAYER

1. Einleitung
2. Rahmenstruktur von Bayer
3. Bedeutung der Kommunikation für Bayer
4. Organisation der Kommunikationsaufgaben bei Bayer
   - 4.1 Delegation
   - 4.2 Bereichsbildung
     - 4.2.1 Grundprinzipien
     - 4.2.2 Außendarstellung des Gesamtunternehmens
     - 4.2.3 Investor Relations
     - 4.2.4 Nachbarschaftsarbeit
     - 4.2.5 Internetkommunikation / eCommerce
     - 4.2.6 Mitarbeiterkommunikation
     - 4.2.7 Koordination
5. Resümee

---

[*] Erwin Münch, Leiter Organisation und Informationssysteme Polymer- und Chemiegeschäftsbereiche, KP Unternehmensorganisation, Bayer AG, Leverkusen
[**] Dr. Stefan Neuwirth, Organisationsberater, KP Unternehmensorganisation, Bayer AG, Leverkusen

Zusammenfassung

Bayer ist ein diversifiziertes, internationales Unternehmen der chemisch-pharmazeutischen Industrie. Kommunikation zu allen – internen wie externen – Stakeholdergruppen nimmt für den Konzern und seine Einheiten traditionell einen hohen Stellenwert ein.

Die Bayer-Organisation ist primär nach Geschäftsbereichen ausgerichtet. Sie handeln im Rahmen ihrer unternehmerischen Eigenverantwortung auch hinsichtlich der Kommunikationsaspekte des ihnen zugeordneten Geschäfts entsprechend selbständig. Unterstützt und koordiniert werden ihre Kommunikationsaktivitäten durch übergreifende Servicebereiche. Diese Servicebereiche nehmen konzernbezogene Aufgaben (im Sinne des Gesamtunternehmens) wahr und setzen den Rahmen für die dezentrale Kommunikationsarbeit. Darüber hinaus unterstützen sie die operativen Bereiche durch vielfältige kommunikations- und informationsbezogene Dienstleistungen.

Insgesamt ist die Kommunikationsarbeit bei Bayer als weltweites, koordiniertes Netzwerk zu verstehen. Die Konsistenz der vorhandenen und weitergegebenen Informationen bildet darin einen zentralen Erfolgsfaktor. Moderne Kommunikationstechnologien, wie sie bei Bayer konsequent eingesetzt werden, bedeuten in diesem Zusammenhang selbstverständlich erhebliche Herausforderungen und Chancen.

1. Einleitung

1863 gründen Friedrich Bayer und Johann Friedrich Weskott in Wuppertal-Barmen einen kleinen Farbstoffbetrieb namens Friedr. Bayer & Co. Sie legen damit den Grundstein für die heutige Bayer AG. Mittlerweile handelt es sich bei Bayer um ein diversifiziertes, internationales Unternehmen der chemisch-pharmazeutischen Industrie. Weltweit beschäftigt Bayer rund 122.000 Mitarbeiter. Der erzielte Umsatz beläuft sich im Geschäftsjahr 2000 auf über 30,9 Mrd. €.[1]

Der Bayer-Konzern ist auf allen fünf Kontinenten der Erde vertreten und umfasst etwa 350 Gesellschaften. Schwerpunkte der Geschäftsaktivitäten liegen in Europa, Nordamerika und Fernost. Die Zentrale des Bayer-Konzerns ist in Leverkusen beheimatet. In Deutschland liegen auch die größten Standorte des Unternehmens.

Seinen Kunden bietet Bayer ein breites Sortiment von Produkten und Leistungen für die verschiedensten Bereiche des Lebens. Es erstreckt sich von den Bereichen Gesundheit und Ernährung über Kunststoffe bis zu Spezialprodukten der Chemie. Bayer ist forschungsorientiert und setzt bei seinen Kernaktivitäten auf die Technologieführerschaft. Dabei ist es erklärtes Ziel, den Unternehmenswert nachhaltig zu steigern und im Interesse der Aktionäre, der Mitarbeiterinnen und Mitarbeiter und der Gesellschaft in allen Ländern, in denen das Unternehmen vertreten ist, eine hohe Wertschöpfung zu erwirtschaften. Die technische und wirtschaftliche Kompetenz des Unternehmens ist dabei mit der Verantwortung verbunden, zum Nutzen der Menschen zu arbeiten und einen Beitrag für eine dauerhafte und umweltgerechte Entwicklung zu leisten. Im Sinne dieses Anspruchs ist der bekannte Bayer-Slogan zu verstehen: „Bayer – Kompetenz und Verantwortung".

Bereits diese kurze Charakterisierung weist darauf hin, dass die Kommunikation innerhalb und außerhalb des Unternehmens für Bayer von zentraler Bedeutung sein muss. Vor diesem Hintergrund untersucht der folgende Beitrag die Organisation der Kommunikationsarbeit im Hause Bayer.

2. Rahmenstruktur von Bayer

Die Organisation von Bayer ist primär produktorientiert ausgerichtet (vgl. Abb. 1). Das Geschäft wird von 15 Geschäftsbereichen geführt, die weltweit die Verantwortung für das ihnen zugeordnete Geschäft tragen.

---

[1] Vgl. Bayer (2001).

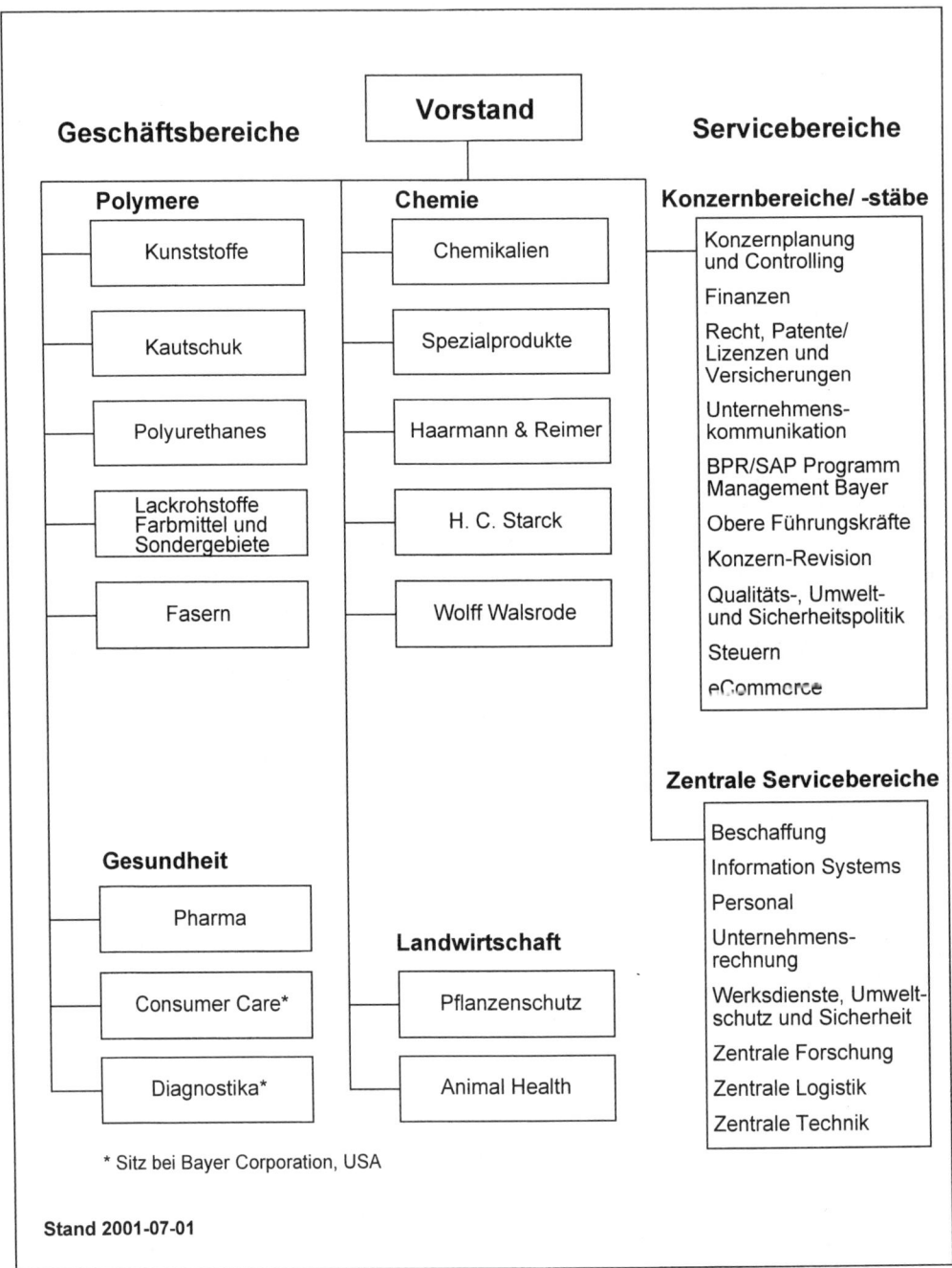

Abb. 1: Organisationsstruktur Bayer

Die Geschäftsbereiche sind in den vier Arbeitsgebieten Gesundheit, Landwirtschaft, Polymere und Chemie zusammengefasst. Diese Arbeitsgebiete bilden die „vier Säulen" des Bayer-Geschäfts.

Die Geschäftsbereiche werden unterstützt durch die Dienstleistungen der Servicebereiche. Sie sind in erster Linie funktional aufgestellt. Ähnlich den Geschäftsbereichen agieren einige der Bayer-Servicebereiche mit weltweiter Verantwortung für die ihnen übertragenen Services.

Die internen Leistungsbeziehungen zwischen den Unternehmensbereichen werden über marktorientierte Abrechnungsmodelle gesteuert und abgewickelt.[2] Dies gilt hinsichtlich der Abgabe und des Bezugs sowohl von Produkten als auch von Dienstleistungen. Die umfassende Einführung von Marktmechanismen erfolgt mit dem Ziel, über das Prinzip von Angebot und Nachfrage einen effektiven und effizienten Ressourceneinsatz sicherzustellen.

3. Bedeutung der Kommunikation für Bayer

Kommunikation ist für Bayer eine wichtige Unternehmensfunktion, die die Umsetzung der strategischen Zielsetzungen unterstützt. Folgerichtig lassen sich die zentralen Handlungsfelder der Kommunikationsarbeit bei Bayer aus den dokumentierten Grundsätzen und Zielen ableiten. Die strategische Ausrichtung des Konzerns[3] betont insbesondere die folgenden Ansatzpunkte und verweist vielfach bereits explizit auf die damit verbundenen Informations- und Kommunikationsaufgaben.

Vor dem Hintergrund eines diversifizierten internationalen Produktangebots kommt der Kommunikation in den Märkten eine zentrale Aufgabe zu. Sowohl die Dachmarke Bayer als auch die Produktmarken müssen bekannt gemacht und gegenüber dem Wettbewerb positioniert werden. Ebenso von hoher Bedeutung ist die Wahrnehmung des Unternehmens auf den Finanzmärkten durch aktuelle oder potenzielle Anteilseigner. Aus diesem Grunde pflegt Bayer eine intensive und offene Kommunikationspolitik zu den verschiedenen Abnehmergruppen ebenso wie zur Finanzöffentlichkeit.

Darüber hinaus hat sich Bayer als Unternehmen der chemisch-pharmazeutischen Industrie den internationalen Grundsätzen des „Verantwortlichen Handelns" (Responsible Care) verpflichtet. Hierzu gehört der offene Dialog mit der Gesellschaft. Neben Meinungsbildnern aus Politik, Wirtschaft und Gesellschaft ist dabei auch die unmittel-

---

[2] Siehe hierzu auch Münch/Neuwirth (2000), S. 165 f.
[3] Vgl. Bayer (o.J.).

bare Nachbarschaft der Unternehmensstandorte ein wichtiger Gesprächspartner. Generell ist es das Bestreben des Hauses Bayer, in allen Ländern ein nützliches und angesehenes Mitglied der Gesellschaft zu sein.

Die externen Kommunikationserfordernisse werden ergänzt durch interne. Bayer ist sich bewusst, dass die Mitarbeiter und Mitarbeiterinnen einen wesentlichen Erfolgsfaktor für das Unternehmen bilden. Nur die Mitarbeiter, die umfassend und schnell über aktuelle Themen und Sachverhalte informiert sind, können die richtigen Entscheidungen treffen und verantwortlich zum Wohle des Unternehmens handeln.

Über allem steht nicht zuletzt das Bestreben, das Image des Bayer-Namens und des Bayer-Kreuzes im Sinne der Unternehmenszielsetzungen zu nutzen und auszubauen.

Ein zentraler Erfolgsfaktor für die Kommunikationsarbeit ist dabei die Konsistenz der veröffentlichten Informationen. Hierzu ist es erforderlich, bei den nach außen auftretenden Stellen im Konzern sowohl einen einheitlichen Kenntnisstand als auch einen vergleichbaren Umgang mit den vorliegenden Informationen sicherzustellen. Dies gilt unter den Rahmenbedingungen moderner Kommunikationstechnologie selbstverständlich in einem weltweiten Maßstab und idealerweise zeitgleich.

4. Organisation der Kommunikationsaufgaben bei Bayer

4.1 Delegation

Delegation beschreibt die Verteilung der Aufgaben, Kompetenzen und Verantwortlichkeiten auf die Führungsebenen des Unternehmens. Hier ist zu betrachten, welche Kommunikationsaufgaben durch den Vorstand – als oberster Führungseinheit – selbst wahrgenommen werden bzw. inwieweit solche Aufgaben auf Folgeebenen delegiert sind.

Bei Bayer konzentrieren sich die Vorstandsaufgaben primär auf die strategische Ausrichtung des Unternehmens sowie auf übergeordnete Fragestellungen. Die operative Geschäftsführung ist prinzipiell den Unternehmensbereichen übertragen. Damit obliegen auch weite Teile der Produktkommunikation der Verantwortung der operativen Einheiten.

Beim Vorstand verbleiben danach in erster Linie die Konzern- und AG-relevanten Kommunikationsinhalte. Unternehmensextern ist hierbei etwa an Anlässe wie Hauptversammlungen, (Bilanz-)Pressekonferenzen oder Investoren-Roadshows zu denken. Hinsichtlich interner Adressaten obliegt es dem Vorstand, wichtige Entwicklungen im

Hause zu veröffentlichen. Entsprechende Vorstandsrundschreiben behandeln beispielsweise organisatorische Neuausrichtungen von Unternehmensteilen oder personelle Veränderungen in der Besetzung der obersten Führungspositionen.

Die Informationsweitergabe kann und soll dabei nicht allein einem einzelnen Vorstandsmitglied obliegen. Themenabhängig sind über entsprechende Vorstandsausschüsse (z.B. für Marketing/Logistik, Technik/Umwelt, Forschung/Entwicklung) im Prinzip alle Vorstände auch an der Steuerung und Wahrnehmung von Kommunikationsaktivitäten beteiligt. Ungeachtet dessen kommt verständlicherweise dem Vorstandsvorsitzenden eine herausgehobene Rolle bei der Repräsentation des Unternehmens zu.

4.2 Bereichsbildung

4.2.1 Grundprinzipien

Die internationale Ausrichtung, die Diversifiziertheit sowie nicht zuletzt die Größe des Hauses Bayer lassen bereits erahnen, dass Kommunikationsaufgaben, die der Vorstand nicht selbst wahrnimmt, sich kaum sinnvoll an einer einzigen Stelle im Unternehmen durchführen lassen. Vielmehr erfolgt Kommunikation im Zusammenspiel zwischen unterschiedlichen Einheiten, deren Zielgruppen und Aufgaben klar definiert sind.

Entsprechend dem Prinzip einer weltweiten Geschäfts- und Leistungsverantwortung der Unternehmensbereiche sind sie im Grundsatz eigenständig. Schließlich liegt in den Unternehmensbereichen die Ergebnisverantwortung, mit der konsequenterweise die Kompetenz zur Geschäftsausrichtung und -steuerung, auch hinsichtlich der Kommunikationsaufgaben, verbunden sein muss. Die Ausrichtung der Werbung und Information über die den Bereichen zugeordneten Produkten und Leistungen erfolgt somit prinzipiell durch diese Bereiche selbst.

Dies gilt insbesondere für das Life Science-Geschäft, d.h. die Arbeitsgebiete Gesundheit und Landwirtschaft. Hier kommt der Produktwerbung ein herausragender Stellenwert zu. Mit Blick auf die erforderliche Expertise über die Besonderheiten des Leistungsspektrums sowie die relevanten Märkte nehmen diese Bereiche die entsprechenden Kommunikationsaufgaben selbständig wahr. Dies sichert zudem die erforderliche Flexibilität, bereichsbezogen zu agieren.

Etwas anders gestaltet sich die Situation im Bereich des Industriegeschäfts (Arbeitsgebiete Chemie und Polymere). Die Industrie-Geschäftsbereiche haben ihre Produktkommunikation größtenteils an den Konzernbereich Unternehmenskommunikation[4] übertragen. Da im Industriegeschäft Werbung und Information nicht die primären Erfolgsfaktoren darstellen und außerdem teilweise dieselben Kunden(-gruppen) angesprochen werden, schafft die Zusammenführung in einem zentralen Bereich deutliche Bündelungsvorteile. Erforderlich ist allerdings der enge Kontakt zwischen dem Konzernbereich und den Marketingabteilungen der Geschäftsbereiche.

Der Selbständigkeit der Unternehmensbereiche gegenüber steht das Interesse des Unternehmens an der Wahrung und dem Ausbau der Marke Bayer durch die Schaffung eines konsistenten übergeordneten Rahmens für den Außenauftritt der Unternehmenseinheiten. Außerdem gilt es, durch entsprechende Spezialisierung einzelner zentraler Bereiche eine hohe Professionalität in der Planung und Erfüllung der Kommunikations- und Informationsaufgaben zu gewährleisten und den Unternehmensbereichen zur Verfügung zu stellen.

Im Rahmen eines im Kern dezentralen Ansatzes werden somit die Unternehmensbereiche durch zentrale Stellen ergänzt, unterstützt und koordiniert.

4.2.2 Außendarstellung des Gesamtunternehmens

Eine hervorgehobene Rolle im Rahmen der Kommunikation bei Bayer kommt dem Konzernbereich Unternehmenskommunikation (UK) zu.

UK ist das Instrument des Vorstands in Fragen der Kommunikation nach innen und außen. Darüber hinaus berät und betreut UK weltweit die Unternehmensbereiche und Beteiligungsgesellschaften im Rahmen seiner Konzernfunktion und unterstützt anfragende Bereiche in seiner Fachfunktion von der Ideenentwicklung bis zur Realisierung kommunikativer Konzeptionen. Die wesentlichen UK-Arbeitsgebiete umfassen Öffentlichkeitsarbeit, Mitarbeiterinformation sowie Produkt- und Imagewerbung.

Aus dieser Beschreibung gehen bereits die wesentlichen Rollen des Bereiches Unternehmenskommunikation hervor. Im Rahmen seiner unterstützenden Funktion für den Vorstand plant, erarbeitet und realisiert UK u.a. imagefördernde Kommunikationsmaßnahmen für das (Gesamt-)Unternehmen. Als besonders anschauliche Aktion aus der jüngeren Vergangenheit lässt sich die Verhüllung der 30-stöckigen Bayer-Konzernzentrale anlässlich des 100. „Geburtstages" des Schmerzmittels Aspirin zu einer überdimensionalen Tabletten-Packung anführen. Eine gegenwärtige Maßnahme mit hohem Aufmerksamkeitswert ist die Kooperation mit der Deutschen Bahn: Als erstes Unternehmen hat Bayer 22 Intercity-Lokomotiven vollständig mit verschiedenen Fir-

---

[4] Zum Konzernbereich Unternehmenskommunikation sogleich unter 4.2.2.

men- und Produktmotiven gestaltet. Das Setzen derartiger neuer Maßstäbe im Außenauftritt des Unternehmens kann dabei effizient nur unter Federführung einer bereichsübergreifend agierenden Einheit erreicht werden.

Der Aspekt der Konzernfunktion beinhaltet dabei auch die Kompetenz von UK, konzerneinheitliche Vorgaben für die Kommunikation zu erarbeiten (Richtlinienmodell). Dies geschieht vor allem mit Blick auf die erforderliche Einheitlichkeit des Bayer-Auftritts, die zum Erhalt und zur Stärkung der Marke beiträgt. Ein prominentes Beispiel für eine derartige Richtlinie bildet der Vorstandsbeschluss, das Bayer-Kreuz sowie das Bayer-Logo verbindlich in jedem Außenauftritt (Werbung, Verpackungsgestaltung usw.) zu nutzen. UK ist in diesem Zusammenhang beauftragt, gemeinsam mit den Geschäftsbereichen und Beteiligungsgesellschaften den Verbesserungsbedarf zu untersuchen und bei der Umsetzung des Beschlusses mitzuwirken.

Neben diesen übergreifenden oder eher „hoheitlichen" Aufgabenstellungen agiert der Konzernbereich Unternehmenskommunikation als Servicebereich für die Unternehmensbereiche. Deutlich wird dies beispielsweise an der Wahrnehmung der Produktkommunikation für das Industriegeschäft im Auftrag der Polymer- und Chemiegeschäftsbereiche, auf die bereits vorstehend eingegangen wurde. Darüber hinaus werden auch den übrigen Unternehmenseinheiten kommunikationsbezogene Leistungen wie Planung und Realisierung von Messeauftritten, Wirkungsüberprüfung von kommunikativen Maßnahmen, Mediaplanung usw. angeboten, die verursachungsgerecht abgerechnet werden.

Insgesamt beschäftigt der Konzernbereich Unternehmenskommunikation rund 180 Mitarbeiter.

4.2.3 Investor Relations

Die Pflege der Beziehungen zu Aktionären, potenziellen Investoren und Finanzanalysten ist die zentrale Aufgabenstellung des Ressorts Investor Relations im Konzernbereich Finanzen (FI). Als Konzernbereich agiert FI – ähnlich wie der Bereich Unternehmenskommunikation – im Auftrag und als Instrument des Vorstands. Zielsetzung des Bereiches Finanzen Investor Relations ist es, im Umgang mit Analysten, Investoren und Rating Agenturen zur Börsenwertsteigerung des Unternehmens und zu einem angemessenen Kreditstanding beizutragen. Im Schulterschluss mit der Unternehmenskommunikation steht dabei ein umfassender, konsistenter und zeitnaher Informationsaustausch zwischen dem Unternehmen und der Financial Community im Mittelpunkt.

4.2.4 Nachbarschaftsarbeit

Für Bayer kommt überdies dem Dialog mit dem unmittelbaren lokalen Umfeld der Unternehmensstandorte eine herausgehobene Bedeutung zu. Im Kern geht es darum, die Nachbarschaft über die Entwicklungen in den Werken zu informieren und die Anliegen der Anrainer aufzugreifen, um auf diese Weise das Vertrauen in Bayer als Teil der lokalen Gemeinschaft zu erhalten und zu stärken sowie Bayer weiterhin als good corporate citizen zu etablieren. Konkrete Aufgabenstellungen in diesem Zusammenhang umfassen u.a. das Betreiben von Informations- und Kommunikationszentren sowie das Organisieren von Besucherprogrammen und „Tagen der Offenen Tür", daneben aber ebenso die Organisation des Engagements in lokalen Kultur- und Sportangelegenheiten. Sie sind primär dem stark standortbezogen ausgerichteten Servicebereich Werksdienste, Umweltschutz und Sicherheit übertragen und werden in Kooperation mit der Unternehmenskommunikation wahrgenommen.

4.2.5 Internetkommunikation / eCommerce

Die traditionellen Wege der Kommunikation werden in zunehmendem Maße durch den umfassenden Einsatz elektronischer Medien ergänzt und zum Teil ersetzt. Eine zentrale Rolle spielt dabei die Entwicklung des Internet. Bayer hat die Bedeutung dieses Informationsnetzes erkannt und darauf reagiert. Eine aus kommunikationspolitischer Sicht gewichtige Entscheidung war es vor diesem Hintergrund, allen Mitarbeitern freien Internetzugang einzurichten.

Neben der Möglichkeit, geschäftsrelevante Informationen aus dem Internet – als Empfänger – zu beziehen, steht selbstredend die eigene Internetpräsenz im Mittelpunkt. Bayer verfolgt mit seinen Webauftritten zwar zunächst das Ziel, über das Unternehmen und seine Produkte zu informieren. Darüber hinaus steht jedoch immer stärker die Möglichkeit im Fokus, auf elektronischem Wege auch Geschäfte zu tätigen (Electronic Commerce). Ebenso wie die klassischen Vertriebsformen unterliegen auch die Electronic Commerce (eC)-Aktivitäten der originären Verantwortung der Unternehmensbereiche. Um allerdings eine umfassende und beschleunigte Erschließung der eC-Geschäftsmöglichkeiten unter Nutzung aller Synergiepotenziale im Konzern sicherzustellen, hat Bayer eine bereichsübergreifende eC-Organisation etabliert. Organisatorischer Mittelpunkt darin ist der Konzernstab eCommerce. Er berät und unterstützt den Vorstand, die Unternehmensbereiche und Beteiligungsgesellschaften bei der Ausrichtung, Steuerung und Umsetzung der eC-Aktivitäten. Dazu gehört auch der Anstoß von im Konzerninteresse liegenden bereichsübergreifenden eC-Projekten und deren Durchführung. Ferner erarbeitet der Konzernstab eCommerce-Richtlinien und -Standards, beispielsweise die gemeinsam mit dem Konzernbereich Unternehmenskommunikation entwickelte Richtlinie für einen harmonisierten Web-Auftritt der Bereiche. Nicht zuletzt gehört in den Aufgabenkatalog die Sicherstellung einer angemessenen internen und externen Kommunikation der eC-Fortschritte bei Bayer.

4.2.6 Mitarbeiterkommunikation

Dem offenen und intensiven Dialog, den Bayer nach außen pflegt, sieht sich das Unternehmen auch gegenüber seinen Mitarbeitern verpflichtet. Hierzu werden verschiedene Instrumente und Medien genutzt.

Bayer verfügt über eine regelmäßig erscheinende Mitarbeiterzeitung („Bayer direkt"). Daneben erscheinen u.a. bedarfsbezogen aktuelle Mitteilungen für die Mitarbeiter („Bayer aktuell"). Beide Publikationen werden vom Konzernbereich Unternehmenskommunikation herausgegeben.

Ebenso wie in der externen Kommunikation gewinnen auch bei der Informationsvermittlung innerhalb des Konzerns die elektronischen Medien zunehmend an Bedeutung. Bayer trägt dieser Entwicklung durch den permanenten Ausbau des Bayer-Intranet Rechnung. Der darin enthaltene Bayer News Channel (BNC) beispielsweise informiert die Mitarbeiter national und international über die wichtigsten Nachrichten aus der Bayer-Welt. Neben Nachrichten in Textform sind auch Videosequenzen abrufbar. Außerdem werden online-Übertragungen wichtiger Ereignisse (Hauptversammlung, Pressekonferenzen) angeboten. Auch der Bayer News Channel wird vom Bereich Unternehmenskommunikation betreut.

Ergänzend zu diesen bereichsübergreifend organisierten Kommunikationsaufgaben informieren die Unternehmensbereiche und Beteiligungsgesellschaften selbstverständlich auch direkt ihre Beschäftigten. Im Rahmen der Führungsaufgaben eines jeden Vorgesetzten werden üblicherweise regelmäßige Ressort- oder Abteilungsbesprechungen abgehalten. Darüber hinaus wenden sich die Bereiche zum Teil mit eigenen Newsletters oder Intranetauftritten an ihre Mitarbeiter.

4.2.7 Koordination

Für ein einheitliches Kommunikationsvorgehen ist eine Abstimmung zwischen den an der Kommunikation beteiligten Bereichen unumgänglich. Die Koordination zwischen den oben dargestellten Einheiten erfolgt daher über ein enges Kooperationsnetz, in dem bedarfsweise und zeitnah Informationen ausgetauscht und abgestimmt werden können.

Für prinzipiellere Fragestellungen der Kommunikation hat Bayer eine entsprechende Kommission eingerichtet. In ihr sind die Kommunikationsexperten aus dem Konzernbereich Unternehmenskommunikation, den Geschäftsbereichen sowie den wichtigsten Beteiligungsgesellschaften in Europa, Amerika und Japan vertreten. Unter dem Vorsitz des Leiters der Unternehmenskommunikation tritt die Kommission zweimal jährlich zusammen, um die Grundsätze der kommunikativen Arbeit im Konzern zu koordinieren und zu verabschieden. Hierbei geht es vor allem darum, das Image des Bayer-Namens und des Bayer-Kreuzes im Sinne der Unternehmenszielsetzungen zu nutzen und auszubauen, Qualität und Effizienz in der Kommunikation zu sichern und ständig zu verbessern sowie Synergiepotenziale im kommunikativen Know how stärker zu nutzen.

5. Resümee

Es ist deutlich geworden, dass für das Haus Bayer Kommunikations- und Informationsaufgaben von wesentlicher Bedeutung sind. Ansprech- und Dialogpartner sind dabei unterschiedlichste Zielgruppen, die verschiedenartige Informationsbedürfnisse haben. Hinzu kommen die Chancen, die sich aus den erweiterten technologischen Möglichkeiten ergeben.

Dieser Ausgangssituation trägt Bayer aus organisatorischer Sicht durch eine differenzierte Lösung Rechnung. Sie geht im Kern von der Eigenverantwortung der Unternehmensbereiche auch in Fragen der Kommunikation aus, wird allerdings ergänzt, unterstützt und koordiniert durch zentrale Einheiten. Diese Einheiten nehmen zum einen konzernbezogene („corporate") Aufgaben wahr, d.h. Aufgabenstellungen im Auftrag des und für das Gesamtunternehmen. Sie setzen insofern einen einheitlichen Rahmen für die nachgelagerten Kommunikationsaktivitäten. Andererseits unterstützen die zentralen Einheiten mit ihrer Expertise bei Bedarf und auf Anforderung die Unternehmensbereiche gemäß dem Serviceprinzip. Die Koordination zwischen den Bereichen erfolgt über ein enges Kooperationsnetz, in dem der Konzernbereich Unternehmenskommunikation eine zentrale Rolle einnimmt. Dieses Organisationsmodell berücksichtigt sowohl die Eigenverantwortung der Unternehmensbereiche als auch die Interessen und Bedürfnisse des Gesamtunternehmens.

Es ist davon auszugehen, dass die Anforderungen an die Außen- und Innendarstellung aller Unternehmen weiter zunehmen werden. Mit dem beschriebenen organisatorischen Modell hat Bayer die Grundlage geschaffen, auch in Zukunft die unterschiedlichen Stakeholder-Gruppen adäquat zu informieren und einzubeziehen.

Literatur

BAYER AG (2001): Geschäftsbericht 2000. Leverkusen.

BAYER AG (o.J.): Leitlinien für die strategische Ausrichtung des Konzerns. Leverkusen. Veröffentlicht unter: http://www.bayer.de/de/unternehmen/unternehmenspolitik/grundsaetze/strategie.html.

MÜNCH, Erwin/ NEUWIRTH, Stefan (2000): Organisationsmanagement bei Bayer – Organisation als bereichsübergreifende Servicefunktion. In: Organisationsmanagement: Neuorientierung der Organisationsarbeit, hrsg. von E. Frese im Auftrag des Arbeitskreises „Organisation" der Schmalenbach-Gesellschaft für Betriebswirtschaft. Stuttgart, S. 157-170.

Joachim Raff* / Jens Grundei**

ORGANISATION DER UNTERNEHMENSKOMMUNIKATION BEI DER BMW GROUP

1. Unternehmensentwicklung und Bedeutung der Unternehmenskommunikation

2. Organisatorische Verankerung der Unternehmenskommunikation

    2.1 Delegation

    2.2 Bereichsbildung

        2.2.1 Konzernkommunikation

        2.2.2 Marketingkommunikation

        2.2.3 Koordination der Kommunikationsaktivitäten

3. Resümee und Ausblick

---

[*] Dr. Joachim Raff, Leiter Organisation, BMW AG, München
[**] Dr. Jens Grundei, wissenschaftlicher Assistent am Lehrstuhl für Betriebswirtschaftslehre – Organisation und Unternehmensführung der Technischen Universität Berlin

Zusammenfassung

Die BMW Group entwickelt, produziert und verkauft als weltweit tätiges Unternehmen Automobile und Motorräder. Die Entwicklung des Unternehmens sowie die daraus resultierenden Kommunikationsanforderungen und -möglichkeiten verdeutlichen, dass ein effizientes Kommunikationsmanagement für die BMW Group einen hohen Stellenwert besitzt. Vor diesem Hintergrund beschreibt der Beitrag die Organisation der Unternehmenskommunikation in der BMW Group. Zuständigkeiten für die vielfältigen Kommunikationsaufgaben sind sowohl zentral als auch dezentral angesiedelt. Besondere Bedeutung kommt dabei den Zentralbereichen „Konzernkommunikation und Politik" und „Marketingkommunikation" zu, deren Aufgaben und organisatorische Verankerung näher erläutert werden. Zur Sicherstellung eines weltweit einheitlichen Auftritts der BMW Group bedarf es einer umfassenden Koordination der verschiedenen Kommunikationsaktivitäten. Hinsichtlich der Kooperationsbeziehungen wird auf die Abstimmung der beiden Zentralbereiche, auf die Interaktion dezentraler Einheiten sowie die Koordination zwischen zentralen und dezentralen Kommunikationseinheiten eingegangen. Der Beitrag endet mit einem Resümee sowie einem kurzen Ausblick auf künftige Herausforderungen.

1. Unternehmensentwicklung und Bedeutung der Unternehmenskommunikation

Einige allgemeine Informationen zur jüngsten Entwicklung der BMW Group sollen zum besseren Verständnis der Ausführungen zur Organisation der Kommunikation beitragen.[1]

Die über 93.000 Mitarbeiter erwirtschafteten im Jahr 2000 einen Umsatz von rund 35,4 Mrd. EUR und einen Jahresüberschuss von über 1 Mrd. EUR. Im Mittelpunkt der Aktivitäten stehen dabei Entwicklung, Produktion und Verkauf von Automobilen und Motorrädern der Marken BMW und Mini.[2] Die Marken Rover, MG und Land Rover wurden im Mai bzw. Juni 2000 veräußert. Trotz der damit verbundenen außergewöhnlichen Belastungen konnte BMW im Geschäftsjahr 2000 Spitzenwerte bei Absatz, Umsatz und Gewinn erreichen.

Die mit der Veräußerung von Rover, MG und Land Rover verbundene strategische Neuausrichtung sieht eine klare Positionierung der BMW Group als Anbieter von Premiumautomobilen vor. Obgleich die BMW Group auch in weiteren Geschäftsfeldern wie Finanzdienstleistungen und Motorräder tätig ist, dominiert der Bereich Automobile. Dieses Produktangebot wird seit Jahren durch neue Produktreihen sowie die stärkere Differenzierung einzelner Fahrzeugreihen segmentiert und individualisiert.

Die Bedeutung der Unternehmenskommunikation der BMW Group hat in den letzten Jahren zugenommen. Dies lässt sich einerseits auf die rasante Unternehmensentwicklung zurückführen, die die Kommunikation vor besondere Herausforderungen gestellt hat. Andererseits beruht der Bedeutungszuwachs der Kommunikationsaufgaben auch auf Veränderungen in der Medienlandschaft. So hat die Wettbewerbsintensität in der Medienbranche stark durch die Segmentierung sowie den Einsatz neuer Medien zugenommen. Insgesamt ergibt sich daraus ein erheblicher Druck, mehr und aktuellere Informationen zu produzieren. Für ein im Mittelpunkt des öffentlichen Interesses stehendes Unternehmen wie die BMW Group ist es deshalb notwendig, möglichst aktiv zu kommunizieren, um die die BMW Group betreffende Berichterstattung und deren Folgen – z.B. für das Image des Unternehmens – so weit wie möglich selbst zu steuern. Global „with one voice" zu kommunizieren, um die konsistente Information aller Stakeholder sicherzustellen, ist die Herausforderung für ein weltweit tätiges Großunternehmen. Missverständliche oder unterschiedliche Statements zu bestimmten Themen sind unbedingt zu vermeiden, zumal aus Unternehmenssicht ungünstige – weil

---

[1] Siehe zu den folgenden Angaben auch im Einzelnen BMW Group (2000).
[2] Und ab 2003 der Marke RR.

z.B. unzutreffende – Nachrichten über die elektronischen Kommunikationsmedien zeitgleich auf der ganzen Welt zur Verfügung stehen.

Die nachfolgenden Ausführungen sollen verdeutlichen, welchen organisatorischen Rahmen die BMW Group für die Kommunikationsaktivitäten gewählt hat, um den genannten Herausforderungen gerecht zu werden.

2. Organisatorische Verankerung der Unternehmenskommunikation

Aufgabe der Unternehmenskommunikation ist es, den Informationsaustausch zwischen der BMW Group und ihren verschiedenen Stakeholdern zu planen, durchzuführen und zu steuern. Die folgende Erläuterung der Organisation dieser Kommunikationsaufgaben wird besonders deutlich, wenn zunächst die Rahmenstruktur des Unternehmens dargestellt wird.

Die Rahmenstruktur der BMW Group kann als typische Funktionalorganisation bezeichnet werden (vgl. Abb. 1). Kernfunktionen sind Entwicklung und Einkauf, Produktion, Vertrieb, Finanzen sowie Personal- und Sozialwesen.

2.1 Delegation

Prinzipiell hat der Vorstand die Kommunikationsaktivitäten delegiert. Dies folgt aus der grundlegenden Philosophie der BMW Group, Kompetenzen möglichst weitgehend zu dezentralisieren.[3] Bei den Kommunikationsaufgaben, die dem Vorstand vorbehalten sind, handelt es sich in erster Linie um Informationsübermittlungen aus besonders wichtigem Anlass wie etwa (Bilanz-)Pressekonferenzen. Die Kommunikationsaktivitäten auf höchster Ebene sind dabei nicht zwingend einem bestimmten Vorstandsmitglied vorbehalten. Obgleich dem Vorstandsvorsitzenden naturgemäß eine herausgehobene Stellung bei der Darstellung des Unternehmens zukommt, übernehmen auch andere Vorstandsmitglieder eine themenspezifische (z.B. Finanzen, Technik) Repräsentation. Dem Vorstandsvorsitzenden sind allerdings die beiden auf die Unternehmenskommunikation der BMW Group ausgerichteten Abteilungen „Konzernkommunikation und Politik" sowie „Marketingkommunikation" direkt unterstellt. So wird die strategische Bedeutung der Unternehmenskommunikation unterstrichen. Aufgaben und Organisation dieser Abteilungen werden im Weiteren näher erläutert.

---

[3] Vgl. auch Grundei/Donauer (2000), S. 175.

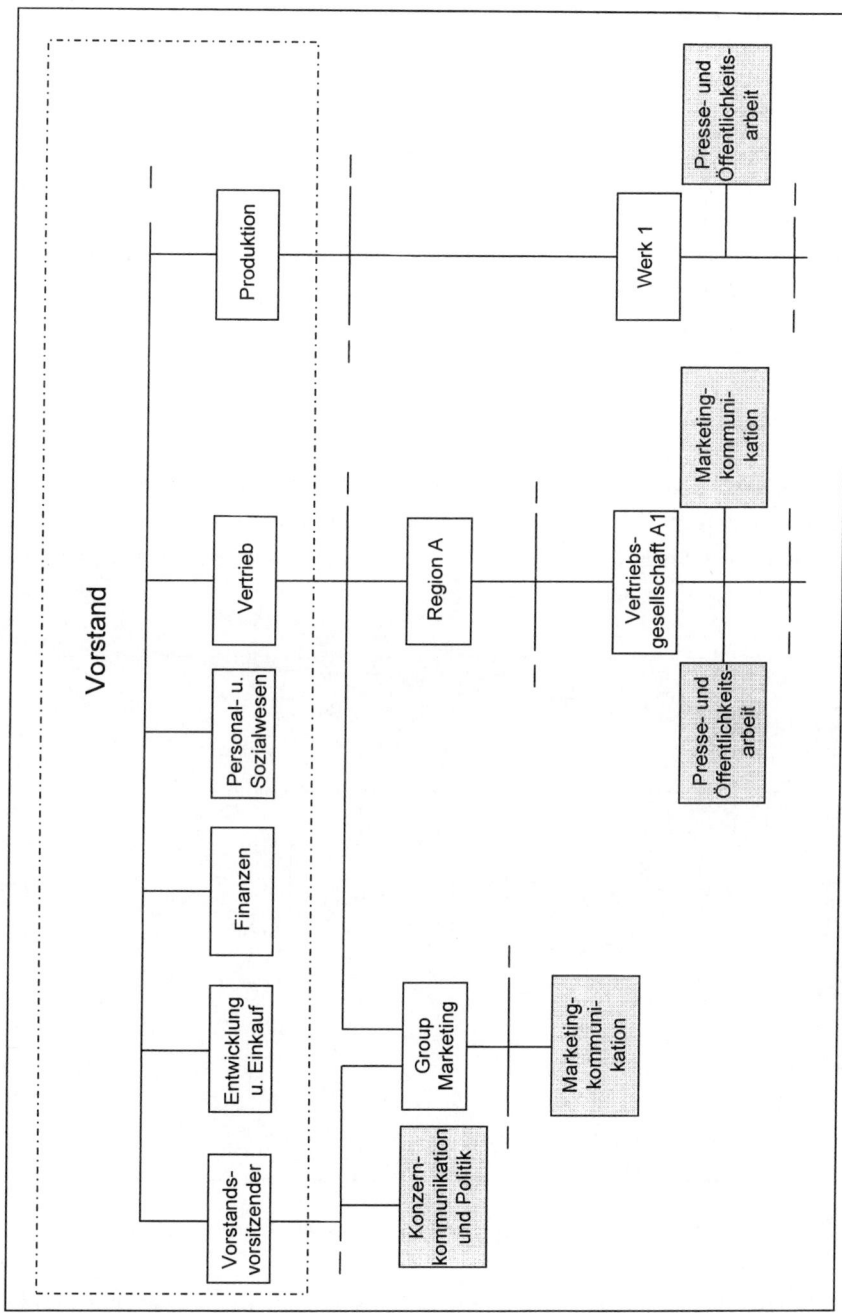

Abb. 1: Rahmenstruktur und Überblick über die Platzierung der mit Kommunikationsaufgaben betrauten Organisationseinheiten

2.2 Bereichsbildung

Wie bereits angedeutet, hat die BMW Group zur Bewältigung der komplexen Kommunikationsaktivitäten spezielle Organisationseinheiten etabliert (Spezialistenlösung), da nur so das hierfür erforderliche Know-how aufgebaut werden kann. Dabei erfolgt eine grundlegende Unterscheidung zwischen der informationsorientierten Konzernkommunikation und der Werbezwecken dienenden Marketingkommunikation. Die organisatorische Trennung dieser beiden Bereiche soll die Unabhängigkeit und Glaubwürdigkeit des nicht auf Produktwerbung ausgerichteten Teils der Unternehmenskommunikation unterstreichen bzw. fördern.

2.2.1 Konzernkommunikation

Der Zentralbereich „Konzernkommunikation und Politik" mit ca. 80 Mitarbeitern ist für einen Großteil der bei der BMW Group anfallenden Kommunikationsaufgaben verantwortlich. Auf Grund des Aufgabenumfangs und der Personalkapazität ist der Bereich intern gegliedert (vgl. Abb. 2).

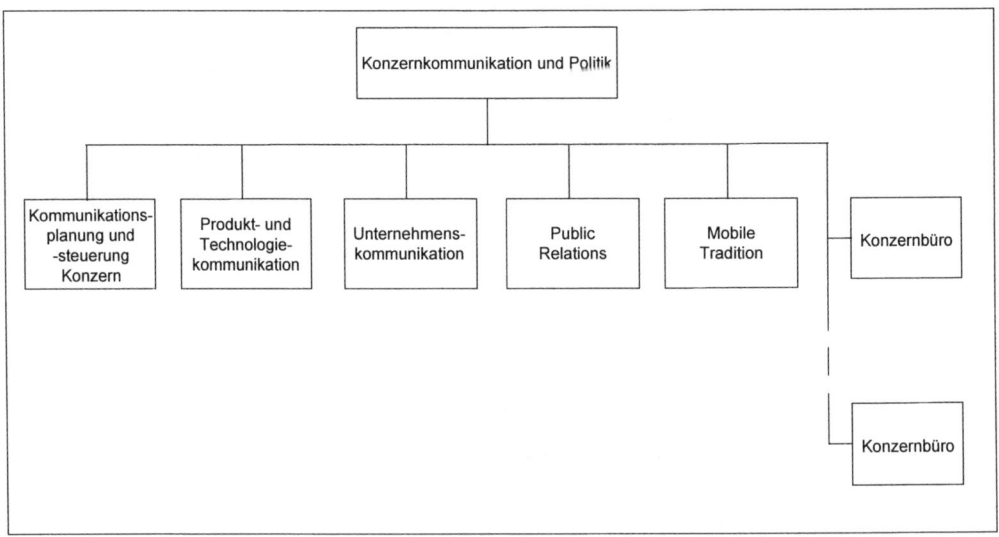

Abb. 2: Interne Struktur des Zentralbereichs „Konzernkommunikation und Politik"

Die interne Gliederung der Abteilung spiegelt die Kernaufgaben der Konzernkommunikation wider. Hierbei handelt es sich erstens um die Produkt- und Technologiekommunikation. Informationsempfänger ist – neben der allgemeinen Öffentlichkeit – insbesondere die Fachpresse. Zweitens zählt zur Konzernkommunikation die Unternehmenskommunikation im engeren Sinne. Dazu gehört die Wirtschaftsinformation (einschließlich Investor Relations) sowie die interne Mitarbeiterkommunikation. Dritter Aufgabenblock innerhalb der Konzernkommunikation ist die Abteilung Public Relations. Im Mittelpunkt dieser „klassischen Öffentlichkeitsarbeit" steht die Ansprache von Lifestyle- und General Interest Medien. Der vierte Bereich „Mobile Tradition" betreut das Firmenarchiv, historische Fahrzeuge sowie das BMW Museum und unterhält Kontakte zu den Markenclubs. Fünftens sind auch die so genannten Konzernbüros der Konzernkommunikation unterstellt, deren Aufgabe die Kommunikation mit politischen Stellen ist. Die organisatorische Konzentration eines Großteils der Aufgaben der Unternehmenskommunikation in einem Zentralbereich trägt maßgeblich zu einem abgestimmten Auftreten bei.

Die Verantwortung für Investor Relations ist ausschließlich zentral verankert (Konzentrationslösung). Dabei steht Investor Relations in engem Kontakt zum Finanzbereich, der die relevanten Kommunikationsinhalte zur Verfügung stellt. Für die Aufgaben der Öffentlichkeitsarbeit und Mitarbeiterkommunikation existieren zusätzlich zu den Zentralbereichen auch dezentrale Pendants (Kombinationslösung) (siehe nochmals Abb. 1). Dabei handelt es sich um Einheiten, die zum einen auf Werksebene – jeweils direkt dem Werksleiter zugeordnet – und zum anderen in den regionalen Vertriebsgesellschaften für diese Kommunikationsaufgaben verantwortlich sind.[4] Mit der Zusammenfassung interner und externer Kommunikationsaufgaben „in einer Hand" werden somit auch auf dezentraler Ebene die organisatorischen Voraussetzungen geschaffen, um den Anforderungen nach Widerspruchsfreiheit und Schnelligkeit entsprechen zu können. Diese dezentralen Einheiten umfassen – je nach Größe und Wichtigkeit der Landesgesellschaft bzw. des betreffenden Werks – jeweils 3 bis 10 Mitarbeiter.

Während der Bereich „Konzernkommunikation und Politik" vornehmlich Kommunikationsaktivitäten mit internationaler Bedeutung durchführt sowie weltweite Vorgaben erarbeitet, sorgen die dezentralen Stellen für die lokale Adaption dieser Maßnahmen. Dazu zählen der Kontakt zu lokalen Medien, die Stellungnahme zu lokalen Themen, Nachbarschaftsarbeit sowie Werksführungen. Für diese Aufgaben bedarf es guter Kenntnisse der jeweiligen örtlichen Gegebenheiten, so dass sich eine dezentrale Verantwortlichkeit anbietet. Ebenso ist es fast unmöglich, eine effektive und effiziente Mitarbeiterkommunikation ausschließlich zentral zu steuern.

Im Übrigen haben alle Kommunikationseinheiten nicht nur die Aufgabe der Informationsübermittlung an interne oder externe Anspruchsgruppen. Eine wichtige Aufgabe besteht auch in der Beobachtung und Rückkopplung von unternehmensrelevanten Sachverhalten. Die wachsende Bedeutung dieser Frühwarnfunktion ist deshalb wichtig, weil Informationen heute über elektronische Medien außerordentlich rasch ver-

---

[4] Organisationseinheiten „Presse- und Öffentlichkeitsarbeit" in Abb. 1.

breitet werden können. Hieraus ergibt sich die Notwendigkeit, z.B. „Chat-Rooms", in denen BMW-bezogene Themen behandelt werden, zu beobachten und gegebenenfalls kommunikativ zu steuern.

Bei der Bewältigung der Kommunikationsaufgaben werden unterschiedliche „Tools" eingesetzt. Dabei spielen die elektronischen Medien eine bedeutende Rolle. So wurde der „BMW Group Press Club" als Tool zur weltweiten Internet-gestützten Information von Journalisten eingerichtet. Im Rahmen der Mitarbeiterkommunikation hat das BMW Group Intranet einen hohen Stellenwert, da es eine umfassende und aktuelle Information der Mitarbeiter ermöglicht. Es ist allerdings zu berücksichtigen, dass ein großer Teil der Mitarbeiter der BMW Group in der Produktion tätig ist und folglich kein flächendeckender PC-Zugang zur Verfügung steht. Dementsprechend kommt einerseits dem klassischen Instrument der Werkszeitung für die Mitarbeiterkommunikation nach wie vor eine wichtige Rolle zu. Um dieses Medium möglichst zielgruppenadäquat einzusetzen, gibt es neben der BMW Group Zeitung auch mehrere Werkszeitungen. Um andererseits die elektronische Kommunikation auch zu den Produktionsmitarbeitern zu verbessern, wurden zwei Zugangsmöglichkeiten eingerichtet. Zum einen können über das Tool „Meister-Mail" alle Meister schnell erreicht werden. Diese fungieren wiederum als Multiplikatoren, indem sie die ihnen unterstellten Mitarbeiter informieren. Dies kann beispielsweise unkompliziert dadurch erreicht werden, dass die E-Mail ausgedruckt und im betreffenden Arbeitsbereich ausgehängt wird. Zum anderen werden derzeit in den Werken so genannte Informationsinseln installiert. Hierbei handelt es sich um Computer, die den Produktionsmitarbeitern den Zugang zu BMW Videos und dem Intranet gestatten. Ferner befindet sich ein Unternehmensfernsehen in der Entwicklung. Der mit diesen Projekten verbundene Aufwand ist gerechtfertigt, da die Mitarbeiterkommunikation als ein motivations- und identifikationsförderndes Führungsinstrument geschätzt wird.

2.2.2 Marketingkommunikation

Die Abteilung Marketingkommunikation mit ca. 70 Mitarbeitern gehört zum zentralen Group Marketing von BMW (siehe Abb. 1). Aufgabe der Marketingkommunikation ist der weltweit homogene Gesamtauftritt der Marke BMW. Im Einzelnen gehört dazu die Erarbeitung von Corporate Identity, Kommunikationsstrategien, Ausstellungen, Training, Produktargumentation, Werbung, Direktmarketing, Sponsoring und Sportmarketing. Ebenso wie bei der Konzernkommunikation ergänzen dezentrale Organisationseinheiten in den Vertriebsgesellschaften die zentrale Marketingkommunikation. Während der Zentralbereich vor allem Kommunikationsaktivitäten mit internationaler Bedeutung durchführt und weltweite Rahmenvorgaben erarbeitet, sorgen die dezentralen Einheiten für eine lokale Umsetzung der angesprochenen Aufgaben in den Märkten.

Bei den Kommunikationsinstrumenten ist eine zunehmende Bedeutung elektronischer Medien zu verzeichnen. Die Abteilung Marketingkommunikation ist federführend für den Internetauftritt der Marke BMW verantwortlich. Somit ist sichergestellt, dass die Marketingkommunikation in jedem Fall die Inhalte im Internet steuert. Dies ist erforderlich, da die Ansprache verschiedener Zielgruppen in verschiedenen Sprachen (BMW.de und BMW.com) hohe Ansprüche an Konsistenz und Verständlichkeit stellt.

Die Tatsache, dass BMW ein Kundenmagazin in einer Auflage von ca. 1,6 Millionen Exemplaren herausgibt, zeigt, dass die neuen Medien die klassische Werbung nicht ersetzt haben, sondern hinzugekommen sind. Die Kommunikationsplanung ist somit insgesamt komplexer geworden. Zur Bewältigung der gewachsenen Anforderungen werden verstärkt elektronische Medien genutzt. Insbesondere Intranet und E-Mail erleichtern den Dialog und die Abstimmung zwischen den beteiligten Funktionen. Auch Vorgaben der Zentrale wie Text- und Bildvorlagen werden nur noch elektronisch versandt.

2.2.3 Koordination der Kommunikationsaktivitäten

Die Vielzahl der eingebundenen Abteilungen und Mitarbeiter sowie Kommunikationsinhalte und -medien erfordert eine intensive Abstimmung der zahlreichen Kommunikationsaktivitäten. Ziel ist eine widerspruchsfreie Darstellung und eindeutige Positionierung der BMW Group und deren Marken bei den verschiedenen Stakeholdern. Dabei können grob drei Ebenen der Kooperation unterschieden werden: Kooperation zwischen Zentralbereichen, Kooperation zwischen dezentralen Einheiten sowie die Kooperation zwischen zentralen und dezentralen Einheiten (vgl. Abb. 3).

Die Kooperation zwischen den Zentralbereichen Konzernkommunikation und Group Marketing bzw. Marketingkommunikation erfolgt im Wesentlichen über einen so genannten Kommunikationskreis. Neben Führungskräften aus diesen drei Einheiten gehören auch Vertreter aus dem Vertrieb und der Entwicklung diesem Gremium an. Der Kommunikationskreis behandelt alle übergreifenden Themen der Unternehmenskommunikation sowohl im Sinne eines Monitoring der Zielerreichung als auch einer Gesamtplanung. Diese dient dann den Bereichen Konzern- und Marketingkommunikation als verbindliche Basis für die weitere Planung. Da der Kommunikationskreis lediglich im Abstand einiger Wochen zusammentritt, erfolgt die permanente Abstimmung auf Arbeitsebene durch tägliche Kontakte.

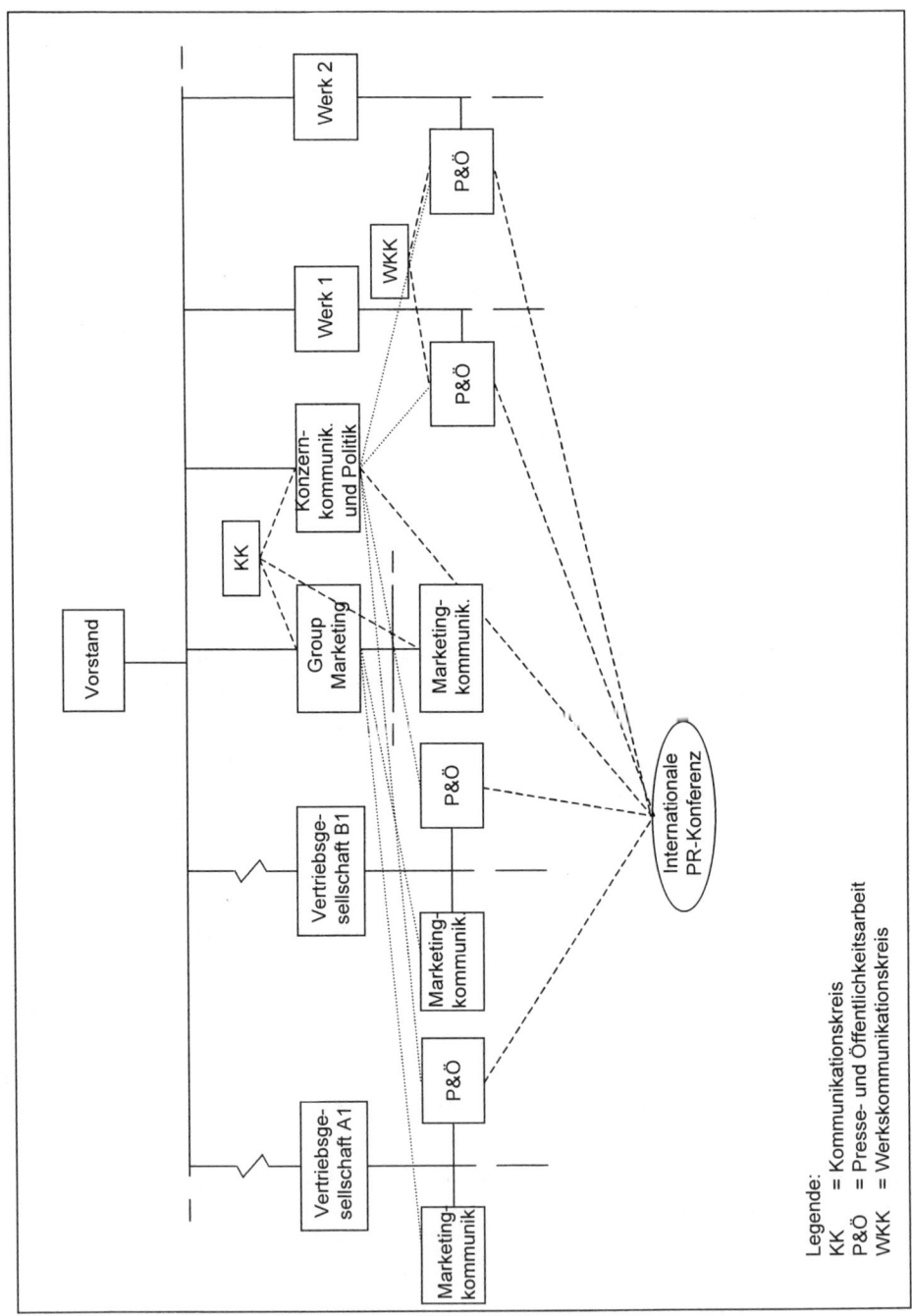

Abb. 3: Koordination der Kommunikationsaktivitäten

Auf dezentraler Ebene spielt vor allem die Abstimmung zwischen den Werkskommunikationseinheiten eine Rolle. Hierfür dient ein Werkskommunikationskreis, der alle vier bis sechs Wochen zusammenkommt. Dieser Kreis bietet ein Forum, um primär strategische Fragen auch im internationalen Zusammenhang zu erörtern.

Von herausgehobener Bedeutung ist schließlich die Abstimmung zwischen den zentralen Kommunikationseinheiten und den dezentralen „Pendants" in den Vertriebsgesellschaften, die bei Bedarf erfolgt.[5] In Anbetracht der oben dargelegten Zielsetzung, ein weltweit einheitliches Auftreten und Erscheinungsbild der BMW Group zu erreichen, ist es Aufgabe der Zentrale, entsprechende verbindliche Rahmenvorgaben zu erarbeiten. Mit Blick auf die im konzeptionellen Beitrag unterschiedenen idealtypischen Kooperationsmodelle[6] kann insofern von einem „Richtlinienprinzip" gesprochen werden.[7] Auf diese Weise lässt sich nicht nur ein visuell homogener Auftritt sicherstellen. Vielmehr werden auch Argumentationen in der Zentrale einheitlich festgelegt. Je nach Anliegen können so über das Intranet alle dezentralen Kommunikatoren mit einheitlichen Inhalten versorgt und inkonsistente Statements vermieden werden. Mit dieser Organisationsstruktur gelingt es der BMW Group, sowohl abgestimmt als auch schnell zu kommunizieren. Dabei sei noch einmal betont, dass die dezentralen Einheiten nicht nur die Aufgabe haben, zentral erarbeitete Vorgaben umzusetzen. Vielmehr wirken sie an der Erarbeitung dieser Vorgaben selbst mit. Ferner lassen die Vorgaben stets mehr oder weniger große Spielräume, die durch dezentrale Einheiten ausgefüllt werden können und müssen.

Die Kooperation zwischen den für die Unternehmenskommunikation zuständigen Stellen und dem Bereich Informationstechnologie – namentlich für den Internet-Auftritt – ist weniger kritisch. Der Grund liegt darin, dass der IT-Bereich im Kern lediglich die informationstechnologische Infrastruktur (Server etc.) zur Verfügung stellt, die Kommunikations- bzw. Fachbereiche jedoch selbst die Inhalte der Informationen ins Internet stellen. Dies erfordert in diesen Bereichen entsprechendes Wissen.

3. Resümee und Ausblick

Insgesamt ist festzustellen, dass die Funktion Unternehmenskommunikation eine erfolgskritische Bedeutung für die BMW Group hat. Dabei ist die Komplexität des Kommunikationsmanagements in den letzten Jahren gestiegen. Ein wichtiger Grund ist

---

[5] Einmal jährlich findet zusätzlich eine internationale PR-Konferenz statt.
[6] Siehe v. Werder/Grundei/Talaulicar (2002), S. 409 ff.
[7] In Abb. 3 durch die „dotted lines" dargestellt.

die rasante Entwicklung der elektronischen Kommunikationsmedien. Mit diesen Medien geht im Kern allerdings nur eine quantitative, keine qualitative Veränderung der Kommunikationsaktivitäten einher. Die Entwicklungen bei der BMW Group werden so eingeschätzt, dass neue Kommunikationsmedien sowohl eine schnelle und permanente Koordination der Aktivitäten ermöglichen als auch interne und externe Kommunikationsmöglichkeiten eröffnen. Diese neuen Medien werden intensiv genutzt.

Die effiziente und effektive Steuerung aller Kommunikationsaktivitäten wird immer wichtiger werden. Mit dem vorgestellten Organisationskonzept einer zentralen und dezentralen Verantwortung, zentralen Leitlinien sowie einer umfassenden Koordination hat die BMW Group die organisatorischen Voraussetzungen geschaffen, um die gesteckten Ziele erreichen zu können. Als entscheidendes Effizienzkriterium kann dabei die Sicherung eines weltweit einheitlichen Auftritts angesehen werden. Besondere Anforderungen an die Koordination ergeben sich durch die internationale Ausrichtung der BMW Group. Die Abstimmung zwischen den auch an unterschiedlichen Standorten operierenden Organisationseinheiten wird dabei zwar aufwändiger, kann jedoch durch den verstärkten Einsatz von Informationstechnologie aufgefangen werden.

Eine der Herausforderungen für die Zukunft ist die weitere Verbesserung eines abgestimmten Auftritts gegenüber den Kunden und der Öffentlichkeit. Entscheidende Voraussetzung ist der Aufbau einer einheitlichen, vernetzten Datenbasis. Erst auf dieser Grundlage wird ein effizientes und individualisiertes Customer Relationship Management möglich sein.

Literatur

BMW GROUP (2000): Geschäftsbericht 2000. München.

GRUNDEI, Jens/ DONAUER, Bodo (2000): Organisationsmanagement bei BMW – Inhouse Consulting als Basis für die Kooperation zwischen Organisations- und Fachbereichen. In: Organisationsmanagement: Neuorientierung der Organisationsarbeit, hrsg. von E. Frese im Auftrag des Arbeitskreises „Organisation" der Schmalenbach-Gesellschaft für Betriebswirtschaft. Stuttgart, S. 171-181.

v. WERDER, Axel/ GRUNDEI, Jens/ TALAULICAR, Till (2002): Organisation der Unternehmenskommunikation im Internet-Zeitalter. In: E-Organisation: Strategische und organisatorische Herausforderungen des Internet, hrsg. von E. Frese und H. Stöber im Auftrag des Arbeitskreises der Schmalenbach-Gesellschaft für Betriebswirtschaft. Stuttgart, S. 395-423.

Joachim Kraft-Christoffel[*] */ Lutz Laemmerhold*[**] */ Jens Grundei*[***]

ORGANISATION DER UNTERNEHMENSKOMMUNIKATION IM LUFTHANSA KONZERN

1. Entwicklung des Lufthansa Konzerns und Bedeutung der Unternehmenskommunikation

2. Organisatorische Verankerung der Unternehmenskommunikation

    2.1 Konzernaufbau der Lufthansa

    2.2 Delegation

    2.3 Bereichsbildung

        2.3.1 Konzern-Kommunikation

        2.3.2 Marketing- und Vertriebskommunikation

        2.3.3 Investor Relations

        2.3.4 Koordination der Kommunikationsaktivitäten

3. Resümee und Ausblick

---

[*] Joachim Kraft-Christoffel, Strategische Konzernentwicklung und -organisation, Deutsche Lufthansa AG
[**] Lutz Laemmerhold, Leiter Kommunikationsstrategien und -steuerung, Konzernkommunikation, Deutsche Lufthansa AG
[***] Dr. Jens Grundei, wissenschaftlicher Assistent am Lehrstuhl für Betriebswirtschaftslehre – Organisation und Unternehmensführung der Technischen Universität Berlin

Zusammenfassung

Die Lufthansa präsentiert sich als Aviation Konzern mit verschiedenen luftfahrt-affinen Geschäftsfeldern. In einem weltweit agierenden Dienstleistungskonzern kommt der Unternehmenskommunikation eine besondere Bedeutung zu. Diese wird durch Veränderungen im Bereich der (elektronischen) Medien noch verstärkt. So ist es in den vergangenen Jahren zu einer deutlichen Intensivierung der Wettbewerbsintensität in der Medienbranche und einer enormen Leistungserweiterung und -steigerung im Bereich der elektronischen Kommunikationsmedien gekommen. Vor diesem Hintergrund erläutert der Beitrag die Organisation der Unternehmenskommunikation im Lufthansa Konzern. Die Zuständigkeiten für die vielfältigen Kommunikationsaufgaben sind sowohl zentral in der Lufthansa AG als auch dezentral in den Konzerngesellschaften angesiedelt. Zur Koordination der verschiedenen Kommunikationsaktivitäten kommen verschiedene Modelle zur Anwendung. Einer grundlegenden Philosophie bei Lufthansa entspricht es dabei, dass auf Grund der unterschiedlichen Tätigkeitsfelder die verschiedenen Geschäftsbereiche vergleichsweise autonom in der Gestaltung ihrer Kommunikationsaktivitäten sind. Zur Herstellung der erforderlichen Konsistenz übernehmen verschiedene Organisationseinheiten bezüglich bestimmter Kommunikationsaufgaben eine Vorrangrolle. Die nachhaltige Abstimmung – zu Lasten der Bereichsautonomie – wird in Zukunft an Gewicht gewinnen.

1. Entwicklung des Lufthansa Konzerns und Bedeutung der Unternehmenskommunikation

Die folgenden Hintergrundinformationen sollen das Verständnis der Ausführungen zur Organisation der Unternehmenskommunikation erleichtern.[1]

In den Gesellschaften des Lufthansa Konzerns wurden im Durchschnitt des Jahres 2000 ca. 70.000 Mitarbeiter beschäftigt. Sie erwirtschafteten im Jahr 2000 Umsatzerlöse in Höhe von ca. 15,2 Mrd. EUR und ein operatives Ergebnis von über 1 Mrd. EUR. Obgleich das Geschäftsfeld „Passage" den größten Anteil an den Geschäftsaktivitäten der Lufthansa ausmacht, steht im Mittelpunkt der Konzernstrategie die Entwicklung zu einem Aviation Konzern mit verschiedenen luftfahrt-affinen Geschäftsfeldern. Zu diesen zählen das Logistik- bzw. Frachtgeschäft (Lufthansa Cargo), flugzeugtechnische Dienstleistungen (Lufthansa Technik), Airline Catering (LSG Gruppe), Touristik (Thomas Cook), IT Dienstleistungen (Lufthansa Systems) sowie flughafenbezogene Serviceleistungen (Globe Ground).

Die Bedeutung der Unternehmenskommunikation hat bei Lufthansa in den letzten Jahren zugenommen. Dies lässt sich sowohl auf unternehmensbezogene als auch auf unternehmensexterne Entwicklungen zurückführen. So hat sich die Lufthansa weltweit in der Spitzengruppe der Airlines etabliert; in Europa und im Heimatmarkt Deutschland hat Lufthansa die Führungsposition inne. Damit einher gehen Informationsinteressen einer Vielzahl von Stakeholdern. Zu den wichtigsten zählen die Kunden, die Mitarbeiter sowie nach der Privatisierung auch die Anteilseigner der Lufthansa AG. Aber auch die allgemeine Öffentlichkeit greift in allen – auch nicht Lufthansa-spezifischen – Luftverkehrsfragen gern auf die Lufthansa als kompetenten Gesprächspartner zurück. Unternehmensextern sind vor allem Veränderungen in der Medienbranche relevant. Die Wettbewerbsintensität im Medienbereich sowie der Einsatz moderner Informations- und Kommunikationstechnologien haben eine Sogwirkung entfaltet als deren Konsequenz in kürzerer Zeit ein gestiegener Informationsbedarf zu befriedigen ist. Folglich muss auch die Lufthansa ein größeres Volumen an aktuellen Informationen bereitstellen. Durch die rasante weltweite Verbreitung von Informationen verbleibt dabei mitunter nur eine minimale Reaktions- bzw. Vorbereitungszeit. Der Zeitdruck ist unterdessen so groß geworden, dass bestimmte Kommunikationsinstrumente – namentlich etwa Journalistenreisen – auf Grund des großen Zeitbedarfs kaum noch eingesetzt werden können.

Ein weiterer Trend kann in dem gestiegenen Bedürfnis nach individuellerer Information gesehen werden. Dementsprechend bedürfen nicht nur die wesentlichen Zielgrup-

---

[1] Siehe dazu auch näher Lufthansa (2000).

pen des Unternehmens unterschiedlicher Informationen. Auch „Teilzielgruppen" bis hin zu einzelnen Personen erfordern zunehmend eine individuelle Ansprache. Ein gezieltes Angebot von Informationsinhalten bzw. die unterschiedlich aufbereitete Darstellung gleicher Inhalte sind daher einerseits geboten, durch die elektronische Verarbeitung von (z.B. Kunden-)Daten allerdings auch zunehmend möglich.[2]

Der Zwang, in kürzester Zeit immer mehr und individuellere Informationen zur Verfügung zu stellen, stellt enorme Anforderungen an die Korrektheit der Unternehmenskommunikation. Diese ist häufig nur noch durch eine Ausweitung der Personalkapazitäten der für diese Teilfunktion zuständigen Mitarbeiter erreichbar. Je mehr Personen bzw. Organisationseinheiten jedoch mit Kommunikationsaufgaben betraut sind, umso schwieriger wird es, die Konsistenz der Kommunikation sicherzustellen. Für ein global agierendes Dienstleistungsunternehmen wie die Lufthansa ist hierin eine der zentralen Herausforderungen an eine gelungene Unternehmenskommunikation zu sehen.

Den gestiegenen Informationsbedürfnissen kann sich ein im Mittelpunkt des öffentlichen Interesses stehendes Großunternehmen wie die Lufthansa nicht entziehen. Umso mehr ist es erforderlich, möglichst aktiv und steuernd zu kommunizieren, anstatt lediglich auf Entwicklungen zu reagieren. Vor diesem Hintergrund sollen die nachfolgenden Ausführungen illustrieren, wie die Aufgaben der Unternehmenskommunikation bei Lufthansa organisatorisch verankert wurden.

2. Organisatorische Verankerung der Unternehmenskommunikation

2.1 Konzernaufbau der Lufthansa

Aufgabe der Unternehmenskommunikation ist die Steuerung des Informationsaustauschs zwischen dem Lufthansa Konzern und seinen verschiedenen Stakeholdern. Da es sich hierbei um eine in die Rahmenstruktur des Unternehmens einzubettende Teilfunktion handelt, soll den weiteren Erläuterungen der Organisation der Kommunikationsaufgaben eine kurze Darstellung des grundlegenden Konzernaufbaus der Lufthansa vorangestellt werden (vgl. zum Folgenden Abb. 1).

---

[2] Beispielsweise durch die Auswertung der Daten von Kundenkarteninhabern, die zu den wichtigsten Kunden der Lufthansa Passage Airline zählen.

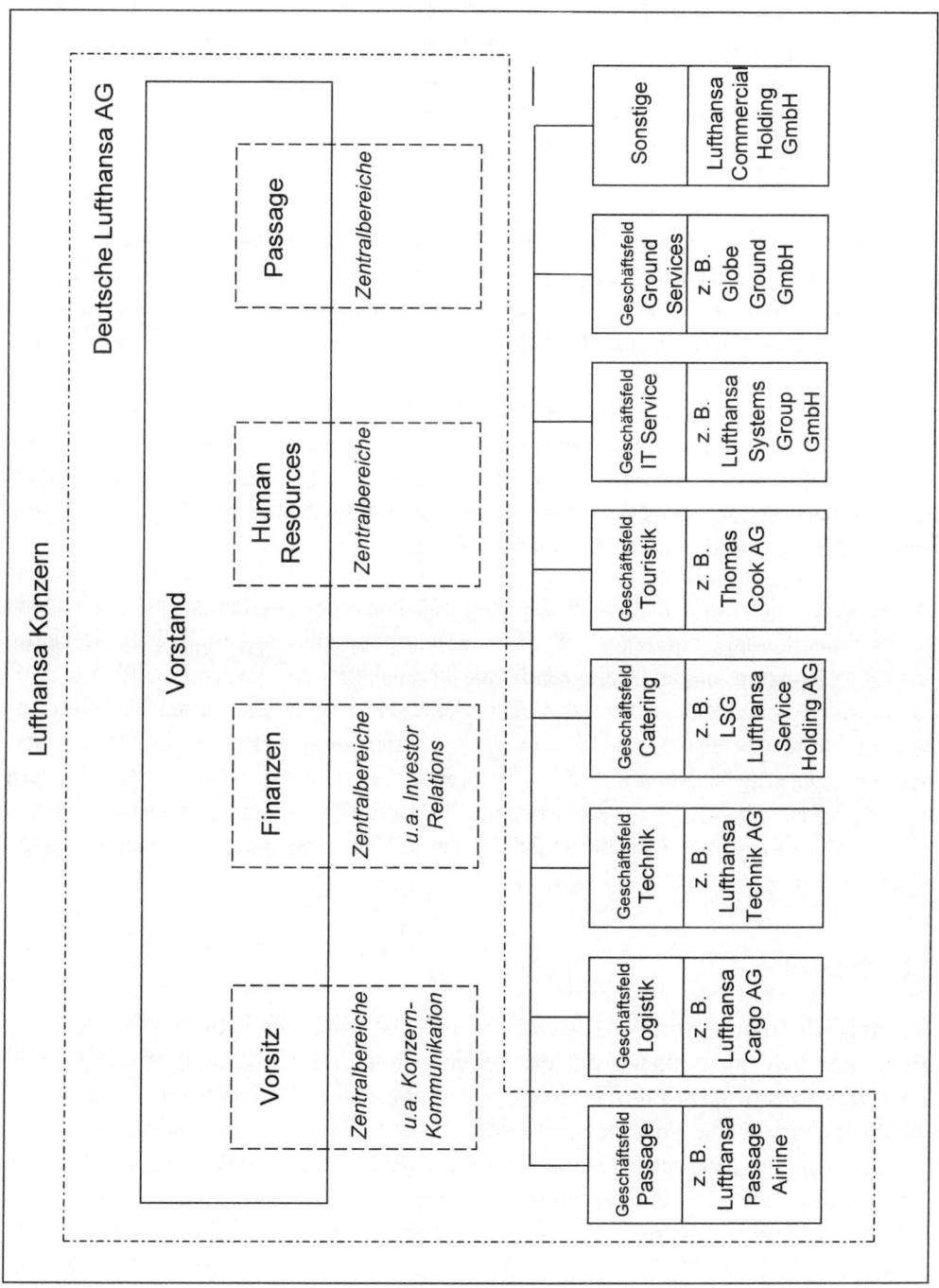

Abb. 1: Lufthansa Konzernorganigramm

Die Struktur des Lufthansa Konzerns spiegelt zum einen die wichtigsten Konzernfunktionen und zum anderen – entsprechend der eingangs beschriebenen strategischen Ausrichtung der Lufthansa als Aviation Konzern[3] – die sieben Geschäftsfelder Passage, Logistik, Technik, Catering, Touristik, IT Service und Ground Services wider. Daneben werden „sonstige" Aktivitäten in der Lufthansa Commercial Holding GmbH zusammengefasst.

Die Lufthansa AG umfasst gleichzeitig die Konzernobergesellschaft sowie die größte operative Einzelgesellschaft. Diese ist seit April 1997 unter der Bezeichnung Lufthansa Passage Airline für den Passagierverkehr zuständig und ergebnisverantwortlich. Dieser Bereich wird von einem fünfköpfigen Bereichsvorstand, bei dem es sich nicht um ein aktienrechtliches Gremium handelt, geführt. Das im Vorstand der Lufthansa AG für den Geschäftsbereich Passage zuständige Vorstandsmitglied ist in dieser Eigenschaft Vorsitzender des Bereichsvorstands. Die anderen Geschäftsfelder bündeln rechtlich selbständige Einheiten, wodurch die marktgerechte Dezentralisierung und die damit einhergehende Unabhängigkeit der Bereiche unterstrichen wird. Lufthansa kann somit als Stammhauskonzern[4] bezeichnet werden.

Der Konzernvorstand selbst ist in die Funktionsbereiche Vorstandsvorsitz, Finanzen, Personal und Passage gegliedert. Die Berücksichtigung ausschließlich eines Geschäftsfeldes im Konzernvorstand spiegelt dessen herausgehobene Bedeutung für die Lufthansa wider. Um trotz der dezentral ausgerichteten Struktur die Einheit der Konzernführung zu gewährleisten, regeln zum einen Unternehmensverträge die Zusammenarbeit der Konzerngesellschaften. Zum anderen existiert ein koordinierender Konzernführungskreis, dem der Konzernvorstand, der Bereichsvorstand der Passage Airline und die Vorstände bzw. Geschäftsführer der wichtigsten Konzerngesellschaften angehören.

2.2 Delegation

Prinzipiell hat der Lufthansa Konzernvorstand die Kommunikationsaktivitäten delegiert. Dies steht im Einklang mit der bereits erwähnten grundsätzlichen Philosophie einer weitgehenden Dezentralisation von Kompetenzen. Dennoch gibt es selbstverständlich einige Kommunikationsaufgaben, die dem Vorstand vorbehalten sind. Dabei handelt es sich im Wesentlichen um Informationsübermittlungen bei besonders wichtigen Anlässen wie etwa Pressekonferenzen. Sie werden überwiegend vom Vorstandsvorsitzenden wahrgenommen. Allerdings sind verschiedene auf Aktivitäten der Unter-

---

[3] Das enge Zusammenspiel von Konzernstrategie und -organisation wird bei der Lufthansa besonders betont, vgl. Klingenberg/Graumann (2000), S. 259 ff.
[4] Vgl. hierzu etwa v. Werder (1986), S. 333, 335.

nehmenskommunikation ausgerichtete Organisationseinheiten unterschiedlichen Vorstandsmitgliedern unterstellt. So ist dem Vorstandsvorsitzenden der Zentralbereich „Konzern-Kommunikation" zugeordnet, während dem Finanzvorstand der Zentralbereich „Investor Relations" untersteht. In den Zuständigkeitsbereich „Passage" fällt das kommunikative Marketing dieses Geschäftsbereichs, das im gesamten Konzern federführend auf die Marketingkommunikation Einfluss nimmt.

Der Leiter des Zentralbereichs „Konzern-Kommunikation" kann gleichzeitig als Unternehmenssprecher bezeichnet werden. Er nimmt an allen Sitzungen des Konzernvorstands teil, was die Bedeutung der Unternehmenskommunikation im Hause Lufthansa unterstreicht. Auf die verschiedenen Aufgaben und Organisationsformen[5] der Unternehmenskommunikation wird im Folgenden näher eingegangen.

2.3 Bereichsbildung

Mit der Bewältigung der komplexen Kommunikationsaktivitäten sind im Lufthansa Konzern verschiedene spezialisierte Organisationseinheiten betraut (Spezialistenlösung der Etablierung). Auf diese Weise kann am besten gewährleistet werden, dass das jeweils erforderliche Know-how aufgebaut werden kann. Nachfolgend wird näher auf die Gebiete Konzern-Kommunikation, Marketingkommunikation und Investor Relations sowie auf die Koordination der Kommunikationsaktivitäten eingegangen.

2.3.1 Konzern-Kommunikation

Ein wesentlicher Teil der bei Lufthansa anfallenden Kommunikationsaufgaben fällt in die Zuständigkeit der „Konzern-Kommunikation". Es handelt sich hierbei um einen Zentralbereich, der mit seinen rund 60 Mitarbeitern direkt dem Vorstandsvorsitzenden zugeordnet ist (siehe auch nochmals Abb. 1). Auf Grund des Aufgabenumfangs und der Personalkapazität ist eine interne Arbeitsteilung erforderlich (vgl. Abb. 2).

Der Zentralbereich „Konzern-Kommunikation" ist primär für alle konzernweiten Kommunikationsaktivitäten auf den Gebieten der Presse- und Öffentlichkeitsarbeit, der Konzern-Werbung sowie der Mitarbeiterkommunikation zuständig. Die interne Gliederung spiegelt diese Kernaufgaben wider. Zu den Aufgaben der „Communication Strategies" zählen die Konzipierung und inhaltliche Steuerung der konzernweiten Kommunikationsstrategien, die Erarbeitung von Konzepten in Abstimmung mit den Bereichen sowie die Budgeterstellung, -aufteilung und -kontrolle.

---

[5] Siehe zur generellen Charakterisierung der idealtypischen Organisationsmodelle v. Werder/Grundei/Talaulicar (2002), S. 402 ff.

Auf Grund der zunehmenden Regionalisierung der Pressearbeit und mitunter rein lokal relevanter Themen ist eine auch speziell regionale Kommunikation unentbehrlich. Aus diesem Grund unterhält Lufthansa einige regionale Außenstellen, die mit den jeweils erforderlichen Einheiten des Unternehmens in Kontakt stehen. Auch das mehrsprachige Internetangebot wird regional angepasst. Da ferner ein gewisser Teil der Kommunikationsaktivitäten sich fachlich lediglich auf einzelne Geschäftsbereiche bezieht, wurden auch in den einzelnen Konzerngesellschaften (wie z.B. Cargo, Technik etc.) spezialisierte Stellen eingerichtet. Die regionalen Außenstellen werden durch „Communication Strategies" geführt. Zu den Organisationseinheiten „Presse/PR Konzerngesellschaften" besteht eine fachliche Verbindung. Zusätzlich zu den zentralen Stellen stehen in den Konzerngesellschaften jeweils ein bis vier – dem Vorstand bzw. der Geschäftsführung der Konzerngesellschaft zugeordnete – Personen für die geschäftsfeldspezifische Kommunikation zur Verfügung. Insofern kann von einer Kombinationslösung der Platzierung gesprochen werden.[6]

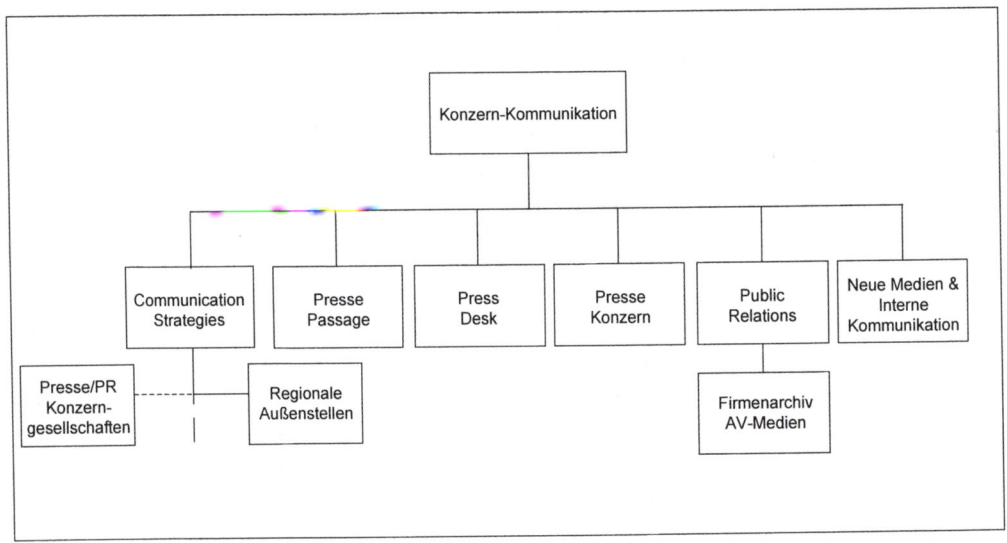

Abb. 2: Interne Struktur des Zentralbereichs „Konzern-Kommunikation" der Lufthansa

---

[6] Hierzu näher v. Werder/Grundei/Talaulicar (2002), S. 406 ff.

Der „Press Desk" stellt die erste Anlaufstelle für Journalisten dar, die Kontakt zum Lufthansa Konzern aufnehmen möchten. Insoweit möglich werden entsprechende Anfragen direkt von den Mitarbeitern des Press Desk beantwortet. Speziellere bzw. detailliertere Anfragen werden an die Bereiche „Presse Passage" oder „Presse Konzern" weitergeleitet, je nachdem, ob sie die Airline oder die übrigen Arbeitsgebiete des Konzerns betreffen. Gegenstand der „Public Relations" sind die Umweltkommunikation, die Produktion von Publikationen und Filmen, der Filmverleih, das Veranstaltungsmanagement, die Organisation von Auftritten auf Ausstellungen (z.B. Luftfahrtschauen) sowie die Betreuung des Firmenarchivs.

Besondere Bedeutung hat schließlich auch der Bereich „Neue Medien & Interne Kommunikation", der im Kern für die Koordination des Konzernportals im Internet sowie für die Mitarbeiterkommunikation verantwortlich ist. Das Internet diente der Lufthansa ursprünglich als reines Vertriebsinstrument. Mittlerweile findet der Nutzer unter „www.lufthansa.com" zwei Portale. Dabei handelt es sich zum einen um das Vertriebsportal „InfoFlyway", das den Online-Direktvertriebskanal der Lufthansa Passage darstellt. Die Verantwortung hierfür liegt deshalb auch nicht bei der zentralen Konzern-Kommunikation, sondern beim Geschäftsfeld Passage und bei Thomas Cook.[7] Zum anderen stehen mit dem Konzernportal diverse Informationsangebote zur Verfügung. Hierunter fallen beispielsweise Darstellungen des Lufthansa Konzerns und seiner Geschichte, Stellungnahmen zu aktuellen Themen, Umweltberichte sowie Informationen für Bewerber. Viele Informationen – wie etwa der Umweltbericht – können auch heruntergeladen werden. Die Steuerung des Konzernportals erfolgt durch die Online-Redaktion innerhalb von „Neue Medien & Interne Kommunikation". Davon unbenommen steht es den Konzerngesellschaften jedoch prinzipiell frei, Inhalte im Internet darzustellen. Die technische Realisierung besorgen verschiedene Agenturen, wobei im Mittelpunkt eine eigene Konzerngesellschaft „Lufthansa E-Commerce" steht. Alle Bereiche dürfen jedoch auch externe Agenturen beauftragen,[8] um so einen möglichst großen Marktdruck zu erzeugen.[9]

Die Nutzung der neuen Medien spielt nicht nur für die externe Kommunikation, sondern auch für die interne Mitarbeiterkommunikation eine besondere Rolle. Es wird zunehmend versucht, auch Mitarbeitern ohne Arbeitsplatz-PC den Zugang zu Internet bzw. Intranet zu ermöglichen. So wurden beispielsweise an zentral zugänglichen Stellen im Unternehmen PCs installiert, die die Mitarbeiter an die Nutzung der Technologien heranführen sollen. Ferner wird das fliegende Personal (namentlich Piloten und

---

[7] Siehe hierzu näher unten, S. 475.
[8] Vgl. auch zur ähnlichen Regelung der Inanspruchnahme interner oder externer Organisationsberater Klingenberg/Graumann (2000), S. 265 f.
[9] Vgl. allgemein Frese/v. Werder (1994), S. 9.

Purser) sukzessive mit Notebooks ausgestattet, damit sie Vor- und Nacharbeiten direkt im Dialog mit den jeweiligen Fachbereichen durchführen können. Der Zugang auf spezielle Bereiche des Lufthansa-Netzes über private PCs ist ebenfalls möglich.

Qualifizierten und informierten Mitarbeitern kommt in einem Dienstleistungsunternehmen naturgemäß eine besondere Bedeutung zu. Dem Zentralbereich fällt dabei die Aufgabe zu, alle konzernrelevanten Themen im Intranet bereit zu stellen. Hierzu zählen etwa Nachrichten aus dem Konzern und dem weltweiten Luftverkehr sowie eine tägliche Presseschau. Ferner erfolgt hier eine Koordination des gesamten Intranet-Auftritts. Dies ist erforderlich, da viele Inhalte auch dezentral – etwa auf Ebene der Organisationseinheiten – in das Intranet eingestellt werden.

Trotz der zunehmenden Bedeutung dieses Mediums greift die Mitarbeiterkommunikation auf weitere Informationskanäle zurück. Eine Besonderheit der Luftfahrtindustrie stellt die Möglichkeit dar, das elektronische Reservierungssystem zu nutzen. Auf diesem Wege können seit langem tagesaktuelle Informationen schnell weltweit verbreitet werden. Des weiteren kommt jedoch nach wie vor auch „klassischen" Kommunikationsmedien eine wichtige Rolle im Rahmen der Mitarbeiterkommunikation zu. Neben Veranstaltungen und Informationsständen (derzeit z.B. zur Vorstellung der neuen Uniform-Kollektion für das fliegende Personal) handelt es sich dabei vor allem um Print-Medien. So gibt es eine konzernweite Mitarbeiterzeitung, die wöchentlich in einer Auflage von 80.000 Exemplaren erscheint. Zu bedenken ist allerdings, dass die Mitarbeiter der Lufthansa in verschiedenen Konzerngesellschaften mit heterogenen Arbeitsfeldern tätig sind. Eine fachspezifische Information der Mitarbeiter in den Konzerngesellschaften erfolgt deshalb durch weitere Mitarbeiterzeitungen in den Gesellschaften. So gehört z.B. nahezu die Hälfte der Beschäftigten der Lufthansa AG zum fliegenden Personal. An diese Mitarbeiter richtet sich z.B. die von der Passage Airline herausgegebene Zeitschrift „FlightcrewInfo". Da auch das fliegende Personal noch einmal in Cockpit- (ca. 20%) und Kabinenpersonal (ca. 80%) unterteilt werden kann, gibt es zusätzliche Publikationen, die jeweils eine der Zielgruppen gezielt ansprechen. Schließlich darf nicht vergessen werden, dass die Mitarbeiterkommunikation auch eine originäre Führungsaufgabe darstellt. Eine reine Spezialistenlösung ist deshalb nicht möglich; vielmehr ist die Mitarbeiterkommunikation stets auch integraler Bestandteil der Tätigkeit aller Führungskräfte des Konzerns. Mitunter können auch beide Formen der Mitarbeiterkommunikation Hand in Hand gehen. So können über Mailings sämtliche Führungskräfte von der „Konzern-Kommunikation" über bestimmte Themen informiert werden. Auf diese Weise kann eine konsistente Information – etwa zu aktuellen Themen wie dem Ausbau des Frankfurter Flughafens – erreicht werden.

2.3.2 Marketing- und Vertriebskommunikation

Mit Blick auf die Marketingkommunikation ist zwischen der Ebene des Gesamtkonzerns und den einzelnen Konzerngesellschaften zu differenzieren. Zu den Werbeaktivitäten, die sich nicht auf einzelne Konzerngesellschaften beziehen, gehören z.B. die Imagewerbung für den Lufthansa Konzern insgesamt oder die Bewerbung des Lufthansa Umweltberichts. Die hierfür erforderlichen Kommunikationsaktivitäten werden zentral vom Aufgabengebiet „Public Relations" durchgeführt, das innerhalb des Zentralbereichs „Konzern-Kommunikation" angesiedelt ist (vgl. nochmals Abb. 2). Der wesentliche Teil der Marketing-Kommunikationsaktivitäten findet in den Geschäftsbereichen bzw. Konzerngesellschaften statt. Da die Geschäftsbereiche häufig unterschiedliche Zielgruppen (etwa Konsumenten im Bereich Passage gegenüber anderen Fluggesellschaften im Bereich Technik) mit Hilfe unterschiedlicher Medien bearbeiten, erscheint eine weitgehende Unabhängigkeit der Aktivitäten geboten.[10] Dennoch ist eine gewisse Koordination des Auftritts aller Lufthansa Geschäftsbereiche unabdingbar, um ein einheitliches Erscheinungsbild sowie ein konsistentes Informationsangebot zu gewährleisten. Aus diesem Grunde übt der für Lufthansa besonders bedeutsame Bereich „Passage Airline" eine federführende Funktion aus, auf die im Abschnitt 2.3.4 noch näher eingegangen wird.

Bei den Kommunikationsinstrumenten ist eine zunehmende Bedeutung elektronischer Medien zu verzeichnen. Sie spielen bereits heute im Vertrieb eine beachtliche Rolle. So gibt es neben dem bereits erwähnten Internet-Vertriebsportal InfoFlyway noch weitere Möglichkeiten der Online-Buchung, die jedoch von Fremdfirmen bereitgestellt werden. Über sämtliche Internet-Vertriebskanäle werden derzeit ca. 500 Tickets pro Tag verkauft. Lufthansa hat die mit der Nutzung der neuen Medien verbundenen Herausforderungen in besonderem Maße angenommen und hat sich zum Ziel gesetzt, im Bereich E-Business ein führender Anbieter zu werden. Im Zuge dessen sind nunmehr Buchung und Check-in über das Internet oder ein WAP-Handy möglich. In der Entwicklung sind Services wie die Abfrage von Fluginformationen, von Gepäckinformationen sowie des Miles & More-Kontostands per Mobiltelefon.

Die neuen Medien haben die klassischen Formen der Kundeninformation allerdings nicht ersetzt, sondern eher ergänzt. Dies wird auch daran deutlich, dass das Lufthansa Magazin, das den Passagieren auf allen Flügen zur Verfügung gestellt wird, monatlich in einer Auflage von 600.000 Exemplaren erscheint. Insgesamt ist die Planung und Abstimmung der verschiedenen Kommunikationsinstrumente durch die neuen Medien komplexer geworden. Zur Bewältigung der gewachsenen Anforderungen werden wie-

---

[10] Vgl. zur analogen Begründung der „Organisation der Organisation" bei Lufthansa auch Klingenberg/Graumann (2000), S. 259.

derum verstärkt elektronische Medien wie Intranet und E-Mail eingesetzt. Beispielsweise können die vom Bereich Marketing Passage erarbeiteten Vorgaben für Veröffentlichungen über ein „Design Manual" elektronisch abgerufen werden. Dieses Manual steht im Intranet den betroffenen Mitarbeitern sowie auch den involvierten externen Agenturen zur Verfügung.

2.3.3 Investor Relations

Seit Oktober 1997 ist die Lufthansa voll privatisiert. Sie zählt seitdem zu den größten Publikumsaktiengesellschaften in Deutschland. 89,95% der Anteile befinden sich im Streubesitz. Vor diesem Hintergrund kommt auch der Pflege der Beziehungen zu den Aktionären eine besondere Bedeutung zu. Ein überzeugender Auftritt am Kapitalmarkt ist für die Lufthansa entscheidend, da z.B. die permanente Erneuerung und das Wachstum der – momentan 331 Flugzeuge zählenden – Flotte hohe Investitionen erfordert. Die Flottenerneuerung und -erweiterung ist indes wichtig, um von umweltschonenden und effizienzsteigernden technologischen Entwicklungen auch im zunehmenden Wettbewerb der Fluggesellschaften profitieren zu können.

Die Verantwortung für Investor Relations ist ausschließlich zentral verankert (Konzentrationslösung). Es handelt sich hierbei um einen Zentralbereich, der dem Finanzvorstand der Lufthansa AG unmittelbar unterstellt ist (siehe erneut Abb. 1). In den Aufgabenbereich von „Investor Relations" fällt z.B. die Vorbereitung von Analystengesprächen und Road Shows, die Organisation der Analystenkonferenzen und der Hauptversammlung sowie die generelle Information der Aktionäre wozu auch die Erstellung des Geschäftsberichts zu zählen ist.

2.3.4 Koordination der Kommunikationsaktivitäten

Insgesamt leisten eine Vielzahl von Mitarbeitern einen Beitrag zur Bewältigung der mit der Unternehmenskommunikation im Lufthansa Konzern im einzelnen verbundenen Aufgaben. Einige der Aufgaben, zwischen denen deutliche Interdependenzen bestehen, wie etwa Presse- und Öffentlichkeitsarbeit, wurden im Zentralbereich „Konzern-Kommunikation" zusammengefasst. Diese organisatorische Konzentration ermöglicht eine reibungslose Koordination der entsprechenden Aktivitäten und trägt maßgeblich zu einem abgestimmten Auftreten bei.

Produkt- und unternehmensspezifische Aufgaben sind gesonderten Organisationseinheiten zugeordnet, die sich in den rechtlich eigenständigen Gesellschaften befinden. Die Begründung für diese Organisationsform ist darin zu sehen, dass unterschiedliche Kommunikationsinhalte über verschiedene Kommunikationsmedien an heterogene Zielgruppen gesendet werden müssen. Insbesondere vor dem Hintergrund der erläuterten Konzernstrategie und -struktur zeichnet sich das bisherige Organisationsmodell dabei durch eine weitreichende Autonomie der mit Kommunikationsaufgaben betrauten Einheiten aus. Die jeweiligen Fachbereiche kennen ihr Produktangebot sowie die Informationsbedürfnisse ihrer Kunden am besten und können so ohne aufwendige Koordination mit anderen Stellen weitgehend unabhängig ihre Kommunikationsaktivitäten steuern. Auf diese Weise lassen sich in erheblichem Umfang Abstimmungskosten einsparen, wodurch ein rasches Agieren gegenüber den unterschiedlichen Zielgruppen gefördert wird. Zwischen den meisten Organisationseinheiten bzw. den jeweils betroffenen Mitarbeitern erfolgt die Abstimmung nach Bedarf. So existieren z.B. keine formal-organisatorischen Beziehungen zwischen den Zentralbereichen „Konzern-Kommunikation" und „Investor Relations". Vielmehr werden die Kommunikationsaktivitäten gegebenenfalls fallweise koordiniert – etwa wenn börsenrelevante Informationen veröffentlicht werden sollen. Insoweit lässt sich von einem moderaten Autarkiemodell der Kooperation sprechen.[11]

Hingegen erfolgt im Grunde eine permanente Zusammenarbeit zwischen der zentralen „Konzern-Kommunikation" und den entsprechenden dezentralen Kommunikationseinheiten der Konzerngesellschaften.[12] Hierbei übernimmt der Zentralbereich eine Vorrangstellung und wirkt in Grenzen koordinierend; beispielsweise muss der Zentralbereich sämtliche Pressemeldungen freigeben. Diese Organisationslösung entspricht dem Charakter nach einem Richtlinienmodell.

Die dominierende Position einer Organisationseinheit wird im Bereich Marketingkommunikation noch deutlicher. Während die Markenstrategie von der „Strategischen Konzernentwicklung" verantwortet wird, definiert das „Marketing" des Geschäftsbereichs Passage das inhaltliche Markenleitbild und die formalen Gestaltungsgrundsätze der Marke Lufthansa verbindlich für den gesamten Konzern. Innerhalb der diesbezüglichen Rahmenvorgaben steht es den übrigen Gesellschaften allerdings frei, etwa bestimmte Aspekte bei der Kommunikation besonders zu betonen. „Marketing Passage" kann somit als „Lead Unit" bezeichnet werden;[13] in Anlehnung an die idealtypischen Organisationsmodelle[14] wäre am ehesten von einer (moderaten) Richtlinienkompetenz zu sprechen.

---

[11] Vgl. v. Werder/Grundei/Talaulicar (2002), S. 410.
[12] Zusätzlich findet ein- bis zweimal pro Jahr eine größere Tagung dieser Einheiten statt.
[13] Vgl. zu dieser Kooperationsform näher Grundei (1999), S. 52.
[14] Siehe v. Werder/Grundei/Talaulicar (2002), S. 402 ff.

3. Resümee und Ausblick

Die Funktion Unternehmenskommunikation hat für Lufthansa eine besondere Bedeutung. Dabei hat die Komplexität des Kommunikationsmanagements in den letzten Jahren deutlich zugenommen. Gründe hierfür liegen unter anderem in der Privatisierung der Lufthansa und der rechtlichen Verselbständigung von Konzerngesellschaften und der damit einhergehenden Notwendigkeit, auch die Kapitalanleger besonders in den Fokus zu nehmen, sowie der zunehmenden Individualisierung der Kunden- und Mitarbeiteransprache. Weitere Gründe können in Veränderungen der Medienlandschaft und der rasanten Entwicklung der elektronischen Kommunikationsmedien gesehen werden. Auf Grund der gestiegenen Informationsvolumina, die in immer kürzeren Zeiträumen heterogenen Zielgruppen zur Verfügung zu stellen sind, wurde bisher der Autonomie der beteiligten Organisationseinheiten relativ großes Gewicht beigemessen.

Die effektive und effiziente Steuerung aller Kommunikationsaktivitäten wird in Zukunft weiter an Bedeutung gewinnen. Es zeichnet sich ab, dass dabei die Konsistenz der Kommunikation und die Prägnanz der Markenpräsentation im Vordergrund der Effizienzüberlegungen stehen werden. Dementsprechend wird künftig die bislang betonte Eigenständigkeit der Geschäftsbereiche tendenziell eingeschränkt werden. Es ist vorgesehen, einen Vorstandsausschuss „Konzernauftritt" einzusetzen, dem Vertreter des Konzerns, der Passage und der verschiedenen Konzerngesellschaften angehören. Die Trägerfunktion dieses Ausschusses liegt bei der „Konzern-Kommunikation". Der Ausschuss soll eine Koordinations- und Richtlinienfunktion ausüben, wobei mit Blick auf die unterschiedlichen Tätigkeitsfelder der Lufthansa ein gewisser Gestaltungsspielraum stets erhalten bleiben muss. Die erforderliche Koordination zwischen den – auch an unterschiedlichen Standorten operierenden – Organisationseinheiten wird dadurch zwar aufwändiger. Dies erscheint jedoch durch den verstärkten Einsatz von Informationstechnologie weitgehend unproblematisch. Den E-Technologien kommt auch zur weiteren Verbesserung der Kundenpflege durch ein elektronisches Customer Relationship Management große Bedeutung zu.

Literatur

FRESE, Erich/ v. WERDER, Axel (1994): Organisation als strategischer Wettbewerbsfaktor – Organisationstheoretische Analyse gegenwärtiger Umstrukturierungen. In: Organisationsstrategien zur Sicherung der Wettbewerbsfähigkeit – Lösungen deutscher Unternehmungen, hrsg. von E. Frese und W. Maly. Sonderheft 33/1994 der Zeitschrift für betriebswirtschaftliche Forschung, S. 1-27.

GRUNDEI, Jens (1999): Effizienzbewertung von Organisationsstrukturen. Integration verhaltenswissenschaftlicher Erkenntnisse am Beispiel der Marktforschung. Wiesbaden.

KLINGENBERG, Christoph/ GRAUMANN, Matthias (2000): Steuerungskonzepte für Organisationsleistungen im Lufthansa Konzern. In: Organisationsmanagement. Neuorientierung der Organisationsarbeit, hrsg. von E. Frese im Auftrag des Arbeitskreises „Organisation" der Schmalenbach-Gesellschaft für Betriebswirtschaft e.V. Stuttgart, S. 255-270.

LUFTHANSA (2000): Geschäftsbericht 2000. Köln.

v. WERDER, Axel (1986): Organisationsstruktur und Rechtsnorm. Implikationen juristischer Vorschriften für die Organisation aktienrechtlicher Einheits- und Konzernunternehmungen. Wiesbaden.

v. WERDER, Axel/GRUNDEI, Jens/TALAULICAR, Till (2002): Organisation der Unternehmenskommunikation im Internet-Zeitalter. In: E-Organisation: Strategische und organisatorische Herausforderungen des Internet, hrsg. von E. Frese und H. Stöber im Auftrag des Arbeitskreises „Organisation" der Schmalenbach-Gesellschaft für Betriebswirtschaft. Stuttgart, S. 395-423.

Wolfgang Suske [*] */ Till Talaulicar* [**]

CORPORATE COMMUNICATIONS BEI SIEMENS

1. Leistungsprogramm und Rahmenstruktur

2. Unternehmenskommunikation bei Siemens

    2.1 Einrichtung einer globalen Kommunikationsplattform

        2.1.1 Zielgruppen der Unternehmenskommunikation

        2.1.2 Ebenen der Kommunikationsplattform

    2.2 Organisation der Unternehmenskommunikation

        2.2.1 Delegation: Stärkung der Eigenverantwortung der Geschäftsbereiche

        2.2.2 Bereichsbildung: Corporate Communications

            2.2.2.1 Kompetenzen und Kompetenzbeziehungen der Corporate Communications

            2.2.2.2 Kommunikationsrichtlinien nach dem Listing an der NYSE

3. Schlussbemerkung

---

[*] Wolfgang Suske, Leiter Siemens Group Business Unit Corporate Units/Services, Siemens Business Services GmbH & Co. OHG, München

[**] Till Talaulicar, wissenschaftlicher Mitarbeiter am Lehrstuhl für Betriebswirtschaftslehre – Organisation und Unternehmensführung der Technischen Universität Berlin

Zusammenfassung

Über den langen Zeitraum seines Bestehens hat sich Siemens als weltweit führendes Unternehmen der Elektronik und Elektrotechnik behauptet. Heute versteht sich Siemens zunehmend als „Global Network of Innovation", das durch innovative Produkte, Dienstleistungen und Systeme Problemlösungen bieten möchte, die beim Kunden Nutzen generieren und Wert schaffen. Besondere Bedeutung kommt dabei den E-Business-Aktivitäten zu. Zur Umsetzung der daraus entstehenden geschäftspolitischen Strategien sind kommunikative Maßnahmen unverzichtbar.

Vor diesem Hintergrund thematisiert der vorliegende Beitrag die Unternehmenskommunikation bei Siemens. Nach Skizzierung der Rahmenbedingungen, wie sie durch die verschiedenen Geschäftsaktivitäten und die grundlegende Organisationsstruktur des Hauses bestimmt werden, wird dabei sowohl auf strategische Grundzüge als auch die organisatorische Institutionalisierung dieser Teilfunktion eingegangen.

1. Leistungsprogramm und Rahmenstruktur

Gegenwärtig ist das operative Geschäft von Siemens in 14 Geschäftsbereiche geordnet, die ein klares Profil am Markt und Entscheidungskompetenz über benötigte Ressourcen aufweisen. Neben dem Finanz- und Immobiliengeschäft (mit den beiden Geschäftsbereichen Siemens Financial Services GmbH und Siemens Real Estate) kann das operative Geschäft in sechs Arbeitsgebiete eingeteilt werden: *Information and Communications* (mit den Geschäftsbereichen Information and Communication Networks, Information and Communication Mobile, Siemens Business Services GmbH & Co. OHG), *Automation and Control* (Automation and Drives, Industrial Solutions and Services, Siemens Dematic AG, Siemens Building Technologies AG), *Power* (Power Generation, Power Transmission and Distribution), *Transportation* (Transportation Systems, Siemens VDO Automotive AG), *Medical* (Medical Solutions) und *Lighting* (Osram GmbH). Außerdem verfügt Siemens weiterhin über eine Minderheitsbeteiligung an dem Chip-Hersteller Infineon Technologies AG, der nach rechtlicher Verselbständigung am 13. März 2000 an die Börse gebracht wurde. Siemens wird sich in absehbarer Zeit vollständig von dieser Aktivität trennen.

Bei den (insgesamt neun) Funktionalbereichen wird zwischen Zentralabteilungen und Zentralstellen unterschieden. Zentralabteilungen, denen ein Vorstandsmitglied vorsteht, sind Corporate Finance, Corporate Personnel, Corporate Technology und Corporate Development. Die Zuständigkeiten der Zentralstellen betreffen Corporate Communications, Corporate Information and Operations, Chief Economist/Corporate Relations, Global Procurement and Logistics sowie Management Consulting Personnel.

Die regionalen Einheiten schließlich umfassen Zweigniederlassungen, Regionalgesellschaften, Repräsentanzen und Vertretungen. Die weltweite Präsenz von Siemens erstreckt sich über mehr als 190 Länder aller Kontinente, wobei Siemens in 50 Staaten eigene Produktionsstätten besitzt. Die Internationalität des Hauses wird auch dadurch belegt, dass bereits 60 % der insgesamt 450.000 Beschäftigten im Ausland tätig sind und nur noch weniger als ein Viertel des im Geschäftsjahr 2001 erzielten Gesamtumsatzes in Höhe von 87 Milliarden EUR in Deutschland erwirtschaftet wird.

2. Unternehmenskommunikation bei Siemens

Kommunikation wird bei Siemens als die möglichst einfache, auf die zugrundeliegende Story zielende Darstellung komplexer Sachverhalte verstanden. Die Schwierigkeit gelungener Unternehmenskommunikation, die diverse Anspruchsgruppen und Geschäftsaktivitäten integriert, resultiert aus den dargestellten Konzernmerkmalen. Auf der einen Seite ist das Unternehmen in sehr verschiedenen Geschäftsfeldern und ganz unterschiedlichen Regionen tätig. Andererseits soll ein ausreichend einheitliches Erscheinungsbild der Marke Siemens gewährleistet sein.[1]

Zur Umsetzung der schon von Carl Friedrich von Siemens, der als Aufsichtsratsvorsitzender das Unternehmen nach dem Ersten Weltkrieg entscheidend prägte,[2] postulierten Leitvorstellung der „Einheit des Hauses"[3] wurde daher bereits 1935 eine Hauptwerbeabteilung eingerichtet. Diesem Bereich oblagen die notwendigen Maßnahmen zur Schaffung und Aufrechterhaltung einer Corporate Identity, die bei den relevanten Bezugsgruppen Vertrauen erlangen kann.

Der Stellenwert der Unternehmenskommunikation geht heute über den Entwurf einheitlicher Firmenlogos oder die Abstimmung von Werbemitteln und -stilen weit hinaus. Der Grundsatz einer möglichst dezentralen und umfassenden unternehmerischen Gesamtverantwortung der Geschäftsbereiche und regionalen Einheiten, der zu einem Höchstmaß an Kundennähe beitragen soll, verbietet allerdings, kommunikative Geschlossenheit durch restriktive Vorgaben der Unternehmensleitung zu erreichen. Der Ausgleich von Interessendivergenzen soll im Regelfall vielmehr „ohne Schiedsrichter" erfolgen.

Die Zentralstelle Corporate Communications wurde daher vom Zentralvorstand beauftragt, eine globale Kommunikationsplattform (Communications Platform) zu entwickeln, die das Spannungsverhältnis zwischen Differenzierung und Integration sinnvoll adressiert und daher als Grundlage sämtlicher Kommunikationshandlungen dienen kann.

2.1 Einrichtung einer globalen Kommunikationsplattform

Zur Definition der Kommunikationsplattform wurden zunächst die wichtigsten Zielgruppen der Unternehmenskommunikation benannt und sodann Bezugspunkte zur Formulierung der für diese Stakeholder relevanten Kommunikationsinhalte aufgezeigt.

2.1.1 Zielgruppen der Unternehmenskommunikation

Für Siemens gibt es vier wichtige Zielgruppen der Unternehmenskommunikation. Dabei handelt es sich um die Investoren, Geschäftspartner, Mitarbeiter sowie die allgemeine Öffentlichkeit.

---

[1] Vgl. zu dem Dilemma zwischen Identität bzw. Einheitlichkeit und Vielfalt bzw. Unübersichtlichkeit bei Siemens auch bereits Conradi (1995), S. 194 f.
[2] Feldenkirchen (1995), S. 172, 430.
[3] Feldenkirchen (1997), S. 135.

Der zunehmende Einfluss von Investoren ist bekannt und damit ihre Bedeutung als Adressaten der Unternehmenskommunikation offensichtlich. Die 589 Millionen Siemens-Aktien werden von ungefähr 850.000 Aktionären gehalten. Auch für ein Unternehmen der Größenordnung von Siemens ist die Gefahr feindlicher Übernahmeversuche latent. Eine attraktive Stellung am Kapitalmarkt wird daneben durch die immensen Kosten erzwungen, die bei Großprojekten oder der Entwicklung neuer High Tech-Produkte anfallen. Entsprechende Überlegungen begründeten auch den Gang an die New York Stock Exchange, an der Siemens seit dem 12. März 2001 notiert ist. Durch dieses Listing, das vielen US-Investmentfonds erstmalig ermöglicht, in Siemens-Aktien zu investieren, will sich das Unternehmen den weltweit größten Kapitalmarkt erschließen. Darüber hinaus kann die Siemens-Aktie zukünftig in den USA als Akquisitionswährung eingesetzt werden. Schließlich ist dieser Börsengang der Ausgangspunkt für eine Steigerung der Awareness von Siemens in den USA, zu der unter dem Titel „*top+ business initiative*" ein Maßnahmenbündel eingeführt worden ist.

Erklärungsbedürftiger ist lediglich die zweite Zielgruppe, die unter Geschäftspartnern sowohl Kunden als auch Lieferanten des Unternehmens zusammenfasst. Hintergrund dieser Bündelung ist die Tatsache, dass auf Grund der stärkeren Integration unternehmensübergreifender Prozesse eine strenge Trennung zwischen Abnehmern und Zulieferern nicht nur schwieriger wird, sondern auch immer weniger Aussagekraft besitzt. Es wird erwartet, dass in der Zukunft die Vermarktung einzelner Produkte gegenüber dem Anlagen-, System- und Dienstleistungsgeschäft an Gewicht verliert. Dementsprechend geht es vermehrt um Aufbau und Pflege partnerschaftlicher Beziehungen, in denen Systeme und Lösungen sowie bald vor allem auch Wissen ausgetauscht werden sollen. Da Unterschiede zwischen im Wettbewerb stehenden Unternehmen mitunter zu schwinden scheinen und die Intensität des Wettbewerbs beständig steigt, sind die Qualitäten der von Siemens angebotenen Leistungen durch zielgruppenspezifische Kommunikation transparent zu machen. Durch Vermittlung eines positiven Unternehmensimages lassen sich dabei Wettbewerbsvorteile realisieren.

Die Mitarbeiterkommunikation, die ursprünglich dem Personalbereich oblag, ist eng mit der Führung durch Vorgesetzte verwoben. Im Zusammenspiel mit Führung und Aufgabengestaltung soll die Identifikation der Mitarbeiter mit den Zielen des Unternehmens gestärkt werden, um zu Spitzenleistungen zu motivieren, ohne dabei den Einzelnen zu überfordern. Das Erfordernis, herausragende Fähigkeiten und Engagements zu aktivieren, wird durch die Innovationsgeschwindigkeit von Siemens untermauert. Jedes Jahr werden Tausende neuer Produkte auf dem Markt eingeführt. Drei Viertel aller Produkte sind weniger als 5 Jahre, auf Feldern wie dem Mobilfunk sogar weniger als 2 Jahre alt.

Ansprüche der allgemeinen Öffentlichkeit werden heute nicht (mehr) aus rein altruistischen Motiven adressiert. Vielmehr möchte Siemens sich als corporate citizen präsentieren, das heißt als Mitglied der jeweiligen Gesellschaft, in der das Unternehmen geschäftlich aktiv ist, um Legitimation in einer kritischen Umwelt zu erfahren. Dafür engagiert sich das Unternehmen in Bildung und Wissenschaft, Aus- und Weiterbildung, Kunst und Kultur, sozialen Fragen, Umweltschutz sowie Sport und Freizeit. Dieses gesellschaftliche Engagement wird in einem Corporate Citizenship Report dokumentiert.[4] Entsprechend der instrumentalistischen Grundhaltung sind diese Aktivitäten als „new charity" zu verstehen, die im Kern Bestand und Prosperität des Unternehmens sichern sollen.

2.1.2 Ebenen der Kommunikationsplattform

Neben den Zielgruppen ist die Kommunikationsplattform durch drei Ebenen konstituiert, die Prinzipien, Performancemaßstäbe und Markenwerte von Siemens betreffen. Die Prinzipien des Hauses sind Teil des Leitbilds, das gemeinsame Werte ausdrückt und zugleich die Unternehmenskultur manifestiert. Die dargestellte Diversität des Unternehmens, das in sehr verschiedenen Märkten agiert und Mitarbeiter verschiedenster Kulturkreise beschäftigt, macht die authentische Bestimmung der gemeinsamen Wertebasis zu einem schwierigen und aufwendigen Unterfangen. Siemens hat weltweit mehr als 4.000 Mitarbeiter befragt, um zu ermitteln, welche Werte ihnen wichtig sind, was sie motiviert und wonach sie streben. Mehr als 360 Werte wurden dabei identifiziert. Auf dieser Grundlage ließen sich unabhängig von der Region und dem kulturellen Umfeld sieben Leitsätze formulieren, die Eckpfeiler des täglichen Verhaltens und für sämtliche Handlungen des Unternehmens verbindlich sind (Abb. 1).

| **Customers** govern our actions | Our **Innovations** shape the future | **Business success** means: we win from profits | **Excellent leadership** fosters top results | Our **Cooperation** has no limits | **Learning** is the key to continuous improvement | **Corporate Citizenship** is our global commitment |

© Siemens Aktiengesellschaft

Abb. 1: Sieben Leitsätze von Siemens

---

[4] Siemens Aktiengesellschaft (2000).

Bei den Performance-Maßstäben werden Zielsetzungen des Unternehmens (finanzwirtschaftliche, Markt- und Image-Ziele), Maßnahmen zur Zielerreichung (z.B. Portfolio-Politik, Asset Management, E-Business und Synergiemanagement) und Zielkonsequenzen (für Mitarbeiter und Portfolio) unterschieden.

Die Markenwerte („Brand Values") schließlich sollen bezeichnen, wie Siemens von seiner Umwelt wahrgenommen werden möchte. Hierbei werden drei Schalen unterschieden (Abb. 2), die den Kern aller Werte, erforderliche Eigenschaften und konkrete, im Alltag leitende Attribute erfassen.

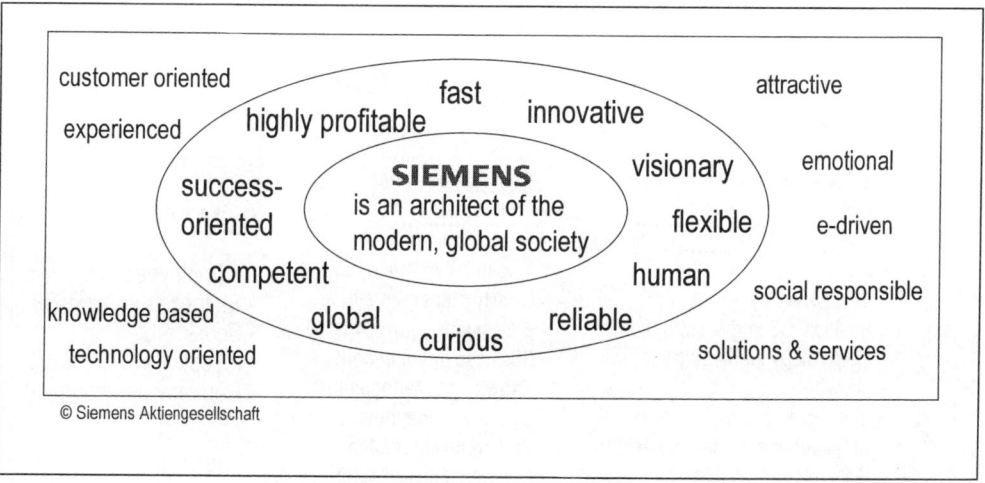

Abb. 2: Siemens Brand Values

Die auf diese Weise gebildete Kommunikationsplattform schafft ein Fundament sämtlicher Kommunikationsaktivitäten, bei denen die Beziehungen zwischen den drei Ebenen der Plattform und den adressierten Zielgruppen zu beachten sind. Sollen beispielsweise Investoren über ökonomische Erfolge informiert werden (Abb. 3), ist damit implizit ein bestimmter Leitsatz angesprochen. Der ökonomische Erfolg resultiert aus der Erreichung bestimmter Zielsetzungen des Unternehmens, die für die adressierten Stakeholder Relevanz besitzt und auf intendierte Maßnahmen zurückzuführen ist. Durch die Kommunikation soll der Investor von der Profitabilität (als ein Markenzeichen) des Unternehmens überzeugt werden.

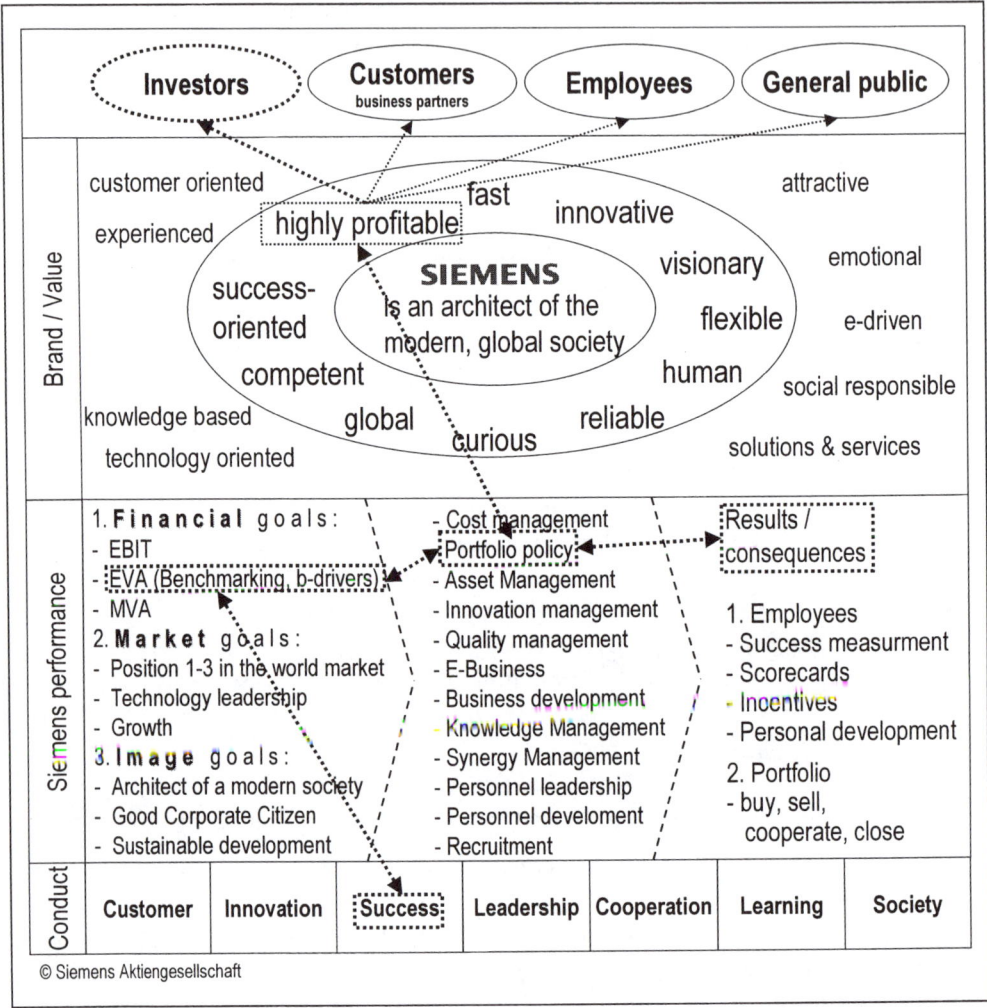

Abb. 3: Beispiel der Zusammenhänge innerhalb der Kommunikationsplattform

Derartige Informationen einer Bezugsgruppe können auch von anderen Stakeholdern rezipiert werden, wie es die entsprechenden Pfeile in Abb. 3 symbolisieren. Zum einen ist vorstellbar, dass dieselben Personen gleichzeitig mehreren Stakeholdergruppen angehören. Zum anderen diffundieren Informationen im heutigen Medien- und Informationszeitalter nahezu in Echtzeit durch regionale oder anwendungsbezogene Grenzlinien. Konsistenz durch Integration der verschiedenen anspruchsgruppenbezogenen Kommunikationshandlungen ist daher existenzielle Voraussetzung einer erfolgreichen Unternehmenskommunikation.

Die Unternehmens- und Kommunikationspolitik von Siemens zielt zwar auf die Realisierung von win-win-Konstellationen. Sofern sich allerdings dennoch Konflikte zwischen widerstreitenden Interessen tatsächlich nicht in Einklang bringen lassen, sind diese nicht zu leugnen, sondern im Gegenteil offen anzusprechen, um die Vertrauenswürdigkeit des Unternehmens nicht zu belasten.

2.2 Organisation der Unternehmenskommunikation

Siemens hat spezielle Organisationseinheiten etabliert, die für Aufgaben der Unternehmenskommunikation zuständig sind. Die Kompetenz(beziehung)en dieser Einheiten gilt es im Weiteren etwas genauer zu durchleuchten. Dafür ist es zweckmäßig, die beiden organisatorischen Gestaltungsdimensionen der Delegation und der Bereichsbildung zu unterscheiden.

2.2.1 Delegation: Stärkung der Eigenverantwortung der Geschäftsbereiche

Die Delegation betrifft die vertikale Kompetenzverteilung. Mit der Festlegung des Delegationsgrades wird geregelt, welche (Kommunikations-)Aufgaben zentral durch die Unternehmensleitung oder auf nachfolgenden Hierarchieebenen wahrgenommen werden. Entsprechend der Organisationsphilosophie von Siemens,[5] umfassende Eigenständigkeiten für die geschäftsführenden Einheiten zu ermöglichen, beschränkt sich der Vorstand gemeinhin auf solche Handlungen, die zur Aufrechterhaltung der unbedingt notwendigen konzernweiten Gemeinsamkeiten erforderlich sind. Diese dringenden Gemeinsamkeiten werden durch die zuvor dargestellte, von der Zentralstelle Corporate Communications konzipierte Kommunikationsplattform beschrieben.

Bestimmte Kommunikationsaufgaben gehören selbstredend zu den Kernaufgaben der Unternehmensleitung,[6] die nicht auf andere Organisationseinheiten übertragen werden dürfen und auch bei Siemens dem Zentralvorstand bzw. einzelnen seiner Mitglieder vorbehalten sind.[7] Nicht (mehr) nur repräsentative Bedeutung kommt dabei beispielsweise den Stellungnahmen des Vorstandsvorsitzenden auf Bilanzpressekonferenzen oder Analystenpräsentationen des Finanzvorstands zu.

---

[5] Vgl. Suske/Talaulicar (2000), S. 146: „So viel konzernweite Gemeinsamkeiten wie nötig, so viel Eigenständigkeiten für die geschäftsführenden Einheiten wie möglich.".
[6] Vgl. v. Werder (1996), S. 50.
[7] Vgl. auch Maly (1996), S. 192.

2.2.2 Bereichsbildung: Corporate Communications

2.2.2.1 Kompetenzen und Kompetenzbeziehungen der Corporate Communications

Mit der Gestaltungsdimension der Bereichsbildung werden die nicht-vertikalen Kompetenz- und Kommunikationsbeziehungen zwischen den Organisationseinheiten unterhalb der Unternehmensleitung geregelt. Siemens hat spezielle Kommunikationseinheiten etabliert, da nur auf diese Weise die Entwicklung umfassenderer Kommunikationsstrategien und anspruchsvoller Kommunikationskonzepte, die hochqualifizierte Mitarbeiter mit kommunikationswissenschaftlichem Know-how und unternehmensstrategischem Verständnis benötigt, gesichert ist. Für eher „handwerkliche" Aufgaben der Umsetzung dieser Konzeptionen hingegen wird auf andere Fachabteilungen und überdies externe Berater zurückgegriffen.

Diese speziellen Kommunikationsabteilungen sind sowohl dezentral, das heißt in den verschiedenen Geschäftsbereichen und Regionen, als auch zentral platziert. Eine solche Kombinationslösung ist auf Grund der Größe und Diversität des Unternehmens zu erwarten und auch bereits bei anderen Teilfunktionen beobachtet worden.[8] Neben den dezentralen Einheiten in den operativen Bereichen gibt es seit 1992 die Zentralstelle Unternehmenskommunikation, die aus der Zusammenführung der Öffentlichkeitsarbeit und der Mitarbeiterkommunikation des zentralen Personalbereichs hervorgegangen ist. Im Zuge der englischsprachigen Übersetzung sämtlicher Unternehmensbezeichnungen nennt sich diese Zentralstelle seit dem letzten Jahr Corporate Communications. Sie berichtet direkt an den Vorstandsvorsitzenden der Siemens AG, was die strategische Wichtigkeit unterstreicht, die der Unternehmenskommunikation beigemessen wird. Der Leiter der Zentralstelle besitzt zugleich den Rang des Unternehmenssprechers, da er nach dem Zentralvorstand auch wichtige Kommunikationsaufgaben in der Öffentlichkeit wahrnimmt.

Die Differenzierung, das heißt die interne Arbeitsteilung, sowohl der dezentralen als auch der zentralen Kommunikationsbereiche erfolgt aufgabenbezogen. Da Siemens entsprechend der beträchtlichen Anzahl operativer Bereiche über sehr viele dezentrale Spezialabteilungen verfügt, die sich hinsichtlich ihrer Größe und konkreten Ausgestaltung in Abhängigkeit der jeweiligen Belange des geschäftlichen oder kulturellen Umfelds unterscheiden,[9] beschränken sich die weiteren Ausführungen auf die Art der Arbeitsteilung innerhalb der Zentralstelle Corporate Communications.

---

[8] Vgl. Suske/Talaulicar (2000), S. 149.

[9] Grundlegende aus Eigenheiten des Geschäftsfelds resultierende Unterschiede bestehen insbesondere hinsichtlich des Geschäftsbereichs Information and Communication Mobile, der das komplette Mobilfunkge-

Die interne Organisation dieser Zentralstelle orientiert sich an den ihr gesetzten Zielsetzungen. Kommunikation wird danach als vitaler Bestandteil sämtlicher Geschäftsprozesse instrumentell zur Steigerung des Unternehmenswerts verstanden. Die Arbeit dieses Bereichs, die sich auf die proaktive Formulierung und Implementierung von Kommunikationszielen und -strategien erstreckt, die den Bedürfnissen der verschiedenen Anspruchsgruppen angepasst sind, muss sich daher auf die übergeordnete Unternehmenspolitik beziehen. Insgesamt lassen sich sechs Kernprozesse der Zentralstelle formulieren. Diese umfassen die kontinuierliche Fortschreibung der Unternehmensziele und -strategien, deren Implementierung durch Kommunikationsziele und -strategien, die Entwicklung medienorientierter Konzeptionen und Maßnahmen, die professionelle Implementierung kommunikationsstrategischer Konzeptionen, Aufbau und Pflege eines globalen Netzwerks der Unternehmenskommunikatoren sowie die Formulierung von Kommunikationsrichtlinien mit globalem Verbindlichkeitsanspruch.

Unterhalb des Leiters der Zentralstelle werden Leitungsfunktionen zunächst inhaltlich danach unterschieden, ob sie Unternehmensinformationen (Corporate Messages) oder die Markenpflege (Corporate Branding) betreffen. Die weitere Gliederung des Bereichs Corporate Communications folgt den unterschiedlichen Kommunikationskonzeptionen und -maßnahmen, die in Investor Relations, Pressearbeit, Marketingkommunikation, Interne Kommunikation und Öffentlichkeitsarbeit eingeteilt werden können. Insgesamt ist die Organisation des Bereichs trotz einer beachtlichen Größe von rund 140 Mitarbeitern als betont organisch zu charakterisieren. Im Wesentlichen lassen sich nur zwei Hierarchieebenen unterhalb der Leitung identifizieren. Es überwiegen projektbezogene Arbeitsgruppen, die sich je nach Art der anfallenden Aufgaben aus unterschiedlichen Bereichsmitarbeitern rekrutieren und bei Bedarf auch bereichsübergreifend zusammensetzen.

Zur Sicherstellung konsistenter Unternehmenskommunikation üben zwei Ausschüsse gravierenden Einfluss aus. Das sich vierzehntägig treffende Strategy Team entwirft kommunikationspolitische Konzepte, die unternehmensstrategische Vorgaben konkretisieren. Im Global Communications Council, das ein- bis zweimal pro Jahr zusammenkommt, werden Kommunikationsmaßnahmen evaluiert und die Resonanz von Kommunikationskonzepten in den operativen Einheiten gründlich erörtert.

Die Koordination zwischen der Zentralstelle und den dezentralen Kommunikationsabteilungen entspricht im Kern dem Idealtyp des Richtlinienmodells.[10] Diese Terminologie findet jedoch – nicht zuletzt vor dem Hintergrund der strategischen Betonung

---

schäft abdeckt. Diesem Bereich stellen sich daher Anforderungen der Kommunikation von Konsumgütern, mit denen die übrigen Geschäftsbereiche in diesem Umfang nicht konfrontiert sind.

[10] Vgl. zum (Kooperations-)Modell des Richtlinienbereichs v. Werder/Grundei/Talaulicar (2002), S. 413.

autonomer Geschäftsbereiche und Regionen – im Hause keine Verwendung. Die Richtlinienkompetenz äußert sich auch bereits in den zuvor dargestellten Kernprozessen der Zentralstelle, die unter anderem die Formulierung verbindlicher Kommunikationsregeln umfassen. Hervorzuheben ist allerdings, dass sich eine Integration diverser Ansprüche im Sinne übergeordneter Unternehmensziele nicht durch die Vorgabe von Richtlinien und Rahmenentscheidungen verordnen lässt. Vielmehr sind intensive Koordinationshandlungen zwischen den betroffenen Kommunikationsstellen erforderlich, wobei die operativen Einheiten von der Notwendigkeit bestimmter integrativer Maßnahmen zu überzeugen sind. Integrierte Kommunikation meint dabei auch, dass wesentliche Kommunikationsinhalte gemeinsam erarbeitet werden.[11] Ferner wird auf einen sehr engen Austausch zwischen den Mitarbeitern der Zentralstelle und den Kommunikatoren der operativen Einheiten geachtet. So fungieren Angehörige der Corporate Communications als Coach bestimmter Regionen, um die Vernetzung zwischen den Kommunikationsexperten des Unternehmens zu fördern sowie Strategien und Maßnahmen abzustimmen.

Daneben gibt es fraglos auch Anwendungsbereiche, bei denen eine offensivere Ausübung der Richtlinienkompetenz geboten und gleichsam wenig problematisch ist. Ein junges Beispiel liefert die Notierung von Siemens an der New York Stock Exchange (NYSE) im März 2001, deren kommunikationspolitische Implikationen im Folgenden exemplarisch veranschaulicht werden.

2.2.2.2 Kommunikationsrichtlinien nach dem Listing an der NYSE

Durch den Gang an die NYSE unterliegt Siemens der strengen Aufsicht der U. S. Securities and Exchange Commission (SEC) und daher besonders ausgeprägten Sorgfaltsanforderungen an die gesamte Unternehmenskommunikation. Zur Vermeidung von Verstößen gegen das detaillierte Regelungswerk der SEC formulierte die Zentralstelle Corporate Communications neun Kommunikationsregeln, die für sämtliche Siemens-Mitarbeiter bindend sind.

Da ausschließlich an unternehmensinterne Empfänger gerichtete Informationen dennoch über die Unternehmensgrenzen hinaus bekannt werden können, verbietet eine Regel die Unterscheidung zwischen interner und externer Kommunikation. Andere Regeln untersagen beispielsweise unfundierte Vorhersagen, wahrheitswidrige Kommentare zu kolportierten Gerüchten, Stellungnahmen zu spekulativen Szenarien oder vermeintlich vertrauliche Gespräche, deren Vertraulichkeit sich trotz anderslautender Zusagen in der heutigen Medienlandschaft oft nicht aufrecht erhalten lässt. Herausragende Wichtigkeit kommt außerdem insbesondere der weltweiten Konsistenz unter-

---

[11] Vgl. bereits Conradi (1995), S. 198.

nehmerischer Informationen zu, da abweichende Informationen das Vertrauen von Anlegern nachhaltig beeinträchtigen. Es empfiehlt sich daher eine Beschränkung auf Kernbotschaften.

Wann immer Zweifelsfragen über den angemessenen Kommunikationsakt aufkommen, ist das eigens etablierte One Voice Committee zu kontaktieren. Dieser vom Vorstandsvorsitzenden und vom Finanzvorstand eingesetzten Kommission gehören der Unternehmenssprecher, der Leiter der Investor Relations und ein Mitglied der Rechtsabteilung an. Sie hat das uneingeschränkte Recht zum Genehmigen oder Verbieten bestimmter Äußerungen. Mindestens drei Werktage vor ihrer Veröffentlichung müssen geplante kursrelevante Informationen mit dem Komitee abgestimmt werden, das außerdem bei Verstoß gegen eine der Kommunikationsregeln unverzüglich in Kenntnis zu setzen ist.

3. Schlussbemerkung

Seit über 150 Jahren ist Siemens in der Elektronik und Elektrotechnik aktiv. Im 21. Jahrhundert hat sich das Unternehmen auf den Weg zur E-Company gemacht. Dies erfordert neben der elektronischen Abwicklung und Vernetzung von Geschäftsprozessen vor allem den Ausbau von Wissensnetzwerken. Das elektronische Zeitalter ist dabei auch mit gestiegenen Anforderungen an die Unternehmenskommunikation verbunden. Dabei gibt es allerdings keine technologischen Determinismen, die bestehende Strategien und Strukturen dieser Teilfunktion obsolet werden lassen. Die neuen Informations- und Kommunikationstechnologien schaffen lediglich, aber desgleichen zweifelsfrei neue Möglichkeiten, die auch bei Siemens genutzt werden, sofern sie sich als zweckmäßig erweisen.

Zu denken ist an die elektronische Benachrichtigung der Mitarbeiter über aktuelle Ereignisse herausgehobener Bedeutung durch den Vorstandsvorsitzenden oder das neue Medium Corporate Television, dessen sich Siemens ebenfalls bedient. Dennoch bleiben gleichzeitig wesentliche Kommunikationsakte gänzlich unberührt durch diese Entwicklungen. So werden die hauseigenen Zeitschriften „SiemensWelt" oder „Dialog intern", die sich an 450.000 Mitarbeiter bzw. 40.000 Führungskräfte richten, trotz ihrer hohen, mit entsprechenden Kosten verbundenen Auflagen weiterhin als Printmedium vertrieben, da die Akzeptanz anderer (d.h. elektronischer) Formate eingeschränkt ist.

Die grundlegende Herausforderung der Unternehmenskommunikation bei Siemens besteht in der Vermittlung dezentraler Ansprüche der Geschäftsbereiche und Regionen, die über größtmögliche Autonomie verfügen sollen, mit der Einheitlichkeit des Erscheinungsbilds des Hauses Siemens, das als attraktive Marke zu positionieren ist. Durch die jüngst geschaffene Kommunikationsplattform sowie die organisatorische Kompetenzteilung zwischen der Corporate Communications und dezentralen Kommunikationsabteilungen innerhalb der operativen Einheiten wird dieses Spannungsfeld erfolgreich adressiert.

Literatur

CONRADI, Walter (1995): Strategische Unternehmenskommunikation in multinationalen Konzernen. Das Beispiel der Siemens AG. In: Integriertes Kommunikationsmanagement. Konzeptionelle Grundlagen und praktische Erfahrungen. Ein Handbuch für Öffentlichkeitsarbeit, Marketing, Personal- und Organisationsentwicklung, hrsg. von R. Ahrens, H. Scherer und A. Zerfaß. Frankfurt am Main, S. 189-203.

FELDENKIRCHEN, Wilfried (1995): Siemens 1918-1945. München – Zürich.

FELDENKIRCHEN, Wilfried (1997): Siemens. Von der Werkstatt zum Weltunternehmen. München – Zürich.

MALY, Werner (1996): Die Entwicklung von Grundsätzen ordnungsmäßiger Unternehmungsführung aus der Sicht der Praxis. In: Grundsätze ordnungsmäßiger Unternehmungsführung (GoF) für die Unternehmungsleitung (GoU), Überwachung (GoÜ) und Abschlußprüfung (GoA). Sonderheft 36/1996 der Zeitschrift für betriebswirtschaftliche Forschung, hrsg. von A. v. Werder, S. 179-197.

SIEMENS AKTIENGESELLSCHAFT (2000): Corporate Citizenship Report 2000. Berlin – München.

SUSKE, Wolfgang/ TALAULICAR, Till (2000): Organisationsmanagement bei Siemens – Gemeinsamkeiten gewährleisten und Eigenständigkeiten ermöglichen. In: Organisationsmanagement. Neuorientierung der Organisationsarbeit, hrsg. von E. Frese im Auftrag des Arbeitskreises „Organisation" der Schmalenbach-Gesellschaft für Betriebswirtschaft e.V. Stuttgart, S. 143-155.

v. WERDER, Axel (1996): Grundsätze ordnungsmäßiger Unternehmungsleitung (GoU) – Bedeutung und erste Konkretisierung von Leitlinien für das Top-Management. In: Grundsätze ordnungsmäßiger Unternehmungsführung (GoF) für die Unternehmungsleitung (GoU), Überwachung (GoÜ) und Abschlußprüfung (GoA). Sonderheft 36/96 der Zeitschrift für betriebswirtschaftliche Forschung, hrsg. von A. v. Werder, S. 27-73.

v. WERDER, Axel/ GRUNDEI, Jens/ TALAULICAR, Till (2002): Organisation der Unternehmenskommunikation im Internet-Zeitalter. In: E-Organisation: Strategische und organisatorische Herausforderungen des Internet, hrsg. von E. Frese und H. Stöber. Stuttgart im Auftrag des Arbeitskreises „Organisation" der Schmalenbach-Gesellschaft für Betriebswirtschaft. Stuttgart, S. 395-423.